Kohlhammer

Geschichte in Wissenschaft und Forschung

Eine Übersicht aller lieferbaren und im Buchhandel angekündigten Bände der Reihe finden Sie unter:

 https://shop.kohlhammer.de/gwf

Luciana Aigner-Foresti

Geschichte und Erbe der Etrusker

Verlag W. Kohlhammer

Zu Dank verpflichtet bin ich dem Kohlhammer-Verlag für die ausgezeichnete Zusammenarbeit während der Drucklegung. Dank schulde ich auch meinen Kollegen am Institut für Alte Geschichte, Altertumskunde, Epigraphik und Papyrologie der Universität Wien und besonders Gertraud Breyer für förderliche Gespräche zu linguistischen Inhalten, Peter Siewert für wertvolle Anregungen, Petra Amann und Claudio Negrini für diverse Unterstützungen. Mario Rausch danke ich für die aufmerksame und kritische Durchsicht des Manuskripts. Die wissenschaftliche Verantwortung für den Inhalt trage ich allein.

Dieses Werk einschließlich aller seiner Teile ist urheberrechtlich geschützt. Jede Verwendung außerhalb der engen Grenzen des Urheberrechts ist ohne Zustimmung des Verlags unzulässig und strafbar. Das gilt insbesondere für Vervielfältigungen, Übersetzungen, Mikroverfilmungen und für die Einspeicherung und Verarbeitung in elektronischen Systemen.

Es konnten nicht alle Rechtsinhaber von Abbildungen ermittelt werden. Sollte dem Verlag gegenüber der Nachweis der Rechtsinhaberschaft geführt werden, wird das branchenübliche Honorar nachträglich gezahlt.

Dieses Werk enthält Hinweise/Links zu externen Websites Dritter, auf deren Inhalt der Verlag keinen Einfluss hat und die der Haftung der jeweiligen Seitenanbieter oder -betreiber unterliegen. Zum Zeitpunkt der Verlinkung wurden die externen Websites auf mögliche Rechtsverstöße überprüft und dabei keine Rechtsverletzung festgestellt. Ohne konkrete Hinweise auf eine solche Rechtsverletzung ist eine permanente inhaltliche Kontrolle der verlinkten Seiten nicht zumutbar. Sollten jedoch Rechtsverletzungen bekannt werden, werden die betroffenen externen Links soweit möglich unverzüglich entfernt.

Umschlagabbildung: Pitigliano, Stadt im ursprünglich etruskischen Stammland (Foto: Beate Meier; CC BY-SA 2.0).

1. Auflage 2024

Alle Rechte vorbehalten
© W. Kohlhammer GmbH, Stuttgart
Gesamtherstellung: W. Kohlhammer GmbH, Stuttgart

Print:
ISBN 978-3-17-042517-0

E-Book-Formate:
pdf: ISBN 978-3-17-042518-7
epub: ISBN 978-3-17-042519-4

Inhalt

Einleitung... 7

1 Das Land Etrurien: Grenzen und geographische Beschaffenheit 19
2 Frühe Gemeinschaften in Südetrurien (zweite Hälfte
   des 2. Jahrtausends).. 22
3 Anfänge etruskischer Identität............................... 31
   3.1 Die Villanova-Zeit...................................... 31
   3.2 Der mediterrane Hintergrund............................. 45
   3.3 Die Eigenbezeichnung der Etrusker: Der Name Rasenna 47
   3.4 Die Namen Tyrsenoi/Etrusci und der Name Etruria......... 49
   3.5 Die Sprache der Etrusker................................ 53

4 Entwicklungen ab dem 9. Jh................................... 59
   4.1 Die Kontakte Etruriens mit Griechen und Phönikern
       und ihre Folgen... 59
   4.2 Staatstragende Kräfte................................... 68
   4.3 Eliten: Besitz, Lebensstil, Repräsentation und Abstammung.. 75
   4.4 Spezialisierung der Berufe und Erstarken einer Mittelschicht 81
   4.5 Gemeinschaftliche Aufgaben: Verteidigung,
       Nahrungsversorgung und innere Ordnung.................. 88
   4.6 Politische Veränderungen in den etruskischen Staaten ... 108
   4.7 Die etruskische Stadt und ihre Bewohner................. 121

5 Etruskische Einflusssphären in Italien 130
   5.1 Interessen etruskischer Unternehmer und Staaten......... 130
   5.2 Handelskonkurrenz, Staatsverträge und private
       Vereinbarungen.. 144
   5.3 Siege und Niederlagen der Etrusker 148
   5.4 Etrusker gegen Kelten und Sabeller 154
   5.5 Der Niedergang der Etrusker in Nord- und Süditalien..... 157

6 Der Kampf der Etrusker gegen Rom (5.–2. Jh.)................. 160
   6.1 Nachbarschaftliche Auseinandersetzungen in Südetrurien ... 160
   6.2 Die Aufnahme Caeres in den römischen Staatsverband...... 168

	6.3	Weitere Kriege zwischen den Staaten Etruriens und Rom (ca. 390–260)	174
7		**Sozio-politische Entwicklungen der etruskischen Staaten seit der Mitte des 4. Jh.**	**182**
	7.1	Innenpolitische Maßnahmen	182
	7.2	Etrurien und die römische Politik	197
	7.3	Die etruskische Gesellschaft seit dem 4. Jh.	206
	7.4	Etruskische Eliten und römischer Staat	212
	7.5	Etruriens demographischer und kultureller Niedergang	216
	7.6	Die Etrusker und der Bacchanalenprozess	221
8		**Die Integration und das Erbe der Etrusker**	**224**
	8.1	Die Etrusker und das römische Bürgerrecht	224
	8.2	Die Bewohner Etruriens in der römischen Politik	231
	8.3	Der Wandlungsprozess der etruskischen Identität	234
	8.4	Cilnius Maecenas und sein Dichterkreis	239
	8.5	Das Nachleben etruskischer Traditionen in der römischen Kaiserzeit	242

Anmerkungen **246**

Bibliographie **276**

Abkürzungsverzeichnis **305**

Abbildungs- und Kartenverzeichnis **307**

Einleitung

Eine Geschichte der Etrusker

Die Etrusker waren ein Volk, das im 1. Jahrtausend v. Chr. in Mittelitalien und in einem Teil Nord- und Süditaliens beheimatet war und Etruskisch sprach. Die Etrusker waren eine Nation (gr. *ethnos*), die sich durch den eigenen, gemeinsamen Namen Rasenna, durch eine eigene Sprache, durch eine eigene Geschichte, eine eigene Kultur und Religion von den anderen Völkern der italienischen Halbinsel und des Mittelmeerraumes stark unterschieden. Die Welt empfand die Etrusker häufig als Außenseiter und stand ihnen immer wieder kritisch gegenüber.[1]

Der wissenschaftliche Austausch zwischen der Alten Geschichte und der Archäologie hat sich in den letzten Jahren intensiviert: Lücken in der Wirtschafts-, Sozial- und Kulturgeschichte sowie im Bereich der politischen Institutionen konnten anhand neuer Funde teilweise geschlossen werden. Nachbardisziplinen helfen der historischen Forschung bei ihrer zentralen Aufgabe, die menschlichen Gemeinschaften im Wandel der Zeit zu beschreiben und zu erkennen, was sie ausmacht und über die Generationen hinweg zusammenhält. Gerade im Bereich der Etruskerforschung hat die archäologische und epigraphische Tätigkeit in den letzten zwei Jahrzehnten bedeutende Fortschritte gemacht, die auch eine kritische Überprüfung älterer Thesen und Hypothesen seit den 70er Jahren des 20. Jh. ermöglichen.[2] Lücken in der Wirtschafts-, Sozial- und Kulturgeschichte sowie im Bereich der politischen Institutionen konnten anhand neuer Funde teilweise geschlossen werden.

Historische und altertumskundliche Themen wurden in den letzten beiden Jahrzehnten verstärkt behandelt: Dazu zählen Staatsbildung und Urbanisierung.[3] Hinzu kommen zahlreiche Darstellungen der Sprache und Religion, Wirtschaft, Gesellschaft, politischen Organisation, sowie der faszinierenden materiellen Kultur wie Wohnhäuser, Gräber, Bildkunst, Stadtanlagen usw. – kurzum: zum gesamten kulturellen Komplex, der die jahrhundertelange Tradition der Etrusker auszeichnete.

Diese einzelnen Teilgebiete des Lebens des etruskischen Volkes werden gerne getrennt voneinander behandelt und bleiben folglich nicht selten von ihrem historischen Kontext isoliert. So sehen wir es als unsere Aufgabe an, die materielle Hinterlassenschaft historisch auszuwerten und zu ordnen, in der Meinung, dass eine zusammenhängende Betrachtung der Etrusker-Forschung im Vergleich zur objektbezogenen und kunstgeschichtlichen Perspektive zu wenig gepflegt wird.

Ziel dieser Arbeit ist es, einen Überblick über die historisch-politische Entwicklung der Etrusker in ihrer Gesamtheit zu geben und nicht der einzelnen

Stadtstaaten, obwohl Etrurien aus zwölf Stadtstaaten bestanden haben soll (▶ Kap. 4.7). Es soll vielmehr versucht werden, innerhalb eines chronologischen Schemas die verschiedenen Teilgebiete nach Jahrhunderten gereiht darzustellen. Dies bedeutet, sich Gedanken über die Aussagen der materiellen Reste zu machen, die Ereignisse, welche antike Autoren und zeitgenössische Urkunden voraussetzen bzw. nahelegen, zu überprüfen und schließlich Indizien und Nachweise der beschriebenen Handlungen zu sammeln, zu verketten und zu erklären. Daraus ergibt sich eine sich wandelnde Betrachtungsweise der etruskischen Welt. Auf diese Weise werden die Einzelheiten, die Verflechtungen und die gegenseitigen Einflüsse der verschiedenen Teilgebiete innerhalb der einzelnen Jahrhunderte besser sichtbar. Denn Sachgebiete, die im Allgemeinen einzeln behandelt werden, ergeben ein anderes Bild, wenn sie in einen größeren historischen Kontext eingeordnet werden.

Wie ihre in großen Zeiträumen datierte Hinterlassenschaft belegt, liegt der Weg der Bewohner Etruriens teilweise im Dunklen und rückte erst im Laufe des 10. Jh. v. Chr. stärker ins Licht der Geschichte. Als Beispiel aus der frühesten Zeit können die Hügelgräber von Crostoletto di Lamone in der Provinz Viterbo (etwa 14. bis Ende 12. Jh. v. Chr.) mit Einzelbestattungen aufgeführt werden.[4] Hier ist zum ersten Mal in Etrurien der Wunsch einzelner Menschen bezeugt, die Erinnerung an die eigene Existenz durch sichtbare Zeichen zu bewahren. Es waren Personen, die in ihrer Gemeinschaft aus verschiedenen Gründen – Mut, Körperstärke, Geschicklichkeit, Überzeugungskraft, Ausdauer usw. – stärker zur Geltung kommen konnten als andere. Die anhand der Funde feststellbare soziale Differenzierung zeigt, dass diese Gemeinschaft auf dem Weg zu komplexeren Lebensformen war. Wer sie ethnisch waren, wissen wir allerdings nicht.

Gegen Ende des 10. Jh. v. Chr. lassen sich neuartige Brandgräber mit teilweise reicher Ausstattung nachweisen. Waffen (Speere) und das Tischchen im Grab M 2 von Tarquinia (▶ Kap. 3.1) sind Gegenstände, die die zeitlosen und konkreten Hauptanliegen des Menschen veranschaulichen – nämlich das Bedürfnis nach Sicherheit und Nahrung. Den Bewohnern Etruriens gelang es über Jahrhunderte, diese Bedürfnisse für sich selbst, für die eigenen Familien und Abhängigen zu stillen. Gruppen, die mit verschiedenen Methoden und aus verschiedenen Gründen eine Führungsposition übernahmen, bezogen Mitglieder der Gemeinschaft zur Erreichung der erwähnten Ziele mit ein. Sie führten Kriege unter Beteiligung von Gefolgsleuten und Abhängigen, organisierten im Laufe der Zeit Staaten und bauten Ansiedlungen zu Städten aus.

Die Hauptanliegen dieser Gemeinschaften – Sicherheit und Nahrungsbeschaffung – blieben (und bleiben) im Wandel der Zeit bestehen; was sich wandelte (und wandelt), waren die Methoden, mit denen man versuchte (und versucht), diese Ziele zu erreichen und die damit verbundenen Überlebensprobleme zu lösen. Die Methoden wurden im Laufe der Zeit zunehmend differenzierter, nahmen verschiedene äußere Formen an und öffneten so die Tore zu weiteren Aufgaben. Diese zielten in erster Linie auf die Reglementierung des Zusammenlebens einer wachsenden Zahl von Personen ab.

Wir kennen aus Etrurien nur wenige Namen von Personen, die eine politische Rolle spielten, und können diese Personen in der Regel lediglich aufgrund ihrer gegenständlichen Hinterlassenschaft fassen. Über deren ursprüngliche Funktion legen auch heute noch überlieferte Gegenstände Rechenschaft ab und erhellen so die Vergangenheit. Und dennoch muss die Geschichte Etruriens weitgehend ohne Namen auskommen.

Eine umfassende Darstellung auf einer beschränkten Anzahl von Buchseiten geht auf Kosten der Tiefenschärfe. Dennoch scheint mir ein Überblick dringend nötig, zumal jedes Thema, das in diesem Buch angeschnitten wird, nachträglich vertieft werden kann.

Kurzer Forschungsbericht

Dies ist nicht die erste Geschichte der Etrusker, die geschrieben wird. In den 1980er Jahren legte K.-W. Weeber einen Abriss der historischen Gesamtentwicklung des etruskischen Volkes vom 10. bis zum 1. Jh. v. Chr. vor; M. Torelli untersuchte besonders die sozialen Unterschiede und die wirtschaftlichen Grundlagen der etruskischen Gesellschaften; Althistoriker, darunter W. V. Harris, H. Galsterer, Th. Hantos, S. Mazzarino und M. Sordi, sowie Rechtshistoriker, darunter U. Manthe und G. M. Facchetti, behandelten einzelne Probleme zur Geschichte Etruriens.[5] Die Werke dieser Autoren sind bekannt und vielfach besprochen worden. Mit dem verstärkten Engagement der englischsprachigen Forschung hat die Etruskologie an Internationalität gewonnen.[6] Auch wissenschaftsgeschichtliche Werke zu den Etruskern haben in der etruskologischen Literatur breiten Raum gefunden.[7]

Seit den 80er Jahren des vorigen Jahrhunderts sind zahlreiche konkrete Aktivitäten, vor allem Grabungen, durch die Denkmalämter (ital. *Soprintendenze*) veranlasst worden, sowie nationale und internationale Kongresse realisiert worden. Die Denkmalämter präsentieren neue Funde vielfach auf den jeweils aktuellen Stand der Forschung.[8] Der Erfolg kürzlich veranstalteter internationaler Ausstellungen zeigt die große Bedeutung der Etrusker im Bewusstsein der Öffentlichkeit auch außerhalb von Italien.[9] Darüber hinaus sind wissenschaftliche Einzelarbeiten sowie Artikel, Sammelbände, Kongressakten und Ausstellungskataloge mit Beiträgen zu mehreren oder einzelnen, vorwiegend systematisch behandelten Kulturgebieten (Kunst, Religion, Sprache usw.) sowie zu neuen Themen erschienen, wobei jedoch die einzelnen Sachgebiete häufig isoliert betrachtet werden.[10] Diese Arbeiten bewegen sich zwischen einem streng wissenschaftlichen und einem populärwissenschaftlichen Niveau.[11] Neue Blickwinkel auf und Fragestellungen zum Untersuchungsgegenstand, wie z. B. das Bild der etruskischen Frau und die typologische Stellung des Etruskischen, fügen unserem Bild von den Etruskern neue Details hinzu.[12]

In den letzten beiden Jahrzehnten ist insgesamt ein deutlicher Zuwachs an Literatur zu beobachten. Hierbei spielen sicher auch die modernen technischen Möglichkeiten, umfangreiches Quellenmaterial zu erfassen und präsentieren, eine wichtige Rolle. Es seien *pars pro toto* lediglich vier monumentale Werke aufgeführt: das Corpus der Familien des etruskischen Tarquinia von A. Morandi Tarabella; die Sammlung der etruskischen Terracotta-Reliefs von N. A. Winter; die zweite Ausgabe des Werkes *Etruskische Texte* von H. Rix, herausgegeben von G. Meiser und Mitarbeitern; und schließlich das zusammenfassende Werk von St. Steingräber über die etruskische Grabmalerei.[13] Sammelbände, herausgegeben von G. Bartoloni, V. Bellelli, J. MacIntosh Turfa, Bellelli-Xella und A. Naso, mit Beiträgen verschiedener Autoren und Autorinnen zu einzelnen Themen der Etruskologie markieren den aktuellen Stand der Forschung.[14]

Quellen und Forschungsprobleme

Die besondere Schwierigkeit, eine Geschichte der Etrusker zu verfassen, liegt in der spärlichen Anzahl schriftlicher Quellen. Im Vergleich zur schriftlich recht gut dokumentierten Geschichte des Alten Orients, Griechenlands und Roms verfügt jene der Etrusker nur über eine bescheidene Anzahl einschlägiger Texte, die von den Etruskern selbst verfasst wurden. Die spärlichen Berichte griechischer und römischer Autoren über die Etrusker – einige ihrer Aussagen lassen sich auf etruskische Quellen zurückführen – stehen stets im Zusammenhang mit der jeweils eigenen Geschichte.

Die bedeutendste etruskische Quellengattung stellen die etwa 12.000 Inschriften auf sehr verschiedenen Schriftträgern (Stein, Bronze, Silber, Gold, Blei und Stoff) dar. Diese Inschriften entstammen unterschiedlichen Lebensbereichen und halten teilweise öffentliche Vorgänge fest, etwa aus der Arbeit von Magistraten. Eine Inschrift aus Caere erwähnt die Taten des Oberbeamten Thefarie Velianas.[15] Dieser schrieb in eigener Sache, weshalb sein Text einer kritischen Überprüfung bedarf. Daneben besitzen wir eine große Anzahl von Inschriften privaten Charakters: Grab-, Besitz- und Weihinschriften, Bauinschriften, Signaturen von Handwerkern sowie die ausführlichen Urkunden aus Cortona, Perugia und Pech Maho in Südfrankreich.[16] Beamteninschriften mit Ämterlaufbahn werfen ein Licht auf die staatliche Verfassung. Bildquellen und Namen von Personen mit Angabe eines oder beider Elternteile, der Großeltern, der Kinder und Enkelkinder, der Ehefrauen und Brüder sowie ganz allgemein Inschriften von Unfreien und Bilinguen sind ein unentbehrliches Hilfsmittel für den Sozialhistoriker.[17] Es gibt schließlich auch religiöse Texte, wie den kultischen Opferkalender von Capua und den Ritualtext von Zagreb als Leinenbuch.[18]

Über das rein etruskische Vokabular hinaus gibt es in der lateinischen Sprache griechische Lehnwörter, die eine etruskische Zwischenstufe voraussetzen. Diese Wörter gehören mehreren historischen und kulturellen Kategorien und innerhalb der einzelnen Kategorien mehreren Bereichen an.[19] Die Datierung dieser sprachlichen Übernahmen aus dem Griechischen bereiten Schwierigkeiten, da die lateinischen Formen erst seit der zweiten Hälfte des 3. Jh. v. Chr. belegt sind.

Eine weitere etruskische Quellengruppe sind Malereien mit Darstellungen von Ereignissen; sie werden anhand kunsthistorischer Erwägungen datiert und in ihrer historischen Bedeutung erschlossen, wenn das Dargestellte unmittelbar verständlich ist, wie z. B. bei Magistratenzügen, oder wenn wir über eine schriftliche Parallelüberlieferung verfügen. Dies gilt auch für die reiche materielle Hinterlassenschaft.

Die Erkenntnismöglichkeit der Archäologie hat jedoch auch Grenzen. So verlieren archäologische Reste häufig mit der Zeit ihre ursprünglichen Funktionen. Wenn also ein Gefäß nicht nur zum Trinken, oder wenn eine Waffe nicht nur im Krieg verwendet wurde, sondern etwa als kultisches Objekt oder Zeichen der Zugehörigkeit zu einer bestimmten Sippe Verwendung fand, lässt sich diese Verwendung dem Artefakt nicht mehr ablesen. Dennoch sind Gräber und Gemäuer, Grabausstattungen bestehend aus Gefäßen, Waffen, Schmuck usw. vielfach die einzige Quelle für Zeitabschnitte, über die es keine schriftliche Überlieferung oder nur Berichte von Vorgängen gibt, bei denen wirkliches Geschehen und Erfundenes kaum getrennt werden können. Die materielle Hinterlassenschaft zeigt in erster Linie Zusammenhänge im Bereich von Wirtschaft und Gesellschaft: Bauten und Gegenstände, über die meist Typologien und Statistiken aufgestellt werden, enthalten auch Indizien historischer Ereignisse und belegen Sachverhalte, die sichtbar werden, wenn man sie unter einem anderen Blickwinkel betrachtet. So bezeugen Verteidigungsanlagen nicht nur bauliches Können, sondern sie sind auch ein Beleg von Kriegsgefahr und Verteidigungsbereitschaft. Zu erkennen ist hieran auch das Organisationstalent einer militärischen und politischen Führungsschicht. Vasen, Schmuck usw. als Tauschgeschenke bezeugen soziale Beziehungen. Prunkvolle Wohnungen sind Zeichen nicht nur einer reichen Oberschicht, sondern meist auch von Trägern politischer Macht. Metallbearbeitung setzt Machthaber voraus und Untergebene, die überwiegend für ihre Arbeitgeber, weniger für sich selbst arbeiteten. Ebenso konnten (und können) großangelegte Bauten, z. B. Straßen, Wasserstollen, Mauern, Hafenanlagen usw. nur gemeinschaftlich ausgeführt werden, was eine staatlich-administrative Organisation voraussetzt, unabhängig von der Regierungsform.

Kalender und Namensysteme gehören zu den Einrichtungen, die sich seit der Antike erhalten haben. Die Ortsnamenkunde liefert einen nützlichen Beitrag zur Feststellung sprachlicher Grenzen; gleichlautende Ortsnamen in Territorien mit zahlreichen Bevölkerungsumschichtungen sind jedoch oft undurchsichtig und schwer datierbar.

Der im 2.–1. Jh. v. Chr. lebende Historiker Poseidonios von Apamea in Syrien weiß zu berichten, dass die Etrusker Geschichte, Literatur, Naturwissenschaft und Theologie betrieben.[20] Kaiser Claudius (41–54 n. Chr.) weist im Jahr 48 n. Chr. in einer Rede vor dem römischen Senat ausdrücklich auf »etruskische Autoren« hin, welche über das Schicksal zweier enger Freunde berichteten: den Heerführer Mastarna und Caelius Vibenna.[21] Eine Inschrift aus Veji (um 550 v. Chr.) nennt die Weihung eines Avile Vipina.[22] Die römische Überlieferung, die jünger ist als die etruskische, kennt Aulus und seinen Bruder Caelius Vibenna und legt die Datierung ihrer Tätigkeiten ins 6. Jh. v. Chr.[23] Eine Malerei im Grab der Familie Saties von Vulci (um 330 v. Chr.) zeigt den Heerführer Macstrna/Mastarna, der die gefesselten Hände von Caile Vipina/Caelius Vibenna befreit. Der Inhalt der Malerei reflektiert wohl die von Kaiser Claudius erwähnte Erzählung der »etruskischen Autoren«. Claudius selbst, der Autor des Werkes »Über etruskische Forschungen« (*Tyrrheniká*) im Umfang von 20 ›Büchern‹ und wohl in griechischer Sprache,[24] schöpfte ausgiebig aus der etruskischen Tradition, worauf Einzelheiten in seiner Rede vor dem Senat hinweisen. Diese Details zeigen, dass die Etrusker nicht nur religiöse Schriften, sondern auch eine ›historisch-epische‹ Literatur besaßen, aus der wahrscheinlich auch die frühen römischen Autoren und Cato (2. Jh. v. Chr.) die Geschichte einzelner etruskischer Städte übernahmen. Auch die auf Sarkophagen und Malereien dargestellten etruskischen Leinenbücher enthielten wahrscheinlich nicht nur sakrale Texte. Worüber die »etruskischen Autoren« noch berichteten, wissen wir jedoch nicht.

Die Etrusker besaßen auch ein eigenes Geschichtswerk, das den lateinischen Titel *Tuscae historiae* trug. Der römische Grammatiker Censorinus (3. Jh. n. Chr.) erwähnt mit Rückgriff auf Varro (1. Jh. v. Chr.), dass die *Tuscae historiae* in zehn Zeitabschnitte (*saecula*) von unterschiedlicher Länge eingeteilt war.[25] Jeder Abschnitt hatte einen Anfang und ein Ende, die jeweils von den Göttern mit Zeichen angekündigt wurden. Von Censorinus und anderen Autoren sind die Länge und das Datum der einzelnen Zeitabschnitte bekannt. Der Text selbst sei im 8. Zeitabschnitt niedergeschrieben worden, welcher zwischen 207 v. Chr. und 88 v. Chr. datiert wird.[26] In diesem Jahr verkündete ein klagender Trompetenton das Ende des 8. Zeitabschnittes in dem sich Sitten und Lebensverhältnisse gravierend veränderten.[27] Im Jahre 44 v. Chr. zeigte ein Komet das Ende des 9. Zeitabschnittes und den Beginn des 10. Abschnittes.[28] »Wenn diese vergangen seien, sei das Ende des etruskischen Volkes gekommen«, schreibt Censorinus.[29] Wie lange der 10. Zeitabschnitt dauerte, wissen wir nicht. Die Ereignisse, die den Anfang und das Ende der einzelnen Epochen markierten, werden nur beim 8./9. Zeitabschnitt und beim 9./10. Zeitabschnitt angegeben, nämlich im ersten Fall der Trompetenton und im zweiten Fall der Komet. Die Etrusker unterteilten ihre Geschichte also in einen Ablauf einzelner Zeitabschnitte. Damit zeigt sich außerdem, dass die Etrusker – vielleicht ihre Priester – die Vorstellung einer gemeinsamen Geschichte ausgearbeitet hatten, die wiederum unabhängig von der Historizität ihres Inhalts das Bewusstsein einer sprachlich-kulturellen Gemeinschaft unterstützte.

Anfang des 1. Jh. v. Chr. wurde in lateinischer Sprache, aber in etruskischem Umfeld, die sogenannte »Prophezeiung der Nymphe Vegoia« verfasst (▶ Kap. 8.1). Diese spielt u. a. auf eine Scheidung zwischen Meer und Land an. Eine etruskische Kosmogonie kennt sechs Perioden und beginnt ebenfalls mit der Scheidung zwischen Gewässer und Luftraum und zwischen Meer und Land, was das Werk eines Schöpfergottes sei.[30] Diese Kosmogonie geht auf eine Bearbeitung altorientalischer Literatur durch die Etrusker zurück und beschreibt, ähnlich wie die »Etruskische Geschichten« und der Text der Vegoia, einen Beginn und ein Ende von Perioden.

Der Aufbau all dieser etruskischer Werke zeichnet eine historische Entwicklung nach. Die Werke selbst waren also Ereignisgeschichten, sodass die Bezeichnung *historiae* nach griechisch-römischem Maßstab durchaus gerechtfertigt ist.[31] Für die Etrusker hatte Geschichte jedoch auch mit Prophezeiung zu tun.

Der Philosoph Seneca (55 v. Chr.–40 n. Chr.) schreibt den Etruskern die Vorstellung zu, dass Geschehnisse nicht, wie Griechen und Römer annahmen, ein Zeichen geben, weil sie stattfinden. Vielmehr finden sie statt, um den Menschen ein Zeichen (der Überirdischen) zu geben.[32] Daraus folgt, dass die von den Etruskern eigens ausgearbeitete und teilweise sehr differenzierte Technik der

Beobachtung und Deutung der Zeichen, welche die Botschaften der Überirdischen überbrachten, ein grundlegender Teil ihrer Geschichte war. Die Regeln zur Beobachtung und Deutung der Zeichen waren in der Sammlung »Etruskische Disziplin« enthalten. Die Interpretation von Geschichte hatte also auch eine sakrale Färbung und lag letzten Endes in den Händen von Beobachtern und Deutern. Von diesen glaubte man, dass sie die Fähigkeit besäßen, die Geschichte zu beeinflussen.

Die Forschung nimmt an, dass der etruskische Adel die Geschichte der jeweils eigenen Familie verfasste. Sujets etruskischer Malereien, z. B. die Darstellung von Magistratszügen, und lateinische kaiserzeitliche Inschriften zur Ehre altetruskischer Heerführer (▶ Kap. 4.6) stützen diese Annahme.[33]

Zu den zentralen Problemen der etruskologischen Forschung gehört die Frage der Herkunft der Etrusker, die schon in der Antike aufgeworfen wurde. Griechische Historiker stellten seit dem 5. Jh. v. Chr. die Frage nach der Herkunft des von ihnen so verschiedenen Volkes der Tyrsener Italiens (= Etrusker), welches sie seit Jahrhunderten kannten und dem die griechische Welt damals (und später) mehr oder weniger kritisch gegenüberstand.[34] Herodot wandte für die Tyrsener das Modell der Einwanderung eines Volkes (bzw. eines Teiles davon) an: Die Tyrsener (Italiens) seien demnach Nachfahren der Lyder.[35] Zur Zeit des König Atys sei nämlich die Hälfte der Bevölkerung der Landschaft Lydiens im Westen Kleinasiens infolge einer Hungersnot »ins Land der Umbrer« ausgewandert. Hier (in Italien) hätten sich die Einwanderer, nach dem Namen des Königssohnes Tyrsenos, der sie nach Italien geführt habe, Tyrsener genannt.

Die Quelle seines Wissens gibt Herodot nicht an, wahrscheinlich waren es mündliche Überlieferungen oder lokale Chroniken. Er selbst stammte aus Halikarnassos in Karien, eine an Lydien angrenzende Landschaft in Kleinasien. Weitere Autoren, die Atys in anderen Kontexten nennen, gehen auf uns ebenfalls unbekannte Quellen zurück und nennen, ähnlich wie Herodot, kein exaktes Datum, sodass sich ein König Atys mit einem Sohn Tyrsenos in die Geschichte Lydiens chronologisch nicht einreihen lässt. Im Bericht Herodots und weiterer Autoren über die Tyrsener treten sagenhafte Motive aus verschiedenen Traditionssträngen zu Tage.[36] Der Überlieferungskomplex versetzt Tyrsener durchweg in einen mythischen Kontext, was wiederum für das hohe Alter der Sagen und für den Verlust einer historischen Erinnerung spricht. Die Aussagen sind jedenfalls insgesamt widersprüchlich und kaum nachvollziehbar.

Der Historiker und Redelehrer Dionysios aus Halikarnassos in Kleinasien (zweite Hälfte des 1. Jh. v. Chr.) behandelte die Frage des Ursprungs der Tyrsener/Etrusker aus der Sicht der Etrusker.[37] Er zitiert die Thesen früherer Autoren, kritisiert die Vertreter der Einwanderungsthese aus Lydien und nimmt schließlich selbst Stellung zu dieser Frage: Die Tyrsener seien ein »einheimisches Volk«, denn ihre Sprache und Sitten offenbarten eine eigene Identität; auch kenne der äußerst verlässliche Historiker und Heimatkundler Xanthos aus Lydien (erste Hälfte des 5. Jh. v. Chr.) in seinem (heute verlorenen) Werk weder einen Tyrrhenos als Herrscher der Lyder, noch eine Auswanderung von Siedlern aus Lydien nach Italien, noch ein Tyrrhenien als Kolonialland von Lydern. Die Stichhaltigkeit in der Wiedergabe der Thesen weiterer, uns bekannter Autoren spricht für die

Glaubwürdigkeit der Aussage von Dionysios, dass Xanthos keine Tyrrhener kannte. Mit seiner These steht Dionysios von Halikarnassos in der antiken Überlieferung nicht allein da, denn er spielt auf andere Autoren an, die dasselbe behaupteten, die er aber namentlich nicht nennt und die der modernen Forschung nicht bekannt sind.

Die Debatte über die Herkunft der Etrusker hat sich von der Antike in die moderne Zeit verlagert: Generationen von Gelehrten haben im 19. und 20. Jh. versucht, durch das Zusammentragen neuer Funde und durch den Gewinn neuer Erkenntnisse sowie durch das Heranziehen neuer Methoden die Einwanderungsthese nach Herodot bzw. die Autochthonie-These nach Dionysios zu untermauern bzw. anzufechten. Einige moderne Autoren arbeiteten auch die These einer Einwanderung von Etruskern aus den transalpinen Gebieten heraus, die jedoch die Mehrheit der Forscher mit unterschliedlich starken Argumenten akzeptiert oder ablehnt. In der Annahme der Existenz der Etrusker auch außerhalb ihrer historischen Gebiete und auch vor der Zeit, in der sie historisch greifbar sind, erkennt man den gemeinsamen Nenner dieser drei Thesen.[38] Dieser gemeinsame Nenner ist die Grundlage der Betrachtung des Problems, das dann auf unterschiedlicher Art und Weise gelöst wird.

In den 1940er Jahren haben M. Pallottino und F. Altheim die umstrittene Frage nach der Herkunft der Etrusker von einer neuen methodologischen Warte aus betrachtet: Die Etrusker Italiens seien, wie jedes andere Volk, das Ergebnis eines Verschmelzungsprozesses mehrerer Elemente verschiedenen Ursprungs, die sich im Laufe der Zeit verdichteten und sich zu einer neuen historischen Realität zusammenschlossen.[39] Die historischen Etrusker stünden also am Ende (und nicht am Anfang) einer historischen Entwicklung. Die ›Volkswerdung‹ habe sich auf dem Boden des westlichen Mittelitaliens vollzogen. Der grundlegende Unterschied zwischen den Thesen des Formationsprozesses und einer Einwanderung besteht in der verschiedenen Einstellung zur Frage, ob und inwieweit Fremde den bereits vorhandenen etruskischen Merkmalen zum Durchbruch verhalfen. Hier ist in erster Linie die Sprache gemeint, da sie als Verständigungsmittel einer Gemeinschaft die Identifikation ethnischer Gruppen erleichtert. Die Einstufung der etruskischen Sprache ist daher entscheidend (▶ Kap. 3.5).

Um das Problem der Herkunft bzw. des Ursprungs der Etrusker war es Jahrzehnte lang still. Es wurde mitunter sogar als für die Etruskologie uninteressant abgestempelt, wenngleich die Erforschung des Ursprungs von Völkern und Kulturen zu den Hauptaufgaben der historischen Wissenschaften zählt.[40] In den letzten Jahren sind allerdings einige Beiträge zum Thema der Herkunft der Etrusker erschienen.[41]

Die Aufstellung einer detaillierten Chronologie ist ein weiteres Hauptproblem, das eng mit der Frühzeit Etruriens zusammenhängt. Der archäologische Fundbestand Etruriens ermöglichte es jahrzehntelang, den frühen Ansatz der kulturellen Entwicklung der Gemeinschaften in Etrurien zwischen der Mitte des 11. und dem Beginn des 9. Jh. v. Chr. zu datieren.[42] In der Sprache der Frühgeschichtsforschung entspricht diese Zeit dem Ende der Bronzezeit und dem Beginn der Eisenzeit. C^{14}-Daten, kalibriert mit der Dendrochronologie bei Pfahlbauten in der Schweiz und in Süddeutschland, haben in den 1990er Jahren zu einer Verschiebung der langjährigen Chronologie der Spätbronzezeit Mitteleuropas auf ein höheres Alter geführt. Die Übertragung der kalibrierten C^{14}-Daten auf Mittelitalien ergibt ebenfalls eine ältere Datierung der archäologischen Funde, wenngleich das zeitliche Verhältnis der einzelnen Stufen zueinander gleichbleibt. Der kulturelle Schub, welchen die Gemeinschaften in Etrurien am Beginn der Eisenzeit erfuhren, habe nach der revidierten Chronologie etwa 1020 v. Chr. begonnen; dies ergibt einen Unterschied von etwa 100 Jahren für den Beginn der Eisenzeit im Vergleich zur alten Chronologie. Gerade diese Zeit (11.–10. Jh. v. Chr.) ist die entscheidende Epoche, in der in Mittelitalien neue und originelle Wirtschafts- und Gesellschaftsformen, Lebensgewohnheiten und ein neues Geistesgut hervortraten. Kulturelle Differenzierungsmerkmale Mittelitaliens zu den Nachbargebieten werden in dieser Zeit sichtbar und leiten eine neue historische Entwicklung ein.

Die Etrusker-Forschung hat allerdings bezüglich dieser neuen Chronologie Bedenken angemeldet. Dendrochronologische Ergebnisse und C^{14}-Daten gelten für Mitteleuropa, fehlen jedoch für Etrurien, sodass keine Grundlage besteht, die traditionelle Chronologie Etruriens zu ändern.[43] Wir werden uns im Folgenden für die frühe Zeit an die u. a. von A. Babbi und F. Delpino vertretene Chronologie halten, die einen gut dokumentierten Kompromiss anbietet. Da in Etrurien frühzeitliche Gräber und Gegenstände innerhalb einer Zeitspanne von mehreren Jahrzehnten datiert werden können, darf man sie chronologisch etwas älter schätzen. Der Übergang von der Endbronzezeit zum Beginn der Eisenzeit (um 925 v. Chr.) erfolgte im 11./10. Jh., und nicht wie in der früheren Chronologie erst im Laufe des 10. Jh. v. Chr.[44] Um 725 v. Chr. beginnt die sogenannte ›orientalisierende‹ Epoche.

Bezüglich der frühen Auseinandersetzungen Südetruriens mit Rom ist bekannt, dass die Datierung der Kriege und anderer Ereignisse vor ca. 300 v. Chr. weitgehend auf spätere Rekonstruktionen der römischen Frühgeschichte durch römische Historiker des 3. bis 2. Jh. v. Chr. zurückgeht.[45] Um eine Verwirrung vor allem der fachfremden Leser zu vermeiden, wird daher in der Folge die traditionelle Datierung zugrunde gelegt. Dennoch sei nachdrücklich auf die Unsicherheit aller römischer Jahresangaben vor dem 3. Jh. v. Chr. hingewiesen. Insgesamt wird in der vorliegenden Arbeit die frührömische Geschichte nach A. Drummond und T. I. Cornell (CAH VII, 2: *The Rise of Rome to 220 B. C.*, 1990², S. 645–672) datiert. Auf die Probleme der DNA-Forschung soll weiter unten (▶ Kap. 3.5) eingegangen werden.

Methode

Eine Rekonstruktion des historischen Weges der Etrusker, teilweise nach dem Modell der griechischen und römischen Nachbarwissenschaften (oder der Altertumskunde), stellt eine methodische und sachliche Herausforderung dar. Ein engerer Fokus wird im Bereich der Gesellschaft auf die Nachbarvölker der Etrusker, nämlich auf die Latiner mit Rom und auf die italischen Umbrer gerichtet. Die historische Rekonstruktion geht von der trivialen Feststellung aus, dass nicht nur die literarische Überlieferung, sondern auch die materielle Hinterlassenschaft Ausdruck ihrer Zeit ist und für sich ausgewertet werden muss, ehe man beide zu einem historischen Bild zusammenführt. Bei chronologischen Unterschieden zwischen der Überlieferung und der Archäologie sollen Funde als zuverlässiges Datierungsinstrument dienen, sofern sie nicht, wie von manchen klassisch gebildeten Archäologen, anhand der literarischen Überlieferung datiert und interpretiert werden. Hier besteht nämlich die Gefahr eines Zirkelschlusses, wenn man Funde anhand der literarischen Überlieferung datiert und nachträglich die Datierung der archäologischen Funde als Bestätigung der literarischen Überlieferung anführt. Die antike Überlieferung darf also nicht blind übernommen werden, sondern muss zunächst auf ihren Aussagegehalt überprüft werden. Die Schriften antiker Historiker zur Frühgeschichte Italiens und besonders Roms, wie vor allem jene von Livius und Dionysios von Halikarnassos, enthalten für die fragliche Zeit eine Menge an Anachronismen. Beide Autoren zogen spätere Ereignisse zur Rekonstruktion früherer heran, für die ihnen keine Überlieferungen zur Verfügung standen. Oft fällt die Entscheidung zwischen mehreren Überlieferungen zum selben Ereignis schwer, da sie ursprünglich mündlich tradiert und mit der Zeit deformiert wurden. Manchmal ist eine Entscheidung sogar unmöglich, wenn Aussage gegen Aussage steht. Hier soll versucht werden, plausibel begründete Antworten auf die Fragen zu bieten, welche die Quellen offenlassen.

Andererseits beweisen ähnliche Formen von Kulten und Handwerksprodukten nicht immer verwandtschaftliche oder sonstige Verbindungen zwischen ihren jeweiligen Schöpfern, denn man muss auch mit politischen und ökonomischen Beziehungen bzw. mit Parallelentstehungen rechnen. Belege und Befunde, die über einen bestimmten etruskischen Staat für eine bestimmte Epoche Informationen vermitteln, leisten dies nicht unbedingt für andere etruskische Staaten und für andere Epochen. Sie können insofern nicht ohne weiteres von einem Staat auf einen anderen übertragen werden. Ebenso sollen Termini aus der griechischen und römischen Geschichte, wie Staat, Stadt, Demokratie, Tyrannis, Republik usw. erst dann für Etrurien verwendet werden, wenn sie inhaltlich, zeitlich und räumlich definiert sind. Dies wird man von Fall für Fall entscheiden müssen, denn hier droht die Gefahr von Verallgemeinerung und Überinterpretation.

Die üblichen Methoden der Alten Geschichte, nämlich die kritische Verwendung der antiken Überlieferung und die Auswertung von altertumskundlichem Material, erlauben eine Rekonstruktion historischer Sachverhalte im Bereich der Etruskologie lediglich in groben Zügen und mit unterschiedlichem Grad an Wahrscheinlichkeit. Aufgrund der relativ kleinen Anzahl narrativer Quellen und wegen der Subjektivität in der Interpretation des Materials muss auf Details weitgehend verzichtet werden. Gesicherte Fakten gibt es wenige und einzelne Sachgebiete bleiben in ihrem historischen Kontext isoliert. Spekulative Alternativen werden in diesen Fällen kaum geboten (und dann als solche gekennzeichnet), denn sie gehören nicht zum Ziel der Historiker. Die Grenzen der historischen Darstellung sind erreicht, wo die Aussagen nicht mehr auf ihre Faktizität hin überprüft werden können, weil die nötigen Quellen fehlen. Zwischen reinen Hypothesen in Ermangelung von Berichten und der Rekonstruktion von Fakten anhand von Quellen gibt es eine ganze Reihe von Zwischenstufen der Glaubwürdigkeit.

Allgemein sind Hypothesen die Voraussetzung für Erkenntnisfortschritte und deshalb ein wichtiges Instrument der Wissenschaft. Was vorläufig hypothetisch bleibt, kann anhand neuer Funde und Ergebnisse Ausgangspunkt für neue Ideen und neue Fragen werden. Hypothesen, die als Argumente für weitere Hypothesen dienen, werden vermieden. Ebenso allzu weitreichende Interpretationen, die sich weder auf die antike Überlieferung noch auf weitere zeitgenössische Fakten stützen können. Auch wird die Nennung von Phänomenen vermieden, die ohnehin selbstverständlich sind. Der Beweis, dass es im Etrurien des 6. Jh. v. Chr. Gefolgsleute und Abhängige gab, erübrigt sich, denn ihr Vorhandensein in der Nähe bessergestellter Gruppen darf vorausgesetzt werden. Gefolgschaften stellten sich in erster Linie bei Gruppen ein, die militärisch wirkten und für öffentliche und private Aufgaben verlässliche und treue Anhänger benötigten. In diesem Zusammenhang ist vielmehr die Entstehung der Gruppen als solche sowie ihr Beitrag zu dem, wofür sie engagiert wurden, von historischem Interesse.

In der vorliegenden Arbeit wird, wo möglich, die Methode der Autopsie angewendet, sei es durch Besuch der Schauplätze, sei es durch gezielte Recherchen in Museen. Die relativ große Anzahl von Anmerkungen ist dem Wunsch geschuldet, dem Leser die Aussagen nachvollziehbar zu machen.

Technisches

Historisch gesehen entspricht ›Etrurien‹ in seinem Kern der heutigen Toskana, also dem westlichen Teil Mittelumbriens und im Süden dem heutigen Nordlatium bis etwa zum Fluss Tiber im Osten.[46] Die Bezeichnungen ›italisch‹ und ›Italiker‹ beziehen sich auf das antike Italien (Altitalien), ›italienisch‹ und ›Italiener‹ auf das mittelalterliche und moderne Italien; ›italienisch‹ wird im geographischen Sinn auch in Bezug auf die Antike verwendet. Die Bezeichnung ›italisch‹ und ›Italiker‹ wird in der Forschung uneinheitlich verwendet. In dieser Arbeit soll unter ›italisch‹ die (indoeuropäische) Sprache der Italiker, d. h. der Sabeller (oder Osker) Süd- und Ostitaliens sowie eines Teiles Mittelitaliens verstanden werden, die sich vom Lateinischen, der Sprache der Latiner, unterschied.[47] Die Italiker/Sabeller/Osker wiederum bestanden aus zahlreichen kulturell und sprachlich einander nahestehenden Stämmen mit eigenen Dialekten, die bei Bedarf genannt werden.[48] Italioten waren die Griechen Süditaliens und Sikelioten die Griechen Siziliens.

Die etruskischen Städte werden in der Forschung oft inkonsequent benannt. Hier sollen neben den modernen deutschen Namen italienischer Städte bzw. Fundorte, wie z. B. Veji, die (lateinischen) Namen Caere und Felsina für die italienischen Städte Cerveteri und Bologna beibehalten werden. Ebenso wird der lateinische Name der Stadt Volsinii gebraucht, der sich ursprünglich auf die heutige Stadt Orvieto und später auf die Stadt Bolsena bezog. Nach den Namen von Hauptsiedlungen folgen in Klammern häufig die Namen von Fluren, meist als Fundortangabe.

Da die einschlägigen Schriftquellen und Materialien bereits ediert sind, wird die Beschreibung von Funden weitgehend reduziert und es wird nur mehr dargelegt, was für die historische Fragestellung relevant ist. Inschriften werden nach der 2. Auflage von *Etruskische Texte* (ET²) zitiert und auch weitgehend danach datiert. Da es sich nicht um eine linguistische Abhandlung handelt, wird bei Inschriften auf die Angabe unsicherer Lesungen verzichtet. Die griechischen Buchstaben Theta (θ) und Chi (χ) für *th* und *ch* werden hingegen beibehalten. Wörter mit vorangestelltem diakritischem Zeichen * sind als solche nicht belegt, sondern mit linguistischen Kriterien rekonstruiert. Das Zeichen < bedeutet so viel wie »abgeleitet von«. Angaben mehrerer antiker Autoren werden in den Anmerkungen genannt. Die Übersetzung von Zitaten antiker Autoren gehen, wenn nicht anders vermerkt, auf die Verfasserin zurück. Verweise auf andere Abschnitte des Buches beziehen sich auf Kapitel und Unterkapitel bzw. auf Unterkapitel allein.

Sofern nicht anders vermerkt, beziehen sich alle Jahresangaben im Folgenden auf die Zeit vor Beginn unserer Zeitrechnung.

1 Das Land Etrurien: Grenzen und geographische Beschaffenheit

Etrurien, das Kernland der Etrusker, liegt zwischen dem Apennin im Norden, dem Tyrrhenischen Meer im Westen und dem Lauf des Tibers im Osten und im Süden. Die von den antiken Autoren angegebenen territorialen Grenzen der etruskischen Staaten galten in erster Linie für die Zeit des jeweiligen Autors, änderten sich aber im Laufe der Zeit in erster Linie infolge kriegerischer Auseinandersetzungen immer wieder. So siedelten die Ligurer, die im 6. Jh. bis etwa zum Fluss Magra ihre Wohnsitze hatten, nach dem griechischen Historiker Polybios zu seiner Zeit (2. Jh.) entlang der tyrrhenischen Küste bis Pisa und im Hinterland bis zum »Gebiet der Aretiner«.[1] Arezzo war damals eine bedeutende etruskische Stadt und sein Staatsgebiet etruskisches Grenzland zu den Umbrern. Auch die Grenze zwischen Etruskern und Umbrern änderte sich im Laufe der Zeit, sodass der Fluss Tiber nur in seinem oberen Lauf vollständig in Etrurien floss.

Die politisch brisanteste Grenze Etruriens war im 6. Jh. die südetruskische Grenze zwischen den Gebieten von Caere und Veji rechts des Tibers und dem Gebiet Roms in Latium links des Flusses. Der Tiber war bis zur Eroberung Vejis durch Rom im Jahre 396 eine durchlässige Siedlungsgrenze zu den Umbrern und zu den Latinern.[2] M. Rieger nimmt an, dass die etruskische Stadt Veji das rechte Ufer des Tibers im letzten Drittel des 6. Jh. an Rom und die Latiner verlor.[3] Im südöstlichen Grenzgebiet Etruriens wohnten die Falisker; sie waren mit den Latinern und nicht mit den Etruskern sprachlich verwandt, standen jedoch im 7. Jh. politisch und kulturell den etruskischen Staaten nahe. Plinius nennt die faliskische Hauptstadt Falerii eine »Siedlung der Etrusker«, Livius nennt die Einwohner von Fidene »Etrusker«.[4] Etruskische Inschriften sind auch in Umbrien und umbrische Inschriften in Etrurien bezeugt.[5] In Südetrurien wurde die langgezogene, vom Apennin nach Westen leicht abfallende Kette der Monti Cimini unmittelbar südlich der modernen Stadt Viterbo und mit einer Seehöhe von etwa 1100 m erst im Zuge der römischen Eroberung im 4. Jh. eine ethnische Grenze.

Die Beschreibung Südlatiums durch Theophrast passt sehr gut auch auf Südetrurien:

> »Das Land [...] ist feucht. Die Ebenen erzeugen Lorbeer, Myrte und wunderbare Rotbuche; sie [die Bewohner] fällen so große Bäume, dass ein einziger Stamm für den Kiel eines tyrrhenischen Schiffes reicht. In den Bergen wachsen Fichten und Tannen.«[6]

Südetrurien ist durch Tuffplateaus von etwa 150–300 m Höhe charakterisiert. Tuffplateaus sind natürliche Sporne von unterschiedlicher Ausdehnung mit steilen, schroffen Abhängen, die sich in urgeschichtlicher Zeit an der Teilung zweier

1 Das Land Etrurien: Grenzen und geographische Beschaffenheit

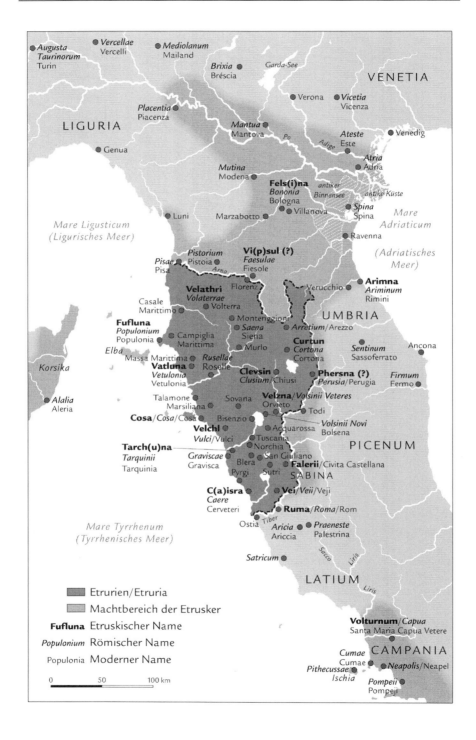

Wasserläufe bildeten, welche ihrerseits cañonartige Schluchten einschnitten. Die bewohnten Plateaus Südetruriens befanden sich in einer geographisch sicheren Lage und in einer Entfernung von durchschnittlich 4–10 km von der Küste – so Caere, Vulci und Tarquinia – bzw. an Flüssen, z. B. Veji am Crémera, Orvieto/Volsinii am Paglia, beide Nebenflüsse des Tibers, und Bisenzio am Bolsena-See, aus welchem der Fluss Marta abfließt und westlich von Tarquinia in das Tyrrhenische Meer mündet.

Mittel- und Nordetrurien präsentieren sich geographisch anders als Südetrurien. Beide Landschaften bestehen aus unterschiedlich hohen Hügelketten (300–550 m) aus Kalkstein, Mergel und Schiefer; die höchsten Berge der Region sind Monte Amiata (1738 m) und Monte Cetona (1148 m). Die Hänge des Monte Cetona waren bereits in der Jungsteinzeit besiedelt, wie zahlreiche Funde im Museum von Cetona (Provinz Siena) zeigen.

Insgesamt ist Etrurien reich an Flüssen, Bächen, kleineren Gewässern und Seen vulkanischen Ursprungs, es ist ein äußerst fruchtbares Land. Überhaupt waren die Fruchtbarkeit und die Rohstoffe Etruriens in der Antike geradezu sprichwörtlich. Hier wachse »jede Art von Früchten«[7], auf Elba hätten sich die Eisengruben von selbst wieder gefüllt.[8] Die hügelige Landschaft Etruriens und die breiten Täler der Flüsse Ombrone (Grossetano), Marta und Chiana stellten zu keiner Zeit besondere Verkehrshindernisse dar, was die Aufnahme und die Pflege von Kontakten grundsätzlich begünstigte, was aber nur begrenzt zu einer großräumigeren Organisation gemeinsamer Vorhaben führte.

2 Frühe Gemeinschaften in Südetrurien (zweite Hälfte des 2. Jahrtausends)

Etrurien war bereits in der Steinzeit besiedelt. Kupfer wurde seit der ersten Hälfte des 4. Jahrtausends in Mittel- und Norditalien sowie auf Lipari und Sardinien bearbeitet.[1] Im 3. Jahrtausend betrieb man in Etrurien Bergbau, wie das aus Etrurien stammende Kupfer des Beiles des Mannes vom Similaun-Gletscher in Südtirol (sog. »Ötzi«) bestätigte.[2] In Südetrurien gab es nach der Mitte des 2. Jahrtausends kleine Ansiedlungen an Seeufern, an Flüssen, an der Meeresküste und im offenen Gelände sowie auf leichten und gegenüber feindlichen Angriffen gesicherten Anhöhen mit günstigen Anbauflächen für die Landwirtschaft. In den Tolfa-Bergen Nordlatiums und auf einer Anhöhe mit einer Fläche von etwa 5 ha am Zusammenfluss dreier Bäche lag die Siedlung Luni sul Mignone. Reste von Getreidesorten und Hülsenfrüchten sowie Knochen von Groß- und Kleinvieh aus dem 14.–12. Jh. sprechen für Sesshaftigkeit und spiegeln die Ernährungsgrundlagen der Bewohner, nämlich Acker- und Weidewirtschaft, wider.[3]

Die Landwirtschaft setzte als saisonbedingte Tätigkeit weitere Aktivitäten in Gang, die nicht immer mit der Sicherstellung der Ernährung zusammenhingen; z. B. den Bau besserer Wohnstätten oder handwerkliche und häusliche Tätigkeiten, darunter Spinnen, Weben, Holzsammeln, Herstellung von Waffen und sonstigem Gerät usw. Etwa 10 km Luftlinie von Luni sul Mignone entfernt lagen in den Tolfa-Bergen weitere Ansiedlungen (Allumiere, Elceto, Monte Rovello und San Giovenale) mit ähnlichen wirtschaftlichen Grundlagen wie Luni. Kerne des wilden Ölbaumes (*oleaster*) in Vicarello am Bracciano-See weisen auf Olivenanbau hin.[4]

Horte, d. h. Bodenvertiefungen bzw. Gruben als Aufbewahrungsorte von Metallen, bezeugen im 14.–12. Jh. im Tolfa-Gebiet und in den Territorien von Grosseto, Siena und Livorno den systematischen Abbau von Metallen.[5] Bronzeabfälle und Metallbruchstücke sprechen für die Wiederverwertung der Metalle. Arbeitsgeräte, z. B. Beile verschiedenen Typs sowie Pickel für das Herausschlagen des Erzgesteins und Schaufeln erleichterten und beschleunigten die Ausbeutung und den Abtransport der Metallerze. Gusskuchen aus überschüssigem Metall im Raum von Montemerano (Provinz Grosseto) wurden für den Abtransport vorbereitet. Monte Rovello und Scarceta di Manciano (Provinz Grosseto) verfügten im 13. Jh. über ein eigens für eine Schmelzhütte reserviertes Gelände.[6] Die Trennung der Schmelzanlage von den Wohnräumen setzt eine getrennte Organisation von privatem Leben und Arbeitswelt voraus. Reste von Schmelzöfen, Schmelztiegeln und Gussformen in Räumlichkeiten von einer Fläche bis 167 m² in Scarceta und bei Pitigliano (Provinz Grosseto) sprechen etwa im 11. Jh. für eine bedeutende ›Metallindustrie‹, wahrscheinlich auch mit ortsansässigen Metallurgen – in Scarceta gab es auch Werkstätten für die Bearbeitung von Knochen, aus denen man unter anderem kleine Sicheln für die Landwirtschaft herstellte. Waffen (Dolche) und Schmuck (Ringe, Fibeln usw.) wurden etwa im 12. Jh. im Hort Piano di Tallone (Provinz Grosseto) vergraben und nicht mehr geborgen, wohl ein Hinweis auf eine Krisenzeit. Eine Einfriedungsmauer aus großen Bruchstücken von Tuff wurde etwa im 13.–12. Jh. bei San Giovenale errichtet, wenngleich sich der Ort auf einer Anhöhe und nicht unbedingt in einer geographisch besonders gefährdeten Lage befand. Auch die Befestigungen von Luni und Elceto weisen auf die Bedeutung der Siedlungen in unsicheren Zeiten und auf den Verteidigungswillen der Bewohner hin.[7]

Metallbearbeiter pflegten im letzten Viertel des 2. Jahrtausends von Südetrurien aus Kontakte zum östlichen Mittelmeerraum über Sardinien, dessen großangelegte Produktion von Bronzegegenständen von Zypern beeinflusst war.[8] Auf Verbindungen des Gebietes des (späteren) Caere zu Ungarn, Griechenland und Kreta weist gegen Ende des 12. Jh. die getriebene Schale aus dem Hort Coste del Marano bei Caere hin, die in jenem Gebiet hergestellt wurde.[9] Mit der Zeit ersetzten Äxte, gebogene Sicheln sowie kleine Sensen aus Bronze die für den Getreideschnitt fragilen Geräte aus Bein: Diese moderneren landwirtschaftlichen Geräte erhöhten den Ertrag von landwirtschaftlichen Produkten. Waffen zum Angriff und zur Verteidigung aus mehreren Ortschaften Etruriens (und Latiums) wurden mit der Zeit typologisch variantenreicher, was sich an der Verschiedenartigkeit der Gussformen ablesen lässt, und technologisch besser.[10]

Etwa im 14.–13. Jh. wurden in Luni sul Mignone drei eingetiefte, nebeneinanderliegende Räume von 42, 20 und 7 m Länge und etwa 4 m Breite angelegt, mit Wänden aus Trockenmauern, einem Boden aus Lehm und Estrich sowie sorgfältig strohüberdachten Eingängen, welche die Ausgräber als große Wohnhütten interpretierten.[11] Solche Räume bezeugen zweifellos eine neue, höhere Wohnqualität gewisser Personen im Vergleich zu den einfachen Behausungen anderer Bevölkerungsgruppen. Ähnliche große Wohnstätten waren damals nicht auf Luni beschränkt. In Monte Rovello entstand zwischen dem 13. und dem Beginn des 12. Jh. eine eingegrabene Hütte von beträchtlichen Ausmaßen (15 × 8 m). Damals oder schon früher wurden bei Crostoletto di Lamone im Fiora-Tal mit Steinen abgegrenzte, bis zu 14 m Durchmesser messende und etwa 1,5 m hohe Hügelgräber für Körper- und Urnenbestattungen angelegt, die mit den zeitgenössischen kleineren Gräbern an Aufwand nicht vergleichbar sind.[12]

Die großen, ›modernen‹ Wohnhütten von Luni und Monte Rovello sowie die Errichtung der Befestigung in San Giovenale und die Hügelgräber von Crostoletto di Lamone zeigen exemplarisch das Hervortreten von Gruppen oder Familien im Laufe von zwei bis drei Jahrhunderten, die ein großes Gelände für ihre Gräber und Wohnstätten in Anspruch nahmen, unweit der Metallfelder wohnten und über Arbeitskräfte verfügten, welche wiederum Waffen, Schmuck und kostbare Gefäße für den Besitzer und seine Angehörige herstellten. Essgeschirr beim gleichzeitigen Fehlen von Transportgefäßen und technisch qualitätsvolles Geschirr legen eine ständige Niederlassung kleiner, in sich geschlossener Gruppen nahe.[13] Wie diese Familien oder Einzelpersönlichkeiten zu Ansehen, Autorität und Einfluss kamen, wissen wir im Einzelnen nicht. Es liegt jedoch nahe, dass einige

Männer aufgrund ihrer militärischen und organisatorischen Fähigkeiten in der Landwirtschaft, in der Metallgewinnung und im Tauschhandel sowie in der Verteilung von Nahrung besonderes Ansehen in der Gemeinschaft gewannen, eine herausragende Rolle spielten und daher Druck auf andere Bewohner ihrer Siedlung ausüben konnten. Sie übernahmen mit der Zeit eine privilegierte Stellung und schließlich eine Machtposition innerhalb selbst kleiner Gemeinschaften, denn mit den Einkünften hatten sie die Möglichkeit, ganze Mannschaften mit Nahrungsmitteln zu versorgen. Krieger und Metallarbeiter wurden wohl vorrangig verpflegt und mit der Zeit zu Abhängigen und Anhängern der lokalen Machtträger. Der Erfolg mancher Menschen ließ sie selbst und die ganze Gemeinde annehmen, dass sie von höheren Kräften besonders beschützt waren. Nun war der weitere Schritt mancher dieser Träger von Macht und Einfluss zum Führungsanspruch und zur Führungsrolle klein.

Woher diese Führungsschicht die notwendigen Arbeitskräfte für die aufwendige Errichtung der großen Bauten von Luni, Monte Rovello und San Giovenale, für die bergbaulichen Arbeiten und für das Waffenhandwerk rekrutierten, lässt sich nur vermuten: in Frage kommen freie Siedlungsbewohner, Immigranten oder Unfreie, in der Nachbarschaft oder in der Fremde geraubte oder gekaufte Menschen. Es liegt nahe, dass die Knappen nur für die Besitzer der Minen und nicht auch für sich selbst arbeiteten, da die Minenbetreiber kein Interesse haben konnten, ihren Arbeitskräften freie Hand zu geben und sich so Konkurrenz einzuhandeln. Auch Frondienst ist anzunehmen, da es galt, mühevolle Arbeit auf sich zu nehmen, was ohne Zwang kaum vorstellbar ist. Die Anzahl der männlichen Mitglieder einer Siedlung war damals nicht sehr hoch – Kriege und auszehrende Tätigkeiten trugen dazu bei, dass die Leute nicht älter als 40–50 Jahre wurden, wie Skelettfunde zeigen. Knochenfunde ergeben, dass auch die Kindersterblichkeit sehr hoch war: Die Ortschaften waren wohl dünn besiedelt.

Inwieweit die kleinen Ansiedlungen in den Tolfa-Bergen voneinander ›politisch‹ unabhängig waren, lässt sich lediglich vermuten; wahrscheinlich bildeten sie immer wieder temporäre, zweckgebundene Zusammenschlüsse bei militärischen Unternehmungen gegen andere Gruppen. Doch es gab in der zweiten Hälfte des 2. Jahrtausends in diesen Ansiedlungen keine Zentralgewalt mit Herrschaftsorganen, keine zentralisierte Instanz und keine architektonischen Spuren einer planmäßig angelegten Siedlung als Sitz einer ständigen Führung sowie keine Spuren von öffentlichen Räumen, wie beispielsweise von einem Platz, der für gemeinsame Entscheidungen und Konfliktregelungen reserviert gewesen wäre.

In zwei Wohnhütten von Luni sowie in Monte Rovello und San Giovenale, Scarceta und Vaccina fanden sich Fragmente mykenischer bzw. ägäischer Keramik aus der Zeit 1300–1150[14] Sie zeigen Verbindungen zu Süditalien (Kampanien) bzw. zum ägäischen Raum, die von der günstigen Lage Vaccinas unweit vom Meer erleichtert wurden. Diese feine, teilweise mit der Töpferscheibe hergestellte Keramik gehört unterschiedlichen Epochen an und galt wohl als Prestigeware, die auch vererbt, gekauft oder verschenkt bzw. gegen begehrte Rohstoffe eingetauscht wurde, in erster Linie mit Metallen, wie Kupfer und Blei aus den Tolfa-Bergen oder Zinn aus den Monti Metalliferi im Hinterland von Populonia. Die mykenisch-ägäische Keramik in Südetrurien bestätigt auch die zumindest indirekten, über Sizilien, Apulien, Kampanien oder Südsardinien laufenden Verbindungen Südetruriens zu größeren Teilen des Mittelmeerraumes. Diese Keramik-Funde zeigen, dass das Land im letzten Viertel des 2. Jahrtausends kein gegenüber anderen Regionen abgeschlossener Raum war.

Etwa Mitte des 11. Jh. entstand im Tal des Flusses Nova in Mitteletrurien an den Abhängen einer Erhebung von etwa 300 m die Ansiedlung ›Sorgenti della Nova‹ (= ›An den Quellen des Nova-Flusses‹) – so der Name der heutigen Grabungsstätte.[15] Grabungen auf einer Fläche von etwa 15 ha brachten eine Siedlung mit teilweise eingegrabenen und sorgfältig gebauten, ein- oder zweiräumigen, runden oder rechteckigen Hütten in der Größe bis etwa 12 m² ans Licht. Größere, bis 20 m lange und 11 m breite, mehrräumige ovale Hütten waren wahrscheinlich Küchen und Speisekammern. Eine alleinstehende Hütte von 11 × 8 m, mit einem Innenraum von etwa 70 m² war in mehrere Räume unterteilt: Rollen für Wolle oder Hanf legen es nahe, dass die Anlage als Magazin für einen erfolgreichen Bauern und Viehzüchter diente. Eine größere Hütte mit zwei Eingängen zeigt Feuerspuren. Stufen im Felsen werden als Zugang zu einem Altar interpretiert. Eine Feuerstelle, ein menschlicher Schädelrest und kleine Gegenstände, die man als Votivgaben interpretierte, sprechen für eine kultische Tätigkeit. Entwässerungsgraben, Einzäunungen, Schuppen und Feuerstellen, Bewässerungs- und Kanalisationsanlagen, sowie wahrscheinlich Getreidespeicher für etwa 1000–1500 Bewohner zeugen wohl von den Bemühungen der Bewohner und ihren Siedlungsvorstehern, die Ernährung der Gemeinschaft sicherzustellen.

Das hohe organisatorische Niveau von Sorgenti della Nova spricht für eine politische Selbstorganisation, welche sich eine Zeit lang erhielt.[16] Das bedeutet, dass die Bewohner Änderungen im täglichen Leben ohne auswärtige Intervention selbst vornahmen und weiterentwickelten. Die alleinstehende, groß dimensionierte Hütte von 88 m² Fläche könnte als Versammlungsort der Führungskräfte oder als Anlage eines mächtigen Vorstehers gedient haben, weitere große Hütten dürften sozial privilegierten Gruppen gehört haben, die sich gegenüber den Bewohnern der kleineren Hütten hervorgetan hatten. Sorgenti della Nova scheint eine Hauptsiedlung im Rahmen einer Siedlungshierarchie gewesen sein, ein größeres Dorf als gemeinschaftliche Einrichtung zum Schutz, für Handel und Kult, die bei Gefahr auch den Bewohnern der kleinen ländlichen Ansiedlungen (ca. 10 ha), die in der Ebene geortet wurden, zur Verfügung stand. Wer die Bewohner von Sorgenti della Nova waren, bleibt offen. Etwa gleichzeitig mit Sorgenti della Nova waren Ansiedlungen auf felsigen Anhöhen im Gebiet des späteren Vulci (Sovana, Poggio Buco) entstanden. Diese Gemeinwesen müssen nicht bereits am Anfang als solche konstituiert gewesen sein, denn ihre Entwicklung kann ebenso das Ergebnis von Eigendynamik ohne vorherige Planung einer Autorität sein.

Die Funde und einige grundsätzliche Überlegungen ermöglichen, das Leben dieser frühen Bewohner Etruriens vorsichtig zu rekonstruieren. Auf einer frühen Stufe des Zusammenlebens in einem in sich geschlossenen Raum gab es wahrscheinlich freien Zugang zu Weiden, Wäldern und Wasserquellen. Die Menschen werden Getreideanbau, Viehzucht, Jagd und Fischfang, außerdem Holzgewinnung in den Wäldern zum Beheizen der Kochstellen betrieben haben. Ernährung als notwendige Lebensgrundlage bedeutet, dass Menschen stets bereit waren, einiges auf sich zu nehmen, um sich die tägliche Kost zu sichern. Doch gab es sicher auch Streitigkeiten mit den Nachbarn: Wegen geraubten Viehs, angezapfter Brunnen, Entwendung von Holz und der Notwendigkeit von zusätzlichen Weiden. Auseinandersetzungen wie Überfälle, Zerstörung der Ernte, Raub von Frauen usw. blieben aber von kleinen Dimensionen.

Bei Sesshaftigkeit übernimmt der Ackerbau den Vorrang gegenüber der Viehzucht, letztere konnte mit Kleinvieh und Haustieren familiär und mit Großvieh gemeinschaftlich betrieben werden. Die Landwirtschaft sicherte die tägliche Ernährung der Bewohner und ist nicht dem Zufall der Jagd und dem saisonalen Sammeln von Früchten unterworfen. Die Keramik ist typologisch einheitlich und dies legt nahe, dass diese frühen Familien wohl aus Sicherheitsgründen in enger Gemeinschaft lebten und eine eigene Siedlungsgemeinschaft bildeten: Tauschgeschäfte mit Nahrungsmitteln und Vieh sowie gemeinsame Weiden, also wirtschaftliche Interessen, gaben früh Anlass, die Beziehungen zu den Nachbarn zu vertiefen und zu den außerhalb des eigenen Siedlungskernes wohnenden Gruppen Verbindungen aufzunehmen. In die Tauschgeschäfte waren wohl auch Viehhalter miteinbezogen, denen die Bauern Weideplätze zur Verfügung stellten, wofür sie im Gegenzug Fleisch, Milchprodukte und Wolle erhielten. Der Tauschhandel mit landwirtschaftlichen Werkzeugen wie auch mit Stoffen machte gegenseitige Vereinbarungen notwendig. Man muss also für das Etrurien dieser Frühzeit mit urtümlichen, mündlich tradierten Formen von Gewohnheitsrecht rechnen.

Eng benachbarte Hüttengruppen weisen auf Verwandtschaftsverhältnisse im Rahmen von Großfamilien hin, die Land und Vieh wohl im Alleineigentum hatten. Jedes Mitglied einer ländlichen Gemeinschaft besaß also Ackerland wohl rund um die eigene Behausung. Nachbarschaft förderte soziale Beziehungen auch mit dem Austausch von vielseitigen Erfahrungen: Über den Wechsel der Jahreszeiten und den Einfluss auf die Kultivierung von landwirtschaftlichen Produkten, über Maßnahmen bei Dürre oder Überschwemmungen und über Bedrohungen für die Fruchtbarkeit von Menschen und Tieren. Die Verehrung transzendenter Wesen durch diese Dorfbewohner bezog sich wohl auf diese Lebensbereiche.

Kleine Gemeinden wie diese frühen Gemeinschaften Etruriens benötigten eine einfachere Organisation des Zusammenlebens als große Gemeinschaften in ausgedehnten Territorien: Bei kleinen Gemeinden haben sich detaillierte Hinweise auf ihre Organisation mangels eindeutiger Strukturen nur selten erhalten. Allerdings: Auch kleine Ansiedlungen betrieben Politik, wenn Familienoberhäupter oder Siedlungsvorsteher gemeinsame Entscheidungen von organisatorischer und damit ›politischer‹ Brisanz trafen, wie z.B. die Einteilung von Land und die Zuweisung von Weiden und Brunnen. Sie setzten also ›politisch‹ um, was Gruppen oder die Dorfbewohner zu ihrem eigenen Vorteil planten.

Entscheidungen und Handlungen, die ursprünglich wohl kaum über die Grenzen einer Ebene oder eines Hügels hinausreichten, wurden mit der Zeit auch den Bewohnern benachbarter Siedlungskerne bekannt und – wenn als günstig erachtet – auch akzeptiert. Gemeinsame Feinde, seien es fremde Gruppen oder gefährliche Tiere, können Solidarität und Allianzen hervorrufen, zu Erlebnissen eines gemeinsamen sozialen und politischen Schicksals werden und zu Annäherung und Zusammenhalt unterschiedlicher Gruppen wesentlich beitragen. Nachbarschaft fördert auch die Zusammenarbeit und diese kann mit der Zeit die Bindung an das gemeinsame Territorium hervorrufen. Annäherung durch Sippen- und Familienbildung konnte weitere Personenkreise an eine Gruppe und an das Territorium binden und innerhalb dieser Einheiten Zusammengehörigkeits- und Gemeinschaftsgefühle sowie lokale Identitäten mit Assimilationsphänomenen hervorrufen. Die Integration unterschiedlicher Traditionen bildet immer weitere, neue Traditionskerne, vor allem, wenn diese auch wirtschaftliche Vorteile mit sich bringen. Frühe Gemeinschaften sind offene Gruppen, die sich aufgrund der wenig differenzierten Kulturmerkmale leicht integrieren lassen.

Die Mitglieder von Familien oder Gruppen hatten nicht nur Verwandte und Freunde, sondern auch Feinde. Nachbarschaftlicher Frieden war angesichts der täglich auftretenden Probleme des Zusammenlebens nicht garantiert. Anlegen von Triftwegen zu den Weiden, Verteilung des vorhandenen Wassers und Eindämmung von Überschwemmungen konnten wegen der komplexen Organisation nur gemeinschaftlich gelöst werden, was wiederum zu Auseinandersetzungen führen konnte. Die Vergleichende Rechtswissenschaft zeigt, dass bei nachbarschaftlichen Konflikten in vorstaatlichen Gemeinschaften der Alten Welt ursprüngliche Formen von Rechtsbeziehungen galten, nämlich die gewohnheitsrechtlich verankerte Selbsthilfe und die Blutrache, die heute noch in einigen Gesellschaften der Erde angewendet werden. Gewohnheitsrecht bestand aus einigen für die Gemeinschaftsmitglieder verpflichtenden, mündlich tradierten Regeln. Solche fehlten bei keiner frühen Gemeinschaft, erhielten sich bis in spätere Zeit und wurden auch noch angewendet, als es schon eine festgelegte Jurisdiktion gab. Im republikanischen Rom sind diese Regeln als ›Sitte der Vorfahren‹ (lat. *mos maiorum*) bekannt.

Etrurien unterhielt in der zweiten Hälfte des 2. Jahrtausends bis etwa ins 12. Jh. Verbindungen zu einem organisatorisch und wirtschaftlich hochentwickelten Raum im Gebiet der heutigen norditalienischen Provinzen Modena, Reggio Emilia, Parma, Piacenza, Mantova und Verona bis zum Gebiet an der Mündung des Po-Flusses, wo etwa im 17./16. bis 12. Jh., in der mittleren und jüngeren Bronzezeit, die Terramare-Kultur blühte.[17] Das Wort Terramare bedeutet im lokalen Dialekt »fette, schwarze Erde«, weil heutzutage die Reste der Siedlungen aus einer solchen Schicht bestehen. Die durch Gräben und Erdwälle begrenzten Terramare-Ansiedlungen von 1,5 bis 20 ha Größe mit regelmäßig angelegten Wegen und dicht beieinanderliegenden Rechteckbauten aus verschiedenen Hölzern, mit Pfahlfundamenten auf trockener Unterlage, beherbergten im 15. Jh. einige hundert Personen in etwa 16 Dörfern. Diese Zahl nahm danach und bis etwa zur Mitte des 14. Jh. zu und blieb dann fast konstant: Man zählt über 100 Dörfer von 2–3 ha Größe, mit kleineren Ansiedlungen in ihrem Umland.[18] Ob und inwieweit die größeren Siedlungen über die kleineren Siedlungen im Umland herrschten, wissen wir nicht.

Hauptmerkmale der durchaus homogenen Terramare-Kultur war die Metallbearbeitung, die Verbrennung der Toten und die Deponierung der Asche in ›bikonisierenden‹, d.h. leicht kegelstumpfförmigen Gefäßen, die in brunnenartigen Vertiefungen einzeln deponiert wurden. Keramik mit plastischen Buckeln, Prestigeware, darunter Nadeln zum Zusammenhalten der Kleider, Geräte wie Schermesser, Sicheln und zahlreiche Waffen (Dolche, Langschwerter, Lanzenspitzen, Äxte usw.) aus Gewässern, Gussformen und Bronzegegenstände von hohem handwerklichem Niveau indizieren in den Terramare-Dörfern Reichtum durch Viehbesitz, Ackerbau und rege Metallverarbeitung.[19] Die Bewohner der Terramare-Siedlungen holten Rohstoffe, besonders Kupfer und Zinn für die Herstellung von Bronze, wohl aus den Minen Etruriens und der Zentralalpen (Laugen-Melaun-Kultur bei Brixen): in der Po-Ebene selbst kommen Metalle kaum vor. Die Bronzebearbeitung verband diese zentrale Po-Ebene über das untere Etsch-Tal, Süd- und Nordtirol und Bayern mit den Gebieten der ebenfalls metallverarbeitenden und die Toten verbrennenden Urnenfelderkulturen.[20] Die Po-Ebene hatte Verbindungen auch zur mittleren Donau-Ebene und den Karpaten, wo nach der Mitte des 2. Jahrtausends Einflüsse aus dem griechisch-ägäischen Raum belegt sind. Exporte aus dem Terramare-Raum erreichten die Ägäis.[21] Technisch überlegene Schutz- und Angriffswaffen sowie eine eigene handgemachte Keramik aus Italien wurden nach Griechenland (u. a. Tiryns) exportiert und alsbald nachgeahmt;[22] dies spricht für bedeutende Kulturkontakte durch Gruppen von Auswanderern.

Zwei Erdhügel, darunter einer von 16 m Durchmesser und charakterisiert durch bis zu 1 m lange Steine, bedeckten in der Terramare Santa Rosa di Poviglio (Prov. Reggio Emilia) je eine einzige Urne, was dafür spricht, dass es sich um die Grabstätten zweier gehobener Mitglieder der Gesellschaft handelte.[23] Es stellt sich die Frage, ob sie zu den Initiatoren der großangelegten Dränierungsarbeiten gehörten, die im Zuge der Anlage der Ansiedlung entstanden: Die Beigaben in den beiden Urnen waren allerdings insgesamt eher bescheiden. Gemeinschaftliche Kultstätten sind aus dieser Zeit bislang unbekannt, Miniaturgegenstände mit Tieren und Menschen sind als Spuren von Analogiezauber zu sehen. Private Kulte sind wahrscheinlich.

Etwa im 12. Jh. kam es zu umwälzenden Ereignissen: Einige Terramare-Siedlungen wurden mit einem Erddamm versehen, wohl ein Zeichen steigender Gefahren. Etwa Mitte des 12. Jh. wurden die Terramare-Siedlungen rasch, aber nicht gleichzeitig aufgegeben, ohne Zerstörungsspuren zu hinterlassen.[24] Klimatische Gründe könnten dazu ebenso geführt haben wie das Absinken des Wasserspiegels, Bevölkerungszunahme und damit verbundene Ernährungsknappheit oder Auswirkungen von Ereignissen, die vom Mittelmeerraum ausgingen (▶ Kap. 4). Jedenfalls war das Ende der Terramare-Kultur wohl Zeichen einer politischen und demographischen Krise, welche die zentrale Po-Ebene traf und zur Zerstreuung ihrer Träger führte, was wiederum auch interne Konflikte voraussetzte – das Gebiet südlich von Verona und an der Po-Mündung wurde jedoch nicht unmittelbar betroffen.[25]

Vielmehr erlebte seit dem 12. Jh. und besonders nach dem Ende der Terramaren um die Mitte des 12. Jh. die im 13. Jh. hervorgetretene Siedlung Frattesina im Po-Delta einen Aufschwung.[26] Glas- und wahrscheinlich Beinbearbeitung, Keramik mit plastischem und eingeritztem Dekor sowie Metallgegenstände (Fibeln) zeigen im 11.–10. Jh. Verbindungen Frattesinas zum Gebiet des späteren Bologna und nach Etrurien,[27] wie auch in die Schweiz, nach Slowenien, nach Frankreich und nach Zypern; unbearbeiteter Bernstein aus der Umgebung von Grignano Polésine unweit von Frattesina verrät Beziehungen zum Baltikum.[28] Importkeramik und an Ort und Stelle hergestellte Keramik mit Vorbildern im mykenischen Kulturraum führten zur Annahme, dass in Frattesina eigene Werkstätten mit Handwerkern aus dem Mittelmeerraum entstanden[29] – ältere Fragmente mykenischer Keramik aus der oberen Adria werden im Museum von Torcello (Prov. Venedig) aufbewahrt und bezeugen frühe Verbindungen. Zwei Kriegergräber belegen die gesellschaftliche und wohl auch politische Rolle einzelner Personen, die mit Schmuck und Insignien – beispielsweise ein Schwert mit Golddekor aus dem Grab 227 von Frattesina – ihre Sonderrolle hervorhoben: Andere Waffen wurden entweder in eigenen ›Kultdepots‹ untergebracht oder an die Nachkommen weitergegeben.[30]

Die Bronzebearbeitung war auch in Etrurien gegen Ende des 2. Jahrtausends in einen weitreichenden Umlauf von Personen und Waren eingebettet und spiegelt einen tiefgreifenden wirtschaftlichen, kulturellen und wohl auch politischen Aufschwung wider. Die technischen Fertigkeiten und die Stilelemente der Keramik, die in einer frühen, nicht näher definierbaren Zeit aufgekommen waren, sowie die Bearbeitung von Bein (12.–10. Jh.) in Bagnolo, unweit von Chiusi, mit Verbindungen zum Handwerkerkreis der Terramare-Siedlungen, legen nahe, dass im 12./11. Jh. Handwerker aus dem Raum der Terramare-Kultur in die nördliche Toskana, nach Umbrien und in die Marken kamen.[31] Die Handwerker, welche die plastisch verzierte Keramik der Gebiete von Volterra, Chiusi (Cetona) und Siena herstellten, übernahmen Vasenformen und Stilelemente aus Norditalien. Diese Tradition setzte sich auch an der Adriaküste (Fermo, Verucchio), im Tal des Arno, des Ombrone (Pistoiese) sowie im Reno-Tal und in Ortschaften in den weniger genutzten Übergängen des Apennins fort.[32] Sie unterscheidet sich von der mit Einritzungen dekorierten Keramik im Gebiet von Tolfa und Allumiere und bis zum Fiora-Tal in Südetrurien (10. Jh.).[33] Epigraphische Eigentümlichkeiten der Inschriften von Bologna zeigen gegen Ende des 7. Jh., dass die Schrift auf einer Achse Vetulonia-Volterra-Fiesole[34] noch vor dem Einfluss Chiusis nach Norditalien kam, d. h. auf einem Weg, der seit Jahrhunderten offen war und genutzt wurde.

Während einer relativ langen Zeitspanne (11.–10. Jh.) kam es in Südetrurien zu tiefgreifenden Veränderungen: Sorgenti della Nova und kleinere Zentren in der nahegelegenen Ebene wurden verlassen, wobei die Feuerspuren an dem großen Haus der Siedlung Unruhen und Veränderungen verraten. Zwischen dem Ende des 11. Jh. und dem 10. Jh. wurden auch Luni sul Mignone, San Giovenale, Crostoletto di Lamone sowie Scarceta und kleine Ansiedlungen im Gebiet der späteren Tarquinia, Caere und Vulci aufgegeben.[35] Eine Statistik der Ansiedlungen Südetruriens für die Zeit zwischen dem Ende des 12. Jh. und der Mitte des 10. Jh. zeigt eine deutliche zahlenmäßige Zunahme neuer, gleichzeitig aber auch eine Abnahme alter Ansiedlungen. F. di Gennaro machte darauf aufmerksam, dass sich »innerhalb weniger Dezennien« Streudörfer in Südetrurien bildeten, in denen sich kulturell einheitliche Gruppen zusammenfanden; dies bedeute auch, dass das Territorium durchgehend bewohnt war und dass trotz der zahlenmäßigen Abnahme der Streudörfer die Landschaften nicht entvölkert wurden.[36] Die Nekropolen Selciatello und Impiccato, die seit dem 10. Jh. am Fuße und am Abhang des Plateaus des späteren Tarquinia in Nutzung waren, signalisieren heute größtenteils unbekannte Siedlungskerne.

Die erwähnten, länger andauernden Bewegungen von Menschengruppen endeten in Südetrurien mit Niederlassungen entlang der Meeresküste und auf den für Südetrurien typischen, ausgedehnten, flachen Tuff-Plateaus und in Nord- und Inneretrurien auf Hügeln. Dieser Befund ist in der Forschung unumstritten. Demnach nimmt man Gruppen an, die sich aus einem Sicherheitsbedürfnis, aufgrund der Versumpfung des Talbodens bzw. eines geänderten Klimas, einer sozio-ökonomisch unsicher gewordenen Lage oder auch der Bedrohung durch Feinde zu einem Ortswechsel auf den wirtschaftlich günstigeren Raum auf den Plateaus entschieden. Die neuen Ansiedlungen sind zwar erst etwa um die Mitte des 10. Jh. für uns fassbar, existierten aber zu diesem Zeitpunkt bereits eine gewisse Zeit. Eine zweite Alternative wäre, dass Einwanderer die Plateaus besiedelten. Aufgrund schwacher Quellenlage wird eine Entscheidung zwischen den beiden Alternativen erschwert.

3 Anfänge etruskischer Identität

Spätestens im 8. Jh. wohnten ›Etrusker‹ in Mittelitalien, im Raum Norditaliens zwischen dem Apennin und dem Fluss Po (Emilia-Romagna) und in Kampanien. Etruskischen Ursprungs sind nach dem römischen Historiker Livius aus Padua (59 v. Chr.–17 n. Chr.) Alpenstämme, vor allem die Räter; ihre Umgebung habe sie verwildert, der Klang ihrer (etruskischen) Sprache habe sich jedoch erhalten, allerdings verfälscht.[1] Etrusker, von den Galliern aus ihren Wohnsitzen vertrieben, hätten unter dem (eponymen) Anführer Raetus »die Alpen okkupiert« – so Ende des 1. Jh. der Historiker Pompeius Trogus.[2] In historischer Zeit bewohnten die Räter das Gebiet von Verona, Como und dem Lago Maggiore und nordwärts das Gebiet der Etsch entlang etwa bis Bozen und Meran, das Unterinntal und das Gebiet bis zum Bodensee.[3] Nach dem im 1. Jh. n. Chr. lebenden Schriftsteller Plinius dem Älteren halte man »die Räter für die Nachkommen der Etrusker«.[4] All die genannten Autoren nennen ihre Gewährsmänner nicht.

3.1 Die Villanova-Zeit

Die Etrusker-Forschung hat den archäologischen Horizont, der um die Mitte des 10. Jh. auf den Plateaus Südetruriens und leicht zeitlich verschoben auf den Hügeln Nord- und Inneretruriens hervortrat, nach der Ortschaft Villanova am östlichen Stadtrand von Bologna (Region Emilia-Romagna) ›Villanova‹ benannt: Hier kam im 19. Jh. n. Chr. ein einheitlicher Fundkomplex mit mehreren hundert Brandbestattungen in untereinander sehr ähnlichen kegelstumpfförmigen (bikonischen) Urnen mit leicht betonten Konturen ans Licht. Totenverbrennung und bikonische Urnen, die typologisch jenen der Emilia-Romagna nahestehen, sind auch in Etrurien belegt; ein Gefäß in Form eines Stiefels aus dem 8. Jh. ließ Verbindungen Bolognas zu Veji in der Villanova-Zeit annehmen.[5] Es wird sich in weiterer Folge zeigen, dass in Italien an dem Übergang von der Bronze- zur Eisenzeit und in Zusammenhang mit Zerstörungshorizonten, die den ganzen Mittelmeerraum erfassten, die Villanova-Kultur hervortritt, die mit der späteren etruskischen Kultur zusammenhängt und als Ausdruck etruskischer Identität gesehen werden darf.

Sepulkrale Sitten

Die Totenverbrennung ist weltweit bei sehr unterschiedlichen Gemeinschaften anzutreffen, im 13. Jh. etwa bei den Trägern der frühen Urnenfelder in Mitteleuropa.[6] In Italien nahmen Brandgräber seit dem 12. Jh. in Kampanien, Apulien, Lukanien, Kalabrien und auf den Liparischen Inseln zahlenmäßig zu, deckten das ganze Territorium der Halbinsel aber nicht durchgehend und nicht für lange Zeit ab, denn im Verlauf des 9. Jh. kehrte man im Großteil von Kampanien zur Körperbestattung zurück.[7] Die Totenverbrennung ist vor der Mitte des 12. Jh. auch in Südlatium (Cavallo Morto) und spätestens seit dem Ende des 12. Jh., also vor der eigentlichen Villanova-Zeit, in Etrurien gut belegt: im Fiora-Tal (Ponte San Pietro) und in Sticciano Scalo (Prov. Grosseto), außerdem südlich des Trasimener-Sees sowie im Tolfa-Gebiet (Allumiere).[8] Um die Mitte des 10. Jh. wurden Brandnekropolen im Gebiet der späteren Städte Tarquinia und Veji, Bisenzio, Vulci, Chiusi, Populonia und Volterra angelegt. Gemeinsamer Nenner dieser Nekropolen ist deren Lage rund um ausgedehnte Tuff-Plateaus mit den frühen Ansiedlungen in Südetrurien und um die Hügel in Nordetrurien.

Zuerst in Latium (mit Rom) und später in Veji und an der Küste der mittleren Toskana trat seit dem 9. Jh. die Körperbestattung wieder auf: zur gleichen Zeit finden sich in Caere (Sorbo) und in Populonia (San Cerbone; Poggio delle Granate) Brand- und Körpergräber. Im 8. Jh. kommen auch in Tarquinia Körperbestattungen wieder vor, Brandgräber wurden noch im 5. Jh. in Chiusi und in Vetulonia (Poggio alla Guardia) angelegt, in Tarquinia wurde die Verbrennung nie gänzlich aufgegeben, in Volterra blieb sie vorherrschend. Im republikanischen Rom gab es Familien, die ihre Toten bestatteten (wie die Scipionen), und Familien, die sie verbrannten (wie die Iulier).

In der Region Emilia-Romagna war die Verbrennung der Toten vorherrschend, und allgemein in Norditalien hielt sie sich von der Epoche der Terramare bis ins 6. Jh. An der Ostküste Italiens behielten nur die Nekropolen von Verucchio und von Fermo in den Marken (9. Jh.) die Verbrennung bei.[9] Hauptmerkmal der Brandnekropolen im Raum von Bologna und in Etrurien ist die Aufbewahrung der Asche in bikonischen Urnen (▶ Abb. 1), die formal geringfügig anders als die ›bikonisierenden‹ Urnen der Terramare-Kultur ausgebildet sind, deren Vorbilder wiederum in den transalpinen Urnenfeldern lagen – Bernstein als Opfergabe in den Urnen belegt Verbindungen zum Baltikum.[10] In Etrurien und in der Emilia-Romagna wurden die Urnen mit einer Schale (selten mit Helm) einzeln oder in geringer Anzahl in brunnenartigen Vertiefungen (ital. *pozzi*) mit oder ohne Steinverkleidung eng nebeneinander vergraben. Gelegentlich wurde einer der beiden Henkel der Urne abgeschlagen, wahrscheinlich wollte man ursprünglich dadurch eine weitere Verwendung der Urne vermeiden oder erschweren, mit der Zeit dürfte die Maßnahme zu einem Ritual geworden sein. In anderen Landschaften Italiens wurde das Brandgut in typologisch anderen Urnen untergebracht. Die bikonische Urne ist »Leitfossil« der Villanova-Zeit Mittelitaliens, der Emilia-Romagna und Teile Kampaniens; sie gibt dem Villanova-Raum trotz lokaler Unterschiede (z. B. in Bisenzio am Bolsena-See) ein eigenes, weitgehend einheitliches Gepräge.

Abb. 1: Bikonische Urne aus Grab 27 (Nekropole Selciatello) der Villanova-Zeit, 9. Jh. Die Oberfläche ist in drei horizontalen Streifen eingeteilt, die mit eingeritzten Motiven verziert sind. Ein Henkel wurde rituell abgeschlagen. Tarquinia, Archäologisches Museum.

In den Anfängen der Etrusker-Forschung hielt man die Verbrennung der Toten für den Beweis der Ankunft eines neuen Volkes.[11] Sie erscheint in Italien jedoch nicht als plötzliches Ereignis und dies schließt aus, dass die neue Sitte aufgrund der Ankunft einer geschlossenen Gruppe auftrat. Der Umstand, dass bei zahlreichen Nekropolen Etruriens die Verbrennung eine Zeit lang die einzige Methode der Bestattung war, schließt auch die Annahme aus, dass nur die Mitglieder einer Oberschicht verbrannt wurden. Auch finden sich in Körpergräbern in Etrurien insgesamt reichere Ausstattungen als in Brandgräbern, dies kann allerdings auch mit dem im Brandgrab zur Verfügung stehenden geringeren Platzangebot erklärt werden. Ein Zusammenhang zwischen der Totenverbrennung und dem seit Jahrhunderten in Mittelitalien betriebenen Bergbau muss ebenfalls ausgeschlossen werden, denn die Totenverbrennung ist in Italien auch in metallarmen Regionen belegt.

Die Totenverbrennung war also keine Frage von Mobilität, von Rang und Reichtum, wenngleich die Brandbestattung eine aufwendigere und kostspieligere Organisation als die Körperbestattung erfordert. Es liegt daher nahe, dass man die Verbrennung übernahm, weil dahinter religiöse Vorstellungen, Überzeugungen und großes Vertrauen in die Verkünder einer neuen ›Lehre‹ standen. Mit der Verbrennung kommt den Menschen etwas Göttliches zu, weil das Feuer ›Seele‹, ›Geist‹, ›Schattenbild‹ eines Toten[12] (etr. *hinthia*, gr. *eídolon*, lat. *animus*) nach oben trägt und reinigt.

Etrurien, die Emilia-Romagna und Kampanien in der Villanova-Zeit

Die Ansiedlungen befanden sich im Durchschnitt etwa 150–200 m und bis 500 m (Perugia) über dem Meeresspiegel. Diese relativ hohe Lage sowie die steilen, schroffen Wände der Plateaus Südetruriens und die Hügellandschaften Nordetruriens boten den Siedlern Sicherheit vor plötzlichen Angriffen und die Möglichkeit der Überwachung und Kontrolle des Talbodens mit seinen Land- und Wasserwegen sowie der Weide-, Jagd- und Sammelgründe, d. h. der Nahrungsquellen. Die Ausdehnung der Plateaus umfasste etwa 190 ha in Veji, 120 ha in Tarquinia und 150 ha in Caere; in den Küstenstädten, in Vetulonia und Volterra, waren es etwa 100 ha. In Nordetrurien sind die zur Verfügung stehenden Flächen auf den Hügeln zum Teil kleiner als in Südetrurien: 80 ha in Volsinii/Orvieto und etwa 30 ha in Cortona, Perugia, Arezzo und Roselle.[13]

Keramische Streufunde sowie Grundmauern und Pfostenlöcher von verstreuten Gruppen von runden, viereckigen oder länglichen Hütten, die auf dem Plateau La Civita des historischen Tarquinia seit dem 10. Jh. auf einer Fläche von etwa 2 ha entstanden,[14] ermöglichen exemplarisch und in den Grundzügen eine Rekonstruktion der Ausdehnung des bewohnten Gebietes. Das Plateau von Tarquinia wurde im 8. Jh. n. Chr. definitiv verlassen, die antiken Reste haben sich daher besser konserviert als Funde an Orten mit einer Siedlungskontinuität bis in die Moderne, wie z. B. in Volterra. Auch haben sich Metall- und Tongegenstände in den verschlossenen Gräbern jahrhundertelang gut erhalten, anders als die offenen Mauerstrukturen der Hütten, der Töpfereien und der Schmelzanlagen, die aus Schilf, Lehm und Trockenziegeln bestanden und daher bis auf die Grundstrukturen verloren gingen. Bauliche Details der frühen Behausungen sind auf den Deckeln von manchen Aschenurnen wiedergegeben, etwa 100 Urnen sind Abbilder echten Hütten, wohl ein Zeichen einer Vorstellung des Weiterlebens im eigenen Haus auch nach dem Tod.

Im Weihdepot Banditella unweit des späteren Vulci (Prov. Viterbo) fanden sich geweihte Tongefäße (14./13. Jh.); es handelt sich dabei um sehr alte Spuren der Verehrung übernatürlicher Wesen. Die Lage des Depots bei einer Quelle mit einem Tümpel legt die Vorstellung nahe, dass das Wasser als heilkräftig angesehen wurde und dass hier übernatürliche Kräfte verehrt wurden; wir kennen für diese frühen Zeiten weder den Ursprung noch die Adressaten des Kultes. Um die Mitte des 8. Jh. wurde die einfache Anlage mit einer Mauer eingefasst und rituell abgegrenzt.

Banditella war ein sakraler Mittelpunkt, wo sich unterschiedliche Gruppen trafen, die über gemeinsame Kulte und Opfer Annäherung und Zusammenhalt erlebten. Der Kultdienst war in dieser Frühzeit wahrscheinlich noch auf gelegentliche Tätigkeiten beschränkt. Im 9. Jh. wurden linsenförmige Erderhebungen von etwa 10 cm Höhe auf dem Plateau von Tarquinia angelegt, die man als Erdaltäre, d. h. als Zeugnisse eines frühen Kultes der Gemeinschaft ansieht.[15] Auf dem Binden von Zagreb (▶ Kap. 3.5), einem Text aus dem 2. Jh., der eine sehr frühe Stufe magisch-religiösen Denkens widerspiegelt, sind Opfergaben inschriftlich bezeugt, nämlich die kostbarsten Produkte der Erde, wie Getreide, Wein und Tiere. Dies zeigt, dass zum Kult schon sehr früh auch das Opfer gehörte.

In Tarquinia und Vetulonia (▶ Abb. 2) illustrieren in Ritztechnik dekorierte Schwertscheiden und Schermesser (9. Jh. bis erste Hälfte des 8. Jh.) eine Jagd.[16] Dargestellt sind Jäger mit Pfeil, Bogen und Hund beim Erlegen von Hirschen, Ebern usw. Diese Objekte belegen Jagdzauber: Der Jäger hoffte auf eine gute Beute, wobei er sich auf Geschick und Glück verlassen musste. Abstrakte geometrische Einritzungen an den Außenwänden mehrerer Urnen belegen die Vorstellung von formlosen und namenlosen Wesenheiten, einer von hilfreichen oder bösen Mächten beseelten Umwelt.

Abb. 2: Mondförmiges Schermesser aus Vetulonia (Collezione Guidi, Museum von Grosseto, Sala XVI, Vetrina A; Mazzolai 1977, 71). Auf der Oberfläche des Schermessers ist ein Jäger mit drei Hunden eingeritzt, der mit Pfeil und Bogen einen Hirsch trifft. Die Tiere sind schraffiert.

Die Anrufung magischer Kräfte entspricht einer urtümlichen animistischen Stufe der Religiosität und tritt früher als die Verehrung individualisierter, namentragender Gottheiten Anfang des 1. Jahrtausends auf, läuft jedoch parallel dazu weiter. Die Dorfgemeinschaft wandte sich also an ›Helfer von oben‹: Natürliche Abläufe und Ereignisse im menschlichen Leben wie Gesundheit, Fruchtbarkeit, Geburt und Tod, die in der Alten Welt in Ermangelung naturwissenschaftlicher Kenntnisse und Methoden unverstanden blieben, wurden im frühen Etrurien mit unpersönlichen Kräften, die den Naturdingen innewohnten und böse oder gut sein konnten, in Verbindung gebracht. Spuren dieser frühen Vorstellungen sind vorhanden: Die spätere lateinische Bezeichnung »Verhüllte Götter« (*di involuti/ consentes*) für Wesen ohne Form, Namen und Zahl[17] verrät in ihrer sprachlichen Eigentümlichkeit eine Lehnübersetzung aus dem Etruskischen. Die Fähigkeiten, mit den Überirdischen in Kontakt zu treten und das eigene Schicksal übernatürlichen Kräften anzuvertrauen, schrieb man wohl nicht allen Mitgliedern der Gemeinschaft, sondern in erster Linie Priestern zu, worauf die Tatsache hinweist, dass in Etrurien die erhaltenen Schriftzeugnisse religiösen Charakters zu den ältesten zählen.

Gegen Ende des 10. und Anfang des 9. Jh. finden sich in einigen Gräbern Tarquinias Speere und Schwerter sowie Helme aus Bronze (▶ Abb. 3) und aus Ton.[18] Tonhelme wurden speziell als Grabbeigabe hergestellt, denn sie sind im Kampf unbrauchbar; zusammen mit der relativ geringen Anzahl von Waffen in den zeitgenössischen Gräbern legen sie nahe, dass man Metallhelme und Waffen üblicherweise an die Nachkommenschaft weitergab, was wiederum auf eine Vorstellung der Sippe als Schutzgemeinschaft hinweist. Die mit kostbaren Waffen und Einrichtungsgegenständen ausgestatteten Krieger, wie z. B. der Krieger im Grab M 2 von Tarquinia (Monterozzi), spielten in der Gemeinschaft wohl eine besondere Rolle als Anführer von Gruppen.[19]

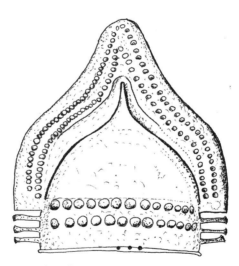

Abb. 3: Kammhelm aus Grab 1 (Nekropole Impiccato) der Villanova-Zeit, Anfang des 9. Jh. Der Helm ist aus Bronzeblech und besteht aus zwei Teilen, die mit Kreisen und gestanzten Punkten dekoriert und mittels dekorierten Plättchen zusammengehalten sind. Der Helm war zum Paradieren gedacht, wie die anderen Beigaben im selben Grab bestätigen. Tarquinia, Archäologisches Museum.

Die Nekropolen außerhalb des Plateaus setzen gemeinsame Entscheidungen der Siedlungsgemeinschaft voraus, denn es ist schwer denkbar, dass ein Siedlungsvorsteher in einer so heiklen Angelegenheit wie der Anlage eines Friedhofes, des Sitzes der Ahnen, eigenmächtig handeln konnte, ohne die eigene Stellung in

Gefahr zu bringen. Die Gemeinschaft war auch im frühen Etrurien wohl von einem Ältestenrat vertreten, bestehend aus Angehörigen der ökonomisch bessergestellten Familien, wie dies auch im Alten Orient, im frühen Griechenland, in Rom geschah und heute noch in wenigen Gebieten (wie Nordbutan) geschieht. Es handelte sich insgesamt um charismatische Personen, denen man große Erfahrung und großes Ansehen zubilligte.

In Vetulonia (Poggio alla Guardia) wurden gegen Ende des 9. Jh. Brandbestattungen teils außerhalb und teils innerhalb einzelner kreisförmiger Areale mit einem Durchmesser von etwa 15 bis zu 30 m vorgenommen. Diese Areale waren ursprünglich von einzelnstehenden, gegen Ende des 8. Jh. von aneinandergereihten, in den Boden eingelassenen Steinplatten abgegrenzt. Erdhügel deckten das Ganze ab, einige davon waren mit runden Stelen (Zippen) gekennzeichnet.[20] Diese scharfe, nach außen gut erkennbare Abgrenzung des Bodens durch die einzelnen Steinkreise weist wohl auf eine Abschottung einzelner Familien hin, deren Mitglieder von einem gemeinsamen Ahnherrn abstammten. Demnach wurden innerhalb der Steinkreise nur Mitglieder einzelner Sippen bzw. Kernfamilien bestattet. Die zahlreichen Steinkreise von Vetulonia verraten mehrere Abstammungslinien, und die unterschiedliche Monumentalität und die unterschiedlich reichen Ausstattungen der Gräber innerhalb der Steinkreise legen nahe, dass es in Vetulonia bereits im 9. Jh. Verwandtschaftsverbände von untereinander konkurrierenden Familien gab.

Familien mit einem eigenen Areal zur Bestattung ihrer Toten besaßen anderswo noch weitere Grundstücke, auf denen Wohnhäuser standen oder die landwirtschaftlich bzw. für den Bergbau genutzt wurden. Gruppen mit Vermögen waren militärisch geschult und erfolgreich, genossen Ansehen und nahmen daher Einfluss auf das tägliche Leben der Gemeinschaft; sie nutzten auch in Etrurien die sich bietenden Gelegenheiten der persönlichen Bereicherung und Machtsteigerung. Die Steinkreise zeigen, dass der Besitz von Grund und Boden und der damit einhergehende Rang sowie die Traditionen der Familie den Nachkommen vererbt wurden.

Nach der im 1. Jh. im etruskischem Umkreis niedergeschriebenen »Prophezeiung der (Nymphe) Vegoia« (▶ Kap. 8.1) habe der etruskische Hauptgott Tinia/Iupiter »als das Meer vom Himmel geschieden wurde«, also in einer weit zurückliegenden Zeit, das Land Etrurien für sich beansprucht, die Felder ausmessen und die Äcker markieren lassen, d. h. die Forderung gestellt, die Grenzsteine nicht zu versetzen. Dieser Text dokumentiert sehr alte Traditionen der frühen Besitznahme des Landes sowie der Abgrenzung von Bodenparzellen, die wohl hochgestellten Persönlichkeiten zugewiesen wurden – und die Einteilung soll auf den Hauptgott Tinia zurückgehen. Dieser Lehre lag ein altes reales Modell zugrunde, das einiges über diese frühe Zeit verrät: Ein Gruppenanführer bzw. Familienvorsteher hatte in einer nicht eindeutig festzulegenden Zeit (vielleicht im 10.–9. Jh.), als auf dem Land genug freie Areale zur Verfügung standen und die Gemeinschaft noch klein war, im Rahmen einer Neuorganisation des Geländes die größeren und fruchtbarsten Grundstücke erworben bzw. mit oder ohne Gewalt schlichtweg okkupiert, abgegrenzt und gerodet. Der Adel Etruriens, der in späterer Zeit belegt ist (▶ Kap. 4.2), bestand aus Grundbesitzern: Für die Antike allgemein darf angenommen werden, dass der Adel sich aus Großgrundbesitzern zusammensetzte – im Alten Orient und in Griechenland genauso wie im alten Rom. In einer nicht näher definierbaren Spätzeit (vielleicht im 7./6. Jh.) wurde der Besitz rechtlich verankert, seine Ursprünge in eine sagenhafte Zeit zurückprojiziert, unter den Schutz des Gottes gestellt, unübertragbar gemacht und in der »Etruskischen Disziplin« (▶ Kap. 4.5) in etruskischer Sprache schriftlich fixiert.[21]

Die in späterer Zeit in Etrurien wichtige Ziehung von Grenzlinien (▶ Kap. 4.7) dürfte ebenfalls auf eine sehr alte, in den frühesten Siedlungen gewohnheitsrechtlich fixierte Praxis zurückgehen – die Hügelgräber von Crostoletto di Lamone und die Steinkreise von Vetulonia (9.–8. Jh.) hatten bereits eine Flächenabmessung und -abgrenzung. Ursprünglich wurden Abgrenzungen wohl mit dem Ziel gezogen, die eigene Anbaufläche vor den Ansprüchen der Feldnachbarn zu schützen. Mit der Zeit sahen die Siedler auf Hügeln und Plateaus wohl die Notwendigkeit, die eigenen Äcker von jenen des Nachbarn mit Steinen, Holzpfosten, Büschen, Bäumen usw. abzugrenzen. Mit der Zuteilung des Ackerlandes, mit der Parzellierung in größere oder kleinere Grundstücke und der Abgrenzung der Parzellen kam der Privatbesitz auf.

In Populonia (u. a. Poggio delle Granate) wurden im 9. Jh. oder Anfang des 8. Jh., also früher als in anderen Gebieten Nordetruriens, Kammergräber mit Vorbau und Pseudokuppel angelegt.[22] Sie setzen die Arbeit von Bautechnikern, Steinhauern und Steinmetzen sowie von Maurern mit bemerkenswerten Ingenieurkenntnissen voraus, welche die Kuppelgräber so errichteten, dass sie nicht einstürzten. Diese Kammergräber Populonias aus großen, übereinander geschichteten Steinblöcken sind trotz formaler Unterschiede der Bauweise den Nuragen Sardiniens ähnlich.[23] Es gab wohl Verbindungen zwischen Auftraggebern und Architekten beider Gebiete, in denen Metallabbau betrieben wurde. Ein Gefäß aus Tarquinia[24] (920–820) stellt ein einfach geformtes Boot dar und belegt die Beförderung von Waren auf dem Wasserweg: mit ähnlichen Booten konnte man bei ruhigem Seegang mit Geschick und Glück bis nach Korsika und Sardinien gelangen. Darauf weisen auch Kännchen mit langem, schrägem Hals aus Vetulonia (8. Jh.) hin, die sardische Vorbilder haben.[25] Das Spinnwirtel und Bronzefragmente, die mit dem Schiffchen vergesellschaftet waren, legen nahe, dass der/die Grabherr(in) mit dem Handel von Metall und Wolle zu Besitz gekommen war.

Sardische Objekte, darunter Schiffchen, Becken, Anhänger und Kleinplastik aus Bronze in einem Frauengrab von Vulci (9. Jh. oder 8. Jh.), legen familiäre und wohl auch direkte oder indirekte geschäftliche Verbindungen zwischen Persönlichkeiten beider Gebiete nahe.[26] In etwa 100 Gräbern Südetruriens finden sich im 9. Jh. und 8. Jh. Urnen in Form von Hütten, allein etwa 50 in Vetulonia, darunter einige innerhalb der Steinkreise.[27] Sie hatten vielfach eine versperrbare Tür, ein Rauchloch und Außenwände, die mit eingeritzten geometrischen Zeichen verziert waren; die stark stilisierten eingeritzten menschlichen Figuren dürften die Wiederherstellung des vom Feuer verbrannten Körpers darstellen.[28] Plastische Vogelköpfchen zierten vielfach das Dach der Hüttenurnen. Rund um das Dach einer späteren bronzenen Hüttenurne aus Vulci (erste Hälfte des 8. Jh.) hängen gegossene, kleine, bewegliche Ketten, die bei Wind Klang erzeugten, um böse Geister abzuwehren oder gute Geister zu binden. Die Toten in den Hüttenurnen dürften eine besondere Rolle in ihrer Gemeinschaft gespielt haben.

Typologisch ähnliche Hüttenurnen (etwa 50 Stück) aus den Albaner-Bergen und aus Osteria dell'Osa unweit von Palestrina im Gebiet der Latiner waren bereits im Laufe des 10. Jh., also früher als in Etrurien, in Verwendung. Verbindungen zu Kreta wurden angenommen: Hier wurden Hüttenurnen auch mit einer menschlichen Tonfigur und mit einem Hörnerpaarmotiv auf dem Dach verziert.[29] Tonfiguren finden sich auch in einigen Hüttenurnen aus Latium aus dem 11.–10. Jh. – die Darstellung menschlicher Figuren nahm den Ausgang von der Ägäis und Zypern und erreichte Latium.[30] Die Ausstattungen in den Gräbern mit Hüttenurnen und in den Gräbern mit bikonischen Urnen sind größtenteils sehr ähnlich und nicht besonders reich. In Nord- und Inneretrurien sind Hüttenurnen unbekannt.

Die Verteilung der etwa 100 Hüttenurnen auf die ca. 150 Jahre ihrer Verwendung und auf die einzelnen Siedlungen, in denen sie belegt sind, sowie deren Verhältnis zu den Hunderten von bikonischen Urnen Etruriens ergeben, dass die Hüttenurnen einer relativ kleinen Anzahl von Personen zustanden, darunter Frauen und Kindern, was für eine eigene, differenzierte und höhere Gesellschaftsgruppe spricht. Fehlende oder bescheidene Ausstattungen in den Hüttenurnen entsprechen nicht einer niederen sozialen Schicht der Bestatteten, denn das Fehlen von Waffen erklärt sich mit dem Wunsch, die eigenen Waffen den Nachkommen zu vererben oder auch mit Platzmangel in der kleinen Urne – in Latium wurden in einigen Hüttenurnen, wahrscheinlich denjenigen von Kriegern, Miniaturwaffen deponiert.[31]

Die große Anzahl von Hüttenurnen in Vetulonia, einem Zentrum der Metallverarbeitung, dürfte für den hohen sozialen Rang und für den Reichtum der Toten in den Hüttenurnen sprechen. Eine späte silberne Hausurne aus dem reich ausgestatteten Grab des Herrn Tansina von Vetulonia (650–625) fällt materialmäßig aus dem Rahmen der oben erwähnten Hüttenurnen aus Ton, bestätigt jedoch etwa zwei Jahrhunderte später das reiche, gehobene soziale Umfeld der Besitzer von Hüttenurnen.[32] Dekorierte Hüttenurnen sprechen dafür, dass der darin bestattete Verstorbene etwas hatte, was den Besitzern undekorierter Hüttenurnen fehlte, nämlich ein mit unverständlichen, vielleicht magischen Zeichen versehenes Wohnhaus, in dem er auch gleichsam im Jenseits residierte. In Vetulonia, woher die meisten Hüttenurnen stammen, wurden bislang keine Überreste von besonders aufwendig gestalteten Gebäuden aus der Frühzeit entdeckt.

Schwerter mit verzierten Scheiden, Bronzeschalen, Fibeln und Schmuck in einfacher und komplexer Ausführung bestätigen im Etrurien des 9. Jh. das hohe Niveau einer ›professionellen‹ Metallbearbeitung, die auf eigene Traditionen wie auch auf die Beziehungen zu Sardinien und zur Emilia-Romagna zurückgreifen konnte. Diese Metallgegenstände zeigen, dass seit dem frühen 9. Jh. den Kriegsherren spezialisierte Handwerker und Metallgruben, Schmelzanlagen und Schmiede zur Verfügung standen, die mit fortschrittlichen Arbeitsmethoden und Techniken arbeiteten. Landwirtschaftliche Geräte für einen profitablen Ackerbau, z. B. Sicheln und Schermesser, bezeugen die Tätigkeit von Bauern und Viehzüchtern, welche Nahrungsmittel, Felle und Wolle für den Grundbesitzer, für den eigenen

Bedarf und für den Tauschmarkt produzierten. ›Moderne‹ Metallsicheln für den Rebenschnitt hatten bereits im 10. Jh. den Ertrag der Weinproduktion erhöht.[33] Diese Gruppen waren den Anführern anderer Gemeinschaften Italiens, die über weniger Metall verfügten, wirtschaftlich überlegen.

Die Steinkreise von Vetulonia, die älteren Hügelgräber von Populonia, die Hüttenurnen, das Handwerk und der Krieger vom reich ausgestatteten Grab M 2 von Tarquinia (Monterozzi; 900–850) indizieren im 9. Jh. verschiedene hochgestellte Gruppen der Bevölkerung. Der Krieger nahm Waffen, Trinkgeschirr (Krug und Schale) und ein verziertes Tischchen mit ins Grab, auf dem ursprünglich Speisen deponiert waren;[34] Speisetisch und Waffen zeigen seinen Wunsch nach Sicherstellung der Ernährung und nach Selbstverteidigung auch im Leben nach seinem Tod. Metallprodukte (Waffen, Schalen, Schmuck usw.) und das Bootmodell aus Tarquinia (Selciatello, Grab 8), welches den Transport von Handelsware und den damit verbundenen Gewinn indiziert, bedeuten soziale Differenzierungen und reichen aus, um festzustellen, dass es in der Villanova-Zeit in Etrurien keine egalitären Gesellschaften gab; solche hatte es in der Vergangenheit durchaus auch in Etrurien gegeben, aber auf der Stufe von Jägern und Sammlern. In den Minen und in der Landwirtschaft waren Unfreie wie auch verarmte Freie beschäftigt, die sich freiwillig oder unfreiwillig in den Schutz reicher Familien begeben hatten. Soziale Schichtung bedeutet in der Alten Welt einen unterschiedlichen Zugang zu den Produktionsmitteln, impliziert jedoch weder Klassenbewusstsein noch -konflikte.

Günstige (oder kritische) Zeiten boten manchen Gruppen die Gelegenheit, eine Sonderstellung zu übernehmen. Bergbau, Landwirtschaft und (Tausch-)Handel führten zu Reichtum und dieser verhalf zu sozialem Prestige und letzten Endes zu Herrschaft und Macht von Vermögenden über weniger Begüterte, die zu Abhängigen wurden. Diese unterstützten mit ihrer Arbeit die schmale Schicht der Herren und Besitzer und trugen zur sozio-politischen Entwicklung der Gesellschaft indirekt bei. Zwei wertvolle Diskusfibeln und eine Bogenfibel neben einfachen Tontöpfen im Grab 54 von Tarquinia (920–850)[35] werden als Geschenk von einem Gönner an einem ›Helfer‹ interpretiert. Tatsächlich liegt es nahe, dass solche ›Helfer‹ auch mit Gegenständen ›bezahlt‹ wurden, die ihnen Prestige verliehen und ihre Stellung in der Gesellschaft stärkten.

Das Hervortreten von unterschiedlichen Gruppen (Krieger, Bauern, Metallbearbeiter, Töpfer, Grundbesitzer usw.) seit dem Ende des 10. und verstärkt im 9. Jh. zeigt, dass in Etrurien bereits Anfang des 1. Jahrtausends eine sozio-politische Reorganisation begonnen hatte, die gleichsam eine Störung des Gleichgewichtes der alten Strukturen bedeutete. Im 8. Jh. wurde die im 10. Jh. auf dem La Civita benachbarten Plateau Monterozzi von Tarquinia angelegte Siedlung Il Calvario wieder aufgegeben.[36] Im Laufe des 9. und 8. Jh. wuchsen mehrere auf Hauptplateaus und benachbarten Hügeln verstreute Siedlungskerne verstärkt zu größeren Einheiten zusammen und okkupierten eine Fläche von bis etwa 100 ha. Dies zeigt, dass sich kleine Siedlungen früher oder später einem wachsenden Hauptort auf dem größeren Plateau unterordneten (oder unterordnen mussten), was für einen stetigen demographischen Zuwachs spricht, gleichsam ein erster Schritt in Richtung Stadtbildung. In Caere wurden frühere Siedlungskerne weiterbewohnt.[37]

Ein ähnliches Bild wie in Tarquinia zeigt sich in Veji: Im 9. Jh. gab es im Gelände Macchiagrande und Campetti am Fuße des Plateaus von Veji etwa sechs selbstständige Ansiedlungen mit wenigen Hütten und Gräbergruppen, die im Laufe der Zeit zu größeren Siedlungskernen heranwuchsen. Außerhalb des Plateaus gab es weitere Siedlungskerne, die allmählich aufgegeben wurden, wohl zugunsten eines Hauptortes. Fragmente grober Keramik am Fuße des Plateaus von Orvieto/Volsinii, verstreute Gräbergruppen und Reste von Kultstätten auf dem Plateau indizieren im 9. Jh. eine frühe Siedlung, die unregelmäßig weiterwuchs.[38] Chiusi, Volterra, Fiesole, Populonia und Perugia in Nordetrurien entstanden etwas später als die Siedlungen Südetruriens, jedoch ebenfalls aus dem Zusammenschluss kleiner Ansiedlungen auf Hügeln und in der Ebene.[39]

Die Hauptorte übten Druck auf die Ansiedlungen des Umlandes aus, denn vom Land kam die Nahrung für die Bewohner der Plateaus, die in Minen und Werkstätten beschäftigt waren.[40] Die Neubesiedlung im 9. Jh. von San Giovenale und Luni sul Mignone spricht für eine Ausweitung des Territoriums von Caere wohl zu wirtschaftlichen Zwecken; dies setzt eine hierarchische Einteilung des Gebietes und die Aufstellung bewaffneter Mannschaften zur Verteidigung des Territoriums voraus. Im 6. Jh. weitete Tarquinia sein Gebiet in Richtung San Giovenale aus. Hier zeigen Kammergräber in der architektonischen Tradition von Caere, dass San Giovenale vor der territorialen Ausbreitung Tarquinias im Einflussbereich von Caere war, und dass sich die Grabtradition von Caere auch nach der Landnahme Tarquinias erhielt. In Tarquinia, Caere, Vulci usw. zeigen die reichen Gräber des frühen 9. Jh., dass die gewachsenen Ansiedlungen auf den Plateaus und Hügeln Hauptorte waren. Dafür spricht auch das hohe Alter der Namen der späteren Städte (▶ Kap. 4.7), die ursprünglich Sitze der Gemeinschaften mit charismatischen Anführern waren.

Anfangs hatten diese Ansiedlungen noch keine dauerhaften Herrschaftsstrukturen zur Bewältigung akuter Notfälle und Gemeinschaftsfunktionen existierten nur so lange, bis man einen Beschluss ausgeführt, einen Sieg errungen oder eine Anlage errichtet hatte. Mit der Zeit führten aber die Bevölkerungskonzentration auf den Plateaus, die Abgrenzung des bewohnten Gebietes und die handwerkliche Tätigkeit mit technischen Neuerungen, welche die Sicherstellung ausreichender Ressourcen garantierten, zur Entstehung immer komplexerer Ansiedlungen.[41]

Die Entwicklung der Bewohner Etruriens in der Villanova-Zeit zu politischen Einheiten mit einem eigenen Territorium, mit einfachen, aber spezifischen Wirtschafts- und Gesellschaftsformen und mit eigenen Traditionen ist als Neukonstituierung der ursprünglichen Gemeinschaften zu sehen, welche im 11.–10. Jh. begann und sich im 9.–8. Jh. vollzog. Die Eigenart des politischen Systems Etruriens seit der Mitte des 10. Jh. im Vergleich zu denen der zeitgenössischen italischen Völker und Völkerschaften Norditaliens zeigt, dass sich im Laufe der Villanova-Zeit in Etrurien ein eigenes politisches System spontan organisierte. Diese Selbstorganisation ging von den lokalen Gemeinschaften aus.

Seit dem Beginn des 8. Jh. enthalten Grabausstattungen mehr Waffen als früher, was signalisiert, dass in dieser Zeit die Selbstverteidigung (der Lebenden) wichtiger geworden war.[42] Waffen wurden sicher nicht nur gegen äußere Feinde verwendet, sondern dienten auch zur Abschreckung missgünstiger Bewohner der eigenen Siedlung. Zu dieser Zeit segelten Griechen und Orientalen mit ihren Schiffen vor den Küsten Mittelitaliens.

Die Organisation selbst kleiner Gruppen erfordert eine ständige Führung, die vom Grad der Siedlungsentwicklung unabhängig ist. Bei sehr frühen Gemeinschaften müssen Anführer zunächst den Zusammenhalt der eigenen Gruppe absichern, denn angesichts von Gefahren und bei prekärer Ernährung neigen Gruppen ohne feste politische Strukturen zu Rivalitäten bis zur Zersplitterung. Ein Helm mit einem 35 cm hohen Kamm, der für den Kampf ungeeignet war, ein Stab mit rundem Aufsatz von ca. 25 cm Länge, der als Zepter interpretiert wurde, eine kostbare Diskusfibel mit Golddraht zum Zusammenhalten der Kleider, Pferdeknebel und Dreifuß aus mehreren Gräbern von Tarquinia waren um 800 kostbare Gegenstände, welche den Träger innerhalb der Gruppe hervorhoben.[43] Er war sofort erkennbar an seiner äußeren Erscheinung und seine Machtsymbole zeichneten ihn als Träger der Gewalt aus, die man ihm übertragen hatte. Er war Inhaber einer offiziellen Macht, die vererbt werden konnte. Seine Stellung blieb allerdings instabil, solange seine Autorität lediglich auf Reichtum basierte. Größere Erfolge konnten seine Stellung rechtfertigen und sichern. Im Laufe des 9./8. Jh. erwuchs zumindest in einigen Ansiedlungen Etruriens, darunter in Caere und Tarquinia, das Bestreben, Kompetenzen an eine zentrale Instanz zu übertragen.

Im republikanischen Rom hatte der Familienvater (*pater familias*) das Recht über Leben und Tod der Familienmitglieder und genoss besondere Privilegien: Der Sitz des Familienvaters war in Rom ein Thron, und diesen zu verkaufen wurde noch in späterer Zeit als Frevel angesehen. Das Familienoberhaupt hatte Autorität gegenüber den jungen Generationen und war daher verehrungswürdig.[44] Diese ›väterliche Verfügungsgewalt‹ (*patria potestas*) ist aus dem frühesten römischen Recht und in frühen Gesellschaften bekannt: Homer kennt ein ähnliches Recht über Kinder und Frauen, das aus der Frühzeit stammt.[45] Wir kennen das Verhältnis eines Familienoberhauptes zu den Familienmitgliedern im Etrurien der Villanova-Zeit im Einzelnen nicht, aber die seit dem 7. Jh. belegte patrilineare Deszendenz innerhalb der eigenen Familie und die zentrale Rolle des Familiengründers zeigen, dass das Familienoberhaupt sehr früh die uneingeschränkte Verfügungsgewalt über die erweiterte Familie hatte und das Familienleben im ökonomischen, rechtlichen und religiösen Bereich bestimmte.[46] Eine besondere Bekleidung, z. B. Schuhe, und ein besonderes Mobiliar, z. B. ein Thron, Sessel und Tisch, standen wohl auch in Etrurien einem (Familien-)Oberhaupt zu. Das Wort ›apa‹, Vater, das im Etruskischen auch als Appellativ von Götternamen bezeugt ist, unterscheidet den Vater von den anderen Familienmitgliedern und verleiht ihm religiöse und juridische Bedeutung. Das Familienoberhaupt vertrat die Familie nach außen, z. B. im Ältestenrat der Siedlung, d. h. in öffentlichen Belangen. Ehefrauen aus anderen Abstammungsgruppen (Exogamie) übernahmen den Namen des Gatten nicht: Das ist kein Zeichen von Emanzipation, vielmehr wollte man damit das Verwandtschaftsnetzwerk des Gatten nicht erweitern, wie es bei Patrilinearität auch zu erwarten ist, damit einher geht die Irrelevanz der weiblichen Abstammung.

Die Stellung eines Familienoberhauptes mit uneingeschränkter Autorität ähnelt jener eines Vorstehers an der Spitze einer ganzen Siedlungsgemeinschaft. Dies erleichterte den Schritt von der Organisation der Familie zur Organisation des Lebens in der Gemeinschaft mit einer männlichen Einzelperson an der Spitze. Es hing letzten Endes von den Fähigkeiten, wie Kampfgeschick, Besitz, Organisationsfähigkeit, physischer und psychischer Stärke und rascher Auffassungsgabe ab, welcher Machthaber sich mit der Zeit politisch durchsetzte. Er hatte dann die Gelegenheit, landwirtschaftliche Erträge zu sammeln und zu verteilen, Metalle zu gewinnen, Soldaten anzuheuern, die eigene Stellung immer wieder zu bestätigen und das eigene Dorf in der Hierarchie möglichst weit oben zu positionieren.

Die hügelige Landschaft Etruriens war bereits in der Villanova-Zeit für die Aufnahme, Pflege und Weiterentwicklung zwischenmenschlicher Kontakte günstig. Ähnliche Waffen, Geräte und Schmuck sprechen für Mobilität, was für Etrurien, für die Emilia-Romagna und Kampanien eine neue Lebensweise bedeutete. Mobilität führte zur Verbreitung von neuen Kenntnissen, wie auch zur Bildung neuer Traditionskerne; dazu zählte u. a. die verbreitete Verwendung der bikonischen Urne mit einem vielfach absichtlich abgeschlagenen Henkel. Die Ausbreitung der Traditionskerne ging ursprünglich wahrscheinlich von einem Mittelpunkt, vielleicht in Mittelitalien oder der Emilia-Romagna, aus und setzte sich dann fortt. Ähnliche Traditionskerne konnten unabhängig von ihrem Ursprung zu Kristallisationspunkten sozio-politischer Gruppen werden und mit der Zeit zur Bildung eines Wir-Bewusstseins führen.

Die materielle Hinterlassenschaft der Villanova-Zeit gewährt insgesamt interessante Einblicke in das Leben und in die Tätigkeiten der frühen Siedlungsgemeinschaften Etruriens: Die Personen, die um die Jahrtausendwende auf den Plateaus und Hügeln Etruriens wohnten und arbeiteten, sind für uns namenlos, jedoch nicht völlig unbekannt. Die Bildung ›politischer‹ Gemeinschaften mit eigenen kulturellen Traditionen war jedenfalls die wesentliche Voraussetzung für die Bildung neuer Traditionen, welche das Weiterbestehen der Gruppen sichern sollten.

Gruppenbewegungen ähnlich denjenigen in Etrurien im 10. Jh. fanden in der Villanova-Zeit auch im Gebiet zwischen dem Apennin und dem Fluss Po in der Emilia-Romagna statt. Im 9. Jh. entstand eine Ansiedlung beim heutigen Städtchen Verucchio (Prov. Rimini) auf einem etwa 300 m hohen Plateau von etwa 26 ha über dem Tal des Marcia-Flusses und an einer Stelle, die bereits im 10. Jh. (sog. Endbronzezeit) bewohnt war.[47] Die materielle Kultur von Verucchio zeigt im 9. Jh. Beziehungen zur materiellen Kultur von Bologna und von Inneretrurien; sie entwickelte sich aber nach dem 8. Jh. selbständig weiter, unter dem Einfluss der benachbarten sabellischen Stämme. Verucchio wurde im Laufe der Zeit ein Mittelpunkt des Handels und der künstlerischen Verarbeitung von Bernstein aus Nordeuropa.[48]

Im 9. Jh. gab es in den Tälern der Flüsse Secchia, Panaro und Idice mehrere Ansiedlungen. Frühe Nekropolen, aus der Zeit von etwa 900, befinden sich auch im Raum des Flusses Sávena außerhalb des späteren Hauptkernes von Felsina/Bologna, wo es bereits in der Bronzezeit Ansiedlungen gab.[49] Brandnekropolen und typische Gegenstände der Villanova-Zeit (Webspulen, Fibeln und Gefäße von eigener Typologie) wurden gegen Ende des 9. Jh. auch beim Fluss Ramone gefunden. Hüttenreste bei der Via Ristori unweit von San Vitale sprechen für Streusiedlungen.[50] Mit der Zeit wurde auch der ausgedehnte Raum zwischen den Flüssen Aposa und Ravone mit Hütten dünn besiedelt, ein Zeichen demographischer Zunahme.[51] Um 900 gab es auf dem (knapp 40 m) erhöhten Gelände Villa Cassarini im Süden des heutigen Bologna auch eine sakrale Stätte, wohl einen Treffpunkt für die Bewohner des Umlandes.[52] Im Laufe des 8. Jh. wuchsen jene Kerne zu einer eigenen Siedlung mit etwa 500 Hütten heran.[53] Ein Bau aus Holz und Erde (8. Jh.) aus Piazza Azzareta ließ eine frühe Verteidigungsanlage vermuten.[54] Mehrere Ansiedlungen unweit von Felsina dienten der Kontrolle des Territoriums.

Der Raum um Felsina am Fluß Reno liegt in äußerst günstiger geographischer Lage aufgrund einer fast direkten Verbindung zum Tyrrhenischen und zum Adriatischen Meer. Das Territorium der Siedlung reichte im Norden bis zum Fluss Po, der etwa 60 km Luftlinie entfernt nördlich von Bologna vorbeifließt, im Osten bis zum Santerno-Tal, im Süden bis zum Apennin und im Westen bis Rubiera (Prov. Reggio Emilia) und wahrscheinlich darüber hinaus. Südwärts führt das Tal des Flusses Reno in die Toskana, wo am Apennin der Reno entspringt. Siedlungen entlang der Flusstäler führten entlang der Wege von Felsina in die Toskana und waren wohl wichtige Stützpunkte für den Handel. Unweit der Reno-Quellen entspringt auch der Fluss Ombrone (Pistoiese), der südwärts fließt und bei Signa im Nordwesten der Ebene von Florenz in den Fluss Arno einmündet; dieser wiederum erreicht das Tyrrhenische Meer bei Pisa. Durch die Täler seiner linken Nebenflüsse kommt man durch hügeliges Gelände ins Gebiet von Volterra und weiter in die Minengebiete von Populonia und Vetulonia. Dieser Weg von Felsina/Bologna in die nördliche Toskana war direkter und kürzer als der Weg über Verucchio-Chiusi, wenngleich auch dieser Weg über den Apennin durch das Ombrone (Grossetano)-Tal ebenfalls in das Minengebiet von Vetulonia und Populonia führte.

Im 8. Jh. wurde Felsina Mittelpunkt handwerklicher Tätigkeiten und bedeutende Drehscheibe für Menschen und Waren nach Norden und nach Süden. Der Hort San Francesco (Ende des 8. Jh.) mit Tausenden von Bronzefragmenten verrät rege metallverarbeitende Tätigkeit. Das Areal von Felsina umfasste im 8. Jh. bis etwa 180 ha. Die archäologisch feststellbare Zersiedelung der Landschaft und der damit verbundene Rückgang der landwirtschaftlichen Flächen sprechen seit damals für eine Zunahme der Bevölkerung. Gräber mit zum Teil reichen Ausstattungen in verschiedenen Nekropolen in und um Bologna dokumentieren seit der Mitte des 8. Jh. den zunehmenden Reichtum und das Hervortreten von reichen Machtträgern. Anders als ihre Zeitgenossen im tyrrhenischen Etrurien verzichteten sie auf eine monumentale Grabarchitektur.

Bereits im 9. Jh. führten zwei Hauptwege von Südetrurien auch nach Kampanien, der eine entlang der Meeresküste Latiums, der andere durch die Täler der Flüsse Sacco und Liri. Der Historiker Philistos von Syrakus erwähnt eine Tyrsenía in Kampanien.[55] Er bezog sich wahrscheinlich auf ein ausgedehntes Gebiet, das sich von der Halbinsel von Sorrent bis zum Gebiet östlich des Vesuvs erstreckte. In diesem Gebiet finden sich Ansiedlungen, deren Kulturgut seit dem 9. Jh., also seit der Villanova-Zeit, Verbindungen zu Etrurien zeigt.

Der Einfluss aus dem etruskischen Mittelitalien wirkte sich in Kampanien je nach Gebiet unterschiedlich aus: In Pontecagnano, das in der Frühzeit wahrscheinlich

Tyrseta hieß, in Arenosola und Capodifiume finden sich im 9. Jh. Brandgräber mit bikonischen Urnen. Diese fehlen hingegen in den Brandgräbern Capuas wo die Brandreste in einem runden Gefäß einheimischer Tradition deponiert wurden, wohl ein Zeichen, dass diese frühere Bevölkerung Capuas ihre alten Traditionen weiterführte: Eine Schale als Deckel verrät typologische Verbindungen zum Land der Falisker bzw. zum Gebiet von Veji.[56] In den Brandnekropolen von Sala Consilina auf dem Weg nach Lukanien finden sich eigentümliche bikonisierende Urnen.[57] Sie verraten den Versuch des einheimischen Handwerks, die neuen Keramikformen mit traditionellen Formen zu verbinden und eigene Wege zu gehen.

3.2 Der mediterrane Hintergrund

Der letzte historische Schritt der Bewohner Etruriens in die Villanova-Zeit erfolgte teilweise parallel zu Ereignissen enormer historischer Tragweite, die sich etwa zwischen dem 13./12. und dem 10. Jh. im Mittelmeerraum abspielten: Das Reich der (indoeuropäisch sprechenden) Hethiter inmitten Kleinasiens, von dem um die Mitte des 2. Jahrtausends die Metallbearbeitung im Mittelmeerraum forciert ausgegangen war, brach um 1200 zusammen, Teile des Volkes verließen ihr angestammtes Land und zerstreuten sich nach Süden: Etwa im heutigen Nordlibanon entstanden die ›neuhethitischen‹ Stadtstaaten.[58] In jenen Jahrzehnten griffen fremde Völkerschaften »aus dem Meer«, darunter die $T^w r š$/*Tursha* mehrmals Ägypten an, wurden jedoch von den Pharaonen zurückgeworfen.

Im 12. Jh. wurden in Griechenland die mykenischen Paläste zerstört und das mykenische Staatensystem ausgelöscht, ca. im 11. Jh. besetzten die griechischen Dorer Südgriechenland und etwa gleichzeitig kamen die Ionier vom griechischen Festland zur Westküste Kleinasiens, wohl nicht überall als willkommene Siedler – der Zug der griechischen Achäer gegen Troja hat nach Ansicht einiger Forscher in diesem Zusammenhang stattgefunden.[59] In Athen begann in dieser Zeit (11. Jh.) ein bemerkenswerter Aufschwung, der im 10. Jh. in der Vasenproduktion der sogenannten ›protogeometrischen‹ Zeit einen ersten Höhepunkt erreichte. Seit dem 10. Jh. befuhren Phöniker regelmäßig das westliche Mittelmeer, wie phönikische Funde von Anatolien bis Spanien zeigen – die Überlieferung setzt den Beginn der Expansion in das 12. Jh.[60]

Im 12./11. Jh. kam es in Norditalien zum Zusammenbruch der Terramaren und zur Zerstreuung ihrer Träger.[61] Das Ende der Nuraghen-Kultur Sardiniens um 1000 ist wohl als eine späte Folge mediterraner Ereignisse in einem Randgebiet zu sehen, darunter des Zusammenbruches der mykenischen Ordnung, welche der an Kupfer und Erz reichen Insel Sardinien wesentliche Techniken der Metallbearbeitung gebracht hatte – wahrscheinlich hatten damals in Etrurien die Zentren der Metallbearbeitung davon profitiert.

Diese ausgedehnten Kriegs-, Zerstörungs- und Mobilitäts-Horizonte, welche im letzten Viertel des 2. Jahrtausends mehrere Landschaften des Mittelmeeres in

Mitleidenschaft zogen, neue Völker hervorbrachten und andere Völker samt ihren Staaten und Kulturen verschwinden ließen, trafen direkt oder indirekt seit dem 12.–10. Jh. auch den italienischen Raum, darunter die Po-Ebene. Nach dem Verschwinden der Terramaren blühte im 12. Jh. Frattesina, ein bereits vorhandener Handelsstützpunkt an der Mündung des Flusses Po, verstärkt auf und pflegte Verbindungen zum Mittelmeer: Frattesina verlor erst um 900 mit dem stärkeren Hervortreten des topographisch günstig gelegenen Bologna/Felsina an Bedeutung.

Diesbezüglich lässt sich nun fragen, ob die Überlieferung von Herodot – die Lyder seien nach Italien, »ins Land der Umbrer«, gekommen und hier zu Tyrrhenern geworden[62] – den Zweck verfolgte, das Fußfassen der Griechen an der Adria (Spina) zumindest mit dem Hinweis zu rechtfertigen, dass schon früher Gruppen aus dem Osten an die Adria gekommen seien; denn im Gebiet der heutigen Romagna wohnten zu Herodots Zeit (5. Jh.) auch Umbrer.[63] Oder es waren in Zusammenhang mit den Wirren des letzten Viertels des 2. Jahrtausends Gruppen aus Kleinasien tatsächlich über die Adria zur Po-Mündung gekommen, Ereignisse, von denen der kleinasiatische Autor Herodot Jahrhunderte später in seiner Heimat noch ein Echo fand und die er mit Lydien und den Tyrrhenern in Zusammenhang brachte. Überlieferung, Linguistik und Archäologie unterstützen derzeit weder die Darstellung Herodots noch die Berichte verschiedener späterer antiker Autoren, welche die Etrusker Italiens ›Lyder‹ nannten.

Nach der antiken Überlieferung stammen die Räter von den Etruskern ab. Zwischen den Etruskern der Emilia-Romagna und den viel später inschriftlich belegten Rätern hatten ursprünglich die Terramare-Bewohner ihre Wohnsitze. Wir wissen nichts über deren Sprache und deren Schicksal nach dem Verlassen ihrer Heimat Ende des 12. Jh.: ob sie nach Frattesina im Po-Delta, nach Norden, nach Mittelitalien, ins Mittelmeergebiet usw. gingen. Handwerkliche Kenntnisse der Terramare-Bewohner finden sich in der Metallbearbeitung und in der Keramik der Bewohner Nordetruriens im 11.–9. Jh.; typologische Untersuchungen würden eine bessere Beurteilung der Art des Kontaktes und dessen Bedeutung ermöglichen. Angesichts dieser Befunde und der geographischen Lage der mittleren Po-Ebene besteht die allerdings heutzutage unbeweisbare Möglichkeit, dass die Terramare-Gruppe einen protoetruskischen Dialekt sprach. Damit soll nicht gesagt werden, dass die Wohnsitze der Terramare-Gruppe in der Po-Ebene der Ausgangspunkt des ›tyrsenischen Sprachkomplexes‹ nach H. Rix (▶ Kap. 3.5) waren, meine Hypothese würde vielmehr die frühen Phasen des Etruskischen in eine weiter zurückliegende Vergangenheit verschieben. Die Lokalisierung des ursprünglichen ›tyrsenischen Sprachkomplexes‹ bleibt dagegen offen.

Die materielle Kultur entwickelt sich in Etrurien zwischen den letzten beiden Jahrhunderten des 2. Jahrtausends und der Villanova-Zeit im 10./9. Jh., wie schon früher, ununterbrochen weiter. Waren im 13. Jh. die Unterschiede der materiellen Kultur Latiums südlich des Tiber bis zum Berg Circeo an der Grenze zu Kampanien und Südtruriens kaum wahrnehmbar, so wurden gegen Ende des 2. Jahrtausends die Vielfalt der Bronzegegenstände und der Keramik Etruriens sowie die typologischen Unterschiede im Vergleich zu denen Latiums augenscheinlich. Die progressive Distanzierung zwischen dem Kulturgut beider Gebiete ist archäologisch gut fassbar: Aufgrund von Ausstattungen in Männergräbern Latiums hat man eine Stärkung der kulturellen und ethnischen Identität vorsichtig angenommen.[64] Die endgültige, wenngleich unscharfe Grenze zwischen dem Lateinischen und dem Etruskischem verlief, geographisch gesehen, im Raum Rom – Veji – Caere.

Wenn in Grenzlagen eine Sprache zur Kontrastsprache wird, übernimmt sie immer eine gemeinschaftsbildende Funktion für die eigene Gruppe. Die etruskische Sprache bildete die Voraussetzung für die Weiterführung alter Traditionen oder für die Entstehung neuer, gemeinsamer Traditionen, die sich geographisch ausbreiteten und zum kulturellen Erbe der Etruskisch Sprechenden wurden. In den verschiedenen Regionen Etruriens kam es zum Bewusstsein einer kulturellen Zusammengehörigkeit.

Da Sprachgrenzen selten scharf sind, muss man fast immer mit der Bildung von unterschiedlich breiten Überschneidungszonen rechnen, in denen man die Nachbarsprache – Latein/Faliskisch, Italisch-Umbrisch/Etruskisch – unterschiedlich gut verstand und sprach. Gruppen, die im Zuge einer Ortsverschiebung aus ihrem ursprünglichen Gesellschafts- und Familiensystem ausscheiden, werden leicht von einem anderen Kulturkreis angezogen und je nach ihrer Anzahl assimiliert. Bei Gruppen indoeuropäischer Sprache an den Grenzgebieten Etruriens, welche nach der Jahrtausendwende wirtschaftlich und kulturell von ihrer Grenzlage profitierten und sich mehr oder weniger freiwillig den wegen der Metalle reichen Sprechern des Etruskischen anschlossen, dürfte es mit dem Wechsel der Sprache auch zu einem Wechsel der ethnischen Zuordnung, also zur Etruskisierung von (ursprünglich) sprachlichen ›Nichtetruskern‹, gekommen sein, wie dies bei den Faliskern auf kulturell-politischem (nicht auf sprachlichem) Gebiet auch geschah. Man konnte also ›Etrusker‹ werden. Die sprachliche Etruskisierung von (sprachlichen) ›Nichtetruskern‹ ging wahrscheinlich von Etruskern aus, die den Anschluss mit unterschiedlicher Durchschlagskraft bis hin zur Gewalt verfolgten. Personennamen italischer Herkunft im Etruskischen sind im 7. Jh. in Veji bezeugt.[65] Eine solche Entwicklung kann innerhalb von zwei bis drei Generationen erfolgen, in erster Linie dann, wenn sie von wirtschaftlichen Vorteilen bzw. von einer Ideologie getragen wird, zu der sich laufend neue Anhänger bekennen. Jedenfalls ist ein Zusammenschluss verschiedener ethnischer Gruppen der Ausdruck eines politischen Willens, selbst bei unfreiwilliger Inkorporation mit Adoption von Kriegsgefangenen oder Raub von Frauen und Kindern, und impliziert nicht die Wanderung fremder Gruppen.

3.3 Die Eigenbezeichnung der Etrusker: Der Name Rasenna

Dionysios von Halikarnassos schreibt, dass die Bewohner Etruriens »sich Rasenna nannten, nach dem Namen eines ihrer Anführer«.[66] Rasenna ist die griechische

Form des Namens, die für die etruskische Sprache unübliche Verdoppelung der Konsonanten *nn* vermerkt die Länge des Vokals *e* und ist daher regulär. Dionysios, unsere einzige Quelle darüber, gibt seinen Gewährsmann nicht an, seine Aussage kann weder bewiesen noch widerlegt werden, sie ist jedoch aus etruskologischer Sicht interessant, denn in Etrurien ist eine Wortwurzel *rasn-* inschriftlich gut bezeugt. Die etruskische Form *rasunie* als Gentilname, d. h. als Name einer Gens (= Familie, Sippe), ist um die Mitte oder im dritten Viertel des 7. Jh. in einer Grabinschrift aus Pontecagnano in Kampanien bezeugt.[67] *Rasunie* ist nach G. Colonna aus dem Appellativ **rasuna* abgeleitet und grammatikalisch eine adjektivische Bildung mit der Bedeutung »derjenige, der zum Heer/zum Volk gehört«.[68] Die Interpretation Colonnas setzt die von H. Rix vorgeschlagene Bedeutung ›Heerbann‹ für das Wort *rasna-* voraus: *Rasna* sei das politisch aktive Volk, *rasna* seien ursprünglich die ›Waffenfähigen‹ und wahrscheinlich später die ganze freie Bevölkerung Etruriens gewesen.[69] Nach dem 3. Jh. hat sich, nochmals nach G. Colonna, im nordöstlichen Etrurien, wahrscheinlich in Cortona, aus **rasuna* die Form *rasna* und später *rasenna* gebildet.

Aus dem Bericht des Dionysios darf man ableiten, dass die Etrusker ihren Namen mit einem Ereignis ihrer Geschichte verbanden, an dem ein Anführer namens Rasenna wohl erfolgreich teilgenommen hatte. Rasenna könnte der Anführer eines gesamtetruskischen Heeres gewesen sein, mit dem vielleicht eine panetruskische Allianz gegen einen Feind begründet wurde. Auf solche Allianzen bei den Etruskern weisen Livius und Dionysios von Halikarnassos hin.[70] Rasenna kann theoretisch auch auf einen zeitweise existierenden gefolgschaftsähnlich organisierten Personenverband zurückgehen. Schließlich entwickelte der Verband ein Zugehörigkeitsbewusstsein zu seinem Anführer Rasenna, sodass sich die Gruppe mit ihm identifizierte und nach ihm benannte. Die Überlieferung eines Anführers Rasenna setzt jedenfalls eine politisch-militärische Einrichtung voraus, welche eine einschlägige Tradition festlegte, weitergab und wahrscheinlich an alle Zentren übermittelte bzw. diesen aufoktroyierte. Der Gesamtname verrät die Ausarbeitung einer gemeinsamen Geschichte, unabhängig von der Frage nach deren Historizität.

Seit der Mitte des 4. Jh. tritt die Form *rasn-* in der politisch-institutionellen und in der juridischen Terminologie der Etrusker achtmal auf. *Rasn-* gibt in Inschriften aus Tarquinia und Cortona die näheren Kompetenzen eines *zilaθ*, des etruskischen Obermagistraten, an, wir wissen allerdings nicht, wohin diese Kompetenzen bestanden (▶ Kap. 4.6).[71] In Cortona definiert *rasn-* auf zwei Grenzsteinen eine Grenze und im Text eines beschrifteten Steines mit rechtlichem Inhalt aus der Nähe von Perugia (▶ Kap. 7.1) wird *rasn-* dem Wort **tesn-* beigefügt: Nach A. Pfiffig bedeutet die Redewendung etr. *tesnś teiś raśnes*[72] »des öffentlichen (= etruskischen) Rechtes«, eine Annahme, die auf einem Parallelismus zur lateinischen Redewendung »Besitz nach dem Recht der Quiriten (= Römer)« beruht und auch von G. M. Facchetti vertreten wird.[73]

Ferner zeigen die beiden Grenzsteine von Cortona mit dem Hinweis »Grenze der/des Rasna« und die Auflistung der modernen Orts- und Flussnamen aus einer Wurzel *rasn-* durch J. Heurgon, dass diese Namen größtenteils entlang der nordöstlichen etruskisch-umbrischen Grenze gehäuft auftreten.[74] Die Aufstellung von

Grenzsteinen in einem sprachlichen Grenzgebiet ist verständlich, denn hier waren die Unterschiede zwischen Rasenna und Nicht-Rasenna besonders evident und sollten gekennzeichnet werden. Demnach dürfte Rasenna als Eigenbezeichnung der Etrusker bestätigt sein.

3.4 Die Namen Tyrsenoi/Etrusci und der Name Etruria

Die Latiner und die italischen Umbrer sowie die Griechen benannten die Bewohner Etruriens mit den von *Rasenna* völlig verschiedenen Bezeichnungen ital./lat. *Turs-iko* > *Tu(r)s-ci* und gr. *Tyrs-enoi/Tyrrh-enoi/Tyranoi* – der unterschiedliche Stamm hängt von verschiedenen griechischen Dialekten ab. Nach Livius, der sich auf eine frühe, nicht näher definierte Zeit bezieht, nannten die italischen Völker das (Tyrrhenische) Meer »tuskisch, nach der Gesamtbezeichnung jenes Volkes«.[75] Das griechische *Tyrs-enoi* bildet sich aus einem Stamm *turs-* mit dem griechischen Suffix *-ēnoi*, das die Griechen sonst nur bei Volksnamen der Nordägäis und Kleinasiens verwendeten. Das italisch-umbrische Wort *Turs-kum* (ST Um 1 b 17) und das lateinische Wort *Etrusci* entstanden ebenfalls aus einem Stamm *turs-* mit dem italischen Suffix *-iko*. Im Lateinischen wurde der Stamm *turs-* durch Umstellung von *u* und *r* zu *trus-* und durch ein vorangestelltes *e* erweitert, das im Etruskischen vor Verschlusslauten auch sonst belegt ist.[76] Aus diesen Fakten ergibt sich, dass, als Griechen im Laufe des 8. Jh. oder früher das westliche Mittelmeer befuhren (▶ Kap. 1), diesen eine Form *Turs-* in Bezug auf Bewohner Mittelitaliens bekannt wurde.

Die etruskische Inschrift »Ich bin das [...] des Arnθ Velavesna, mich stiftete Mamurke Tursikina« auf einer Goldfibel (650–625) aus Castelluccio di Pienza (bei Chiusi) nennt einen Mamurke Tursikina, welcher dem Arnθ Velavesna, vielleicht einem Freund, Beschützer oder Anhänger, die kostbare Fibel schenkte.[77] Dem etruskischen Familiennamen Tursikina liegt der Volksname *Turs-iko* zugrunde. Tursikina mit der Bedeutung »der Etrusker«, wurde außerhalb Etruriens gebildet – in Etrurien hätte sich wohl niemand »der Etrusker« genannt. Wenn sich der Familienname Tursikina erstmals auf Mamurke bezog, muss eine Form *Turs-iko* etwa im zweiten Viertel des 7. Jh. bekannt gewesen sein. Falls aber bereits der Vater des Mamurke als »der Etrusker« bezeichnet wurde, so wäre die Form *Turs-iko* mindestens eine Generation früher, d. h. noch im 8. Jh., außerhalb Etruriens geläufig gewesen; in diesem Fall wäre diese Bildung der älteste Beleg des Namens der Etrusker in Italien, wahrscheinlich in Kampanien, worauf gerade der Vorname Mamurke hinweist. Eine spätere venetische Inschrift (550–525) aus Altino (Prov. Venedig), also ebenfalls nicht aus Etrurien, nennt einen *Tursanis* mit der Bedeutung »der Tyrsener/Etrusker«.[78]

Der älteste griechische Autor, der die Tyrrhener in Italien lokalisiert, dürfte der Dichter Hesiod aus Askra in Böotien (Anfang des 7. Jh.) sein, der an einer Stelle seiner Theogonie, die allerdings problematisch ist, schreibt, Latinos und Agrios hätten »über die berühmten Tyrrhener« geherrscht.[79] Unabhängig von der Frage, ob diese Stelle ein späterer Einschub (Interpolation) in den Text Hesiods ist, haben wir keine chronologischen Anhaltspunkte für die Herrschaft von Agrios und Latinos über die Tyrrhener, die Stelle ist daher so oder so historisch kaum brauchbar. Da die Wurzel *rasn-* im 7. Jh. in Kampanien bekannt war, nannten die Griechen dieses Volk wahrscheinlich schon vorher *Tyrs-enoi*/Tyrsener. Griechische Autoren lokalisierten die Tyrsener auch auf der Insel Lemnos in der Nordägäis.[80] Am deutlichsten schrieb im 5. Jh. der Historiker Thukydides: Tyrsener wohnten einst auf Lemnos.[81] Thukydides (465/460–ca. 395) gilt als verlässliche Quelle zu diesem Thema: Er hatte private Verbindungen zur Nordägäis und dürfte über die ältere Besiedlung jenes Gebiets gut informiert gewesen sein. Eine Parallelstelle findet sich im 5. Jh. beim Historiker Herodot.[82]

Homer kennt keine Tyrsener, er lokalisiert auf Lemnos »rausprechende« Sintier, die als thrakischer Stamm gelten.[83] Nach Thukydides waren die Tyrrhener von Lemnos und Athen ein Teil oder zumindest Nachbarn des Volkes der Pelasger,[84] wobei selbst in der Antike das gegenseitige Verhältnis der Tyrrhener zu den Pelasgern im Dunkel lag: Waren sie ein Volk mit verschiedenen Namen oder zwei Völker? Hinzu kommen zahlreiche, sagenhafte Traditionen über Tyrsener, welche einmal die Frauen der Stadt Brauron in Mittelgriechenland, ein anderes Mal den Gott Diónysos raubten und die Statue der Göttin Hera auf der Insel Samos entwendeten. Diese Ereignisse sind im griechischen Raum lokalisiert und die Überlieferung ist nicht älter als 6. Jh., eine Zeit, in der Griechen und Etrusker Auseinandersetzungen im Tyrrhenischen Meer ausfochten (▶ Kap. 5.3) und die Tyrrhener für die Griechen als gefährliche Seeräuber galten. Fest steht, dass die Griechen ein Volk in der Nordägäis und ein Volk in Mittelitalien mit dem gleichen Namen *Turs-/Tyrs-enoi* bezeichneten. Damit kamen sie dem eigenen Bedürfnis nach, sprachlich verwandte Gruppen einheitlich zu benennen. Dies wird von einer längeren Inschrift auf einer Grabstele auf der Insel Lemnos (▶ Abb. 4) bestätigt.

Die Frage nach dem Volksnamen *turs-* für die Bewohner des historischen Etruriens verkompliziert sich insofern, als in den letzten beiden Jahrhunderten des 2. Jahrtausends im östlichen Mittelmeer ein dem Wortstamm *turs-* nahestehender Volksname bezeugt ist. Eine ägyptische Quelle aus Karnak nennt T^w *ŕš*/ *Tursha* »Leute von Norden kommend aus allen Ländern«; sie kämpften als Söldner des Königs von Libyen gegen den ägyptischen Pharao Merenptah (1213–1204). Eine weitere ägyptische Quelle aus Medinet Habu bezeichnet die T^w*ŕš* als ein Volk »aus inmitten des Meeres«, das in der Zeit des Pharao Ramses III. (1187–1156) zusammen mit anderen Völkern Ägypten überfiel, jedoch zurückgeworfen wurde.[85] In den hethitischen Urkunden, die sich auf Städte beziehen, gibt es auch die kleinasiatisch-luvischen Formen *Taruiša/Trysa* (< *Trosya*, vielleicht ein Hinweis auf Troja).

Gemeinsamer Nenner von *Tyrs-ēnoi, Turs-iko, T^wŕš/Tursha/Turusha* ist die Zugehörigkeit der Wortwurzel *turs-* zur Kategorie der ›Volksnamen‹; das Griechische und die italischen Sprachen drückten dies je mit einem eigenen Suffix, d. h. unabhängig voneinander aus; das Ägyptische zeigt mit einem Zusatzzeichen für »fremde Völker« am Wortende die Kategorie an, in die das Wort eingeordnet

3.4 Die Namen Tyrsenoi/Etrusci und der Name Etruria

Abb. 4: Stele eines Kriegers mit Schild und Lanze aus dem Ort Kaminia (Insel Lemnos). Rund um die Figur im Basrelief und auf der schmalen Seite der Stele befindet sich eine eingeritzte Inschrift mit etwa 40 Wörtern in einer dem Etruskischen nahestehenden Sprache und in einem dem westgriechischen nahestehenden Alphabet. Gegen Ende des 6. Jh. Athen, Archäologisches Museum.

werden soll. Die nähere ägyptische Definition dieser Völker »aus dem Meer« trägt zu ihrer Lokalisierung keineswegs bei: Denn auch die Griechen, die sich im 18. Jh. auf Zypern und im 8. Jh. in verschiedenen Ländern des Mittelmeeres niederließen, waren von der Warte der Bewohner dieser Länder aus »Völker aus dem Meer«.

Die Forschung warf (und wirft) die Frage auf, ob die $T^w rš$, die in einem Abstand von einigen Jahrzehnten gegen Ägypten zogen, mit den *Tyrs-/Turs-* gleichzusetzen sind.[86] Zweifellos ist zwischen *Tyrs-ēnoi*, *Turs-iko*, $T^w rš$ und *Taruiša/Trysa* eine phonetische Ähnlichkeit gegeben, vorausgesetzt, dass die Lesung *tursha* des ägyptischen Namens richtig ist, denn diese Form ist im Ägyptischen nicht vokalisiert und Namen fremder Völker sind meistens unbekannt. Die Erkenntnis, dass ähnliche oder gleiche Volksnamen die Identität der Träger nicht garantieren – Volksnamen können ›wandern‹ und schließlich andere als die ursprünglichen Völker bezeichnen – verbietet uns, die $T^w rš$ der ägyptischen Denkmäler, die *Tyrs-*/Tyrsener der Nordägäis und die *Turs-/Tyrs-*/Etrusker Italiens lediglich aufgrund des Namens gleichzusetzen. Auch können sich militärische Verbände – und solche waren die $T^w rš$ – für kurze Zeit zu einem gemeinsamen Handeln zusammenschließen, als

51

Söldner kämpfen oder in Wanderwellen Raubzüge betreiben und später, wenn kein Bedarf mehr besteht, wieder auseinandergehen.[87] Die umfassende Darstellung der Ereignisse durch M. Cultraro zu den Erschütterungen des östlichen Mittelmeers und Kleinasiens gegen Ende des 2. Jahrtausends enthält interessante Überlegungen, wenngleich die einzelnen Ereignisse, die mit dem Volksnamen $T^w r š$ verbunden werden, historisch kaum beweisbar sind.

Dionysios von Halikarnassos warf auch die Frage nach der Etymologie des Wortes *Turs- auf und verband diesen Namen mit dem griechischen Wort *tyrseis*, »befestigte Türme«.[88] Volksnamen, die auf Bauten hinweisen, sind unbekannt: Eine Deutung von *Turs- als »Volk der Türme« wäre etwas Neues und würde das schwierige Problem der archäologischen Identifizierung und Lokalisierung dieser Bauten mit sich bringen.

Volksnamen haben immer eine eigene Bedeutung: In Frage kommen topographische Bezeichnungen, Herrschernamen, Hinweise auf die Kampfesart, auf die Stammessitze einer Gruppe, weiter auf ihre äußere Erscheinung bzw. charakterliche Eigenschaften usw. Gerade solche Charakterisierungen stammen meistens von Fremden und werden neben einem ursprünglichen Eigennamen verwendet, sodass eine Gruppe mehr als einen Namen (Finnen – Suomi) oder einen Namen und Beinamen haben kann. So wird bei Völkernamen immer zwischen der Eigenbenennung (Deutsche) und dem Namen, mit dem das Ausland ein Volk titulierte (Allemande, German), unterschieden. Wir müssen schließlich auch mit der Möglichkeit rechnen, dass *turs-* lediglich eine Bezeichnung für nichtindoeuropäische Völkerschaften ist, die auf die indoeuropäischen Völker zurückgeht – Hethiter, Griechen, Italiker –, die im 2. Jahrtausend in den Mittelmeerraum einfielen (▶ Kap. 3.2). Etymologisch undurchsichtige Volksnamen sind im Allgemeinen sehr alt.

Die Frage, ob die Etrusker selbst neben ›Rasenna‹ auch *Turs-iko/Tyrs-ēnoi* als Doppelnamen führten und ob eine Doppelnamigkeit verschiedenen zeitlichen, räumlichen oder gesellschaftlichen Ebenen entspricht, muss unbeantwortet bleiben. Dies gilt auch für die Frage, ob die Etrusker ihren ursprünglichen Volksnamen änderten, was einen Bruch des ethnischen Bewusstseins infolge tiefgreifender, heute nicht mehr bekannter Ereignisse bedeuten würde. Es bleibt die Feststellung, dass Italiker, Latiner, Veneter und Griechen den Namen der Etrusker aus einer Wurzel *turs-* bildeten, die auch in Ägypten und Kleinasien ein nicht näher bekanntes Volk benannte, die aber in Etrurien selbst nur beim Personennamen Tursikina belegt ist, der wiederum von Nicht-Etruskern gebildet wurde.

Das Hervortreten eines Wortstammes *Turs-, der in Mittelitalien, in der davon weit entfernten Nordägäis und in Kleinasien bis Ägypten Ursprung mehrerer sprachlicher Bildungen war, bestätigt jedenfalls das sehr hohe Alter des Namens, sodass es unmöglich ist, mit unseren ungenügenden Quellen das historische Schicksal der Namensträger zu beschreiben. Unsere Überlieferung ermöglicht eine Rekonstruktion des historischen Schicksals der *Tyrs-ēnoi/Turs-iko* erst, wenn ein Volk mit diesem Namen in Mittelitalien bezeugt ist, inschriftlich wahrscheinlich gegen Ende des 8. Jh., bei Hesiod vermutlich um 700.

Der Name ›Etruria‹ für das Land ist in der Sprache der Etrusker nicht bezeugt. Die Griechen nannten es *Tyrsenía/Tyrrhenía* und die Latiner *Etruria*. Das lateinische *Etrūria* bildet sich von **Etrūsia, Etrus-* von **Eturs-* und diese Form ist wiederum vom Stamm **Turs-* abgeleitet: Etrurien ist also ›das Land der **Turs-*‹, eine weitere Bestätigung, dass die Bezeichnung **Turs-* den Rasenna von Fremden vergeben wurde. Die von einem Stamm **Turs-* abgeleitete Form **Turs-ikos* und in weiterer Folge **Turscus > Tuscus* lebt im antiken Namen der römischen Stadt *Tuscana*[89] weiter und hat sich im Namen des mittelalterlichen Städtchens Toscanella und der modernen Stadt Tuscania in Südetrurien (heute Nordlatium) sowie im Namen der Landschaft Toskana bis heute erhalten.

3.5 Die Sprache der Etrusker

Die etruskische Sprache ist gegen Ende des 8. Jh. in der heutigen Toskana und in Nordlatium, Ende des 8. bis Anfang des 7. Jh. in Kampanien, 620–590 in Bologna, im 5. Jh. in Ligurien, der Lombardei, im Piemont, auf Korsika und in Südfrankreich, sowie in Afrika im 1. Jh. inschriftlich bezeugt.[90] Die etruskische Sprache bildete ein wesentliches Merkmal der etruskischen Identität, denn sie war deren auffälliges, objektives Merkmal: Das Auftreten und das Verschwinden der etruskischen Sprache markieren daher den Beginn und das Ende der historischen Etrusker.

Der älteste Hinweis auf die Kenntnis der Schrift in Etrurien ist das Schriftzeichen M (*san*), das in der ersten Hälfte des 8. Jh. in Tarquinia auf einem Holzgefäß eingeritzt wurde.[91] Die älteren etruskischen Inschriften zeigen, dass die Sprache Ende des 8. Jh. oder Anfang des 7. Jh. bereits normiert war, was bedeutet, dass sich das Etruskische spätestens im 10./9. Jh. als eigene Sprache herauskristallisiert hat und in der Villanova-Zeit in den Dorfgemeinschaften Etruriens, der Emilia-Romagna und wohl in Kampanien gesprochen wurde.[92] Die Siedler, die sich in der frühen Villanova-Zeit auf den Plateaus und Hügeln Etruriens zum Ackerbau und zur Kontrolle des Territoriums zusammenfanden, unterschieden sich also sprachlich von ihren lateinischen, faliskischen und italisch-umbrischen Nachbarn.[93]

Der etruskischen Sprache liegt ein struktureller Kern zugrunde, der sich von demjenigen der indoeuropäischen Sprachen Italiens unterscheidet. Typologisch gesehen befindet sich das Etruskische auf dem Übergang zwischen agglutinierenden Sprachen, deren grammatische Funktionen (Personen, Kasus, Zeit) durch Anhäufung von Suffixen ausgedrückt werden, und flektierenden Sprachen, deren grammatische Funktionen durch Flexion und Neubildung ausgezeichnet sind.[94] Die Abgrenzung des Etruskischen zum Lateinischen, zum Umbrischen und zum Griechischen blieb immer sehr scharf. Entlehnungen aus anderen Sprachen wurden ›etruskisiert‹, etruskische Entlehnungen im Latein sind gut bezeugt, jedoch teilweise späteren Datums. Der etruskische Wortschatz ist den italischen Sprachen fremd, das phonologische und morphologische System ist von eigenem Charakter und sofort erkennbar, nicht zuletzt, weil im Etruskischen die Laute *b, d, g* und *o* fehlen und der griechische stimmhafte Verschlusslaut Gamma (Γ/γ) als stimmloser Verschlusslaut Kappa (κ/k/c) verwendet wurde. Innerhalb des historischen Etruskischen gibt es nach H. Rix in der Sprache nördlich und südlich einer imaginären Linie entlang Vulci-Volsinii-Orvieto leichte Unterschiede, die Sprache habe sich aber dennoch im Laufe der Zeit kaum geändert – wir kennen allerdings nur die Schriftsprache, und eine solche ist in der Regel normiert.[95] Erwartungsgemäß entwickelte die ländliche Bevölkerung eine andere Aussprache als die städtische Bevölkerung: Livius erwähnt für das Jahr 301 als Hirten verkleidete Etrusker, die aufgrund ihrer Aussprache als Stadtbewohner erkannt worden seien.[96] Die Sach- und Personennamen der achtzeiligen Weihinschrift des Handwerkers *-remiru* auf einem Trinkgefäß vom Typus Villanova aus Bologna weisen Merkmale eines für Norditalien typischen Etruskischen; die Form des Theta spricht für eine Übernahme des Alphabets aus Volterra noch im 7. Jh.[97] Das Gefäß liefert jedoch keinen eindeutigen Beweis für die Sprache der Etrusker im 8. Jh., denn die Inschrift wurde erst nach dem Brennen eingeritzt, d. h. frühestens Ende des 7. bis Anfang des 6. Jh., also später als die frühe Villanova-Zeit.

Das historische Etruskische ist also keine indoeuropäische Sprache, es hat aber dennoch eine grammatische Struktur, die derjenigen der indoeuropäischen Sprachen Italiens nahesteht.[98] Dies bedeutet, dass Italisch und Etruskisch in einer Zeit unweit voneinander gesprochen wurden, in der eine Frühform des Etruskischen für fremde grammatische Formen und lexikalische Entlehnungen (wohl auch ihren Inhalt) empfänglich war, da grammatische Formen als letzte übernommen werden.

Sehr frühe Entlehnungen aus dem benachbarten Umbrischen im Etruskischen sind zwei Flussnamen: (lat.) Umbro (h. Ombrone Grossetano), der aus der Nähe von Chiusi inmitten des historischen Etruriens auf der Höhe der (modernen) Stadt Grosseto ins Tyrrhenische Meer fließt,[99] und Klanin (h. Chiana), der vom Apennin nördlich von Arezzo kommend südlich von Orvieto in den Tiber einmündet; eine Inschrift nennt im zweiten Viertel des 5. Jh. den Namen des Flussgottes.[100] Für den Tiber hatten die Etrusker eine eigene (etruskische) Bezeichnung, nämlich Rumon[101] bzw. Volturnum, die Form Tiber (h. Tevere) ist italisch oder lateinisch.[102]

Die Spuren der umbrischen Sprache in den etruskischen Götternamen sind insgesamt chronologisch teilweise unklar, die Götternamen selbst sind größtenteils sprachlich rekonstruiert, sodass sie kaum Hinweise auf die Art und Weise der Beziehungen in frühen Zeiten zwischen den beiden Sprachen liefern. Die relativ hohe Anzahl von italischen, etwa umbrischen oder latinischen, Göttern in der etruskischen Götterwelt zeigt, dass es mehr als einfache Kulturkontakte zwischen Italikern und Etruskern gegeben hat. Dafür steht u. a. das Wort *aisos* für ›Gott‹[103], Neθuns, ›Herr der Feuchte‹, Men(e)rva/Menerva bzw. Uni, ›Besitzerin der Intelligenz‹ bzw. ›der Kraft‹, sowie Götter, deren Namen sich wahrscheinlich aus einer etruskischen Wortwurzel mit dem italischen Suffix *-ans* bildeten, darunter Seθlans, ›Gott des Feuers‹. Einer späten Zeitstufe (4./3. Jh.) gehörte Culsans, ›Wächter des (Stadt)tores‹ < *culs-* ›Tor‹ an;[104] *culs* könnte sich jedoch ursprünglich auf die Abgrenzung einer dörflichen Ansiedlung oder sogar auf die Einzäunung von Tiergehegen bezogen haben und daher ebenfalls eine alte Entlehnung sein.

Der etruskische religiöse Text auf den Zagreber Mumienbinden (erste Hälfte des 2. Jh.) »atmet [...] auch in Bezug auf das Pantheon durchaus italischen (umbrischen) Geist«.[105] So fragt es sich, ob die Begriffe ›Feuchte‹, ›Kraft‹ und ›Feuer‹ zum Vokabular halbnomadisierender Viehzüchter, wie es die Latiner und Umbrer im 10.–9. Jh. waren, gehörten, die nach Erweiterung des Weidelandes wie auch nach den Vorteilen des von den Sesshaften hervorgebrachten Überflusses strebten, jedoch kaum archäologische Spuren hinterließen. Die Kategorien weiterer italischen Entlehnungen im Etruskischen führen zum Umkreis des Hauses und der Verwandtschaft und sind jüngeren Datums. Insgesamt gibt es keine Hinweise auf die Existenz eines italischen Substrats im Etruskischen, das von dessen Trägern überlagert worden wäre.[106]

Vom Grad des indoeuropäischen Charakters des historischen Etruskischen hängt nun die Frage ab, wie nahe und wie lange italische Sprachen und Etruskisch nebeneinander gesprochen wurden bevor sich das Etruskische als eigenständige Sprache herauskristallisierte – die Frage nach dem Auftauchen der indoeuropäisch Sprechenden in Italien ist allerdings offen. Die Feststellung, dass sich im Etruskischen das grammatische Geschlecht wahrscheinlich erst unter dem Einfluss der italischen Sprachen bildete, sowie die geschlechtliche Zweideutigkeit mancher göttlichen Wesen, darunter die Vielseitigkeit des Hauptgottes Voltumna, sprechen jedenfalls für eine Frühzeit: H. Rix nannte (mit Fragezeichen) das 9. Jh. und den Süden Etruriens für die Konsolidierung der Sprache als Ausgangspunkt.[107]

Sprachliche Verbindungen des Etruskischen bestehen zur Sprache der Bewohner der griechischen Insel Lemnos, und die Überlieferung kennt Tyrrhener auf Lemnos. Etwa zehn Inschriften unterschiedlicher Länge aus Lemnos, darunter der längere Text einer Grabstele (zweite Hälfte des 6. Jh.) aus dem Dorf Kaminia mit dem Relief eines Kriegers mit Lanze, Schild und vielleicht der anliegenden Kopfbedeckung eines Würdenträgers (▶ Abb. 4), bezeugen im Wortschatz, in Kasus- und Verbalsuffixen sowie in Redewendungen zweifellos eine strukturelle Verwandtschaft der Sprache mit dem historischen Etruskischen.[108] Über die Sprache hinaus weisen Italien und die Nordägäis aber auch weitere Gemeinsamkeiten auf: Es sind Gebiete, in denen mindestens seit der zweiten Hälfte des 2. Jahrtausends Metallgewinnung und -verarbeitung eine Hauptrolle spielten. Die Inseln Lemnos und Elba in Etrurien waren beide für ihre Metallverarbeitung bekannt: Elba hatte wegen ihrer Schmelzöfen den vielsagenden, wenngleich allgemeinen griechischen Beinamen *Aiθale*, ›Ruß‹, ›Rauch‹; auf dem vulkanischen Lemnos gab es ein Erdfeuer und etwa 4 km davon entfernt in Hephaisteia einen Schmiedekult für den Gott Hephaistos, der unweit von seiner homonymen Stadt zusammen mit seinen Söhnen, den Kabiren, verehrt wurde.[109] Die griechische Sage der Argonauten kennt Verbindungen zwischen Etrurien und Lemnos, der früheste Beleg der Argonautensage in Etrurien befindet sich auf einem Bucchero-Gefäß aus einem Prunkgrab von Caere (San Paolo) aus dem dritten Viertel des 7. Jh.[110]

Das Etruskische war die Sprache der Dorfgemeinschaften Mittelitaliens, wo auch die Besitzer der Metallfelder lebten. Das Metall hatte einen hohen wirtschaftlichen und sozio-politischen Stellenwert, wie die kostbaren Metallgegenstände (Prunkhelme, Zepter, Diskus-Fibeln usw.) mancher früher Gräber im

Tarquinia der Villanova-Zeit (zweite Hälfte des 10.–9. Jh.) zeigen. Wahrscheinlich genoss die Sprache der Gruppen, denen Metall zur Verfügung stand, eine bevorzugte Stellung gegenüber den Sprachen ihrer italischen Nachbarn, die in erster Linie Viehzüchter waren: Diese sicherten den Metallurgen die Nahrung, bekamen dafür Metallgeräte, die sie benötigten, z. B. Schermesser und Sicheln. Wir kennen die etruskischen Bezeichnungen der Metalle nicht, wenngleich die Metallbearbeitung bereits in Etrurien im 3. Jahrtausend eine Rolle spielte, d. h. noch vor der Ankunft der indoeuropäisch/italisch sprechenden Einwanderer. Im Griechischen gehören die Namen der Metalle dem vorgriechischen Substrat an.

In jüngerer Zeit wurde eine Verwandtschaft des Etruskischen mit der Sprache der Räter in den Zentralalpen anhand von etwa 400 kurzen Inschriften in rätischer Sprache festgestellt, die ab der Mitte des 4. Jh. in Trentino, Süd- und Nordtirol bis Bayern entstanden.[111] Der gemeinsame grammatische Kern des historischen Etruskischen, des Lemnischen und des Rätischen spricht dafür, dass sich die drei Sprachen zu einem nicht näher festzulegenden Zeitpunkt von einem ursprünglichen Sprachkomplex abspalteten.[112] H. Rix nennt den Sprachkomplex ›tyrsenisch‹ und lässt den ursprünglichen Sitz der Sprachträger offen. H. Rix geht es um die Feststellung des Raumes, in dem sich der ursprüngliche Kern des Tyrrhenischen bildete, und nicht um die Frage, woher die Etrusker Italiens kamen.

Nach G. Meiser und D. Steinbauer ist das Gemeintyrsenische nach der Einführung der italischen Sprachen Italiens und, nach Meiser, noch vor der Ausbildung des Umbrischen nach Italien eingeführt worden.[113] G. Meiser setzt diese Ankunft von einem West-Tyrsenisch-Protoetruskischen nach Italien etwa im 12. Jh. an. Er bringt dieses auf linguistischer Grundlage gewonnene Ergebnis mit einer Nachricht bei Plinius in Verbindung, nach dem die Etrusker 300 befestigte Ansiedlungen (lat. *oppida*) der Umbrer erobert hätten – seine Quelle gibt Plinius nicht an.[114] Diesbezüglich wird hier angemerkt, dass Plinius auch keine chronologischen Anhaltspunkte für die Eroberung der 300 *oppida* angibt. Freilich spricht die große Anzahl über die Landschaft stark verstreuter Kleinsiedlungen frühdörflichen Charakters für eine Zeit *vor* der Konzentration der Bevölkerung in wenigen Großsiedlungen, andererseits ist die Glaubwürdigkeit einer Überlieferung von kriegerischen Ereignissen des 12. Jh., die Plinius mehr als tausend Jahre später über uns unbekannte Zwischenquellen rezipierte, methodisch und sachlich bedenklich, wenngleich eine mündliche Überlieferung von Generation zu Generation nicht unbedingt ausgeschlossen werden darf.

Es ergeben sich nun zwei Möglichkeiten: Entweder kamen die Sprachträger des ›tyrsenischen Sprachkomplexes‹ von einem gemeinsamen Sitz aus nach Nord- und Mittelitalien sowie in die Nordägäis, oder sie erreichten von einem dieser drei Gebiete aus die beiden anderen – nach L. Agostiniani und H. Eichner trägt die Phonologie des Lemnischen Züge, die auf Nordetrurien hinweisen.[115]

Nach der heutigen Forschung haben sich das Rätische und das Lemnische nicht aus dem Etruskischen entwickelt: Die starke sprachliche Entfernung des Etruskischen vom Rätischen legt ein frühes Datum für die Trennung der beiden Sprachen aus dem gemeinsamen Kern nahe. Das Lemnische sei eine frühere Form des Tyrsenischen, es habe archaische Züge im Vergleich zum Etruskischen.[116] Nach der physischen Trennung der Glieder des ›tyrsenischen‹ Sprachkomplexes bildeten sich voneinander unabhängige Sprachgruppen heraus, deren gemeinsamer Ursprung über die verwandte Struktur der Sprachen – und im Falle der Räter auch über antike, wohl lokale Nachrichten, die noch der Paduaner Livius kannte – fassbar blieb. Die Loslösung von der ursprünglichen sprachlichen Bindung entspricht den grundsätzlichen Erkenntnissen der historischen Geographie, wonach sich Sprachgemeinschaften nur über eine eingeschränkte räumliche Entfernung dauerhaft erhalten können.

Mehrere linguistische Fragen tauchen in Zusammenhang mit dem Verhältnis des Etruskischen zu den anderen beiden verwandten Sprachen auf: Sind Etruskisch, Rätisch und Lemnisch trotz der Verwandtschaft unterschiedliche Sprachen, und wie groß ist die gegenseitige Entfremdung? Ist eine der Sprachen ein Dialekt von einer oder von beiden anderen? Und schließlich: Wo ist der ›tyrsenische Sprachkomplex‹ nach Rix ursprünglich zu lokalisieren? Im westlichen Mittelitalien nördlich des Tibers? In Norditalien? Im ägäisch-kleinasiatischen Raum? Wann trennten sich die Sprachen, im 7. Jh. oder im 9. Jh. oder noch früher? Kann man auch im Rätischen und im Lemnischen indoeuropäische Strukturen erkennen?

Jüngst hat sich H. Eichner mit dem Text der Lemnos-Stele befasst, der sieben oder acht Schriftzeilen auf der Vorderseite sowie drei Schriftzeilen auf einer der beiden Schmalseiten aufweist.[117] H. Eichner schlägt eine neue Zeilenfolge für die Lesung vor. Dieses Arrangement ergäbe eine stimmige Textabfolge, die auch neue Einblicke in die Zusammengehörigkeit des Lemnischen zum Etruskischen bestätigen und die Hypothese nahelegen würde, dass das Etruskische aus dem Westen (= Italien) nach Lemnos kam, und zwar vor dem 7. Jh. Ein wesentlicher Unterschied der These Eichners zu der schon weitaus länger von C. de Simone vertretenen Theorie der Herkunft des Lemnischen aus Italien liegt in der Datierung. De Simone vertritt die Theorie der Herkunft des Lemnischen aus Etrurien um etwa 700 – das Alphabet würde die Herkunft aus Caere nahelegen, auch das archäologische Material unterstütze diese Annahme – so M. Gras.[118] L. Beschi, der viele Jahre Grabungen auf der Insel Lemnos vorgenommen hat, weist allerdings zurück, dass das archäologische Material die These von De Simone unterstütze.[119] Etwa gleichzeitig mit H. Eichner vertrat N. Oettinger die Annahme einer Ansiedlung von Tyrrhenern auf Lemnos, nachdem sie im 13.–12 Jh. aus Italien kommend Ägypten angegriffen hatten.[120]

Der Versuch D. Steinbauers, die Ansiedlung des Etruskischen »in der Nachbarschaft anatolischer Sprachen [...] [und damit auch einer indoeuropäischen] Sprachfamilie zwingend zu beweisen«,[121] ließ viele Fragen offen, denn aussagekräftige Haupt- und Zahlwörter des Etruskischen finden keine Entsprechungen in den kleinasiatischen Sprachen, so dass laut De Simone von einer Affinität zwischen dem Tyrsenischen und den anatolischen Sprachen nicht die Rede sein kann.[122]

In Zusammenhang mit Kleinasien, wo die Formen *Taruiša/Truysa* (< **Trosya*, vielleicht Troja) belegt sind, sei hier noch der Versuch von DNA-Forschern in England und in Italien kurz erwähnt.[123] Eine Untersuchung des etruskischen Erbgutes soll ergeben haben, dass ein Drittel der mitochondrialen DNA der modernen mittelitalienischen Bevölkerung derjenigen der Bevölkerung Kleinasiens und nicht derjenigen der anderen Bewohner Altitaliens entspricht. Darüber hinaus zeige die Untersuchung, dass die Gene der Bevölkerung Etruriens zwischen dem 7. und 2. Jh. einheitlicher seien, als es bei der heutigen Bevölkerung Italiens der Fall sei. Dies soll ausschließen, dass die Etrusker ein ›Völkergemisch‹ waren.

Dieser neue Zweig der Forschung spielt in der Erforschung von Genealogien und in der Anthropologie eine positive Rolle: Mitochondriale DNA mutiert konstant und kann daher sowohl die Zeit angeben, wann sich die Vorläufer zweier Stämme trennten, als auch, wie nahe zwei Stämme verwandt sind. Studien, welche die Methode auf früheste Zeiten anwendeten, sollen maßgebende Ergebnisse gebracht haben. Vielleicht gilt dies auch für die Bewohner Etruriens, doch sind die Ergebnisse mit den herkömmlichen Methoden des Historikers noch nicht nachvollziehbar und überprüfbar. In unserem Zusammenhang werden die Ergebnisse aus methodischer Vorsicht nicht beurteilt. Die meisten aufgeworfenen Fragen, können, ja müssen linguistisch gelöst werden, ehe man den Versuch unternimmt, die möglichen Wege von Bevölkerungsgruppen zu ihren historischen Wohnsitzen zu rekonstruieren.

4 Entwicklungen ab dem 9. Jh.

4.1 Die Kontakte Etruriens mit Griechen und Phönikern und ihre Folgen

Im 9. Jh. entstandene zweiteilige, gedrehte Pferdetrensen mit Steckzwingen und Knebeln aus Tarquinia (Impiccato, Grab 39) zeigen eine ähnliche Machart wie die eisernen Trensen (ohne Knebel) aus dem Grab 27 auf der athenischen Agorá (9. Jh.)[1] Sie verraten frühe Beziehungen zwischen Altitalien, speziell Umbrien, und Griechenland. Bruchstücke zweier etruskischer Kammhelme (8. Jh.) aus Olympia ähneln jenen aus Tarquinia. Sie wurden wahrscheinlich im Zuge von griechischen Erkundungen im Raum Italiens geraubt oder nach Kampfhandlungen erbeutet und im Heiligtum von Olympia geweiht.[2] Doch es lässt sich auch nicht ausschließen, dass fremdländische Besucher des Heiligtums Weihgeschenke stifteten.

Nach dem Historiker Ephoros von Kyme in Kleinasien haben die Griechen vor der Gründung der ersten Kolonien auf Sizilien wegen der Seeräuberei der Tyrrhener auf die Handelsschifffahrt verzichtet.[3] Man kann den Hinweis des Ephoros für glaubwürdig halten oder nicht. Er schöpfte sein Wissen aus der »Geschichte Italiens« des Historikers Antiochos von Syrakus, der sein Werk in der zweiten Hälfte des 5. Jh. schrieb: Wenige Jahrzehnte davor hatten die Feindseligkeiten zwischen den Griechen Siziliens und den Tyrrhenern-Etruskern einen Höhepunkt erreicht (▶ Kap. 5.3), so dass bei Antiochos/Ephoros Voreingenommenheit vorliegen könnte. Doch es ist eine auffällige historische Tatsache, dass die Griechen auf etruskischem Boden keine Tochterstädte (*apoikíai*) anlegten, wohl weil die Etrusker dies zu verhindern wussten. Dies zeigt, dass die Griechen beim Versuch der Koloniegründung in Etrurien vor dem 8. Jh. wohl an etablierten politischen Systemen scheiterten;[4] anders als in Syrien und in Ägypten, wo Großmächte griechische Handelsstützpunkte auf ihrem Territorium erlaubten, und anders als in Sizilien, wo die Griechen die lokale Bevölkerung aus deren Ansiedlungen schlichtweg vertrieben.[5]

Dennoch wurden die etruskischen Siedlungsgemeinschaften seit dem Ende des 9. Jh. zunehmend und vielseitig von kulturell hochstehenden mediterranen Einflüssen erreicht: Die phönikische Inschrift auf der Stele von Nora auf Sardinien beweist im 9./8. Jh. phönikische Anwesenheit im Tyrrhenischen Meer, wobei diese wohl schon viel früher anzunehmen ist.[6] Sardinien hatte alte Verbindungen zu Etrurien (▶ Kap. 3.2), die in der ersten Hälfte des 1. Jahrtausends weiter gepflegt wurden. Die Verbindungen der Etrusker zu den Griechen waren aber am fruchtbarsten.

4 Entwicklungen ab dem 9. Jh.

Um 780/770 legten Griechen aus Chalkis und Eretria (Insel Euböa) eine Niederlassung auf der bereits bewohnten Insel Pithekussai (h. Ischia) in Kampanien an. Die euböischen Kolonisten waren in erster Linie Händler, Bauern und Metallhandwerker – die Schwertklingen von Chalkis auf Euböa waren weithin berühmt –, die sich an mehreren Plätzen auf der Insel niederließen, das Land bebauten und alsbald Töpfereien und Metallwerkstätten eröffneten.[7] Euböische Tassen mit waagrechten Henkeln und Mischgefäße mit farbigem geometrischem Dekor sowie auf Ischia hergestellte Nachahmungen gelangten im Laufe des 8. Jh. nach Veji, Tarquinia und nach Felsina/Bologna.[8] Ein Gewicht des euböischen Maßsystems aus Ischia – ein Bronzering mit Bleifüllung – zeigt, dass man auf Ischia verschiedene Metalle verarbeitete: Strabo erwähnt irrtümlicherweise Goldminen auf Ischia.[9] Edelmetalle wurden wahrscheinlich mit anderen Metallen getauscht. Ein Stück Hämatit (Roteisenerz, Fe_2O_3) vom Abhang des Monte Vico auf Ischia stammt angeblich aus Rio Marina auf der Insel Elba.[10]

Nach Livius legten etwa um 750/740 die Euböer auf dem Festland Kampaniens die Siedlung Kyme (h. Cuma) an. Es handelte sich um die älteste griechische Kolonie in Italien.[11] In den folgenden Jahrzehnten ließen sich griechische (ionische und dorische) Kolonisten in Süditalien und auf Sizilien nieder. Thukydides gibt die Gründungsdaten der griechischen Städte an:[12] Syrakus, die erste griechische Kolonie Siziliens, wurde 730 gegründet. Die wenig später angelegten Kolonien Rhegion (h. Reggio Calabria) und Zankle (h. Messina) kontrollierten von nun an die Meerenge von Messina, durch welche die Schiffe aus Euböa ins Tyrrhenische Meer einliefen.

Innerhalb weniger Jahrzehnte nach der ersten Landnahme entstanden auf Sizilien und in Süditalien topographisch geschlossene griechische Städte mit Straßen, Häusern und Heiligtümern, mit organisierten Werkstätten und Ländereien. Ein politisches System oligarchischer Prägung wurde an die neuen Gründungen angepasst. Ein der Tracht und den Waffen nach etruskischer Reiter wurde (Ende des 8. bis Anfang des 7. Jh.) in Kyme nach dem Tod verbrannt und die Asche in einem Silberkessel nach der Art der euböischen ›rossenährenden‹ Adeligen beigesetzt.[13] Im zeitgenössischen Griechenland wiesen Reichtum, Adel und Pferdezucht auf politische Bedeutung hin.

Die sozio-politische Organisation und die Tätigkeiten der Griechen blieben im geographisch nahen Etrurien, das in der Villanova-Zeit enge Verbindungen zu Kampanien hatte (▶ Kap. 3.1), nicht unbekannt und nicht ohne materielle Folgen: Etruskische Gefäße aus grobem Ton etwa aus der Mitte des 8. Jh. in reichen Gräbern Tarquinias gehen typologisch auf griechisch-geometrische Weingefäße (9. oder 8. Jh.) zurück.[14] Ein bikonisches Gefäß villanovazeitlicher Tradition aus Vulci (Osteria) wurde im letzten Viertel des 8. Jh. im griechisch-spätgeometrischen Stil bemalt (▶ Abb. 5), was die Bewunderung des Auftraggebers für griechischen Dekor verrät. Ob dessen Maler ein Grieche oder ein Etrusker war, spiele keine große Rolle, wichtig sei der »künstlerische Wille« des Malers, so Delpino und Fugazzola Delpino.[15] Einem Wassergefäß griechischen Typs aus Tarquinia (750/725–700) wurde ein Henkel abgeschlagen, wie es bei den bikonischen Urnen der Villanova-Zeit üblich war.[16]

4.1 Die Kontakte Etruriens mit Griechen und Phönikern und ihre Folgen

Abb. 5: Bikonische Urne des Villanova-Typs aus Vulci mit griechisch-spätgeometrischem und mit figuralem Dekor in Schraffierungstechnik. Hergestellt mit der Töpferscheibe. Letztes Viertel des 8. Jh. Rom, Etruskisches Museum Villa Giulia.

Im dritten Viertel des 8. Jh. kamen auch, unabhängig von den Griechen oder auch in deren Gefolge, Phöniker nach Italien, wohl maßgeblich unter dem Druck der gewaltsamen Ausbreitung des Assyrer-Reiches und der Hungersnöte im Nahen Orient, welche die Menschen in die Flucht trieben. Eine rötliche, phönikische Keramik, aramäische Inschriften auf einer griechischen Amphore aus Ischia (8. Jh.) und eine Transportamphore mit phönikischem Siegel als Mengenbezeichnung (725–700) in Vulci sind Zeugnisse des frühen mediterranen Imports kostbarer Lebensmittel wie Öl, Oliven und Wein nach Italien.[17] Typologisch aus dem kypro-levantinischen Raum stammende Bronzefeldflaschen, die in Etrurien imitiert wurden (ca. 730–670), wurden größtenteils in Kriegergräbern von Bisenzio und Tarquinia, aber auch in Vulci, Vetulonia, Volterra usw. vermutlich gefüllt deponiert.[18]

Eines von vier Schiffsmodellen aus Tarquinia (10.–8. Jh.) zeigt Löcher für Ruder an den Seiten, ein weiteres Modell zeigt den Ansatz eines Mastes. Diese Segelvorrichtung ermöglichte, kurze Strecken auf hoher See zurückzulegen.[19] Damit konnte man Stapelplätze erreichen, um Ware auf- oder abzuladen. Die Organisation einer Fahrt bzw. die Vermietung eines kleinen Schiffes verschaffte dem Besitzer wohl gute Einkünfte. Griechische Schiffe brachten nicht nur begehrte Güter nach Etrurien, sondern auch Menschen mit neuen Kenntnissen: Der ›Nestorbecher‹ aus Ischia mit eingeritzten Versen verrät um 730 die hohe Bildung mancher Ankömmlinge.

4 Entwicklungen ab dem 9. Jh.

Die wahrscheinlich älteste etruskische Inschrift in Kampanien stammt vom Ende des 8. oder Anfang des 7. Jh. aus Kyme und wurde im griechischen Alphabet verfasst. Die Adaptierung des griechischen Alphabets an die etruskische Sprache ist wohl durch Griechen erfolgt.[20] Zumindest einige der griechischen Großhändler, die im 8. Jh. nach Italien kamen, konnten wohl lesen und schreiben.

Nach dem römischen frühkaiserzeitlichen Historiker Tacitus führte der Korinther Demarat(os) die Form der Buchstaben (*litterae*) in Tarquinia ein.[21] Dieser Bericht ist anachronistisch. Denn als der politische Flüchtling Demarat Mitte des 7. Jh. von Korinth nach Tarquinia kam, war in Südetrurien das Alphabet seit ca. sieben oder acht Jahrzehnten in Verwendung. Auch ist anzunehmen, dass Demarat eher sein korinthisches und nicht das westionisch-euböische Alphabet, zu dem das etruskische Alphabet gehört, nach Tarquinia eingeführt hätte. Einer der ältesten Namen eines homerischen Helden, nämlich Uθuzte/Odysseus auf einem Bucchero-Gefäß aus dem Gebiet von Veji bildete sich aus dem ionischen Dialekt.[22] Schließlich (aber nicht entscheidend) stammen die ältesten etruskischen Inschriften aus Caere nicht aus Tarquinia, wohin Demarat gekommen sein soll. Neben den etwa 70 Modell-Alphabeten in Gesamtetrurien finden sich auf einem Buccherogefäß aus Caere (Sorbo) ein Alphabetar und ein Syllabar (zweite Hälfte des 7. Jh.), d. h. nach dem Alphabet rechtsläufig gereihte Konsonanten in Verbindungen mit den vier Vokalen I, A, U und E.[23] Im Laufe des 7. Jh. wurde in Etrurien die Schrift in weiteren Kreisen bekannt und diente auch der Wissensvermittlung.

Im Grab eines Aristokraten aus Marsiliana d'Albegna (675–650) fand sich ein ursprünglich mit Wachs beschichtetes Beintäfelchen (8,4 × 5,1 cm) mit den an einem Rand eingravierten 26 Zeichen des westionisch-euböischen Musteralphabets Kampaniens, wie die Formen der Lettern Lambda (λ), Gamma (γ) und Chi (χ) zeigen.[24] Zur Ausstattung dieses Grabes gehörten auch drei Schreibgriffel, ein Tintenfässchen, zwei Schaber und weitere kostbare Beigaben, darunter Waffen, Wagen für repräsentative Fahrten und Schmuck. Dem vornehmen Grabherrn standen zwei Möglichkeiten zur Verfügung etwas niederzuschreiben: Er konnte Texte entweder auf der Wachstafel eingravieren oder auf anderen Schriftträgern (etwa Leder) mit Tinte niederschreiben, d. h. er benützte Materialien, die sich nicht erhalten haben – Papyrus wurde erst seit der Zeit des Pharao Psammetich III. (663–609) im Westen des Mittelmeeres verwendet. Die Schrift gab dem Herrn von Marsiliana die Möglichkeit, Vereinbarungen festzuhalten, was eine bedeutende Voraussetzung auch für die Organisation von ökonomischen Strukturen war – Marsiliana liegt im Landesinneren unweit des Meeres, an einer für die Kontrolle der Land- und Wasserwege günstigen Stelle. Der Grabherr von Marsiliana d'Albegna profitierte ökonomisch von der geographischen Lage seiner Grundstücke. Er konnte selbst schreiben und war darauf so stolz, dass er sich gleich alle Schreibutensilien ins Grab mitgeben ließ, wohl in der Überzeugung, auch im Jenseits weiter schreiben zu können.

Für die ökonomische und kulturelle Weiterentwicklung des etruskischen Raumes waren jedoch nicht nur materielle Importe entscheidend, sondern auch neue Techniken, Kenntnisse und Ideen, die bekannt und schnell übernommen wurden. Oliven- und Traubenkerne zeigen, dass man in der zweiten Hälfte des 8. Jh. in Etrurien Pflanzenveredelung praktizierte – die Kunst der Weinherstellung

4.1 Die Kontakte Etruriens mit Griechen und Phönikern und ihre Folgen

reicht in Etrurien bis ins 11.–10. Jh. zurück.[25] Die etruskischen Termini *eleiva < elevaina* für ›Öl‹ und *vinum* für ›Wein‹ sind Entlehnungen aus dem Griechischen *élaion* und *(F)óinos*.[26] Das etruskische Wort *vinum* verrät die Entlehnung aus einem griechischen Dialekt in einer Zeit, in der er das Digamma F als W im Anlaut noch verwendete. Das lateinische Wort *amurca* für ›Ölsatz‹[27] kommt aus dem griechischen *amórga*, ›Ölschaum‹, über etruskische Vermittlung (gr. γ, gamma > etr. κ, kappa); dazu gehören auch *groma*, das Messinstrument der Feldmesser und wahrscheinlich *sporta*, Korb, aus dem Wortschatz der Bauern.[28]

Auf Wein kann man verzichten, Öl aber ist ein Grundnahrungsmittel; es diente auch dem Betrieb von Öllampen und wurde darüber hinaus für die Produktion von Parfum verwendet: Zierliche Spezialgefäße (*alábastra*) enthielten Duftstoffe, die zu den Prestigegütern reicher Aristokraten gehörten und wahrscheinlich von griechischen oder orientalischen Spezialisten produziert wurden. Öl diente auch der Körperreinigung nach sportlichen Tätigkeiten, Parfums und Salben fanden bei der Totenaufbahrung Verwendung. Eine spätere Urne aus Chiusi (6. Jh.) zeigt den aufgebahrten Toten, Klagende und zwei Frauen, die am Totenbett Parfümfläschchen schwenken.[29]

Ab dem Ende des 8. Jh. nimmt in Etrurien die Anzahl der griechischen Weinamphoren und der feinen Trinkgefäße zu – auf den Wein als Handelsprodukt weist Homer hin.[30] Etruskische Amphoren aus Vulci belegen um 630 den Export von selbstproduziertem Wein in den Mittelmeerraum. Die etruskische Weinkultur war innerhalb relativ kurzer Zeit nach der Übernahme der Veredelung der wilden Rebe ertragreicher geworden, produzierte Überschüsse und war konkurrenzfähig auf dem Handelsmarkt. Produktion und Absatz von Wein und Getreide war in der Hand von Grundbesitzern, die über eigene Arbeitskräfte verfügten: Heutzutage würde man von ›Wirtschaftsoligarchen‹ sprechen. Sie sorgten im Namen der Gemeinschaft oder in eigenem Namen für den Bau und die Ausrüstung von Schiffen, d. h. sie besorgten das geeignete Holz und suchten Zimmerer aus, stellten Ruderer wie auch Kapitäne ein, die wiederum versorgt werden mussten usw. Sie sorgten auch für das Satteln der Saumtiere, für den Schutz der Ladung und der Mannschaft vor Seeräubern und vor Dieben, für den Lebensunterhalt der Arbeiter, wohl für die Landschaftspflege und schließlich für den Verkauf von landwirtschaftlichen Produkten, vor allem derjenigen, die man nicht lange aufbewahren konnte, z. B. Getreide.[31] Eine Grabmalerei in Tarquinia (6. Jh.) zeigt eine Maus auf einem Bäumchen.[32] Diese an sich putzige Darstellung verweist vielleicht auch auf eine ernst zu nehmende Gefahr für Getreide-Erträge.

Nach der Mitte des 8. Jh. begann in Etrurien die Herstellung von Vasen mit der schnell drehenden Töpferscheibe, die aus dem griechischen Süditalien übernommen wurde.[33] Mit dem neuen Gerät nahmen in Etrurien die Vasenproduktion und die typologische Mannigfaltigkeit der Vasenformen, die farbig dekoriert wurden, beachtlich zu. Die Verwendung von Mineralien für das farbige Dekor und das Brennen der Vasen bei sehr hoher Temperatur zählten zu den neuen technischen Errungenschaften. Dies erforderte mit der Zeit auch eine Neuorganisation der Werkstätten.

Ein Dreifuß, ein Löffel aus Bronze und Gefäße aus Vetulonia fanden gegen Ende des 8. Jh. über Chiusi und Verucchio oder das Ombrone (Pistoiese)- und

Reno-Tal den Weg nach Felsina/Bologna.[34] Vor 700 übernahm man in Felsina/Bologna auch höher entwickelte Verfahren, darunter die Töpferscheibe. Griechisch-geometrischer Dekor und neue, auch altorientalische Motive (Löwen und Sphingen) ersetzten in Felsina/Bologna den streng geometrischen Dekor transalpiner Tradition der Villanova-Gefäße. Daneben entwickelte man eine eigenständige Technik und eine neuartige geometrische Verzierung der Tongefäße, nämlich die Gravur in den weichen Ton, welche große Fingerfertigkeit verlangte; diese neue Technik hatte im tyrrhenischen Etrurien keine Vorläufer und auch später keine Nachahmer. Felsina/Bologna behielt im 7. Jh. seine Vermittlerrolle zwischen Mittel- und Norditalien (▶ Kap. 5.1), die den späteren Ruf als ›Hauptstadt‹ der Etrusker in Norditalien rechtfertigt.[35]

Seit dem Ende des 8. Jh. finden sich in Etrurien orientalische Gegenstände feinster Machart, die in den folgenden Jahrzehnten an Ort und Stelle neue Schöpfungen anregten: Um 660 gab es in Südetrurien (Caere, Vulci, Tarquinia, Vetulonia, Marsiliana d'Albegna usw.) Schmuck (Armbänder, Diskus-Fibeln usw.) in Treib-, Filigran- und Granulationstechnik, der von Handwerkern aus dem Nahen Osten nach Etrurien, vielleicht über griechische Vermittlung, eingeführt und alsbald nachgeahmt wurde.[36] Im Kuppelgrab von Montefortini bei Comeana (Prov. Prato) finden sich Elfenbeinplättchen (um 650–625/600) mit reliefierten oder eingravierten Figuren aus dem ostmediterranen Kulturraum. Aus dem benachbarten Ort Boschetti stammt ein Dolch mit Elfenbeingriff, aus Chiusi (Pania) eine Büchse und aus Marsiliana d'Albegna ein kostbarer Kamm, alles Gegenstände aus importiertem Elfenbein:[37] Erzeugnisse beeinflusst von Tradition und Handwerk des Orients, weshalb diese Periode die Bezeichnung ›orientalisierend‹ bekommen hat.

Bronzegeschirr, darunter Becken und Dreifüße, wurden noch im 7. Jh. in Etrurien selbst hergestellt und ähnlich wie auf Zypern in den Gräbern der Oberschicht deponiert.[38] Ein mit Goldfolie überzogenes Silbergefäß aus Chiusi wurde vor der Mitte des 7. Jh. für einen Auftraggeber namens Plikaśnaś hergestellt, der sich auf dem Gefäß zweimal verewigte.[39] Die beiden Friese auf der Oberfläche des Gefäßes wurden mit eingravierten figürlichen Szenen aus dem Leben zeitgenössischer Krieger, Bauern, Musiker usw. illustriert.[40] Insgesamt bezeugen im 7. Jh. Luxusgüter und monumentale Gräber den hohen Lebensstandard von relativ kleinen Gruppen; der wirtschaftliche Aufschwung, an dem die Oberschicht teilhatte, setzte sich fast 150 Jahre fort.

Um 675 begann man in den Töpfereien Südetruriens mit der Herstellung einer metallisch glänzenden Búcchero-Keramik – so der moderne Name.[41] Das Brennen der Gefäße erfolgte unter Ausschluss von Sauerstoff und erforderte ein kompliziertes, in Etrurien entwickeltes Verfahren, das im Bruch die Schwarzfärbung ergab. Die meisten Werkstätten entstanden nach der Mitte des 7. Jh. in Caere, Tarquinia und Vulci. Bucchero-Gefäße ahmten typologisch meistens griechische Bronzegefäße für Trinkgelage nach; die in die zweite Hälfte des 7. Jh. datierten und teilweise auch später belegten etruskischen Namen einiger Gefäße, wie *qutum/n* und *aska*, sind aus den griechischen Worten *kóthon* (Krug) und *askós* (Schlauch) entlehnt[42] – die etruskischen Bezeichnungen entsprechen jedoch nicht immer dem griechischen Gefäßtyp. Einige lateinische Namen von Gefäßen sind

4.1 Die Kontakte Etruriens mit Griechen und Phönikern und ihre Folgen

im 2. Jh. Entlehnungen aus dem Etruskischen.[43] Bucchero fand einen großen Absatz in einer breiten Schicht von Käufern, denn er war wesentlich billiger als die Bronzeware, deren Glanz er nachahmte.

Ab der zweiten Hälfte des 7. Jh. wurde Bucchero auch exportiert: In die griechischen Kolonien Kampaniens, in die Niederlassungen Karthagos in Sardinien und nach Karthago selbst, ferner in den ganzen Mittelmeerraum bis nach Naukratis im Nil-Delta.[44] Bucchero, Transportamphoren und seit der Mitte des 7. Jh. auch in Etrurien hergestellte Nachahmungen der frühen Keramik von Korinth erreichten vor oder gleichzeitig mit der Ankunft der Griechen auch die Provence (u. a. Saint Blaise) und das Languedoc (Lattes) – die etruskische Ware befand sich teilweise in archäologisch tieferen Schichten als die älteste, um 600 zu datierende griechische Keramik, oder sie war mit der griechischen Ware vergesellschaftet. Etruskische Ess- und Trinkgefäße sowie Amphoren für Wein oder Öl wurden von Etrurien aus über Südfrankreich auch nach Mittelfrankreich und Süddeutschland ins Land der Kelten exportiert; sie sind deren erste nachgewiesene Übernahme verfeinerter Lebenssitten der Mittelmeervölker.[45]

Etruskische Schiffe konnten im 7.–6. Jh. beladen mit eigener und mit griechischer und punischer Handelsware entfernte Länder erreichen.[46] Wahrscheinlich war der eine oder andere vornehme Etrusker selbst als Händler unterwegs, wie auch so mancher der homerischen Könige: Die Göttin Athena, verkleidet als Mentes (König der Taphier), kam zur Stadt Temese, um »leuchtendes Eisen« gegen Kupfer zu tauschen.[47] Der adelige Demarat aus Korinth besaß um die Mitte des 7. Jh. ein eigenes Frachtschiff, mit dem er Waren von Griechenland nach Tarquinia und umgekehrt »mit bemerkenswertem Gewinn« transportierte, ehe er sich in Tarquinia niederließ und eine einheimische Adelige heiratete.[48]

Allerdings blieb die Seefahrt wegen unsicherer Witterung und Angriffen von Seeräubern ein gefährliches Unternehmen: Das Mischgefäß aus Caere des griechischen Töpfers Aristonothos stellt auch eine Seeschlacht mit Schiffbrüchigen dar:[49] Auftraggeber war wohl ein Caeretaner, der einen Schiffsbruch selbst erlebt (und überlebt) hatte. Etruskische Schiffe liefen im 6. Jh. vor der Insel Giglio und bei Cap de Antibes samt Ladung auf Grund.[50] Die wiederholten Darstellungen des Meeres und von Schiffen in etruskischen Gräbern zeigen die Verwurzelung der Seefahrt in der etruskischen Kultur, gleichsam das Bewusstsein, dass eine Schifffahrt zu einer Reise ins Jenseits werden kann.

Mit der Zeit gelang es den Griechen auch in Etrurien fester Fuß zu fassen. Um 600 ließen sich griechische Ionier an der Mündung des Flusses Marta, etwa 8 km Luftlinie von Tarquinia entfernt, nieder und legten eine Niederlassung unbekannten Namens an: In römischer Zeit hieß die Nachfolgestadt der griechischen Gründung Graviscae. Hier konnten griechische Schiffe auf dem Weg zu ihrer Neugründung Massalía (franz. Marseille; ▶ Kap. 5.2) Station machen; gleichzeitig wurde in Graviscae griechische Keramik abgeladen und verkauft, wie die hohe Anzahl griechischer Vasen in Tarquinia und der starke griechische Einfluss auf dessen Kulturleben bis ins 5. Jh. belegen. Griechische Keramik und die Heiligtümer für Aphrodite, Schutzgöttin der Seefahrt, und – nach der Mitte des 6. Jh. – für Hera und Demeter, Schutzgöttinnen der Landwirtschaft, belegen den agrarischen und zugleich kommerziellen Charakter der griechischen Niederlassung auf etruskischem Boden. Politisch gesehen war Graviscae keine selbstständige griechische Kolonie, sondern dürfte vielmehr eine Siedlung unter etruskischer Oberhoheit gewesen sein, so dass Tarquinia jederzeit die Konzession hätte zurücknehmen können, wie es im 5. Jh. tatsächlich der Fall war.

In der Zeit 625/600 bis 550/525 erreichte in Etrurien das Handwerk einen Höhepunkt. Die hohe Anzahl der etruskischen Vasen außerhalb Etruriens zeigt, dass in Etrurien neue Töpfereien eröffnet wurden, in denen auch Griechen arbeiteten: Der sogenannte Maler der ›bärtigen Sphinx‹, der in Vulci in ostgriechischer Tradition arbeitete, und der ›Schwalben-Maler‹ aus dem griechisch-kleinasiatischen Raum bestätigen die Anwesenheit griechischer Töpfer in Etrurien. Nicht ohne Folgen: Um 630 begann in Caere die Produktion etrusko-korinthischer Keramik, darauf spezialisierte sich um 580–550 in Vulci und in Tarquinia der ›Rosetten-Maler‹; zwischen 600 und 575 wurde etrusko-korinthische Keramik in verschiedenen Zentren Südetruriens produziert.[51]

Die neue etruskische Keramik zeigt, dass sich fremde Töpfer den Wünschen der etruskischen Käufer anpassten, wie auch, dass sich etruskische Töpfer mit griechischen Traditionen auseinandersetzten und einen eigenen Stil schufen: Der Kunstmaler Velθur Ancinies malte 550–500 in Veji ein etrusko-korinthisches Gefäß für Laris Leθaies.[52] Personennamen auf Vasen, z. B. Velθur Acinies, bezeichneten vielfach den Künstler, wie auch vielfach den Auftraggeber bzw. die Werkstatt.[53] Sie sind ein Zeichen von Selbstbewusstsein und von Stolz und nicht nur Reklame für die eigene Töpferei; sie ermöglichen Besitzern von Werkstätten und einzelnen Handwerkern aus der Anonymität eines Kollektivs hervorzutreten.

Etrurien präsentierte sich seit etwa 650 als günstiger Boden für lokale und ausländische Unternehmer und Investoren. Handel und Handwerk brachten etruskischen und griechischen Partnern Gewinn und Reichtum und damit manchen Etruskern einen neuen, bedeutenden Platz in der Gesellschaft. Stellvertretend für die hohe Anzahl griechischer Händler, die im 6. Jh. Etrurien aufsuchten, soll hier der reiche Sóstratos von der griechischen Insel Ägina genannt werden:[54] Er weihte in Gravisca unweit von Tarquinia einen bis heute erhaltenen Steinanker dem Apollon von Ägina, wohl dem Beschützer seiner Fahrten.[55]

Es gibt keine zeitgenössischen Quellen zur Organisation der etruskischen Werkstätten, jedoch war die Organisation neuer Werkstätten und des Handels ohne ausreichende Mittel und geschäftliche Begabung kaum zu bewerkstelligen. Die Töpfereien und Malstuben Etruriens, in denen Jahrzehnte vor und nach der Mitte des 7. Jh. etruskische und griechische Kunsthandwerker arbeiteten, dürften aber ähnlich wie Werkstätten in den griechischen Kolonien organisiert gewesen sein. Sie operierten mit privater Finanzierung, wahrscheinlich im Rahmen einer Selbstverwaltungseinrichtung und nicht mit öffentlicher Beteiligung, wobei in der Antike die Grenzen zwischen Privat und Öffentlich stets unscharf blieben: Im ›Palast‹ von Murlo/Poggio Civitate, etwa 30 km Luftlinie südlich von Siena, gab es eine Werkstätte für die Verarbeitung von Bein.[56] Hier wohnte eine begüterte Familie, die spezialisierte Kunsthandwerker verpflichtete. Die Familienmitglieder waren reiche Grundbesitzer und wohl auch Dorfvorsteher der Ansiedlung bei Murlo/Poggio Civitate.

4.1 Die Kontakte Etruriens mit Griechen und Phönikern und ihre Folgen

Die bereits in der zweiten Hälfte des 8. Jh. in Etrurien entwickelte Handelstätigkeit konnte nicht ohne Aufzeichnungen und Listen von bestellten, angekauften oder verkauften Waren, ohne Eintragungen von Gewinnen und Verlusten und ohne Verträge auskommen, denn Abmachungen konnten aus Gründen der Zweckmäßigkeit nicht immer nur mündlich bzw. per Handschlag vereinbart werden. Aufzeichnungen von Waren, wie wir sie aus den Kanzleien und Archiven altorientalischer Herrscher oder (durch Zufall erhalten) aus den Resten mykenischer Paläste kennen, sind in Etrurien nicht bezeugt. Inschriften mit dem Namen eines Weihenden teilen einem Gott mit, wer ihm ein Geschenk gab, so z. B. »mich schenkte Velθur Tulumnes« (Ende 7. Jh.).[57] Etruskische Weihinschriften sind also nicht nur Zeichen von Frömmigkeit, sondern sind echte ›Abkommen‹ mit dem Gott: Der (namentlich genannte) Weihende erwartet eine Gegenleistung im Sinne eines *do ut des*. Beschriftete Weihgeschenke an die Götter wurden, anders als Warenbestellungen, auf beständigem Material geschrieben, denn ›Abkommen‹ mit der Gottheit sollten ewige Gültigkeit für beide Vertragspartner haben.

Private Verträge in etruskischer Sprache sind erst um 475–450 bzw. Ende des 3. Jh. bis erste Hälfte des 2. Jh. bezeugt (▶ Kap. 7.1). Der juridische Sprachschatz setzt allerdings wohl eine mündliche Tradition voraus, ähnlich wie in Rom nach der Erarbeitung des XII-Tafel-Gesetzes Mitte des 5. Jh. Es liegt daher nahe, dass angesichts des regen Handels, an dem auch Griechen beteiligt waren, die Etrusker spätestens im 6. Jh. durchaus schon einfache, mündlich tradierte und rechtlich verankerte Regeln oder sogar nachbarliche Abkommen zur Garantie der Sicherheit der Wege und der Unantastbarkeit der Gesandten hatten. Auch in Latium hatten alle Latiner spätestens im 6. Jh. gleiche oder ähnliche handelsrechtliche Abkommen für den Warenverkehr.[58] Aufzeichnungen buchhalterischer Natur waren in Etrurien wahrscheinlich im Telegrammstil und mit vereinfachten grammatischen Elementen verfasst. Wenn sie auf nicht haltbarem Material eingetragen wurden, konnte man sie nach der Erledigung des Geschäftes vernichten; sonst musste man sie in einem (in Etrurien nicht belegten) Hausarchiv aufbewahren.

Die Annahme, dass die Schrift ursprünglich in Etrurien konkreten Belangen diente, schließt nicht aus, dass sie, wie in der orientalischen und griechischen Welt, alsbald auch zur Pflege zwischenmenschlicher Beziehungen und zur Schaffung einer etruskischen Literatur diente: Die längere Inschrift aus Felsina/Bologna (Melenzani)[59] spricht gegen Ende des 7. Jh. für die Existenz längerer, eventuell literarischer, Texte. Auch in Rom dauerte es Jahrhunderte, bis historische und literarische Werke in lateinischer Sprache verfasst wurden.

Die Verbreitung ähnlicher Gegenstände und zahlreicher inschriftlich belegter Personennamen, welche die Abstammung der Person aus einem anderen Ort als dem Fundort der Inschrift angeben, zeigt, dass die Bewohner der etruskischen Ortschaften eine weitreichende Mobilität besaßen.[60] Man konnte uneingeschränkt miteinander verkehren: Die zahlreichen Weihinschriften mit unterschiedlichen Schreibweisen in den Tempeln (B und A) von Pyrgi (h. Santa Severa) aus der Zeit um 520–470 (▶ Kap. 4.5) bestätigen eine Mobilität, die einem zeitgenössischen Trend entsprach und von Rom im 6. Jh. für die Latiner gesetzlich verankert wurde (*ius migrandi*).

4.2 Staatstragende Kräfte

Der verstärkte Kontakt Etruriens mit der mediterranen Welt seit dem ersten Viertel des 8. Jh. (▶ Kap. 1), verbunden mit einer Zunahme der Bevölkerung – neue Nekropolen wurden angelegt –, führte zu einer Zunahme der ausgeübten Tätigkeiten sowie zu neuen Lebensbedingungen. Die ständigen Veränderungen waren auch mit Herausforderungen und Problemen verbunden, denn bei neuen wirtschaftlichen und politischen Aktivitäten drohten Konflikte und Rückschläge. Die laufenden Veränderungen des villanovazeitlichen sozio-ökonomischen Systems seit dem 9. Jh. führten mit der Zeit auch zu neuen politischen Organisationsformen. Die Bewältigung der laufenden Probleme des Zusammenlebens und der Beziehungen zu den Nachbardörfern, die Organisation der Verteidigung, der Ernährung und, bei deutlichem Bevölkerungswachstum, der inneren Ordnung erfordern, dass organisierende Instanzen auch die Möglichkeit haben, Befehle durchzusetzen – so die unverbindliche Definition von ›politischer Herrschaft‹ durch G. Lottes.[61] Dieses Begriffsverständnis setzt gleichzeitig die Entstehung von Abhängigkeiten voraus. Menschen üben Herrschaft über andere Menschen in dem Sinne aus, dass ein größerer Teil der Gemeinschaft dem Willen einflussreicher Autoritäten Gehorsam leistet.

Die Bildung einer auf Dauer organisierten Herrschaft ist eine grundlegende Voraussetzung für die Etablierung eines ›Staates‹. Die notwendigen Grundbedürfnisse einer Gemeinschaft wurden letzten Endes Staatszweck und boten gleichzeitig den Organisatoren auch die Gelegenheit, Macht und Eigenbesitz zu mehren. ›Staat‹ ist also kein abstrakter, ›in der Luft‹ hängender Begriff; der Staat als Organisation von Herrschaft auf Dauer ist etwas Konkretes und unabhängig von der Größe des Hauptortes. So gesehen kann eine Siedlung nur dank einer vorhandenen ›Staatlichkeit' von deren Vertretern weiterentwickelt werden. Der Begriff ›etruskischer Staat‹ ist jedoch unscharf. Eine staatliche Stufe setzt eine vor- und eine halbstaatliche Stufe voraus, in der die Organisation der Bedürfnisse einer Gemeinschaft auf dem Weg ist, sich zu festigen.[62] Momente der Vor-, Halb- und Vollstaatlichkeit sind für Etrurien schwer abzugrenzen, denn sie laufen in den einzelnen Ansiedlungen des Landes nur zum Teil parallel zueinander.

Staat mit Ansiedlungen und Stadt sind also ursprünglich zwei verschiedene Begriffe, und es ist unrichtig, von einem ›Stadtstaat‹ im Etrurien des 9. oder 8. Jh. zu sprechen. Denn Hütten allein machen noch keine Stadt, doch eine auf Dauer angelegte Herrschaftsorganisation hat bereits staatlichen Charakter und bildet die Voraussetzung für die Entstehung der städtischen Strukturen (öffentliche Bauten und Anlagen, wie Heiligtümer, Ämter usw.), die der Staat für die Organisation des täglichen Bedarfs der Gemeinschaft – Sicherheit, Ernährung und Ordnung – braucht. Die Organisation dieser lebenswichtigen Bedürfnisse und des dafür notwendigen Territoriums erforderten mit der Zeit eine dafür zuständige ›Regierung‹. Vorsteher der größeren Ansiedlungen auf den Plateaus Südetruriens wurden im Laufe des 9. Jh. und besonders im 8. Jh., als die Beziehungen zur Mittelmeerwelt enger wurden, verstärkt mit der Notwendigkeit konfrontiert, neuartige Probleme des Zusammenlebens in der Gemeinschaft (und nicht nur in der Kernfamilie oder Sippe) zu bewältigen und für stabile Zustände zu sorgen. Angesichts der neuen Zeiten und Aufgaben versuchte wohl jeder Vorsteher sich selbst auch politisch zu positionieren.

Königtum und Aristokratie

An der Spitze früher Gesellschaften findet sich fast immer ein ›König‹, ein Einzelherrscher, der bereits auf nomadischer Stufe die laufend auftretenden Probleme seiner Gemeinschaft, in erster Linie die Sicherheit in fremden Umgebungen, koordiniert – *rex* ist ein uraltes indoeuropäisches Wort.[63] Könige kommen in stratifizierten Gesellschaften vor und fehlen in Agrargesellschaften fast nie. Das Königtum zählt also zu den uralten Einrichtungen des Zusammenlebens. Niedergelassene Könige verfügen über ein eigenes Territorium, über ein Heer und über spezialisierte Handwerker für die Waffen, die sie zur Aufrechterhaltung ihrer Position brauchen, und für Luxusgüter, die sie gegenüber anderen Mitgliedern der Gemeinschaft hervorheben. Könige pflegen besondere Beziehungen zu den Überirdischen, die ihr Schicksal positiv beeinflussen sollen.

Die zwölf Völker Etruriens (▶ Kap. 4.7) hatten nach der Überlieferung je einen König, und die Vorsteher der etruskischen Städte hießen mit einem lateinischen Fremdwort *lucumones*.[64] Der Kommentator Servius gibt ohne chronologische Anhaltspunkte an, dass von den zwölf Lukumonen »einer an der Spitze war«.[65] Livius und Dionysios von Halikarnassos schreiben, dass in Etrurien »bei gemeinsamen Kriegszügen der zwölf Städte Etruriens« ein »gemeinsam erwählter König« die Befehlsgewalt unter Zustimmung der anderen elf Könige übernahm. Diese übergaben ihm die Symbole des Kommandos und ihrer Unterordnung, nämlich eine eigene Axt und das Rutenbündel.[66] Die Forschung setzt das etruskische Wort *lucumo* mit dem lateinischen *rex*, ›König‹ gleich, wenngleich im Etruskischen das Wort *lucumo* für ›König‹ nicht belegt ist. Auch ein Personenname Lucumu ist erst nach dem 4. Jh. bezeugt, also in einer Zeit, in der es in Etrurien keine Könige mehr gab.[67] Die griechisch-römische Überlieferung kennt den König von Chiusi Lars Porsenna (um 500) und den König von Veji Lars Tolumnius (um 430; ▶ Kap. 4.6). Die Autoren nennen Porsenna auch König von Volsinii und »König der Etrusker«.[68] Er habe gegen ein Ungeheuer gekämpft, welches das Gebiet von Volsinii verwüstete. Der Name Porsenna ist italischumbrisch. Er oder einer seiner Vorfahren war nach Chiusi gekommen und zum ›König‹ avanciert. Die Titel »König von Chiusi« und »König von Volsinii« sowie der Zug Porsennas gegen das Ungeheuer führten A. Maggiani zur Ansicht, Porsenna habe über einen Staat mit zwei (Haupt-)Städten, Chiusi und Volsinii, geherrscht.[69] Die Stele eines Larθ Larikenas aus Castelluccio la Foce im Gebiet von Chiusi bestätige insofern die enge Verbindung zwischen Chiusi und Volsinii, als die Namen Laricenas und Larecena in Volsinii/Orvieto viermal bezeugt sind.[70] In der Überlieferung finden sich keine Hinweise auf Staaten mit zwei Hauptstädten, und die Konsularfasten der römischen Republik zum Jahr 294 erwähnen einen Triumph des M. Atilius Regulus über die »Volsinienser« allein (▶ Kap. 6.3). Der Personenname (Larikenas) allein bildet eine zu schmale Grund-

4 Entwicklungen ab dem 9. Jh.

lage für historisch weitreichende Schlüsse, auch wenn er viermal bezeugt ist. Es dürften sich im Zusammenhang mit Porsenna vielmehr eine historische und eine sagenhafte Überlieferung getroffen haben.

König Lars Porsenna war Heerführer und unternahm zwischen 510 und 504/503 einen Zug gegen Rom, nahm es ein und schloss einen Vertrag mit Rom ab.[71] Porsenna wurde nie König von Rom, vielmehr versuchte er einen Machtbereich für seinen Sohn Arnθ in Latium, also weder in Rom noch in Etrurien, einzurichten: Der Versuch war vergeblich, weil Arnθ vorzeitig im Krieg fiel, er zeigt allerdings, dass in Chiusi das Königtum nicht erblich war.[72]

Besonderes Kriegsgeschick verlieh dem Heerführer Porsenna ein hohes Maß an Ansehen und wohl Charisma, die ihn in seiner Machtstellung legitimierten. Charisma gehörte (und gehört) zur Herrschaft, es konnte (und kann) Anhänger und Mitmenschen blenden und deren Vorstellung bestätigen, dass ein Machthaber unter dem Schutz besonderer Mächte steht, die den Erfolg sichern. Porsenna schrieb man (vermeintliche) übernatürliche Fähigkeiten zu: Er habe von Chiusi aus interveniert, als sich das Ungeheuer Olta Volsinii näherte und die Felder der Stadt verwüstete: Porsenna habe einen Blitz herbeigerufen und das Ungeheuer vernichtet. Ähnliche übernatürliche Fähigkeiten besaßen auch Numa Pompilius (715–672) und Tullus Hostilius (672–640), die frühen (sagenhaften) Könige von Rom. Alle drei Könige konnten angeblich »einen Blitz herabziehen«, was auf die (vermeintliche) Nähe des Königs zu den Überirdischen hinweist. Das Grab Porsennas sei von außergewöhnlich monumentalen Dimensionen gewesen, nämlich von 90 m Durchmesser bei einer Höhe von 180 m.[73] Wir haben in Etrurien jedoch keine archäologischen Spuren eines derartig monumentalen Grabes und die Quelle des Plinius ist unbekannt. Vor und nach dem 7. Jh. fehlen in Etrurien unter den zahlreichen repräsentativen Hügelgräbern in der Landschaft hervorstechende Einzelgräber, eine Feststellung, die unserem Wissen über Königsgräber in zeitgenössischen Kulturen widerspricht und gleichzeitig die Frage nach den damaligen technischen Möglichkeiten für den Bau eines solchen gewaltigen Grabes aufwirft. Insgesamt war Lars Porsenna ein Kriegsherr, der in Chiusi wahrscheinlich wegen seiner militärischen Erfolge und seinem Charisma Wahlkönig wurde.

Andere überlieferte Könige in Etrurien bleiben an der Grenze zwischen Sage und Geschichte, sie lebten früher als Porsenna, sind jedoch chronologisch schwer einzureihen. König Mezentius war ein siegreicher Heerführer, ein frevelhafter Machthaber und »König des reichen Caere.«[74] Die zwischen 675 und 650 datierte etruskische Besitzerinschrift *mi laucies mezenties*, »ich bin des Laucie Mezentie« auf einem Trinkgefäß aus Caere oder Umgebung zeigt, dass damals in Caere eine Familie Mezentie lebte, was der sagenumwobenen Gestalt des ›Königs‹ Mezentius historische Substanz verleiht.[75] Die etruskischen Namen Mezentie und Laucie sind aus einer nicht näher bestimmbaren italischen Sprache abgeleitet. Italische Mezentie ließen sich wahrscheinlich im 7. Jh. oder früher in Caere nieder, ein Mitglied der Familie wurde, vielleicht als eine Art Söldner, Feldherr, kämpfte gegen nahe und ferne Feinde und wurde angeblich ›König‹ von Caere. Dennoch bleibt die Überlieferung zu Mezentius an der Grenze zwischen Sage, Geschichte und Literatur.

Weitere Könige wirkten in ›frühen‹ Zeiten. Die Überlieferung gibt nur ihre Namen und die Namen der Städte, über die sie regierten, an. Annius war König der Tusker, Osinius König von Chiusi, die Ahnherren des Cilnius Maecenas waren Könige in Arezzo und Orgolnius war König von Caere.[76] In Veji regierten drei Könige, Halaesus, Propertius und Vibe. Vergil erwähnt Halaesus in Zusammenhang mit Konflikten im Gebiet zwischen Latium und Südetrurien und bezieht sich auf die sagenhafte Zeit des Aeneas bzw. des Königs Amulius von Albalonga (Vibe), d. h. eine Zeit vor der Gründung Roms.[77] Darüber gibt es keine überprüfbaren Zeugnisse. Es ist bemerkenswert, dass diese sagenhaften Könige italische oder lateinische Namen tragen, wie auch Mezentius und Porsenna, welche Eroberungen und Fremdherrschaften im Grenzgebiet zu Etrurien widerspiegeln. Diese ›Könige‹ haben nur einen Namen und dies spricht für die Entstehung des Überlieferungskernes in einem nicht-etruskischen Umfeld oder vor dem 7. Jh. Sie sind gleichzeitig Zeichen des frühen Drucks, den die italischen Völker von ihren Sitzen in den Bergen des Apennins aus in Richtung der tyrrhenischen Küste ausübten, der oft Rom in die Defensive zwang. Italische Sabiner und Volsker hinterließen tiefe Spuren in der Geschichte Roms und Latiums so wie im 5. Jh. die Samniten und die Lukaner in der Geschichte Kampaniens (▶ Kap. 5.1). Es liegt nahe, dass die Etrusker Südetruriens in diese Auseinandersetzungen mitinvolviert waren.

Nach dem griechischen Reiseschriftsteller Pausanias (zweite Hälfte des 2. Jh. n. Chr.) weihte in Olympia ein »König der Tyrrhener« namens Arímnestos »als erster der Barbaren« (= »der Fremden«) einen Thron zu Ehren des Zeus.[78] Die Wahl Olympias als Ort der Weihung ist im Lichte der sehr alten Bekanntheit des Heiligtums verständlich, denn Olympia garantierte dem Weihenden, dass seine Stiftung überregional bekannt wurde. Der Thron des Arímnestos war in Olympia im Vorraum des Zeus-Tempels aufgestellt. Auf einer viereckigen leeren Grundfläche von etwa 9 m² im Vorraum dieses Tempels mag einst tatsächlich ein solch großer Thron eines tyrrhenischen Königs gestanden haben. Dies besagt jedoch nicht, dass der geweihte Thron etruskisch war. Weitere Fragmente von Bronzeblech, die in Olympia, nicht jedoch im Zeus-Tempel gefunden wurden, werden einem etruskischen Thron zugeschrieben und sprechen für eine Datierung in das zweite Viertel des 7. Jh.[79] Eine Verbindung dieser Reste mit dem Thron des Arímnestos ist verlockend, hat jedoch keine feste archäologische Grundlage. Pausanias gibt keine chronologischen Anhaltspunkte für den Thron des Arímnestos an und schreibt auch nicht, wer die ›Tyrrhener‹ waren, über die Arímnestos herrschte – ein Arimnestos war im 5. Jh. in Sparta ein bekannter Anführer. Ein dem Namen Arímnestos ähnlicher Personenname fehlt im Repertoire der bekannten etruskischen Personen- und Familiennamen, denn er wird nur in diesem Zusammenhang (und nur in der griechischen Form) erwähnt. Die Rekonstruktionen einer etruskischen Form bei G. Colonna und bei A. Naso zeigen die Nähe zur Wurzel des Städtenamens Ariminum (h. Rimini).[80] Unweit davon wohnten auch Etrusker. Der Zusammenhang zwischen den beiden Namen bleibt allerdings hypothetisch. Erklärungen über den Sinn der Weihung sind interessant, entbehren jedoch einer festen Grundlage.

Neben einer teilweise sagenhaften literarischen Überlieferung gibt es in späterer Zeit Relikte früherer Epochen, die Hinweise auf ein etruskisches Königtum bieten. Eine etruskische Inschrift auf einer Bucchero-Schale aus Caere (um 600) lautet *calaturus mi*, »ich gehöre dem Calatur«.[81] Dem etruskischen Wort *calatur* liegt das lateinische Wort *calator* zugrunde. Nach der römischen Überlieferung war der *calator* (< lat. *calare*, ›ausrufen‹) im frühen Rom der Ausrufer bzw. Herold des Königs. Als solcher bahnte er dem *rex* den Weg, damit dieser nichts kultisch Unreines sah.[82] Auf der ältesten lateinischen Inschrift, dem ›schwarzen Stein‹ (*lapis niger*) auf dem Forum in Rom, sind um 570–560 *rex* und *calator* genannt. Das Wort *calatur* der etruskischen Inschrift ist grammatisch ein Personenname oder eine Berufsbezeichnung. Selbst wenn es ein Personenname ist, ist anzunehmen, dass man in Caere zuerst die Funktion des Herolds mit dem entsprechenden Terminus übernahm und später ein Nachkomme des Herolds die Bezeichnung der Funktion als Personenname verwendete. Wahrscheinlich hatte ein Herold (oder dessen Ahnherr) seinen Dienst für einen etruskischen König verrichtet.

Der König von Chiusi, Porsenna, hatte *satelles*, ›Leibwächter‹, und auch die Könige Roms hatten Leibwächter.[83] Um 340 ist im Grab der Familie Vercna in Settecamini bei Volsinii/Orvieto in der linken Ecke auf der rechten Wand des Grabes die Inschrift *zat-laθ:aiθas* eingetragen.[84] Das lateinische *satelles* wurde aus dem etruskischen *zat-laθ* entlehnt und *zat-laθ:aiθas* von Volsinii/Orvieto bedeutet ›Leibwächter des Hades‹, des Königs der Unterwelt.[85] *Zat* dürfte der etruskische Name für ›Axt‹, ›Beil‹ sein, der *zat-laθ* ist ›der Schläger (mit der Axt)‹. Die Form *zat-laθ* entwickelte sich aus einem frühen **zati-laθ*, und dies besagt, dass diese ältere etruskische Form mit der Zeit nicht verloren gegangen war, auch wenn sie nicht belegt ist.[86] Um 340 gab es in Etrurien keine Könige und keine ›Leibwächter‹ für einen König mehr, aber das Wort *zat-laθ* erhielt sich im lateinischen *satelles* und bezog sich nach einer semantischen Verschiebung auf die ›Mitbegleiter‹, die ›Komplizen‹ so mancher Politiker, während die Leibwächter der Magistrate in Rom ›Liktoren‹ genannt wurden, wohl um ihre Nähe zum Königtum zu kaschieren.

Einige Reste der materiellen Kultur beziehen sich auf Könige, wenn auch Deutungen und Aussagen nicht immer zwingend sind. Hervorragende Persönlichkeiten, darunter Könige, saßen (und sitzen) auf Thronen. Im Hügelgrab ›delle Statue‹ in Ceri bei Caere wurden um 670 zwei Throne mit abgerundeten Lehnen etruskischer Typologie mit je einem sitzenden Würdenträger aus dem Tuff herausgemeißelt.[87] Einer der beiden Thronenden hält ein Zepter von orientalischem Typus, das im Alten Orient Königsmacht versinnbildlicht, in der Rechten; Throne und Zepter sprechen in Ceri für einen König, wenngleich die Architektur des Grabes keine besonderen Dimensionen und Aufmachung hat und die Ausstattung fehlt.

In Etrurien kamen etwa 50 zur Gänze oder fragmentarisch erhaltene, meist kleine Throne verschiedenen Typs mit oder ohne Schemel ans Licht, und über 500 Darstellungen von Thronen sind bekannt: Von der zweiten Hälfte des 8. bis Ende des 7. Jh. wurden Throne auch in Kriegergräbern deponiert.[88] In Chiusi und Umgebung wurden ab dem Ende des 7. Jh. einige für Chiusi typische anthropomorphe Aschenurnen (Kanopen) auf kleine Throne gestellt, ehe man sie unter der Erde beisetzte.[89] Die Anzahl der Kanopen auf Thronen ist gering im Vergleich zur Anzahl der Kanopen ohne Thron; dies dürfte bestätigen, dass Throne nur für wenige Personen gedacht waren. Ob sie institutionalisierte Könige waren, bleibt allerdings offen, denn Throne standen auch hervorragenden Familienmitgliedern zu, und die hohe Anzahl belegter etruskischer Throne spricht gegen die Annahme, dass Throne nur für Könige reserviert waren.

In älterer und neuerer Zeit errichteten sich Könige häufig Paläste in ihren Hauptzentren, die der Repräsentation dienten. Königspaläste entstanden nicht selten auf einer Anhöhe oder inmitten einer Siedlung oder am Siedlungsrand, meistens mit einer Ummauerung, um den Mittelpunkt der Macht und Sitz der Regierung vor Feinden zu schützen. In Etrurien gibt es im 7. Jh. größere Wohnhäuser. In Caere (Vigna Parrocchiale) entstand um 625/600–550 ein monumentales Gebäude aus Tuffquadern und mit Säulentrommeln.[90] Importkeramik und bemalte Tonplatten mit Jagdszenen sprechen für adeliges Milieu. Beschriftete Scherben aus dem Innenhof verzeichnen *apa(s)*, ›Vater‹, gleichsam die Anrufung des etruskischen Hauptgottes Tinia.[91] Diese Inschriften, die Architektur und die zentrale Lage des Gebäudes auf dem Plateau legen die Wohnstätte von Personen mit sakral-politischer Macht nahe. Die Ausgräber der Anlage sprachen von einer ›Residenz‹ wahrscheinlich eines Königs von Caere – ein solcher König ist inschriftlich bezeugt (▶ Kap. 4.6). Säulen, Terrakotten und *apa(s)*-Inschriften sind allerdings kein guter Beweis für eine ›Residenz‹, denn man findet sie auch in Heiligtümern. Die Anlage von Caere wurde gegen Ende des 6. Jh. abgetragen, und an dieser Stelle entstand ein Tempel, was die Sakralität des älteren Baues bestätigen dürfte.

In Veji (Piazza d'Armi) errichtete man gegen Ende des 7. Jh. einen ›Palast‹ mit prächtigem Tonschmuck in den Innenräumen.[92] In Casale Marittimo (Prov. Pisa) entstand in der ersten Hälfte des 7. Jh. unweit einer älteren Siedlung von Hütten ein großes Gebäude mit bemalten Tonplatten, das einen älteren Bau ersetzte. Die Lage der Siedlung legt es nahe, dass die Bewohner des Palastes die Kontrolle über das Cécina-Tal mit einem Kupferbergwerk ausübten. Fibeln, Anhänger aus Bein und Symposion-Geschirr in einem Kammergrab in der unweit des Palastes gelegenen Nekropole Casa Nocera sprechen für reiche Hausbewohner. Zwei wahrscheinlich aus einem Kammergrab stammende, unterlebensgroße männliche Statuen sind (typisierte) Bilder, vielleicht der damaligen Bewohner des Palastes.[93] Diese vornehmen Domizile gehörten Mitgliedern einer Oberschicht, aber nicht unbedingt einem König.

Insgesamt sprechen eine teilweise annehmbare Überlieferung und Inschriften als indirekte Quellen für eine (Früh-)Zeit, in der in den etruskischen Staaten Einzelherrscher, ›Könige‹, an der Spitze einiger Gemeinschaften Etruriens (Veji, Caere, Chiusi usw.) regierten. Diese ›Könige‹ waren Heerführer, Kriegsherren, die das Territorium kontrollierten bzw. versuchten, Machtbereiche aufzubauen. Sie konnten mit der Beute aus Kriegszügen ihre Gemeinschaften zufrieden stellen. Eine literarische Geschichte der etruskischen Königszeit haben wir nicht.

Die frühen Steinkreise von Vetulonia mit oder ohne Hüttenurnen, Waffen und Grundbesitz sowie die ersten Kuppelgräber von Populonia (▶ Kap. 3.1) belegen Familien und Sippen, die wegen ihres Reichtums, ihrer Macht und wegen besonderer Fähigkeiten hervortreten und eigene Traditionen pflegen, die den Nachfahren tradiert werden. Wir nennen diese Familien mit gesellschaftlichem

Vorrang ›adelig‹. Livius nennt die Mitglieder einer etruskischen Oberschicht ›Fürsten‹, *principes*, etymologisch »diejenigen, welche die erste Stelle einnehmen« – in Rom waren es die ›Patritier‹, in Athen die ›Wohlgeborenen‹. Dionysios von Halikarnassos nennt sie *dynatoi* (= die Mächtigen) und deutet damit auf einen politischen Status hin.[94] Ein kleiner (15,2 cm), ursprünglich vergoldeter Holzkopf, wahrscheinlich aus Vulci (zweite Hälfte des 7. Jh.), dürfte einen Adeligen darstellen.[95]

Ein dekorierter Kammhelm aus Tarquinia (erste Hälfte des 9. Jh.), eine Lanzenspitze von etwa 50 cm Länge aus dem ›Kriegergrab‹ von Tarquinia (730–700), zwei 85 cm lange Prunkäxte und drei Äxte (700–675) in den Gräbern von Casale Marittimo (Volterra) und eine 70 cm lange Lanzenspitze aus Grab C von Prato Rosello (um 700) bei Artimino im Gebiet von Fiesole waren keine im Kampf verwendeten Waffen, sondern Insignien zum repräsentativen Ausdruck militärischer Macht und Gewalt.[96] Diese Repräsentation nach außen spielt zu jeder Zeit eine wichtige Rolle für Herrscher, Häuptlinge und Könige, die sich von anderen – auch von sozial hochrangigen Personen – abgrenzen müssen. Denn Insignien unterstreichen die Berechtigung, Befehle zu geben, Entscheidungen zu treffen und Gehorsam zu verlangen, die Grundelemente politischer Macht. Sozial und wirtschaftlich Hochgestellte ohne politische Macht brauchen hingegen nicht zwingend Gegenstände der Repräsentation. Frauen- und Kindergräber mit Insignien und Wagen zeigen, dass die darin Bestatteten an der bevorzugten Stellung des Familienvaters teilhatten.[97] Ein Kammhelm und Waffen (Schild, Lanze usw.) in einem reichen Grab für zwei Kinder in Verucchio (Lippi: zweite Hälfte des 8. Jh.) belegen die Vererbung der Machtstellung mit dazugehörigen Privilegien schon mit der Geburt.[98] Es liegt nahe, dass man mit den Waffen den Kindern militärische und sozio-politische Aufgaben übertrug, und dass solche Kinder eine ›adelige Erziehung‹ mit Waffenübung, Reiten, Jagen und landwirtschaftlichem Wissen genossen.

Die Etrusker hatten einen Haupt- und Blitzgott namens Tinia. Die älteste Nennung des Tinia geht auf das 6. Jh. zurück, der Mythos des Tinia als eines Blitzgottes[99] enthält altertümliche Züge und dürfte daher sehr alt sein, nicht zuletzt, weil der Blitz ein zeitloses und für die Menschen der Antike unerklärtes Phänomen war. Die etruskische Blitzlehre war Teil der »Etruskischen Disziplin«, Abschnitte davon sind bei späteren Autoren überliefert. Tinia standen drei verschiedene Arten von Blitzen zur Verfügung. Die friedlichen Blitze konnte Tinia nach eigenem Gutdünken schleudern; die nützlichen und doch gefährlichen Blitze nur nach Einholung der Meinung der »zwölf (Rat gebenden) Götter«. Für die schädlichsten Blitze brauchte Tinia den Rat der »höheren und verhüllten Götter«. Bei bestimmten Situationen konnten auch neun weitere Götter Blitze schleudern.[100]

Religionen spiegeln die Strukturen der politischen Organisation der Epoche wider, in der sie ausgearbeitet wurden. Dies gilt auch im Bereich von Herrschen und Gehorchen: nachträglich wird die irdische Organisation gerechtfertigt, indem man sie als Abbild göttlicher Ordnung erklärt. Wenn man nun die etruskische Blitzlehre in die Realität des täglichen Lebens überträgt, zeigt es sich, dass ein Einzelherrscher nur bei friedlichen Situationen die Gewalt hatte, allein zu handeln, d. h. Ratschläge zu geben, von einer Lage abzuraten und schwierige Situationen zu meistern. In schwerwiegenderen Situationen konnten Ratgeber die Handlungen des Königs mitbeeinflussen und ihnen eine Grenze setzen. In Anlehnung an die Blitzlehre war ein Einzelherrscher, ein ›König‹, von einem Rat abhängig, welcher in bestimmten Situationen Kontrolle und Einfluss auf die Handlungen des ersten Mannes ausübte, die eigene Meinung äußerte und dem Willen des Herrschers/Königs eine Grenze setzte. Der eingeschränkten Macht des ›Königs‹ entsprach also ein unterschiedlich starkes Mitspracherecht eines Gremiums von Ratgebern. Dieser Abschnitt der Blitzlehre geht auf Zeiten zurück, in denen ein Machthaber kein Einzelherrscher mehr war. Die Stufeneinteilung wurde erst im Laufe der Zeit ausgearbeitet, als kollektive Organe einer politischen Elite hervortraten, die an die Entscheidungen eines Einzelherrschers/Vorstehers mitbeteiligt waren; dies geschah erst im Laufe des 7. Jh. und nicht überall gleichzeitig.

Reiche Waffengräber legen militärische Überlegenheit mancher Gruppen nahe und setzen besondere Leistungen voraus. Sie verraten Gruppen mit Grundbesitz und wirtschaftlichem Potential, die sie sich aufgrund neuer Aufgaben Ansehen und Autorität verschafften. Eine Nachricht bei Servius, wonach ›Fürst‹ und ›König‹ gleichrangig seien,[101] entspricht einem Zustand, in welchem bei bestimmten Situationen die Autorität des Adels und eines Königs ähnlich waren. In extremen Fällen konnte sich also ein Adliger einem machtstrebenden Herrn entgegenstellen, ihm die Legitimation verweigern und sogar auf den König verzichten. Ein Machthaber, der ohne eine vom Adel verliehene Gewalt an die Spitze der Gemeinde vorgerückt war, konnte wieder abgesetzt werden und seine Stellung verlieren. Es ergibt sich also, dass solche Machthaber/Könige in Etrurien *primi inter pares* waren oder es mit der Zeit wurden. Ihre Stellung war unsicher, denn andere mächtige Männer konnten ebenfalls nach der ersten Stelle in der Gemeinschaft trachten. Die Übernahme einer politischen Funktion durch eine Sippe bedeutet gleichzeitig die Schwächung anderer gleichrangiger Sippen.

Adelige Gruppen nahmen gegen Ende des 7. Jh. an der politischen Führung des Gemeinwesens teil und übten Einfluss auf das tägliche Geschehen aus, in erster Linie, um die eigene Position nicht zu verlieren bzw. sie zu stärken. Es fragt sich, ob die Auswanderung des Lucumo aus Tarquinia nach Rom und Jahre später die Besatzung Roms durch Mastarna aus Vulci eine Folge von inneretruskischen Konflikten war – am Übergang zwischen Königtum und Adelsherrschaften bzw. Oligarchien, Führungsformen, in denen eine kleine Gruppe die politische Herrschaft mit oder ohne einen ›König‹ ausübte.

4.3 Eliten: Besitz, Lebensstil, Repräsentation und Abstammung

Ein Schuhmodell aus Ton von etwa 18 cm Länge aus Vetulonia (Sagrona) etwa aus der Mitte des 8. Jh. ahmt einen leicht spitzen, halbhohen Schuh eines vorneh-

4 Entwicklungen ab dem 9. Jh.

men Herrn nach (▶ Abb. 6).¹⁰² Das Modell ist mit kreisförmigen Einritzungen verziert, die die Schnürung mit dem Verschluss wiedergeben. Verzierte Schuhe sind bereits zwischen dem 11. Jh. und dem 7. Jh. in Veji, in Bologna (Sávena), in Griechenland und Mitteleuropa bekannt und als Standesabzeichen zu sehen.¹⁰³ Solche hochqualitativen Gegenstände gehörten Eliten und bestätigen die Hierarchisierung der Gesellschaft.

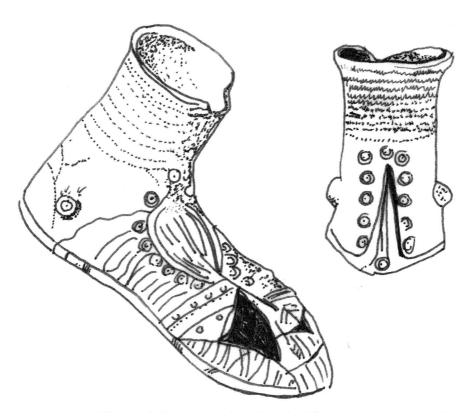

Abb. 6: Tonmodell von Schuhen aus Vetulonia (Circolo della Sagrona, 3. Körpergrab). Der feine Dekor legt eine Nachahmung von Schuhen aus weichem Leder nahe. Mitte des 8. Jh. Florenz, Archäologisches Museum.

Die Errichtung in der Landschaft verstreuter, monumentaler Hügelgräber unterschiedlicher Typologien setzte sich zwischen 725/700 und 650/600 in Südetrurien (Caere, Veji, Tarquinia und Vulci), seit 700/650 in Nord- und Inneretrurien (Casale Marittimo, Chiusi) und um 650 in Artimino und Quinto Fiorentino am nordwestlichen Rande der Ebene von Florenz fort.¹⁰⁴ Architektonische Elemente, darunter mit Leisten verzierte Steintrommeln zum Zusammenhalten des Erdhügels einiger Hügelgräber von Caere, Tarquinia und Populonia, finden sich auch bei den Hügelgräbern von Sardis, Salamis auf Zypern und auf Korfu und zeigen, dass in Etrurien orientalisch geschulte Architekten für die etruskische Oberschicht arbeiteten.[105] Technische und architektonische Unterschiede im Grabbau Nord-, Inner- und Südetruriens sind auf die unterschiedliche Bodenbeschaffenheit und auf den persönlichen Geschmack der Auftraggeber zurückzuführen. Im Laufe der Zeit entstanden neue Grabformen, die eine Vorstellung der Häuser der Oberschicht vermitteln:[106] In den Gräbern gab es aus dem Stein herausgeschnittene Betten, Bänke und Sitze, Gegenstände, darunter Weihrauch- und Kerzenständer und Schmuckkästchen; der Hausrat war in Körben verstaut – im Grab Campana 1 von Caere (Monte Abatone: 650–600) finden sich vier aus dem Stein herausgehauene Körbe neben dem (Toten-)Bett.[107]

In Veji wurde um 670–650 die Asche eines Kriegers in ein Tuch eingehüllt und auf dem mitbestatteten Wagen in einer Urne deponiert. Dieser Brauch ist in Etrurien vielfach belegt.[108] In Verucchio wurden einige Urnen in einzelnen Tüchern eingewickelt und auf einen Thron gelegt.[109] Die Aufbewahrung der Asche von hervorragenden Persönlichkeiten in einem Tuch sei mit einer von Homer (zweite Hälfte des 8. bis frühes 7. Jh.) beschriebenen Sitte in Verbindung zu bringen. Doch kannte man bereits im 2. Jahrtausend im hethitischen Totenritual eine ähnliche Sitte.[110] In Griechenland (Attika) ist sie in protogeometrischer Zeit, Mitte des 8. Jh. in Eretria und auf Zypern belegt.[111] Anfang des 8. Jh. ist der Brauch auch in Gevelinghausen und in Seddin in Brandenburg, im 7. Jh. in Kampanien und um 625 im venetischen Este nachweisbar. In Este und Gevelinghausen waren es Frauengräber, in Seddin waren die Brandreste in ein Marderfell eingewickelt: Personen, die die wertvollen Stoffe oder Felle für derartige Riten verwenden konnten, waren vermögend.[112] Die Sitte ist also vorhomerisch und war bereits im 2. Jahrtausend in fürstlichen Milieus bekannt, zu denen später auch homerische Helden und etruskische Adelige gehörten.

Im 9. Jh. sind in Assyrien feierliche Bankette bezeugt, an denen man liegend teilnahm; im 8. Jh. sind sie auch auf Zypern und im griechischen Kleinasien und an der Wende vom 7. zum 6. Jh. auf korinthischen Vasen und in Etrurien auf den Tonplatten von Murlo (zweite Hälfte des 6. Jh.) dargestellt. Bankette spielen bei Homer eine große Rolle.[113] Das Geschirr des Regolini-Galassi Grabes von Caere belegt 670–660 Kollektivgelage von Männern allein oder mit Frauen.[114] Auf dem Deckel der zeitgenössischen Aschenurne von Montescudaio (Volterra) thront (er liegt nicht!) ein Herr vor einer mit Broten belegten Tafel und vor einem großen Mischgefäß und erwartet, von einer Dienerin bedient zu werden.[115] Erlesenes Symposions- und Essgeschirr wurde um 700 in reichen Grabausstattungen deponiert oder auf Tonplatten von ›Palästen‹ dargestellt.[116] Bankettszenen mit Frauen und Männern, vielleicht Freunden oder Verwandten, zeigen im 6. Jh. geselliges Beisammensein mit Zecherei und reichlichem Schmaus, die Fortsetzung eines Lebensstils, der bereits in der Villanova-Zeit praktiziert wurde. Bankette fanden im 6. Jh. in gemütlichen, mit Kohlenbecken beheizten Räumen statt, die mit Teppichen, Decken und Leuchtern prächtig ausgestattet waren, und mit Begleitung des Spiels der Doppelflöte, wie zahlreiche Grabmalereien belegen. Das lateinische Fremdwort *subulo* mit der Bedeutung ›Doppelflöte-Spieler‹ geht auf das etruskische Wort *suplu* zurück.[117] Reste von Musikinstrumenten kamen aus dem Wrack vor der Insel Giglio ans Licht.

Personenamen sind um 600 auf sechs Gastmarken aus Murlo vermerkt, welche eine Art ›Beglaubigungsschreiben‹ darstellten; damit durfte der Inhaber der Gastmarken ins Haus des Gastgebers eintreten.[118] Austausch von Geschenken und Einladungen gehörten zu den persönlichen Beziehungen zwischen gleichrangigen Personen.

Monumentale Gräber wurden fast eine Stätte der Heldenverehrung, wie es die Statuen der verstorbenen Mitglieder der Familien bei oder in einigen um 700–650 entstandenen Gräbern von Casale Marittimo, Vetulonia, Vulci und Caere nahelegen.[119] Hügelgräber mit Altären für den Grabkult und Statuen für den Toten- und Ahnenkult bestätigen die große Bedeutung der adeligen Abstammung.[120]

Bereits in Frauengräbern der Villanova-Zeit finden sich Spindeln, Spinnwirtln, Rocken usw.; vornehme Frauen waren also in ihrem Haushalt für Spinnen und Weben zuständig, nicht viel anders als im frühen Rom. Die Frau in der Hauptkammer des Regolini-Galassi Grabes von Caere (um 670) wurde mit reichem Schmuck und einem vierrädrigen Wagen bestattet, was auch für die öffentliche Rolle der adeligen Frauen spricht. Frauen der Oberschicht genossen in Etrurien hohes Ansehen, waren sie doch Garantinnen des Fortbestandes der Sippe.[121] Dies deutet auf die Bedeutung der Abstammung hin, welche in der Anwendung eines Gentilnamensystems im Laufe des 7. Jh. gipfelte (▶ Kap. 4.7).

Die adelige Tanaχvil aus Tarquinia vereinte eine ganze Reihe von außergewöhnlichen Fähigkeiten. Tanaχvil deutete Prodigien, animierte erfolgreich den Gatten Lucumo Tarquinia zu verlassen und in Rom sein Glück zu suchen.[122] In Rom trug sie zu einer Dynastiegründung wesentlich bei, denn Lucumo wurde in Rom König mit dem Namen Tarquinius (Priscus). Tanaχvil steht für einen früh erkennbaren Typ von Frauen, die in Etrurien eine Machtposition erreichten und in Wagen- bzw. in Prunkgräbern bestattet wurden; ihre Persönlichkeit wurde allerdings von der deutlich späteren Überlieferung, besonders von Livius, nach dem historischen Bild der tatkräftigen und politisch engagierten Frauen der spätrömischen Republik ausgearbeitet, wie Servilia und Clodia, Fulvia und Livia. Die historische Realität der Stellung und des Lebens der adeligen Dame Tanaχvil bleibt daher im Dunkeln.

Reliefierte, ursprünglich bemalte Tonplatten u. a. aus Tuscania (Ara del Tufo) und Murlo (Prov. Siena) zeigen um 580 Wagenrennen und Gaukler. Im gleichnamigen Grab von Tarquinia sind um 550 Spiele dargestellt.[123] Es sind die aufwendigen und kostspieligen Aktivitäten der Oberschicht oder von engagierten ›Künstlern‹, denn der Umgang mit Pferden und die Ausführung von schnellen Drehungen mussten intensiv geübt werden. Akrobatenkunststücke, wie sie um 580 auf der Bogenfibel von Tolle bei Chiusi-Chianciano dargestellt wurden, zeigen eine perfekte Beherrschung des Pferdes.[124] Beim Wettstreit mit adeligen Rivalen ging es um Ehre, aber auch um kostbare Siegespreise, z. B. um schöne Bronzebecken, wie ein Relief aus Murlo mit Reitern im Wettkampf (▶ Abb. 7) oder eine Malerei in einem Grab von Tarquinia (Monterozzi) zeigen.[125] Im Laufe des 8. Jh. und besonders im 7./6. Jh. trat in Etrurien ein Adel hervor, zu dessen Lebensstil Pferderennen, Darbietungen, Musik, Gastmähler, schöne Frauen, eigene Totensitten und ›Freizeitaktivitäten‹ gehörten.

4.3 Eliten: Besitz, Lebensstil, Repräsentation und Abstammung

Abb. 7: Reliefierte Tonplatte aus dem Palast von Murlo. Galoppierende Reiter feuern ihre Pferde an. Rechts ist ein Bronzebecken auf einer Säule, wohl der Preis für den Sieger. 6. Jh. Zahlreiche Tonplatten tragen das gleiche Motiv. Murlo (Siena), Archäologisches Museum.

Eine terrassenartige Fläche von etwa 2×2 m war gegen Ende des 7. Jh. an das monumentale Hügelgrab von Montefortini bei Comeana (Artimino) direkt angeschlossen, Ähnliches gab es bei den Hügelgräbern C und B von Prato Rosello (Artimino).[126] Die Flächen dienten wahrscheinlich der Aufbahrung der Verstorbenen und der Präsentation der Grabausstattung bei den Trauerfeiern. In Tarquinia nahmen auch Klagende und Tänzer mit Kränzen an den Feierlichkeiten teil.[127] Die anwesenden Sippenmitglieder und Bekannten konnten die Verdienste des Verstorbenen, das hohe Ansehen und die ökonomischen Mittel der Familie bewundern, und nicht zuletzt auch sich selbst zur Schau stellen. Es ging um Ehre, Ruhm und um Konkurrenz zwischen Gleichrangigen. Gleichzeitig wurde auch das Prestigebedürfnis des Verstorbenen befriedigt, der nach etruskischen Vorstellungen im Grab weiterlebte.

Das Pozzo-Grab eines Kriegers im Hügelgrab C von Prato Rosello (um 700) wurde bei der um 640 erfolgten Anlegung eines Kammergrabes an derselben Stelle nicht abgetragen, sondern unterhalb des Erdhügels eingemauert.[128] Es handelt sich um ein einzigartiges Beispiel der Verbindung zwischen jüngeren und älteren Generationen.

Seit dem ersten Viertel des 7. Jh. kamen nach Etrurien auch griechische Vasen mit Darstellungen von Mythen griechischer Heroen und Götter, die wenig später auch auf etruskischen Vasen abgebildet wurden.[129] Die etruskischen Käufer zeigten eine Vorliebe für bestimmte griechische Heroen wie Herakles, sowie für Ereignisse in der Odyssee – z. B. die Blendung Polyphems – und seit dem dritten Viertel des 7. Jh. für die Argonauten- und Theseussage. Etwa 100 Jahre später ist Hercle/Herakles/Herkules im Kampf mit dem nemeischen Löwen bzw. mit dem kretischen Stier auf dem Tonfries eines ›Palastes‹ in Acquarossa (Prov. Viterbo) dargestellt und um 560–550 auf dem Tonfries des Heiligtums Ara del Tufo von Tuscania.[130] Hercle wurde im 5. Jh. in Caere Adressat kultischer Verehrung und auch in Veji, Volsinii, Vulci und Felsina besonders verehrt.[131]

4 Entwicklungen ab dem 9. Jh.

Hercle wird in Etrurien, anders als in Griechenland, zusammen mit Men(e)rva dargestellt, welche in Etrurien die Ikonographie der griechischen Athena übernimmt. Von den geläufigen griechischen Darstellungen abweichende Bilder auf etruskischen Vasen werden in der Forschung als etruskische Reinterpretation, als vereinfachende Umdeutung des griechischen Vorbildes gedeutet. Oder auch als Übernahme der Bildwelt und nicht des Inhaltes der Mythen, hätten doch griechische Mythen die griechische und nicht die etruskische Geschichte zum Inhalt gehabt.[132] In einer Zeit, in der selbst griechische Mythen noch keinen einheitlichen Inhalt hatten, habe die etruskische Aristokratie eigene Varianten der Mythen zur eigenen Selbstdarstellung und Repräsentation bewusst ausgearbeitet.

Nach einer verbreiteten Forschungsmeinung lieferten seit dem 6. Jh. die Tugenden der durch die Vasenmalerei bekannten griechischen Heroen dem etruskischen Adel Wertmodelle und eine erlauchte, heroische Abstammung sowie Ideologien von Kraft und Heldentum. Damit unterstützten die Mythen die soziopolitische Vorrangstellung des etruskischen Adels und deren Nachkommenschaft – nicht anders als im Athen des 6. Jh., wo die Aristokraten mythische Helden als Ahnherren (Herakles, Aeneas usw.) bzw. Gottheiten als Schutzgottheiten der eigenen Sippe verehrten.[133] Die griechischen Mythen trugen also zur Stärkung des Selbstverständnisses des etruskischen Adels bei.

Selbst sinnvolle Interpretationen dieser Verhältnisse sind in Ermangelung einer einschlägigen Überlieferung subjektiv. So lässt sich auch fragen, ob die Abweichungen zwischen den etruskischen und den griechischen Mythen ein Ziel verfolgten, oder ob sie auf Vasenmaler zurückgehen, die Vorlagen besaßen und die dargestellten Szenen aus Unkenntnis der Originalfassung anders zusammensetzten als in den ursprünglichen, ohnehin uneinheitlichen griechischen Fassungen. Schließlich wissen wir nicht, ob selbst griechische Vasenmaler vollständige Kenntnisse ihrer Mythen mit den zahlreichen Varianten hatten, die eher in Kreisen von Dichtern und Sängern bekannt waren.

Abb. 8: Mehrere Krieger mit Schilden und je drei Lanzen in einer Phalanx-Reihe auf der Kanne von Tragliatella (Umgebung von Caere). Ein nackter Mann mit langem Stock schließt die Reihe der Soldaten. Vor den Kriegern stehen ein unbewaffneter Mann namens Mamarke, ein Kind und eine Frau namens Velelia, die dem unbewaffneten Mann einen runden Gegenstand anbietet. Rom, Kapitolinische Museen.

Auf einer etruskischen Kanne aus Tragliatella bei Caere (630–610) ist der Feldherr Mamarce vor seinen in geschlossener Reihe aufgestellten Soldaten dargestellt

(▶ Abb. 8).¹³⁴ Die Schilde der Krieger haben ein ähnliches Wappentier, dies legt nahe, dass Mamarce selbst seine Soldaten mit Waffen ausgerüstet hatte. Er konnte mit ihrer Treue und Ergebenheit und mit Gehorsam rechnen und sich damit die Herrschaft über sie sichern. Gefolgschaften sind in Caere und in Tarquinia auch anhand von Personen- und Familiennamen, von Namen allein und von besonderen Bildern erkennbar. Bestattungen von Gefolgsleuten in monumentalen Gräbern, Gruppen, die an Verabschiedungen teilnahmen und ihren Namen auf Töpfen vermerkten, bestätigen auch für Etrurien eine weltweit verbreitete Beobachtung, dass nämlich mit Eliten immer auch schutzsuchende Anhänger verbunden sind, welche zu Abhängigen werden können.¹³⁵ Es gibt also Gruppen, die bereit sind die persönliche Freiheit einzuschränken, Gehorsam und Unterordnung zu leisten und Befehle entgegenzunehmen. Anhängerschaft bedeutete für einen Adeligen wiederum Freistellung von täglicher Schwerarbeit und mehr Zeit für Waffenübungen, für soziales Leben und für die Ausübung von Herrschaft und Macht.

4.4 Spezialisierung der Berufe und Erstarken einer Mittelschicht

Die Reste der materiellen Kultur, wie Waffen, Töpfe, Schmuck, Geräte, fremde Ware usw., belegen gegen Ende des 9. Jh. die Arbeit von Männern und Frauen, die im eigenen Haus, in den Werkstätten, auf den Ländereien, in den Häfen und Minen sowie auf Booten das eigene Dasein bestritten. In den Siedlungen arbeiteten gegen Ende des 8. Jh. immer mehr Spezialisten, und zwar Personen, die sich fast nur mit einer Tätigkeit beschäftigten, was ein wichtiger erster Schritt zur weiteren Arbeitsteilung als Folge von Spezialisierung darstellte.

Im 8. Jh. treten Tätigkeiten hervor, welche außerhalb der Familie ausgeübt wurden und dieser zusätzliche Gewinne brachten. Der Schuster, der Mitte des 8. Jh. die schönen Schuhe für einen Herrn von Vetulonia machte (▶ Kap. 4.3), arbeitete offenkundig auch außerhalb der Familie. Stoffe für die Kleider wurden ursprünglich für den eigenen Bedarf zu Hause gewoben, die Überschüsse jedoch sicher verkauft. Ähnliches gilt für die Schneider der eleganten Kleider des Adels, für die Tapezierer und Weber von bunten Decken und Wandtapeten, die wir seit dem 7. Jh. von Grabmalereien und bemalten Tontafeln kennen, die es jedoch auch früher gab, wie Webegeräte in Grabausstattungen zeigen. Töpfer(innen) brannten Mitte des 7. Jh. Bucchero-Gefäße für ein breites Publikum und nicht nur Keramik für die eigene Familie oder für die Elite. Schreiner reparierten Dächer der Privathütten, wohl auch der sakralen Stätten, und die Balken in den Zimmerdecken der Häuser dürften fachkundige Tischler hergestellt haben. Schmale Vasen für Parfums, die wahrscheinlich von Orientalen erzeugt wurden, sind reichlich belegt. Nach Theopomp von Chios (4. Jh.) gab es zu seiner Zeit

›Spezialisten‹, die den Körper der Kunden »mit Pechpflastern und durch Rasieren glätten, so wie bei uns (Griechen) die Barbiere«.[136] Solche Spezialisten gab es vielleicht bereits im 7. Jh., denn der Fund von Pinzetten und Rasiermessern seit dem 9. Jh. spricht für einen sehr alten Usus.[137] Schließlich entwarfen Techniker Pläne für öffentliche Gebäude, für Wege und Hafenanlagen.

Wickelkinder und einfach ausgeführte Körperteile aus Ton (Augen, Füße, Gebärmutter, männliche Glieder usw.) sind Weihegaben, gleichsam Zeugnis der Krankheiten, welche die Menschen quälten.[138] Die Weihegaben waren in Kapellen unweit von Heiligtümern untergebracht und es fragt sich, ob das benachbarte Heiligtum selbst auch ein Zentrum der Medizin mit Priestern als erfahrenen Ärzten war. Wasserbecken u. a. beim Portonaccio-Tempel von Veji, eine Anlage von 20 × 7 m dienten der Körperreinigung, diese Anlage ist wohl als eine Vorstufe römischer Thermen zu sehen. Bäder, die Nutzung von Kräutern und die Verehrung von Gesundheits- und Quellengöttern[139] gehörten ebenfalls zur Therapie. Die Verehrung des Hercle war im 6. Jh. mit Heil- und Quellwasser verbunden: In den Grundstrukturen des (wahrscheinlich) Hercle geweihten Tempels in Caere (Sant'Antonio), die aus dieser Zeit stammen, gab es eine Wanne mit einer Quelle, die man mit dem von Livius erwähnten ›Brunnen des Herkules‹ (*Fons Herculis*) identifizieren möchte.[140] Langjährige Beobachtungen überzeugten die Menschen von der Heilkraft des Wassers – heutzutage würde man von ›Hygienemaßnahmen‹ sprechen.

Der Dichter Gaius Lucilius (ca. 180–103) erwähnt die Freudenmädchen von Pyrgi.[141] An der Innenwand der südlichen Grenzmauer der Tempel von Pyrgi, also in einem den Göttern geweihten Areal, wurden etwa 17 ca. 8 m² große Räume angebaut, die als Orte für die Ausübung der ›heiligen Prostitution‹ im Schatten der Tempelorganisation interpretiert wurden[142] – von der Erhebung dieses Gewerbes zu sakralem Dienst konnten auch ein Heiligtum und staatliche Einrichtungen profitieren. Lucilius erwähnt allerdings weder eine ›heilige Prostitution‹ noch einen Tempel, in dessen Schatten ein ›heiliges‹ Gewerbe ausgeübt wurde. Für die ›heilige Prostitution‹, die ja für Mesopotamien, für die Aphroditentempel auf Akrokorinth in Mittelgriechenland und auf dem Berg Eryx auf Sizilien überliefert ist, spreche nach M. Torelli, der auf Iustin zurückgreift, der Vergleich mit einer »Wandelhalle« im großgriechischem Lokri mit Kammern an der östlichen und westlichen Wand.[143] Allerdings ist eine Wandelhalle kein Tempel und die Stelle bei Iustin[144] bezieht sich auf ein Gelübde der Lokrer in Zusammenhang mit der Bedrohung der Stadt durch Anaxilas, den Tyrann von Rhegion. Dabei handelt es sich allerdings um eine einmalige Handlung, die nicht beweist, dass die Prostitution in dieser Stadt üblich war. Schließlich: Die Tempel von Pyrgi waren keine Aphrodite-Tempel. Die Kammern von Pyrgi reichen allein zur Annahme einer ›heiligen Prostitution‹ nicht aus. Hinzu kommt, dass eine Überprüfung der Belege der ›heiligen Prostitution‹ in Mesopotamien, auf Akrokorinth und auf dem Berg Eryx zum Ergebnis kam, dass es sich eher um eine ›Instrumentalisierung‹ der Prostitution zum Zweck der Stigmatisierung einer Kultur handelte, so dass der ganze Begriff ›heilige Prostitution‹ ins Wanken kommt oder zumindest überprüfungsbedürftig ist.[145]

Nach dem Komödiendichter Plautus konnten sich ärmere etruskische Mädchen ihre Mitgift mit der Prostitution verschaffen – wahrscheinlich zu seiner Zeit (ca. 250–184).[146] In diesem Fall war dieses Gewerbe Privatsache. Das lateinische Wort *lupanar*, ›Bordell‹, besteht aus dem Stamm *lupa*, ›Dirne‹, und dem Suffix *-nar* und ist »möglicherweise als Lehnübersetzung oder Bedeutungsentlehnung aus dem Etruskischen aufzufassen«.[147] Zu weiteren einschlägigen Wörtern, die aus dem Griechischen über etruskische Vermittlung ins Latein kamen, zählt auch *agaga* (= Zuhälter), das (auch) dem Wortfeld der Prostitution angehören dürfte.

Es steht außer Zweifel, dass in einer frequentierten Hafenstadt wie Pyrgi das »älteste Gewerbe der Welt« ausgeübt wurde, und dass es dafür auch geeignete Etablissements gab. Wahrscheinlich waren auch in Caere die meisten Mädchen Sklavinnen, die von Sklavenhändlern angeheuert wurden[148] und nicht in Eigenregie, sondern für Kuppler arbeiteten – in Athen soll Solon (um 640–560) staatliche Etablissements eingerichtet haben.

Etruskische Malereien und Gegenstände, z. B. Schaber (*strigiles*) zur Reinigung des Körpers nach sportlichen Übungen, verraten Tätigkeiten zur physischen Ertüchtigung: Einige Sportarten wurden wohl in der Freizeit ausgeführt und Waffenübungen dienten der Kriegsvorbereitung. Die (hier exemplarisch erwähnte) Malerei im Grab ›der Zweigespanne‹ von Tarquinia (Monterozzi) zeigt um 510–490 Boxer, Ringer, Diskuswerfer, Stabhochspringer, Reiter usw. wie auch eine Akrobatin.[149] Diese Athleten übten ihren Sport vor Publikum aus: Vornehm bekleidete Mädchen und Burschen sitzen auf einer Tribüne, gestikulierend (und wohl rufend), verfolgen das Geschehen und feuern die Sportler an. Weitere junge Menschen sind unterhalb der Tribüne liegend in erotischem Kontakt zu sehen, was in der Alten Welt kein Problem darstellte. Die Malerei aus Tarquinia ist wohl eine wirklichkeitsgetreue Darstellung aus dem irdischen Leben des Auftragsgebers, der vielleicht selbst ein Organisator sportlicher Veranstaltungen, ein erfolgreicher Athlet oder ein Trainer war? Wir lernen hier und in zahlreichen anderen Darstellungen einige in Etrurien betriebene Sportarten kennen,[150] unabhängig von der schwer zu beantwortenden Frage, ob diese Spiele zu Ehren der Verstorbenen oder zur Unterhaltung ausgeführt wurden, bzw. ob sie von anderen Völkern übernommen oder in Etrurien selbst entwickelt wurden.

Im Museum Guarnacci von Volterra waren in den 90er Jahren des vorigen Jahrhunderts chirurgische Messer und Geräte ausgestellt. Man konnte feststellen, wie und welche Wunden ›Chirurgen‹ behandelten. Die Datierung des chirurgischen Werkzeugs von Volterra ist mir unbekannt, aber ›Operationen‹ am Kopf sind belegt. Spuren von Zahnbehandlungen bezeugen Zahntechniker, die um 200 u. a. bei der Frau Seianti Hanunia Tlesnasa, einer Aristokratin aus Chiusi (Poggio Canterello), tätig waren.[151] Menschen hatten jedoch schon früher auch in Etrurien an Zahnschmerzen gelitten und wohl Zahnzieher aufgesucht. Es gab also ›Medizinmänner‹, die Schmerzen lindern konnten. Die schwere Arthritis, welche heutige Ärzte am Hüftgelenk und im Rücken des Skeletts der adeligen Dame Seianti Hanunia Tlesnasa feststellten, wurde sicher von ihren antiken Kollegen nach bestem Wissen und Gewissen versorgt.

Zwanzig Figuren von Menschen und Tieren auf den inneren und seitlichen Achsen eines quadratischen, 30,5 cm hohen, vierrädrigen Räucherwagens orientalischen Typs aus Bronze illustrieren in den Jahren 725–700 in Bisenzio (am Bolsena-See) die Welt eines reichen Bauern Mittelitaliens: Ein Pflüger schiebt zwei ins Joch gespannte Ochsen vorwärts, ein Mann mit Speer geht auf die Jagd mit einem Hund an der Leine; ein Wolf packt ein Lamm am Hals, wird aber von einem Mann mit Pfeil und Bogen getroffen, ein Krieger mit einem urtümlichen Kammhelm – wohl weil besser sichtbar als ein ›moderner‹ Kalottenhelm – und eine Frau sind konkrete Hinweise auf Fruchtbarkeitszauber.[152]

Grundbesitzer verwalteten die Ländereien selbst, doch bestellten sie diese mit Hilfe abhängiger Bauern. Mit dem (privaten) Verkauf von Überschüssen finanzierte man auch Luxusgüter, zu denen der beschriebene Räucherwagen zählte, der das Leben am Bauernhof des Grundbesitzers illustriert. Auf seinem Hof verteidigte sich der Bauer gegen Menschen und Tiere, wie er auch bewaffnet als Soldat einige Monate im Jahr, vorwiegend im Sommer, in einem Heer kämpfte. Der orientalische Typus des Räucherwagens zeigt, dass der Handel mit dem Orient im Hinterland von Tarquinia Spuren hinterließ.

Der Töpfer Larice Crepu stempelte in den Jahren 600–575 in San Giovenale rund um den Rand eines von ihm angefertigten Kohlenbeckens insgesamt fünfmal seinen Namen ein.[153] Sein Personenname Larice ist faliskischen Ursprungs, der Gentilname Crepu legt nahe, dass er aus Caere nach San Giovenale kam.[154] Der zweigliedrige Name und seine fünfmalige Wiederholung sowie der Typus des Gefäßes, das kein Einzelstück ist, legen nahe, dass Larice Crepu ein begüterter Kunsthandwerker war, der in San Giovenale ein eigenes Atelier eröffnet hatte, wo er als freier Bürger arbeitete. Als selbstständiger Unternehmer und Inhaber eines wahrscheinlich mittleren Betriebes gehörte Larice Crepu zu einer sozialen Gruppe, zu der auch einigermaßen vermögende Händler und Bauern gehörten. Sie hatten ein mittleres Vermögen und gute Bildung.

Um die Mitte des 6. Jh. entstand in Veji (Macchiagrande-Vignacce) ein rechteckiges Haus von etwa 100 m² Grundfläche mit Wänden aus Tuffquadern und einem Boden aus gestampftem Lehm. Einer der drei Räume war zur Straßenfront orientiert, direkt am Weg war ein Fass eingelassen, wahrscheinlich zur Aufbewahrung von Lebensmitteln. Ein Anbau ist als Magazin zu deuten. Das gemauerte Haus mit soliden, aber schmucklosen Wänden unterschied sich von den ›Residenzen‹ der adeligen Bewohner von Veji, Casale Marittimo, Acquarossa und Murlo, die mit bemalten Reliefs geschmückt waren. Das Haus von Veji war das Domizil einer wohlhabenden Familie, die möglicherweise eigene Produkte verkaufte. Der Besitz war nicht nur ererbt, sondern auch erworben.

Der wirtschaftliche Aufschwung, der bereits Anfang des 7. Jh. als Folge von gut organisiertem Handwerk und Handel in Etrurien beginnt, ging seit damals Hand in Hand mit gesellschaftlichen (und politischen) Änderungen. Früher oder später, je nach Gebiet – in Caere zwischen dem 7. und dem 6. Jh. –, trat zwischen der reichen Oberschicht von Grundbesitzern und der freien Unterschicht eine begüterte freie Mittelschicht, in erster Linie reiche Bauern, begabte Handwerker und Überland- und Überseekaufleute, verstärkt hervor.[155] Es sind Gruppen von sozialen Aufsteigern, Anhänger der Adeligen, deren Vertrauen sie genossen, denen sie auch bei ›politischen‹ Aufgaben dienten, in deren Schatten sie lebten und mit denen gemeinsam sie kämpften. Es sind auch Gruppen aus einfachen Verhältnissen und mit geschickter Hand, die durch klugen Umgang mit ihren Einkünften zu einem bescheidenen Reichtum kamen: Dazu gehörte wohl auch der selbstbewusste Töpfer Larice Crepu von San Giovenale. Der Aufstieg dieser Mittelschicht ist in Etrurien nur in ihren Grundzügen erkennbar, dies gilt allerdings auch für einige Städte Griechenlands. Das neue Selbstbewusstsein dieser Gruppen äußert sich im Nacheifern adeliger Sitten, darunter der Ess- und Trinkgelage der Reichen und Mächtigen, wofür man Bucchero als Ersatz für teure Bronzeware verwendete, dessen Produktion im 6. Jh. einen Höhepunkt erreichte – die Metallindustrie war in der Hand der Oberschicht.

Wir lernen diesen Mittelstand im 7.–6. Jh. kennen. An und für sich hat es einen Mittelstand schon früher gegeben, denn Anhänger mächtiger Herren, Handwerker und Händler, die mit verschiedenen Initiativen zu einem bescheidenen Reichtum kamen, gab es immer: Tatsächlich ist die Bildung von Mittelschichten innerhalb oligarchischer Strukturen ein zeitloses, weltweites Phänomen. Mittelschichten sind einem stetigen, von der momentanen ökonomischen Lage eines Territoriums bestimmten sozialen Wandel unterworfen, der sie zu sozialen Auf- und Absteigern macht. Dies hängt vom Wirken der Oberschicht und umgekehrt ab. Denn je nach dem Zahlenverhältnis zwischen den Mitgliedern beider sozialen Schichten wird die eine oder die andere gestärkt oder geschwächt.

Kriegerische Aktivitäten und Reichtum basierend auf Handwerk und Handel (auch mit Waffen) bildeten in den Jahren knapp vor und nach 700 in Etrurien die Voraussetzung für den politischen Aufstieg der Mittelschicht. Reichtum vermittelte eine inoffizielle Macht, doch dürfte in Etrurien mit der Zeit und besonders im 6. Jh. bei Mittelschichten das Bestreben aufgekommen sein, sich auch politisch zu betätigen, d. h. bei Entscheidungen offiziell mitzuwirken, was eine Schwächung der Macht des Adels und der Herrschaft der adeligen Sippen mit sich brachte. Im zeitgenössischen Griechenland (zweite Hälfte des 6. Jh.) beschreibt der Lyriker Theognis von Megara entrüstet das Aufkommen neuer, niedriger sozialer Schichten, die keine guten Prinzipien haben, sich mit dunklen Geschäften bereichern, adelige Frauen heiraten – die Adeligen wiederum plebejische Frauen – und nach politischer Macht streben.[156]

In der etruskischen Theologie sind erst nach dem 4. Jh. über- und untergeordnete, dienende und arbeitende Gottheiten belegt. Wesen, die als Ammen und Geburtshelferinnen von Göttern gesehen wurden, oder die dem Gefolge einer Göttin angehörten, wie Thalna dem Gefolge der Turan/Aphrodite, sowie der Kriegsgott Maris und der Schmiedegott Sethlans wurden jedoch schon vor dem 4. Jh. verehrt, denn Geburt (und Tod), Krieg und Arbeit gehören zu den Ur-Erfahrungen der Menschen und auch der Bewohner des frühen Etruriens.

Mit der Zunahme der öffentlichen und privaten Bedürfnisse der etruskischen Gesellschaft wuchs besonders seit dem 7. Jh. auch der Bedarf an Arbeitskräften und Hilfspersonal. Die von den Oberschichten für die schweren Arbeiten in den Haushalten, in den großen Tempelbauten des 6. und 5. Jh. und in den Betrieben, wie etwa in den Töpfereien und Webereien, herangezogenen Gruppen bestanden aus verarmten Freien und noch mehr aus Unfreien. Männer und Frauen konnten auch in Etrurien geraubt, verkauft und gekauft werden. Menschenraub und Gefangenschaft führten zu Sklaverei: Das Relief auf dem Sarkophag Sperandío aus der Nähe von Perugia (600–575) zeigt gefesselte, verschleppte Gefangene, wohl nach der Eroberung ihrer Stadt, hinter deren Mauern Frauen, Kinder und Greise Schutz gesucht hatten.[157] Darstellungen von (meistens) jungen Mädchen und Knaben beim Bedienen könnten Sklaven oder ebenso gut verarmte Freie zeigen. Angehörige dieser Schichten wurden mit wenigen oder einfachen Beigaben auch in Gräbern adeliger Familien bestattet, wie Kammern rechts und links des Ganges unmittelbar vor dem Eingang in die Hauptkammer nahe legen – so u. a. im Grab François von Vulci.

Das Alltagsleben und die näheren Aufgaben der Sklaven sind in Etrurien gerade aufgrund ihres unfreien Status kaum bekannt: Ein etruskisches Wort für ›Sklave‹ ist bislang nicht bezeugt.[158] Nach Poseidonios hatten die Etrusker ›viele Sklaven‹.[159] Poseidonios bezieht sich auf die Zeit um 100, als er in Rom lebte, aber Sklaven gab es schon früher in Etrurien, wie überall dort in der Alten (und Neuen) Welt, wo es sozial differenzierte Gesellschaften gab. Nach dem XII-Tafel-Gesetz (um 450) wurden in Rom Schuldner bei Zahlungsunfähigkeit »entweder getötet oder jenseits des Tibers ins Ausland verkauft« (Tafel 3,5). Die Formulierung bezieht sich auf Etrurien als Land mit potentiellen Käufern von Sklaven und mit Sklavenhändlern. Sie geht auf die Zeit vor der Eroberung von Veji zurück – Veji verlor damals das rechte Tiberufer an Rom – und zeigt, dass Mitte des 5. Jh. in Etrurien Sklaven auch aus Rom und Latium beschäftigt waren. Die Tafel wirft auch die Frage nach den Sklavenmärkten in Etrurien auf. Darüber wissen wir nichts, wir können jedoch einige Gemeinsamkeiten aus den Berichten über die großen Sklavenmärkte Griechenlands (Athen, Korinth, Chios, Samos, Delos, usw.) entnehmen:[160] Sklaven, also Menschen, die man wie Sachen handelte, wurden öffentlich angeboten und der Preis richtete sich nach dem Alter, der Ausbildung und den allgemeinen Fähigkeiten der Person, welche schließlich vom Höchstbietenden erstanden wurde. Sklaven wurden in erster Linie für Schwerarbeiten eingesetzt. Ihre Anzahl wuchs mit der Differenzierung der Berufe und nahm auch in Etrurien, wie in Athen und Rom, im Laufe der Zeit generell zu. Auch in Etrurien arbeiteten Sklaven im Haushalt, im Handwerk und in der Landwirtschaft, im Bergbau und im Baugewerbe, als Ruderer auf Schiffen, als Gehilfen, Frauen auch als Prostituierte. Für gewisse Tätigkeiten, darunter das Rudern, brauchte es neben der Kondition auch eine eigene Ausbildung, die wahrscheinlich vom Besitzer finanziert wurde, ehe ein Sklave als Ruderer auf den eigenen Schiffen eingesetzt oder einem weiteren Schiffsbesitzer vermietet oder verkauft wurde. Wahrscheinlich war es hier anders als in Athen, wo seit der Mitte des 5. Jh. die freie Unterschicht der Theten einen Platz in der Marine fand und wesentlich zur Blüte Athens im 5. Jh. beitrug.

Wie es im 6. Jh. in den großen Töpfereien und Schmelzanlagen Etruriens zuging und inwieweit die Sklaven der Willkür der etruskischen Herren ausgeliefert waren, wissen wir nicht, aber im benachbarten Rom soll es gegen Ende des Jahrhunderts beim Bau von unterirdischen Kanälen zu dramatischen Episoden von Verzweiflung gekommen sein: Arbeiter begingen vielfach Selbstmord, weil sie die große Anstrengung der Bauarbeiten nicht mehr ertrugen. König Tarquinius ließ daraufhin ihre Leichen kreuzigen und von den Vögeln zerfleischen. Der

Hinweis auf die Kreuzigung zeigt, dass es Sklaven waren, denn nur Menschen ohne römisches Bürgerrecht durften gekreuzigt werden.[161] Ob es auch im zeitgenössischen Etrurien auf Baustellen (oder in den Minen) zu ähnlichen Verzweiflungsakten kam wie angeblich in Rom, ob der Bericht überhaupt historisch ist oder sich auf Berichte über die zahlreichen Sklavenrevolten in Sizilien und in Attika im 2.–1. Jh. stützt, ist nicht weiter bezeugt. Das Bild an sich ist aber realistisch: Harte Arbeitsbedingungen für die rechtlosen Sklaven waren auch in Etrurien üblich: Ein gefesseltes Skelett in Populonia aus der Zeit vor dem 4. Jh. belegt den Tod eines Sklaven.[162] Bleispuren bei Körperbestatteten bezeugen Folgen der Metallgewinnung, bei der Blei vom Körper absorbiert wurde. Im 2. Jh. verfasste in Populonia (Monte Pitti) die Freigelassene Titi Seθria eine Fluchtafel gegen mehrere namentlich genannte Männer und Frauen, die sie wohl nicht gerade gut behandelt hatten.[163] Wahrscheinlich wurden auch in Etrurien, wie in der übrigen Alten Welt, Straftaten anders beurteilt, je nachdem, ob sie von einem Freien oder einem Unfreien begangen wurden.

Etruskische Inschriften auf Urnen Inneretruriens nennen nach etwa 320 eine beachtliche Anzahl von über 200 Freigelassenen, von Personen mit minderen Rechten, im Etruskischen *lautni* (m.) bzw. *lautniθa* (w.), deren Personenname vielfach die Herkunft der Person verrät.[164] Die Inschrift der *laut(e)niθa* Kanuta Larecenas aus Volsinii/Orvieto (Campo della Fiera) belegt jedoch bereits in der zweiten Hälfte des 6. Jh. die Freilassung von Sklaven.[165] Die Inschriften von *lautni/lautniθa* zeigen, dass sich im Laufe der Zeit der Status der Freigelassenen dreimal änderte.

Die Begleiter der ›mächtigsten‹ (Etrusker) beim Zug von 480 gegen Veji hießen im Griechischen *penestai*.[166] Die Bewohner der Landschaft Thessalien in Nordgriechenland bezogen den Terminus *penestai* auf die ursprüngliche, unterworfene Bevölkerung Thessaliens, die es vorzog, freiwillig für die Eroberer ›als Sklaven‹ (*douloi*) in der Landwirtschaft zu arbeiten, als ihr angestammtes Land zu verlassen. Die Penesten waren also nicht von Geburt an Sklaven, sondern weil sie in Eroberungskriegen besiegt wurden.[167] Der Hinweis des Archémachos (3. Jh.), dass viele Penesten »reicher sind als die Herren«, und eine weitere Stelle bei Athenaios legen nahe, dass die Penesten ›bezahlte Diener‹ (*latris*) waren.[168] Nach Aristoteles waren die Penesten mit ihrer Lage unzufrieden und organisierten Aufstände gegen ihre Herren.[169]

Der Status der ›etruskischen‹ Penesten ist in der Etruskologie im Detail umstritten, wenngleich Athenaios mit seinen zahlreichen Zitaten älterer und zeitgenössischer Autoren einige Informationen überlieferte.[170] Nach E. Benelli sind in Etrurien die ›Penesten‹ eine »untergeordnete Klasse«, von den Reichen abhängig, juridisch undefiniert, d. h. rechtlich gesehen weder frei noch unfrei, aber mit dem Recht auf eigenen Besitz.[171]

4.5 Gemeinschaftliche Aufgaben: Verteidigung, Nahrungsversorgung und innere Ordnung

Jene auf Dauer angelegte politische Organisationsform, die wir ›Staat‹ nannten (▶ Kap. 4.2), wurde spätestens im 7. Jh. von Aristokraten mit oder ohne König je nach Stadtstaat geführt. Fragen der äußeren Sicherheit, der Nahrungsversorgung und der inneren Ordnung einer immer größeren Gemeinschaft konnten wegen ihrer Komplexität nach wie vor nur gemeinschaftlich gelöst werden. Dies bedeutet, dass mehrere Gruppen miteinbezogen werden mussten.

Ende des 6. Jh. sind Männergelage belegt[172] und es fragt sich nun, ob diese Treffen, modern gesprochen, auch ›Arbeitsessen‹ waren, also eine Gelegenheit boten, sich mit gleichrangigen Personen zu treffen, neue Ideen und Pläne zu besprechen, politische Ziele auszuarbeiten und Beschlüsse zu fassen, z. B. über Kriege gegen Nachbarstaaten. Solche Kriege wurden im 7. und 6. Jh. in Latium ausgefochten, wie die Waffen in den Gräbern belegen, und mussten vorab organisiert werden. Gleichzeitig konnten wohl Frauen soziale Netzwerke aufbauen und Ehen innerhalb des eigenen sozialen Kreises anbahnen.[173]

Für den Bereich Sicherheit seien exemplarisch die heute noch weithin sichtbaren und gut erhaltenen Mauern von Roselle erwähnt.[174] In der zweiten Hälfte des 7. Jh., jedenfalls vor der Mitte des 6. Jh., wurde in Roselle die bis zu 7 m hohe und etwa 3 km lange Mauer aus großen, unbearbeiteten, polygonalen Kalksteinblöcken mit Steinfüllung und wahrscheinlich mit sieben Toren errichtet, die den politischen Raum der Siedler abgrenzte. Innerhalb der Mauer gab es etwa 44 ha Fläche, die ca. 11.000 Menschen Schutz bieten konnte. Wahrscheinlich bezog die Fläche innerhalb der Mauer auch Felder mit ein, die in Kriegszeiten die Ernährung der Bevölkerung sicherten.

Später als in Roselle und noch bis ins 5. Jh. entstanden auch in anderen etruskischen Wohnorten Verteidigungsanlagen. Es seien kurz erwähnt: Die Mauer von Veji (um 550), die Mauern von Caere und diejenigen von Tarquinia (6. Jh.), welche an den ungeschützten Flanken und an der engsten Stelle des Plateaus entstanden. Eine etwa 1 km lange Hangstützmauer von Vetulonia bezog um 500 auch die Kuppe des höchsten Hügels mit ein; ab dem 5. Jh. wurden die Mauern von Volterra (Castello) und im 5. und 4. Jh. die Mauern von Fiesole errichtet.[175]

Der Bau der Verteidigungsanlagen nahm wohl einige Jahrzehnte in Anspruch, was plötzliche Ereignisse als Motivation ausschließt. Eigentlich nahmen die Arbeiten an solchen Mauern nie ein Ende, denn sie mussten ständig funktionsfähig gehalten werden. Dafür sprechen gerade in Roselle die zahlreichen, im Laufe der Zeit mehrmals ausgebesserten Abschnitte des Mauerringes. Der Hinweis von Herodot, die Bewohner der Insel Tasos in der Nordägäis hätten ihre Einkünfte aus den Goldminen auch in die Anlegung einer »starken Mauer« investiert,[176] könnte auch für Roselle gelten, das unweit vom Meer und in der Nähe von Vetulonia und Populonia, zwei Zentren der Metallindustrie, lag und die Überfälle raublustiger, gieriger Seeräuber zu fürchten hatte.

Stadtmauern sind Zeichen des Verteidigungswillens von Machthabern und Teil der strategischen Konzeption des Militärs, das über technisch und strategisch geschulte Kräfte für die Trassierung verfügte. Stadtmauern waren noch im 6. Jh. die einzige Möglichkeit, sich vor einem Feind zu schützen: Man verfügte noch nicht über Waffen oder Geräte, um Erdwälle oder dicke Mauern aufzubrechen, und hatte auch kaum die Möglichkeit, eine mehrjährige Belagerung mit der Unterbringung und Verpflegung seiner Soldaten zu organisieren. Sicher kooperierte eine bereits gut organisierte Bevölkerung mit der Staatsführung, welche die Finanzierung der Anlage und die Erhaltung der Arbeiter zu tragen hatte.

Das Lexikon von Festus (2. Jh. n. Chr.), das auf den Grammatiker Verrius Flaccus (55 v. Chr. – 20 n. Chr.) zurückgeht, erwähnt Bestimmungen u. a. für den Schutz der Stadttore, welche die Etrusker in den Ritualbüchern niederschrieben.[177] Wir wissen nicht, auf welche Zeit sich Festus bezieht, aber das ›Recht der Tore‹ ist Teil eines urtümlichen ›Staatsrechtes‹. Seine Autoren waren sakrale Personen, dieses Recht war also religiös verankert.

Wagen in Kriegergräbern Etruriens gehörten Wagenkämpfern, die bereits Ende des 8. Jh. – so in Veji (Grotta Gramiccia) –, im 7. Jh. in Südetrurien und im 6. Jh. in Inneretrurien belegt sind.[178] Die Krieger zogen mit Lanze, Rundschild und Helm auf dem von einem Lenker geführten Wagen zum Schlachtfeld. Der Krieger stieg aus dem Wagen aus und kämpfte Mann gegen Mann: In der Frühzeit bestanden Schlachten im Wesentlichen aus Einzelkämpfen.[179] Gleichzeitig gab auch anders bewaffnete Kämpfer, etwa Reiter, Schleuderer, Bogenschützen und Soldaten mit Schild und Schwert. Auf der Amphore von Bisenzio schreiten letztere in einer Art Waffentanz vorwärts.

In der zweiten Hälfte des 7. Jh. wurden in Etrurien im Kampf neuartige Waffen eingesetzt. Im Grab Avvolta von Tarquinia (625–600) befand sich eine heute verschollene aufwendige Ausrüstung: Zu Kurzschwert, Wurfspießen und Brustpanzer gesellten sich ein Helm, Beinschienen, eine Stoßlanze und ein runder Bronzeschild mit getriebenem Dekor.[180] Der Schild hatte keine Schildfessel, sondern ein Schildband in der Mitte als Schlaufe für den Arm des Kriegers; Griffe am Rand ermöglichten es, den Schild mit der linken Hand festzuhalten. Ähnliche Schilde wurden in Etrurien im dritten Viertel des 7. Jh. abgebildet.[181]

Diese sogenannte Hoplitenbewaffnung (Hoplit = schwerbewaffneter Krieger) kam vor dem 7. Jh. auf und setzte sich im Laufe des 7. Jh. von Sparta ausgehend in fast allen griechischen Staaten durch, innerhalb etwa zweier Generationen auch in Süd- und Nordetrurien.[182] Die Funde belegen ein leichtes Retardieren Nordetruriens im Vergleich zu Südetrurien. Der neue Waffentypus wurde zunächst in Vetulonia und Populonia (Grab ›dei Flabelli‹) verwendet, wahrscheinlich, weil die Waffen im Hauptgebiet der Metallurgie hergestellt wurden. Die neue Bewaffnung war kostspielig, und das hatte auch soziale Folgen: Gruppen traten hervor, die sich die neue Bewaffnung leisten oder nicht leisten konnten, was wiederum für das Heer selbst Folgen hatte. Denn jetzt konnten auch reiche Männer außerhalb der Anhängerschaft eines Anführers im Heer kämpfen. Diesem blieb wahrscheinlich oft nichts anderes übrig, als kriegswillige aber arme Männer auf eigene Kosten zu bewaffnen. Ob Konflikte zwischen den verschiedenen Anführern stattfanden, wissen wir nicht, es liegt allerdings nahe, dass erst eine staatliche Organisation ein Stadtheer überparteilich organisieren konnte. Wann dies geschehen sein könnte, wissen wir nicht, wir kennen aber wahrscheinlich den Namen eines ›Obersten Vorgehers‹ (*praetor maximus*), nämlich Thefarie Velianas (▶ Kap. 4.6).

Die alte Bewaffnung wurde nicht sofort durch die neue ersetzt: Im Kuppelgrab von Casaglia westlich von Volterra finden sich um 600 sowohl althergebrachte wie auch neue Waffen. Der in Vetulonia (Bambagini) auf seiner Grabstele (640– 620) abgebildete Krieger Aḷuvileś Feluskeś/Θeluskeś trägt ›moderne‹ Waffen eines Hopliten, wie den Rundschild und einen korinthischen Helm mit hohem Busch.[183] Er schwingt jedoch mit der rechten Hand eine altertümliche Doppelaxt (und nicht die Lanze des Hopliten) – diese Axt war wahrscheinlich gar keine Waffe, sondern ein Herrschaftszeichen. In Griechenland wurde in dieser Zeit die Doppelaxt nur in der Ornamentik euböischer Vasen dargestellt. Im Allgemeinen stellen wir noch im 6. Jh. mehrere Typologien von Waffen fest, was gegen deren Standardisierung durch die Staaten spricht.

Die Hoplitenbewaffnung war in Griechenland mit einer neuen Kampfesweise verbunden, die der Dichter Tyrtaios von Sparta um 650 beschreibt und die tiefgreifende Veränderungen im Kriegswesen mit sich brachte, nämlich den Kampf in geschlossener Schlachtreihe (der sog. Phalanx).[184] Der Hoplit kämpfte in der Phalanx Schulter an Schulter mit seinem Nebenmann und durfte vom eigenen Platz nicht weichen, denn sonst wäre der Nebenmann ohne Deckung geblieben. Die Phalanx brachte also auch die Stärkung des Zusammenhaltes der Soldaten mit sich. Homer erwähnt zu seiner Zeit die Phalanx als die Kampfformation im griechischen Raum.[185] Diese Kampfformation war allerdings nichts Neues in der Alten Welt, denn die ältesten Darstellungen von Kämpfern in geschlossenen Reihen finden sich um die Mitte des 3. Jahrtausends auf der ›Geierstele‹ des Königs Eanatum von Lagasch im Land Sumer (Irak).[186]

In Etrurien gibt es zahlreiche Abbildungen von Kriegern mit der neuen Hopliten-Rüstung, allerdings, ähnlich wie in der griechischen Kunst, kaum Bilder von Hopliten in Phalanx-Formation. Die älteste Darstellung einer solchen findet sich in Etrurien auf der in Veji gefundenen sogenannten Chigi-Kanne (um 640), einem Importstück aus dem griechischen Korinth: Krieger schreiten vorwärts in einem von einem Flötenspieler angegebenen Gleichschritt und tragen Schilde mit unterschiedlichen Wappen.[187] Dies spricht dafür, dass jeder Hoplit die teure Ausrüstung selbst finanzierte. Die griechische Phalanx bestand ursprünglich aus Adeligen bzw. Anhängern adeliger Anführer, und dies dürfte auch für Etrurien gegolten haben. Denn reiche, erfolgreiche Männer fanden (und finden) immer und überall Freunde und Getreue, die zu ihren Begleitern und Helfern werden, weil sie sich von einer solchen (freiwilligen) Bindung an einen erfolgreichen Mann Sicherheit, Versorgung und gesellschaftliche Anerkennung versprechen: Im Krieg sind die Getreuen Soldaten und im Frieden sind sie Helfer in einer noch urtümlichen ›Verwaltung‹.

Der Anführer Mamarce auf der Kanne von Tragliatella, der hier als Vertreter für die vielen namenlosen Kriegsherren in den Gräbern Etruriens erwähnt werden soll, wird vor seinen in geschlossener Reihe aufgestellten und mit für Hopliten typischen Lanzen bewaffneten Kriegern dargestellt. Deren Schilde haben alle das gleiche Wappen, nämlich einen Eber. Dies zeigt, dass Mamarce Anführer eines eigenen Korps, d. h. eines Privatheeres war, dessen Ausrüstung und wohl auch

Ausbildung er selbst finanziert hatte. Vielleicht trug diese Kriegerformation den Beinamen ›Eber‹ gleichsam als Hinweis auf Wildheit und Aggressivität.

Die schwere und eher steife Rüstung der Hopliten war für den Kampf Mann gegen Mann ungeeignet. Mit der Einführung der neuen Bewaffnung übernahm man alsbald auch die neue Kampfesweise, wahrscheinlich über das griechische Süditalien. Andererseits spricht gegen Ende des 7. Jh. die Verwendung des etruskischen Kriegshornes zur Weitergabe von Befehlen auf einer Stele von Felsina/Bologna für eine flexible Führung von Truppen im Kampf, eine Taktik, die im Gegensatz zur starren griechischen Hoplitentaktik stand.[188] Später übernahm Rom das Kriegshorn aus Etrurien, das in der beweglichen Manipulartaktik der Römer mit großem Erfolg verwendet wurde.[189]

Die Hoplitentaktik erforderte eine größere Anzahl von Soldaten als die frühere Kampfesweise Mann gegen Mann. Sie erforderte auch Geschicklichkeit und Übung und daher Schulung, d. h. Männer mit guter körperlicher Konstitution wurden durch Training zu Spezialisten, die sich vermehrt der Kriegskunst widmeten. Spätestens mit der Ausbildung einer großen Anzahl von schwerbewaffneten Kriegern wurden Regeln für Ordnung und Gehorsam im Heer notwendig, denn die neue Kampfesweise verlangte an erster Stelle Disziplin. Außerdem verlangte sie die Bereitschaft, Seite an Seite mit den Kameraden zu kämpfen, ohne die eigene Stellung zu verlassen und dabei den Nachbarn zu gefährden, eine Haltung, die in Griechenland ein Echo in der griechischen Lyrik des 7. Jh. (Tyrtaios, zweite Hälfte des 7. Jh.) hinterließ. Soldaten, besonders Hopliten, stand sicher ein Exerzierplatz zur Verfügung, doch hinterlässt ein solcher Platz keine archäologischen Spuren.

Die Einführung der Hoplitentaktik brachte tiefgreifende Änderungen im täglichen Leben der Krieger und im sozialen Netz der Bewohner Etruriens. Ende des 6. Jh. habe es in Caere Söldner gegeben – eine Beobachtung G. Colonnas, die angesichts des Bedarfs an Soldaten in der Zeit der Auseinandersetzungen mit den Griechen zutreffen dürfte, doch unbewiesen bleibt.[190] Nach E. Tassi Scandone erforderte die Einführung der Hoplitentaktik die Existenz einer (militärischen) Befehlsgewalt, handle es sich doch um eine Kampfesweise, die höchste Disziplin erfordert: König Tarquinius Priscus von Rom (616–578) habe also zusammen mit der neuen Taktik auch den Begriff der (militärischen) Befehlsgewalt (lat. *imperium*, gr. *arché*, etr. wahrscheinlich *θurun/troúna/drouna*) aus Etrurien übernommen.[191] Dagegen ist einzuwenden, dass die militärische Befehlsgewalt eng mit der Rolle des Heerführers verbunden ist; die Feldherren hatten in Kriegszeiten die unumschränkte militärische Gewalt, im Heer trafen sie allein Entscheidungen, da ein Nebeneinander von Entscheidungsträgern meist ungünstig für den glücklichen Ausgang eines Krieges ist. Die militärische Befehlsgewalt ist also dem Krieg eigen, entsteht daher parallel in jeder kriegführenden Gesellschaft und muss nicht von anderen Gesellschaften übernommen werden. Die Frage nach einer Übertragung der (militärischen) Befehlsgewalt von Etrurien auf Rom ist daher unhistorisch. Vielmehr ist die weitere Entwicklung des Begriffes *imperium* in Rom juridisch interessant, betrifft aber die Befehlsgewalt etruskischer Heeresführer nicht.[192]

Mit der Anwendung der Hopliten-Taktik verlor der Kriegswagen seine Bedeutung, und die Vormachtstellung des Adels wurde beschnitten. Reste von Wagen (Vulci, Populonia usw.) und Tonreliefs in einem Tempel in Veji (Piazza d'Armi) bzw. in Tuscania (Ara del Tufo) mit der Darstellung von Kriegern mit Hopliten-Waffen beim Besteigen eines Zweigespanns mit Wagenlenker zeigen allerdings, dass ein adeliger Kämpfer um 580 nach wie vor mit dem traditionellen Wagen über das Schlachtfeld fuhr.[193] Am Ziel angekommen, stieg er vom Wagen ab und kämpfte in der alten Taktik Mann gegen Mann. Erst ab etwa der Mitte des 6. Jh. rückten in Südetrurien adelige Heerführer nicht mehr mit dem Wagen aus – zumindest sind sie nicht mehr so dargestellt. In inneretruskischen Rückzugsgebieten war der Wagen noch bis etwa zum Ende des 6. Jh. in Verwendung;[194] daran zeigt sich, dass die Rolle des Adels in dieser Zeit in Inneretrurien noch sehr bedeutend war (oder aber, dass Handwerker alte Motive weiterführten).

Spätestens als die Griechen mit der Phalanx gegen die Etrusker ins Feld zogen, mussten auch etruskische Feldherren ›modern‹ ausgerüstete Heere aufstellen, wenn sie gegen den Feind bestehen wollten. Trotz des starken Einflusses des griechischen auf das etruskische Militärwesen entwickelte man in Mittelitalien (Pikenum, Etrurien) gegen Ende des 6. Jh. eine eigene Helmform, den Negauer-Helm, der große Verbreitung im Alpenraum, besonders in Slowenien und im östlichen Norditalien fand und lange in Gebrauch blieb.[195] Auch sonst finden sich in den etruskischen Darstellungen Waffen verschiedener einheimischer Typologien, was für die Aufstellung verschiedener Korps spricht. Auch zeigen etruskische Statuetten Krieger in ihrer Rüstung und mit ihren Waffen: Schild, Helm, Schwert, Lanze usw. Doch haben wir keine Kenntnisse vom genauen Aussehen der Einheiten eines etruskischen Heeres. Wahrscheinlich waren die verschiedenen Abteilungen nach Alter und Bewaffnung gegliedert.

Seit der zweiten Hälfte des 7. Jh. nahm in Südetrurien die Anzahl der in den Gräbern deponierten Waffen immer mehr ab, und Waffen wurden – von wenigen Sonderfällen abgesehen – nur mehr bildlich dargestellt. Die teure Ausrüstung wurde an die Nachkommenschaft oder vielleicht an Verwandte und Freunde weitergegeben, oder aber die Waffen waren nun einem staatlichen ›Monopol‹ unterworfen und wurden auf dieser Basis zugewiesen.

Livius beschreibt die Auszahlung des Soldes an die Soldaten des Königs Porsenna (509/508–504/503).[196] Unabhängig von der Frage der Historizität mancher Aussagen – wurden Soldaten bereits in dieser Zeit remuneriert? – erfahren wir, dass der Schreiber »neben dem König saß« und »viel zu tun« hatte, wohl mit dem Aufschreiben der Namen der Soldaten. Bereits zwischen 580 und 530 wurde im Lateinischen das fünfstrichige My (ꟿ) und um 570 das Kappa (κ) für die Abkürzungen der Personennamen verwendet.[197] Die Form der Buchstaben ist etruskisch und es liegt nahe, dass sich die aus Etrurien stammenden Könige etruskischer Lettern und Methoden bedienten, wenn sie die Wehrfähigen amtlich erfassten, denn ein System mit Namenkürzeln erleichterte den Schreibern die Registrierung einer großen Anzahl von zwei- bis dreinamigen Personen.

In Rom wurden die Bürger in Listen amtlich erfasst und diese Listen dienten dazu, die Bürger den entsprechenden Vermögensklassen zuzuweisen und dem Heeresdienst zuzuteilen. Dieses ›timokratische Prinzip‹, das Solon Anfang des 7. Jh. in Athen einführte und nach dem die politischen Privilegien vom Vermögen abhingen, wird in der Forschung auch für Etrurien angenommen,[198] lässt sich aber in den etruskischen Quellen nicht nachweisen, ja, die Kanne von Tragliatella mit der Abbildung einheitlich ausgerüsteter Krieger spricht eher dafür, dass der Anführer Mamarce die Rüstung seiner Krieger finanzierte.

Wir wissen nicht, ob und wann in Etrurien Privatheere einzelner Heerführer verboten und nur mehr staatliche Heere aufgestellt wurden: Die römische Republik bediente sich noch um 470 des Privatheeres der Fabii neben dem staatlichen Heer, was für die Fortsetzung vorstaatlicher Zustände spricht.[199] In Etrurien dürfte es nicht viel anders als in Rom gewesen sein: Als 310 das römische Heer in die Monti Cimini vorrückte, bewaffneten die reichen Grundbesitzer die eigenen Bauern, denn an der Südgrenze Etruriens war kein Heer eines etruskischen Stadtstaates in Stellung.[200]

Die Anzahl der Stadtbewohner nahm im 7. Jh. in Etrurien ständig zu, wie zahlreiche Personennamen von Fremden belegen.[201] Die Nahrungsversorgung wurde also zu einem weiteren Hauptproblem der etruskischen Staaten. Am Fuße des Plateaus von Roselle, bei der (damaligen) Mündung des Flusses Umbro (h. Ombrone Grossetano), wurden im 6. Jh. Kanäle zur Aufnahme des Sickerwassers und zur Trockenlegung sumpfigen Bodens ausgehoben. Auf dem Plateau von Caere wurden ab der Mitte des 6. Jh. um die 180 Zisternen, 90 Brunnen und 100 enge Felstunnels gegraben.[202] Auch in Tarquinia sind Wasserstollen, Brunnen und Zisternen in großer Zahl belegt. Ein Netz von Wasserstollen, einer davon mit der beträchtlichen Länge von 600 m, entstand in Veji gegen Ende des 6. oder in der ersten Hälfte des 5. Jh., eine Zisterne an einer Straßenkreuzung im Gelände Piazza d'Armi diente Mitte des 6. Jh. zur Wasserversorgung der Bewohner mehrerer Hütten.[203] Ein 17 m tiefer Brunnen wurde Mitte des 5. Jh. am Fuße des Haupthügels von Populonia (Porcareccia) gegraben.[204] In Orvieto wurden in einer nicht näher definierbaren ›etruskischen‹ Zeit ein Brunnen und Wasserstollen und in Cortona eine Wasserzisterne ausgehoben. Alle diese Infrastruktureinrichtungen erschlossen neue fruchtbare Landstriche und trugen zum Ausbau der Landwirtschaft und zur Erhöhung der Produktion bei. Pflüge sind belegt.

Seit dem 6. Jh. wurden im Laufe der Zeit Verbindungswege von Cortona nach Arezzo, nach Chiusi und Perugia angelegt und im Raum von Pitigliano (Prov. Grosseto), Blera und Barbarano Romano (Prov. Viterbo), den jetzigen Nachfolgestädtchen südetruskischer Zentren, wurden heute noch begehbare Wege aus dem Tuffgestein herausgeschlagen, die auf antike, schwer datierbare Trifte und Pfade zurückgehen. Diese Wege trugen wie die künstlichen Kanäle zum landwirtschaftlichen Aufschwung und zum schnellen Transport von Produkten bei.

Reste von Hafenmolen in der Bucht von Populonia und von Pyrgi, der Hafenstadt von Caere, sind bei Ebbe unterhalb des Wasserspiegels heute noch sichtbar. Diese Reste sind jedoch wegen der früher ständig notwendigen Instandhaltung kaum datierbar. Die heutigen Reste stammen wahrscheinlich aus einer späten, nicht näher definierbaren Zeit. Wir wissen jedoch, dass spätestens gegen Ende des 8. oder Anfang des 7. Jh. orientalische und griechische Handelsschiffe mit Menschen und Waren nach Etrurien kamen, die in Häfen an der Küste anlegten oder auf hoher See ihre Ladung löschten. Kleinere Boote brachten die Ladung dann zur Küste.

Wasser- und Straßenbau waren gemeinschaftliche Unternehmungen, denn derart umfangreiche Erdarbeiten überstiegen die Möglichkeiten einer Organisation durch Private. Nach der Errichtung brauchte man den ständigen Einsatz von Arbeitern zur Wartung der Kanäle. Dies alles setzt nicht nur die Mobilisierung einer Arbeiterschaft, sondern auch deren Koordination und Abstimmung voraus, was Personen mit einer besonderen Autorität erforderte. Führende Mitglieder der Gesellschaft traten also hervor, brachten wahrscheinlich eigene Vorschläge ein und übernahmen Aufgaben. Die politische Führung war in den Bau der notwendigen Infrastruktur involviert, doch kam es in Etrurien nie zu staatlichen Monopolen. Alte und neue Tätigkeiten verlangten eine immer komplexere Organisation, die eine stetige Weiterentwicklung mit sich brachte.

Im Laufe der Zeit stieg mit der Spezialisierung mancher Berufe und mit der ständigen Zunahme der Bewohnerzahl in den Ansiedlungen Etruriens das Konfliktpotential. Auseinandersetzungen mit und unter Fremden aus der mediterranen Welt kamen wohl hinzu, vor allem dann, wenn Interessensunterschiede zwischen den Gruppen aufeinanderprallten. Bei Homer warnt die Göttin Athena Odysseus vor den Bewohnern Scherías (Korfu?), der nicht sicher lokalisierbaren Insel der Phäaken:

> »Schaue nach keinem Menschen dich um, und rede mit niemand. Denn die Leute sind hier den Fremden nicht allzu gewogen, und bewirten sie nicht sehr freundlich, woher sie auch kommen«.[205]

Die Gesellschaft bestand seit dem 7. Jh. aus politischen, religiösen und ökonomischen Gruppierungen, d. h. aus Personen mit mehr Aufgaben als früher, als das Leben der Bewohner noch einfacher gestaltet war. Solange die Ansiedlungen auf den Plateaus und Hügeln Etruriens klein waren, konnten große Streitigkeiten vermieden werden. Wenn aber mehrere Hunderte Menschen in einem Dorf eng zusammenlebten und nicht bereit waren zu kooperieren, entstanden unvermeidlich Konflikte, die bis zur Vernichtung ganzer Gruppen eskalieren konnten. Hauptaufgabe von Siedlungsvorstehern in Friedenszeiten war die Konfliktregelung zwischen den Bewohnern unter Anwendung des Gewohnheitsrechtes. Gemeinschaftliche Güter erfordern verbindliche Reglementierungen und Abmachungen, z. B. für die Reinhaltung von Brunnengewässern und für die Wasserentnahme aus Brunnen und Kanälen. Wie weit solche Abmachungen zurückreichen, wissen wir nicht, da aber das Wasser ein unverzichtbares Gut für Menschen, Tiere und Landwirtschaft ist, sind Regeln für dessen Nutzung und Schutz sehr alt.

Der Heerführer-König Porsenna saß im Militärlager auf der »königlichen Richterbühne« und sprach Recht.[206] Der Römer Mucius Scaevola hatte Porsenna nach dem Leben getrachtet, aber in Unkenntnis des Aussehens des Königs dessen Schreiber getötet. Porsenna befragte seinen Attentäter und entschied sich schließlich für einen Freispruch. Heerführer-Könige waren also auch Richter. Folgt man Homer, ist König Sarpedon von Lykien ein guter Heerführer und Rechtsprecher gewesen.[207] Noch im Mittelalter bekleideten Könige und Fürsten auch das Richteramt. Ein Relief aus Chiusi (475–450) zeigt, dass ein Richter bei längerer Tätigkeit und zur Hervorhebung der eigenen Autorität auf einem erhöhten, thronartigen Sitz Platz nahm.

In vielen Gesellschaften wurden die Regeln der Streitvermeidung vom militärischen auf den zivilen Bereich übertragen. Als in Etrurien in Friedenszeiten die

Aufrechterhaltung der inneren Ordnung und der inneren Sicherheit notwendig wurde, appellierte man an die unumschränkte Gewalt des Militärs, denn ohne Gewaltmittel – und auch zivile Gesetze sind letzten Endes (heute noch) Zwangsmittel – können Blutrache (»Aug um Aug, Zahn um Zahn«) und Selbsthilfe, die früheren Stufen des gewohnheitsrechtlichen Rechtsverständnisses, kaum unterdrückt werden. In Rom galt der Begriff *imperium* (Befehl/Befehlsgewalt) für den militärischen und den zivilen Bereich, was eine ursprüngliche doppelte Herrschaftsfunktion des Trägers voraussetzt. In Rom übernahmen militärische Amtsträger, die Prätoren, nach der Vertreibung der Könige (510) die Rechtsprechung, zunächst neben ihren militärischen Kompetenzen. Aber auch als die Prätoren nach 364 ausschließlich für die Rechtsprechung zuständig wurden, behielten sie aufgrund ihrer ursprünglichen militärischen Führungsposition die Befehlsgewalt (*imperium*). Die Übertragung der Kriegsverfassung auf eine Zivilverfassung bot auch den Heerführern/Richtern die Möglichkeit der Profilierung und der Fortsetzung der Machtausübung in Friedenszeiten.

Reste von Gerichtsgebäuden sind in Etrurien bislang nicht identifiziert worden. Paläste als Sitz eines Machthabers, wie in Murlo, Caere, Casale Marittimo und wahrscheinlich bei Cortona[208] waren wohl auch Sitz eines Gerichtes. Im Alten Orient und im homerischen Griechenland wurde die juridische Tätigkeit im (Herrscher-)Palast bzw. in Gerichtshallen außerhalb des Palastes oder beim Stadttor ausgeübt. In Etrurien erlaubt das milde Klima Sitzungen im Freien.

In Caere entstand um 500 im Gelände Vigna Parrocchiale ein halbelliptischer, ursprünglich aus Holz errichteter Bau; in der frühen Kaiserzeit wurde dieser frühe Bau durch eine getreppte Steinstruktur ersetzt.[209] Die Anlage wurde als Versammlungsort für politische Treffen, als Stätte religiöser Darbietungen, als Ort für die Rechtsprechung oder für Theateraufführungen interpretiert – wobei das eine das andere nicht ausschließt, ja, es liegt vielmehr nahe, dass eine derart aufwendige Konstruktion für unterschiedliche Versammlungen genutzt wurde. Sicher musste ein Rat irgendwo zu Besprechungen zusammenkommen. In Rom tagte der Senat in der Kurie oder in verschiedenen Tempeln, dort, wo man unter dem Schutz der Götter als Zeugen und abgeschirmt von profanen Kontakten war. Dies könnte auch für die etruskischen Städte gelten, lässt sich jedoch nicht nachweisen.

Hatte ein Richter mit Exekutivgewalt das Urteil gefällt, wurde die Strafe vollzogen. In Rom hatten die ›Liktoren‹ ein einschneidiges Beil mit Rutenbündel zur Vollstreckung der Todesstrafe. Nach mehreren Autoren und ausführlich nach Silius Italicus soll Rom Beil und Rutenbündel aus Etrurien oder konkret aus Tarquinia bzw. aus Vetulonia übernommen haben.[210] Die Bewohner von Vetulonia ließen das Rutenbündel (*fasces*) »erstmals voraustragen« und fügten die Beile (*secures*) zur »stillen Abschreckung« hinzu. Ein Bündel von sechs Eisenrohren, in denen ein doppelschneidiges Beil aus Eisen eingesteckt war, kam im Jahre 1893 im reich ausgestatteten Kriegergrab ›del Littore‹ von Vetulonia (625–600) ans Licht.[211] Einige Forscher nahmen den Befund als Bestätigung der Überlieferung von Silius Italicus, dass die Römer Beil und Rutenbündel von den Etruskern übernommen haben. T. Piel stellte allerdings die Genauigkeit der Restaurierung des beim Auffinden des Grabes ›del Littore‹ stark fragmentarisch erhaltenen

Gerätes in Frage. Piel zufolge erhebt sich weiter das Problem der eigentlichen Rolle eines Rutenbündels mit Doppelbeil, das in den 1930er Jahren, einer politisch brisanten Epoche der Geschichte Italiens, aus ideologischen Gründen als Symbol Verwendung fand.[212] Die zuverlässigen etruskischen Belege der Doppelaxt seien erst um die Mitte des 4. Jh. zu datieren, und das bedeute, dass Etrurien die Insignien aus Rom übernommen habe und nicht umgekehrt.

In reichen Gräbern von Casale Marittimo (Casa Nocera) sind im ersten Viertel des 7. Jh. verzierte, einschneidige Beile echte Insignien.[213] In zeitgenössischen Gräbern von Vetulonia, Sarteano, Chiusi, Tarquinia usw. finden sich Doppelbeile in verkleinerter Form, die ebenfalls als Herrschaftszeichen zu sehen sind,[214] ähnlich wie das Doppelbeil dargestellt auf der Grabstele des Kriegers [A]υviles Feluskes von Vetulonia und wahrscheinlich im Grab ›della Nave‹ von Caere (650–625). Auf einem Urnenrelief aus Volterra (2. Jh.) ist eine Tötung durch Köpfen mit einem zweischneidigen Beil dargestellt – das militärische Umfeld des Reliefs spricht für eine Hinrichtung.[215] All diese Beile sind ohne Rutenbündel dargestellt. Doppelbeile sind alte mediterrane Machtsymbole, und eine frühe Übernahme ist in Etrurien wegen seiner Verbindung zum kretischen Raum über Sardinien – hier war das Doppelbeil ein Arbeitsgerät – wahrscheinlich, wenngleich auch eine Parallelentstehung wegen der praktischen Form des Gerätes möglich ist.[216]

Eine Malerei im Grab der Familie eines Larθ (Velχa?) von Tarquinia zeigt zwei Männer mit je einem Doppelbeil (▶ Abb. 9) – eines davon mit einem (unüblichen) Rutenbündel –, die vor einer weißhaarigen Person, wohl der Hauptperson, schreiten. Die Datierung schwankt zwischen 300–250 und 150–100[217] Die Malerei zeigt wahrscheinlich Ruten mit zweischneidigem Beil ähnlich wie das Objekt aus Vetulonia, dessen Restaurierung nicht über jede Kritik erhaben ist. Ob das Beil mit Rutenbündel, das nach Silius Italicus Rom von Vetulonia übernahm, ein einfaches Beil oder ein Doppelbeil war, bleibt offen. In Rom wurden immer, selbst im Amtsbereich *militiae* (= ›im Krieg‹), einschneidige Beile und nie Doppelbeile in das Rutenbündel eingesteckt, sodass die Übernahme nicht zwingend ist.

Etrurien lernte durch den Handelsverkehr mit der Mittelmeerwelt, der die Niederlassung von Griechen und Orientalen zur Folge hatte, Ordnung durch Recht kennen. Längere Texte privatrechtlichen Charakters sind in Etrurien erst im 3.–2. Jh. bezeugt. Sie sind nur in großen Zügen verständlich, lassen jedoch eine eigene zivile Rechtsprechung weitgehend frei von römisch-griechischem Einfluss erkennen, die eine lange Entwicklung hinter sich hatte, so dass wir mit einer etruskischen Rechtskultur, die zumindest auf das 6. bis 5. Jh. zurückgeht, rechnen müssen.

Als die Dorfvorsteher/Könige/Oligarchen gegen Ende des 8. Jh. und verstärkt im 7. Jh. und 6. Jh. begannen, die notwendigen baulichen Strukturen zur Sicherstellung von Verteidigung, Ernährung und innerer Ordnung zu organisieren, entwickelten sich die alten Ansiedlungen dörflichen Charakters der Villanova-Zeit zu Komplexen urbanen Charakters. Daraus folgt, dass Mitglieder einer etruskischen Oberschicht im 8.–7. Jh., unabhängig von der damals herrschenden Staatsform, ihre Zeit nicht nur bei der Jagd oder bei Pferderennen oder mit der Aufsicht privater Bauvorhaben (Gräberbau) verbrachten, sondern sich um die

Abb. 9: Die Malerei aus dem Grab del Convegno (»Grab der Zusammenkunft«) von Tarquinia zeigt einen weißhaarigen Mann (zweiter von rechts), einen hohen Würdenträger (*zilaθ cechaneri*), der von seinen Amtsdienern mit Lanzen und Doppelbeil begleitet wird. Das Grab gehörte wahrscheinlich der Familie Velcha; die Malerei ist etwa ins 3. Jh. zu datieren.

politischen Vorgänge und die notwendige Infrastruktur ihrer Ansiedlungen bemühten. Wahrscheinlich wurde dabei die gesamte Bevölkerung herangezogen, sodass die verschiedenen sozialen Schichten sich gegenseitig ergänzten.

Religion und Politik

Im 9. Jh. ist in Tarquinia die Praxis von Jagdzauber (▶ Kap. 3.1) und um 725–700 in Bisenzio Fruchtbarkeitszauber belegt. Zauberei und Magie sind Techniken und Verfahren, welche Menschen ad hoc (Zauberei) bzw. mit Riten von zwingender Wirkung (Magie) ausführten und ausführen. Solche Praktiken boten und bieten den Menschen Hilfestellungen, um den Druck der realen Welt zu mildern. Zauberei und Magie dienten auch dazu, den Willen und die Absichten der überirdischen Kräfte in Erfahrung zu bringen, um richtige Entscheidungen zu treffen, rechtzeitig Gefahren entgegenzuwirken und sie so abzuwenden.[218] Die politisch aktive Oberschicht der Ansiedlungen Etruriens versuchte in einer frühen Zeit, die Zukunft durch die Praxis der Leberschau (*haruspicina*) und der Blitzdeutung (*fulguratio*) in Erfahrung zu bringen – »Wissenschaft« nennt Tacitus die Haruspizin.[219] Vogelschau und Orakel konnten ebenfalls einen Blick in die Zukunft verschaffen und waren den Etruskern ebenso bekannt, spielten aber keine so bedeutende Rolle wie Haruspizin und Fulguration.

Die Zukunftsschau beruhte auf der urtümlichen Vorstellung, dass übernatürliche Wesen den Menschen Zeichen senden, um ihren Willen zu verkünden. Zukunftsschau impliziert das Vertrauen in überirdische Kräfte, die wohlwollend oder böse in das Leben der Menschen eingreifen. Zuständig für die Zukunftsschau waren nur wenige Menschen, die das nötige Wissen und die Fähigkeit besaßen, mit den Überirdischen in Verbindung zu treten und die sich dem Wohl der Gemeinschaft zur Verfügung stellten.

Das etruskische Wort für ›Leberbeschauer‹ ist *netśvis*, das lateinische ist *haruspex*, das sich aus dem lateinischen *spex < spicio* ›schauen‹, ›sehen‹ und aus den indoeuropäischen oder altlateinischen Formen **haru*, ›Eingeweide‹, und **haruga* ›Schafbock als Sakralopfer‹ bildet.[220] In einer Bilingue aus Pesaro entsprechen zwei etruskische Wörter, *trutnvt frontac*, dem lateinischen Wort *fulguriator*, wahrscheinlich im Sinne von ›Blitzschauer‹, ›Blitzdeuter‹ oder auch ›Blitzmacher‹.[221] Die bislang älteste Darstellung eines Haruspex befindet sich auf zwei Ringen aus Vulci (drittes Viertel des 6. Jh.), Untersuchungen einer Leber sind im 3. Jh. auf etruskischen Spiegeln und Leberbeschauer sind auf Urnen dargestellt.[222]

Der Komödiendichter T. Maccius Plautus (zweite Hälfte des 3. Jh.) weist spöttisch auf eine ›Leberbeschauerin‹ (*haruspica*) hin.[223] Doch de facto kennen wir keine Episode, an welcher etruskische Frauen als Leberbeschauerinnen teilhatten. Nach Livius war die Etruskerin Tanaχvil »wie die Etrusker allgemein, eine mit überirdischen Vorzeichen vertraute Frau«.[224] Dies stimmt wohl nicht, denn etruskische Frauen waren von dieser ›Wissenschaft‹, ebenso wie aus der Politik, ausgeschlossen.

Eine Bronzeleber aus Piacenza (ca. Anfang 1. Jh.), die wahrscheinlich aus dem Raum zwischen Siena und Cortona stammt, ist das verkleinerte Modell einer echten Schaf- oder Ziegenleber (▶ Abb. 10): Die Leberoberfläche ist, wie der Himmel, in ›Häuser‹ mit den Namen der Götter eingeteilt, die in entsprechenden Abschnitten des Himmels wohnten.[225] Zeichen auf der vom Leberbeschauer nach den Himmelsrichtungen positionierten Leber des geschlachteten Tieres geben an, von welchem gut- oder schlechtgesinnten Gott das Zeichen kam. Die Beschreibung einer schaudererweckenden Eingeweideschau hat sich beim Dichter Lukan erhalten.[226] Blitzbeobachter und Leberbeschauer stellten zunächst fest aus welcher Zone des Himmels ein Zeichen bzw. ein Blitz kam und interpretierten das Zeichen: Sie stellten also fest, welcher Gott sich meldete und was er mitteilte.

Die Leberschau entstand in einer Hirtengesellschaft, sie war also eine sehr alte ›Wissenschaft‹. Hirten hatten täglich mit Kleinvieh zu tun und konnten das Verhalten der Tiere beobachten und nach der Schlachtung deren Leber im Hinblick auf Krankheiten überprüfen und Lehren daraus ziehen. Aus den eigenen Erfahrungen mit den Tieren erstellten ›Fachleute‹ im Laufe der Zeit Regeln, die sie verallgemeinerten und anwendeten. Haruspizin gründete auf einer langjährigen Sammlung von Analogien und letzten Endes auf statistischen Werten.[227] Die aus der Erfahrung gewonnenen Regeln wurden geheim gehalten und innerhalb der Familien mündlich tradiert oder niedergeschrieben.[228] Auf dem Deckel des Sarkophags eines Haruspex aus Caere – sein spitzer Hut weist darauf hin – ist ein zusammengefaltetes Leinenbuch im Stein ausgemeißelt.[229] Regeln und Methoden wurden den Göttern zugeschrieben und so präsentiert, als ob ursprünglich die Götter den Menschen die Regeln gegeben hätten.

Das etruskische Wort *netśvis* für den Leberbeschauer ist in späteren Inschriften zur Ämterlaufbahn bezeugt, nie jedoch als eigene Amtsbezeichnung. Dies schließt eine offizielle Beteiligung des Staates bzw. eine staatliche Reglementierung der Praxis der Zukunftsschau aus. Statuetten und Darstellungen von Haruspizes auf Gemmen, Urnen und Tongefäßen vorwiegend nach dem 4. Jh. zeigen, dass ihr Gewand Gemeinsamkeiten hatte – spitzes Barett und Mäntelchen, vielleicht

4.5 Gemeinschaftliche Aufgaben

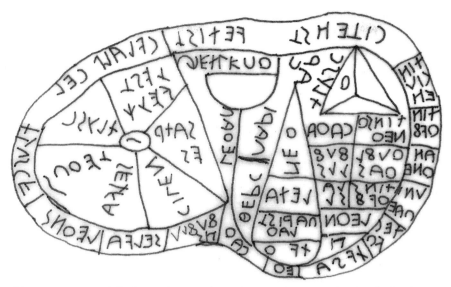

Abb. 10: Bronzemodell einer Leber aus der Nähe von Piacenza. Die Oberfläche des Modells ist in sechszehn kleine Zellen eingeteilt; weitere Zellen befinden sich am Rand des Modells. Innerhalb der einzelnen Zellen sind die Namen der Götter eingetragen, die im entsprechenden Abschnitt des Himmels wohnten und den Menschen Zeichen sandten. Archäologisches Museum von Piacenza.

mit Fellbesatz, Fibel, kurzärmeliges Hemd (▶ Abb. 11) –, aber nicht einheitlich war.[230] Dies spricht für das Fehlen einer Zentralorganisation der Haruspizes und für die private Pflege und Ausübung der Haruspizin. Die Tracht selbst hat ein Vorbild in der Hirtentracht, was angesichts der Urtümlichkeit der Lehre gut verständlich ist.[231]

Tages, den Cicero ein Kind mit der Weisheit eines alten Mannes nennt, soll einem Bauern namens Tarchon die Lehre der Leberschau diktiert und Vegoia soll den Etruskern die Blitzdeutung beigebracht haben – auf dem Deckel einer Zyste aus Palestrina sollen der in der Erde versenkte Tages und die versammelten Zuhörer dargestellt sein.[232] Die in einem Corpus gesammelte ›Lehre‹ des Tages, die »Etruskische Disziplin«, bestand zur Zeit Ciceros aus drei Hauptteilen.[233] Einige Abschnitte davon waren sicher sehr alt, etwa aus dem 7. Jh., weitere Abschnitte wurden erst im Laufe der Staatsentwicklung hinzugefügt. Die Schlussfassung des Corpus enthielt politische, juridische und soziale Richtlinien sowie rituelle Anleitungen.

Die Sage um Tages gehört ebenfalls unterschiedlichen Zeitstufen an. Der Hinweis des Censorinus, dass Tages seine Lehre »sang«[234], spricht für eine urtümliche, rhythmische, das Auswendiglernen erleichternde Abfassung mancher Partien des Textes, was für deren Entstehung *vor* der Verwendung der Schrift (spätestens gegen Ende des 8. Jh.) spricht.[235] Der Hinweis auf die nach Tarquinia herbeigeeilten Vertreter der Völker Etruriens, welche die Lehre »aufschrieben«, wurde erst

4 Entwicklungen ab dem 9. Jh.

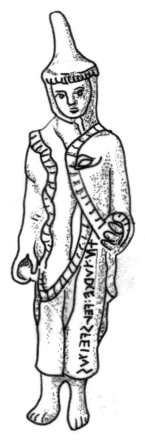

Abb. 11: Statuette des Leberbeobachters Vel Sveitus. Er trägt Kleid und Mäntelchen mit Pelzbesatz sowie einen spitzen Hut und hielt ursprünglich wahrscheinlich eine Leber in der Hand. Die Statuette ist ein Streufund aus der Zeit nach dem 4. Jh. Etruskische Sammlung der Vatikanischen Museen.

nach der Verwendung der Schrift ausgearbeitet und einer älteren, wohl mündlichen Version hinzugefügt. Dies dürfte in der Zeit gewesen sein, als Tarquinia, der Mittelpunkt der Sage, eine beachtliche religiös-politische Rolle spielte. Plato (428–348) erwähnt mit Rückgriff auf den Gesetzgeber Solon von Athen »altgewordene« Kinder und Alte, die Kinder sind.[236] Die Schriften Solons gehen auf das frühe 6. Jh. zurück.

Die Lokalisierung der Sage in Tarquinia und der Bericht, dass Tages die Lehre dem Bauern Tarchon, dem Gründer von Tarquinia, diktierte, sprechen für eine religiöse und wohl auch politische Führungsrolle Tarquinias zur Zeit der Aus- oder Umarbeitung der Lehre.[237] Auf dem Plateau von Tarquinia (Pian di Civita) wurde um 800 ein etwa siebenjähriger Knabe mit einer Schädelmissbildung erdbestattet (und nicht verbrannt, wie es damals in Tarquinia üblich war). Ein Zaun rund um die Erdgrube des missgebildeten Kindes spricht für den Wunsch nach Erhaltung einer verehrungswürdigen Grabstätte. Die Keramik bei der Kultstätte des Kindes war noch im 7. Jh. händisch geformt, was auf sehr alte Kultvorschriften hinweist. Das physische Gebrechen, die ungewöhnliche Erdbestattung und die Lage des Grabes außerhalb einer Nekropole legen nahe, dass der Knabe für ein außergewöhnliches Wesen gehalten und kultisch verehrt wurde. Die etruskischen Autoren der Tages-Sage könnten die Schriften Solons gekannt haben und schufen möglicherweise in Anlehnung an das alte Kindergrab in Tarquinia mit den Resten eines behinderten Kindes die Figur eines Kindes mit der Weisheit eines alten Mannes.

Die Haruspizin war also ein wichtiger Teil der politischen Organisation etruskischer Staaten und gewann mit der Zeit an Bedeutung. Der Staat bediente sich der Zukunftsschau, d. h. er hielt sie für politisch legitim, gleichzeitig legitimierte die Zukunftsschau die Handlungen der Staatsvertreter. Für Cicero, der dabei an Rom dachte, war das Wahrsagen eine göttliche Gabe: »Zeuge dafür ist unser eigener Staat«.[238]

Die Frage, ob die Etrusker die Leberschau von anderen Kulturen übernahmen, oder ob sie selbst die Lehre ausarbeiteten, ist schwer zu beantworten, denn Leberschau wurde bei verschiedenen Völkern der Alten Welt (Ägypter, Phöniker, Karthager, Griechen) mit Hilfe unterschiedlicher Methoden ausgeübt.[239] In der griechischen Landschaft Elis auf der Peloponnes wurde sie von den Familien der Iamiden und der Klytiaden praktiziert:[240] Attische Vasen aus der Zeit um 525–475 zeigen eine Leberschau, die sich nach D. Briquel jedoch von der etruskischen Leberschau stark unterscheidet. Er geht daher davon aus, dass die Etrusker die Leberschau nicht aus Griechenland übernommen haben.[241]

Etruskische Lebermodelle aus Ton sind jünger als die altorientalischen. Das Tonmodell einer Leber aus Falerii (3. Jh.) steht typologisch einem ins 13. Jh. zurückgehenden Lebermodell aus Megiddo im Nahen Osten sehr nahe. Wäre die Leberschau in Mittelitalien noch im 2. Jahrtausend aus dem Orient angeregt worden, so müsste man annehmen, dass sie in einer Zeitspanne von etwa 500 Jahren, in der die Haruspizim dokumentarisch nicht in Erscheinung trat, unter der Schwelle des historischen Bewusstseins als ›stummes Kulturgut‹ weiter tradiert wurde. Oder die Lehre wurde im 7.–6. Jh. ein zweites Mal eingeführt, oder erst zu diesem Zeitpunkt in Etrurien selbst ausgearbeitet: Parallelentstehungen sind in Hirtengesellschaften möglich. Allerdings: Die Modelle von Falerii und Megiddo haben keinen hohen Beweiswert, denn die Nachbildung einer Leber bietet keinen großen Spielraum für Varianten. Einflüsse aus dem Osten kamen noch im 2. Jh. direkt oder indirekt nach Etrurien. In moderner Zeit wurde die Leberschau auf Borneo und in Peru praktiziert.[242]

Es waren in erster Linie die etruskischen Oberschichten, welche mit großer Hingabe die Überirdischen verehrten, von denen sie Hilfe im täglichen Leben erwarteten. In Pyrgi, einem der drei Häfen von Caere, entstand um 480 nach dem Umbau einer älteren, monumentalen Anlage von Ende des 6. Jh. ein kleines Heiligtum mit einer zweizelligen Kapelle für den Orakelgott Śuri, etymologisch ›der Schwarze‹, und seine ›Beisitzerin‹ namens Cav(a)tha.[243] Śur/Śuri war ursprünglich ein etruskischer Unterweltsgott mit seherischen Fähigkeiten, wie der griechische Apollon Sourios und der italisch-latinische Soranus. In Caere

(Sant'Antonio) war einer von zwei Tempeln (Tempel B) wahrscheinlich Sitz des Orakelgottes Rath. In Caere verkleinerten sich im Jahre 218, während des römisch-karthagischen Kriegs, plötzlich die Orakelstäbchen, und dies zwang Rom zu Sühnemaßnahmen – die Verkleinerung kündigte Gefahr für Rom an. Plutarch erwähnt eine Orakelstätte der Göttin Tethys in Etrurien, die bislang nicht lokalisiert ist.[244] Keine hinreichenden Beweise einer Orakel-Tätigkeit sind hingegen ein inhaltlich umstrittener Text auf einem Bleistreifen aus dem Heiligtum von Santa Marinella im Gebiet von Caere (550–500), eine der Menerva geweihte Schatulle aus Bucchero und der versetzte Eingang der Kapelle für Menerva im Portonaccio-Heiligtum von Veji, der für Diskretion spreche.[245] Als um 545 in Caere eine Pestwelle ausbrach, holten die Caeretaner Rat vielmehr beim Orakel des Apollon-Tempels in Delphi: Die Staatsführung suchte also in schwierigen Fällen die vertrauenswürdigsten Orakelstätten Griechenlands auf.[246] Das Orakel stand also auch in Etrurien, wie bei zahlreichen Völkern der Alten Welt im Dienst der Politik, wenngleich das Orakel in Etrurien nie dieselbe Bedeutung wie die Leberschau erreichte. Die Zukunftsschau blieb in der Alten Welt (nicht nur in Etrurien) eine brisante politische Angelegenheit, gleichsam eine starke Waffe in der Hand der Männer an der Spitze der Staaten. Sie diente der Verleihung und Ausübung der Macht, sie legitimierte die Macht und sie kannte Mittel, um selbst Macht auszuüben.

Bereits im Weihedepot Banditella bei Vulci (14.–13 Jh.) wurden überirdische Wesen, formlose Beschützer der Fruchtbarkeit der Natur, der Menschen und der Tiere verehrt, und mit Weihgaben beschenkt (▶ Kap. 3.1). Gegen Ende des 7. Jh. zeigen etruskische Götternamen und Statuetten mit göttlichen Symbolen, dass sich die Etrusker ihre Götter anthropomorph, mit menschlichem Aussehen, vorstellten.[247] Die italischen Namen einiger etruskischer Götter zeigen allerdings, dass die Namen bereits sehr alt waren, als sie niedergeschrieben wurden: H. Rix nannte das 9. Jh. für die Übernahme.[248] Anfang des 7. Jh. waren griechische Heroen mit ihren Mythen in Etrurien bekannt: Metaia und Taitale (Medea und Dáidalos) sind im dritten Viertel des 7. Jh. auf der erwähnten Bucchero-Kanne aus Caere (San Paolo) abgebildet. Im 7. Jh. erfahren die etruskischen Götter eine Gräzisierung, mit der Zeit (um 600) sind griechische Götter im etruskischen Pantheon auch inschriftlich bezeugt.[249]

Die Übernahme griechischer Götter führte zu einer Erweiterung des etruskischen Pantheons, denn nicht selten übten die griechischen Götter Funktionen aus, für welche die Etrusker keinen Ressort-Gott hatten. Etruskische Götter übernahmen Mythen und Aussehen griechischer Götter: Men(e)rva wurde bewaffnet dargestellt wie Athena, aber die ursprüngliche Bedeutung des italischen Namens Men(e)rva war ›mit Intelligenz versehen‹.[250] Kleinbronzen des Tinia (5. Jh.) stellen einen jugendlichen, bartlosen Gott mit Blitz dar, den auch die Italiker verehrten und der dem ursprünglichen Bild Tinias entsprach, wie noch im 3. Jh. etruskische Spiegel zeigen. Das Bild des Tinia aus Rebenholz in Populonia war sehr alt, es ging auf die Zeit zurück als in Italien die (griechische) Steinplastik noch nicht bekannt war.[251] Nach der Mitte des 5. Jh. wurde das Bild des Tinia an die Ikonographie des Zeus von Olympia angepasst und der Gott wurde als älterer, bärtiger Mann dargestellt.

Die etruskisierten Namen der griechischen Götter verraten den zeitlichen Ansatz und den griechischen Dialektkreis, aus dem die Namen übernommen wurden: Die dorisch-korinthische sprachliche Färbung ist älter als die ionisch-attische. Vermittler war nach der Mitte des 7. Jh. der korinthische Kreis der Händler und Handwerker mit ihren bebilderten Vasen.

Mit der Übernahme und der Integration fremder Götter in die eigene Religion, ein übliches Phänomen in der Alten Welt selbst bei sehr unterschiedlichen Religionen, wird die Religion zum Verbindungsglied der Mitglieder von Gemeinschaften, unabhängig von deren Herkunft. Die Kenntnisse der griechischen Götterwelt erleichterten in einer durch den wirtschaftlichen Aufschwung hervorgerufenen Umbruchzeit die Zusammenarbeit von Etruskern und Griechen.

Die Etrusker sahen sehr früh die Möglichkeit durch Kulte und Rituale mit Gebet und Opfer überirdische Wesenheiten gütig zu stimmen. Siebzehn phallische Krieger aus Bronze mit einer Höhe zwischen 3,5–4,5 cm sind auf dem Deckel einer Amphore aus Bisenzio (um 710) angenietet.[252] Sie tanzen mit orgiastischem Fußstampfen im Kreis um ein tierisches, zoologisch kaum klassifizierbares Wesen, das in der Mitte des Deckels kauert und die Pfoten nach vorne streckt. Zusammen mit den Kriegern ist ein Mann, wohl ein Gefangener, mit über Kreuz gebundenen Handgelenken dargestellt. Die Szene zeigt wahrscheinlich die Vorbereitung zu einem Menschenopfer, eine Praxis, die in Etrurien belegt ist.[253]

Das Relief (70×30 cm) eines Altars in einem Grab von Perugia (490–470) illustriert den Vollzug eines Brandopfers für den Grabinhaber, an dem etwa 16 Personen teilnahmen.[254] Ein bärtiger Mann, wahrscheinlich ein Gottesmann, steht auf der linken Seite des mit brennenden Holzscheiten beladenen Altars. Auf der rechten Seite des Altars stehen getrennt voneinander zwei Männer, die je einen in ungewöhnlicher Weise nach unten gerichteten Krummstab in der Hand halten. Es war wahrscheinlich ein Zeichen von Trauer, ähnlich wie in Rom, wenn man die Rutenbündel umgekehrt hielt.

Kult und Rituale brauchten sehr früh einen geeigneten Platz. Dies gilt auch für die göttliche Macht, welche »über zukünftiges Geschehen oder über den göttlichen Willen selbst« auf konkrete Fragen Auskunft gab.[255] Wir haben kaum Reste von frühen Gotteshäusern, aber unterhalb der Tempel des 6. Jh. finden sich nicht selten Reste von früheren, einfachen Bauten – so in Caere (Sant'Antonio). Die Götter wohnten ursprünglich in Heiligtümern, die nicht luxuriöser waren als die Häuser der Mächtigen.

Zwischen dem ersten und dem zweiten Viertel des 6. Jh. begann in den Staaten Etruriens der Bau von Gotteshäusern aus festem Material, wie in der zeitgenössischen griechischen Welt:[256] Der Bau ging wahrscheinlich auf Initiativen von einzelnen Personen zurück, die sich mit den Göttern gut stellen wollten, eine Haltung, die politische Auseinandersetzungen nicht ausschließt. Anders als die Griechen, die um 600 vom Holzbau zur Steinarchitektur übergingen, errichtete man im 6. und 5. Jh. in Etrurien weiterhin Tempel in Holzbauweise – das Holz wurde mit Tonplatten zur Schonung des Holzes abgedeckt, die wiederum mit bemalten Reliefs aufwendig verziert waren: Etrurien ist reich an Wäldern und Traditionalismus kam wohl hinzu. Die Überirdischen bekamen also eine würdige Unterkunft, wie die zeitgenössischen, wohlhabenden Menschen in ihren Residenzen (Caere, Casale Marittimo, Murlo usw.), und dies in einer Zeit, in der wahrscheinlich auch in Etrurien, wie in Rom, soziale Veränderungen mit der Urbanisierung und einer erhöhten Bedeutung der Religion einhergingen.[257] Mit dem Tempelbau wurde die Rolle der Religion als ein bedeutender Mittelpunkt der Gemeinschaftsorganisation unterstrichen. Das etruskische Wort für ›Heiligtum‹ ist bekannt und lautet *her(a)ma.[258]

Eine Steinkonstruktion am Rande des Plateaus von Caere (Sant'Antonio) ersetzte vor der Mitte des 6. Jh. einen Bau mit rechteckigem Grundriss, der seinerseits über einer gleich ausgerichteten Hütte der Villanova-Zeit (zweites Viertel des 8. Jh.) entstanden war,[259] wohl ein schönes Beispiel religiöser Kontinuität. Um 500 wurden die älteren Bauten planiert und es entstanden innerhalb einer Abgrenzung (*témenos*) zwei parallel angelegte Tempel (A und B) tuskanischer Bauart mit zentraler Freitreppe und einem Altar zwischen den beiden Bauten. Tempel A war Hercle geweiht – zahlreiche Miniaturkeulen sprechen dafür – und Tempel B wahrscheinlich Menerva. Das Gründungsopfer, ein dem Hercle geweihtes Gefäß des bekannten griechischen Töpfers Euphrónios (um 500–490) und des Malers Onésimos, bestätigt die Relevanz der Anlage. Ein im caeretanischen Alphabet beschriftetes Gewicht belegt Ende des 4. Jh. den Kult für den Gott Turms, den Beschützer der Händler, und für den Orakelgott Rath.[260]

In Caere (Vigna Parrocchiale) entstand auf dem um 500 planierten Areal der vermuteten ›Residenz‹ ein dreizelliger Tempel tuskanischer Bauart.[261] Eine etruskische Inschrift belegt den Kult der Göttin Vei, die mit den griechischen Göttinnen Persephone und Demetra, den Beschützerinnen der Getreideernte, gleichzusetzen ist.[262] Dieser Tempel könnte in Zusammenhang mit der Formalisierung eines Kultes für die ›Plebs‹ errichtet worden sein,[263] d. h. nach römischer Definition für die breitere Masse des Volkes, ursprünglich als Gegensatz zu den Patriziern, dem alten, reichen, gebildeten Blutadel. Wir haben allerdings keine weiteren Hinweise auf eine caeretanische Plebs, die sich um einen Kult selbst bemüht hätte, bzw. von einer Oberschicht, die einen Tempel für die Plebs errichtet hätte; auch ist das von der Göttin Vei geschützte Getreide das wichtigste Nahrungsmittel der ganzen Bevölkerung und nicht nur der Plebs.

In Pyrgi, auf einem bereits sakralisierten Gelände, entstand um 520 der einzellige Tempel B in griechischer Bauart (25 × 30 m) für die Göttin Uni; buntbemalte Verkleidungsplatten aus Terrakotta schmückten die Holzteile des Tempels. Nach einer Erneuerung der Anlage um 480 errichtete man um 470 den dreizelligen Tempel A parallel zum Tempel B und in leicht abgewandelter tuskanischer Bauart. Tempel A war der Göttin Eleithya/Leukothea geweiht, die man auch mit der etruskischen Göttin Θesan gleichsetzte.[264] Auf der Tonplatte des *columen* im hinteren Giebel dieses Tempels waren die Hauptfiguren der griechischen Tragödie des Aischylos »7 gegen Theben« in Hochrelief zu sehen, die 467 in Athen zum ersten Mal aufgeführt wurde, gleichsam ein *terminus post quem* für die Fertigstellung des Tempels und ein konkretes Beispiel der Kenntnisse griechischer Sagen in Caere. Die Wahl des Themas der griechischen Tragödie – ein Krieg infolge von Brudermord – ist mit keiner bekannten Episode der Geschichte Caeres, sondern nur ganz allgemein mit einer Bestrafung der Götter wegen Frevel in Verbindung zu bringen.

Die beiden monumentalen Tempel, die für ein großangelegtes politisches Programm sprechen, befanden sich innerhalb einer rechteckigen Einzäunung (36 × 72 m) an deren südliche Grenzmauer die bereits besprochenen 17 kleinen Kammern angebaut wurden. Die Orientierung der Fassaden der monumentalen Tempel zum Meer erweckt die Vermutung, dass man die Tempel in ihrer vollen Pracht den ankommenden Seefahrern präsentieren wollte, gleichsam ein Abbild der politischen und kulturellen Relevanz Caeres. Allerdings breitete sich damals zwischen den Tempeln und dem Meer noch ein Teil der Stadt aus, der wahrscheinlich die Sicht versperrte; heute liegt dieser Stadtteil unterhalb des Wasserspiegels.

Ein dreizelliger Tempel mittlerer Größe (18 × 16,2 m) wahrscheinlich für Hercle und Apollo ersetzte Ende des 6. Jh. in Veji (Portonaccio) einen Altar in einer Kapelle vom Ende des 7. Jh.[265] Der neue Tempel war teils aus Holz und Ton konstruiert und erhielt mit der Zeit einen farbenprächtigen Tonschmuck, darunter etwa 10–15 überlebensgroße Statuen griechischer Götter – Leto mit Apollon, Herakles und Hermes usw. –, die möglicherweise ein Werk der Schule des etruskischen Tonbildhauers Vulca von Veji waren – Veji galt als Mittelpunkt der Tonbearbeitung.[266] Die Statuen waren auf dem First des Tempels aufgestellt und weithin gut sichtbar.

Im Laufe des 6. Jh. baute man in Etrurien weitere monumentale Tempel, darunter die ›Ara della Regina‹ von Tarquinia möglicherweise für Artume (gr. Artemis) oder Aplu (gr. Apollo). An der Hauptstraße von Vulci entstand ein Tempel wahrscheinlich für Menerva. Er war im etruskisch-griechischen Stil errichtet mit vorderer Freitreppe und Säulen an der Vorder- und an den Langseiten.[267] Tempel entstanden auch am Rande der »Industriezone« von Populonia (San Cerbone) und in Vetulonia (Costa Murata). In Nordetrurien wurden monumentale Tempel erst nach der Mitte des 5. Jh. errichtet.

Die umfassende Organisation, die in Etrurien mit der Errichtung der monumentalen Tempel einherging, hatte eine sakrale wie auch eine ökonomische Seite, die mit der Frage der Finanzierung und daher der Rolle des Staates eng verbunden ist. Es ist anzunehmen, dass Freie und Unfreie die eigene Arbeitskraft zur Errichtung der Gotteshäuser teils freiwillig, teils unter Zwang zur Verfügung stellten: Weltliche Machthaber und Gottesmänner konnten physischen und psychischen Druck auf Menschen ausüben und verschreckte Massen zur Arbeit zwingen – jede Staatsreligion war für die Bürger der Alten Welt verpflichtend. Daneben gab es die Möglichkeit ›Steuern‹ einzufordern und Naturalien einzutreiben, z. B. konnten reiche Grundbesitzer Nahrungsmittel für die Arbeiter zur Verfügung stellen bzw. wichtige Bauten für die Gemeinschaft in einer Zeit organisieren, in der das Münzwesen selbst in Griechenland erst im Entstehen war. Der Bau von Heiligtümern unter Beteiligung der ganzen Gemeinschaft schränkte gleichzeitig das Sippenwesen ein und wirkte stabilisierend für die Gesellschaft. Prächtig ausgestattete Tempel entstanden nicht nur aus echter Frömmigkeit, sondern auch aus politischem Kalkül.

Die ältesten etruskischen Inschriften von Weihgaben (gegen Ende des 6. Jh.) finden sich auf wertvollem Metall und kurz darauf auch auf Stein.[268] Es liegt nahe, dass sie mit Hilfe von Schriftgelehrten in den Tempeln verfasst wurden. In

Veji wurde ein Haus mit Turm als die Wohnstätte von Priestern, Sitz eines Orakels und einer Schreibschule interpretiert,[269] Funktionen, die es sicher gab, die jedoch weder archäologisch noch literarisch gedeckt sind.

Ein Opferkalender aus Capua gibt an, an welchen Tagen des zehnmonatigen lunaren Kalenders Gebete und Opfer für bestimmte Gottheiten gefeiert wurden. Der sprachlich und inhaltlich schwierige Text ist auf einem heute stark beschädigten Tondachziegel von etwa 60 × 50 cm Größe eingetragen und besteht aus 62 Zeilen mit etwa 300 Wörtern mit Silbentrennung, ein System, das eine Schreibschule beim Heiligtum wahrscheinlich macht.[270]

M. Cristofani hielt den Opferkalender von Capua für die Kopie eines Textes aus der Zeit um etwa 525[271] Die (griechische) ›Schlangenschrift‹ mancher Partien des Textes bestätigt das hohe Alter des Kalenders – in Griechenland ist Schlangenschrift nach dem 6. Jh. kaum mehr gebräuchlich.[272] Die Wiederholung mancher Partien des Textes ist Ausdruck magischen Denkens und bestätigt ebenfalls das hohe Alter des Textes. Die systematisierte schriftliche Fixierung der Opfer an bestimmten Tagen bedeutet Kanonisierung der kultischen Vorschriften, die sicher älter waren als der erhaltene Text. Der Kalender diente der exakten Einhaltung der sakralen Termine und dies setzt die Organisation der Opfer durch Kultexperten voraus. Zeremonien waren in Etrurien, genauso wie im zeitgenössischen Rom und Athen und auch heute noch in den meisten Religionen, streng geregelt. Der Dienst an den Göttern konnte auch in Etrurien nicht nach eigenem Gutdünken verrichtet werden, denn er duldete keine Fehler, verlangte permanente Aufmerksamkeit und musste daher sorgfältig vorbereitet werden. In Caere und wohl auch in anderen Städten wurden sie auch dann organisiert, wenn unerwartete Geschehnisse eintraten, wie z. B. die Pest, die kurz nach 540 die Stadt heimsuchte und Sühnemaßnahmen erforderlich machte.[273] Aufzeichnungen von Zeremonien waren letzten Endes Ausgangspunkt für die Ausarbeitung von Stadtkalendern. Jede Siedlungsgemeinschaft war eine eigene religiöse Gemeinschaft mit einem eigenen Schutzgott, mit eigenen Kulten und mit einem eigenen Kalender.

Theologie und Kulthandlungen erfordern eigene Experten. Die Übernahme und die Integration fremder Götter in das eigene Pantheon wird von fachkundigen Priestern vollzogen, die von sich behaupteten, den Willen der Gottheit zu verstehen. Priester gelten als Verbindungsglieder zwischen irdischer und göttlicher Welt, sie sind religiöse Funktionsträger und charismatische Gruppen mit einem Sonderstatus – ein allgemeines Phänomen in der alten (und neuen) Welt. Gottgefällige Tätigkeiten gaben den Priestern die Möglichkeit, die eigene Position zu stärken. Institutionalisierte Priester, die allein oder mit Kultdienern und Tempelwärtern in der Betreuung der Götterbilder und in der Organisation der Kulthandlungen agierten und sich ausschließlich mit dem Übernatürlichen beschäftigten, traten in Etrurien erst im Zuge von Funktionsdifferenzierungen im 7.–6. Jh. hervor.

Die Wortwurzel vom lat. *sacerdos*, Priester, nämlich *sac-*, ›heilig‹, ist etruskisch, das etruskische Wort für ›Priester‹ kennen wir jedoch nicht.[274] Das Hauptwort *eisnev* könnte der Amtstitel von Kultfunktionären sein, denn *eisnev* hängt etymologisch mit der Wurzel *ais-*, ›göttlich‹, zusammen. Andererseits ist *eisnev* erst im 3.–2. Jh. bezeugt, daher ist das Wort für das 7. oder 6. Jh. nicht ohne weiteres aufschlussreich. Das lateinische Wort *camillus* für ›Kultdiener‹ könnte auf der etruskischen Form **kameθ* gründen.[275] Priesterschaften wie die römischen Priestervereine (*collegia*) sind in Etrurien erst im 2. Jh. oder in der Kaiserzeit belegt (▶ Kap. 8.3).[276]

Wir kennen keine Priestergräber oder wir können sie nicht als solche identifizieren. In einem Kammergrab von Vulci (4.–2. Jh.) sind mehrere Gentilnamen, sechsmal zusammen mit dem Wort *hatrencu* genannt. Das Wort ist in Einzelgräbern und auf Zippen oder Steinplatten in der Umgebung der Stadt weitere zwölfmal genannt.[277] Sofern auch Personennamen angegeben werden, sind es immer Frauen. Bei zwei Inschriften ist das Wort *hatrencu* vom etruskischen Wort *sacni-*, ›weihen‹, ›heiligen‹ begleitet, und M. Nielsen warf die Frage auf, ob es sich bei den *hatrencu* um Frauen im kultischen Dienst handelte.[278]

Der archäologische Kontext der *hatrencu*-Inschriften zeigt, dass das Wort in einem gehobenen sozialen Umfeld verwendet wurde, so dass sich ein Vergleich zu den Vestalinnen in Rom anbietet: Die priesterlichen Jungfrauen der Göttin Vesta stammten aus adeligem Milieu. Die etruskischen Inschriften bieten jedoch weder beweisbare noch widerlegbare Anhaltspunkte für die Annahme, *hatrencu* seien Priesterinnen. Auch eine besonders dekorierte Tasse auf einem Thron aus einem Frauengrab von Verucchio (Lippi 32/2006) soll für eine Priesterin sprechen.[279] Das Relief auf einer Tonplatte aus dem letzten ›Palast‹ von Murlo zeigt ein Zweigespann mit zwei Frauen unter einem aufgespannten Schirm. Zwei Dienerinnen folgen zu Fuß dem Wagen und halten je einen Eimer in der Linken und einen Fächer in der Rechten; auf dem Kopf balanciert eines der Mädchen einen großen Topf mit Deckel, das andere wahrscheinlich einen Fußschemel. Zweigespann, Fächer und Schirm kennzeichnen Personen der Oberschicht, die Eimer der Dienerinnen sind geschlechtsspezifische Kultgeräte: Auf dem Wagen sitzen nach I. Krauskopf zwei Priesterinnen, die mit je einer Dienerin in Ausübung einer sakralen Tätigkeit unterwegs sind.[280] Unabhängig vom interpretierten epigraphischen und archäologischen Befund wird man an Frauen im Sakraldienst in Etrurien nicht zweifeln.

Die Teilnahme weltlicher Machthaber am religiösen Leben und umgekehrt eine Teilnahme sakraler Würdenträger am politischen Leben gilt auch für Etrurien. Denn die Alte Welt kannte keine scharfe Abgrenzung zwischen Politik und Religion in modernen westlichen Sinn. Orientalische Könige, Pharaonen und römische Magistrate traten immer auch als Opferherren und Vollzieher ritueller Handlungen zur positiven Einflussnahme auf Krieg, Fruchtbarkeit, Regen, Ernte, Fischfang usw., auf. Eine der zahlreichen bemalten Tontafeln aus Caere (um 530–500), welche die Wände von Häusern und Gräbern schmückten, zeigt einen feierlich bekleideten Herrn.[281] Er sitzt auf einem Klappstuhl vor einem Altar mit der Statue einer Göttin, hält eine Machtinsignie und huldigt der Göttin, von der er sich wohl Hilfe erwartete.

4.6 Politische Veränderungen in den etruskischen Staaten

Mit dem demographischen Wachstum, wofür die Vergrößerung und Anlage neuer Nekropolen sprechen, und der Abfolge der Generationen wurden neue Initiativen innerhalb der politischen Strukturen der Staaten Etruriens notwendig. Die Spezialisierung, die im Laufe des 7. Jh. den Einbezug unterschiedlicher Bevölkerungsgruppen in den Arbeitsprozess mit sich brachte, führte zu Veränderungen auf sozialer und politischer Ebene.

Die etruskischen Staaten entwickelten sich eigenständig, trotz kultureller und struktureller Gemeinsamkeiten. Die Geschichte der Etrusker ist ab dem 6. Jh. die Geschichte der einzelnen Stadtstaaten, es ist die Geschichte von Tarquinia, Caere, Vulci, Volterra usw., von denen wir nur einige gemeinsame Linien aufzeigen können.

Zurückdrängung der Aristokratie – Entmachtung des Königs – ›Demokratie‹

Eine nach orthogonalem Plan angelegte Nekropole mit von Erdhügeln bedeckten Kammergräbern entstand seit dem zweiten Viertel des 6. Jh. im Gelände Crocifisso del Tufo zwischen dem Plateau von Volsinii/Orvieto und der Talsohle. Beim Bau der Nekropole wurde ein älteres, mit Tuffblöcken abgegrenztes Körpergrab mit einem Sarkophag aus dem Ende des 7. Jh. nicht abgetragen.[282] Es dürfte nicht das einzige Körpergrab gewesen sein, was eine frühe strukturierte Gesellschaft nahelegt.

Die nicht allzu großen (3–10 m²), untereinander ähnlichen Kammergräber von Crocifisso del Tufo – ein ähnlicher Befund stammt aus der Nekropole Cannicella im Süden des orvietaner Plateaus – zeigen, dass sich die Grabinhaber ähnlich große Bodenparzellen reserviert hatten. Das orthogonal eingeteilte Gelände konnte jetzt besser genutzt werden als bei unterschiedlich großen und in der Landschaft verstreuten Hügelgräbern, wie in den Nekropolen von Caere, Tarquinia, Vulci, Vetulonia, Populonia usw. Der Personen- und Gentilname des jeweiligen Grabbesitzers am Architrav des Kammereingangs ordnet das Grab formelhaft einem Herrn (und nicht einer Familie) zu (»ich bin das Grab des ...«), eine Praxis, die als eine Art Kompensation für die Gleichheit der Gräber gesehen werden kann.

Die großzügige Planierung des Geländes zur Anlegung der Nekropole erforderte großangelegte Erdbewegungen und eine hohe Anzahl von Arbeitskräften. Es liegt nahe, dass sich in Volsinii/Orvieto die Einheitlichkeit der Grabanlagen nicht rein zufällig ergab. Solche baulichen Maßnahmen machten die Intervention eines Führungsapparates notwendig, an dem die Gelände- und Grabbesitzer teilhatten. Irgendeine staatliche oder private Einrichtung muss eine entsprechende Entscheidung getroffen und einen Beschluss darüber gefasst haben, an den man sich hielt.

Die Feststellung, dass es in diesen Nekropolen keine hervorragenden Gräber gibt, legt nahe, dass die untereinander ähnlichen Kammergräber einer Oberschicht gehörten.

Die staatliche Regelung des Grabwesens auf ›gesetzlicher‹ Grundlage ging wahrscheinlich auf Vereinbarungen gegen den Grabluxus und den dadurch ausgedrückten Repräsentationsdrang adeliger Gruppen zurück. Nach M. Pallottino ist die gesetzliche Grundlage auf eine ›demokratische‹ Strömung innerhalb der Stadtbevölkerung zurückzuführen.[283] Doch kann sie ebenso Ausdruck des starken Willens eines Herrschers – etwa eines Königs, eines Stadtregenten, eines Amtsinhabers – allein oder ein Beschluss freier Gruppen bzw. des Adels selbst gewesen sein. Sollte Letzeres der Fall gewesen sein, hat der Adel einen Trend der Zeit erfasst und sich von öffentlichen Erscheinungen adeliger Repräsentation ferngehalten, ist freiwillig in den Hintergrund getreten und hat gleichzeitig antiaristokratische Maßnahmen durch Stärkung nichtaristokratischer Traditionen in die Wege geleitet. Stärkere gesellschaftliche Gleichheit als Folge innerstaatlicher sozio-politischer Umwälzungen bedeutet nicht, dass eine ›demokratische Strömung‹ innerhalb der Stadtbevölkerung die gesetzliche Grundlage dafür geschaffen hat.

Um die Mitte des 6. Jh., also etwa gleichzeitig mit den Friedhöfen von Volsinii/Orvieto und etwa 100 Jahre später als die ältesten bemalten Gräber des Adels von Veji, Caere und Tarquinia, wurde in Caere ein Abschnitt des Friedhofsgeländes Banditaccia in ähnlich große Parzellen eingeteilt, und ähnlich große, einfache Kammergräber wurden nach einheitlichem Plan angelegt.[284] Die Reihen gleichartiger Kammergräber lassen, wie in Volsinii/Orvieto, auf die Vorstellung schließen, dass die Grabbesitzer gleichrangig behandelt werden sollten. Der Bau großer Hügelgräber mit mehreren Grabkammern für Familien und Sippen, wie man sie in 7. Jh. errichtet hatte, ging in diesen Jahren »kontinuierlich, aber keinesfalls gleichförmig« zurück.[285]

Um 590 entstand auf dem Poggio Civitate (Murlo, Prov. Siena) auf den Resten eines durch Brand zerstörten Gebäude aus dem zweiten Viertel des 7. Jh. ein Nachfolgebau mit fast quadratischem Grundriss (ca. 60 × 61 m), einem Innenhof von etwa 1250 m² Fläche und einem Säulengang an drei Seiten, an den sich 18 unterschiedlich große Räume anschlossen: Die Forschung sprach von der Residenz eines Aristokraten.[286] Die Architekten des Palastes von Murlo hatten Verbindungen zum Mittelmeerraum: Vorläufer einer solchen Residenz finden sich im Herrscherpalast von Larissa am Hermos in West-Kleinasien, in Vouni auf Zypern und in der griechischen Kolonie Locri in Süditalien.[287] Die Familienmitglieder und Anhänger der Palastherren von Murlo sind in Reihen von reliefierten und bemalten Tonfriesen mit Szenen aus dem adeligen Leben (Sitzungen, Bankette, Pferderitte und Prozessionen) abgebildet, die einige Räume des Palastes schmückten. Mehrere Tonplatten zeigen neun sitzende oder stehende Personen mit Insignien (▶ Abb. 12). Der Hausherr sitzt auf einem Thron mit gerader Rückenlehne, mit Armlehnen und Schemel und hält einen Krummstab (*lituus*), was auf seine hohe sozio-politische und religiöse Rolle hinweist. Hinter dem thronenden Herrn mit Krummstab sitzt eine Frau auf einem Thron mit abgerundeter Rückenlehne etruskischen Typus und mit Schemel, was sie als Hausherrin qualifiziert. Weitere Personen stehen oder sitzen auf Klappstühlen und halten andere Insignien in der Hand. Der Krummstab ist bereits im Alten Orient und im mykenischen Griechenland Insignie von Autorität und Würde eines Königs, wie eine griechische Zeus-Statuette nahelegt.²⁸⁸

Abb. 12: Tonreliefs aus dem Palast von Murlo wiederholen vielfach die Darstellung von vier männlichen Würdenträgern, einer auf einem Thron, die anderen auf Klappstühlen; eine verschleierte Frau sitzt auf einem Thron. Ein Amtsdiener hält eine Lanze, ein weiterer hält einen Stock. Die Dienerin der thronenden Frau hält Eimer und Fächer. Murlo (Siena), Archäologisches Museum.

Die Frage, ob es sich in Murlo um sakrale Personen oder um Vertreter einer politischen Organisation handelt, erübrigt sich, denn religiöse Vorstellungen leiten sich immer, und auch in Murlo, aus den Erfahrungen des täglichen Lebens ab. Die Abbildungen besagen jedoch nicht viel über die politische Rolle der Hausbewohner und deren Verhältnis zu den Bewohnern einer älteren, kleinen Ansiedlung, deren Nekropole mit (vorläufig) wenigen Gräbern auf dem Poggio Aguzzo in der Nähe des Palastes von Murlo liegt.²⁸⁹

Ein vornehmer Herr hatte in Murlo, fern von den Hauptzentren der Macht, aus nicht feststellbaren Gründen Abgeschiedenheit gesucht und eine eigene Herrschaft eingerichtet – die häusliche Ausstattung (Trinkgeschirr, Fässer, Kocher und Webereigeräte) spricht für Autarkie, die dekorierten Wände des Domizils für eine begüterte Familie.

Um 550–530, also einige Jahrzehnte nach dem ersten Umbau, wurde der Palast samt der Ausstattung aus uns unbekannten Gründen niedergerissen, der Schutt teils vergraben, teils in Sturzlage und mit Erde bedeckt liegengelassen.²⁹⁰ Dieser Befund spricht für ein freiwilliges Verlassen des Ortes verbunden mit der Politik der ›verbrannten Erde‹. Auch in anderen Ansiedlungen, z.B. in Acquarossa, gibt es gegen Ende des 6. Jh. beim Palast Zerstörungsspuren ohne Wiederaufbau.²⁹¹ Anfang des 6. Jh. war der Palast von Casale Marittimo durch Brand zugrunde gegangen. In den ersten Jahrzehnten des 5. Jh. ging in Roselle ein älteres Haus mit mehreren Räumen und das benachbarte Gelände in Flammen auf.²⁹² Die ›Residenz‹ im Gelände Villa Parrocchiale von Caere wurde um 500 planiert. In San Giovenale, also in ländlichem Gebiet, wurden spätestens in der ersten Hälfte des

5. Jh. drei etwa 12 m breite Häuser mit Hof und Brunnen aus der Zeit vor der Mitte des 7. Jh. verlassen.

Gegen Ende des 6. Jh. wurden also mehrere vornehme Domizile mit oder ohne Zerstörungsspuren aufgegeben; die näheren Umstände kennen wir nicht. Andererseits legen die weiterhin bemalten Kammergräber in erster Linie in Tarquinia nahe, dass die adelige Oberschicht zumindest in Tarquinia im privaten Bereich auf ihre Repräsentation (und wohl auf ihre Privilegien) nicht verzichtete.[293] Der Drang nach Selbstdarstellung wurde in erster Linie im Inneren des Grabes und nicht in der Öffentlichkeit ausgelebt, also dort, wo man bei Bestattungsfeierlichkeiten unter sozial Gleichrangigen und Gleichgesinnten blieb. Die Grabmalereien belegen die Macht einer Oberschicht, die sich eher im Hintergrund hielt.

Eine um die Mitte des 1. Jh. n. Chr. verfasste lateinische Ehreninschrift auf einer zerbrochenen Marmortafel aus dem römischen Forum von Tarquinia (▶ Abb. 13) besagt:

Aulus Spurinna, Sohn des Velthur,
Prätor zum dritten Mal, (den) Orgolnius Velthurne[
König der Caeretaner aus (seiner) Machtstellung vertrieb (*imperio expu[lit]*)[294]

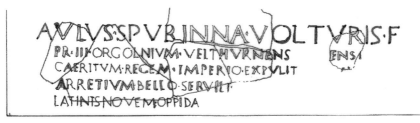

Abb. 13: Kaiserzeitliche Inschrift des Aulus Spurinna, wahrscheinlich aus dem 1. Jh. n. Chr., mit der Erwähnung von Fakten, die die Städte Caere und Arezzo betreffen. Tarquinia, Archäologisches Museum.

Diese Ehreninschrift verherrlichte in der frühen römischen Kaiserzeit die Heldentaten eines Aulus Spurinna aus Tarquinia, woher die Inschrift stammt. Diese berichtet über ein politisch höchst brisantes Ereignis, das Jahrhunderte davor Caere betroffen hatte, nämlich die Vertreibung seines Königs Orgolnius durch einen Prätor aus Tarquinia. Die Art und Weise, wie das Königtum in Caere abgeschafft wurde, nämlich durch auswärtige Intervention, hat keine Parallelen in der Überlieferung über die Vertreibung der Könige in Rom. An beiden Orten ging jedoch die Initiative von adeligen Gruppen aus, die eine neue institutionelle Ordnung einführen wollten. Aristoteles bietet brauchbare Erklärungen für Verfassungsänderungen im Allgemeinen, die wir auch auf Tarquinia und Caere anwenden können: Entweder gab es Neider, welche anderen ihre Ehrungen nicht gönnten, oder diejenigen, die Ehren hatten, wollten selbst nicht unter den gleichen Bedingungen bleiben. In beiden Fällen kam es zu Revolten, soweit Aristoteles.[295]

Die etruskische Epigraphik und die antiken Autoren kennen keinen etruskischen Personennamen für den lateinischen Namen Orgolnius. In der ersten

Hälfte des 1. Jh. sind Urgulanius und die weiblichen Formen des Namens, Urgulania und Urgulanilla, bezeugt.[296] Sie stehen einer rekonstruierten etruskischen Originalform *Urclna näher als der Name Orgolnius der Inschrift von Tarquinia. Urgulanilla, die Enkelin einer Urgulania, war die dritte Gattin des Kaisers Claudius, des Autors eines Buches über Etrurien.

Auf welche Zeit sich der kaiserzeitliche Text bezieht, ist umstritten: T. Cornell meint, die Absetzung des caeretaner Königs sei zwischen der Mitte des 6. und dem Beginn des 5. Jh. erfolgt; das Ereignis beziehe sich auf den Krieg zwischen Tarquinia und Rom (358–351) – so M. Torelli und M. Pallottino.[297] In diesem Fall scheint es befremdlich, dass Rom, das in jenem Krieg Tarquinia besiegte, in einer kaiserzeitlichen Inschrift nicht erwähnt wird.

Der Senator Vestricius Spurinna[298] – ein echter oder vermeintlicher Nachfahre des Prätors Aulus Spurinna aus der Inschrift aus Tarquinia – dürfte in der zweiten Hälfte des 1. Jh. n. Chr. in Tarquinia, wohl in der Herkunftsstadt der eigenen Familie, die Aufstellung der Marmortafel mit der Ehreninschrift veranlasst haben. Jener Aulus Spurinna war wahrscheinlich ein Nachkomme der adeligen Familie Spuriana von Tarquinia – die Entwicklung vom frühen etruskischen Spuriana zur rezenten etruskischen Form Spurina und zur lateinischen Form Spurin(n)a ist linguistisch regulär.[299] Ein Mitglied der Familie, Araθ Spurianas, baute um 540–520 in Tarquinia (Monterozzi) ein dreiräumiges Grab und ließ es mit der Darstellung eines Ereignisses aus den homerischen Epen ausmalen: Achill überfällt den Trojaner Troilos.[300] Das Motiv ist vielfach dargestellt, keine Überlieferung erläutert die Wahl dieses Sujets, sodass die zahlreichen modernen Erklärungen spekulativ sind.[301]

Zwischen der Abfassung der Ehreninschrift und den darin angegebenen Ereignissen klafft eine zeitliche Lücke von Jahrhunderten: Die Verwendung des Wortes *praetor* in der kaiserzeitlichen Inschrift im ursprünglichen Sinn ›Heerführer‹ spricht für die Historizität dieser antiken Nachricht, die wahrscheinlich aus den Familienchroniken der Spuriana/Spurinna stammte. Der römische Dichter Persius (34–62 n. Chr.) aus Volterra weist auf durchgehende, etwa sechs Jahrhunderte alte etruskische Familientraditionen hin.[302]

Das dreiräumige Grab der Familie Spuriana und das gelehrte Thema der Malerei erlauben den Schluss, dass die Spuriana in der zweiten Hälfte des 6. Jh. in Tarquinia wegen ihres Reichtums und ihrer Bildung hohes Ansehen genossen. Die Inschrift legt inhaltlich nahe, dass ein Mitglied dieser Familie, *Aule Spurianas/Aulus Spurinna*, dreimal ein etruskisches Amt mit militärischen Aufgaben bekleidete, welches dem römischen Amt der frühen Prätur entsprach. Er unternahm von Tarquinia aus einen offiziellen Zug nach Caere und vertrieb dessen König »von seiner Machtstellung«. Es liegt nahe, dass seine militärische Aktion nicht nur zur Vertreibung des Königs von Caere, sondern in Caere auch zur Abschaffung des Königtums führte, und dass damals in Tarquinia das Königtum bereits abgeschafft und in der Nachfolge ein Prätor gewählt worden war. Ob Adelige von Caere beim Adel von Tarquinia Hilfe gegen einen (unerwünschten) König Orgolnius gesucht und bekommen hatten, oder ob es politische oder institutionelle Unstimmigkeiten zwischen den Nachbarstaaten Caere und Tarquinia gegeben hatte, die mit dem Zug des Aulus Spurinna gipfelten, bleibt offen.

Eine freiwillig oder unfreiwillig erfolgte Zurückdrängung der Aristokratie gipfelte sowohl in Caere als auch in Tarquinia in der Entmachtung des Königs.

In Veji war Lars Tolumnius noch 437 König (▶ Kap. 4.2). Die Vejienter hätten das Königtum abgeschafft, aber durch Zwistigkeiten und jährliche Wahlkampagnen erschöpft wieder einen König ernannt, so Livius.[303] Das Fehlen von chronologischen Anhaltspunkten für diese Maßnahmen ist eine historisch schwerwiegende Lücke, und die inneren Zwistigkeiten als Ursache dafür sind ein sehr allgemeiner Grund. Livius oder seine Quellen erfanden einige Details. Der Vorwurf, Veji habe das Königtum wiedereingeführt, dürfte aus römischem Umfeld stammen – Rom musste ein schlechtes Bild von Veji zeichnen, um in späteren Zeiten das eigene feindliche Verhalten Veji gegenüber zu rechtfertigen.

Kurz vor der Einnahme Vejis durch die Römer gab es in Veji einen König als Vollzieher von Opfern.[304] In Rom behielt man nach der Vertreibung des letzten Königs Tarquinius Superbus (534–510) das Königtum für den sakralen Dienst an den Göttern im Namen des Staates bei. Die dafür zuständige Person, der ›Opferkönig‹ (*rex sacrorum*), war (in Rom) ein Amtsträger. Ähnliches geschah in Athen:[305] Die königliche Familie verlor die politischen und militärischen Kompetenzen, behielt aber die sakrale Rolle des alten Königtums. In den Städten der Latiner hatte der ›König des Haines‹ von Ariccia in den Albanerbergen (*rex nemorensis*) sakrale Funktionen. Zwei lateinische Redewendungen indizieren wichtige Aufgaben auch des etruskischen Königs: ›Königliche Blitze‹ (*fulmina regalia*) und ›königliche Eingeweide‹ (*regalia exta*) sind alte lateinische Bezeichnungen aus dem Vokabular der Blitzdeuter und Leberbeschauer.[306] Sie klingen im Lateinischen fremd und sind wohl Lehnübersetzungen aus dem Etruskischen. Sie gehen auf die Königszeit Etruriens oder auf die Zeit Roms unter den etruskischen Königen (616–509) zurück und jedenfalls auf eine Zeit, in der Könige in Etrurien die Zukunft durch die Beobachtung der Leber geopferter Tiere und die Deutung der Blitze in Erfahrung zu bringen suchten. Der König von Veji übte also, wie die Könige in Rom, in Latium und in Athen sakrale Funktionen aus, es bleibt jedoch offen, ob er nur mehr ein Opferkönig war oder ob er auch noch ein politischer König war, d. h. ob am Vorabend der Eroberung Vejis das ›politische‹ Königtum bereits abgeschafft war. Jedenfalls konnten sakrale Aufgaben eines ›Königs‹ eine besondere Nähe zu den Göttern demonstrieren, die der Adel sicher nicht goutierte.

Anfang des 6. Jh. zeigen Grabreliefs von Fiesole und Felsina/Bologna einen fixen Typus von Hopliten aus nichtadeligen Schichten.[307] Ein Krieger aus Vulci wurde um 520–510 mit seiner Hoplitenbewaffnung bestattet. Sein Fossa-Grab unterscheidet sich von den zeitgenössischen, baulich anspruchsvollen und für Vulci typischen Cassone-Gräbern mit offenem Zentralraum und rundum angelegten Kammern für die Familien einer Oberschicht. Folgt man M. Torelli, zeigt die einfache Ausstattung des Hopliten in einem Grab von Vulci, dass gegen Ende des 6. Jh. Hopliten auch aus den Reihen der Nichtadeligen bzw. eines weniger vermögenden Mittelstandes und nicht nur des Adels rekrutiert wurden.[308] Es erhebt sich allerdings die Frage, ob man aus dem schmalen archäologischen Befund eines einzigen Grabes so weitreichende Schlüsse ziehen darf. Im Übrigen war Etrurien immer dünn besiedelt und bei der hohen Anzahl von ausgebildeten

Soldaten, die eine Phalanx braucht, muss man damit rechnen, dass auch bald nach der Anwendung der Hoplitenbewaffnung gegen Ende des 7. Jh. Soldaten aus anderen sozialen Schichten als nur aus den Reihen der Aristokratie rekrutiert wurden. Das allgemein gute Lebensniveau einer mittleren Schicht von Großbauern – es sei an den Wagen von Bisenzio erinnert (▶ Kap. 4.4) – machte sie zu begüterten Bürgern; eine Selbstfinanzierung der teuren Hoplitenbewaffnung ist daher wahrscheinlich ebenso wie eine Ausstattung durch den Anführer.

In der etruskologischen Forschung wird die Beschränkung des adeligen Repräsentationsdranges in Volsinii/Orvieto und in Caere sowie die Rekrutierung von Hopliten aus mittleren Schichten, worauf der Krieger aus Vulci hinweise, immer wieder mit dem Wort ›Demokratie‹ in Verbindung gebracht. Jedoch sucht man eine Definition von ›Demokratie‹ vergeblich.

Zum Verständnis des Problems Etrusker und Demokratie sei etwas weiter ausgeholt: Heutzutage bezeichnet Demokratie – wortwörtlich die ›Herrschaft des Volkes‹ – eine Staatsform, in deren Rahmen Amtsinhaber die Funktionen und die damit verbundene Macht als Beauftragte des Volkes (›Repräsentanten‹) und nicht aus eigener Machtvollkommenheit oder als Beauftragte übermenschlicher Instanzen wahrnehmen. Befolgen diese Träger staatlicher Macht den frei gebildeten und frei geäußerten Willen des Volkes nicht, können sie abgewählt werden. Nach Aristoteles bedeutet Demokratie, dass das Volk selbst die Staatsführung bildet, und nicht, dass gewählte Vertreter wie in modernen Demokratien vom Volk übertragene Machtbefugnisse innehaben.[309] So gesehen war in der athenischen Demokratie die Volksversammlung das Vollzugsorgan des Volkswillens, die Amtsinhaber dagegen lediglich deren Vollstrecker. Trotz der von Solon und Kleisthenes im 6. Jh. geleisteten ›Vorarbeit‹ blieben aber in Athen in der Praxis die Führungspositionen bis zur Zeit des Perikles (vor 490–429) in der Hand des Adels (und auch in Rom blieb die Heeresführung beim Adel – auch nach der Abschaffung des Königtums); erst später lagen sie in Athen bei den ›Führern des Volkes‹ (= Demagogen), die aus einer gewerbetreibenden Mittelschicht kamen. Denn mit dem Hervortreten einer reichen Mittelschicht verlangte diese mehr Mitspracherecht und beanspruchte eine Führungsrolle, die sie auch unentgeltlich, d. h. ehrenamtlich übernehmen konnte. Selbst in Athen kann man von Demokratie erst im 5. Jh. sprechen: Aristoteles bemerkte, dass das Hoplitenheer nicht die Waffengattung der Demokratie war, denn die Demokratie habe sich in Athen erst entfaltet, als sich das militärische Gewicht auf die Marine verlagerte, was um die Mitte des 5. Jh. geschah.[310] Selbst in Rom fand sich das Provokationsrecht – d. h. die juristische Berufung eines Verurteilten an die Volksversammlung wegen magistratischer Willkür, eine echte demokratische Maßnahme – vielleicht erst im Jahre 449 oder besser: 300.[311]

Die Annahme etruskischer ›demokratischer Strömungen‹ anhand der Nekropolen von Volsinii/Orvieto und von Caere und des Hopliten von Vulci im 6. Jh. würde zu dem trivialen Schluss führen, dass ›Demokratie‹ in Etrurien älter sei als in Athen. Also: Wenn auch eine (beweisbare) reiche etruskische Mittelschicht im 6. Jh. mehr (unbeweisbare) Mitspracherechte verlangte, kann dies nur eine sehr kurze Episode gewesen sein, die mit einer nicht näher definierten ›Demokratie‹ nicht viel zu tun hat.

Was darüber hinaus entscheidend ist: In Demokratien ist die Staatsgewalt zersplittert. Es gibt deutlich mehr Ämter, was zu dem Schluss führt, dass die Kompetenzen der einzelnen Amtsträger beschränkt sind.[312] Livius stellt die Beamten der Samniten den etruskischen *principes* gegenüber, was für eine (etruskische) Oligarchie mit wenigen Beamten spricht.[313] Selbst als im oligarchischen Rom mit den militärischen Erfolgen und Eroberungen die Verwaltung aufwendiger wurde, wurden keine neuen Ämter geschaffen, sondern die bereits bestehenden Ämter nach Bedarf verdoppelt. Die wenigen Amtsstellen, die es auch später in der etruskischen (wie in der römischen) Verwaltung gab, sprechen für eine nicht allzu stark strukturierte Verwaltung. In den etruskischen Stadtstaaten, die keine konsequente Expansionspolitik wie Rom betrieben, blieb auch später die Anzahl der Ämter sehr gering. Darin zeigt sich die Durchsetzungskraft eines oligarchischen Systems, in dem die einzelnen wenigen Amtsträger ausgedehnte Kompetenzen, aber demokratische Formen kaum Platz hatten.

Befristete Ämter

Nach etwa 600 wurden in Tragliatella unweit von Caere auf zwei der vier Seiten eines abgebrochenen Tuffzippus mehrere Worte eingemeißelt.[314] Nach H. Rix handelt es sich um eine Inschrift aus dem Ende des 7. oder Anfang des 6. Jh., nach G. Colonna um zwei Inschriften unterschiedlichen Datums: 580/570 die ältere, Mitte des 6. Jh. die jüngere Inschrift.[315] Der Zippus stammt aus einem heiligen Bezirk, der Text erwähnt einen Herrn Hirumina und enthält das Wort *marunu[*, das G. Colonna mit dem Suffix *ci* des Lokativs ergänzte: Es bedeute ›im Maru-Amt‹ (Maronat) und beziehe sich auf das etruskische Amt des Maru, das auch im religiösen Sinn aufgefasst werden kann. Denn drei wesentlich jüngere Inschriften aus Tarquinia und seinem Territorium (3.–2. Jh.) nennen den Maronat in Zusammenhang mit dem Bacchus-Kult; das religiöse Umfeld des Zippus von Tragliatella dürfte damit bestätigt werden.[316] Die Etymologie des Wortes *marunu* liegt im Dunkeln, das Wort kommt auch auf der Lemnos-Stele vor, ist daher etruskisch und wurde in Umbrien übernommen – *maro* ist bei den Umbrern als Amtstitel bezeugt.[317] Die Inschrift von Tragliatella »im Maru-Amt« gibt die Epoche an, in der eine Handlung vollzogen und die Inschrift gesetzt wurde; oder sie gibt an, dass die Handlung unter der Befürwortung eines *maru* stattfand. So oder so, die Inschrift liefert um 600 ein Indiz für die Existenz einer ›Verwaltungsebene‹, welche religiöse/profane Aufgaben zusammen oder getrennt ausführte und sich der Schrift bediente. Es gab also damals in Tragliatella Vorsteher/*maru*, welche Aufgaben an Funktionäre delegierten, oder selbst Vorsteher an der Spitze der Gemeinschaft waren.

Um 600 erwähnt eine Inschrift aus Rubiera (Prov. Reggio Emilia) auf einer 1,05 m hohen, reliefierten Stele lokaler Typologie – ein Streufund aus dem Bett des Flusses Secchia – einen Mann, dessen Name nicht erhalten ist. Der Mann war *zilaθ* »in Misala« und ehrte Frau Kuvei Puleisnai mit einer Schenkung.[318] Nach diesem allerersten Beleg des Wortes *zilaθ* in der Emilia-Romagna ist ein *zilaθ* als Amtsträger erst seit dem Beginn des 5. Jh. in Caere und besonders im 4. und 3. Jh.

in Tarquinia und seinem Territorium reichlich, in Vulci, Vetulonia, Chiusi, Orvieto, Orte und in Felsina/Bologna dagegen selten bezeugt;[319] das Amt wird mit der römischen Prätur gleichgesetzt. Gegen Ende des 6. Jh. ist in Caere auch der Titel *zilaθ* eines Amtsträgers mit der näheren Beschreibung *seleita* belegt. Die zeitliche Kluft von etwa 100 Jahren zwischen den Belegen von *zilaθ* in einem etruskischen Randgebiet (Rubiera) und *zilaθ seleita, zilaθ*[320] in Caere führte zur Frage nach der ursprünglichen Bedeutung des Wortes *zilaθ*. Für das *zilaθ* von Rubiera wurde eine frühe, allgemeine Bedeutung des Wortes angenommen, etwa ähnlich wie das lateinische *magister*, ›Vorsteher‹, ›Vorsitzender‹ aus einer Verbalwurzel *zil-*, ›lenken‹, ›leiten‹, ›den Vorsitz haben‹ oder *zi-* im Sinne ›rechtsprechen‹: *zilaθ* sei dann ›derjenige, der Recht spricht‹, gleichsam ein hoher Amtsträger einer dörflichen Organisation.[321]

Drei beschriftete Goldbleche – zwei mit Texten von unterschiedlicher Länge in etruskischer, eines in phönikischer Sprache – sind 1964 im Gelände des Tempels B von Pyrgi ans Licht gekommen und werden aus paläographischen Gründen auf Ende des 6. oder Anfang des 5. Jh. datiert.[322] Kleine Löcher an den Rändern der Bleche dienten ursprünglich deren Befestigung an einer Wand. Die Inschriften konnten von den Vorbeigehenden gelesen werden, die enthaltene Mitteilung war also offiziell (▶ Abb. 14). Die Goldbleche sind die Weihgabe eines Oberamtsträgers, des *zilaθ (seleita)* Thefarie Velianas, des höchsten Mannes im Staat der Caeretaner, an die Göttin Uni/Astarte. Zwei weitere zeitgenössische Inschriften auf Bronzeblech aus demselben Tempelareal nennen Götternamen, darunter Uni und Tinia, und zweimal das Wort *spu[r]iaze[-*, die staatliche Gemeinde.[323] Die politische Bedeutung des Ortes wird damit bestätigt.

Im Jahr 2007, also etwa vier Jahrzehnte nach dem Fund der Goldbleche, kam in Caere (Banditaccia) das Grab einer Familie Ve[l]iinas ans Licht. Es wurde auf die Zeit zwischen 550 und 525 datiert und mit der Familie des Thefarie Velianas in Verbindung gebracht.[324] Es ist ein ›Würfelgrab‹ in der zweiten Reihe der Gräber am Hauptweg der Nekropole, die älter und ebenfalls Würfelgräber sind. Das Zweikammergrab der Veliinas ist mit Malereien reichlich geschmückt, fünfzehn Inschriften von Männern mit oder ohne Gentilnamen werden Anhängern des Grabherrn zugeschrieben.[325] Dieser hieß Larice Ve[l]iinas und war der Gatte der Ramaθa Spesias. Die Annahme, Larice und Ramaθa seien die Eltern des Thefarie Velianas gewesen, beruht auf der Gleichheit des Gentilnamens des Larice und des Thefarie, dieser wurde jedoch nicht im vermeintlichen Elterngrab bestattet, wie man es im Etrurien des 6. Jh. erwarten würde. Wenn das Grab für die angenommenen Eltern des Velianas errichtet wurde, so gehörte er der Oberschicht von Caere an; vermutlich war bereits sein wahrscheinlicher Vater eine Person von Rang und Würde. Der Name Vilianas ist auch in Nordetrurien, bei Fiesole, belegt.

Die drei Texte auf den Goldblechen entsprechen sich hinsichtlich der Grundaussagen, der phönikische Text ist jedoch sprachlich und inhaltlich aufschlussreicher als die beiden etruskischen Texte. Adressat der Weihung ist Uni, die Stadtgöttin Caeres, die mit der phönikischen Astarte gleichgesetzt ist.[326] Astarte ist in hellenistischer Zeit auf Münzen der phönikischen Stadt Sidon mit der Mauerkrone der Schutzgottheit dargestellt.[327] Aus dem phönikischen Text ist nach

4.6 Politische Veränderungen in den etruskischen Staaten

Abb. 14: Die längere Inschrift auf Goldblech aus Caere ist um 500 zu datieren und erwähnt den Amtsträger Thefarie Velianas. Rom, Etruskisches Museum Villa Giulia.

P. Xella, der eine gediegene Übersetzung mit Kommentar geliefert hat, zu entnehmen, dass es in Pyrgi einen »heiligen Ort« für Astarte gab und innerhalb des Heiligtums eine Kultstätte, die Thefarie Velianas, »König über Caere«, »im Monat ›Opfer der Sonne‹« als Geschenk für von der Göttin erhaltene Hilfe weihte.[328] Dies geschah infolge eines Wunsches, den die Göttin im dritten Jahr der Regierung des Velianas, im Monat KRR und am Tage ›Begräbnis des Gottes‹ geäußert hatte. In dieser Kultstätte gab es wahrscheinlich eine Statue der Göttin. Schließlich äußert Velianas den Wunsch, dass die (wohl in dieser Statue personifizierte) Göttin so viele Jahre an diesem Ort bleibe »wie diese Sterne«. P. Xella bietet auch eine alternative Deutung dieser Aussage: Thefarie Velianas sage konkret, dass die Statue soviele Jahre bleiben wird, wie es Sterne gibt.[329] Diese zweite, von P. Xella mit Fragezeichen geäußerte Deutung dürfte historisch akzeptabel sein: Denn alles, was für die Götter und mit den Göttern ausgemacht wird, hat ewige Gültigkeit, und nichts kann mit der Ewigkeit besser verglichen werden als der mit einer unendlichen Zahl von Sternen besetzte Himmel.

Thefarie Velianas verewigte auf den Goldblechen seine Weihung. Er war Bauherr und wohl Finanzier der Kultstätte innerhalb des Tempels. Er verfasste die etruskischen Originaltexte oder ließ sie verfassen, ein weiterer Text wurde einem phönikischen Übersetzer übergeben; schließlich wurde für die Veröffentlichung auf kostbarem Material Sorge getragen. Zweifellos gelang es Velianas, die Aufmerksamkeit der Leser der Texte auf sich zu ziehen, was durchaus auch politisch und nicht nur religiös gesehen werden kann.

Thefarie Velianas bezeichnet sich im längeren etruskischen Text als *zilaθ seleita*, er bekleidete also ein etruskisches Amt, das im Phönikischen MLK mit ›L KJŠRY‹, »regierend/herrschend über Kysra« (= Caere), wiedergegeben wird.[330] Der phönikische Satzbau (über Kysra) sei unüblich, man erwarte vielmehr ›regierend/Herrscher/König von Kysra‹: so Fachleute für semitische Sprachen einstimmig.[331] Die unübliche Satzkonstruktion dürfte die Schwierigkeiten zeigen, den etruskischen Titel des Thefarie Velianas im Phönikischen wiederzugeben.

Thefarie Velianas bekleidete das Amt eines *zilaθ seleita*, welches A. Maggiani dem *praetor maximus* (= Oberster Vorangeher) in Rom überzeugend gleichsetzte.[332] In Rom übernahm der *praetor maximus* nach dem Sturz des Königtums (509) das Oberamt und damit die militärische Beehlsgewalt (*imperium*); in den Städten der Latiner wurde das Königtum durch einen *praetor/dictator* ersetzt, der Heerführer war.[333] In Caere und in Tarquinia ist der König ebenfalls von einem Prätor ersetzt worden. Wenn Velianas ein solcher im römischen Sinn war, dann hatte er die höchste militärische Befehlsgewalt.

Die etruskische Redewendungen *ci avil*, ›drei Jahre‹[334] und ŠNT ŠLŠ III (= ›Jahr drei III‹) im phönikischen Text sind Datierungen, die sich auf die Zeit bezogen, als die Göttin ihren Wunsch äußerte und Velianas die Weihung vornahm. Sie sind daher für den Charakter des Amtes von Bedeutung. Semitisten schlugen für ›Jahr drei III‹ eine Übersetzung ›im Jahre drei‹ oder ›im dritten Jahr der Regierung‹ (G. Garbini) bzw. ›unter seiner Regierung (im) Jahr drei‹ (W. Röllig) vor. Nach P. Xella bezieht sich die Redewendung auf die Zeit, als die Göttin den Wunsch nach einer Kultstätte äußerte.[335]

Zum etruskischen *ci avil*, ›drei Jahre‹, gibt es ebenfalls mehrere Vorschläge. Nach M. Cristofani erfolgte die Schenkung ›im Jahre drei‹ (seiner Regierung) und nach D. Steinbauer »als/weil drei Jahre voll(endet waren)«.[336] G. M. Facchetti umschreibt *ci avil* mit »nachdem er (= Velianas) die Macht ergriffen hatte, waren drei Jahre vergangen« und nimmt ein lebenslängliches Amt des Velianas an. Nach A. Maggiani sei Thefarie Velianas »seit drei Jahren« *zilaθ seleita* gewesen.[337] Der Amtsträger (*zilaθ seleita*) Velianas bekleidete also ein Amt namens Zilac/χ. Dieses Zilac/χ-Amt sei nach Maggiani eine jährliche Magistratur, eine Iteration in aufeinanderfolgenden Jahren sei allerdings theoretisch möglich. Eine Übersetzung von *ci avil* mit »im Jahre 3« oder »im dritten Jahre« würde eine Iteration des Amtes in dem Sinn bedeuten, dass Velianas jedes Mal ein jährliches, zeitlich befristetes Amt bekleidete, das allerdings erneuert werden konnte. Der *zilaθ seleita* Thefarie Velianas war also vorerst ein auf Zeit bestellter Amtsträger.

In Caere wurde also gegen Ende des 6. Jh. der König, dessen Amt nicht zeitlich beschränkt war, von einem zeitlich befristeten ›Amtskönig‹ ersetzt, d. h. vom Träger eines Amtes, zu dem nun mehrere Familien Zugang hatten, so dass die Chancen der Amtsanwärter, an die Macht zu kommen, höher geworden waren.[338] Zudem konnte eine ungeeignete Person abgesetzt bzw. nicht wiedergewählt werden.

Seinerzeit nahm M. Pallottino vorsichtig eine Rolle des Thefarie Velianas als Tyrann nach dem Muster der zeitgenössischen sikeliotischen Tyrannen an. Heutzutage wird diese Rolle als sicher angenommen.[339] Da aber Thefarie Velianas selbst seinen (magistratischen) Titel angibt, ist es nicht einzusehen, warum man, im Widerspruch zum Text, die Bedeutung des Wortes *zilaθ* ändern sollte. Auch war sein Titel mit der zeitlichen Angabe »drei Jahre« verbunden, was dem Wesen der (griechischen) Tyrannis widerspricht. Velianas war *zilaθ seleita* (und nicht *zilaθ* allein), er bekleidete also keine gewöhnliche Magistratur/Prätur, sondern eine Obermagistratur. Gerade deswegen war sein Titel schwer ins Phönikische wortwörtlich zu übersetzen, und der Übersetzer wählte eine ungewöhnliche syntaktische Konstruktion des Hauptwortes, die den etruskischen hohen Titel in die Nähe eines ›Regierenden‹ brachte.

Schließlich: ob Velianas die üblichen Handlungen eines Tyrannen zur Machtergreifung und -erhaltung hinter sich hatte – Expansionspolitik mit militärischem Engagement, Familien- und Kulturpolitik, harte Konkurrenz mit dem Adel usw. – sind Fragen, die wir heutzutage angesichts dreier im Detail unübersetzbarer Inschriften nicht verbindlich beantworten können. Jedenfalls lässt der ganze Ton der Inschriften nichts von einer gewaltsamen Machtübernahme, von einem Staatsstreich oder von Maßnahmen erkennen, welche die zeitgenössische (griechische) Tyrannis auszeichneten.

Thefarie Velianas ließ eine Kultstätte errichten und wahrscheinlich das Bild der Göttin unterbringen, aber mehr können wir über diese Weihgabe nicht sagen. Versuche der Forschung, die ›Hilfe‹ der Astarte an Velianas und seine von den Inschriften und der sonstigen Überlieferung ungenannte Rolle als Tyrann zu objektivieren, bleiben also den Vermutungen der zahlreichen modernen Interpreten überlassen.

Später belegte Ämter in anderen etruskischen Städten zeigen, dass deren staatliche Strukturen eine ähnliche, teilweise zeitverschobene politische Entwicklung durchmachten, die zur Absetzung des Königtums und zur Einführung des Zilac-Amtes führte. Es bleibt offen, ob dies aus eigener Kraft der Staaten oder, wie in Caere, durch auswärtige Intervention geschehen ist.

Die innerhalb weniger Jahrzehnte erfolgte Eliminierung von adeligen Wohnsitzen auch in ländlichen Gegenden (Murlo, Casale Marittimo und Acquarossa), die Anlegung von gleichmäßigen Nekropolen, wie in Volsinii/Orvieto und in Caere, und die deklarierte Abschaffung des Königtums zumindest in Caere und in Tarquinia zugunsten eines Prätor/*zilaθ* signalisieren zwischen der Mitte des 6. Jh. und dem Beginn des 5. Jh. eine Zeit von politischen Veränderungen. Sie gingen in den einzelnen Staaten nicht vom Willen einer zentralen gesamtetruskischen Instanz aus, denn die Ablösung vom Königtum erfolgte nicht gleichzeitig – in Veji erst gegen Ende des 5. Jh. oder sogar erst mit der römischen Einnahme der

Stadt (▶ Kap. 6.3). Jedenfalls gab es in den etruskischen Staaten eine Zeit lang unterschiedliche Verfassungen.

Die Befriedigung der Grundbedürfnisse der Gemeinschaften (Sicherheit, Nahrungsversorgung und innere Ordnung) hatte ursprünglich auch zum Tätigkeitsbereich eines Adels gehört. Als im Laufe des 6. Jh. die Bevölkerung und deren Bedürfnisse zunahmen und die führende Schicht die Sicherung der Grundbedürfnisse nicht mehr bewältigen konnte, wurde es notwendig, die erforderlichen Infrastruktureinrichtungen längerfristig bis dauerhaft funktionstüchtig zu halten. Es wurde zumindest in den großen Städten Caere, Tarquinia usw. eine breitangelegte Organisation des Staates notwendig, in der die Herrschaftsfunktionen der Führung permanent ausgeübt werden mussten. Daraus folgt, dass die Aufgaben selbst, wie in Griechenland und zeitgleich oder etwas später in Rom, nicht mehr an eine bestimmte Person gebunden, sondern an zeitlose Einrichtungen, an Ämter übertragen wurden. Diese unpersönlichen, abstrakten, dauerhaften Institutionen blieben auch dann erhalten, wenn ein Amtsträger nicht mehr zur Verfügung stand, aus welchem Grund auch immer. Das Amt konnte erneut besetzt und denen weitergegeben werden, welche die notwendigen Voraussetzungen hatten. Nach Aristoteles kommt es zu »Verfassungsänderungen wegen unverhältnismäßigen Wachstums«, was für Etrurien des 6. Jh. demographisch und sozioökonomisch durchaus zutrifft.[340]

Die charismatischen Eigenschaften der alten Könige wurden also nun auf ein Amt übertragen und mit dem Amt weitergegeben, d. h. sie waren nicht mehr an eine Person gebunden. So hingen die staatlichen Aufgaben, d. h. die Befriedigung der Grundbedürfnisse der Gemeinschaften, nicht mehr vom Gutdünken eines Einzelherrschers, Königs oder Stadtherrn, bzw. adeliger Gruppierungen ab, sondern von gewählten Amtsträgern, denen man bestimmte Aufgaben übertrug. Regierungen mit Ämtern unterschieden sich nun von der informellen, auf persönlicher Autorität beruhenden Führungsposition von Königen mit Gefolgschaft, von Einzelherrschern und von Kriegsherren, die sich politisch profilieren.

Im Laufe der Zeit konnten sich die Aufgaben der Amtsträger durchaus ändern, auch dann, wenn der Titel der Magistratur gleichblieb – so in Rom bei den Ädilen, die ursprünglich die Aufseher der *aedes*, d. h. der sakralen Stätten, waren und später die Marktaufsicht innehatten.[341] Mit wie vielen und mit welchen Aufgaben sich einzelne Funktionäre im 6. Jh. in einer oder mehreren etruskischen Stadtstaaten zu befassen hatten, wissen wir nicht. Die Anzahl der Amtsträger richtet sich überall, und wohl auch in Etrurien, nach der Anzahl der anstehenden Aufgaben und nach der Bereitschaft der jeweiligen Vorsteher (eines Ältestenrates?) die Aufgaben zu delegieren, denn Delegieren bringt eine Verminderung der Befehlsgewalt des Delegierenden mit sich. Amtsträger benötigten aber die Befehlsgewalt, denn nur so konnten sie Verhaltensregeln auch in der Praxis durchsetzen. Die Bürger ihrerseits mussten ihren ›Regierungen‹ Gehorsam leisten, was bedeutete, dass sie ihre persönliche Freiheit einschränken mussten. Die wenigen (belegten) Amtsträger in den doch differenzierten Staaten Etruriens sprechen für die Kumulierung von Aufgaben auf wenige Amtsträger. Insgesamt kamen aber nun mehr Personen an die Macht. Im Laufe der Zeit wurde das Zilac-Amt näher definiert.

Die Nachahmung der Machtinsignien etruskischer Könige durch die römischen Amtsträger legt nahe, dass auch die etruskischen Amtsträger die Machtinsignien ihrer Könige mit sich trugen. Die äußeren Merkmale der frühen Herrscher wurden also in die neue Staatlichkeit überführt und weiter tradiert. Dies bestätigen das archäologische Material und eine Beobachtung von Aristoteles: »der Staat will [...], dass es Gleichheit gibt und keinen Unterschied. Trotzdem aber, jedesmal, wenn der eine herrscht und der andere beherrscht wird, trachtet man danach, dass es doch einen Unterschied gibt in der äußeren Haltung, in der Führung der Rede und in den Ehren.«[342]

4.7 Die etruskische Stadt und ihre Bewohner

Die alten Siedlungskerne auf den Plateaus beherbergten seit etwa der Mitte des 7. Jh. einige tausend Personen: Dazu gehörten die eher kleine Gruppe der ›Fürsten‹, die hauptsächlich vom Grundbesitz lebten, dann der Mittelstand der Unternehmer – Reeder, Händler und Reisende, Kunsthandwerker usw. – und schließlich die breite Gruppe der freien und unfreien Arbeitskräfte, die im Laufe des 7. und im 6. Jh. zur architektonischen Gestaltung der Stadt beitrugen: Die monumentalen Reste der Tempel, der ›Residenzen‹ und der Versammlungsanlage von Caere, auch die einfachen Häuser, zeigen, dass in den etruskischen Städten ideenreiche und aktive Menschen wohnten.

Nördlich des Tempels A von Pyrgi kamen phönikische Öllampen (datiert um 550) ans Licht, wahrscheinlich von Phönikern, welche diesen internationalen Hafen bereits vor der Abfassung der phönikischen Inschrift des Thefarie Velianas aufsuchten.[343] In Tarquinia wendeten in der ersten Hälfte des 7. Jh. phönikische Architekten eine eigene Mauertechnik an, eine Bestätigung, dass in Tarquinia Phöniker arbeiteten.[344] Die wechselvolle Geschichte des Alten Orients im 7. und 6. Jh. zwang immer wieder Menschen zur Flucht. Die Küstenstädte Populonia und Vetulonia, die Mittelpunkte der Metallgewinnung, übten wohl eine gewisse Attraktivität aus. In den Städten Etruriens arbeitete und wohnte auch eine hohe Zahl von Griechen.

Nach Carminius (*de Italia II*) wurden die Städte Etruriens nach etruskischem Ritus, d. h. nach Regeln gegründet, die in den etruskischen Ritualbüchern enthalten waren.[345] Die Städte Etruriens, ähnlich wie Rom, hatten also einen eigenen ›Geburtstag‹. In Rom und in Athen standen Gründerheroen Kulte und Feste zu, zu welchen die Bevölkerung auch aus den ländlichen Regionen zusammenkam. Der in Etrurien ausgeprägte Ahnenkult legt es nahe, dass auch in den Städten Etruriens religiöse Zeremonien mit Kulten für die Gründerheroen abgehalten wurden: Das monumentale Hügelgrab ›del principe‹ in Pisa (700–675) war Objekt kultischer, öffentlicher Verehrung, wenngleich innerhalb des Grabes nur einige zerbrochene Gegenstände, aber keine menschlichen Knochen gefunden wurden.[346] Ähnliches gilt für einen vermeintlichen Kult des Tarchon in Tarquinia:

Eine Wanne am südwestlichen Rand des Haupttempels sei ein leeres Grab für Tarchon gewesen, ein Altar davor weise auf den Kult für den namengebenden Heros Tarchon hin.[347] Das Fehlen jeglicher Reste einer Bestattung und einer diesbezüglichen Überlieferung spricht für eine späte Ausarbeitung der Sage.

Auf dem Plateau von Volsinii/Orvieto gibt es an verschiedenen Stellen Reste aus der Villanova-Zeit und von späteren Bauten aus dem 7. Jh., die teilweise unregelmäßig um kleine Plätze angeordnet waren. Volsinii/Orvieto wuchs also mit der Zeit ohne einheitliche Planung aus kleindörflichen Anfängen durch Zuzug von immer mehr Menschen zu einer Stadt. Die verstreute Lage von Heiligtümern und Hütten und das gewundene Wegenetz der frühen Ansiedlungen auf anderen Plateaus Etruriens zeigen also, dass diese Städte nicht *ex novo* gegründet wurden. Die anderen Städte des etruskischen Mutterlandes, wie auch Felsina/Bologna (▶ Kap. 3.1), waren ebenfalls gewachsene Städte.

Zur Stadt (anders als zu einem Dorf) gehörte auch eine verbaute Fläche mit schönen Wohnhäusern für die politische Führung und mit Hütten für die breite Masse der Bewohner: Häuser sind nicht oder nur in den Fundamenten erhalten, aber manche Gräber sind im 6. Jh. in ihrem Inneren wie Häuser mit Betten und thronartigen Sitzgelegenheiten gestaltet.[348] Eine Stadt stand unter göttlichem Schutz und ihr bedeutendstes Heiligtum war der Tempel der Stadtschutzgottheit. Diese Tempel befanden sich an einer erhöhten, zentralen Stelle der Stadt: in Rom auf dem Kapitol (*arx*) und in Athen auf der Akropolis.[349] In Etrurien ist die Identifizierung dieser Tempel schwierig, da die Plateaus und die Hügel Etruriens kaum ausgeprägte Erhebungen haben, es gibt aber eine eigene (spätbezeugte) Bezeichnung für exponierte Stellen, nämlich *cilθ*. Schutzgottheiten etruskischer Städte sind literarisch selten bezeugt, und in einigen Fällen gibt es Konstruktionen von antiken und modernen Gelehrten. Der Haupttempel von Veji war Uni geweiht und nicht der gleichnamigen Göttin Vei, die wahrscheinlich die Stadtgöttin von Vulci war.[350] Nach Plutarch befand sich der Tempel der Iuno »unterhalb der Zitadelle« und nach Livius auf dem höchsten Punkt der Stadt.[351] Offensichtlich wusste man Ende des 1. Jh. nicht mehr genau, wo sich der Stadttempel von Veji befunden hatte. Reste davon sind bislang archäologisch nicht identifiziert. Um die Mitte des 1. Jh. war Uni auch Schutzgöttin von Perugia. Oktavian, der spätere Augustus, überführte nach dem Brand der Stadt (41) ihre Statue nach Rom (▶ Kap. 8.2). Die Inschrift *mi unial curtun*, »ich bin der Uni Cortona« legt es nahe, dass Uni Schutzgöttin Cortonas war, andere Übersetzungen sind jedoch grammatisch möglich und bestätigen die erste Interpretation nicht.[352] Die monumentale ›Ara della Regina‹ von Tarquinia (erste Hälfte des 6. Jh.) wurde wohl für eine Stadtschutzgottheit errichtet, von der wir allerdings nicht viel wissen. Populonia wird mit einer Iuno Populona in Verbindung gebracht.[353]

In Athen überführte Anfang des 6. Jh. der Gesetzgeber Solon die Kulte der Athena Poliás und des Poseidon Erechthéus, die bis dahin von der Familie der Eteobutaden verrichtet worden waren, in staatliche Obhut. In Rom soll der Zensor Appius Claudius Caecus im Jahre 312 den Kult des Hercules bei der *ara maxima*, dessen Pflege bis dahin Aufgabe der Familien der Potitii und der Pinarii gewesen war, verstaatlicht haben.[354] In Veji gab es ein für den Kult der Uni zuständiges Familienpriestertum.[355] Ob und wann private Kulte in Etrurien verstaatlicht wurden, wissen wir nicht, doch zeigt sich in Etrurien in der Wirksamkeit organisatorischer Maßnahmen eine frühe Intervention des Staates.

In Pyrgi wurde im 5. Jh. eine alte, relativ breite Straße von und nach Caere nahe der Einfriedungsmauer bei den Tempeln A und B (▶ Kap. 4.5) und bis zum Areal der Stadt geführt. Diese etwa 13 km lange Verbindungsstraße zwischen den Tempeln am Hafen und der Siedlung auf dem Plateau dürfte eine Prozessionsstraße zu praktischen und politischen Zwecken gewesen sein.[356] Der Text von Capua (▶ Kap. 4.5) deutet wahrscheinlich auf eine Prozession von Capua nach Hamae hin.[357] Jede Gemeinschaft war eine eigene religiöse Gemeinschaft mit einem eigenen Schutzgott und mit eigenen Kulten: Stadtschutzgottheiten werden immer allein verehrt. Es lag im Interesse der Staatsführung, die Verehrung eines eigenen Gottes zu stärken, denn die Bindung an die von einer Gottheit geschützte Stadt trägt in jeder Zeit zur Bildung der Identität der Bewohner wesentlich bei. In Zeiten, in denen sich die verwandtschaftlichen Bindungen lockerten, konnten gemeinsame Zeremonien zur Bildung eines Zusammengehörigkeitsgefühls außerhalb der Verwandtschaft beitragen. Zeremonien für Schutzgötter und Gründerheroen – die athenischen Panathenäen sind ein Beispiel dafür – sind seit alters her ein erprobtes Mittel, um die Mitglieder einer Gemeinschaft durch die religiöse Bindung zusammenzuhalten.

Im 7. und verstärkt im 6. Jh. waren Städte Knotenpunkt der Organisation der gesteigerten Grundbedürfnisse der Bewohner und nicht nur eine Ansammlung von schönen Tempeln und Häusern und Werkstätten. Diese Zentralorte übernahmen mit der Zeit immer mehr organisatorische Funktionen und zogen immer mehr Bevölkerung aus dem Umland an, was wiederum eine Zunahme von Aufgaben, aber auch von Reichtum bedeutete. Die einzelnen Städte Etruriens wurden innerhalb einiger Jahrzehnte Mittelpunkte des ökonomischen Lebens und politisch gesehen einer Regierung mit Einzelherrschern oder Amtsträgern, unterstützt von sakralen Personen, welche die Verbindung zu den Überirdischen garantierten.

Die Stadt war zugleich auch Mittelpunkt des eigenen Territoriums.[358] In der Landschaft verstreute kleine Nekropolen unweit der Hauptzentren belegen im 6. Jh. eine Besiedelung und eine intensivere landwirtschaftliche Nutzung des Territoriums: Die Familien auf dem Land betrieben Landwirtschaft nicht nur für sich selbst; sie lebten auch vom Verkauf der Produkte an die Bewohner der Stadt, des Handelsmittelpunktes.

Das Aufkommen einer (halb-)staatlichen Organisation im 9.–8. Jh. (▶ Kap. 3) und städtischer Bauten im Laufe des 7. und im 6. Jh. umfasste in Etrurien eine in den einzelnen Ansiedlungen unterschiedlich lange Periode, mit einem chronologischen Unterschied von etwa 50 Jahren zwischen Südetrurien, wo das Städtewesen früher begann, und Nordetrurien. Insofern ist eine ›Entstehung der etruskischen Stadtstaaten‹ in Bezug auf Gesamtetrurien keine korrekte Formulierung, denn sie verlief nicht überall gleichzeitig. Für eine Einschränkung dieser Periode und für ein detailliertes Bild der Unterschiede zwischen den einzeln Stadtstaaten Etruriens wäre eine genaue Datierung der architektonischen Bestände notwendig, was derzeit die Möglichkeiten der Archäologie übersteigt. Zweifellos gingen

Staatsbildung und Urbanisierung vielfach auch Hand in Hand, worauf M. H. Hansen hingewiesen hat.[359]

Die Bewohner der etruskischen Städte in Mittelitalien wurden in den ältesten Inschriften (7. Jh.) durch einen Eigennamen, z. B. *Velelθu* bzw. *Karkana*, oder einen Eigennamen und dem Namen des Vaters (= Patronymsystem) identifiziert: So (exemplarisch) in Caere Larθia Velθurus (»Larthi, Tochter des Velthur«).[360]

Im Laufe des 7. Jh. trat in Etrurien ein neues, zweigliedriges System der Benennung der (freien) Bewohner auf: Es vermerkt den Eigennamen und den Gentilnamen der Person, wobei letzterer in der Regel aus dem Individualnamen des Vaters durch Hinzufügung von unterschiedlichen Suffixen gebildet wurde – Tursikina bildete sich allerdings aus dem Namen des Volkes (▶ Kap. 3.4). Gentilnamen von Familienmitgliedern wurden in den nächsten Generationen unverändert weitergeführt und grenzten die Familien voneinander ab. Ab dem 4. Jh. wird vielfach der Name der Mutter und ab dem 3. Jh. auch ein Zuname vermerkt, letzteres sicher unter dem Einfluss des römischen Dreinamenssystems. Die gleichzeitige Verwendung des Patronym- und Gentilnamensystems im 7. Jh. schließt eine Reform von oben aus.

Generell setzte sich das Gentilnamensystem im Laufe des 7. Jh. in ganz Etrurien durch, allerdings nicht überall gleichzeitig.[361] Die teils einfachen Inschriftenträger und die hohe Anzahl von Gentilnamen ab der zweiten Hälfte des 7. Jh. zeigen, dass das neue System bei der ganzen freien Bevölkerung Etruriens und nicht nur in einer bestimmten sozialen Schicht Anwendung fand.

Ausgangsgebiet des Gentilnamensystems dürfte Südetrurien gewesen sein, doch ist die Meinung der Forschung nicht einheitlich, denn das neue System ist im ganzen Mittelitalien belegt und sein Beginn in Etrurien nicht einwandfrei datierbar.[362]

Das Gentilnamensystem bot der Gemeinschaft zweifellos eine bequeme Identifizierung des Einzelnen und eine bessere Orientierung innerhalb der Masse. Denn die etruskische Gesellschaft verfügte über eine beschränkte Anzahl von etwa 20 männlichen Vornamen für mehrere Tausend Bewohner und leitete die weiblichen Vornamen vorwiegend von den männlichen ab. In Vetulonia und Populonia fand das Gentilnamensystem praktisch keine Anwendung: In Vetulonia tragen in einer einzigen Inschrift zwei verschiedene Personen je einen Personen- und Gentilnamen; in Populonia tragen seit der zweiten Hälfte des 6. Jh. etwa 100 Inschriften nur den Personennamen.[363] In diesen Zentren der Metallbearbeitung arbeitete hauptsächlich eine unfreie Arbeiterschaft und die trug überall nur einen Namen. Die Zahl der freien Bürger war wahrscheinlich nicht allzu hoch und diese kamen ohne Gentilnamen aus.

Der Gentilname spiegelt eine ältere Zeit wider, als die Gruppen auf Verwandtschaftsverhältnissen basierten, d. h. vertikal orientiert waren. Da mit der Zeit die Personen neben dem eigenen Vornamen nicht länger den Namen des Vaters, sondern den eines früheren Mitgliedes der Familie, etwa des Großvaters, des Urgroßvaters oder Ururgroßvaters, trugen, zeigt sich, dass für die Familienmitglieder die Zugehörigkeit zur Abstammungslinie im Laufe der Zeit wichtiger geworden war als die Zugehörigkeit zum Vater. Im zeitgenössischen Athen war es anders: In Athen war nur der Name des Vaters und des Großvaters für das Gericht wichtig.[364]

Der Gentilname als Ausdruck von Orientierung auf die Ahnen verrät, ähnlich wie die »Etruskischen Geschichten« (*Tuscae historiae*), ein Denken in Generationen und die Bewahrung der Generationenabfolge im Familiengedächtnis, wie es im 2. Jh. Grabinschriften mit bis zu fünf Generationen bestätigen, wie noch im 1. Jh. n. Chr. der Dichter Persius bemerkt und wie es der allgemeine Konservativismus der etruskischen Gesellschaft nahelegt.[365] Oder die Beibehaltung der Verwandtschaftslinie sollte die Zerstückelung des Familienbesitzes vermeiden: In diesem Falle hätte es sich jedoch um eine (private) Maßnahme der Oberschichten gehandelt. Dem widerspricht die Beobachtung, dass das Gentilnamensystem die ganze freie Bevölkerung betraf.

Ein gemeinsamer Familienname durch mehrere Generationen ist ein stark verbindendes Element innerhalb der Abstammungsgruppe und bedeutet Gruppenidentität. Mit der Zeit bildeten sich wahrscheinlich Kernlinien, deren erstes Glied ein Sippenoberhaupt bzw. ein Stammvater war. In Volterra gab es eine Familie Ceicna/Caecina und eine Familie Ceicna Fetiu.[366] Ihre Gräber befinden sich in derselben Nekropole (Portone). Ihr gegenseitiges Verhältnis kennen wir nicht, es fällt jedoch auf, dass nur Männer den Beinamen Fetiu tragen.

Die Namen der etruskischen Stadtstaaten in Mittelitalien

Die Namen der frühesten, villanovazeitlichen Ansiedlungen Etruriens sind unbekannt, die Etymologien der historischen Namen sind bis auf diejenige von Tarquinia (etr. *Tarχ-na*) undurchsichtig, was für das hohe Alter ihrer Bildung spricht. Tarχna von einer Wurzel Tarχ- wurde nach Strabo vom Namen des Gründers Tarchon abgeleitet.[367] Dieser Name für den Gründer von Tarquinia ist jedoch eine sekundäre Bildung zu *Tarχ-na*, wie auch Romulus zu Rom, und verrät, dass die Gründungssagen erst in einer späteren, nicht mehr gut datierbaren Zeit ausgearbeitet wurden. Eine Wortwurzel *tarχ-* (*c-, q-*) ist in Mittelmeerraum und besonders in Kleinasien gut bekannt. *Tarχ-na* sei »die Stadt des Tarχ(i)«, wir kennen jedoch keinen historischen oder mythischen Tarχ(i).[368] Ein Ort Tarci liegt bei Gaiole, im Chianti-Gebiet (Prov. Siena), eine Form Tarchianes aus Cortona dürfte sich auf den antiken (unbekannten) Ortsnamen des mittelalterlichen Tarciano im Gebiet von Siena beziehen, der in einer Urkunde des 11. Jh. genannt ist.[369] In den Jahren 550–525 ist in Chiusi ein Gentilname *tarχumenaia* einer Frau bezeugt, der sich ebenfalls aus einer Wurzel *Tarχ-* bildete.[370]

Theoretisch gibt es nicht viele Möglichkeiten für eine Etymologie von Ortschaften: Historische Ortsnamen bilden sich aus den Namen alter Fluren, oder der alten, früheren Bewohner, oder eines verdienstvollen Anführers bzw. einer hervorragenden Sippe. Diese Etymologien lassen sich allerdings für die Städte Etruriens nur im Falle Tarquinias im Großen und Ganzen rekonstruieren.

Die etruskischen Ortsnamen gehören mehreren sprachlichen Schichten an und änderten sich mit der Zeit. Es gibt rein etruskische Ortsnamen, wie *Tarχna*, Tarquinia, *Nepet*[371] im Gebiet von Veji und wahrscheinlich *Vatl(una)* (= Vetulonia), *Pupluna* (= Populonia) und **Velc/χl* (= Vulci).³⁷² Es gibt dann Ortsnamen, die wahrscheinlich etruskisch sind, wie *Curtun* (= Cortona), *Clevsi/*Cleusi* (= Chiusi), *Velaθri* (= Volterra), *Felzna* (= Bologna) und *Velzna*, welches ursprünglich der Name des heutigen Volsinii/Orvieto war und in römischer Zeit als *Volsinii novi* der Name von Bolsena (Prov. Viterbo) wurde (▶ Kap. 6.3).³⁷³ Die Stadt Rom hieß unter den etruskischen Königen und wohl schon früher Ruma.

Einige Namen etruskischer Stadtstaaten sind in unterschiedlichen grammatischen Formen bezeugt, so dass man in Einzelfällen die Nominativ-Form des Namens rekonstruieren kann: So (exemplarisch) Nominativ **Velc/χl* (= Vulci) aus dem Lokativ *velclθi*, »in Vulci«.³⁷⁴ Einige Ortsnamen können aus Gentilnamen der Bewohner einer Stadt rekonstruiert werden: *velznaχ* ist »der aus *Velzna*«, aus Volsinii, *Veiane* ist »der aus Veji« und *cleusinsĺ* »der aus Chiusi« usw. Im 6. Jh. war der etruskische Name von Caere *Kaisraie* < **Kaiseraie* und im Phönikischen war es Ende des 6. Jh. v. Chr. *Kysra*, eine Form, welche der bei Verrius Flaccus überlieferten Form *Cisra* nahesteht.³⁷⁵ Die Namen der Stadtbewohner (*Volsinienses*, *Caeretani* usw.) sind nur auf Latein bezeugt.

Politische Begriffe des etruskischen Stadtstaates

Im zweiten Viertel des 7. Jh. ist im faliskischen Narce erstmals das etruskische Wort *spura* bezeugt.³⁷⁶ Es gehört zum genuin etruskischen Sprachschatz, seine Etymologie ist undurchsichtig. Die Inschrift besagt ungefähr, dass die *spura* eine Person mit einem Gefäß belohnte.

M. M. T. Watmough stellte fest, dass eine etruskische Einrichtung mit dem Namen *spura* Ziegel, Gewichte, Helme, Becken usw. besitzen durfte, R. E. Wallace schlug für *spura* die Bedeutung »community« vor, nach D. Steinbauer ist *spura* die »Stadt, Gemeinde (als politische Organisation)«, nach G. Colonna eine organisierte Gemeinde mit dauerhaften Einrichtungen. Für G. Meiser ist *spura* die »etruskische Bezeichnung für Stadtstaat«, etwa wie *polis*, für M. Cristofani ist *spura* Kollektivbegriff für »Staat« und für G. M. Facchetti »Stadt« und »Volk«.³⁷⁷

Wir kennen in Zusammenhang mit Etrurien keine öffentliche Einrichtung, die Schenkungen vornimmt. Daraus folgt, dass das Wort *spura* ursprünglich dem privaten Bereich angehörte und erst im Lauf der Zeit und nach einer semantischen Verschiebung den ›öffentlichen Besitz‹ indizierte. In Rom schuf man zum Begriff *res privata* den entgegengesetzten Begriff *res publica* im Sinne von ›die öffentliche Sache‹ und meinte damit den ›Staat‹ – in Rom bezeichnete *res publica* nur die Gesamtheit der Interessen des Senats und des Römischen Volkes, aber nie eine Regierungsform.

Die semantische Verschiebung von *spura* dürfte in Etrurien in jener Zeit erfolgt sein, als Herrschaftsträger im Laufe des 8. und verstärkt im 7. Jh. die Gemeinschaft in dauerhafte staatliche Strukturen miteinbezogen und im 7. und verstärkt im 6. Jh. die architektonischen Einrichtungen der ›Stadt‹ und ihres Territoriums organisierten. In Narce hingegen, in einem Gebiet faliskischer Sprache, verblieb das Wort in seinem ursprünglichen semantischen Umfeld des Privatbesitzes.³⁷⁸

4.7 Die etruskische Stadt und ihre Bewohner

Als ›Stadt‹ ein fester architektonischer Begriff wurde, schuf man auch den entsprechenden Terminus, um die neue topographische Einheit von der *spura* als staatliche Organisation zu unterscheiden: Die ›Stadt‹ (lat. *urbs*; gr. *asty*) in institutionellem und urbanistischem Sinn hieß im Etruskischen *meθlum*. Das Wort ist zum ersten Mal in der ersten Hälfte des 4. Jh. in Tarquinia bezeugt,[379] aber der Begriff muss viel früher bekannt gewesen sein, nämlich als Stadtmauern errichtet wurden und eine Definition für den Raum innerhalb und außerhalb der Mauern notwendig wurde. Eine Inschrift auf einem Grenzstein aus Volsinii novi/Bolsena enthält das Wort *meθlum* und bezieht sich auf den Raum innerhalb der Mauer, d. h. den Raum der ›Stadt‹.[380] In Rom gab es den territorial und staatsrechtlich verstandenen Begriff *pomerium* für eine (imaginäre) Linie, die den Amtsbereich des Krieges (*militiae*) vom Amtsbereich des Friedens (*domi*) trennte, wo man keine Waffen tragen und keine Heeresversammlung halten durfte. Nach Livius legte König Servius Tullius in Rom das *pomerium* an, welches Rom von den Etruskern übernahm.[381] Im Etruskischen kennen wir bislang kein entsprechendes Wort für *pomerium* und keine archäologischen Spuren dafür (letztere gibt es allerdings auch in Rom nicht). Die Aussage von Livius, Rom habe das *pomerium* aus Etrurien übernommen, bleibt also unbewiesen.

Eine (felsige) Anhöhe in der Stadt war das *cilθ*, ein Wort, das ausschließlich im sakralen Text auf den Mumienbinden von Zagreb (Anfang des 2. Jh.) bezeugt ist (▶ Kap. 3.5). Das Wort *cilθ* gehörte zum genuin etruskischen Vokabular und drückte vermutlich bereits in einer sehr frühen Zeit den religiösen Treffpunkt der Mitglieder der Gemeinschaft innerhalb ihrer Siedlung aus. Das *cilθ* gilt als Entsprechung der *arx* der Latiner und der *akropolis* der Griechen. Die kleinen Ansiedlungen auf dem Land wurden von G. Colonna in Bezug auf Inneretrurien *tuθina* genannt, ein Terminus, der wahrscheinlich gleichzeitig mit dem Bewusstwerden des *meθlum* und als Gegensatz dazu geprägt wurde; R. Massarelli zieht für *tuθina* die Bedeutung 'Gelübde' (*votum*) vor.[382]

Eine wahrscheinlich bei Antella am südlichen Stadtrand von Florenz in den Felsen gehauene etruskische Inschrift (4. Jh.) lautet *tular spural*. *Tular*, ›die Grenze‹, wird von *spura*, ›des Volkes‹, ›der Bevölkerung‹ näher definiert.[383] Die Grenze der *spura* fiel also nicht mit der Stadtmauer zusammen, sondern mit der Grenze des staatlichen Territoriums, das man an einem Tag zu Fuß erreichen und somit bewachen konnte und das etwa einem Umkreis von 25–30 km vom Zentrum entsprach. Die Inschrift von Antella gibt die Grenze des Staates Fiesole an, und der Hauptort Fiesole liegt etwa 10 km Luftlinie von Antella entfernt.[384]

Steinplatten mit der Aufschrift *tular*, ›Grenze‹, wurden ab dem 4./3. Jh. in Inneretrurien aufgestellt.[385] *Tular*-Steine gaben eine Stadt- oder eine Staatsgrenze oder eine andere Grenze an, sie sind aber als Streufunde auf uns gekommen. Grenzsteine haben große juridische und politische Relevanz, denn sie sind Ausdruck des Willens, das Eigentum der Gemeinde festzulegen.

Die politischen Grenzen der Territorien der etruskischen Stadtstaaten sind im Gelände nicht leicht erkennbar, wenn Inschriften bzw. geographische Anhaltspunkte fehlen. Doch können kulturelle Grenzen bereits im 7. und 6. Jh. anhand von einzelnen Traditionen identifiziert werden: Ende des 6. Jh. kam es im Caere zu einer Schriftreform, Cortona entwickelte eine eigene Schrifttradition, Kanopen gab es im 6. Jh. nur in Chiusi und seinem Territorium, Steinstelen mit feinen Reliefs und in einem eigenen Stil um die Mitte des 6. Jh. nur im Gebiet von Fiesole und Stelen einer eigenen Form seit dem 5. Jh. nur in Felsina/Bologna (▶ Kap. 5.1).[386] Kammergräber vom caeretaner Typus bei San Giovenale zeigen, dass man sich dort in der Grabarchitektur eher an Caere als an Tarquinia orientierte, obwohl San Giovenale geographisch näher bei Tarquinia liegt. Im 7. Jh. war im Tal des Albegna-Flusses der kulturelle Einfluss Vetulonias in der Grabarchitektur spürbar, wenngleich das Tal damals zum Gebiet von Vulci gehörte. Diese Sachverhalte deuten auf alte Grenzverschiebungen hin, die wiederum auf politische Veränderungen, wie Unterwerfung eines Gebietes, hinweisen, die mit der römischen Eroberung nichts zu tun haben und daher auf Konflikte von Etruskern untereinander hinweisen.

Urkundlich genannte Grenzen mittelalterlicher Diözesen stimmen vielfach, wenngleich nicht immer, mit den Grenzen der etruskischen Staaten in römischer Zeit überein, die wiederum die Territorien der altetruskischen Staaten widerspiegeln. So verlaufen im Westen von Chiusi die Grenzen der mittelalterlichen Diözese bis zum Orcia- und zum Arbia-Tal, welche die Grenzen des chiusinischen Territoriums kennzeichneten. Die Diözese von Fiesole reicht bis zum Sieve-Tal, wohl zur Grenze des Territoriums der etruskischen Stadt.

Der Zwölf-Städtebund

In Etruria soll es zwölf ›Völker‹ bzw. ›Herrschaften‹ gegeben haben.[387] Bei gemeinsamen Kriegen sollen die Etrusker einen gemeinsamen König ernannt haben, dem die Könige der zwölf Völker die eigenen Insignien übergaben.[388] Dionysios von Halikarnassos erwähnt den gemeinsamen Anführer Rasenna, Livius nennt in Zusammenhang mit einem Ausnahmezustand eine »zum Krieg eingegangene Schwurgenossenschaft der Vorsteher der Völker Etruriens«.[389] Wir kennen jedoch weder kriegerische Episoden noch langfristige militärische Allianzen von Etruskern, welche die Angaben von Livius oder Dionysios bestätigen würden. Selbst bei den gesamtetruskischen Konferenzen politischer Natur beim Heiligtum des Gottes Voltumna im 5. und 4. Jh. (▶ Kap. 6.1), wurde kein gemeinsamer Anführer gewählt oder ernannt, was dafürspricht, dass es zu keiner gemeinsamen Handlung eines Zwölfstädte-Bundes kam.[390]

In Norditalien soll Tarchon, der namengebende Gründer von Tarquinia, einen Zwölf-Städte-Bund ähnlich wie im tyrrhenischen Mutterland gegründet haben.[391] Im etruskischen Norditalien gab es jedoch keine zwölf Städte. Im 6. und im 5. Jh. gab es die politisch höchst bedeutende Stadt Felsina/Bologna in deren Machtbereich drei weitere stadtartige Ansiedlungen, nämlich Spina, Adria und Kainua/Marzabotto lagen. Dies zeigt, dass die politische Lage keinen Staatenbund erforderte. Von einem solchen hören wir auch dann nicht, als die Etrusker am Fluss Ticinus von den Kelten besiegt wurden (▶ Kap. 5.4). Die Überlieferung zu den ›zwölf Städten Etruriens‹ ist historisch nicht haltbar, worauf bereits S. Mazzarino mit Recht hinwies.[392]

Nach Strabo bildeten auch die etruskischen Städte Kampaniens einen Bund von zwölf Städten, wie die etruskischen Städte des Mutterlandes und Norditaliens.[393] Es gibt aber auch in Zusammenhang mit Kampanien keine weiteren Hinweise eines politisch-militärischen Bundes, welcher der ständigen Gefahr durch die Sabeller und durch die sikeliotischen Tyrannen entgegenwirkte.

Wir haben insgesamt keine Bestätigung einer zentralen politischen Organisation, auf die Livius und Dionysios von Halikarnassos hinweisen.[394]

Völkerbünde religiösen oder militärischen Charakters sind bekannt. Auch Zwölfer-Einteilungen sind bekannt und sehr alt: Über die Zwölfbünde im Mittelmeerraum – in Israel und im Ionien des 6. Jh. – hinaus bildeten in Süditalien Samniten und Brettier politische Vereinigungen; einen altertümlichen, föderalen Bund fand man bei den Umbrern.[395] Völkerbünde gehen auf die Frühzeit der Geschichte eines Volkes zurück, als die Gruppen auf Nachbarhilfe angewiesen waren. Die Zahl zwölf entspricht den zwölf Mondphasen des jährlichen Sonnenkalenders, der die Grundlage menschlicher Aktivitäten bildet.

5 Etruskische Einflusssphären in Italien

5.1 Interessen etruskischer Unternehmer und Staaten

Etrusker wohnten im 7. Jh. auch in Latium (mit Rom). Gruppen aus dem etruskischen Mutterland bezogen im Laufe des 7. Jh. die Emilia-Romagna und Kampanien in ihre ökonomischen Interessen mit ein und verstärkten gleichzeitig alte Verbindungen zu Etruskisch Sprechenden, die in jenen Landschaften seit längerer Zeit wohnten.

Etrusker in Latium (mit Rom)

Eine umstrittene Stelle bei Hesiod gibt die Herrschaft Königs Latinus über die Tyrrhener (= Etrusker) an.[1] Der Ortsname Tusculum (h. Frascati) in den Albaner-Bergen – eine lateinische Diminutiv-Form von Tuscus – legt eine undatierte Präsenz von Etruskern in Latium südlich von Rom nahe. Nach Cato war das »Land der Volsker« (im heutigen Südlatium) »wieder in der Gewalt der Etrusker«, eine Formulierung, die Kampfhandlungen mit wechselhaftem Ausgang, aber schließlich einen etruskischen Erfolg belegt, wie auch der Name Tusculum eines Ortes in Latium nahelegt.[2] Entlang des südlichen Tiber-Ufer wohnten in einer Frühzeit Etrusker und Latiner. Noch Isidor von Sevilla weiß, dass zur Zeit des »Königs Latinos« die Tusker und andere Völkerschaften Latiums Latein sprachen.[3]

Die Etrusker Lucumo aus Tarquinia und Mastarna wahrscheinlich aus Vulci wurden Könige von Rom.[4] Da man Lucumo in Tarquinia nicht zu höheren Ehrenämtern zuließ, soll er zusammen mit seiner Frau Tanaχvil und Anhängern nach Rom eingewandert und hier Nachfolger des Königs Ancus Marcius (616–578) geworden sein (▶ Kap. 6.1). In Rom nahm Lucumo den Namen Tarquinius an:[5] Der etruskische Name *Tarχ-(u)na mit dem lateinischen Suffix -ijo- folgte den Regeln der lateinischen Sprache und bedeutete folgerichtig ›der aus Tarquinia Kommende‹. Der Name Tanaχvil seiner Gattin bestätigt die Ausarbeitung einer Tradition (oder eines Kernes davon) vor der Mitte des 5. Jh. (um 480), als im Etruskischen die Synkope einsetzte und Tanaχvil zu Tanχvil wurde.[6] Dieser Name ist ein sehr guter Beleg für eine alte, von der Überlieferung tradierte Verflechtung Tarquinias mit Rom. Die Anhängerschaft, die mit Tarquinius nach Rom kam, und seine überlieferten Kriege in Latium legen nahe, dass er bereits in Tarquinia Heerführer gewesen war.

Der Heerführer Mastarna, der wahrscheinlich aus Vulci stammte, kam nach Rom mit einem eigenen Heer und mit dem Heer seines »treuesten«, gefallenen Kameraden Vipina. In Rom heiratete Mastarna die Tochter Königs Tarquinius und wurde König von Rom (578–534) unter dem Namen Servius Tullius.[7] Diesen beiden Königen von Rom schreibt die Überlieferung eine ganze Reihe von Neuerungen auf militärischem, sozio-ökonomischem und architektonischem Gebiet zu.

Lucumo und Mastarna kamen nicht im Auftrag ihrer Herkunftsstädte nach Rom, sondern auf private Initiative – so die Überlieferung. Mastarna und wahrscheinlich Lucumo waren Heerführer und als solche betrieben sie – Mastarna bereits in seiner etruskischen Heimat – Eroberungspolitik. Beide Heerführer stiegen in Rom sozial und politisch auf. Dies legt nahe, dass sie Regeln und Mechanismen der Eroberung und der Machtergreifung aus ihren etruskischen Staaten kannten und in Rom in die Praxis umsetzten. Jährliche Spiele mit Reitern, Faustkämpfern und Athleten, vor allem aus Etrurien, neue Gesetze und Bauten verschafften ihnen Popularität und sicherten ihre Herrschaft.[8]

Im 6. Jh. wohnten in Rom Etrusker. Die Nennung eines Arnθ Silqetena Spurianas (650–600) auf einem Plättchen aus Bein wird als Beweis dafür interpretiert, denn dies legt nahe, dass sich Arnθ (und wohl auch andere Etrusker) in Rom ausweisen mussten, d. h. Fremde waren.[9] Von den 24 etruskischen Inschriften in Latium kommen 13 allein aus Rom (650–450) und sind privaten Charakters: Ihre Anzahl ist deutlich höher als die Anzahl der zeitgenössischen lateinischen Inschriften. Die lokale Färbung des Etruskischen in Rom spricht für eine langjährige Präsenz von Etruskisch Sprechenden in der Stadt. Für große Bauaufträge wurden etruskische Handwerker, darunter der Bildhauer Vulca aus Veji, nach Rom geholt.[10] Etruskische Keramik in Rom, z. B. kleine Amphoren mit pflanzlichem Dekor, bestätigt Anfang des 5. Jh. die Tätigkeit von etruskischen Handwerkern.

Die lateinischen Wörter *olea* für Öl und *vinum* für Wein sind etymologisch griechisch (▶ Kap. 4.1), setzen aber eine sprachliche etruskische Zwischenstufe voraus. Daraus folgt, dass es Fachleute aus Etrurien waren, welche die Veredelung des Ölbaumes und der Weinrebe nach Latium einführten. Etruskische Inschriften bezeugen ab der Mitte des 7. Jh. die Anwesenheit von abstammungsmäßigen Latinern in Caere und in Veji; dies spricht für die Durchlässigkeit der Grenze zwischen Latium und Etrurien, schließt aber gleichzeitig Personen nicht aus, die als Sklaven nach Caere und nach Veji kamen und nach ihrem Ursprungsland benannt wurden.[11]

Nach der Überlieferung übernahm Rom vor der Mitte des 5. Jh. von den Etruskern die Taktik des Nahkampfes in der Phalanx – für Rom haben wir jedoch keine genauen Daten, Abbildungen und Materialien.[12] In Etrurien sind einzelne Waffen, die zur späteren Ausrüstung des Hopliten gehörten, in der zweiten Hälfte des 7. Jh. belegt; die Soldaten mit der Lanze der Hopliten sind um 630–610 auf der Kanne von Tragliatella dargestellt (▶ Kap. 4.5). Aus der Beschreibung der Heeresreformen vom König Servius Tullius (578–534) bei Livius ergibt sich, dass in Rom die 1. Klasse des Fußvolkes die Hopliten-Bewaffnung trug.[13] Es liegt nahe, dass der etruskische Heerführer Mastarna/König Servius Tullius im 6. Jh. ›moderne‹ Hopliten-Waffen in Rom einführte und die Eroberungspolitik Roms in die Wege leitete.

Einige Familiennamen in den Konsullisten, z. B. Aquilius (506), Verginius (502) und Larcius (501), sind latinisierte etruskische Personennamen (*acvilnas*, *vercna* und *larcna*) und zeigen, dass etruskische Familien nach der Abschaffung des Königtums (509) in Rom weiter wohnten und am politischen Leben Roms teilnahmen. Dies deckt sich mit einer Bemerkung von Livius: »Viele (Etrusker) blieben [...] in Rom.«[14] Etruskische Namen in der römischen Geschichte des 5. Jh. bezeugen keine Etrusker, sondern Römer etruskischer Abstammung.

Etrusker in Nord- und Süditalien

Eine Tasse, ein Dreifuß, ein Löffel aus Bronze und Gefäße aus Vetulonia zeigen in Felsina in den Jahren 750–700 Importware aus dem südetruskischen Veji (Tasse) und aus Vetulonia.[15] Töpfereien erzeugten im 8. Jh. in Felsina eine mit Metallplättchen dekorierte Keramik und in den Anfängen des 7. Jh. die sogenannte Stempelkeramik mit verschiedenen Motiven nach eigener lokaler technischer und stilistischer Tradition.[16]

Die lokalen Töpfereien übernahmen im 7. Jh. entwickelte Technologien aus Etrurien, z. B. die Reinigung des Impastos, die Töpferscheibe und die Treibtechnik, die man in Inneretrurien (Chiusi) für die Darstellung von Einzelfiguren und ganzen Szenen des täglichen Lebens einer Oberschicht anwendete, wie das sogenannte Plikaśnaś-Gefäß zeigt.[17] Um die Mitte des 7. Jh. zeigen Reliefs auf Grabstelen neuartige Motive (Löwen, Palmetten, auf den Hinterbeinen stehende Böcke usw.), welche aus dem Nahen Osten über Etrurien oder auf direktem Wege in die Emilia-Romagna kamen und hier in die lokalen Traditionen implementiert wurden. Die Technik des Reliefs wurde in der zweiten Hälfte des 6. Jh. in Felsina auch auf Bein übertragen.

Im ersten Viertel des 8. Jh. signalisieren in Felsina Pferdeknebel und seltene Waffen eine Elite von Reitern und Kriegern, die beritten oder auf dem Wagen kämpften, wie ein langes Schwert nahelegt.[18] Sakrale Personen pflegten die Kulte im Heiligtum bei Villa Cassarini.

Die Metallbearbeitung hatte in der Emilia-Romagna eine sehr alte Tradition: Gegen Ende des 8. Jh. signalisieren in Felsina (Metallhort bei der Kirche San Francesco) etwa 1,5 Tonnen Metallabfälle zum Einschmelzen und Ende des 7. Jh. Schmelzanlagen und Schmelztiegel spezialisierte Handwerkertätigkeit, sie war eine bedeutende wirtschaftliche Grundlage der Besitzer der Werkstätten und sicherte den Reichtum mancher Familien einer lokalen Oberschicht. Die Metallindustrie Felsinas brachte seit dem Ende des 7. Jh. getriebene Blecheimer, die Situlen, und seit dem dritten Viertel des 6. Jh. erlesenen Schmuck (Zisten, Fibeln, Armbänder, Nadel, Gürtelbleche usw.) hervor.[19] Insgesamt zeigt es sich, dass sich das lokale Handwerk trotz des Einflusses aus dem Süden stilistisch und inhaltlich selbständig weiterentwickelte.

5.1 Interessen etruskischer Unternehmer und Staaten

Das Alphabet der etruskischen Inschrift aus Felsina/Bologna stammt aus dem Raum Volterra-Fiesole.[20] Auch später, im 6. Jh., wurde in Felsina und im Kainua/Marzabotto (Prov. Bologna) eine Schrift verwendet, die in erster Linie aus Nordetrurien (Volsinii/Orvieto und Chiusi) kam.

Importe und Kulturelemente von Niveau wie die Schrift bedeuten Kontakte und implizieren die Anwesenheit von Etruskern Mittelitaliens in der Emilia-Romagna: Es waren in erster Linie Händler und Handwerker, die am Ver- und Ankauf von Rohstoffen und Fertigprodukten interessiert waren und neue Märkte erschlossen. Denn die tyrrhenische Küste Mittelitaliens lag im Machtbereich der süd- und nordetruskischen Städte, und selbst Volterra, das etwa 30 km Luftlinie von der Küste entfernt liegt, hatte Ende des 3. Jh. und wahrscheinlich schon früher eine Schiffswerft zur Herstellung von Schiffsteilen.[21] Das Fußfassen von Griechen auf Korsika und von Karthagern auf Sardinien im Laufe des 6. Jh. und die Gründung Massalías um 600 (▶ Kap. 4.1) schränkten die Aktivitäten der Unternehmer inneretruskischer Städte im Tyrrhenischen Meer ein. Die Suche nach neuen Märkten in der Emilia-Romagna führte im Laufe der Zeit zu verstärkten Verbindungen inneretruskischer Gruppen zu Norditalien.

Die strategische Lage von Felsina am nördlichen Fuße des Apennins und am Fluss Reno und daher an einer direkten Verbindung zur Adria und zum Tyrrhenischen Meer bot Unternehmern, Handwerkern und Händlern in den nord- und inneretruskischen Städten die Gelegenheit einer Verstärkung der eigenen Geschäfte in der Emilia-Romagna, dort wo eine Etruskisch sprechende Bevölkerung zumindest seit der Villanova-Zeit wohnte. In Norditalien hatten Gruppen aus Inneretrurien leichten Zugang zum Meer, zu dem sie sonst geographisch bedingt keinen direkten Zugang hatten. Von Chiusi aus konnte man das fruchtbare Territorium südlich des Po-Flusses, die Emilia-Romagna, unschwer erreichen, sei es über die Täler der Flüsse Tiber und Marecchia und über Verucchio, sei es über die mindestens seit der Villanova-Zeit zugänglichen hügeligen bis bergigen Gebiete von Arezzo und Fiesole. Am nordwestlichen Rand der Ebene von Florenz und unweit der Nekropole von Prato Rosello entstand Ende des 7. bis Anfang des 6. Jh. ein Stützpunkt mit einem großen Bau (Campo dei Fagiani),[22] was für den Sitz eines Machtträgers spricht und die Bedeutung des Flussweges Pisa – Spina bestätigt. Die Hügelgräber von Quinto Fiorentino (7. Jh.) zeigen, dass in Territorium von Fiesole eine adelige, reiche Schicht mit ihren Anhängern wohnte.[23] Waffen und Machtinsignien – ein Klappstuhl – legen deren Tätigkeit als militärische und politische Anführer nahe.

Dies bestätigt ein bekanntes, universalhistorisches Phänomen, nämlich, dass dann, wenn Händler neue Märkte eröffnen, Anführer und Soldaten zum Schutz der Händler nachkommen: Diese bleiben dann häufig im Land und richten eigene Herrschaften ein.

Ende des 7. oder Anfang des 6. Jh. entstand im Gebiet des etruskischen Fiesole beim heutigen Gonfienti (Prov. Prato) eine Siedlung unbekannten Namens, die erst seit einigen Jahrzehnten ausgegraben wird. Sie breitete sich auf einer Fläche von etwa 17 ha aus und verfügte über eine bis zu 10 m breite Hauptstraße, über orthogonal angelegte Wege und über architektonisch ähnlich gestaltete und vergleichsweise groß dimensionierte Häuser mit Abflusskanälen und Innenhöfen.

Ein Bauwerk umfasste etwa 1400 m² und diente vielleicht als Wohnstätte einer bedeutenden Familie oder als Warenmagazin.[24] Die Dächer mancher Häuser hatten am Rand Stirnziegel als architektonischen Schmuck. Die Keramik, darunter eine attische Schale des bekannten Töpfers Duris (500–475) spricht für Luxus. Bislang sind keine Inschriften und keine Verteidigungsmauer bekannt.

Der orthogonale Plan der Siedlung bei Gonfienti hatte keine Vorläufer in der Urbanistik des tyrrhenischen Etruriens. In den Jahrzehnten, in denen die Siedlung entstand, wurden jedoch die Nekropolen von Volsinii/Orvieto und ein Abschnitt der Banditaccia-Nekropole von Caere orthogonal angelegt. Die Architekten von Gonfienti griffen wahrscheinlich auf großgriechische und sizilische Vorbilder zurück, z. B. auf Metapont und Kamarina, die im 7. Jh. orthogonal angelegt wurden[25] – wenn die Architekten nicht selbst Griechen oder Orientalen waren. Oder sehr alte lokale Traditionen wirkten nach: Die Pfahlbauten der Terramaren (14.–12. Jh.) in Norditalien waren ebenfalls orthogonal angelegt. Parallelentwicklungen zu anderen gleichartigen Anlagen können ebenso nicht ausgeschlossen werden, auch wenn sie aus einer sehr entfernten Zeit kommen, z. B. aus dem indische Mohendscho Daro (3. Jahrtausend). Auch wird man für die orthogonal angelegten Ansiedlungen Etruriens die Ergebnisse der Untersuchungen von G. Shipley gelten lassen, nämlich dass solche Städte Prinzipien der rationalen Einteilung des vorhandenen Raumes und nicht ideologischen Grundsätzen folgten.[26]

An diesem Stützpunkt hatten die Karawanen der Händler die Möglichkeit des Warentausches sowie der Fütterung der Tiere vor und nach der Überquerung des Apennins.

Im 7. Jh. wurden in verschiedenen Nekropolen der Emilia-Romagna unweit von Felsina/Bologna 24 von etwa 2500 einzelnen Flachgräbern mit Zippen markiert. 18 Steinplatten aus Felsina sind mit bis zu 1 m hohen, rechteckigen und ursprünglich bemalten Reliefs dekoriert und mit einer runden Scheibe, wohl einem stilisierten Kopf, bekrönt.[27] Die Gräber waren für ganze Familien einer lokalen Oberschicht bestimmt, deren hohe soziale Stellung in Felsina mit anderen Mitteln hervorgehoben wurde als diejenige ihrer adeligen Zeit- und Standesgenossen im tyrrhenischen Etrurien, die im 7. Jh. architektonisch monumentale Hügelgräber anlegten und Insignien zur Repräsentation des Ranges zur Schau stellten.

Grabsteine mit reliefierten und Situlen mit getriebenen Kriegerdarstellungen sowie Bronzestatuetten von Kriegern durchaus auch von hohem handwerklichem Niveau (600–575) zeigen die Angehörigen von Heeren.[28] Eine vollständige Hopliten-Bewaffnung aus Felsina (Certosa, Grab 180) zeigt, dass die Krieger gut gerüstet waren.[29] Die Soldaten auf dem obersten Streifen der Situle aus der Certosa-Nekropole (Grab 68; um 585; ▶ Abb. 15) waren mit unterschiedlichen Waffen, nämlich Äxten oder Lanzen, korinthischen Helmen oder Schüsselhelmen, runden oder leicht ovalen Schilden mit oder ohne Wappen ausgerüstet, die sich von der Bewaffnung der Etrusker Mittelitaliens unterscheiden.[30] Dies legt eine lokale Heeresorganisation nach verschiedenen Korps für verschiedene Aufgaben nahe und letzten Endes eine detaillierte Organisation des Kampfes mit einer Taktik, die wahrscheinlich an die offene geographische Lage eines Großteiles des Territoriums von Felsina angepasst war: Denn die Bewohner der Emilia-Romagna hatten im Norden eine einzige natürliche Grenze am Fluss Po, die ein Feind, im konkreten Fall keltische Lepontier, leicht hätte überwinden können. Fremde Völker setzten das Territorium von Felsina einer ständigen Gefahr aus, und diese Lage machte ein stehendes Heer notwendig.

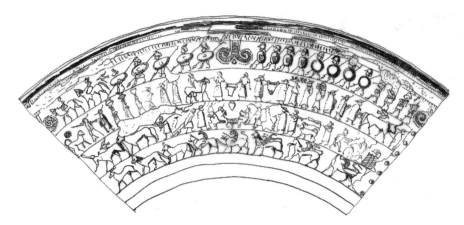

Abb. 15: Blecheimer (*situla*) aus der Certosa-Nekropole von Bologna. Er ist in vier Streifen eingeteilt und trägt Szenen aus dem täglichen Leben der lokalen Bevölkerung sowie Einzelheiten zum Militär und zum Leben der höheren Gesellschaft. Für die Toreutik gab es wohl mehrere Produktionszentren, darunter auch Bologna.

Eingezäunte Gräber entlang parallel angelegter, gepflasterter Wege mit Abflusskanälen sowie reiche Grabausstattungen lokaler Machart signalisieren seit dem Ende des 6. Jh. in der Certosa-Nekropole von Felsina eine reiche lokale Oberschicht. Einige Gräber sind durch hufeisenförmige und bis zu 180 cm hohe Stelen aus Sandstein gekennzeichnet: Sie waren mit Reliefs dekoriert, die Genremotive oder Ereignisse aus dem Leben des jeweiligen Verstorbenen darstellen, deren bemalte Namen sich selten erhalten haben.[31] Reliefs mit Kampfszenen zeigen vielfach die großen Taten der Verstorbenen. Ähnliche Stelen sind typologisch nur im Stadtgebiet von Felsina bekannt, die Technik des Reliefs und einige Motive wurden auch aus dem Raum von Chiusi und Fiesole vermittelt.

Trinkschalen und Schöpfer sowie Darstellungen von thronenden Herren auf Situlen, die sich von Mägden bedienen lassen, stellen im 6. Jh. die Machtträger an der Spitze von Felsina dar. Einzelheiten der Ausstattung ihrer »Paläste« verraten, dass das Mobiliar vielfach aus Etrurien kam.

Zwischen etwa 550 und 380 kamen attische Vasen aus Athen über die Hafenstädte Spina und Adria nach Felsina und nahmen mit der Zeit zahlenmäßig stark zu, ein Zeichen, dass in Felsina zahlungskräftige und kultivierte Familien wohnten. Das mit der attischen Keramik vergesellschaftete Trink- und Essgeschirr aus Bronze, darunter etruskische Krüge, Bratpfannen, Fleischzangen, Feuerböcke, Bratspieße usw. aus Gräbern der Certosa-Nekropole zeigen, dass die reiche Oberschicht von Felsina ein gesellschaftliches Beisammensein nach etruskisch-griechischem Vorbild pflegte, wenngleich sie anders als die Oberschichten im tyrrhenischen Etrurien auf Darstellungen von Bankettszenen verzichtete. Felsina erreicht im 5. Jh. einen politischen und wirtschaftlichen Höhepunkt. Luxus wird auch in der Emilia-Romagna, wie im etruskischen Mutterland, zur Notwendigkeit und schafft Zwang: Y. N. Harari spricht von der »Luxusfalle« als »ehernem Gesetz der Geschichte«.[32]

Frauen waren auch im etruskischen Norditalien ein wichtiger Teil der Gesellschaft, wie in den Jahren 400–350 die Stelen der Vipia Karmunis und der Thanχvil Titlalus sowie ein dekorierter Blechgürtel aus Südetrurien für eine adelige Frau Felsinas zeigen.[33] Frauen mit Kisten auf dem Kopf, ein Bauer mit dem Pflug und zwei weitere Bauern, die ein Tier abtransportieren, sind im dritten Streifen (v. o.) der Certosa-Situle dargestellt, gleichsam das Bild einer blühenden Landwirtschaft und Viehzucht, welche die Ernährung der Stadtbewohner sicherten.

Insgesamt zeigen in Felsina die Reste der materiellen Kultur seit dem 7. Jh. die Selbstorganisation einer Etruskisch sprechenden Bevölkerung. Gegen Ende des 6. Jh. entstanden in Felsina Häuser aus Stein mit gepflasterten Böden und Dächern mit Ziegeln (Viale Aldini). Reste von architektonischen Strukturen aus Marmor und Travertin auf dem Gelände der Villa Cassarini, an jener Stelle, wo es im 10.–9. Jh. eine Kultstätte gab, werden – allerdings nicht ohne Gegenstimmen – als sakraler Mittelpunkt der neuen Siedlung interpretiert.[34] Diese architektonischen Änderungen sprechen für die urbanistische Umgestaltung der alten Siedlung Felsina.

Die Namen der Machthaber, die im 6. Jh. für die Verteidigung und Ernährung der Gemeinschaft sorgten, sind größtenteils unbekannt. Die sozialen Strukturen waren jedoch nicht viel anders als in den Staaten Mittelitaliens: Eine im 6. Jh. auf Dauer angelegte politische Organisation wurde von einer adeligen Schicht geführt. Etwa 15 etruskische Gentilnamen mit dem Suffix -alu, der für das Etruskische Norditaliens typisch ist, zeigen seit dem 6. Jh. in Felsina, dass der Anteil von Bewohnern mit eigener etruskischer Onomastik hoch war.[35] Diese Gruppen waren wohl die Nachfahren der Bewohner des Landes in der Villanova-Zeit.

Im Zuge des Ausbaues der Hauptstadt Felsina wurde im dritten Viertel des 6. Jh. die Infrastruktur für den Handel verstärkt: Die Häfen Spina (Prov. Ferrara) im Po-Delta und Atria/Hatria (h. Adria, Prov. Rovigo) wurden mit Erddämmen sowie orthogonal angeordneten Kanälen und Häusern vergrößert und zu Handelsstützpunkten an der Adria ausgebaut: Sie befanden sich unweit von der Mündung des Flusses Reno, der Verbindungsader zu Nordetrurien.[36]

Adria am gleichnamigen Meer soll eine Niederlassung der Etrusker gewesen sein.[37] Adria war (Ende des 6. Jh.) eine griechische Stadt.[38] Im 5. Jh. und 4. Jh. war Adria allerdings vielmehr eine Siedlung der Veneter, wie etwa 400 venetische Inschriften zeigen.[39] Die etwa 100 etruskischen Inschriften der Stadt, darunter einige Namen mit -alu-Endung, gehen auf die Zeit nach dem 4. Jh. zurück.[40] Entweder gingen frühere etruskische Inschriften verloren oder die Etrusker zogen sich erst spät nach Adria zurück und die Autoren schrieben spätere Verhältnisse einer früheren Zeit zu. Einige etruskische Inschriften nennen Personen mit etruskisierten venetischen, keltischen und italischen Personennamen, die so wie in Genua, Spina, im Piemont (Busca, Mombasiglio, 6. Jh.) und in Südfrankreich in etruskischer Schrift und Sprache schrieben, aber keine Etrusker waren.

5.1 Interessen etruskischer Unternehmer und Staaten

Spina war im 5. Jh. ein viel besuchter internationaler Hafen. Die große Zahl an griechischen Vasen, die in Spina und in Adria abgeladen und in den Gräbern einer reichen Oberschicht mit etruskischem Bankettgeschirr aus Bronze vergesellschaftet war, spricht für einen blühenden Fernhandel. Auf eine solche Internationalität Spinas weisen auch venetische, griechische, keltische, italisch-umbrische, apulische und faliskische Personennamen hin.[41] Der Name Spina ist griechisch, den etruskischen Namen kennen wir nicht. Die etruskische Inschrift *mi tular*, ›ich bin die Grenze‹ auf einem Grenzstein ist ein etruskischer Ausdruck und spricht dafür, dass im 4./3. Jh. die Führung der Stadt in etruskischer Hand lag.[42] Die Personennamen in den etwa 330 etruskischen Inschriften privaten Charakters aus Spina bezeugen eine Bevölkerung, die seit dem 5. Jh. in diesem Hafen ihre Geschäfte abwickelte und in etruskischer Sprache schrieb.[43]

Ein weiterer Stützpunkt für den Fernhandel Felsinas war seit dem vierten Viertel des 6. Jh. eine Ansiedlung bei Forcello/Bagnolo San Vito am Fluss Mincio (Prov. Mantova) etwa 15 km Luftlinie nördlich des Flusses Po. Forcello dürfte auf eine Initiative von Felsina zurückgehen, das am Weg durch das Tal des Mincio interessiert war, dessen Lauf zu den Tälern der Zentralalpen führt: Fibeln hallstättischen Typus bestätigen den Kontakt dieser Ortschaft zu den Gebieten nördlich der Alpen. Auf diesem Weg kam wahrscheinlich um 500 Exportware aus Mittelitalien, z. B. das bauchige Gefäß (*stamnos*) für Flüssigkeiten, zu den mitteleuropäischen Kelten, wo es alsbald die griechischen Kratere ersetzte. Seit dem 4. Jh. erreichten auch die beliebten etruskischen Schnabelkannen in erster Linie aus Vulci die Gebiete nördlich der Alpen.[44]

Nördlich des Apennins und südlich von Felsina, im Tal des Flusses Reno, gab es in der Villanova-Zeit (kleine) Ansiedlungen entlang des Weges, wohl Stützpunkte für Reisende zwischen Nord- und Mittelitalien.[45] Etwa 30 km südlich von Bologna und 5 km südlich des heutigen Städtchens Marzabotto gab es in der ersten Hälfte des 6. Jh. eine größere Siedlung, wohl ein Handelsstützpunkt: Griechische Keramik und ein orientalisches Elfenbeingefäß sprechen für vermögende Bewohner. Die Lokativform *kainuaθi* auf Gefäßen ließ auf einem Stadtnamen *Kainua* (= Neustadt?) schließen – diese Siedlung wird in der Fachliteratur mit dem modernen Namen Marzabotto (mit oder ohne die Hinzufügung Kainua) genannt.[46] Kainua bot handelsorganisatorisch große Vorteile: An Kainua (und an Gonfienti südlich des Apennins) vorbei führte der Weg von Süden nach Norden und umgekehrt.

Ende des 6. oder Anfang des 5. Jh. wurde Kainua in eine orthogonal angelegte Stadt umgestaltet.[47] Es entstanden Entwässerungskanäle, ein Handwerkerviertel und einige Heiligtümer. Der Tempel für den Stadtgott Tinia liegt in der Stadt selbst, also inmitten der Gemeinschaft und nicht am Rande, wie andere Heiligtümer der Stadt. Ein eingegrabener Stein mit einem eingeritzten Kreuz in der Mitte und versenkt am Schnittpunkt der beiden sich kreuzenden Hauptstraßen, gibt die vier Himmelsrichtungen an: die Siedlung war offenkundig nach den rituellen Normen in den Ritualbüchern des Tages orientiert.

Einige der 29 Inschriften in etruskischer Sprache aus Kainua nennen Personennamen mit *-alu* Endung, die für eine relativ starke lokale etruskische Bevölkerung sprechen.[48]

Die erwähnten, großangelegten Vorhaben, die in dem Ausbau der Häfen von Adria und Spina sowie der Zwischenstationen Kainua und Gonfienti gipfelten, waren die Folge mehrerer politischer Aktionen von Gruppen, die Etruskisch sprachen. Ob die Initiative von Nordetrurien oder von Felsina ausging, bleibt angesichts der ungenauen Datierung der archäologischen Reste offen. Doch sprechen die erwähnten, zahlreichen Namen mit *-alu*-Endung in Kainua dafür, dass Gruppen etruskischer Sprache aus Norditalien eine Hauptrolle spielten.

Das Bild eines großen Schiffes mit Bewaffneten an Bord auf der Grabstele des Vel Kaikna von Felsina (425–400) und die Überlieferung etruskischer Piraterie in der Adria zeigen, dass es hier nicht nur um Warentransport, sondern auch um Abwehr wahrscheinlich von Seeräubern ging.[49] Kaikna war wahrscheinlich ein Angehöriger der adeligen etruskischen Familie Kaikna/Ceicna aus Volterra oder Chiusi.[50] Kaikna wohnte in Felsina und hatte ein Schiff, das in den Häfen von Spina oder Adria und nicht im Tyrrhenischen Meer vor Anker lag. Vel Kaikna wird hier als Vertreter oder Nachfahre von Etruskern gesehen, die nach Norditalien kamen und sich integrierten: Die Grabstele ist in lokaler Tradition gestaltet.

Inschriften zur politischen Entwicklung Felsinas sind selten. Insignien, darunter ein Klappstuhl mit Elfenbeinbesatz (Ende des 6. Jh.), sind ein Hinweis auf eine repräsentative Führung.[51] In der ersten Hälfte des 5. Jh. war Herr Petlna Arnθ *zilaθ* in Felsina.[52] Seine Grabstele (De Luca Nr. 137) steht typologisch in der Tradition der Stelen Felsinas (▶ Abb. 16), das Relief zeigt Arnθ in Begleitung von Insignienträgern mit Lanze und Krummstab, seinen militärischen und religiösen Machtinsignien, während er sich gerade von (s)einer Frau verabschiedet. Die unübliche Stellung des Gentilnamens Petlna vor dem Personennamen Arnθ spiegelt eine Tradition wider, die häufig in Tarquinia und selten auch in Vulci im Gebrauch war.[53] Petlna (oder seine ursprüngliche Familie) kam aus Tarquinia oder Vulci nach Felsina. Er betätigte sich politisch in dieser Stadt und bekleidete als *zilaθ* das Oberamt. Er starb in Felsina. Seine Grabstele stand formal in der Tradition dieser Stadt, die Inschrift vermerkte hingegen seinen Namen in der Tradition von Tarquinia (oder Vulci). Eine weitere Inschrift auf einer Grabstele (425–400) besagt, dass eine Person *zilaχnuk[e]*, »... das *zilac*-Amt bekleidete«.[54]

Eine viel ältere Inschrift aus Rubiera (um 600) erwähnt einen *zilaθ* ›in Misala‹, welcher wahrscheinlich die einfache Bedeutung ›Vorsteher‹ hatte (▶ Kap. 4.6).[55] Es stellt sich jetzt die Frage, ob der Begriff *zilaθ* in Rubiera selbst oder in Felsina die Entwicklung von einer allgemeinen zu einer engeren Bedeutung mit politischer Färbung durchmachte, oder ob die semantische Verschiebung in Etrurien erfolgte und der Terminus als ›Rückwanderer‹ nach Felsina kam. In diesem Fall hätten Etrusker Mittelitaliens die eigene Verfassung auf Felsina übertragen. Diese Frage bleibt mangels weiterer Belege offen. Jedenfalls: Das politische Programm, dass im 6./5. Jh. in der Emilia-Romagna verwirklicht wurde, spricht für eine lokale, politisch engagierte Führung an der auch Personen aus Mittelitalien teilhatten: Petlna Arnθ integrierte sich in das politische Leben Felsinas.

Die Überlieferung sah allerdings die Präsenz der Etrusker in Norditalien anders: Sie nennt etruskische Heerführer, die von Etrurien in die Emilia-Romagna kamen und Städte gründeten: Aucnus/Ocnus, der Sohn der Manto und des (Flusses) Tiber und Bruder des Aulestes, des Gründers von Perusia, habe Felsina

Abb. 16: Die stark ergänzte Stele des Petlna Arnth zeigt Arnth, der sich von seiner Frau verabschiedet. Hinter ihr befinden sich die Amtsdiener des Verstorbenen, die dessen Krummstab und Lanze halten. Die Stele trägt eine entlang des Randes eingetragene Inschrift, die diese Stele in die Nähe anderer Stele aus Norditalien rückt. Die Stele von Bologna ist in die erste Hälfte des 5. Jh. zu datieren. Bologna, Archäologisches Museum.

und Mantua gegründet; Tarchon, der Gründer u. a. von Tarquinia und Cortona, sei auch der Gründer von Mantua usw.[56]

Die Überlieferung bezieht sich auf reale Örtlichkeiten und dies bedeutet, dass sie die etruskische Gründung von Felsina, Mantua usw. durch Aucnus/Ocnus, Tarchon usw. glaubhaft machen wollte. Die Überlieferung ist also in einen historischen Hintergrund eingebettet: In Norditalien gab es in der Tat mindestens im 9. Jh. Etruskisch Sprechende und Felsina und Mantua waren zur Zeit der Überlieferung konkrete Städte. Allerdings muss die Frage nach dem historischen Hintergrund von der Frage nach dem historischen Kern in den antiken Berichten getrennt werden. In unserem Zusammenhang scheitert eine Beantwortung der zweiten Frage zunächst an der mangelnden Beweisbarkeit der Historizität der Hauptdarsteller, z. B. eines Aucnus/Ocnus, der nur in der Dichtung von Vergil genannt wird. Dann scheitert die Frage nach dem historischen Kern an der Tatsache, dass die Überlieferung keine chronologischen Anhaltspunkte und keine Möglichkeit einer Überprüfung der Fakten bietet. Nicht zuletzt widerspricht der archäologische Befund Felsinas der Gründungssage: Die unregelmäßigen Mauerstrukturen der frühen gewachsenen Siedlung waren noch erkennbar, als sie durch die Initiative einer Führung mit geraden, orthogonal angelegten Straßen umgestaltet wurde.⁵⁷ Dies geschah erst im 6. Jh., also in historischer Zeit, und setzt eine Planung voraus, die mit dem Bericht von Anführern, die Felsina ›gegründet‹, also in einem kurzen Zeitraum angelegt hätten, nichts zu tun hat. Die Überlieferung zu den Gründern der Städte der Emilia-Romagna ist also unhistorisch und spiegelt nicht mehr als die Vorstellung der antiken Autoren von der etruskischen Präsenz in Norditalien. Sie orientierten sich am Gründungsmodell der griechischen Kolonien, welche immer einen Gründer (*Oikist*) hatten. Da die Überlieferung keine historischen Oikisten für die (etruskischen) Gründungen in Norditalien kannte, wurden Namen erfunden, darunter der (griechische) Namen Manto und ein sagenhafter Tiber. Aucnus/Ocnus und Tarchon sollen Heerführer gewesen sein. Dies erlaubt höchstens die Annahme, dass die Ankunft von Siedlern in einem bereits bewohnten Land nicht gerade friedlich vor sich ging, auch wenn in Norditalien bereits Etruskisch Sprechende wohnten. In anderem Zusammenhang bemerkt Plutarch, dass »manche Handelsleute Gründer großer Städte geworden« sind.⁵⁸ Handelstätigkeit konnte also eine erste Stufe von Beziehungen sein, die sich mit der Zeit vertiefte und auf die politische Ebene ausdehnen konnte.

Die bislang älteste etruskische Inschrift Kampaniens ist Ende des 8. oder Anfang des 7. Jh. in Kyme bezeugt. Sie ist in griechischem Alphabet verfasst und nennt den Personennamen Hisa und den Gentilnamen Tinnuna, die ein Gefäß weihte.⁵⁹ Fachleute bestreiten den etruskischen Charakter dieser Inschrift und das Corpus *Etruskische Texte* nimmt sie mit Fragezeichen auf. Tatsächlich ist die Verwendung einer zweigliedrigen Namensformel um 700 befremdlich. Denn in Etrurien vermerkten die ältesten Inschriften nur den Personennamen, und das zweigliedrige Namensystem entstand nicht in Kampanien. Auch boten die Griechen kein Vorbild dafür. Sofern die Inschrift etruskisch ist, ist die historische Schlussfolgerung des Textes bemerkenswert: Hisa Tinnuna musste damit rechnen, dass einige Mitbewohner seine Inschrift verstehen konnten, Tinnuna war also in Kyme nicht der einzige Etrusker. Eine weitere etruskische Inschrift aus Calatia, an der Grenze zum Land der italischen Caudiner, nennt Ende des 7. Jh. Personen mit nicht etruskischen Namen, die in etruskischer Sprache schrieben.⁶⁰

Seit dem 7. Jh. erreichten Etrusker verstärkt Süditalien, wohl auf der Suche nach besseren Lebensbedingungen. Etruskische Funde kamen beim heutigen Städtchen Pontecagnano (Prov. Salerno) ans Licht.⁶¹ Gräber mit Waffen, Kriegs- und Reisewagen, mit Opfergeräten, Pferdetrensen und einer Pferdemaske (Grab 4461) aus der ersten Hälfte des 7. Jh. befanden sich in einem eigenen Areal der Siedlung und standen zeitgenössischen adeligen Familiengräbern im griechischen Kyme, in Palestrina, wie auch im etruskischen Caere, Vetulonia usw. an Reichtum nicht nach.⁶² Diese Nekropole war für die Bestattung der Mitglieder einer Oberschicht von Kriegern, Reitern und Pferdezüchtern reserviert. Die Vermittler des Alphabets der 53 Inschriften von Pontecagnano und seinem Umland kamen aus Vulci und Tarquinia.⁶³

In Fratte am Fluss Irno bei Salerno belegen Bucchero, kleine Bronzebecken, griechische Keramik und massaliotische Amphoren für griechischen Wein die weitreichenden Verbindungen der Bewohner zu verschiedenen Landschaften Italiens und des Mittelmeerraumes. Im 6. Jh. wurden Gräbergruppen einer Oberschicht gesondert angelegt. Einige von ihnen wohnten wahrscheinlich in Häusern, darunter in einem mit farbigen Tonplatten verzierten ›Palast‹ von etwa 90 m², welcher die nächsten architektonischen Parallelen in Etrurien hat – er ist der einzige erhaltene ›Palast‹ im etruskischen Kampanien.[64] Öffentliche Bauten, darunter zwei Hauptwege, eine Verteidigungsanlage sowie ein ganzes System von Kanälen und Brunnen, gehen auf die Initiative politisch engagierter Gruppen zurück, die für Verteidigung und Versorgung mit Nahrung sorgten. Strabo erwähnt eine Gründung der Etrusker namens Marcina zwischen der griechischen Kolonie Poseidonía (h. Paestum) und der Halbinsel von Sorrent.[65] Die Forschung verbindet vorsichtig Marcina mit Fratte.

Fast gleichzeitig mit Fratte wurde im 6. Jh. unweit der Sarno-Mündung die Siedlung Pompeji ausgebaut: Zwei breite Hauptwege und ein Apollon-Tempel (drittes Viertel des 6. Jh.) vom griechisch-etruskischen Typus zeigen, dass Pompeji rasch städtischen Charakter annahm. Ein Mauerring diente wenig später dem Schutz der Bewohner und ihrer Habe, wohl vor italisch-sabellischen Eindringlingen.

Diese Zentren Kampaniens erlebten im Laufe des 7. Jh. und im 6. Jh. einen sozio-ökonomischen Aufschwung. Im 5. Jh. markieren die etruskischen Inschriften von Vico Equense, Nola, Nocera und von Ortschaften im Tal des Flusses Sarno (Stabiae) den Weg der Waren, die von und nach Etrurien transportiert wurden.[66]

Livius erwähnt die etruskische Stadt Volturnum, »die heute Capua ist«[67]: Die sabellischen Kampaner hätten den Namen Volturnum zu Capua nach dem Namen ihres Anführers Capys umbenannt. Nach dem Historiker Velleius Paterculus sei zu seiner Zeit (= 1. Jh. n. Chr.) die Stadt Capua (h. Santa Maria Capua Vetere) in Kampanien 830 Jahre alt gewesen.[68] Nach Cato hingegen sei Capua gleichzeitig mit Nola 260 Jahre vor der Eroberung Capuas durch die Römer gegründet worden, also im Jahre 471 – die Römer eroberten Capua im Jahre 211[69]

Der vielgereiste Historiker Hekataios von Milet brachte um 600 Capua mit dem mythischen Troianer Capys, dem Vater des Anchises und Großvater des Äneas in Verbindung und führte Capys in den Sagenkreis der Ankunft des Äneas in Italien ein.[70] Dieser frühe Beleg des Namens Capys spricht also gegen die späte Datierung Catos. Das frühe Datum von Velleius Paterculus, dessen Quelle wir nicht kennen, ist auch im Lichte des archäologischen Befundes der Villanova-Zeit wahrscheinlicher. Etrusker dürften nach einem Ausbau der frühen Siedlung den Namen Capua durch Volturnum ersetzt haben, um sich formal von der alten Siedlung zu distanzieren. Wann dies geschah, wissen wir nicht.

Um die Mitte des 7. Jh. entstanden in Volturnum Werkstätten für Bucchero-Keramik, die sich formal an Südetrurien orientierten und die Ankunft in Kampanien von etruskischen Handwerkern, Unternehmern und Händlern nahelegen. Kurz darauf wurden lokale Nachahmungen erzeugt, was für die Eröffnung von Werkstätten nach etruskisch-griechischem Modell spricht. Bronzeurnen in würfelförmigen Gehäusen aus Tuff und die eher bescheidenen Grabausstattungen zeigen eine Bestattungsart, die als Fortsetzung lokaler Traditionen im Totenkult zu sehen ist. In Capua fehlen die architektonisch gekennzeichneten Fürstengräber, die man aus Etrurien kennt.

Im 6. Jh. wurden in Volturnum öffentliche Bauten errichtet: Eine etwa 4,5 m breite Straße, eine Befestigungsanlage und zwei Tempel, einer davon für Apollon. Häuser mit Mauern aus festem Tuff und Trockenziegeln folgten dem früheren, unregelmäßigen Plan der Siedlung.[71] Mehrfarbige Tonplatten griechisch-etruskischer Tradition schmückten um 500 die Dächer des extraurbanen Heiligtums Fondo Patturelli und wohl auch der (nicht erhaltenen) ›Paläste‹ einer Aristokratie, welche sich seit der Mitte des 6. Jh. in den Resten der materiellen Kultur manifestiert: Statuetten von Pferden, von Reitern und berittenen Bogenschützen auf Urnendeckeln sowie Trensen legen nahe, dass im etruskischen, gräzisierten Adelskreis Kampaniens Pferdezucht und Reiten wahrscheinlich eine größere Rolle spielten als im Adelskreis des etruskischen Mutterlandes.

Die Vermittler des Alphabets der 36 etruskischen Inschriften aus Volturnum kamen gegen Ende des 6. Jh. aus dem Raum von Veji.[72] Frauen weihten vor dem 6. Jh. und bis ins 2. Jh. im Heiligtum Fondo Patturelli Statuen aus Tuff, die sie als sitzende Mütter mit ihren Wickelkindern in den Armen darstellten – eine Huldigung an die Göttinnen der Fruchtbarkeit und Zeugung. Diese Frauen gehörten wohl einem einheimischen, nicht etruskischen adeligen Kreis an.

Im 5. Jh. entstanden in Volturnum Werkstätten für die Herstellung von Bankettgeschirr aus Bronze in technischer und formaler Abhängigkeit vom westgriechischen und etruskischen Handwerk. Das Bankettgeschirr war bei Symposien der vornehmen etrusko-gräzisierten Gesellschaft Kampaniens im Einsatz, nicht viel anders als in den zeitgenössischen Städten Etruriens, in Felsina, Kainua/Marzabotto, Spina usw.

Wir wissen nicht, ob es gegen Ende des 6. Jh. in Volturnum Bestrebungen zur Einführung eines politischen Systems gab, das, ähnlich wie in den benachbarten griechischen Städten, in Rom und in Etrurien, mehreren Gruppen einer Aristokratie die Möglichkeit bot, an die Macht zu kommen. Könige sind im etruskischen Kampanien ebenso wenig bezeugt wie etruskische Ämter.

Seit dem Ende des 6. Jh. kamen Menschen und Waren verstärkt aus Südetrurien nach Kampanien. Dabei konnten Schwierigkeiten auftreten, denn der Landweg durch Latium geriet immer mehr unter die Kontrolle der italischen Volsker, und sofern der 1. römisch-karthagische Vertrag bei Polybios (509) historisch ist, kontrollierte Rom damals bereits die Küste Südlatiums.[73]

Die Grabausstattungen zeigen, dass sich im Laufe des 6. Jh. die Sitten der etruskischen Oberschichten Kampaniens, Mittel- und Norditaliens weitgehend anglichen.[74]

Etruskische Herrschaft über Italien?

Der römische Historiker Fabius Pictor (zweite Hälfte des 3. Jh.) berichtet, dass zur Zeit des Königs Tarquinius beim Bau des Iupiter-Tempels auf dem Kapitol in Rom ein unversehrter menschlicher Kopf ans Licht kam. Nach der Deutung des von den Römern herangezogenen »berühmtesten« etruskischen Wahrsagers namens Olenus Calenus versprach der Besitz des Kopfes die Herrschaft über Italien.[75] Im Zuge der Deutung habe der etruskische Wahrsager versucht, das

Wunder, das sich auf Rom bezog – der Kopf war ja auf dem Kapitol gefunden worden – auf Etrurien zu übertragen, was ihm allerdings nicht gelungen sei. Noch Isidor von Sevilla (600–636) wusste allerdings, dass sich auf dem Kopf »etruskische Zeichen« befanden.[76]

Fabius Pictor schöpfte den Stoff der Sage wahrscheinlich aus Etrurien selbst: Auf etruskischen Gemmen des 4. Jh. sind nämlich ein aus dem Boden hervortretender Kopf und eine leicht nach vorne gebeugte Person dargestellt. Die Ikonographie war in Griechenland bekannt, wo sie zur Darstellung des aus der Erde emporsteigenden Kopfes des sagenhaften Sängers Orpheus diente. Ob auf den etruskischen Gemmen der Kopf vom Kapitol oder jener des Orpheus dargestellt ist, wissen wir nicht, aber der Fundort der Gemmen, nämlich Etrurien, spricht dafür, dass eine griechische Ikonographie für eine etruskische Tradition zur Herrschaft der Etrusker über Italien übernommen wurde.

Nach Livius sei zur Zeit des Aeneas Etruriens Macht so groß gewesen, »dass es nicht nur allein die Länder, sondern auch das Meer entlang von den Alpen bis zur Sikulischen Meerenge mit dem Ruhm seines Namens angefüllt hatte«.[77] Livius bietet allerdings keine absolute Datierung.

Die Etrusker-Forschung nimmt für die Etrusker ein in der Geschichte der Griechen und Römer wohlbekanntes Phänomen, nämlich eine ›Kolonisation‹ an, die sich auf Teile Italiens erstreckte. ›Kolonisation‹ hat allerdings je nach Zeit und Raum verschiedene Bedeutungen. In dieser meiner Abhandlung bezieht sich das Wort ›Kolonisation‹ nur auf seinen antiken Kontext, d. h. auf die Auswanderung griechischer Siedler im Mittelmeerraum (und am Schwarzen Meer), wo die Kolonien wiederum eigene (Tochter-)Städte gründeten.

Das Leben der Bewohner der Emilia-Romagna und einiger Landschaften Kampaniens, welche seit dem 9./8. Jh. eigene politische und kulturelle Einheiten waren, begann sich seit dem 7. Jh. zu ändern. Die Oberschichten der Veneter, der Latiner (mit den Römern), einiger Stämme der Italiker und im Laufe der Zeit auch der keltischen Lepontier, der Räter und Ligurer übernahmen aus Mittelitalien etruskische Kulturgüter von hohem Niveau, wie die Schrift, handwerkliche Techniken, ein kultiviertes soziales Leben, hochqualitatives Mobiliar und vornehme Kleidung. Dies zeigt, wie empfänglich jene Völker Altitaliens für die Kultur der Etrusker waren. Diese Völker blieben jedoch politisch und kulturell selbstständig, selbst nachdem im 7. Jh. Etrusker aus Mittelitalien vermehrt in ihr Land kamen. Neue Kulturgüter konnten die einheimischen Kulturen jener Völker beeinflussen, ohne ihre eigenständige historische Entwicklung aufzuhalten, sodass weder Süditalien noch Norditalien von den Etruskern Mittelitaliens politisch beherrscht wurden.

Wenn man nun unter ›Kolonisation‹ das Anlegen von Siedlungen als eine Maßnahme versteht, die von bereits bestehenden (etruskischen) Staaten ausging, dann trifft der Begriff ›etruskische Kolonisation‹ auf keine Gegend Italiens zu. Weder die Überlieferung noch die materielle Hinterlassenschaft oder die ganze historische Entwicklung der Emilia-Romagna, Kampaniens und Roms reichen zum Beweis dafür aus, dass ein oder mehrere Stadtstaaten Etruriens in diesen Gebieten Kolonialpolitik betrieben. Es ließ sich lediglich die ›Antwort‹ der lokalen Bevölkerungen auf die kulturellen und wirtschaftlichen Anregungen feststellen, die zuerst durch Händler und Handwerker und in Felsina von einzelnen Persönlichkeiten aus dem etruskischen Kernland, darunter Petlna Arnθ, vermittelt wurden.

Das Fehlen einer Kolonialpolitik der etruskischen Staaten bedeutet gleichzeitig, dass deren Oligarchien innenpolitisch nach Mehrung von Macht und Besitz mit Einbeziehung von freien Mitgliedern der Gesellschaft (und von Unfreien) strebten, aber keine Außenpolitik mit dem Ziel verfolgten, ihre Herrschaft über Italien auszudehnen. Herrschaft über fremde Völkerschaften führt immer zu militärischen Konflikten und macht daher eine hohe Zahl von Soldaten notwendig. Etruskische Anführer haben eine solche große Anzahl von Kriegern weder in Form von Privat- noch von staatlichen Heeren mobilisieren können. Erst Rom gelang es mit Hilfe eines juridisch bemerkenswerten und geschickten Manövers, große Heere aufzustellen, indem es die besiegten Soldaten in die eigene Streitmacht aufnahm.

Die Änderungen, welche aufgrund der Initiative und des Willens lokaler Gruppen zustande kamen, hoben insgesamt das Niveau der einheimischen Kulturen außerhalb Etruriens, beeinflussten aber deren politische Organisation und Lebensweise nur oberflächlich. Im Land der Lepontier erlangte im 5. Jh. Como am Fuße der Alpen und an einem strategisch wichtigen Weg nach Mitteleuropa städtischen Charakter.[78] Im Land der Veneter entwickelte sich Padua seit dem 6. Jh. zu einer Stadt und es entstand eine Kultur, die ein Maximum an Originalität erreichte und zu einem Kennzeichen venetischer Identität wurde. In Ligurien hingegen wurde Genua erst in römischer Zeit eine stadtartige Ansiedlung.

5.2 Handelskonkurrenz, Staatsverträge und private Vereinbarungen

Das wahrscheinlich etruskische Schiff, das Ende des 7. Jh. vor der Insel Giglio sank, beförderte Bucchero, korinthische Keramik und Kupferkuchen, die man in den verschiedenen Häfen der tyrrhenischen Küste angekauft hatte. Etruskische Kaufleute exportierten seit der Mitte des 7. Jh. Bucchero-Gefäße nach Südfrankreich: Von hier aus konnte man die Ware durch das Rhône-Tal ins Land der Kelten in Mittelfrankreich und Mitteldeutschland befördern. Es entstanden jedoch am Löwengolf keine etruskischen Stützpunkte oder Niederlassungen für den Handel, sondern eher Magazine für die Waren aus Etrurien. Der Export verblieb bei Privatunternehmern, die sich politisch nicht zu organisieren vermochten. In Südfrankreich sind keine etruskischen Werkstätten bekannt.

Um 600 gründeten ionische Griechen aus Phokaia in Kleinasien die Kolonie Massalía an der Rhône-Mündung. Die Gründung war wohl eine Notmaßnahme der Phokäer, die nach der Eroberung Kleinasiens durch die Perser nach Westen flohen.[79]

5.2 Handelskonkurrenz, Staatsverträge und private Vereinbarungen

Die Phokäer übertrugen die staatliche Organisation der alten Heimat auf ihre Neugründung und kontrollierten noch im 6. Jh. einerseits den ganzen Löwengolf und den Weg ins Rhône-Tal bis zu den keltischen Burgen (*oppida*) Süddeutschlands (Heuneburg, Hohenasperg) und Burgunds (Vix), andererseits den Handel mit den Iberern in Katalonien. Die Phokäer befuhren das Meer nicht mit Lastschiffen, sondern mit großen und schnellen Fünfzig-Mann-Schiffen,[80] die man gewöhnlich im Krieg einsetzte, was für den Umfang des Transports und wahrscheinlich für die phokäische Entschlossenheit zur Abwehr von Überfällen im Handelsverkehr spricht. Seeraub war ein Thema in der zeitgenössischen Literatur: Die meisten griechischen Autoren beschuldigten die Etrusker der Piraterie. Thukydides, wie schon früher Homer, wusste, dass in den Anfängen des Handels Seeraub und der Überfall auf befestigte Städte von den »tüchtigsten Männern« angeführt wurden; beide Tätigkeiten brachten »keine Schande, eher sogar Ruhm«.[81] Schließlich: Auch Kreter, Phönizier und Taphier genossen damals denselben zweifelhaften Ruhm.

Die Gründung Massalías bedeutete eine starke Konkurrenz für die etruskischen Geschäfte in Südfrankreich: Etruskische Amphoren nahmen in der zweiten Hälfte des 6. Jh. in Massalía zahlenmäßig ab, wurden aber noch im 5. Jh. in kleiner Anzahl nach Lattara (h. Lattes) im Languedoc verkauft; etruskische Ware kam im Kleinhandel noch im 4. und 3. Jh. nach Südfrankreich.[82]

Geschirr etruskischer Machart für den täglichen Gebrauch (erste Hälfte des 6. Jh.) legt nahe, dass Etrusker in Massalía unter griechischer Oberhoheit wohnten, wohl ein Zeichen, dass eine Rückkehr nach Etrurien nicht geplant war. Etruskische Inschriften im Alphabet von Tarquinia, Vulci und Volsinii/Orvieto auf Bucchero-Gefäßen aus dem Hafen Lattara (h. Lattes) mit keltischen Frauennamen zeigen, dass Etrusker aus mehreren Städten Etruriens (Geschäftsleute?) verwandtschaftliche Beziehungen mit Keltinnen knüpften.[83] Etruskische Inschriften kommen auch aus Saint Blaise und Ende des 6. Jh. aus Gran Ribaud.[84]

Im Laufe des 6. Jh. wurde in Populonia (Porcareccia) eine Nekropole des 8. Jh. beseitigt und Platz für eine Industrieanlage geschaffen, wie Schlackenhalden, ein Schmelzofen und ein gemauerter, großangelegter Bau zur Aufbewahrung der Metallschmelze belegen.[85] Die Anlage entstand außerhalb der Stadtmauer, wohl um Brände in der Stadt zu verhindern. Metallstücke, Schlacken und Schmelzöfen in einer Siedlung beim Accesa-See, etwa 17 km Luftlinie von Populonia und 8 km von Vetulonia entfernt, belegen im 6. Jh. verstärkte Metallverarbeitung, die eine starke Nachfrage voraussetzt; eigene Webgewichte legen die Autarkie dieser Siedlung nahe.[86] Das Metall wurde aus Populonia von Zwischenhändlern nach Kampanien gebracht, wo man Waffen und landwirtschaftliche Geräte herstellte und weiterverkaufte – so Diodor, jedoch ohne chronologische Anhaltspunkte.[87]

Zwischen 550 und 500 wurde in Etrurien eine hohe Anzahl griechischer Vasen abgesetzt.[88] Von den griechisch-ionischen Kolonien Rhegion und Zankle (h. Reggio Calabria und Messina) erreichten die griechischen Händler die tyrrhenische Meerstraße östlich von Sardinien und Korsika. Dieser von den Winden begünstigte Seeweg ermöglichte jederzeit eine Verproviantierung der Matrosen in den ionischen Kolonien an der Westküste Süditaliens und in der griechischen Niederlassung Graviscae unweit von Tarquinia; auf der Höhe von Korsika fuhr man beiderseits auf Landsicht, denn das nördliche Korsika ist von Populonia aus bei klarem Wetter gut sichtbar.

In Graviscae konnten die Griechen auch etruskische Ware, z. B. Bankettgeschirr aus Vulci, ankaufen und sie auf dem Weg nach Südfrankreich in Pisa und Genua zusammen mit griechisch-attischer Keramik absetzen.

Durch den Kontakt mit den Griechen lernten etruskische Unternehmer neue Handelsgewohnheiten kennen. Zwischen der zweiten Hälfte des 6. Jh. und dem Beginn des 5. Jh. sind in Caere (Sant'Antonio) und in den Gebieten von Populonia (Follonica) und Vetulonia (Pian d'Alma) drei Gewichte belegt.[89] Das Abwiegen von Ware mit geeichten Gewichten garantierte den Handelspartnern konfliktfreie und saubere Finanzgeschäfte und war die Voraussetzung für die Barzahlung mancher Produkte, z. B. von Getreide. Die Verwendung von geeichten Gewichten offenbart ein verstärktes etruskisches Engagement im Handel und eine entsprechende juridische Grundlage.

Im 7. und im 6. Jh., in einer Zeit, in der in Etrurien Ware abgewogen wurde, aber kein Geld im Umlauf war, wurden An- und Verkauf von Waren in Form von Tauschhandel vollzogen, nicht viel anders als im Alten Orient, in Griechenland und im frühen Rom, wo der historische Name des Geldes, *pecunia*, verrät, dass in früher Zeit Schafe (*pecus*) Tauschware waren.[90] Mit der Zeit kamen auch Felle und Wolle, Leder und Stoffe, Metallstücke und ganze Geräte, sowie landwirtschaftliche Produkte in Frage, deren Wert je nach Jahreszeit schwankend war. Tauschgeschäfte wurden jedoch immer schwieriger, denn Tauschhandel funktioniert nur, solange der Verkäufer jene Ware hat, die der Käufer gerade sucht. Wenn die Menge der erwünschten Ware steigt und die Gegenstände, die im Tausch gegeben werden sollen, viel Platz beim Transport und bei der Aufbewahrung benötigen, wird der Handel umständlich und das Tauschen funktioniert nicht mehr.

Münzen kommen im 6. Jh. in Etrurien nur in geringer Anzahl vor: Die Zahlung mit Münzen war damals in Mittelmeerraum noch nicht überall verbreitet und Münzen gehen leicht verloren. Da sich diese frühen etruskischen Münzen in der Legierung, im Münzfuß und im Gewicht unterscheiden, wurden sie wohl auf Initiative von privaten Einrichtungen bzw. von geschäftstüchtigen Händlern geschlagen, die für den Wert garantierten. Zwei etruskische Münzen (Ende des 6. Jh.) aus der Nähe von Marseille wurden nach griechischem Muster geprägt.[91] Ab dem letzten Drittel des 5. Jh. imitierten in Populonia unbeschriftete Silbermünzen, Münzen mit dem darauf eingetragenen Wert und solche mit einem Bild der mythischen Gestalt Gorgo und der Sphinx griechische Vorbilder.[92] Drei kleine Silbermünzen aus Vulci (5. oder 4. Jh.) mit massaliotischem Vorbild tragen die Legende Thezi oder Thezle.[93] Es dürfte der Personenname eines Mannes gewesen sein, wahrscheinlich eines Unternehmers, welcher Münzen aus eigener Initiative für den eigenen Bedarf prägt, wahrscheinlich weil er über Metallvorräte verfügte. In der zweiten Hälfte des 5. Jh. prägte Populonia, und erst im 4. und 3. Jh. parallel zu Rom prägten die etruskischen Staaten eigene Münzen, fixierten und garantierten deren Wert.

Aristoteles erwähnt Rechtshilfeverträge (*symbola*) zwischen Etruskern und Karthagern zum Zweck der gegenseitigen Hilfe im Handelsverkehr.[94] Er schreibt:

5.2 Handelskonkurrenz, Staatsverträge und private Vereinbarungen

> Nun haben sich [die Menschen] doch zum Staat vereinigt, nicht um des bloßen Lebens [...] und auch nicht nur um einer Bundesgenossenschaft willen, zur Abwehr jeder ungerechten Beeinträchtigung, und ebenso wenig um des Handelsverkehrs und des gegenseitigen Nutzens willen, denn sonst müssten auch die Tyrrhener und die Karthager und überhaupt alle Völker, zwischen denen Handelsverträge bestehen, Bürger eines Staates sein; denn Vereinbarungen über Einfuhrartikel und Abkommen zum Schutz vor gegenseitiger Beeinträchtigung und schriftliche Bestimmungen über Kriegsbündnisse gibt es auch bei ihnen, aber es bestehen zu diesem Zweck keine allen gemeinsamen Staatsämter, sondern jeder Staat hat seine eigenen.

Aristoteles erwähnt ganz allgemein die Etrusker – gemeint sind wahrscheinlich die Bewohner der etruskischen Küstenstädte, denn besonders diese trafen sich mit Karthagern. Die »Handelsverträge«, auf welche Aristoteles hinweist, sind undatiert, und auch die verwendete Präsens-Form der Zeitwörter ist nicht aufschlussreich: Rechtstexte werden nämlich grundsätzlich im Präsens geschrieben, denn sie beanspruchen ewige Gültigkeit. Als Aristoteles im Jahre 322 starb, waren die einst guten etruskisch-karthagischen Beziehungen bereits erkaltet und die Etrusker spielten damals keine große Rolle mehr im Mittelmeerraum. Die Vereinbarungen bezogen sich also auf eine frühere Zeit, wahrscheinlich auf die zweite Hälfte des 6. Jh., als die etruskischen Staaten wirtschaftliche und militärische Beziehungen zu Karthago hatten. Die Vereinbarungen implizieren, dass es vor dem Vertrag Unklarheiten zwischen Karthagern und Etruskern gegeben hatte, oder man wollte solchen vorbeugen und schloss in altorientalischer Tradition einen Vertrag ab.

In einem Hafen an der Mündung eines Flusses bei Narbonne im Languedoc und unweit eines iberischen *oppidum* bei Pech Maho kam in den 80er Jahren des 20. Jh. ein Bleitäfelchen ans Licht.[95] An die Außenseite des nachträglich eingerollten Täfelchens wurde etwa 450–440 ein Text in etruskischer Sprache eingeritzt. Der Text ist in einem ›altertümlichen‹ Alphabet verfasst, das damals in Alalía (h. Aleria) auf Korsika in Verwendung war. Zu einem späteren Zeitpunkt, wahrscheinlich als man den etruskischen Text nicht mehr brauchte, ritzte man in die Innenseite des Täfelchens einen Text in griechischer Sprache ein. Dieser nennt die Bewohner der griechischen Kolonie Emporion (h. Ampurias), die ein Boot verkauften, den Preis, wie die Summe bezahlt wurde und sechs (oder sieben) Zeugen der Transaktion, welche iberische Namen haben. Der griechische Text ist also eine Kaufurkunde.

Die Personennamen zweier oder dreier Etrusker im etruskischen Text, Tuzu sowie Venel Utavu oder Venel und Utavu (= lat. Octavius), finden keine Entsprechung im griechischen Text, welcher keine etruskischen Namen enthält. Der etruskische (nicht aber der griechische) Text enthält den Ausdruck »in Massalía« (*Mataliai*), wohl den Ort, in dem die etruskische Urkunde verfasst wurde und den Hinweis auf jemanden, der »geschrieben hat/schrieb« (*zik*).[96] Der etruskische Text ist insgesamt nur in großen Zügen verständlich. Hier sind keine weiteren Personennamen genannt und es gibt keine Hinweise auf Zeugen.

Die Texte sind keine Bilingue, doch legt das Wort »dritter Teil«, *triten* im Griechischen und *kisne* im Etruskischen nahe, dass auch der etruskische Text juridischer Natur war, was wiederum nicht impliziert, dass es sich um dieselbe Transaktion handelte, vor allem weil die Namen der Beteiligten nicht übereinstimmen. Die Namen (Hauptpersonen und Zeugen) sprechen für die Existenz von Abmachungen, etwa von einem Handelsgesetz, das international verankert war. Nach Aristoteles hatten auch die Tyrrhener/Etrusker »Vereinbarungen über Einfuhrartikel und Abkommen zum Schutz vor gegenseitiger Beeinträchtigung«, woran sie sich halten mussten.[97] Sie hatten wohl auch Experten, die sich gerade in einem ungeschriebenen internationalen Recht gut auskannten.

5.3 Siege und Niederlagen der Etrusker

Die Handelstätigkeit griechischer Unternehmer, besonders der Massalioten, im Löwengolf und im Land der Kelten und die Machtpolitik sizilischer Tyrannen im Tyrrhenischen Meer waren ›internationale‹ Entwicklungen, welche seit der zweiten Hälfte des 6. Jh. die weitere Geschichte einiger Etruskerstaaten, in erster Linie der südetruskischen Städte und der Küstenstädte, vielfach bestimmten. Hinzu kam, dass im 6. Jh. auch die Karthager politisch erstarkten: Es ging ihnen um die Insel Sardinien, die vor allem im Südwesten reich an Mineralien ist und von Nordafrika aus, dort wo Karthago liegt, auf geradem Seeweg unschwer zu erreichen ist. Aufgrund ihres lang zurückreichenden Engagements im Handel wurden Etrusker, Griechen und Karthager zu gefährlichen Konkurrenten.

Um 545 ließen sich kleinasiatische Phokäer auf der Ostseite Korsikas, in Alalía, nieder, dort, wo sich 20 Jahre davor (um 565/560) andere Phokäer bereits niedergelassen hatten. Der Bau gemeinsamer Tempel seitens der früheren Phokäer und der Neuankömmlinge verrät deren Absicht, auf Dauer in Alalía zu bleiben.[98] Auf Korsika wohnten auch Etrusker, wie etruskisches Material des 7. Jh. belegt und Diodor berichtet.[99]

Nach der Ansiedlung von Karthagern mit Malchus in Sardinien um die Mitte des 6. Jh. befanden sich nun auch die Karthager in geographischer Nähe zur etruskischen und phokäischen Konkurrenz.[100] Etruskischer Bucchero kam in diesen Jahrzehnten nach Sardinien und verstärkt nach Karthago, wo ein Karthager namens Puine einen Personalausweis in etruskischer Sprache mitführte: Ein Elfenbeinplättchen aus Karthago (6. Jh.) vermerkt die etruskische Inschrift *mipuinel karθazies vesqu[?]na*, »ich bin Puinel von Karthago« und weist einen Bürger Karthagos, vielleicht einen Händler, aus.[101] Wahrscheinlich sollte der Ausweis dem Eigentümer Rechtsschutz garantieren. Die Nennung der Heimatstadt des Puine, nämlich Karthago, spricht für den öffentlichen Charakter des von einer etruskischen ›Behörde‹ erlassenen Scheines. Die Inschrift setzt also ein Abkommen zwischen einem Staat oder mehreren Staaten Etruriens und Karthago zum Schutz der eigenen Bürger voraus. Die bei Aristoteles undatierten etruskisch-karthagischen Handelsverträge wurden wahrscheinlich in diesen Jahren abgeschlossen – es sei an das in diesen Jahren abgeschlossene Handelsgesetz (*ius commercii*) Roms mit den Latinern erinnert.

Infolge von Störangriffen und Kaperkriegen der Phokäer im Tyrrhenischen Meer haben Etrusker und Karthager um 540 den gemeinsamen Beschluss zu einer bewaffneten Intervention gegen die Phokäer gefasst und eine gemeinsame Flotte aus 120 Schiffen – 60 Schiffe für jeden Verbündeten – aufgestellt.[102] Es liegt nahe, dass Caere einen seiner Häfen den Verbündeten zur Verfügung stellte. Aristoteles bezog sich wahrscheinlich auf dieses Bündnis, als er schrieb, dass auch die Tyrrhener »schriftliche Bestimmungen über Kriegsbündnisse« hatten.[103]

Die Phokäer errangen in der Seeschlacht »im Sardischen Meer« (vor Alalía oder vor Sardinien oder vor den Küsten Etruriens) einen Pyrrhussieg über die Verbündeten, denn sie verloren 40 Schiffe und weitere 20 Schiffe wurden unbrauchbar.[104] Die Phokäer verloren nicht nur die 60 Schiffe, sondern auch die Ruderer, die Schiffstechniker, die Offiziere und wohl auch die Soldaten auf den Schiffen. Es handelte sich ungefähr um 200 Mann Besatzung pro Schiff, wie eine Berechnung in Zusammenhang mit athenischen Dreiruderern nahelegt.[105] Etwa vier Jahrzehnte später illustrierte ein Vasenmaler aus Vulci (›Micali-Maler‹) eine Seeschlacht auf einem Wasserkrug: Hopliten kämpfen auf einem Schiff, andere stürmen vorwärts und schießen mit Pfeil und Bogen. In der Schlacht bei Alalía dürfte es nicht viel anders zugegangen sein als in der Darstellung des Vasenmalers.

An der Schlacht beteiligten sich wahrscheinlich nur die etruskischen Küstenstädte oder diese stellten Schiffe zur Verfügung. Die Ereignisse danach zeigen, dass Caere in dieser Seeschlacht eine Hauptrolle spielte. Mag diese Seeschlacht im »Sardischen Meer« von keiner großen Bedeutung für die Westgriechen gewesen sein,[106] hatte sie für die Etrusker schwerwiegende Folgen: Seit der Mitte des 6. Jh. lernten die etruskischen Händler die griechische Handelskonkurrenz auch im mittleren Tyrrhenischen Meer näher kennen, denn Griechen saßen nun im Süden (Sizilien) und Norden (Massalía), im Osten (Graviscae) und im Westen (Alalía) des Tyrrhenischen Meeres und konnten jederzeit die Etrusker in ihren Gewässern blockieren. Nach 540 kamen griechische Flüchtlinge von der Insel Samos nach Kampanien und gründeten Dikaiárcheia (h. Pozzuoli) im Golf von Neapel.[107] Die Kolonie wurde sehr bald eine weitere Konkurrenz für den Handel der Etrusker Kampaniens im Tyrrhenischen Meer.

Die Schlacht von Alalía hatte ein Nachspiel, das für die Beziehungen zwischen Etruskern und Griechen aufschlussreich ist: Die Etrusker, wohl aus Caere, und die Karthager teilten sich die phokäischen Gefangenen auf und die Caeretaner steinigten die ihnen übergebenen Gefangenen. In weiterer Folge wurden alle Lebewesen, die an dem Ort der Steinigung vorbeikamen, zu Krüppeln, Verstümmelten und Gelähmten. Das Orakel von Delphi soll daraufhin den Caeretanern die regelmäßige Abhaltung von Totenopfern, Pferderennen und gymnischen Wettkämpfen als Sühne auferlegt haben; diese Darbietungen sollen noch zur Zeit Herodots, der den Bericht verfasste, ausgeführt worden sein.

Der Bericht von Herodot ist kritisch zu hinterfragen: Steinigung als Strafe ist in Etrurien sonst nicht bezeugt, wohl aber im griechischen Kleinasien bekannt, woher Herodot stammte. Herodot geht auf den Beschluss der etruskisch-karthagischen Allianz gegen die Phokäer nur oberflächlich ein, d. h. ihm standen darüber nur dürftige Quellen zur Verfügung. Die Zahl von 60 Schiffen findet sich auch in anderen Zusammenhängen und dürfte ein Gemeinplatz sein.[108] Die genaue Angabe der Anzahl der Schiffe zielte wohl darauf ab, die Nachricht glaubwürdig erscheinen zu lassen und Bewunderung für den Sieg der Phokäer, die nur über die

Hälfte der Schiffe verfügten, hervorzurufen. Die Nachricht über den phokäischen Pyrrhussieg und die Tötung der phokäischen Gefangenen gehen auf kleinasiatisch-phokäische Quellen zurück.

Die Erklärung Herodots, dem die Berichte von Zeitgenossen, etwa Händlern und Seefahrern, zur Verfügung standen oder dem die Spiele persönlich bekannt waren, ist wohl eine erfundene Erklärung für einen in Vergessenheit geratenen Ursprung von Spielen und ist daher von fragwürdiger Geschichtlichkeit. Auch rührt Herodots Bezug zu Delphi von Verbindungen der Caeretaner zu einem politisch höchst relevanten Orakel her. Sie besaßen in Delphi ein eigenes Schatzhaus, ein Privileg, das sonst nur Griechen zustand – in Italien genossen es nur noch die Bewohner von Spina, einer Stadt, in der wie in Caere auch zahlreiche Griechen wohnten.[109] Pausanias erwähnt in seiner detaillierten Schilderung von Delphi ein Schatzhaus der Caeretaner nicht und eine Identifizierung baulicher Reste in der Nähe des Schatzhauses der Athener bzw. der Massalioten (zweite Hälfte des 5. Jh.) als Mauern des Schatzhauses der Caeretaner ist unsicher, denn es gibt keine näheren Hinweise, z. B. Inschriften, dafür.

Versuche, den Ort der Steinigung zu lokalisieren – in Pyrgi etwa oder bei einem der drei Häfen von Caere oder bei einem großen Gebäude unweit des mit 60 m Durchmesser monumentalen, in der Landschaft alleinstehenden Erdhügels von Montetosto, etwa vier km im Osten von Caere und auf dem Hauptweg von der Küste nach Caere,[110] entbehren historischer Grundlage, denn Herodot bietet keine geographischen Anhaltspunkte und die Steinigung von Menschen hinterlässt keine archäologischen Spuren. Die Tötung von Gefangenen als solche war in der Alten Welt nichts Ungewöhnliches, wie zahlreiche Episoden aus der griechischen und römischen Geschichte zeigen. Auch spricht der Plan des Gebäudes von Montetosto mit Räumen rund um einen Innenhof eher für eine Palastanlage, wie wir sie in Murlo kennen (▶ Kap. 4.6).

Selbst nach dem halben Misserfolg bei Alalía büßte Caere seine wirtschaftliche Stärke nicht ein. Der Bau des Tempels B von Pyrgi um 520 sowie besondere Gefäße für rituelle Mahlzeiten, die in Gravisca und in Griechenland in sakralem Bereich verwendet wurden, sprechen dafür.[111] So lag es im Interesse des griechischen Handels im Tyrrhenischen Meer, die Beziehungen zu Caere und zu Karthago, das mit dem Anführer Hanno bestrebt war, neue Stützpunkte auf Sardinien anzulegen, nicht zu stören.

Nach der Seeschlacht im Sardischen Meer setzte sich die Produktion der phokäischen Keramik in Korsika fort, ein Zeichen, dass die Phokäer, anders als Herodot schreibt, Korsika nicht verließen.[112] Attische Mischgefäße und Bronzegeschirr aus Vulci sprechen für etruskische Importe, eine Industrieanlage für Metallschmelzung außerhalb Alalías steht architektonisch den Anlagen von Populonia und Accesa im Territorium von Vetulonia nahe. Waffen, Reste von orthogonal angelegten Mauerstrukturen und Kammergräber einer Oberschicht belegen, dass um 500 in Alalía etruskische und etruskisierte Oberschichten wohnten: In der zweiten Hälfte des 5. Jh. lebte in Alalía ein Klavtie, dessen Name dem lateinischen Claudius entspricht.[113] Die Verwendung des Kappa (κ) anstatt Gamma (c/γ) zeigt, dass Klavtie oder sein Ahnherr aus dem Land der italischen Sabeller stammte und nicht aus Caere, wo im 4. Jh. Clavtie belegt sind.[114]

Das Bündnis zwischen Etruskern und Karthagern hielt nach der Schlacht im Sardischen Meer nicht lange: Die Etrusker nahmen an der Schlacht bei Himera (480) in Sizilien zwischen Karthagern und den griechischen Tyrannen nicht teil, so wie die Karthager an der Schlacht bei Kyme (473) zwischen Etruskern und dem Tyrannen Hieron von Syrakus nicht teilnahmen.[115] Auch eilten die Karthager den Etruskern nicht zu Hilfe, als Syrakus im Jahre 453 das etruskische Minengebiet direkt angriff.[116]

Als »Etrusker« versuchten, eine Insel im Atlantik zu »kolonisieren«, sei das Unternehmen von den Karthagern verhindert worden: Diodor gibt die Zeit des Ereignisses nicht an,[117] doch ist anzunehmen, dass die Karthager nach einer Niederlage um 530 im Löwengolf durch die Phokäer ebenso wenig wie die Griechen bereit waren, eine Ausbreitung des etruskischen Handels im äußeren Westen hinzunehmen. Ein etruskischer Stützpunkt im von Etrurien fernen Atlantik hätte Sesshaftigkeit und die Gefahr der Schaffung dauerhafter politischer Zustände im geographischen Interessenbereich von Karthago bedeutet.

Anfang des 5. Jh. hätten »Etrusker« die griechischen Bewohner der Insel Lipari nördlich von Sizilien mehrmals angegriffen und die Insel geplündert: So Diodor, Strabo u. a., deren Kenntnisse über Ephoros von Kyme auf Antiochos von Syrakus, den Zeitgenossen des Ereignisses, zurückgehen.[118] Archäologische Spuren einer Befestigung in Form einer Polygonalmauer von Lipari sind erhalten und ins 5. Jh. datiert.[119] Mit diesem Angriff setzten »Etrusker« eines nicht näher bekannten Stadtstaates ein starkes Zeichen ihres Interesses an Stützpunkten im südlichen Tyrrhenischen Meer. Um 490 unternahmen die sikeliotischen Tyrannen nichts gegen die seeräuberische Tätigkeit des Heerführers Dionysios von Phokaia – er war nach einer Niederlage gegen die Perser in Kleinasien (495/494) nach dem Westen gekommen –, ja, seine Handlungen wurden durchaus toleriert. Dies bestätigt, dass Etrusker in den Gewässern Nordsiziliens Widersacher der griechischen Tyrannen waren.[120]

Eine Weihinschrift der Liparäer (um 500) aus der Heiligen Straße von Delphi nennt »[die Knidier, die] auf Lipari [wohnen] [...] von den Tyrrhenern«, wohl ein Zeichen, dass in diesen Jahren die Liparäer Etrusker besiegten.[121] Der Dichter Kallimachos von Kyrene (um 310–240) erwähnt später einen etruskischen Sieg, und eine Anmerkung zum Gedicht Ibis des römischen Dichters Ovid (43 v. Chr. – 18 n. Chr.) fügt hinzu: »nachdem die Tyrrhener Lipari, das befestigt ist, eingenommen hatten, opferten sie dem Apollon den kräftigsten der Liparäer namens Theódotos«.[122]

Der byzantinische Historiker Tzetzes (1110–1180) erwähnt das Opfer von »Männern« durch die »grausamen« Etrusker und liefert den entscheidenden chronologischen Hinweis für die Opferung: Dies sei nämlich »noch zur Zeit Hierons« erfolgt – Hieron war von 478 bis 466 Tyrann von Syrakus.[123] Die Hinrichtung wurde allerdings noch vor 474 vollstreckt, denn in diesem Jahr besiegte Hieron die Etrusker in den Gewässern von Kyme, und man kann sich kaum vorstellen, dass der Tyrann mit einer Flotte von Sizilien bis Kampanien gezogen wäre (s. weiter unten), wenn Etrusker in seinem Rücken saßen. Etrusker eroberten Lipari eher um 476, als Anaxilaos starb und Hieron gegen seinen Bruder Polyzalos kämpfte und daher nicht intervenieren konnte.[124]

Auf Ereignisse in den Gewässern Siziliens bezieht sich eine kaiserzeitliche, lateinische Ehreninschrift aus dem Forum von Tarquinia, welche die Taten des Prätors Velthur Spurinna ehrt. Es liegt nahe, dass auch diese Taten, wie jene des Aulus Spurinna, in den Familienchroniken der Spurinna festgehalten wurden (▶ Kap. 4.6).[125] Der Text lautet:

> Velthur Spurinna, Sohn des Lart,
> Prätor zum zweiten Mal, während seiner Magistratur
> führte ein Heer an, ein anderes (Heer) führte er nach Sizilien,
> als erster der Etrusker [...] auf dem Meer [...] hinüberbrachte.

Die Ehreninschrift gibt keinen chronologischen Anhaltspunkt für den Zug Velthur Spurinnas nach Sizilien. Gegen Ende des 6. und etwa im ersten Viertel des 5. Jh. machten Etrusker das südliche Tyrrhenische Meer des Öfteren unsicher und man wird von der Annahme ausgehen, dass nur ein Sieg (Spurinnas) die (viel spätere) Ehreninschrift rechtfertigte. Die Redewendung »als erster der Etrusker« spricht für eine frühe Datierung der ruhmvollen Tat, wenngleich der Hinweis auf Persönlichkeiten, die als ›Erste‹ eine heldenhafte Handlung vollbrachten, auch in anderen frühkaiserzeitlichen Ehreninschriften vorkommt.[126] Die Redewendung »als erster der Etrusker« könnte daher auch nur eine Floskel und kein chronologischer Anhaltspunkt sein.

Trotz mancher etruskischen Erfolge wurden die Aktivitäten etruskischer Städte durch griechische Gegenmaßnahmen immer mehr erschwert.

Im Jahr 474 erging ein Hilferuf aus Kampanien an Hieron, den Tyrannen von Syrakus, gegen die »seebeherrschenden« Etrusker: Hieron sandte »eine beträchtliche Anzahl von Schiffen mit dreißig Ruderern«.[127] Nachdem die syrakusanischen Schiffskapitäne in Kyme angekommen waren, »kämpften sie zusammen mit den dortigen Bewohnern (= den Kymäern) in einer Seeschlacht gegen die Etrusker, und zerstörten mehrere Schiffe und besiegten die Etrusker«.

Dieser Sieg Hierons über die Etrusker fand in der griechischen Welt ein starkes Echo und einen Niederschlag auch in der Dichtung: Pindar aus Böotien (etwa 518–446), der mehrfach am Hofe Hierons weilte, gab mit den Worten des Triumphes den Stolz von Syrakus und seines Gönners Hieron wieder:

> Ich bitte dich, gewähre es, Sohn des Kronos, dass friedlich
> zu Hause der Phöniker und die Etrusker mit ihrem Kampfgeschrei sich halten,
> nachdem sie die jammervolle Schmach der Schiffe vor Kyme erlebt
> wo sie Schreckliches erfuhren besiegt vom Fürsten der Syrakuser
> der ihre junge Mannschaft von den schnellen Schiffen in das Meer warf
> und Hellas schwerer Knechtschaft entriss.[128]

Nach dem Sieg weihte Hieron auch im Namen der Syrakusaner drei etruskische Helme dem Zeus von Olympia; auf jedem Helm wurde eine ähnliche Inschrift eingetragen:[129]

> Hieron, Sohn des Deinomenes und die Syrakusaner [weihten dies] dem Zeus [aus der Beute] von den Tyrrhenern bei Kyme.

Welche »Etrusker« bei Kyme kämpften, geht aus der Überlieferung nicht hervor; ebenso fehlen Hinweise auf eine Allianz etruskischer Städte. Am meisten dürften die Etrusker Kampaniens an einem freien Handel in den südtyrrhenischen Gewässern interessiert gewesen sein. Von den Städten Südetruriens kommen Caere, Tarquinia und Vulci als Teilnehmer an der Schlacht in Frage: Sie hatten Erfahrung mit den Griechen und sie verfügten über eine Flotte. Die Darstellung von kämpfenden Göttern und Helden, darunter Herakles, im Giebel des jüngeren Tempels (A) von Pyrgi (um 470/460) und von Kämpfen u. a. auf der Traufleiste des Daches eines Tempels von Arezzo (480) könnte Ausdruck der unruhigen Zeiten in ganz Etrurien sein.

Die etruskischen Staaten erlebten nach der Niederlage von Kyme keinen politischen Niedergang, anders als Diodor und Pindar es darstellen. Im Jahre 453/452 sandten die Syrakusaner den Admiral Phayllos mit Schiffen nach Etrurien, um dem Seeraub der Etrusker Einhalt zu gebieten. Dies war wahrscheinlich nur ein Vorwand, vielmehr wollte Syrakus freien Zugang zum Minengebiet Mitteletruriens in einer Zeit haben, in der die Tyrannen Siziliens in Bruderkriege verwickelt waren und Metalle und Waffen benötigten. Phayllos verwüstete Elba, ließ sich von den Etruskern bestechen, wurde in Syrakus verurteilt und alsbald durch Apelles ersetzt. Letzterer besetzte Elba mit 60 Schiffen, verwüstete die Küsten Etruriens und Korsikas und kehrte mit großer Beute, darunter einer großen Zahl von Gefangenen nach Syrakus zurück.[130] Deren weiteres Schicksal kennen wir nicht: Man darf annehmen, dass sie entweder in den Kriegsdienst aufgenommen oder für verschleißende Arbeiten, z. B. in den Steinbrüchen von Syrakus, herangezogen wurden.

Der Angriff von Syrakus auf Caere hatte keine unmittelbaren, wohl aber spätere politischen Folgen: Im Jahre 413 nahmen »einige Etrusker« »wegen Spannungen mit den Syrakusanern« an der Expedition des Atheners Alkibiades gegen Syrakus teil: »Einige Städte« Etruriens boten den Athenern Unterstützung an und sandten drei Fünfzigruderer zu Hilfe.[131] Die Etrusker erzielten einen Erfolg, die Athener erlitten eine Niederlage, errichteten jedoch am Ort des etruskischen Sieges ein Denkmal.

Der Hinweis von Thukydides auf »einige Städte« (der Etrusker) schließt aus, dass eine einzige Stadt drei Schiffe sandte, d. h. entweder stellten drei Städte je ein Schiff oder mehrere Städte gemeinsam drei Schiffe, was allerdings selbst nach antiken Maßstäben nicht viel für ein seefahrendes Volk wie die Etrusker ist.[132] Welche etruskischen Städte es waren, kann man nur vermuten, die Expedition dürfte jedenfalls ein offiziell organisiertes Unternehmen gewesen sein. Die Küstenstädte des Minengebietes, Caere, das Jahrzehnte zuvor unter den Angriffen der Syrakusaner am meisten gelitten hatte, und Tarquinia waren wahrscheinlich dabei.

Die Statistik der griechischen Gefäße in Tarquinia vor und nach 500 zeigt bis etwa 475 eine starke Abnahme der Importe.[133] Die etruskischen Verbindungen zur Meerenge von Messina, zu einer Drehscheibe des An- und Verkaufs der griechischen Keramik, hatten sich wegen der Kampfhandlungen der sikeliotischen Tyrannen untereinander und gegen die Etrusker sicher zunehmend schwierig gestaltet. Die Griechen verließen um 480/470 ihr Emporion Graviscae (▶ Kap. 5.1). Die Antwort auf die Frage, ob die Führung Tarquinias nach der Niederlage bei Kyme die Gelegenheit ergriff, die Griechen aus dem Land zu weisen, hängt davon ab, in welchen Jahren die Griechen Graviscae verließen. Die Etrusker, wohl von Tarquinia, bauten später in Graviscae ein älteres Heiligtum aus, ersetzten den Kult der griechischen Göttin Aphrodite durch den Kult der etruskischen Turan-

Uni und brachen endgültig mit der griechischen Vergangenheit.[134] Die Produktion rotfiguriger Vasenmalerei etruskischer Machart als Nachahmung griechischer Vasenmalerei deckte alsbald den einheimischen Bedarf und führte mit ihrer harten Konkurrenz den endgültigen Rückgang des griechischen Vasenimports im tyrrhenischen Etrurien herbei, was gleichzeitig zum Aufschwung von Spina an der Adria wesentlich beitrug.

5.4 Etrusker gegen Kelten und Sabeller

Etruskisch und Keltisch-Lepontisch Sprechende waren wahrscheinlich bereits im 9. Jh. in Norditalien Nachbarn: Die Kelten wurden jedenfalls sehr früh für die Bewohner der Emilia-Romagna eine wohlbekannte historische Größe und umgekehrt. Besonders seit dem 7. Jh. übten sie Druck auf das etruskische Gebiet südlich des Flusses Po aus. Seit etwa 625–600 tauchen auch im etruskischen Mittelitalien keltische Personennamen auf: In Chiusi lebte damals ein Viku, 500–525 in Caere ein Celthestra und Ende des 6. Jh. im kampanischen Pontecagnano θ[—]kalesia, deren Namensform die Bedeutung ›Gallus‹ (= Gallier/Kelte) hat.[135]

Im Laufe des 6. Jh. bahnten sich an den Rändern des blühenden etruskischen Kulturraumes in der Emilia-Romagna und in Kampanien tiefgreifende Veränderungen an: Die militärische und demographische Übermacht in Norditalien von keltischen Gruppen aus Mitteleuropa und im Süden und Osten von italischen Sabellern bescherte den Etruskern ernstzunehmende Gegner. Die etruskische Bevölkerung wurde überall zunehmend zur Abwehr gezwungen.

Livius beschreibt die Ankunft der Kelten in Norditalien vor der Gründung Massalías um 600 als eine Reihe aufeinanderfolgender Wellen von Stämmen mit verschiedenen Namen (Cenomanen, Senonen, Insubrer, Boier usw.).[136] Nach Livius habe der Chiusiner Arruns die Kelten nach Italien gelockt, um sich an einem Machthaber von Chiusi zu rächen, der seine Frau verführt hatte, dabei handelt es sich allerdings um ein allgemein bekanntes Motiv ohne historischen Wert.[137] Die teilweise widersprüchliche und sagenhafte Überlieferung führte die Forschung zu unterschiedlichen Meinungen bezüglich der Chronologie des Vordringens der einzelnen keltischen Stämme nach Italien.[138] Deren materielle Hinterlassenschaft kann jedoch nur in einzelnen Fällen dem einen oder dem anderen Stamm zugewiesen werden, denn Wanderstämme führen kaum bewegliches Gut mit sich und lassen kaum Sachgüter zurück.

Keltische Waffen, Fibeln und Gürtelhaken aus Felsina indizieren im 6. Jh. Kelten südlich des Flusses Po. Nach Strabo gab es mehrere Kämpfe zwischen Etruskern und Kelten: Die Etrusker konnten am Fluss Po zunächst Erfolge für sich verbuchen, alsbald wurden sie aber wegen ihrer »Verweichlichung« geschlagen.[139] Strabo hatte Schwierigkeiten, verlässliche Berichte darüber zu finden und ergänzte daher seinen Bericht mit Gemeinplätzen über die Etrusker. Eine überlieferte Niederlage der Etrusker Norditaliens am Fluss Ticinus um 600 legt nahe, dass ein etruskisches Heer den Kelten über den Fluss Po entgegengekommen war, um sie aufzuhalten.[140] Die Niederlage zeigt, dass die etruskische Führung in der Emilia-Romagna die militärische Stärke des Feindes nicht erkannte und der Gefahr aus dem Norden nicht rechtzeitig entgegensteuerte.

Im 5. Jh. tauchen in Norditalien Eisenschwerter keltischer Typologie auf.[141] Auch diese Funde widersprechen der Aussage von Diodor, derzufolge Kelten erst im Jahr 388/387 in die Po-Ebene kamen, als der Tyrann Dionysios I. von Syrakus die Stadt Rhegion einnahm.[142] Im Jahre 389 sollen die Kelten die etruskische Stadt Melpum erobert haben, von der wir allerdings nichts Näheres wissen.[143]

Das Relief auf einer etruskischen Grabstele (Certosa, Grab 168) aus Bologna (zweite Hälfte des 5. Jh.; ▶ Abb. 17) zeigt einen berittenen etruskischen Krieger mit Panzer und Helm, der mit dem Schwert kämpft; sein Gegner kämpft ebenfalls mit dem Schwert, er ist aber nackt. Weitere Abbildungen von nackten Kriegern und Hinweise bei den Autoren über die Gepflogenheit keltischer Krieger nackt zu kämpfen unterstützen die Interpretation des Reliefs von Bologna als Szene eines Kampfes zwischen einem Etrusker und einem Kelten.[144] Ein zweites Relief auf derselben Stele zeigt nochmals den etruskischen Krieger: Er steht hoch auf einem von geflügelten Pferden gezogenen Wagen in Begleitung eines geflügelten Todesdämons und fährt in die Unterwelt. Der Etrusker war im Zweikampf gegen den Kelten gefallen, der heldenhafte Tod ist auf seinem Grabstein verewigt.

Abb. 17: Diese Grabstele ist in drei Streifen eingeteilt und zeigt im untersten Streifen einen berittenen, bekleideten Kämpfer, wohl einen Etrusker, der gegen einen nackten Kelten kämpft. Im mittleren Streifen wird der (gefallene) Etrusker auf einem von geflügelten Pferden gezogenen Wagen in die Unterwelt geführt. Im obersten Streifen sind mythologische Tiere dargestellt, die die Unterwelt personifizieren sollen. Die Stele ist ins 5. Jh. zu datieren. Bologna, Archäologisches Museum.

In Kampanien soll im Jahre 438/437 das Volk der Kampaner ›entstanden‹ sein;[145] mit ihm trat also ein neues Volk in die Geschichte Altitaliens ein. Kampaner waren Gruppen, die sich aus dem Hauptstamm der italischen Samniten abgespalten hatten: Aus dem um 700 belegten Namen Capys eines sagenhaften Anführers hatten diese abgespaltenen Samniten den Namen Kapuaner/Kappaner/Kampaner gebildet und sich gleichzeitig von den etruskischen Bewohnern Volturnums und von den samnitischen Genossen in den Bergen des Apennins distanziert. Nach Livius ließen die Etrusker von Volturnum, »erschöpft durch den Krieg« gegen die Samniten, die Kampaner am Leben der Stadt und an den Ländereien teilhaben.[146] Von nun an kontrollierten die neuen Mitbewohner auch die Nahrungsmittelversorgung Volturnums und konnten also jederzeit die alten Bewohner erpressen und die Macht ergreifen.

Die Autoren stellen die Machtergreifung der Kampaner als punktuelles Ereignis dar: Nach einer Entscheidung im Geheimen sollen die Kampaner im Jahre 423 in einer Nacht- und Nebelaktion die Etrusker massakriert, deren Frauen geschändet und die Macht in Volturnum an sich gerissen haben.[147] Das Schema ist historisch allgemein bekannt: Ursprünglich friedliche Gruppen von Neuankömmlingen werden mit der Zeit zu Feinden. Ihr Selbstbewusstsein wächst mit ihrer Anzahl im Vergleich zur Anzahl der alten Bewohner. Wenn sie zahlreich genug sind und die Möglichkeit von Angriff und Verteidigung haben, nehmen sie eine feindliche Haltung ein, reißen die Macht an sich, setzen die Führung ab und verdrängen die alte Bevölkerung. Welche Einzelheiten des antiken Berichtes über die Einnahme von Volturnum historisch oder nur dichterische Ausschmückung sind, wissen wir nicht. Livius schildert die Machtergreifung der Kampaner in Volturnum mit ähnlichen Einzelheiten wie andere Autoren die Machtergreifung durch die niederen Schichten in Volsinii/Orvieto (264) darstellen (▶ Kap. 6.3) – die Männer wurden massakriert und die Frauen geschändet. Ähnliche Taten waren jedenfalls in der Alten Welt und sind noch heute Begleiterscheinungen jeden Krieges. Sie sind daher auch im Kampanien des 5. Jh. und im Etrurien des 3. Jh. grundsätzlich möglich, ja, sogar wahrscheinlich.

Zwei Jahre nach der Einnahme von Volturnum, im Jahre 421, erlitt das griechische Kyme ein ähnliches Schicksal: Die Kampaner plünderten die Stadt, verkauften die Gefangenen in die Sklaverei und besiedelten sie neu, wohl mit Kampanern.[148]

Letzten Endes konnten die Etrusker die neuen militärischen Kräfte in Nord- und Süditalien nicht abwehren und somit den Beginn des eigenen politischen und kulturellen Niederganges nicht aufhalten. Die Etrusker Mittelitaliens wurden alsbald im Süden von Rom und im Norden von den Kelten in die Zange genommen, wie Jahrhunderte später der Kirchenstaat zwischen den Staufern.

5.5 Der Niedergang der Etrusker in Nord- und Süditalien

Die Ausarbeitung eines keltisch-lepontischen Alphabets (Alphabet von Lugano) auf der Grundlage des etruskischen Alphabets Norditaliens und seine Verwendung ab dem letzten Viertel des 7. Jh. sprechen für die frühe Erstarkung eines keltischen Selbstverständnisses.[149] An den südlichen Ufern des Lago Maggiore und am westlichen Arm des Comer Sees wurde im 5. Jh. etruskische und keltische Handelsware stärker als früher umgeschlagen. Die geographische Lage dieser Handelsplätze zeigt, dass die Wege zum Herkunftsland der Lepontier, die Keltiké nördlich der Alpen, offen waren, was einen stetigen Nachschub an Menschen von Mitteleuropa nach Italien garantierte. Gräber keltischer Frauen zeigen, dass die Kelten mit ihren Familien nach Italien kamen: Sie waren also nicht nur auf Raubzügen unterwegs, sondern sie hatten die Absicht, in Italien zu bleiben: Eine lepontische Inschrift aus Brescia (5. Jh.?) nennt einen *takos*, einen ›Gemeindeleiter‹. Das zeigt, dass sich die Kelten schnell politisch organisierten.[150]

Keltische Schwerter und Fibeln sind um 400 in Felsina zusammen mit etruskischen Luxusgegenständen vergesellschaftet. Jahrzehnte später enthalten die Gräber Felsinas größtenteils keltische Gegenstände.[151] Dies spricht für ein geändertes Verhältnis der Anzahl der Etrusker zur Anzahl der Kelten und gleichzeitig für eine Zunahme der keltischen Handwerker, welche mit der Zeit die etruskischen Handwerker ersetzten. Keltische Gräber südlich des Flusses Po verraten seit dem Ende des 5. Jh., dass sich die Kelten hier niedergelassen hatten. In der Siedlung Monte Bibele (Prov. Bologna) zeigen Grabausstattungen, dass im 4. Jh. die Anzahl der Kelten relativ hoch im Vergleich zur Anzahl der Etrusker war. In Kainua/Marzabotto wurde eines von zwei keltischen Gräberfeldern (zweite Hälfte des 4. Jh.) inmitten der etruskischen Siedlung angelegt. Kelten wurden auch in aufgelassenen Brunnen altetruskischer Häuser bestattet, ein Zeichen, dass die etruskischen Bewohner die Stadt Kainua verlassen hatten und die keltischen Neubewohner die Brunnen nicht mehr brauchten.[152] Aus Mantua stammen etruskische Graffiti und Kurzinschriften, welche die Verwendung des etruskischen Alphabets und der etruskischen Sprache durch Personen mit Namen keltischen Ursprungs zeigen.[153]

Schaber (*strigiles*) zur Reinigung vom Schweiß nach sportlichen Tätigkeiten in den Waffengräbern keltischer Senonen, Boier und Insubrer zeigen, dass sie etruskisch-griechische Traditionen übernahmen. Eheschließungen zwischen Kelten und etruskischen Frauen sind bezeugt und belegen eine private Integration von Kelten in die etruskische Gesellschaft.

Anfang des 4. Jh. wurde Forcello/Bagnolo San Vito, der etruskische Stützpunkt nördlich des Po-Flusses, verlassen. In Spina ging nach der Mitte des 4. Jh. der Import der attischen Keramik zurück, welche auf dem Markt vorerst durch Keramik aus Volterra und Chiusi ersetzt wurde. Das Lebensniveau der Bewohner sank, wobei jedoch auch die progressive Versandung des spinetischen Hafens, der im 3. Jh. definitiv schließen musste, nicht außer Acht gelassen werden darf.[154]

5 Etruskische Einflusssphären in Italien

In Mittelitalien, besonders auf der Höhe des südlichen Tiber-Laufes, sickerten seit dem 6. Jh. italisch-umbrische Gebirgsstämme vom Apennin in das tyrrhenische Küstengebiet ein. Zeugnis dafür ist die dem Umbrischen nahestehende Sprache der Volsker,[155] die im 6. Jh. in Südlatium (Liris-Tal) wohnten und gegen Rom kämpften. Die Nachricht von der Ankunft des sabinischen adeligen Atta Clausus mit seinen Mannen aus dem Sabiner-Land nach Rom, dessen Nachfahren, die Claudii, jahrhundertelang die Geschichte Roms mitgestalteten, sowie der Kriegszug des Sabiners Appius Herdonius, der um 468 Rom bedrohte und 460 das Kapitol mit Verbannten und Sklaven besetzte, belegen den militärischen Druck der italisch-sabinischen Stämme auf Südetrurien und auf Latium mit Rom. In Tarquinia, Veji, Vulci und Caere sind italische Personennamen bezeugt, die etruskischen Inschriften von Perugia und Chiusi enthalten im 6. Jh. Personennamen von Umbrern.[156] In Kampanien zeigt die Statistik der etruskischen Inschriften von Volturnum direkt die Unterwanderung der Stadt durch die italisch-samnitischen Kampaner. Das Corpus *Etruskische Texte* gibt ca. 16 etruskische Inschriften im 6. Jh., 18 Inschriften im 5. Jh. und eine einzige Inschrift im 4. Jh. an.[157] Im Jahre 412 sollen die Kampaner von Capua und Kyme imstande gewesen sein, Rom mit Getreide zu beliefern, aber die Lieferung verweigert haben,[158] was wohl bedeutet, dass Etrusker und Griechen, sofern sie damals noch in Capua und Kyme wohnten, in diesen Städten keine bedeutenden Entscheidungen mehr treffen durften.

Mit der Einnahme von Volturnum durch die Kampaner endet die Ordnung etruskischer Prägung. Der alte Name Capua wurde wieder eingeführt. Im Jahre 438 »entstand die Nation der Kampaner«,[159] was bedeutet, dass sich Sabeller zur eigenen Nation mit dem Namen Kampaner erklärten und in Volturnum den alten Namen Capua wiedereinführten. Nach 438 kamen immer mehr Gruppen samnitischen Ursprungs nach Volturnum/Capua, bis sie zahlenmäßig verstärkt den erfolgreichen Militärputsch von 431 organisierten. Die Überlegenheit der etruskisch-griechischen Kultur erhielt sich jedoch eine Zeit lang: Gegen Ende des 5. Jh. entwickelten die Kampaner ein eigenes Alphabet auf der Grundlage des etruskischen und des griechischen Alphabets. Etruskische Bronzekessel zeigen noch im 4. Jh., dass ein Handwerk etruskischer Tradition weiter blühte. Politisch wurden die Städte von italischen Oligarchien regiert: Seit der zweiten Hälfte des 3. Jh. standen in Capua kampanische Oberamtsträger, die *meddíss [k]apv(ans)* an der Spitze des Gemeinwesens, aber noch im 2. Jh. galt Capua als ehemalige Stadt der Etrusker Kampaniens.[160]

Im Pontecagnano des 4. Jh. zeigen etruskische Inschriften keine tiefgreifende Samnitisierung; in Vico Equense und in Pompeji sind noch im 4. Jh. etruskische Personennamen bekannt.[161]

Die geographische Nähe und die sich daraus ergebende Verbindung zwischen den etruskischen Bewohnern Kampaniens und den Sabellern blieb jedoch nicht ohne Folgen. Eine etruskische Inschrift aus Serra di Vaglio in Lukanien (525–500) besagt »mich schenkte Uvi[—], der Vestricena«, wobei der Name des Schenkenden und einer Frau, wohl der Mutter, die italisch-lukanische Abstammung des Uvi[verrät.[162] In Fratte sind um 500 der Personenname und der Gentilname Stlakiies Uφaliies sabellisch, die Inschrift selbst ist etruskisch.[163] Die etruskische

Inschrift *mi laivuzas*, »ich bin des (kleinen) Laivu« aus Capua nennt einen Jungen mit sabellischem Namen.[164]

Die etruskische Onomastik spiegelt insgesamt die progressive ›Sabellisierung‹ der etruskischen Bevölkerung weiter Teile Süditaliens und besonders Kampaniens und Lukaniens wider, die gegenüber den Sabellern kulturell überlegen, aber zahlenmäßig weit unterlegen war.

Mit der Zeit verwischten sich die für Etrusker, Kelten und Italiker jahrhundertelang spezifischen und differenzierenden Kulturmerkmale weitgehend, welche lange Zeit eine wesentliche Voraussetzung für die Erhaltung und die Verbreitung ihrer Identität gewesen waren.

6 Der Kampf der Etrusker gegen Rom (5.–2. Jh.)

6.1 Nachbarschaftliche Auseinandersetzungen in Südetrurien

Das etruskische Veji und Rom hatten eine ähnliche topographische Lage. Veji lag am Crémera, einem Nebenfluss des Tibers, und etwa 7–8 km Luftlinie vom rechten Ufer des Tibers entfernt, Rom lag direkt am Fluss, der für beide Staaten eine wichtige Wasserstraße für den Handel war. Beide Siedlungen lagen auf der Höhe einer Furt, sodass man leicht übersetzen konnte, und beide lagen am Weg nach Kampanien. Beide Staaten hatten in Frühzeiten an der Küste Anlagen für Salzgewinnung und beide waren an der uralten Salzstraße (Via Salaria) interessiert. Diese führte über den Apennin ins Land der sabellischen Hirtenstämme, die das Salz zur Konservierung von Nahrungsmitteln und für das Vieh brauchten. Veji kontrollierte den mittleren Flusslauf mindestens bis zum Gebiet von Volsinii/Orvieto. Das veientische Gebiet war also auch Durchzugsgebiet für die Händler Inneretruriens, die ihr Getreide nach Rom lieferten – Rom war ein großer Abnehmer von Getreide, worauf Livius u. a. zum Jahr 412 hinweist.[1] Veji konnte den Flusshandel im Osten Roms kontrollieren und Zölle erheben und tat es wohl auch.

Grenzkonflikte zwischen Veji und dem etwa 15 km Luftlinie entfernt liegenden Rom (Kapitol) dürften früh begonnen haben: Veji und das faliskische Fidene (h. bei Castel Giubileo) hätten bereits gegen den ersten und den vierten König von Rom, Romulus und Ancus Marcius (640–616), gekämpft.[2] Die Autoren übernahmen spätere Berichte und versetzten sie in die frühere Zeit zurück, um beide Könige chronologisch-historisch einzuordnen. Der Name Romilia eines Wahlbezirkes (*tribus*) Roms steht dem etruskischen Gentilnamen Rumịlna nahe. Das Gebiet jener Tribus breitete sich in frührepublikanischer Zeit zwischen dem Ianiculum und dem Tiber, also entlang dem rechten Flussufer, aus.[3] Rumịlna ist Ende des 6. Jh. in Volsinii/Orvieto und Rumlnas noch im 3. Jh. in Vulci als Familienname bezeugt.[4] Wahrscheinlich gehörte das Gebiet des späteren Wahlbezirkes ursprünglich den Vejentern und wurde ihnen in früherer Zeit von Rom entrissen.

Die Vejenter verfügten im 6. Jh. über ein Territorium, das viel ausgedehnter war als das frührömische Gebiet und das verhältnismäßig eine geringere Bevölkerungsdichte als Rom hatte. Im 4. und 3. Jh. fragten die Kelten die Etrusker mehrmals nach Grund und Boden, um sich niederzulassen – sie, die Etrusker, besäßen viel mehr Grund und Boden als sie bewirtschaften könnten – darin spiegelt sich anschaulich die Besiedlung des südetruskischen Territoriums auch in einer früheren Zeit.[5]

Das Land der Vejenter zog in den Jahren der Querelen zwischen Plebs und Patriziat die Aufmerksamkeit Roms immer mehr auf sich, denn Rom hatte im 6. Jh. kein ausgedehntes Territorium. Die elementaren Bedürfnisse der wachsenden Bevölkerung Roms – äußere Sicherheit, Ernährung und innere Ordnung – verlangten im Laufe der Zeit immer mehr politische Aufmerksamkeit. Die römische Plebs forderte auch nach der Abschaffung der Monarchie immer mehr Rechte, denn die Verfassungsänderungen in Rom hatten der Plebs kaum Vorteile gebracht. Expansive Kriege boten der römischen Führung immer reizvollere Möglichkeiten, das Staatseigentum zu mehren und die Staatsmacht zu festigen. Den römischen Expansionsversuchen nach Südlatium stellten sich zunächst die Latiner entgegen und Rom musste Anfang des 5. Jh. eine Niederlage hinnehmen, die zu einem Bündnis zwischen den Kontrahenten führte (*foedus Cassianum*).[6]

Kriege zwischen Veji und Rom und ihre Folgen

In einer Landschaft, in der Etrusker, Römer, Latiner, Falisker und italische Sabiner sehr nahe bzw. unmittelbar zusammenwohnten und für einen Teil der eigenen Handelsgeschäfte auf denselben Fluss Tiber und auf dieselbe Handelsstraße, die Salzstrasse, angewiesen waren, dürften Grenzscharmützel fast an der Tagesordnung gewesen sein. Tonplatten von einem Tempel in Veji (Piazza d'Armi) zeigen um 600 Krieger zu Fuß, zu Pferd oder auf dem Wagen. Sie seien wahrscheinlich nicht rein ornamental, sondern bezögen sich auf Episoden eines Krieges der Vejenter.[7] Wir verfügen allerdings nicht über nähere Angaben.

Reste von zwei ›Palästen‹ mit bemalten Tonplatten und Kammergräber, die bereits um 700 in Veji dekorativ bemalt wurden, gehörten einer adeligen Führungsschicht. Im 6. Jh. wurden Einkünfte aus verschiedenen Tätigkeiten, darunter aus der weit über die Grenzen der Stadt bekannten Tonbearbeitung, in den Bau von Häusern, Wegen, zahlreichen Wasserstollen und in die Errichtung eines ersten Tempels für die Götter investiert. Die Wasserstollen dienten dazu, die Fruchtbarkeit der Felder und die landwirtschaftliche Produktion zu erhöhen, was wiederum den Grundbesitzern steigende Einkünfte und der Bevölkerung eine gesicherte Versorgung mit Nahrungsmitteln brachte. Seit dem Ende des 6. Jh. sorgte eine Verteidigungsmauer aus Tuffgestein von etwa 8 km Länge und bis zu einer Höhe von 8 m für Sicherheit. Die wirtschaftliche Entwicklung Vejis blieb den Nachbarn nicht verborgen.

In den Jahren nach der Niederlage gegen die Latiner (493) nahm Rom die Gelegenheit wahr, das eigene Territorium in erster Linie auf Kosten von Veji konsequent auszuweiten.[8] Auseinandersetzungen zwischen Veji und Rom wegen Grenzverletzungen, Beute- und Rachezüge sollen 480 erneut begonnen haben und die Städte Etruriens sandten Unterstützung nach Veji.[9] Die ausführliche römische und griechische Überlieferung enthält sagenhafte Motive und erwähnt Ereignisse aus späterer Zeit, die im Nachhinein den Vejentern den gottgewollten Aufstieg Roms verständlich machen sollten.

Im Jahre 479 vereitelte die römische Familie der Fabier den Versuch des römischen Senats, ein staatliches Heer gegen Veji zu senden und schickte stattdessen ihr privates Heer gegen Veji.[10] Wahrscheinlich besaßen die Fabier Ländereien rechts des Tibers und an den Grenzen zum vejentischen Territorium und verfolgten daher eigene Interessen. Der Kriegszug der Fabier gegen Veji endete im Jahre 477 mit deren Niederlage beim Crémera-Bach unweit von Veji; 306 Fabier fielen.[11] Dionysios von Halikarnassos hat sich bezüglich der Historizität so mancher Einzelheiten des Fabier-Zuges gegen Veji negativ geäußert und auch die moderne Forschung nimmt diesbezüglich eine kritische Haltung ein.[12]

Im Jahre 474, nach weiteren erfolglosen Kämpfen, suchten die Vejenter die Beendigung des Krieges, und Rom gewährte ihnen »auf ihre Bitten«, nach Auferlegung von Getreidelieferungen und einem Tribut, einen 40-jährigen Waffenstillstand (*indutiae*), der ein vorläufiges Ende der Feindseligkeiten, aber nicht des Krieges bedeutete.[13] Die antiken Autoren erfanden immer wieder Waffenstillstände, um zeitliche Lücken in der Überlieferung zu schließen; fast genau 40 Jahre später, 437, verschlechterten sich die Beziehungen zwischen Veji und Rom. Es kam zu einem diplomatischen Fehltritt: Der König von Veji Lar(s) Tolumnius soll nach einer Revolte der Stadt Fidene gegen Rom die Fidenaten zur Ermordung der römischen Gesandten angestachelt haben, welche die Fidenaten bezüglich der Revolte zur Rede stellen wollten.[14] Fidene lag in Latium am linken Ufer des Tibers und auf latinischem Gebiet etwa 10 km Luftlinie von Rom entfernt und galt als Stadt der mit den Latinern sprachlich verwandten Falisker, die wiederum dem etruskischen Kulturkreis nahestanden: Die Einwohner von Fidene seien »Etrusker«.[15] Kurz nach diesen Ereignissen fiel Tolumnius im Kampf und im Jahr 426 wurde Fidene von den Römern zurückerobert.[16]

Die Quellenlage bis zur Eroberung Vejis im Jahre 396 ist im Großen und Ganzen unbefriedigend: Livius zitiert unterschiedliche Gewährsmänner mit der Bemerkung, dass ihre Angaben wegen der zeitlichen Distanz unsicher seien.[17] In der Überlieferung wurde jedoch versucht, die Historizität der Fakten zu untermauern: Ehrenstatuen der ermordeten Gesandten seien zur Zeit Ciceros auf der Rednerbühne (*rostra*) auf dem Forum von Rom aufgestellt gewesen; Teile der Rüstung des Tolumnius seien in Rom im Tempel des Iupiter Feretrius als »reiche Feldherrnbeute« geweiht worden.[18] Die Statuen der ermordeten römischen Gesandten und der noch zur Zeit des Augustus existierende Schild des Lars Tolumnius sind allerdings keine zwingenden Beweise für die Historizität der Fakten: Auf dem Forum hat man keine Spuren der Statuen gefunden und eine »reiche Feldherrnbeute« im Iupiter Feretrius-Tempel könnte auch nachträglich mit Tolumnius in Verbindung gebracht worden sein.

Eine etruskische Weihinschrift auf einer Bucchero-Kanne aus dem Portonaccio-Heiligtum von Veji erwähnt Ende des 7. Jh. einen Velθur Tulumnes; eine zweite Inschrift auf einem Gefäß (erstes Viertel des 6. Jh.) aus demselben Heiligtum nennt einen Karcuna Tulumnes.[19] Beide Inschriften sind älter als die überlieferte Lebenszeit des Königs Lars Tolumnius und zeigen, dass, als sie verfasst wurden, in Veji eine Familie Tulumne lebte. Die Überlieferung zu Lars Tolumnius steht insgesamt in einem kohärenten historischen Zusammenhang und die Tötung von Gesandten ist kein Einzelfall in der Geschichte der Alten Welt.

Die Tradition und die Inschriften, die für eine weitgehende Historizität des Lars Tolumnius sprechen, dürften somit den Kern einer strukturell glaubwürdigen historischen Überlieferung bewahrt haben, die Rom durch die Jahrhunderte zur eigenen politischen Rechtfertigung des Angriffes auf Fidene gehütet hatte. Umso mehr als zwei lateinische Weihinschriften auf Krügen aus Veji mit dem Namen des L. Tolonio(s) aus der zweiten Hälfte des 4. Jh. zeigen, dass nach der Eroberung Vejis durch Rom (396) in Veji eine Familie Tulumne als *gens Tolonia* lebte.[20] Es lässt sich die Frage stellen, ob diese Tolonii zu jenen Vejentern gehörten, die »während dieser Kriege zu den Römern übergegangen waren«[21] und mit einem Grundstück bedacht wurden.

Weitere Konflikte im Grenzgebiet endeten 425 mit einem 20-jährigen Waffenstillstand zwischen Rom und Veji.[22] Dessen Ende genau zu jener Zeit, als die entscheidende Phase des Krieges ausbrach, spricht für eine in Nachhinein rekonstruierte Version der Fakten.

Der Untergang Vejis

Der Krieg, der mit der Vernichtung von Veji endete, brach 406 offen aus. Im Jahre 399 wurde in Rom ein ›Göttermahl‹ (*lectisternium*) inszeniert, um die Gunst und die Hilfe der Götter zu gewinnen.[23] Dieses aus der griechischen Tradition übernommene römische Ritual zeigt, dass Zeiten des Krieges selbst für das römische Volk kritisch waren, gleichsam ein Zeichen vejentischer Widerstandskraft.

Livius, der einen ausführlichen Bericht zum Krieg zwischen Rom und Veji verfasste, standen die Annalisten mit ihren im Nachhinein rekonstruierten Jahreschroniken (*annales*) zu den wichtigsten Ereignissen der frühen römischen Geschichte und wahrscheinlich auch vejentische Quellen zur Verfügung: Die Vejenter hatten (eigene) »Schicksalsbücher«, und Einzelheiten der Überlieferung lassen etruskische Traditionen vermuten.[24]

Livius bringt eine drei Kapitel lange Chronik des Einzuges der römischen Truppen in Veji im Stil eines historischen Dramas, das an die griechische Tradition anknüpfte – es sei an Euripides' Tragödie »Die Trojanerinnen« erinnert.[25] Livius schildert dabei Geschehnisse, die sich bei der Einnahme einer Stadt immer wiederholen: Das verzweifelte Geschrei der Frauen, das Wimmern der Kinder, das Zusammentreiben der Gefangenen, die weitgehende Zerstörung von sakralen und profanen Bauten, den Raub der Schätze und schließlich die Umsiedlung der Statue der Iuno, der Schutzgöttin von Veji, nach Rom; der Kult dieser Göttin war sehr alt – die Statue war ein hölzernes Bild.[26] Der römische Kommandant Marcus Furius Camillus, dessen altrömische Tugenden fraglich sind, habe die Göttin aus Veji »herausgerufen« (›evoziert‹ < lat. *evocatio*) und ihr einen würdigen Tempel in Rom versprochen; die Göttin habe der Übersiedlung von Veji nach Rom zweimal mit einem Kopfnicken oder mit lauter Stimme zugestimmt.[27] Es dürfte sich dabei um spätere Erfindungen der Überlieferung handeln, die zur Kenntnis der Details der Eroberung nicht viel beitragen. In Rom entstand ein Tempel für die Iuno von Veji auf dem Aventin, jenem Hügel, auf dem die Plebs seit 456 (*lex Icilia*) eigene religiöse und politische Einrichtungen hatte. Die Hauptgöttin Vejis wurde also nicht zur Hauptgöttin Roms: Rom hatte bereits eine solche, nämlich eine eigene Iuno, die auf dem Kapitol zusammen mit Iupiter verehrt wurde: Zwei Hauptgöttinnen einer Stadt kamen wohl nicht in Frage.

Veji soll 396 nach zehnjähriger Belagerung durch List erobert worden sein.[28] Beide Angaben – zehnjähriger Krieg und Einnahme der Stadt mit Hilfe einer List – tragen sagenhaften Charakter, jedoch spricht die Besoldung der römischen Soldaten für einen langen Krieg. Der trojanische Krieg diente dem Bericht als Modell, und Livius selbst spielt darauf an, was gleichzeitig verrät, dass der Bericht in dieser Form nicht von ihm erfunden wurde.[29] Die Kenntnis von archäologisch nachgewiesenen unterirdischen Wasserstollen dürfte die Phantasie der Berichterstatter vor Livius angeregt haben, die das Eindringen der römischen Soldaten in die Stadt durch die Stollen ähnlich darstellten wie die griechische Dichtung das Eindringen der griechischen Soldaten in Troja im Bauch des hölzernen Pferdes. Der vejentische Leberbeschauer, der den Römern verraten haben soll, dass sie erst, nachdem sie in den Besitz der Eingeweide eines Opfertieres gekommen wären, Veji besiegen könnten, hat eine Entsprechung bei Homer: Denn auch Laokoon, der den Trojanern abriet, das Holzpferd in die Stadt zu schaffen, war Seher. Hier vermischten sich Motive etrusko-römischen und griechischen Ursprungs.

Der Krieg um Troja war seit längerem in Veji bekannt: Der Kult des Aeneas ist seit der Mitte des 6. Jh. in Etrurien, und hier nur in Veji, bezeugt. Statuetten eines Kriegers mit einem alten Mann auf den Schultern (500–450) aus dem Portonaccio-Tempel von Veji und aus dem Weihedepot Campetti am Stadtrand von Veji dürften Aeneas mit dem Vater Anchises auf der Flucht aus dem brennenden Troja darstellen.[30] Die Stifter der Weihegeschenke setzten mit der Wahl eines solchen Motivs das eigene Schicksal dem Schicksal des Aeneas gleich. Die Statuen griechischer Götter auf dem Dachfirst des Apollon-Tempels von Veji (Portonaccio) setzen im 5. Jh. griechisch gebildete Priester voraus. Es liegt nahe, dass es wahrscheinlich diese Priester waren, welche die Konflikte zwischen Veji und Rom im Licht des Schicksals Trojas interpretierten und in eine heroische Sphäre rückten. Der Vergleich mit Troja führte den besiegten Vejentern die göttliche Unbedingtheit des Schicksals vor Augen und die römischen Sieger konnten gleichzeitig nicht heimtückischer Angriffe bezichtigt werden. Solche religiös verbrämten Berichte schließen historische Einzelheiten prinzipiell nicht aus, vielmehr bewahrt die Einbettung in einen sakralen Rahmen einige Berichte über einen längeren Zeitraum.

Hinweise bei weiteren Autoren widersprechen jedoch der Angabe, dass Veji zerstört worden sei. Es sei nicht vollständig zerstört, sodass manche römischen Politiker nach der kurz darauf (387/386) erfolgten Verwüstung Roms durch die Kelten (▶ Kap. 6.1) sogar überlegten, die Bewohner Roms nach Veji umzusiedeln, was aber letzten Endes ausgeschlossen wurde.[31] Weil Veji doch tatsächlich zerstört worden war? Rom hinterließ in Veji eine Garnison: Die Stadt sei nämlich nachträglich Ziel etruskischer Angriffe gewesen, die das eroberte Gebiet zurückzugewinnen suchten.[32] Einige Details dieser Geschehnisse sind sicher erfunden, wir haben allerdings keinen Anlass, den gesamten Bericht abzulehnen.

Veji war der erste (und blieb der einzige) etruskische Staat, den Rom nach dem Sieg kurzerhand territorial annektierte. Die Neubürger wurden vier rechts des

Tibers neu eingerichteten ländlichen Wahlbezirken (*tribus*) zugewiesen.³³ Spätere Neubürger aus Südetrurien wurden in diese ersten vier Tribus eingetragen. Die Tatsache, dass gleich vier neue Bezirke eingerichtet wurden, legt eine hohe Anzahl von römischen Neubürgern etruskischer Abstammung nahe, was wiederum eine Änderung in der ethnischen Zusammensetzung der Bevölkerung und der Wählerschaft mit sich brachte. Zahlreiche Bewohner Vejis fielen im Krieg, flohen oder wurden nach dem Krieg vertrieben oder verkauft, andere wurden eingebürgert, die Wehrlosen verschont – nach der Überlieferung ein Zeichen römischer Großzügigkeit.³⁴

Die Einverleibung des vejentischen Territoriums mit seinen Bauten (Straßen, Wasserstollen usw.) bedeutete für Rom einen Gewinn nicht nur an fruchtbarem Boden, sondern auch an wirtschaftlicher Infrastruktur.³⁵ Das Territorium fiel teils dem römischen Staat direkt zu (*ager Romanus*), teils wurde es vier Wahlsprengeln zugewiesen und damit in die eigene (römische) Verwaltung aufgenommen und weiterverpachtet (*ager publicus*). Das Wort *ager* bedeutet primär ›Acker‹, ›Feld‹, und dürfte die Bedeutung des Ackerbaues für den römischen Staat bestätigen.

Jene Vejenter, die sich auf die Seite der Römer geschlagen hatten (und Kollaborateure gibt es immer), bekamen vom römischen Staat Parzellen von Ackerland und damit eine Lebensgrundlage, die es ihnen ermöglichte, in Veji zu bleiben.³⁶ Weitere Parzellen verteilte der Staat unter der römischen Plebs, was auch zur Stärkung ihres Selbstverständnisses beitrug.³⁷ Die fruchtbarsten Landparzellen fielen römischen Senatoren zu, mit der Beute finanzierte Rom ein Mischgefäß, das in Delphi im Schatzhaus der Massalioten aufgestellt wurde, gleichsam ein Dank an die Götter für geleistete Hilfe.³⁸

Aus den ersten Jahren des 4. Jh. finden sich im Gebiet von Veji fast keine etruskischen Inschriften mehr: Die Bewohner von Veji hatten unter Zwang oder freiwillig aufgegeben, Etruskisch zu schreiben. Wir wissen nicht, ab wann sie nicht mehr Etruskisch sprachen, denn Sprachwechsel hängen von demografischen und psychologischen Faktoren ab, die in der Alten Welt selten schriftliche Spuren hinterließen. Eine etruskische Weihinschrift an Tiu vom Beginn des 3. Jh. ist ein Hinweis auf altetruskisches Religionsgut, das wahrscheinlich in der Familie tradiert wurde.³⁹ Insgesamt wurde Veji und sein Territorium mit der Zeit von Bewohnern nichtetruskischer Abstammung wiederbevölkert.

Nach der Einnahme von Veji wurde das etruskische Grenzland Ziel weiterer militärischer Aktionen Roms: Erst nach der Verwüstung des Territoriums und der Kapitulation der faliskischen Städte Capena und Falerii (h. Civita Castellana), die an vejentischer Seite gekämpft hatten, wurde Frieden geschlossen.⁴⁰ Im Jahre 388 fiel jedoch das römische Heer in das Gebiet von Tarquinia ein, nahm zwei befestigte Plätze (*oppida*) namens Cortuosa und Contenebra ein und steckte sie in Brand.⁴¹ Wir wissen nicht, wo diese Festungen lagen, sie waren wahrscheinlich nicht weit weg von Sutrium (h. Sutri), denn weiter im Westen waren die Gebiete von Tarquinia und Rom durch das Gebiet von Caere getrennt. Die römischen Interventionen bestätigen das damalige und auch in der Folgezeit verfolgte politische Ziel Roms, nämlich das eigene Herrschaftsgebiet in Etrurien zu erweitern.

An den südlichen Ausläufern der Ciminischen Berge (*Cimini montes*) im Nordosten von Veji liegen Nepi und Sutri. Letzteres wurde wegen seiner günstigen strategischen Lage als »Schlüssel und Tor Etruriens« gesehen. Rom legte im Jahre 383 in Sutri und zehn Jahre später in Nepi eine Kolonie latinisches Rechtes, u. a. mit Heirats- und Handelsrecht wie in allen anderen Städten der Latiner, an, was eine politische Organisation des Landes nach römischem Konzept bedeutete.[42]

Die Überlieferung zu den folgenden Konflikten zwischen Etruskern und Rom um Sutri und Nepi ist mit Doubletten ausgeschmückt, dürfte jedoch einen historischen Kern enthalten.[43] Denn Rom schob mit seinen Siegen die Grenze des römischen Territoriums im Westen bis zum Gebiet von Tarquinia und im Norden den Tiber entlang bis zum Gebiet von Volsinii/Orvieto, was auch bei den angrenzenden Faliskern nach dem Verlust von Sutri und Nepi eine verstärkte Wachsamkeit und Militarisierung erforderte.

Die Treffen der Etrusker-Staaten beim Heiligtum des Voltumna

Livius erwähnt erstmals zum Jahr 480 Zusammenkünfte der »Völker« (*populi*) Etruriens, welche eine militärische Verstärkung für das von Rom bedrohte Veji gesendet hatten.[44] In einer von Livius erfundenen Rede brachte die Versammlung ihre Hoffnung auf eine Selbstvernichtung Roms im Zuge der damals in Rom stattfindenden inneren Kämpfe zwischen Patriziern und Plebejern zum Ausdruck. Im Jahr 477 fand ein weiteres Treffen der Vertreter von elf etruskischen Staaten statt.[45] Sie setzten die Vejenter unter Druck, weil sie, die Vejenter, Friedensverhandlungen mit Rom geführt hatten, ohne die anderen Völker um Rat zu fragen.

Wo die beiden Treffen stattfanden und welche Quellen darüber berichteten, schreiben die Autoren nicht. Im zweiten Fall handelt es sich wahrscheinlich um eine Rekonstruktion der Autoren auf der Grundlage der für Rom belegten Auseinandersetzungen zwischen Patriziern und Plebejern.

Zwischen 434 und 389 fanden fünf Konferenzen der Vertreter der etruskischen Staaten beim Heiligtum des Gottes Voltumna (*fanum Voltumnae*) statt.[46] Das lateinische Wort *fanum* bezeichnet einen geweihten Platz im Freien, also eine sehr alte Kultstätte noch ohne Gebäude. Das spät belegte etruskische Wort *fanu* im Sinne ›geheiligter Ort‹ gilt als Entlehnung aus dem Lateinischen.[47] Voltumna dürfte ein später Beiname des Hauptgottes Tinia als Garant der Vereinbarungen gewesen sein. Ein Vergleich mit Iupiter (Latiaris) als Beschützer des Latiner-Bundes bietet sich an.

Bei den ersten vier Konferenzen beim Heiligtum des Voltumna ging es um die prekäre Lage Vejis unter römischer Bedrohung: Im Jahre 434 trafen die Vejenter und die Bewohner von Fidene die Vertreter der anderen Etrusker-Städte, wohl um die gefährliche Lage zu besprechen; ein Jahr später wurde jegliche weitere Entscheidung auf das nächste Jahr vertagt, obwohl Veji um sofortige Hilfe bat.[48] Dies gilt auch für das Treffen von 405, als die Versammlung offenließ, ob man den Vejentern durch einen offiziellen Krieg des ganzen etruskischen Volkes zu Hilfe kommen sollte.[49] Im Jahr 397 forderten die Städte Falerii und Capena die Etrusker auf, das belagerte Veji zu befreien, ein Hinweis, der insofern annehmbar ist, als beide Städte der Falisker wegen ihrer geographischen Lage einen Angriff Roms nicht weniger zu fürchten hatten als Veji selbst.[50]

Livius, unsere einzige Quelle zum *fanum Voltumnae*, lokalisiert diesen Ort nicht. Die moderne Forschung lokalisiert das *fanum* unweit von Volsinii/Orvieto: Dies beruht auf der Gleichsetzung des Gottes Voltumna mit dem Gott Vertumnus, dessen Statue im 1. Jh. in Rom in der Tusker-Gasse (*vicus Tuscus*) aufgestellt war. Der Dichter Properz lässt den Gott sagen, er habe »im Kampfgewühl« Volsinii verlassen und sei nach Rom übersiedelt; Properz bezieht sich auf die römische Eroberung von Volsinii/Orvieto im Jahre 264.[51]

Eine Inschrift aus Hispellum (h. Spello, Prov. Perugia) aus der Regierungszeit Kaiser Konstantins (3. Jh. n. Chr.) verbindet die umbrische Stadt Hispellum (h. Spello, Prov. Perugia) mit der ›Tuscia‹ – so der kaiserzeitliche Name Etruriens.[52] Es sei eine »Einrichtung von alter Gewohnheit«, dass die Bewohner von Hispellum jährlich Priester wählten, die nach Volsinii gingen und hier zusammen mit einem in oder bei Volsinii (*aput* (sic!) *Volsinios*) gewählten Priester Theater- und Gladiatorenspiele organisierten. Ein Gesuch der Bewohner von Hispellum erging an den Kaiser: Da der Weg von Hispellum nach Volsinii beschwerlich sei, möge der Kaiser erlauben, dass der in Hispellum gewählte Priester nicht mehr nach Volsinii gehe, sondern die Spiele in Hispellum selbst organisiere. Der Kaiser stimmte dem Gesuch zu und erlaubte die Teilung der Feierlichkeiten, die dann, sei es in Umbrien, sei es in Tuscien, organisiert werden dürften, dort wo »die Gewohnheit erhalten bleibe, dass der ebendort gewählte Priester bei Volsinii, wie gewöhnlich, Schauspiele in der Art der vorgenannten Aufführungen begehe« (Z. 33–35). Livius erwähnt, dass sich die »zwölf Völker« Etruriens im Jahre 403 trafen, wo dieses Treffen stattfand, gibt Livius nicht an.[53] Damals ging es allein um die Wahl des (Ober)priesters (*sacerdos*) »der zwölf Völker«, der auch »feierliche Spiele« zu organisieren hatte. Livius und die Inschrift von Spello enthalten also ähnliche Angaben, nämlich die Wahl eines Priesters (*sacerdos*), der in Tuscien Spiele organisieren soll.[54] Die Inschrift bezeichnet diesen Brauch als eine »alte Sitte«, was nahelegt, dass sich der Bericht von Livius und die Inschrift von Hispellum auf denselben antiken Sachverhalt beziehen. Die Wahl eines Priesters und die Organisation von Spielen (bei Livius und in Spello) sowie die Verehrung des Voltumna in Volsinii (bei Properz) bestätigen die Annahme einer Lokalisierung des Voltumna-Heiligtums in Volsinii, auch wenn Livius in Zusammenhang mit dem Treffen von 403 das *fanum* des Voltumna nicht nennt.

Archäologische Reste eines Heiligtums, das im Laufe der Zeit immer wieder umgestaltet und noch in der römischen Kaiserzeit aufgesucht wurde, Reste einer breiten Straße, einer Einfriedung und eines Brunnens in Orvieto (Campo della Fiera: seit etwa 525–500) sowie Weihinschriften, Bronzegegenstände und Keramik (6. Jh.) werden mit dem historisch bedeutsamen Voltumna-Heiligtum in Verbindung gebracht.[55] Das Heiligtum wurde zerstört, wohl im Zuge der Eroberung der Stadt.

In Zusammenhang mit dem Treffen von 397 bringt Livius auch die Rechtfertigung der etruskischen Staaten für ihre ablehnende Haltung Veji gegenüber: Nicht die Etrusker verweigerten die Unterstützung, sondern sie scheiterte vor allem an den äußeren Verhältnissen. Denn »in dem Teil Etruriens ist ein noch nie gesehenes Volk und neuer Nachbar, die Gallier (= Kelten), erschienen, mit denen weder Friede sicher noch Krieg gewiss sei«.[56] Doch hätte man sich der eigenen (etruskischen) Jugend nicht widersetzt, wenn diese an dem Krieg Vejis gegen Rom freiwillig hätte teilnehmen wollen. Dieser Hinweis besagt nichts Entscheidendes, ob überhaupt und wenn ja, welche ›etruskische Jugend‹ in den Krieg gegen Rom zog, bleibt offen.

Der Hinweis auf die keltische Gefahr erweckt hingegen Aufmerksamkeit. Denn als Veji 396 fiel, saßen Kelten tatsächlich nördlich des Flusses Po und versuchten immer wieder von der Ostküste Italiens und über den Apennin nach Nordetrurien einzufallen. Nach 390, als Veji bereits gefallen war, erreichten Banden von keltischen Senonen das etruskische Chiusi und bedrohten die Chiusiner. Ein Hilferuf der Stadtvorsteher Chiusis sei an Rom ergangen, welches daraufhin Unterhändler nach Chiusi sandte.[57] Versuche zur Beruhigung der Lage, die nicht zuletzt »wegen des Jähzornes der römischen Gesandten« unkontrollierbar geworden sei, seien misslungen.[58] Im Jahre 389 trafen sich die Staaten Etruriens erneut beim Heiligtum des Voltumna zu einem Eidesbund.[59] Diesmal ging es nicht mehr um Veji, das ja bereits gefallen war (396), sondern wohl um die Wiedergewinnung verlorener Territorien in einer Zeit, in der Rom in Süd- und Ostlatium von den (italischen) Volskern angegriffen wurde, das Volk der (italischen) Herniker und die Latiner abgefallen und Rom daher anderweitig beschäftigt war. Nach 389 wird das *fanum Voltumnae* nicht mehr erwähnt.

Insgesamt: In einem Zeitraum von 44 Jahren (434–389) trafen sich die Abgesandten der etruskischen Staaten fünfmal beim Heiligtum des Voltumna, davon viermal im Zusammenhang mit dem Fall Vejis. Dies bedeutet, dass man nur bei Bedarf zusammenkam. Die Konferenzen brachten keinen Fortschritt und die Absicht, Veji zu helfen, wurde nie konkret umgesetzt.

Weitere Versammlungen der 12 Völker Etruriens in Zusammenhang mit Kriegsaktionen gegen Rom fanden auch in den Jahren 352, 299 und 297 an nicht eigens genannten Orten statt und blieben ohne politische Folgen.[60]

6.2 Die Aufnahme Caeres in den römischen Staatsverband

Im 4. Jh. wurde Caere auf rechtlichem Weg in den römischen Staatsverband eingegliedert. Die verfassungsrechtliche Stellung Caeres im römischen Staat blieb ohne vergleichbare Beispiele.

Caere und die keltische Eroberung Roms

Im Jahre 387/386 besiegten aus Norditalien eingefallene Banden von transalpinen Kelten (= Galliern) das römische Heer beim Fluss Allia (h. Fosso Maestro) etwa

16 km Luftlinie nördlich von Rom und verwüsteten in der Folge Rom.[61] Im Augenblick der Gefahr flohen die Römer nach Caere und nicht nach Veji, welches beinahe unbevölkert war und näher bei Rom lag als Caere, denn der Einfallsweg der Kelten nach Rom führte über vejentisches Gebiet. Unter den römischen Flüchtlingen sollen auch die Vestalinnen gewesen sein, die Lucius Albinius, selbst ein Flüchtling, auf dem Weg von Rom nach Caere antraf und mit seinem Wagen in die Stadt brachte.[62] Diese Nachricht habe ein starkes Echo in der Mittelmeerwelt gefunden.[63] Albinius sei in Rom für seine pietätvolle Tat mit einer Statue, von der wir allerdings nichts Näheres wissen, geehrt und in augusteischer Zeit, also Jahrhunderte später, mit einer Ehreninschrift, die erhalten ist, bedacht worden.[64] Ein caeretanisches Kontingent habe kurz danach eine keltische Abteilung auf dem Rückzug nach Norditalien vernichtet und einen Teil der Beute für Rom zurückgewonnen.[65]

Das Geschehen an sich – die Flucht einer Bevölkerung (und auch der Priesterschaft) mit ihren kostbaren Habseligkeiten vor dem Feind – ist nicht zu bezweifeln. Die Rettung der heiligen Geräte, Symbol des römischen Staates, welche die Vestalinnen in Rom hüteten und in der Stunde der Gefahr bei sich hatten, bedeutete, dass die staatlichen Kulte Roms zwar momentan verlegt, aber nicht unterbrochen wurden, eine Vorstellung von enormer politischer Relevanz, zumindest in der Zeit, in der die Einzelheiten erfunden wurden. Die Führung Caeres hatte selbst in diesen Jahren Interesse, sich mit Rom gut zu stellen: Im Jahre 384 wurde der Hafen und das Heiligtum von Pyrgi Ziel eines Angriffes des Tyrannen Dionysios von Syrakus, der eine große Menge an Gold und Silber erbeutete und die Schwäche der etruskischen Küstenverteidigung offenlegte.[66]

Die rechtliche Stellung Caeres und ihre Folgen

Die Caeretaner sollen durch einen Beschluss des römischen Senats für die Aufnahme der römischen Flüchtlinge mit der Verleihung des ›öffentlichen Gastrechtes‹ (*hospitium publicum*) bedacht worden sein.[67] Nach dieser Maßnahme hatte ein Bürger aus Caere, der nach Rom kam, Anspruch auf gastliche Aufnahme, Rechtsschutz und Hilfe und umgekehrt genossen römische Bürger in Caere formales Aufenthaltsrecht. Strabo und der im 2. Jh. n. Chr. lebende Schriftsteller und Richter Aulus Gellius erwähnen ein römisches öffentliches Gastrecht für die Caeretaner nicht.[68]

Die zahlreichen Probleme, die sich aus angeblich widersprüchlichen Quellen ergeben, haben in den 70er und 80er Jahren des vorigen Jahrhunderts die Forschung vielfach gespalten.[69] Seitdem wurden keine weiteren Quellen zu diesem Sachverhalt entdeckt, so dass es darüber weiterhin zahlreiche Unsicherheiten gibt. Hier soll ein zusammenfassendes Bild unserer Kenntnisse zur Verleihung des Bürgerrechtes an Caere vorgelegt werden.

Nach Strabo habe Rom den Caeretanern als Ausdruck von Dankbarkeit für geleistete Hilfe zur Zeit des Kelteneinfalls das Bürgerrecht ohne Stimmrecht (*civitas sine suffragio*) verliehen, doch sich damit gegenüber Caere undankbar verhalten.[70] Strabo meinte wohl, dass die Caeretaner mit der römischen Maßnahme nicht nur keine politischen Rechte bekamen, sondern den militärischen und steuerlichen Verpflichtungen der übrigen römischen Bürger ohne Stimmrecht unterworfen wurden. Nach Gellius hingegen ist das Bürgerrecht ohne Stimmrecht Caeres eine »Auszeichnung« (*honor*): Die Caeretaner seien frei von (staatlichen) Verpflichtungen (*negotia*) und von Lasten (*onera*) geblieben; Gellius erwähnt nur nebenbei, dass die Caeretaner kein Stimmrecht hatten und daher vom politischen Leben Roms ausgeschlossen waren. Beide Autoren erwähnen den Zeitpunkt der Verleihung nicht.[71]

Mit der Verleihung des Bürgerrechtes ohne Stimmrecht wurden die Caeretaner römische Bürger, wurden also in die Steuerlisten eingetragen und mussten früher oder später in den römischen Legionen dienen. Das fehlende Stimmrecht Caeres bedeutete, dass die Caeretaner keinen Anteil am öffentlichen Leben Roms hatten. Rom verlieh allerdings Caere den Status einer (römischen) Gemeinde mit Selbstverwaltung (*municipium*), die mit eigenen, nicht mit römischen Gesetzen, einer eigenen Rechtsordnung, eigenen Magistraten und einem eigenen Gericht ausgestattet blieb.[72] Es liegt nahe, dass Rom in den Jahren nach der Einnahme von Veji die Nachteile der Auflösung eines ganzen Staates und die negativen Folgen der Integration einer hohen Anzahl von Fremden erkannte und für Caere eine andere Lösung suchte und fand. Die neue staatsrechtliche Konstruktion brachte Rom Soldaten für das eigene Heer und Steuer ein, belastete aber Rom selbst nicht mit einer sehr hohen Anzahl von neuen, nichtrömischen Wählern sowie mit der Verwaltung eines ganzen Staates. Die Tafeln, auf denen in Rom die Sittenrichter (*censores*) die Namen der Bürger ohne Stimmrecht eintrugen, wurden ›Caeritische Tafeln‹ (*tabulae Caeritum*) genannt, weil die Caeretaner auf den Tafeln an erster Stelle rangierten.[73]

Die Frage des Zeitpunktes der Verleihung des Bürgerrechtes ohne Stimmrecht ist in der Forschung umstritten. In Frage kommt in erster Linie ein Datum nach 353, dem Ende von Querelen zwischen Caere und Rom, und vor 338, als die Bewohner von Fundi und Formiae im Land der (italischen) Aurunker römische Bürger ohne Wahlrecht wurden. Ihre Namen wurden auf den Tafeln hinter den Caeretanern eingetragen.[74]

Es dürfte kein Zufall sein, dass Rom im Jahre 348, also etwa vier Jahre nach dem Ende der Feindseligkeiten zwischen Caere und Rom, einen Vertrag mit Karthago unterschrieb, welcher den Handel im Tyrrhenischen Meer regeln sollte.[75] Das Abkommen mit Karthago ist ein Zeichen, dass Rom jetzt große wirtschaftliche Interessen hatte, sich für den Handelsverkehr interessierte und einen Hafen für große Handelsschiffe brauchte – Ostia lag an der sumpfigen Tibermündung und daher in ungünstiger Lage für große Schiffe.[76] Noch zum Jahr 264 schreibt Polybios ausdrücklich, dass Rom auf See nicht gut gerüstet war und sich Schiffe von den Italioten ausborgen musste; dies gilt erst recht für eine Zeit 100 Jahre früher.[77]

Der Handelsvertrag vom Jahre 348 zwischen Rom und Karthago dürfte also indirekt bestätigen, dass Rom zwischen 353 und 348 den Caeretanern das Bürgerrecht ohne Stimmrecht verlieh, denn mit der Aufnahme Caeres in den eigenen Staatsverband konnte Rom über die Häfen und die Flotte, über Schiffe und Docks und Werften und Häfen von Caere verfügen und von der langjährigen Erfahrung der Caeretaner auf dem Meer und von der Organisation seiner Häfen profitieren. Die etruskischen Schiffe besaßen im 6. Jh. u. a. einen Rammsporn mit eigener Form, der von den Steven und nicht vom Kiel ausging, eine Vorrichtung, die man auch später beibehielt, als man Schiffe griechischen Typs baute.[78] Lateinische Wörter der Schifffahrt, wie *áncora* und *orca*, und des Seilewesens wurden aus dem Griechischen über etruskische Vermittlung im Latein entlehnt.[79] Sie sind erst im 2. Jh. und später bezeugt, aber gerade die etruskische Zwischenstufe legt nahe, dass sie vor dem 3. Jh. übernommen wurden, wahrscheinlich als die Flotte von Caere nach dem Erhalt des römischen Bürgerrechtes von Rom übernommen wurde.

Ausgrabungen, die in den letzten Jahrzehnten im Gebiet von Caere zwischen dem heutigen Civitavecchia und Santa Marinella durchgeführt wurden, zeigen, dass gegen Ende des 4. Jh. und Anfang des 3. Jh. an der caeretaner Küste entlang und häufig in erhöhter Lage Häuser mit verstärkten Mauern bzw. mit Umschließungsmauer errichtet wurden, die man als befestigte Bauernhöfe mit unterschiedlich großer Fläche (750 m² bis zu 1200 m²) interpretierte.[80] Die Höfe wurden mit Grundstücken und entsprechender Infrastruktur versehen: Wege, Kanäle, Ölpressen, Rodung und eine Einteilung in Parzellen von etwa 400 m² sowie der Einsatz neuer Techniken bieten gleichsam das Bild einer florierenden Landwirtschaft. Die Verstärkung der Mauern und die Abgrenzung der neuen Bauten sprechen wohl für unsichere Zeiten.

Die Verstärkung der römischen Anwesenheit im Gebiet von Caere kurze Zeit nach der Verleihung des Bürgerrechtes und damit der Aufnahme Caeres in den römischen Staatsverband spricht für römische Intervention im caeretaner Gebiet noch vor der konsequent organisierten Anlegung römischer Kolonien zur Verstärkung römischer Anwesenheit und nicht für caeretanische Bollwerke gegen den römischen Staat. Schwarzbemalte Keramik aus römischen Werkstätten bestätigt die Annahme, dass diese Unternehmen dabei waren, die etruskischen zu ersetzen und die eigene Wirtschaft anzukurbeln. Die Bewohner der neuen ›Bauernhäuser‹ waren wahrscheinlich Plebejer aus Rom oder es wurden Gruppen aus anderen Teilen Italiens hierhin umgesiedelt.

Ende des 4. Jh. wurde bei Scarti S. Antonio unweit von Santa Marinella ein Tempel abgetragen, die Tonstatuen aus dem Giebel abmontiert und sorgfältig ›bestattet‹; auf den Fundamenten des abgetragenen Tempels entstand kurze Zeit später eine Villa.[81] Um 290–280 wurde der etruskische Tempel von Punta della Vipera bei Santa Marinella[82] ebenfalls abgetragen und später entstanden an der planierten Stelle Bauernhöfe. Diese Bauten bezeugen einen eindeutigen Bruch mit den altetruskischen Traditionen Caeres und seines Territoriums.

Angesichts dieser militärisch-politischen Lage, welche Caeretaner, Rom und Karthago miteinbezog, und aufgrund der befestigten Anlagen Roms auf caeretaner Gebiet, dürfen Missstimmungen zwischen Caere und Rom geradezu vorprogrammiert gewesen sein. Cassius Dio erwähnt zum Jahr 273 oder 293 eine Rebellion Caeres gegen Rom und die Abtretung der Hälfte des eigenen Territoriums an Rom; dies sei der Preis des Friedens gewesen.[83] Das Fragment von Cassius Dio nennt die Ursache der Rebellion nicht, aber die von Rom großangelegten baulichen Maßnahmen auf dem caeretanischen Territorium, nämlich die bereits erwähnte Errichtung von Bauernhöfen, ausgestattet mit landwirtschaftlichem Gerät zur Produktion von Öl und Wein, dürften letzten Endes zur Rebellion Caeres und zur Abtretung der Hälfte des Territoriums geführt haben, das dem römischen Staat direkt zufiel (*ager Romanus*). Im Jahre 280 besiegte Rom Vulci und legte 273 auf abgetretenem Küstengebiet von Vulci die Kolonie Cosa an. Damit hatte sich Rom einen wichtigen Stützpunkt an der tyrrhenischen Küste gesichert und gleichzeitig einen eventuellen Widerstand Vulcis von vornherein ausgeschaltet; zwischen den Gebieten von Vulci und Caere lag nur mehr das Gebiet von Tarquinia.

In den Jahren nach der Rebellion und der Übergabe des caeretanischen Territoriums an Rom entstanden hier Seekolonien (*coloniae maritimae*) von römischen Bürgern: 264 Castrum Novum (h. bei Santa Marinella), 247 Alsium (h. bei Palo) und 245 Fregenae (h. Fregene-Maccarese): Mit diesen Seekolonien konnte Rom mehrere Kilometer Küstenstreifen kontrollieren. Es ist kein Zufall, dass der 1. römisch-punische Krieg (264–241) im selben Jahr begann, in dem Rom die erste Seekolonie auf ehemals etruskischem Boden anlegte. Die Seesiege Roms bei Mylae (260), bei Kap Eknomos (256) und bei den Ägadischen Inseln (242) gegen die Karthager im 1. römisch-punischen Krieg zeigen, dass Rom seine Flotte nicht allein aufgestellt hatte.

Die namenlosen Caeretaner, die hinter diesen in groben Zügen rekonstruierbaren Ereignissen standen, bleiben im Dunkel der Geschichte: Es waren Juristen, welche über die Abtretung der Küstenlandschaften mit Rom verhandelten und die neue Besiedlung organisierten, es waren Schiffstechniker, welche die Flotte für Rom instandhalten mussten, es waren ›Politiker‹, welche die Rebellion organisierten, und es war letzten Endes die Masse der neuen römischen Bürger aus Caere, die im Dienste Roms standen, aber in Rom nichts zu sagen hatten. Sicher setzte sich öfter das Recht des Stärkeren durch, als es uns die prorömischen Quellen verraten.

In diesen Jahren trat in Caere mit Gaius Genucius Clepsina eine römische Persönlichkeit hervor, die 276 zweiter Konsul und 270 erster Konsul in Rom war; seine Person soll hier in Zusammenhang mit der Rebellion Caeres behandelt werden.

An der Wand einer monumentalen unterirdischen Anlage unweit des Forums von Caere und am Ende eines etwa 10 m langen Ganges befindet sich eine lateinische Inschrift, die einen *C Genucio. Clousino. prai* nennt (▶ Abb. 18).[84] Die beiden Personennamen der Inschrift stehen im altlateinischen Nominativ oder im Ablativ; je nachdem handelt es sich um eine Widmung oder um eine Eponymformel. Die Höhe der Buchstaben, etwa 3–4 cm, und die Länge der Inschrift – etwa 74 cm – zeigen, dass die Inschrift gesehen und gelesen werden sollte, wenn auch wohl nur im Fackellicht.

C·GENVCIO CLOVSINO·PRAI

Abb. 18: Inschrift des Genucio Clousino, alias Genucius Clepsina, aus Caere. Um 270.

Die Inschrift wurde zu zwei unterschiedlichen Zeitpunkten an der Wand angebracht: Zuerst gravierte ein Etrusker in etruskischem Alphabet *Clousino.prai* in den noch weichen Putz ein, später ritzte eine andere Hand G. *Genucio* in lateinischem Alphabet in den schon trockenen Putz ein: Die eckige Form des etruskischen Gamma (<) von Clousino steht im Gegensatz zur runden Form des lateinischen C beim Vornamen C (= Gaius) und beim Namen Genucius. Diese nachträglich erfolgte Hinzufügung des abgekürzten Vornamens und des Familiennamens ist als präzisere Beschreibung der schon mit dem Beinamen Clousino genannten Person aufzufassen.

Die lateinische Form Clousino (= *Clusinus*) mit der Bedeutung ›der aus Clusium‹ (Chiusi) entspricht der etruskischen Form Clevsina mit derselben Bedeutung ›der aus Chiusi/etr. Clevsin‹.[85] Der Etrusker, der das lateinische Clousino in etruskischem Alphabet wiedergab, berücksichtigte jedoch nicht, dass in Rom auch eine latinisierte, der etruskischen Form Clevsina näherstehende Bildung Clepsina in Verwendung war.[86]

Clousino war *prai[*, er war also *prai(tor)*/Prätor oder *prai(fectus)*/Präfekt – die Abkürzung von *praefectus* ist allerdings in der Regel *praif*.

In der Forschung ist das Amt von Clousino umstritten: M. Cristofani nahm an, dass er in Caere *praetor* war.[87] M. Humbert und M. Torelli zogen dagegen zwei Zeugnisse von Festus heran.[88] Nach der ersten Stelle (262, 3–4L) zählte Caere zu den *praefecturae* Roms, nach der zweiten Stelle (262, 13 L) waren in Italien die Präfekturen ›Gemeinwesen‹ mit einer gewissen Selbstverwaltung, aber ohne eigene Magistrate. In Caere ist Ende des 4. oder Anfang des 3. Jh., also vor der Rebellion, das Zilac-Amt bezeugt, für die Zeit nach der Rebellion haben wir keine genau datierbaren epigraphischen Belege des Zilac-Amtes, doch gab es in Caere Ende des 3. Jh. das Maru-Amt und – entscheidend – zur Zeit des Kaisers Claudius (41–54 n. Chr.) und 113/114 n. Chr. gab es die Diktatur und eine vom gleichnamigen römischen Amt inhaltlich abweichende Ädilität.[89] Es sind Ämter, die trotz der lateinischen Bezeichnung auf alte lokale, nichtrömische, caeretaner Magistraturen zurückgehen und die Rom nicht geändert hatte.[90] Die Definition *praefecturae* nach Festus, nämlich Gemeinwesen mit einer gewissen Selbstverwaltung, jedoch ohne eigene Beamte, stimmt in Bezug auf Caere nicht. Wir wissen jedoch auch, dass in Anagni und in Capua sabellische *meddikes* (Prätoren) und römische Präfekten nebeneinander bestanden;[91] so darf auch für Caere ein Nebeneinander von *zilaθ*, wohl in der Stadt, und Präfekt, wohl auf dem Land, angenommen werden.

Die Inschrift *Clousino prai* in etruskischem Alphabet wirft auch die Frage auf, ob sie die lateinische Übersetzung einer Bezeichnung **Clevsina zilaθ* durch einen Etrusker war, welcher Clevsina mit Clousino und folgerichtig auch seinen Amtstitel *zilaθ* mit Lateinisch *praitor/praetor* übersetzte und in der verkürzten Form *prai* an der Wand der neuen Anlage anbringen ließ. Die Bezeichnung *praetor* war den Bewohnern von Caere sicher geläufiger als der eher noch seltene und relativ junge Amtstitel *praefectus*, der sprachlich und inhaltlich befremdlich anmuten musste. Eine zweite (lateinische) Hand fügte den Vornamen C(aius) und den Familiennamen Genucius im lateinischen Alphabet zum besseren Verständnis der Person hinzu, die als der römische Konsul von 276 und von 270, Gaius Genucius Clepsina, identifiziert wurde.

So liegt es nahe, dass Rom nach der Rebellion Caeres im Jahre 273 einen Konsul etruskischer Abstammung, Gaius Genucius Clepsina, nach Caere sandte, wahrscheinlich um die unsichere Lage zu beruhigen. Er wurde in Caere mit dem Titel Prätor (~ *zilaθ*) bezeichnet, welcher der ursprüngliche Titel der Konsuln war.

Ob Gaius Genucius Clepsina der verantwortliche Bauherr oder der Stifter der Anlage war, oder warum sonst sein Name an der Wand des Baus vermerkt wurde, bleibt offen. Es bleibt ebenfalls offen, ob es die römische Republik oder sogar die caeretanische Führung war, welche nach der Rebellion einen religiösen Bau errichtete, welcher die feindliche oder freundliche Haltung Roms im Bewusstsein halten sollte.

6.3 Weitere Kriege zwischen den Staaten Etruriens und Rom (ca. 390–260)

Im Laufe von etwa 150 Jahren bis um die Mitte des 3. Jh. wurden die Staaten Etruriens mit ihren Territorien Teil des römischen Staatsverbandes, wenngleich in einer anderen Rechtsstellung als Veji und Caere. Wie im Kampf gegen die sabellischen Stämme und später gegen die hellenistischen Königreiche verstand es Rom, jeweils eine naheliegende Koalition der von ihm bedrohten Staaten mit militärischen und diplomatischen Mitteln zu verhindern. Die etruskischen Völker waren untereinander, ebenso wie die sabellischen Stämme, sprachlich und kulturell, nicht aber politisch eng verbunden.

Militärische Aktionen im Überblick

Im Folgenden sollen die wichtigsten Momente der militärischen Auseinandersetzungen zwischen den etruskischen Staaten und Rom bis zu deren rechtlicher Einverleibung in den römischen Staatsverband, sowie markante Episoden der Kriege festgehalten werden. Zum Thema existieren bereits ausführliche Zusammenstellungen der antiken Überlieferung mit kritischen Stellungnahmen der Forschung, auf deren Ergebnisse hingewiesen wird.[92] Die Kriege liefen zum Teil parallel zu den Ereignissen in und um Caere.

Hauptquellen für die Kriegsereignisse nach der Einnahme von Veji sind die römischen Triumphalfasten (*Fasti Triumphales*), die offiziellen Urkunden der römischen Republik. Sie sind ein Verzeichnis der römischen Siegesfeiern über die Völker Altitaliens, darunter die Etrusker bzw. einzelne etruskische Völker (Vulcenter, Tarquinienser usw.). Sie vermerken das Datum der Triumphe »seit der Gründung der Stadt« Rom (753) sowie die Namen der siegreichen Feldherren. Die römischen Siege bedeuten indirekt etruskische Niederlagen und markieren somit die schrittweise erfolgte Eroberung Etruriens durch Rom.

6.3 Weitere Kriege zwischen den Staaten Etruriens und Rom (ca. 390–260)

Die frühen Historiker Roms, die Annalisten, folgten der jährlichen chronologischen Abfolge der Fasten und füllten die Lücken der Tradition mit allgemeineren Angaben, die auf die meisten Kriege zutreffen, die aber nicht immer nachvollziehbar und mitunter nachweislich falsch sind. Originalurkunden gingen beim Gallierbrand (▶ Kap. 6.1) verloren und Berichte über die Zeit davor wurden erst nachträglich wieder zusammengetragen, so dass die Überlieferung nur mit Vorsicht herangezogen werden darf. In unserem Zusammenhang sind die Fasten erst seit der Mitte des 4. Jh. vom Interesse.

Im Jahre 359 fielen Gruppen aus Tarquinia ins römische Staatsgebiet plündernd ein.[93] Im Zuge der Ereignisse kam es zu einer grausamen, folgenschweren Tat: Die Tarquinienser ›opferten‹ 307 römische Gefangene auf dem Marktplatz von Tarquinia.[94] Die Wahl von *immolare* ›opfern‹ für ›hinrichten‹ legt eine römische Bearbeitung bzw. Quelle nahe, denn die Etrusker galten den Römern als ein besonders frommes Volk. Die Anzahl 307 steht den 300 im Jahr 480 an den Thermopylen gefallenen Spartanern und im Jahr 477 am Fluss Cremera gefallenen Fabiern nahe und ist wohl erfunden.

Eine weitere Episode (356) zeigt, welche Mittel das Heer Tarquinias gegen den römischen Feind anwendete: Als »Dämonen« verkleidete Priester von Tarquinia liefen während des Kampfes mit Fackeln und Schlangen »wie Furien« in die Menge der römischen Soldaten.[95] Diese zogen sich erschreckt zurück und liefen durcheinander, bevor der Konsul M. Fabius Ambustus seine Truppen aufklärte. Ähnliches hatte sich bereits im Jahre 426 im Krieg zwischen Fidene und Rom ereignet:[96] Die Soldaten von Fidene verfügten über wenige Waffen und versuchten mit der Taktik der Furien, der Dämoninnen der Unterwelt, den römischen Feind mit Fackeln zu vernichten.[97] Es stellt sich die Frage, ob es sich bei den Schilderungen um eine Doublette handelt und welche Episode zum Modell der anderen wurde.

Der Krieg nahm kein Ende, und die Tatsache, dass Rom 356 den Diktator, C. Marcius Rutilus, ernannte, zeigt, dass Rom in einer schwierigen Lage war, sich die Etrusker also tapfer schlugen. Nichtsdestoweniger siegte Rom, und der Diktator feierte im Jahr 356/355 einen Triumph über die Etrusker.[98] Im Jahre 353 übte Rom Vergeltung für die etruskischen Gräueltaten auf dem Marktplatz von Tarquinia und ließ auf dem Forum von Rom 358 »edelste« etruskische Gefangene auspeitschen und enthaupten.[99] Die Hinrichtung der Etrusker in Rom wird, anders als die Tötung der Römer in Tarquinia, als ein Akt im Rahmen des Kriegsrechtes präsentiert. Dies sicherte die Römer rechtlich ab, was für eine römische Quelle spricht.

Die Staaten Etruriens genossen in der zweiten Hälfte des 4. Jh. relative Ruhe, denn infolge der Schwierigkeiten mit den Latinern und der Expansionskriege nach Süditalien hatte Rom nur beschränkte Möglichkeiten, eine zweite Kriegsfront im Norden zu eröffnen. Die Etrusker selbst versäumten ihrerseits in diesen Jahren, eine Front nördlich von Rom zu eröffnen, was das Fehlen einer gesamtetruskischen strategischen Planung zeigt. Hinzu kamen wahrscheinlich Kämpfe der Etrusker untereinander, wie die Wandmalereien im Grab der Familie Saties von Vulci (um 330) zeigen.[100] Gesamtetruskische Beratungen scheiterten immer wieder (▶ Kap. 6.1).

Nach einer Niederlage der Etrusker nahe Sutri (311) und dem Triumph des Konsuls Q. Aemilius Barbula »über die Etrusker« durchquerte ein römisches Heer mit dem Konsul Q. Fabius Rullianus in den Jahren 310 und 309 zum ersten Mal die bewaldeten Ciminischen Berge, die »Tore Etruriens«.[101] Rullianus sah von den Bergen aus »die außerordentlich fruchtbaren Äcker Etruriens«[102], was den wirtschaftlichen Aspekt der Eroberungspolitik Roms in Etrurien bestätigt, nämlich die Einverleibung der etruskischen Kornkammern.

Weitere Kriegshandlungen und Waffenstillstände folgten. Die Berichte darüber sind teilweise inkonsequent, so dass Livius selbst zugibt, dass es zu einigen Geschehnissen mehrere Versionen gab. Wir hören von einem 30-jährigen Waffenstillstand im Jahr 310 mit Perugia, Cortona und Arezzo, den Perugia 308 brach und sich dadurch eine römische Besatzung einhandelte.[103] Dabei handelt es sich um eine Dublette zum Vertrag vom Jahr 294 zwischen Perugia, Arezzo und Volsinii/Orvieto.[104] Die Kämpfe im Gebiet von Roselle führten zum Triumph des Diktators M. Valerius Corvus im Jahr 301/300.[105] Roselle wurde jedoch erst vom Konsul L. Postumius Megellus eingenommen (294)[106] und es liegt nahe, dass der Annalist Valerius Antias Megellus mit Valerius Corvus vertauscht hatte, um einen Valerius, einen Ahnherrn der eigenen Familie, in eine glorreiche militärische Aktion mit einzubeziehen. Kriegshandlungen unweit von Volterra, geführt im Jahr 298 von L. Cornelius Scipio Barbatus, endeten mit der Niederlage Volterras.[107] In der Inschrift auf dem Sarkophag des Barbatus im Grab der Scipionen in Rom, die seine zahlreichen Siege aufzählt, bleibt der Feldzug in Etrurien unerwähnt.[108] Insgesamt dehnte Rom seinen Herrschaftsbereich innerhalb von etwa 30 Jahren bis weit nördlich der Ciminischen Berge aus. Eine vom Samniten Gellius Egnatius angeregte große Koalition gegen Rom, an der sich »fast alle Tusker«, Umbrer, Samniten und eingefallene Kelten beteiligten, lieferte 295 in der Ebene von Sentinum bei Sassoferrato (Prov. Ancona) dem römischen Heer eine Schlacht, die mit der Niederlage der Koalitionäre endete. Deserteure aus Chiusi sollen den römischen Sieg erleichtert haben.[109]

Details zur Schlacht und der Ort dieser für die Zukunft Italiens entscheidenden Auseinandersetzung sind uneinheitlich überliefert, was für unterschiedliche Traditionsstränge spricht: Chiusi sei nicht das etruskische Clevsin gewesen, sondern »ein Ort in Umbrien« zwischen Asisium (h. Assisi) und Aharna (h. Civitella d'Arno); auch über die Anzahl der Teilnehmer herrschte bereits in der Antike kein Konsens.[110] Selbst die Frage nach der Teilnahme von Etruskern an der Schlacht wird widersprüchlich beantwortet – Polybios nennt nur Kelten und Samniten.[111] Nach den Fasten feierte Q. Fabius Rullianus im Jahre 295 den Triumph »über Etrusker, Samniten und Kelten«.[112] Hier fragt es sich, ob die Etrusker tatsächlich dabei waren, oder ob die Erwähnung der Etrusker in einer offiziellen Urkunde ein politisches Manöver Roms war. Doch waren in Nordetrurien die Folgen der Niederlage bei Sentinum wegen der vielen Zerstörungen und Menschenverluste katastrophal. Die hohe Anzahl der Kombattanten und der Gefallenen auf beiden Seiten[113] – zusammen mit den Bundesgenossen sollen es im römischen Heer 70.000 Reiter und 700.000 Fußsoldaten gewesen sein – ist trotz der relativ hohen Anzahl von römischen Alliierten unglaubwürdig.

6.3 Weitere Kriege zwischen den Staaten Etruriens und Rom (ca. 390–260)

Die römischen Triumphalfasten signalisieren weitere Niederlagen der Etrusker, darunter der Volsinienser im Jahr 294. Im Jahr 281 wurden die Etrusker und 280 »die Volsinienser und die Vulcenter« besiegt.[114] Der letzte Hinweis auf eine etruskische Niederlage in den Fasten bezieht sich auf das Jahr 264, als der Konsul Valerius Flaccus »über die Volsinienser« triumphierte.[115] Darüber wissen wir mehr, denn Cassius Dio beschreibt die Ereignisse in den Jahren 265/264 detailliert.[116] Die Bewohner von Volsinii/Orvieto hätten ein verweichlichtes Leben geführt. Sie übertrugen die Staatsgeschäfte und die Ausführung der Feldzüge ihren Sklaven (gr. *oikétai*), bis diese die Macht an sich rissen, die Freiheit verlangten, ihre Herrinnen heirateten und die Stellung ihrer Herren übernahmen. Sie saßen im Senat, bekleideten Ämter und übernahmen die Staatsgewalt.

Die Darstellung der Revolte von Volsinii/Orvieto in der Überlieferung enthält Parallelen zu den Kämpfen der römischen Plebs um ihre Rechte, darunter die soziale Gleichstellung mit den Patriziern mit Zugang zum Senat, die Teilnahme am politischen Leben mit Zugang zu den Ämtern usw., was die Historizität der Fakten an sich in Frage stellt. Historisch ist es jedoch durchaus bezeugt, dass Abhängige, z. B. Söldner und Sklaven im Dienst von Herren oder einer fremden Macht, in einem günstigen Moment die Regierung stürzen, ihre Vorgesetzten umbringen und selbst die Macht ergreifen: Eine ›Revolution von unten‹ wird auch im Zusammenhang mit der Einnahme von Capua durch die sabellischen Kampaner beschrieben (▶ Kap. 5.4).

Die entmachteten Volsinienser hätten Rom um Hilfe gebeten und Rom habe in Volsinii/Orvieto zugunsten der hilferufenden Fürsten interveniert, weil die Römer »mit ihnen vertraglich verbunden« waren – so Cassius Dio. Nach Florus sind die Bewohner von Volsinii/Orvieto die letzten »der Italiker« (= der Bewohner Italiens, in diesem Fall der Etrusker) gewesen, die in ein Treueverhältnis (*fides*) zu Rom gelangten.[117]

Der Konsul Fulvius Flaccus belagerte 264 die Stadt, die sich letztlich ergab und dem Erdboden gleichgemacht wurde. Die Bevölkerung wurde umgesiedelt.[118] Die Einnahme von Volsinii/Orvieto durch Rom fand einen Widerhall in der damaligen Welt. Die nach der Einnahme der Stadt nach Rom überführte Statue des Gottes Voltumna/Vertumnus bekam in Rom einen Tempel, dessen Bau mit den Erträgen der Kriegsbeute finanziert wurde. Eine Statue des Gottes wurde in der Tusker-Gasse am Fuße des Palatins aufgestellt. Eine Malerei im Vertumnus-Tempel auf dem Aventin zeige Flaccus in der Tracht des Triumphators.[119]

Plinius berichtet, dass Rom in Volsinii/Orvieto 2000 Statuen erbeutete und nach Rom brachte. Der griechische Philosoph und Magier Metródoros von Skepsis (geb. um 160) gibt an, dass die Überführung der 2000 Bronzestatuen als Beute von Volsinii/Orvieto nach Rom der Hauptgrund für die Eroberung gewesen sei, eine Bemerkung, die im Lichte der auch sonst bekannten antirömischen Einstellung Metrodors gesehen werden muss.[120] Wir haben keine Möglichkeit dessen romfeindliche Aussagen zu überprüfen, doch dürfte Rom in der Zeit des 1. römisch-punischen Krieges das Metall zur Herstellung von Waffen begehrt haben.

Von den 2000 Bronzestatuen sind kaum Spuren erhalten. G. Colonna ist einem Bericht über zwei Statuen aus der Beute des Flaccus nachgegangen: Ein Statuenpostament in Rom trägt eine Inschrift (*Volsinio capto*) mit dem Hinweis auf die Eroberung von Volsinii/Orvieto durch den Konsul Fulvius Flaccus, dessen Statue ursprünglich wahrscheinlich auf dem Postament stand.[121]

Die Aussage Dios, die Bevölkerung des zerstörten Volsinii sei umgesiedelt worden, wird durch die Toponomastik unterstützt: Der lateinische Ortsname Volsinii (< etr. Velzna) lebt im heutigen Ortsnamen Bolsena am gleichnamigen See weiter: Eine Inschrift aus dem Gelände Poggio Moscini bei Bolsena nennt einen Vipie »in Volsinii« (etr. *velznalθi*).[122] Auch hieß das heutige Orvieto im Mittelalter *urbs vetus* bzw. griechisch *Ourbíbenton*; der nach 264 zerstörte und aufgegebene Ort wurde als »alte Stadt« bezeichnet.[123]

Volsinii/Bolsena liegt etwa 15 km Luftlinie westlich von Orvieto. Hier gab es im 3. Jh. eine Siedlung mit einer Stadtmauer wahrscheinlich aus dem 4. Jh. Tempel entstanden im 3. und 2. Jh. in den Geländen Pozzarello und Poggio Casetta. Dies spricht dafür, dass die neue Bevölkerung in eigenen, neu errichteten Heiligtümern zusammentraf. Zwei Grenzsteine (3.–2. Jh.) aus Bettona im Gebiet von Perugia tragen die etruskische Inschrift *tular larna*, ›Grenze des Larna‹ bzw. *tular larns*, ›der(s) Larna‹ und geben somit die Abgrenzung des Privatbesitzes eines Larna oder einer Familie Larna an.[124] Der Familienname Larna ist zweimal im Gebiet von Volsinii/Orvieto bezeugt. Dies wirft die Frage auf, ob Mitglieder dieser Familien nach der Eroberung der Stadt nach Bettona übersiedelten.[125] Die geographische Verbreitung des Namens *larna* und einige in Südetrurien belegte Personennamen sprechen für eine Auswanderung aus Volsinii/Orvieto auch nach Chiusi und in die Landschaft nordwestlich von Chiusi.[126] Eine Beschriftung mit Angabe einer Grenze hatte auch auf privaten Grundstücken bindenden Charakter. Gerade im 3.–2. Jh. erfuhr Heba (h. Pitigliano, Prov. Grosseto) eine Bevölkerungszunahme und es lässt sich fragen, ob Vertriebene aus Volsinii/Orvieto dazu beitrugen. Die Eroberung von Volsinii/Orvieto und die Einverleibung von Teilen seines Gebietes durch Rom schob die Grenze des römischen Herrschaftsgebietes bis zum Gebiet von Chiusi vor.

Parallel zu den Auseinandersetzungen mit Rom versuchten die Etrusker, einen Ausgleich mit den Kelten zu finden, was jedoch immer wieder scheiterte. Die Kelten verübten seit den Jahren der Verwüstung Roms (387/386) ständig kriegerische Überfälle in Mittelitalien, welche die Etrusker immer schwer trafen: Raubend und brandschatzend fielen Kelten in den Jahren 367, 361, 358, 357, 350 und 349 in Mittelitalien ein[127] – manche dieser überlieferten Überfälle dürften allerdings Dubletten sein. Als die Kelten im Jahre 299 den Etruskern ihre Dienste gegen Rom anboten, dafür aber etruskisches Land verlangten, um sich niederzulassen, lehnten die Etrusker das Angebot einstimmig ab, da ihnen die Kelten als Nachbarn zu unkultiviert waren.[128] Im Jahre 293 waren jedoch Etrusker und keltische Senonen und im Jahre 283 waren Etrusker und keltische Boier gegen Rom alliiert – die Boier erlitten jedoch eine Niederlage beim Vadimonischen See in Südetrurien und wenig später (282) möglicherweise bei Vetulonia.[129] Eine gewisse Ruhe sollte in Mittelitalien erst einkehren, als Rom zwischen 290 und 282 eine Kolonie an der Adria neu gründete und dort Kelten ansiedelte. Die Neugründung wurde nach den neuen Bewohnern Sena Gallica (h. Senigallia) benannt.[130] Nichtsdestotrotz fielen die Kelten 225 wieder in Mittelitalien ein;

kurze Zeit später besiegte Rom die Kelten am Talamonaccio im Gebiet von Vulci.[131]

Die antiken Autoren kennen die etruskischen Hauptfiguren dieser bewegten Epoche der Geschichte Etruriens nicht namentlich; die militärisch-politische Oberschicht in den Städten Etruriens des 4.–3. Jh. ist jedoch aufgrund der Grabmalereien fassbar. So bietet das Grab der Familie Matuna von Caere (350–300) ein Bild des Lebens einer in Kriegen engagierten Familie.[132] An den vom Eingang aus sichtbaren Seiten von vier Pilastern inmitten des Grabes und an den Pseudopilastern rechts und links der hinteren Nischen sind Gegenstände in bemaltem Stuck als ›aufgehängt‹ dargestellt. Mehrere davon gehören dem militärischen Bereich an: So Helme verschiedener Typologien, dann Schwerter, Beinschienen und Schilde, ein gekrümmtes Horn (*lituus*) und runde Blashörner (*cornua*). Sie gehören dem politisch-rechtlichen Bereich an, wie der zusammengefaltete Klappstuhl und wahrscheinlich eine Schreibtafel. Keine der 11 Grabinschriften nennt Amtsträger, doch standen Kranz, Klappstuhl und Tafel Heerführern und Magistraten zu.[133] Die Blasinstrumente sprechen für die Führung eines großen Heeres. Vel Matuna, der das Grab anlegte, oder Mitglieder seiner Familie dürften eine führende Rolle im Krieg gegen Nachbarn, gegen Rom oder gegen die Kelten gespielt haben und vielleicht hat eine siegreiche Schlacht zum Reichtum der Familie beigetragen.

Im Grab der Familie Velχa in Tarquinia sind Schilde an die Wand der rückwärtigen Grabkammer gemalt: Sie belegen um die Mitte des 4. Jh. wohl eine Teilnahme der Velχa an den zeitgenössischen Kriegen gegen Rom oder die Kelten.[134] Die fast zeitgleich lebenden Familien Pinie von Tarquinia, Curuna von Tuscania und Saties von Vulci waren ebenso in Kriegen engagiert, wie die abgebildeten Waffen in ihren Gräbern nahelegen.[135]

Weitere Anspielungen auf reale Ereignisse und Leistungen sind auf Urnen- und Sarkophagenreliefs verschlüsselt enthalten. Die Bilder illustrieren Geschehnisse, die den folgenden Generationen mündlich überliefert oder in den Familienarchiven bewahrt wurden. Die Geschichte der Staaten Etruriens ist im 3. Jh. auch die Geschichte ihrer Familien. Die im Grab der Matuna neben der Hauptnische dargestellte Truhe sollte eine echte Truhe abbilden, die wohl zur Aufbewahrung von Erinnerungsobjekten und von Büchern über die ehrwürdigen Taten der Familie diente. Chroniken über Kriege erforderten in Etrurien keine Staatsarchive, nicht viel anders als in Rom, das erst im 3. Jh. Staatsarchive anlegte.

Gründe für die etruskischen Niederlagen gegen Rom

Die antiken Autoren, die unter dem Einfluss der offiziellen Sichtweise der Sieger standen, warfen die Frage nach den Ursachen der etruskischen Niederlagen gegen Rom auf und vertraten das Bild eines etruskischen Heeres ohne strategische Planung, eines mutlosen und unkriegerischen Volkes und einer verweichlichten Führungsschicht: Die etruskischen Eliten seien der *tryphé*, der Schwelgerei, der Üppigkeit, dem Luxus erlegen und hätten zu wenig Energie zur Selbstverteidigung gehabt.[136] Die Tatsache, dass die Eroberung Etruriens fast 250 Jahre dauerte und die Etrusker in dieser Zeit gewaltige Verteidigungsanlagen anlegten (▶ Kap. 7.1), spricht nicht ohne weiteres für einen verweichlichten, mutlosen Gegner, sondern für ein Volk, dessen zersplitterte Glieder sich immer wieder gegen einen gut organisierten und gerüsteten Feind stellten. Das Bild der verweichlichten Etrusker stammt von Autoren, denen die etruskische Oberschicht aus mehreren Gründen, darunter Handelskonkurrenz, Reichtum, Lebensstandard und -führung sowie Fremdheit, wahrscheinlich ein Dorn im Auge war.

Andererseits: Ab der ersten Hälfte des 5. Jh. wurden die Römer in Südetrurien die Hauptfeinde der Etrusker. Die Feststellung, dass die Etrusker damals (und später) kaum Siege verbuchten, spricht für eine wenig effektive militärische Organisation. Als im Jahre 310 der römische Konsul Fabius Rullianus mit seinem Heer in die Ciminischen Berge eindrang, bewaffneten die Grundbesitzer ihre Bauern, um die Römer zurückzuschlagen.[137] In diesem Grenzgebiet fehlte offenkundig ein reguläres Heer (etwa von Tarquinia oder von Volsinii/Orvieto), das sich dem römischen Heer hätte entgegenstellen können. Dies spricht für das Fehlen von strategischen Plänen.

Dies war jedoch nicht die einzige Ursache der vernichtenden Niederlagen der etruskischen Staaten. Es war zunächst das politische System der unterschiedlichen Stadtstaaten, welches die Aufstellung eines gesamtetruskischen Heeres zur Absicherung des ganzen Gebietes erschwerte bzw. unmöglich machte. Der schwache politische und militärische Zusammenhalt der etruskischen Staaten untereinander, lokale Streitigkeiten, woraufhin um 330 die Malereien und die Inschriften im Grab der Familie Saties von Vulci hinweisen dürften (▶ Kap. 6.3), verhinderten die Organisation gemeinsamer Aktionen und erleichterten die Maßnahmen Roms. Die Lokalisierung des weisen Kindes Tages und des Ursprungs der Haruspizin in Tarquinia sowie die Überlieferung des Tarchon als Gründer mehrerer Städte, darunter Tarquinia, Cortona, Pisa usw., zeigen, dass so manche Etrusker-Städte Anpruch auf eine Sonderrolle gegenüber anderen Städten erhoben, was für tiefgreifende Rivalitäten spricht.[138] Es fehlte den Etruskern eine gemeinsame, überstadtstaatliche Außenpolitik, so dass das militärische Potential immer beschränkt blieb – die von den Autoren angegebenen Zahlen der Militärkontigente sind selten realistisch. Die Aussagen von Livius und Dionysios von Halikarnassos über die Existenz gesamtetruskischer Heere sowie der Zug des Velthur Spurinna nach Sizilien (▶ Kap. 5.3), der eine Koalition mehrerer Staaten angibt, sind nicht näher überprüfbar.[139] Die Vielfalt der Alphabete, der Kunstformen und vielleicht der Kulte sind Zeichen von kultureller Selbständigkeit, spiegeln aber auch die politische Schwäche der Staaten Etruriens wider, die sich daher kaum gegenüber den keltischen und römischen Feinden behaupten konnten: Wahrscheinlich änderten sich die Regierungen auch in den etruskischen Staaten im Laufe der Zeit immer wieder und dies erschwerte die Ausarbeitung gemeinsamer strategischer Pläne. Die etruskischen Staaten organisierten weder einzeln noch gemeinsam konsequenten Widerstand, z. B. einen Guerillakrieg, wie ihn Anfang des 2. Jh. die Ligurer gegen Rom mit einem gewissen Erfolg anwendeten.[140] Auch nutzten die Etrusker die militärisch schwierige Lage Roms in der Zeit der Samnitenkriege (zweite Hälfte des 4. Jh.) kaum zu eigenen Gunsten aus. Hinzu kamen die sprichwörtliche römische Disziplin und das römische Organisationstalent, dann die strategischen

6.3 Weitere Kriege zwischen den Staaten Etruriens und Rom (ca. 390–260)

Fähigkeiten der Anführer, das staatsmännische Verhalten des Senats und die wahrscheinlich nach der Niederlage am Fluss Allia (▶ Kap. 6.2), und sicher in Zusammenhang mit den Samnitenkriegen (343–275) erfolgte ›Modernisierung‹ des Heeres: Rom gab in dieser Zeit die schwerfällige Hoplitenphalanx, die nur in der Ebene echten Vorteil brachte, zugunsten der flexiblen Manipulartaktik auf, die in den Bergen des Apennins, den Siedlungsgebieten der Samniten, den römischen Truppen maximale Beweglichkeit ermöglichte, sich als durchschlagskräftig erwies und die römischen Heere zum Erfolg führte.[141] Ob und wann die Etrusker-Staaten auf ein Manipelheer umstiegen und die Manipulartaktik anwendeten, bleibt offen: Selbst für Rom besitzen wir keine eindeutigen Datierungen. Die Hoplitenrüstung in einem Kammergrab bei Porano (Poggio del Roccolo) nahe Volsinii/Orvieto (350–325) legt nahe, dass die Etrusker gegen Rom mit den traditionellen Hoplitenwaffen und vermutlich der schwerfälligen Hoplitentaktik kämpften.

Mit der Aufnahme der Truppen des besiegten Feindes in das eigene Heer – ähnlich verfuhr in diesen Jahrzehnten auch Alexander der Große mit der Einbindung von Angehörigen fremder Ethnien in das eigene Heer[142] – verfügte Rom nach jedem Sieg insgesamt über ein immer größeres Heer. Dem standen immer kleinere etruskische Heere gegenüber. Strategie auf dem Schlachtfeld und ausgeklügelte politisch-rechtliche Maßnahmen bewirkten also die militärischen Erfolge Roms und ermöglichten die progressive Bildung eines breitangelegten Herrschaftsbereiches.

7 Sozio-politische Entwicklungen der etruskischen Staaten seit der Mitte des 4. Jh.

Seit dem Verlust von Veji und Caere im Laufe des 4. Jh. und innerhalb der nächsten etwa 150 Jahre änderte sich die politische und ökonomische Lage der etruskischen Staaten: Die verstärkte Expansionspolitik Roms und die keltische Gefahr wurden in Mittelitalien zu andauernden politischen Faktoren. Das Leben der etruskischen Oberschichten änderte sich auch unter Einflüssen aus dem östlichen Mittelmeerraum, die sich nach dem Zug Alexanders des Großen (334–324) auch im Westen bemerkbar machten. Im Laufe der Zeit kamen neue Traditionen und neue Berufe auf, welche ältere Traditionen und Berufe teilweise ersetzten.

7.1 Innenpolitische Maßnahmen

Die politische Führung in den Staaten Etruriens musste in den sich ändernden Zeiten die Staatsaufgaben im Bereich von äußerer Sicherheit, Ernährung und innerer Ordnung an die neuen Gegebenheiten anpassen. Dies diente nach wie vor auch der Machterweiterung adeliger Herren und der Legitimation ihrer Herrschaft.

Etruskische Verteidigungsmaßnamen: Festungen und Stadtmauern

Zwischen der Mitte des 4. und dem Anfang des 3. Jh. entstanden in den Gebieten von Sutri und Volsinii/Orvieto etruskische Militärstützpunkte zur ständigen Kontrolle des von Rom neu eroberten Territoriums.[1] An den Grenzen zwischen Tarquinia und Caere entstanden damals militärische Vorposten von etwa 2 ha Größe: Innerhalb des Mauerringes gibt es keine Spuren von Bauten und keine Einteilungen, sie wurden offenkundig nur bei Bedarf besetzt.[2] Größere Kastelle (*oppida*) von 3–6 ha boten die Möglichkeit eines längeren Aufenthaltes – so unter anderem in Luni sul Mignone und San Giovenale.

Zwischen dem Ende des 5. und der Mitte des 4. Jh. wurde die Mauer von Roselle (▶ Kap. 7.1) fast um das ganze Plateau geführt. Festungen entstanden in der zweiten Hälfte des 4. Jh. im Gebiet von Vulci, wohl ein Zeichen, dass man sich auch hier auf einen Zusammenstoß mit Rom vorbereitete. Schleudergeschosse aus Ton aus Poggio Buco trugen den sabellischen Familiennamen Statiesi, den Namen des Herstellers oder des Lieferanten der Geschosse.[3]

Von der Festung Rofalco im Osten von Vulci aus bewachte man das Tal des Flüsschens Ólpeta, eines Nebenflusses des Fiora.[4] Der halbkreisförmige Mauerring von Rofalco aus Lava-Stein, Tuff und Trachyt ist etwa 350 m lang und heute noch bis zu 4 m hoch. Die Mauer hatte drei Tore, drei Türme sowie ein Haupttor mit Turm und verfügte vermutlich über einen Wehrgang. Innerhalb der Mauer befanden sich Wege, Brunnen, Werkstätten und Gebäude mit gepflasterten Räumen, wohl die besser ausgestatteten Wohnräume der Kommandanten. Tongefäße und beschriftete Webegewichte zeigen, dass die Festung ständig bewohnt war. Eine punische Münze verrät, dass einige Bewohner der Festung direkte oder indirekte Verbindungen zu Karthagern hatten.

Weitere Festungen unweit von Rofalco sicherten den Weg durch ein enges Tal und über die Ebene nördlich des Bolsena-Sees ab. Von hier aus erreichte man Volsinii/Orvieto, das Tiber-Tal und Inneretrurien, von wo aus Kelten jederzeit hätten einfallen können. Ähnlich wie Vulci errichtete Tarquinia Kastelle entlang eines eigenen Weges, der über Tuscania und Musarna, also südlich des Bolsena-Sees, zum Tiber-Tal führte.[5] Diese Festungen entsprachen strategischen Plänen Vulcis und Tarquinias.

Im Jahr 308 zerstörte der Konsul P. Decius Mus Festungen der Volsinienser und kurz darauf eroberten er und der zweite Konsul Fabius Rullianus die heute nicht mehr lokalisierbaren Festungen Kastola und Kairion.[6] Anfang des 3. Jh. wurde Rofalco bei einem Vorstoß Roms gewaltsam zerstört. Der Eroberungszug Roms gipfelte in der Einnahme Vulcis im Jahre 280, Brandspuren in Saturnia und Sovana und die Zerstörung der Kastelle Ghiaccio Forte und Doganella[7] bestätigen, dass der römische Eroberer dem strategischen Konzept von Vulci ein Ende setzte und verbrannte Erde hinterließ.

Seit der zweiten Hälfte des 4. Jh. waren befestigte Ansiedlungen auch im Küstenbereich Mitteletruriens entstanden, darunter im Gebiet von Vetulonia (Scarlino) und im Hinterland von Populonia, von wo aus man befestigte Stützpunkte auf der Insel Elba anlegte.[8] Die Festungen Doronatico und Monte Pitti[9] (Prov. Livorno) dienten in erster Linie zum Schutz der Erzlager vor Volterra und Pisa. Im Norden von Pisa waren bereits Ende des 6. bzw. Anfang des 5. Jh. Stützpunkte zur Abwehr ligurischer Stämme nach einem strategischen System angelegt, das sich bis etwa zur Mitte des 1. Jh. erhielt. Um die Mitte des 4. Jh. entstanden im Hinterland von Pietrasanta sowie bei Castiglioncello (Prov. Livorno) weitere befestigte Ansiedlungen, wohl zur Überwachung der Küste.[10] Das Kastell Monte Spazzavento sicherte im 3. Jh. das Territorium von Pisa.[11] Von den Abhängen des Monte Pisano im Norden von Pisa aus konnte man die Wege in den Ebenen der Flüsse Serchio im Norden und Arno im Osten kontrollieren. Der Weg ostwärts führte an den befestigten Siedlungen Pietramarina und Artimino vorbei und von hier aus durch das Territorium von Fiesole nach Norditalien.[12] Pietramarina war im 3. Jh. wegen seiner erhöhten, strategisch ausgezeichneten Lage wohl Teil eines Systems von Festungen, die sich im Südosten der florentiner Ebene und im Sieve-Tal fortsetzten und die Grenzen des fiesolaner Territoriums zum Territorium von Volterra markierten. Diese Festungen setzen das Vorhandensein von Verbindungswegen voraus und standen wahrscheinlich durch Feuer- oder Rauchzeichen in Kontakt. In diesem Zusammenhang wurden wahrscheinlich auch Grenzsteine aufgestellt.

Eine monumentale Anlage, die als Festung gedeutet wurde, entstand im 4. Jh. bei Fráscole/Dicomano (Prov. Firenze) im Sieve-Tal, wo im 3. und 2. Jh. die Familie Velasna wohnte.[13] Eine weitere Festung und ein Heiligtum entstanden mit der Zeit auf dem von Frascole wenig entfernten Poggio Colla bei Vicchio (Prov. Firenze) auf 450 m Höhe.[14] Von hier aus konnte man die langgestreckten Täler der Flüsse Sieve und Moscia sowie den Weg zum Muraglione-Pass im Osten überwachen.[15] Über diesen Pass gelangte man in die Landschaft Romagna, welche die Kelten seit dem Anfang des 4. Jh. und bis zur Gründung von Sena Gallica (290–282) immer wieder durchstreiften. Etruskische Festungen wurden Ende des 4. bzw. Anfang des 3. Jh. auch im Nord-Westen von Chiusi und südlich von Siena (Poggio Civitella) angelegt.[16]

All diese Anlagen entstanden nicht gleichzeitig, sondern über Jahrzehnte hinweg, je nach Gefahrenlage. Ihre Datierung ist in der Forschung uneinheitlich und schwankt vielfach um Jahrzehnte, sofern die Mauer keine spezifische Technik oder Material aufweist bzw. keine datierbaren Gegenstände in den archäologischen Schichten gefunden wurden.

Gemeinsames Merkmal der Festungen ist erwartungsgemäß ihre topographische Lage: Sie entstanden auf unterschiedlich hohen Erhebungen mit abfallenden Hängen, eine Lage, welche die Kontrolle und die Überwachung des umliegenden Territoriums durch eine Besatzung ermöglichte; die Anlage konnte im Kriegsfall die ländliche Bevölkerung mit ihrem Hab und Gut und ihrem Vieh aufnehmen. Die ständig bewohnten Festungen lagen teilweise weit von den Hauptorten entfernt, dies machte eine ständige Ordnungsmacht mit rechtlichen Befugnissen vor Ort notwendig. Es liegt nahe, dass die Familien, wie die Velasna im Sieve-Tal, für das Gebiet auch politisch zuständig waren, nicht zuletzt, weil sie hier ihre eigenen Ländereien hatten und an deren Schutz interessiert waren.

Im 4. Jh. kamen weitere Maßnahmen hinzu. Die Regierungen etruskischer Städte ließen die alten Stadtmauern verstärken bzw. neu anlegen: In Cortona wurde im 4. Jh. wahrscheinlich ein zweiter Mauerring angelegt, in Fiesole die Stadtmauer um die erweiterte Siedlung am Hügelsattel zur Stützung des steilen Nordhanges geführt und in Volterra ein größerer Mauerring von ca. 7 km Länge errichtet, der ein etwa 116 ha großes Areal schützte.[17] In Populonia verband im 3. Jh. eine zweischalige Hangstützmauer aus regelmäßigen Blöcken und mit Türmen die nördliche Hafenbucht von Baratti mit der südlichen Bucht Cala San Quírico und schützte somit auch die Unterstadt. Alter und neuer Mauerring wurden durch eine Quermauer von etwa 600 m Länge miteinander verbunden, den man erst ins 3. Jh. datiert.[18] Die Industrieanlage in der Flur Porcareccia blieb außerhalb der Mauer und somit ungeschützt: Wahrscheinlich wurde sie anderweitig geschützt, z. B. durch Wachposten.

In Vulci und wahrscheinlich in Tarquinia wurden im 4. Jh. ›moderne‹ Stadtmauern errichtet, mit Eingängen für leichtbewaffnete Truppen und mit einem dreieckigen, nach außen strebenden Vorbau, auf dessen oberer Fläche neuartige Kriegsmaschinen (z. B. Katapulte) aufgestellt werden konnten.[19] Es waren wahrscheinlich die »1000 [etruskischen]) Söldner und 200 Infanteristen«, die im Heer des Agathokles waren, als die Karthager 311/310 gegen Syrakus rüsteten, welche die neue Kampfesweise mit Kriegsmaschinen in Etrurien bekannt machten. Oder es wurden griechische Militärarchitekten nach Vulci geholt: Um 305 setzte der makedonische Feldherr Demetrios Poliorketes seine Kriegsmaschinen ein.[20]

Stadtmauern und -tore hatten in Etrurien religiöse Aspekte. Dafür spricht die Überlieferung zu den Heiligen Büchern des übernatürlichen Tages, die auch ein »Recht der Tore« enthielten, außerdem die plastischen, noch heute am Scheitel und an den Bogenkämpfern der Haupttore von Volterra und Perugia sichtbaren, verwitterten Köpfe von Gottheiten, welche die Stadt vor bösen Kräften schützen sollten. Köpfe und Büsten an Grabfassaden Südetruriens (Castro, Vulci usw.) hatten ebenfalls apotropäische Schutz- und Wächterfunktion.[21] Reliefs von Stadtgöttern waren allerdings bereits Anfang des 5. Jh. auch an den Mauern der griechischen Stadt Thasos angebracht, sie sind also keine etruskische Erfindung.[22]

Die gewaltigen Bauarbeiten auf dem Land und in den Städten seit dem 4. Jh. zeigen, dass Vorsteher etruskischer Staaten und gute militärische Strategen die wachsende römische und keltische Gefahr realistisch einschätzten, nicht untätig blieben und mit den Bauten versuchten, die Gefahren abzuwehren. Sie trafen also wichtige Entscheidungen im Bereich der Verteidigung, zu denen auch die Finanzierung der Bauvorhaben, die Anwerbung einer hohen Anzahl von Arbeitern, die wiederum Kosten verursachten, und schließlich die Erhaltung der gewaltigen Bauten nach deren Fertigstellung zählten. Die Verteidigungsanlagen sind also die historische Evidenz, die zu einem differenzierten Bild der etruskischen Eliten und ihrer Aktivitäten führt.

Die etruskischen Verteidigungsanlagen dienten der Sicherung des Landes bis zu den Verträgen mit Rom, ab diesem Zeitpunkt wurden architektonische Verteidigungseinrichtungen obsolet.

Etruriens ökonomische Entwicklung

Die Städte Etruriens waren seit dem Ende des 8. Jh. Zentren der gewerblichen Produktion von Ton- und Metallgegenständen unterschiedlichen Niveaus und Preises und behielten diese Rolle auch später.

Mit der Zeit entstanden Werkstätten, die neben Keramik in alter Tradition auch Vasen von neuen Typologien und neuem Dekor hervorbrachten. Besonders Volterra war seit der zweiten Hälfte des 4. Jh. ein Mittelpunkt der Produktion feinster Keramik, darunter eine versilberte, und zwischen 325 und 275 entstand hier die sogenannte Malacena-Keramik mit feinem, übermaltem Dekor. In Caere und Falerii produzierte man in den Jahren 325/300–250/200 Teller vom Typ Genucilia, die bis Kyrene und Karthago verhandelt wurden. Inschriften in archaischem Latein finden sich auf den schwarz bemalten und bunt dekorierten, sogenannten ›Pocola‹-Vasen, die in der ersten Hälfte des 3. Jh. in Südetrurien, in Rom und Umgebung auch für Latein Sprechende, in erster Linie wohl für Stadtrömer, gedacht waren. Rotfigurige Vasen wurden seit der zweiten Hälfte des 4. Jh. erzeugt und seit dem Ende des 4. Jh. entstand gestempelte Keramik; beides wurde bis Sizilien, Korsika, Spanien und Afrika gehandelt. Im 3. Jh. verstärkte sich in Volterra auch die Produktion von feinen Alabasterurnen – in der Nähe der Stadt gab und gibt es Alabastersteinbrüche –, welche die stilistisch ziemlich einheitliche Produktion von Urnen aus Tuff oder Ton besonders aus Chiusi befruchtete.

Einige Städte spezialisierten sich auf die Verarbeitung bestimmter Materialien. Im Grab der Familie Velχa (350–325) und in dem heute verschollenen ›Grab der Stoffdraperien‹ aus dem 3. Jh. sind kostbare Stoffe abgebildet.[23] Die Produktion wurde wahrscheinlich von reichen Gruppen organisiert, welche die Mittel zur Einrichtung einer Weberei hatten, über eine unfreie Arbeiterschaft verfügten, sich als ›Industrielle‹ profilierten und den Absatz im adeligen Milieu garantierten. Cortona wurde bis zum 2. Jh. Mittelpunkt der Produktion von Bronzegegenständen, darunter von Bronzestatuetten. Ein mit mythischen griechischen Figuren reich dekorierter, gegossener Bronzeleuchter von etwa 60 cm Durchmesser und 70 kg Gewicht setzt einen imposanten Bau, vielleicht einen Tempel oder einen Palast, für seine Verwendung voraus – darüber wissen wir allerdings nichts.[24] Spiegel kommen in erster Linie aus Vulci (3. Jh.) und sind mit anmutigen Szenen aus etruskischer und griechischer Mythologie graviert. Ähnliches gilt für Zisten aus Falerii mit ziselierten Szenen, die wie die Spiegel für gutsituierte Käufer gedacht waren. Gegenstände von unterschiedlicher Qualität und unterschiedlichem Preis fanden auf den etruskischen und römischen Märkten das Interesse des breiten Publikums. Financiers der alten und neuen Werkstätten waren gleichzeitig Produzenten, Verkäufer und Käufer der Objekte.

Die Oberschichten etruskischer Staaten lebten im etruskischen und immer stärker auch im römischen Umfeld (▶ Kap. 7.3) und erzielten mit dem Absatz der Ware wohl gute Einkünfte. Im 3. Jh. existierte der etruskische Markt teilweise neben dem römischen und teilweise in Kooperation mit ihm; es gab also einen lokalen und einen ›internationalen‹ Markt. Die Verträge zwischen Rom und Karthago regelten im westlichen Mittelmeerraum den Handelsverkehr der beiden Mächte und brachten auch den etruskischen Städten Vorteile. Gleichzeitig integrierte Rom etruskisches Handwerk und etruskischen Handel in den eigenen Wirtschaftskreis, dies erleichterte neben den römischen Siegen über die einzelnen etruskischen Staaten auch das politische Vordringen Roms in Etrurien.

Die Staaten Etruriens prägten seit dem 4. Jh. eigene Münzen. Der Eigenname des Staates auf der Vorderseite der Münze garantierte deren Wert: So *pupluna/pufluna/fufluna* für Populonia, *Vatl/Vatlun* für Vetulonia, *Velaθri* für Volterra usw. Münzen bezeugen die Kaufkraft eines Staates, der sich in den Münzbildern der jeweiligen Emissionen so präsentierte, wie er gesehen werden wollte.[25] Die Münzen Populonias mit dem Kopf des Schmiedegottes Seθlans auf der Vorderseite und Zange und Hammer, dem Werkzeug der Metallbearbeiter auf dem Revers, stehen Anfang des 3. Jh. für die Stellung Populonias als Mittelpunkt der Metallgewinnung und -industrie; Münzen aus Tarquinia mit dem Pflug weisen wahrscheinlich auf dessen Rolle in der Landwirtschaft hin.[26]

Das Prägerecht Volterras begann um 320 und endete um 270, als die lokale Münzprägung durch die römische ersetzt wurde. Zwischen 275 und 225 wurde im Gebiet zwischen Arezzo und Chiusi eine Serie mit einem Rad auf der Vorderseite herausgegeben, welche typologisch der Serie nahestand, die Rom zwischen

7.1 Innenpolitische Maßnahmen

262 und 242 herstellte. Münzen aus Inneretrurien (3. Jh.) mit einem Männerkopf mit der spitzen Kopfbedeckung der Haruspizes auf der Vorderseite sollten wahrscheinlich eigene politisch-religiöse Traditionen betonen.[27] Es bleibt offen, ob die Städte Etruriens jährlich oder in unterschiedlichen Abständen Münzen prägten, denn wir haben zu wenige Münzen und ein Corpus der etruskischen Münzen steht noch immer aus.

Insgesamt prägen die Staaten Etruriens seit etwa dem 3. Jh. Münzen mit römischem Münzfuß. Diese Maßnahme erleichterte den Handel, damit erreichte Rom die Vereinheitlichung des Wirtschaftsraums, was alsbald politische Folgen zeitigte.

Die Aufschrift *vetalu* neben dem Städtenamen *pufluna* auf der Vorderseite einer Münze Populonias (4. bis 3. Jh.) dürfte der Personenname eines für die Münzprägung zuständigen Münzmeisters sein.[28] Die Aufschrift *Peiθesa* auf zwei Münzen unbekannter Herkunft (3. Jh.) soll wohl auch einen Hersteller bezeichnen, so wie *Vercnas* auf Kupfermünzen ebenfalls unbekannter Herkunft (3. Jh.).[29] Vercnas ist ein Gentilname, der in Volsinii/Ovieto und etwa fünfzehnmal in Perugia auf Urnen und Bleiplättchen vermerkt ist.[30]

Auf einigen Münzen von Tarquinia ist ein großes A eingeprägt, und große, gemalte Schilde an den Wänden des Grabes der Familie Pinie von Tarquinia (um 300) haben in der Mitte einmal ein großes, eingekreistes A – ein anderes Mal einen Schild mit Eberkopf bzw. einer Amphore.[31] Sie stellen wahrscheinlich Familienwappen dar. Dies wirft die Frage auf, ob die Familie Pinie für die Prägung von Tarquinia zuständig war und ihre Mitglieder eine Rolle spielten, die mit dem römischen Amt der ›Dreimänner‹ für das Münzwesen vergleichbar war.[32] Die Personennamen auf etruskischen Münzen des 4.–3. Jh. und die Übernahme des römischen Münzfußes in einer Zeit, in der Rom militärisch in Etrurien intervenierte, legt einen Zusammenhang nahe, z. B. die Prägung der Münzen für den Sold der Soldaten.

Eine Auflistung der im Jahre 205 von den etruskischen Städten an Scipio abgegebenen Waren für seine Fahrt nach Afrika ergibt einen aufschlussreichen Einblick in die Wirtschaft und in ihre detaillierte Organisation sowie in die ›industrielle‹ Produktion einiger Staaten Etruriens gegen Ende des 2. römisch-punischen Krieges.[33] Tarquinia habe Scipio Segeltuch für Schiffe geliefert. Dieses musste wohl in großen Bahnen hergestellt werden, was für das Vorhandensein von ›industriell‹ arbeitenden Webereien spricht. Segeltuch aus Leinen setzt einen umfangreichen Anbau von Flachs oder den Import des Rohstoffes voraus. Schiffsplanken kamen aus Volterra, dafür war Holz notwendig, das in den staatlichen Wäldern von Chiusi, Perugia und Roselle vorhanden war und das Scipio von dort holte. Auch brauchte man geräumige Magazine zur Holzaufbewahrung, Werkstätten für die Handwerker, große Karren zum Abtransport der Fertigteile und einen Hafen mit entsprechender Kapazität. Verarbeitung von Holz in großer Menge lässt auf forstwirtschaftliche Nutzung des Territoriums und auf ›Förster‹ schließen, die den Baumbestand vor Dieben schützten.

Arezzo lieferte Scipio 5000 Waffen und landwirtschaftliche Geräte: Derart hohe, aber durchaus realistische Zahlen waren wohl urkundlich festgehalten und Livius erhielt Zugang zu den alten Dokumenten. Stimmt sein Bericht, so besaß

Arezzo eine beträchtliche Waffenindustrie mit entsprechenden Arsenalen und Rom nutzte in den Jahren der Kriege gegen Karthago die alte Tradition des Metallhandwerks für sich.[34] Der große Bedarf an Waffen setzte eine komplexe Organisation der Waffenherstellung voraus, an der eine große Zahl von Menschen in verschiedenen Rollen beteiligt war, die wiederum bezahlt werden mussten. Die hohe Anzahl der produzierten Waffen legt nahe, dass die Sklaven die größte Gruppe der Arbeiter bildeten. Wir haben keine Berichte über deren Anzahl in Arezzo, aber in Athen, in der Waffenfabrik des Vaters des Redners Demosthenes arbeiteten im 4. Jh. etwa 50 Sklaven, und in der Waffenfabrik des Kephalos, des Vaters des Redners Lysias, arbeiteten gegen Ende des 5. Jh. etwa 120 Sklaven.[35]

Die Industrie brachte manchen Gruppen zusätzliche Verdienste ein, denn auch für Etrurien galt das Prinzip, dass in Kriegszeiten immer Gruppen hervortreten, die aus einer ungünstigen Lage ökonomische Vorteile schöpfen: Es waren neben den ›Industriellen‹ auch die Grundbesitzer, die von der Lieferung von Nahrungsmitteln für den handwerklichen und militärischen Apparat profitierten und damit ein standesgemäßes, politisch engagiertes Leben finanzierten.[36]

Nicht alle beteiligten Staaten lieferten Scipio Industrieware, aber alle Staaten lieferten Getreide für die Verpflegung der Soldaten und versprachen weitere Getreidelieferungen für die Mannschaften von 40 Schiffen. Die Abgabe solcher Menge von Getreide gegen Ende eines fast 20jährigen intensiven Krieges zeigt, dass man in Etrurien trotz des Kriegszustandes und der römischen Rekrutierungen weiterhin erfolgreich Landwirtschaft betrieb. Statuetten, die Vieh darstellen und aus Weihedepots im Gebiet von Perugia (u. a. Colle Arsiccio) stammen, bezeugen die seit dem 6. Jh. betriebene Viehzucht.[37]

Insgesamt erbrachten im 3. Jh. die Erträge des Grundbesitzes dem etruskischen Adel weiterhin bedeutende Gewinne und garantierten gleichzeitig die Ernährung der übrigen sozialen Schichten.

Die Dienste, die mit der Zeit in den Städten Etruriens gebraucht wurden, ergeben auch ein Bild der Berufe, die die Bewohner Etruriens im 4. und 3. Jh. ausübten: Es gab, teilweise nach wie vor, Schreiber, Gesandte und Richter, Münzmeister und Verwalter der Gewichte, Grenzkontrolleure und Wächter der Stadttore, Ton- und Metallbearbeiter sowie Tischler und Händler. Sie unterstützten die Amtsträger, die an der Spitze der Stadtstaaten Etruriens standen, trugen aber selbst keinen Amtstitel.

Staatliche Ordnung: Verwaltung und Rechtswesen

Verteidigung, Ernährung und innere Ordnung einer größeren Gemeinschaft machen überall eine organisierte Verwaltung und ein durchdachtes Rechtswesen notwendig. Die zählte im 4. Jh. zu den Grundpfeilern der staatlichen Organisation im Perserreich und in Griechenland. Neue Einflüsse erreichten Italien und auch Etrurien.

Die Inschriften, die in Rubiera einen Zilaθ und in Tragliatella einen *maru* nennen (▶ Kap. 4.6), gehen auf die Zeit um 600 zurück. Ende des 6. Jh. und Mitte des 5. Jh. ist das Zilac-Amt in Caere, Ende des 4. Jh. ist es in Vulci, Tuscania, Chiusi und Volsinii/Orvieto inschriftlich bezeugt.[38] In Caere spricht Ende des 4. Jh. die Redewendung *zilci* oder *zilc*, ›im *zilac*-Amt‹ für eine staatliche Organisation mit eponymen Oberamtsträgern an der Spitze.[39] Seit dem Ende des 4. Jh. und besonders im 3. Jh. sind in Tarquinia und seinem Territorium etwa 40 Beamteninschriften bezeugt, wesentlich mehr Inschriften von Magistraten als in den anderen Staaten Etruriens; dies bedeutet aber nicht unbedingt, dass es in den anderen Staaten kein Zilaθ-Amt gab. Entweder waren die Fundumstände in Tarquinia günstiger oder etruskische Amtsträger waren in Tarquinia schreibfreudiger und selbstbewusster als in den anderen etruskischen Staaten.

Eine ausführliche Inschrift im Grab der Velχa aus Tarquinia erwähnt um 340 Larθ Velχa und u. a. seinen dreifachen Zilacat. An einer anderen Wand des Grabes zeigt ein geflügelter, rotbemalter Dämon ein beschriftetes Täfelchen, das den Bau des Grabes durch Velχa erwähnt.[40] Der Text beginnt mit der Datierungsformel: »im Zilacat des Vel Hulχnie (hat) Larθ Velχa … [gemacht]«. Das etruskische Oberamt sah also die Iteration – Larθ Velχa war dreimal Zilaθ gewesen – und die Eponymie vor – der Bau des Grabes erfolgte im Amtsjahr des Vel Hulχnie. Die Kollegialität ist im 3.–2. Jh. auf einer öffentlichen Bronzetafel in Tarquinia und um 300–250 in Cortona bezeugt, es wäre jedoch methodisch unzulässig, diese Eigenschaft des Amtes auf alle Zeiten und auf alle anderen Staaten Etruriens zu übertragen – in Caere nennt Ende des 4. oder Anfang des 3. Jh. eine Datierungsformel auf einem Gewicht nur den Zilaθ Larθ Nulaθe.[41] Es stellt sich daher die Frage, ob das Amt nur im Anlassfall, d. h. erst dann verdoppelt wurde, wenn eine militärische, juridische oder diplomatische Notwendigkeit bestand. Eine Verdoppelung des höchsten Amtes im Hinblick auf einen Zugang der Plebejer, wie es für Rom angenommen wird,[42] ist für Etrurien unwahrscheinlich, denn die zugegebenermaßen wenigen etruskischen Magistraten-Inschriften nennen Familien der Oberschicht – der Gentilname Nulaθe auf dem Gewicht aus Caere ist nur einmal bezeugt.

Die Inschrift im Grab der Familie Murina von Tarquinia (350–325) mit dem Hinweis, ein bestimmtes Ereignis habe »unter Larθ Hulχnie und Marce Caliaθe« stattgefunden (*larθiale hulχniesi: marcesic: caliaθesi:*) drückt zwar ein Eponymat mit den Suffixen *-esi* und *-ale* im Auslaut aus, ähnlich wie in den Datierungsformeln, die Bezeichnung des Amtes jedoch fehlt.[43] Es erhebt sich daher die Frage, ob Larθ Hulχnie und Marce Caliaθe *ad hoc* ernannte Funktionäre waren ›unter deren Verantwortung‹ etwas geschehen sollte, aber keine regulären Amtsträger. Falls dem so wäre, gehört diese Inschrift nicht in die Statistik für die Kollegialität des Zilac-Amtes. Nach dem 4. Jh. wird in Tarquinia und seinem Territorium das Oberamt Zilac mit den Begriffen θ*ufi*, *ceχane*, *eterav*, *parχis* und *meχl rasnal* näher definiert – *eterav* ist auch in Vulci, *meχl rasnal* auch in Cortona bezeugt.[44] Diese näheren Beschreibungen der Magistratur Zilac geben eine engere Funktion des Zilaθ an. Zu den Aufgaben dieser näher definierten Amtsträger gibt es mehrere Interpretationen, aber keine sicheren Schlüsse.

Der Gegensatz *zilaθ parχis* – *zilaθ eterav* als ›städtisch/*urbanus*‹ – ›fremd/*peregrinus*‹ (Pfiffig) und *etera* als die Bezeichnung für einen konsekrierten Raum und nicht mit Bezug auf Personen (Benelli) überzeugen kaum.[45] Zwei der nicht allzu zahlreichen Belege von *eterav* beziehen sich auf junge Personen, Watmough schlägt mit Fragezeichen die Bedeutung ›cliens‹ vor.[46] Eine Bedeutung im Sinne ›plebejisch‹ bzw. ›Angehöriger einer niederen Schicht‹ (Facchetti) ist zwar aus einer Reihe von Überlegungen indirekt abgeleitet, hat aber einiges für sich. Die Rebellion der Plebs von Arezzo im Jahre 302 gegen die reiche Familie Cilne betraf die soziale und insofern auch die politische Ebene, als die Plebs bei den Verhandlungen Roms mit den Cilniern einen eigenen Vertreter hatte.[47] Man darf allerdings nicht ausschließen, dass Livius die Beschreibung der aretinischen Rebellion an die römischen Verhältnisse in der Zeit der Kämpfe zwischen Patriziern und Plebejern anpasste. Ob und wann die Plebs in Etrurien Rechte erhielt, wissen wir insgesamt nicht.

In Norchia war Arnθ Xurcle Anfang des 3. Jh. Zilaθ und ›staatlicher *maru*‹, in Musarna waren im 3. Jh. mehrere Mitglieder der Familie Aleθna *zilaθ* und *maru* und in den Jahren 150–100 war Vel Velisina Zilaθ in Norchia.[48] Die Titel *zilaθ* und *maru* belegen, dass die Ortschaften auf dem Territorium politisch ähnlich organisiert waren, wie der Hauptort Tarquinia. Die politische Organisation des Territoriums hing in erster Linie mit der Organisation der territorialen Verteidigung zusammen: Die Familien von Norchia, Tuscania und Musarna waren ländliche Amtsträger, welche die Grenzen des eigenen Grundbesitzes und des staatlichen Territoriums bewachten und die Handelswege schützten. Sie kannten die eigene Umgebung besser als die politische Führung in den Hauptorten und vertraten gleichzeitig die eigenen Interessen. Die Gräber der Familien Leinie, Hescana und Vercna (350–325) im Gebiet von Volsinii/Orvieto belegen, dass diese Landaristokratie an strategisch wichtigen Wegen zwischen den Territorien von Tarquinia und Vulci und dem Tiber-Tal angesiedelt war, dem Einfallsweg der Kelten. Keine Inschriften vermerken ein offizielles Amt dieser Familien.

In Musarna, im Gebiet von Tarquinia, kamen nach dem 4. Jh. mehrere Amtsträger aus den Familien der Aleθna, was bestätigt, dass die politische Führung des Territoriums in der Hand bestimmter Familien lag.[49] Hier liegt eine Herrschaftsmethode vor, wie sie auch in Rom (und viel später in Venedig) angewendet wurde. Beamtenfamilien sind jedoch in der Alten Welt auch sonst bekannt und im Lichte der aufwendigen Aufgaben einer antiken Staatsverwaltung, die auch von familiärer Erfahrung profitierte, leicht zu rechtfertigen.

Die Vorrechte der etruskischen Magistrate im 3. Jh. sind im Einzelnen kaum bekannt. Ein Relief auf dem Sarkophag des Zilaθ Larθ Tutes aus Vulci (300–275; ▶ Abb. 19) zeigt ihn und seine zwei Begleiter mit den Symbolen des Amtes:[50] Zwei tragen das Rutenbündel ohne Beil, welches zusammen mit dem Titel auf den juridischen Kreis des Amtsträgers hinweist, ein weiterer Begleiter trägt die Tafel, die zum Eintragen von Protokollen und amtlichen Bestimmungen diente; die letzten beiden Begleiter halten je ein Horn, wie es im Krieg Verwendung fand.[51] Reliefs auf etruskischen Urnen- und Sarkophagkisten stellen im 3. und 2. Jh. in Volterra Magistrate auf dem Weg ins Jenseits in Begleitung ihrer Amtsdiener mit Rutenbündel dar – der etruskische Zilaθ war nach den Verträgen mit Rom nicht mehr Kommandant, sondern nur mehr für zivile Aufgaben zuständig. Er konnte Unbotmäßige zur Auspeitschung mit dem Rutenbündel verurteilen, eine Handlung, welche die Autonomie der etruskischen Bundesgenossen im

Bereich der Jurisdiktion bestätigt. Angesichts der hohen Anzahl von zum Teil qualitativ bescheidenen Urnen mit der Darstellung von Magistraten, Dienern und Machtsymbolen, die in den Jahren der Staatsverträge mit Rom hergestellt wurden, stellt sich auch die Frage, ob ihre Besitzer alle Zilaθ waren, oder ob das Motiv im Laufe der Zeit Allgemeingut und weitgehend inhaltslos wurde.

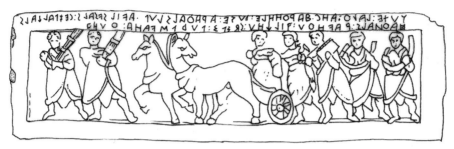

Abb. 19: Inschrift auf dem Sarkophag des Zilaθ Larθ Tutes aus Vulci. Larθ Tutes fährt auf einem Zweigespann in die Unterwelt und wird von seinen Amtsdienern begleitet, die seine Amts- und Machtinsignien, wie Rutenbündel, Amtstafeln und Blashörner, tragen. Anfang des 3. Jh., heute verschollen.

Als Seθre Tutes, der Sohn des oben erwähnten Magistraten Larθ mit 25 Jahren in Vulci starb, war er dreimal Zilaθ gewesen (250–225).[52] Dass er in seinem jungen Alter schon mehrfach dieses Amt bekleidet hatte, bestätigt, dass das Amt oder der Titel allein Vorrecht auch der Familien und nicht allein des Staates war. Dafür sprechen auch Machtinsignien in älteren Kindergräbern u. a. in Veji; auch waren die Männer, die im Text auf der Bronzetafel von Cortona (▶ Kap. 7.1) als ›Zeugen‹ eine Rolle spielten und teilweise als »Sohn des ...« oder »Enkelsohn des ...« bezeichnet wurden, jung.

Im 3. Jh. gab es in Tarquinia und in seinem Territorium, in Caere und in Volterra auch das bereits um 600 in Tragliatella belegte Amt des *maru* mit religiösem/zivilem Charakter.[53]

Ein Senat ist nur in Veji und in Arezzo belegt sowie bei den Umbrern, doch ist ein Rat der Älteren (und der Erfahrenen) einer Gemeinschaft eine sehr alte und weltweit vielfach bezeugte Einrichtung.[54] Eine solche Institution spielte eine beratende Rolle, unabhängig von der Staatsform und gab wahrscheinlich die Richtlinien der Außenpolitik vor. Es ist daher anzunehmen, dass alle etruskischen Stadtstaaten einen Senat hatten.

Ein 1,16 m hoher Grenzstein aus der Flur Il Campaccio am südöstlichen Rand von Cortona (3.–2. Jh.) trägt beiderseitig die Inschrift *tular rasnal*, ›Grenzen der Rasna‹.[55] Welche Grenze der Stein genau angab, hängt von der Bedeutung des Wortes *rasna* ab (▶ Kap. 3.3), das den Eigennamen der Etrusker (Rasenna) enthält, zur semantischen Ebene ›öffentlich‹ (*publicus*) oder ›Armee‹, ›bewaffnetes Volk‹ (*populus*) und in weiterer Folge *etruscus* gehört und sich auf das Territorium der Stadt Cortona bezog.[56] Unweit der etruskischen Stadtmauer von Cortona wurde in der ersten Hälfte des 2. Jh. eine unbeschriftete Steinplatte aufgestellt, die ursprünglich wahrscheinlich die Grenze des Stadtgebietes markierte.[57]

Sechs Inschriften auf Grenzsteinen – drei aus der Stadt Fiesole und drei aus dessen Territorium – vermerken nach dem 3. Jh. die »Grenze (*tular*) der staatlichen Gemeinde« (*tular spural*).[58] Zwei davon nennen auch zwei Herren, einen Au[le Papsina und vier einen Au[le Cursni, einmal zusammen mit Papsina.[59] Fiesole unternahm damals offizielle Schritte zur rechtmäßigen Abgrenzung des eigenen Gebietes und zur Kontrolle der Grenzen gegenüber Volterra im Südwesten, Arezzo im Süden und Pisa im Westen. Es liegt nahe, dass Aule Cursni und Aule Papsina für die Ausmessung des Territoriums, die Aufsicht darüber sowie die Aufstellung der Grenzsteine verantwortlich waren.[60] Die Festlegung von staatlichen Grenzen nach bestimmten Regeln war für die Verwaltung des spätetruskischen Staates Fiesole von Relevanz, denn die Beschriftung gab dem Grenzstein amtlichen Charakter.

Die Aufstellung von Grenzsteinen und deren Kontrolle durch namentlich genannte Verantwortliche gehörte zu den juridischen Maßnahmen öffentlichen Charakters und zu den politischen Aufgaben eines nordetruskischen Staates. Die Angabe der Außengrenzen des Territoriums zeigt, dass die Bewohner von Fiesole und von Cortona die Zugehörigkeit zum Staat nicht nur personal über die Bürgerschaft, sondern auch über ein klar begrenztes Staatsgebiet definierten, das man auch zu verteidigen hatte. Die Verantwortung dafür lag bei eigenen Funktionären, deren Amt allerdings nicht eigens angegeben wird.

Grenzsteine waren im Allgemeinen gegen diejenigen gerichtet, die staatliche Grenzen überschreiten bzw. sich staatliches Territorium aneignen wollten. Die spätere Dichtung Vergils, wo es heißt: »vor Iupiter unterdrückte [scil.: mit dem Pflug] kein Bauer die Felder und es war nicht erlaubt, die Flur mit Zeichen zu versehen und aufzuteilen«, sowie der Text der ›Nymphe‹ Vegoia (▶ Kap. 7.4) bestätigen die Verwurzelung von juridischem Grenzschutz in einem sehr alten, sakralen Kontext.[61]

Die unscharfe Datierung der beschrifteten Grenzsteine von Cortona und Fiesole (3. oder 2. Jh.) verhindert eine eindeutige Antwort auf die Frage nach den unmittelbaren historischen Umständen, die in diesen Gebieten zu einer offiziellen Abgrenzung des öffentlichen Besitzes geführt hatten. Es sind die Jahre, in denen römische und karthagische Heere immer wieder Nordetrurien durchzogen und staatliche Grenzen überschritten. Es können aber auch innenpolitische Gründe gewesen sein, z. B. die Befürchtung bevorstehender Änderungen in den territorialen Besitzverhältnissen. Die Kelten ihrerseits waren Krieger, welche auch nach ihrer Sesshaftwerdung im Picenum im Jahre 285 (▶ Kap. 6.3) eine Bedrohung für Inneretrurien blieben: Ein keltisches Schwert aus Doganella im Gebiet von Vulci bestätigt, dass jemand eine keltische Waffe aufbewahrt hatte, bzw. dass sich Kelten nicht weit entfernt von diesem Ort aufgehalten hatten. Abgrenzungen im Gebiet von Cortona und von Fiesole waren jedenfalls nicht die Folge römischer Politik, denn Rom requirierte in Nord- und Inneretrurien erst nach 83 Gebiete zur Einrichtung von Kolonien.

Festus weist auf die »Heiligkeit der Mauern«, auf das »Recht der Tore« und auf die Riten zur Gründung der Städte und zur Konsekration der Heiligtümer hin, die in den »Büchern der Etrusker« enthalten seien.[62] Experten der heiligen Gesetze und Bücher kamen in frühen Zeiten aus Etrurien nach Rom und Servius erwähnt ein »Recht des etruskischen Landes«, das sich wahrscheinlich auf das ganze Land der Rasenna bezog.[63] Diese Erwähnung ist insofern glaubwürdig als ein strukturierter Staat ohne ein öffentliches Recht unregierbar ist. Das Vorhandensein eines öffentlichen Strafrechts wird von Rutenbündel und Axt zur Vollstreckung der Todesstrafe in den Händen von Amtsdienern bestätigt.

Eine doppelgesichtige Statuette aus Cortona (4. oder 3. Jh.) stellt den Gott Culsans dar. Sein Name ist etymologisch von *culs*, ›Tor‹, abzuleiten und Culsans ist der göttliche Wächter der Stadttore und der innerhalb der Mauern lebenden Gemeinschaft.[64] Die Dämonin Culsu, dargestellt auf dem Sarkophag der vornehmen Dame Hasti Afunei, ist ein überirdisches Wesen, das mit einer Fackel an den Toren der Unterwelt steht und den Verstorbenen den dunklen Weg ins Jenseits erhellt.[65] Nicht viel anders dürften irdische Tor- und Grenzwächter die Stadtmauern bewacht und beleuchtet haben – das griechische Wort für Fackel (*laptér*, *lampás*) ging ins Lateinische über etruskische Vermittlung über.[66]

Ein eiförmiges, mit einer Öse versehenes Gewicht aus Bronze und Blei (300–275) aus der Schuttschicht des Hercle-Tempels von Caere (Sant'Antonio) ist mit einer neunzeiligen Inschrift in caeretanischem Alphabet versehen und vermerkt die Gewichtseinheit mit dem sonst unbekannten Zeichen IIC.[67] Ein Herr namens Vel Uc(u)s weihte das Gewicht dem Beschützer des Handels, dem Gott Turms; dieser garantierte bei Geschäften das korrekte Verhalten der irdischen Händler. Die Formel »im Zilac-Amt des Larθ Nulaθe« (Z. 9) gibt den Zeitpunkt der Weihung an, für die absolute Chronologie fehlt jedoch ein sicherer Anhaltspunkt.

Das religiöse Milieu und der Schutz der Götter, denen Vel Uc(u)s das Mustergewicht von Caere anvertraute, sprechen dafür, dass in Caere und wahrscheinlich auch anderswo in Etrurien die Genehmigung, die Kontrolle, die Eichung der Gewichte und die Aufbewahrung von Mustern unter göttlichem Schutz standen und zu den Aufgaben von Amtsträgern gehörten. Diesen standen, wie in Athen und Rom, Hilfsbeamte zur Kontrolle der Einhaltung der Regeln zur Verfügung, denn Gewichte sind vom Missbrauch besonders bedroht.

Ein Schreiber saß bei König Porsenna und verfasste ein Protokoll (▶ Kap. 4.5), zwei Schreiber – der *ductus* der Schrift weist daraufhin – trugen auf einer Bronzetafel aus Cortona (s. weiter unten) einen juridischen Text ein. Je nachdem, ob diese Eintragung vom Gericht oder von privaten Personen veranlasst wurde, lassen sich offizielle Schreiber nachweisen, die bei Gerichten arbeiteten.

Die im Laufe der Zeit anwachsenden zivilen und militärischen Staatsgeschäfte führten zu einer sparsamen Ausweitung der Obermagistratur, deren Vertreter bei Bedarf zu Hilfspersonal griffen. Insgesamt blieb die Anzahl der Amtsträger selbst in Tarquinia während den unruhigen Jahrzehnten des Kampfes gegen Rom gering. Diese Zurückhaltung gegenüber Neuerungen im Bereich der Verwaltungsfunktionen verrät den Wunsch, den Staatsapparat so schlank wie möglich zu halten und bestätigt endgültig einen oligarchischen Staat, in dem sich wenige, untereinander konkurrierende Familien das Oberamt teilten.

Zwei längere etruskische Texte, der eine auf einem rechteckigen Steinpfeiler von 150 × 54 × 24,5 cm aus der Nähe von Perugia (erste Hälfte des 3. Jh.) und der andere auf einer Bronzetafel von 28,5 × 48,5 cm aus dem Abhang von Cortona (ca. 200–150) sind Texte juridischen, privatrechtlichen Charakters.[68] Die Aufzeichnung der Texte auf dauerhaftes Material sollte die Rechtmäßigkeit der Abmachung und die Dauerhaftigkeit des Inhaltes garantieren.

Die Texte enthalten Elemente eines etruskischen Rechtswesens, wenngleich bislang eine verbindliche Übersetzung beider Texte wegen unserer unvollständigen Kenntnis des etruskischen juridischen Wortschatzes nicht geglückt ist. Im Folgenden soll nur das vorgelegt werden, was sich für unsere Fragestellung aus den Texten ergibt.

Der Zippus von Perugia gibt u. a. an, dass zwei Herren, Larθ Afuna und Aule Velθina, beim Schiedsrichter ([t]eurat) Lar[θ/is Rezu vorstellig wurden, um offene Fragen zu klären – die Jurisdiktion von Perugia sah also die Möglichkeit vor, sich bei Privatklagen an einen Schiedsrichter zu wenden. Bei der Klage ging es wahrscheinlich um die Abgrenzung eines Grundstückes, um das Familiengrab der Velθina, und um ein (Servituts-)Recht der Familie Afuna, von der die Anrufung des Schiedsgerichts wahrscheinlich ausgegangen war. Alte Rechte, welche die Erhaltung eines Grabes und das Schöpfen von Wasser betrafen, waren wahrscheinlich bei einem Neukauf des Grundstückes strittig geworden. Der Schiedsrichter Rezu entschied wahrscheinlich folgendermaßen: Er bestätigte das Recht der Velθina, das Familiengrab zu behalten, d. h. es nicht zu versetzen oder abzutragen. Die Fläche des Grundstückes, auf dem sich das Grab der Velθina befand, wurde auf 12 *naper* fixiert.[69] Bei der Auffindung des Zippus lagen unweit davon drei unbeschriftete große Steine, die als Grenzsteine interpretiert wurden, vermutlich markierten sie eine früher fixierte Abgrenzung des Grundstückes. Wahrscheinlich erkannte Rezu der Familie Afuna das Recht zu, Wasser zu schöpfen, worauf das Wort *θi* für ›Wasser‹ hinweisen dürfte. Dies spreche für die Existenz eines ursprünglichen Wasserrechtes zur Bewirtschaftung von Grundstücken.[70] Die Redewendung *tesnś teiś raśneś*[71] enthält den Begriff *rasna* als die Eigenbezeichnung der Etrusker. A. J. Pfiffig übersetzte »nach dem Recht der Rasenna« in Analogie zum lateinischen »nach dem Recht der Quiriten (= Römer)« (*ex iure Quiritium*). G. M. Facchetti übernahm diese Deutung und präzisierte die etruskische Redewendung: »nach jenem öffentlichen Gesetz« (*rasna* = ›öffentlich‹). Weiter wiesen Pfiffig und Facchetti darauf hin, dass auch die Form Quirites etymologisch auf die Bedeutung ›öffentlich‹ zurückgeführt werden kann.[72]

Von einer bereits in der Antike in acht Teilen zerbrochenen Bronzetafel aus dem Abhang von Cortona sind sieben Teile auf uns gekommen (▶ Abb. 20). Die Tafel wurde von zwei verschiedenen Schreibern in der Schrifttradition Cortonas beiderseitig beschriftet und dürfte in einem Kasten aufbewahrt worden sein, in den man sie mit Hilfe eines am oberen Rand angebrachten Handgriffes hineinschieben bzw. auch herausnehmen konnte. Die Patina bestätigt eine längere Aufbewahrung der Bronzetafel in einem Archiv.[73] Insgesamt ging es wahrscheinlich um einen Kaufvertrag zwischen Petru Śceva ›Eliunt´‹ und seiner Ehefrau Arntlei einerseits und den Nachfahren des Laris Cuśu andererseits.[74] Möglicherweise bestand eine Verwandtschaft zwischen den Kontrahenten der Transaktion. Die Wörter *vina* und *eliunt*, die sich auf Wein und Öl beziehen (Z. 1–2), legen als Umfeld der Transaktion den Bereich der Landwirtschaft nahe.

7.1 Innenpolitische Maßnahmen

Abb. 20: Bronzetafel von Cortona. Protagonisten der Inschrift sind Petru Scevas und seine Frau Arntlei. Cortona, Archäologisches Museum.

Der Text bezeugt den Abschluss einer Vereinbarung, die einige juridische Kategorien erkenntlich macht: die anwesenden 15 Zeugen der Transaktion und weitere Anwesende, die wahrscheinlich den Abschluss der Formalitäten kontrollierten und deren genaue Zahl, zumindest über 20, offenbleibt: Es werden nämlich auch Söhne und Enkel ohne genaue Angabe ihrer Anzahl erwähnt.[75] Der herangezogenen Gerichtsbehörde gehörten adelige Familien Cortonas an. An erster Stelle auf einer Liste von Namen wird ein hoher Amtsinhaber, der *zilaθ meχl rasnal* Lart Cucrina Lausisa, erwähnt. Er war vielleicht Kontrollorgan bzw. Bürge der rechtmäßigen Durchführung des Geschäftes und dürfte die formale Abschließung der Transaktion vorgenommen haben.[76]

Auf der Rückseite (B) der Tafel werden Zeit und Raum des Treffens angegeben: Die Transaktion fand in der Amtszeit der Zilaθ Laris Šalini und Lart Cuśu statt, doch lässt sich kein genaues Datum nennen, denn wir haben keine Beamtenliste von Cortona. Die Lokalisierung »im Raum des Trasimener-Sees« (*celtineitiss Tarsminass*) dürfte angeben, dass die Transaktion dort stattfand.[77] Es gab vielleicht einen Kataster der Grundstücke.

Petru Ścevaś und Arntlei gehörten nicht den adeligen Familien von Cortona an, sie waren jedoch vermögend. Die Namen Petru und Ścevaś sind italischen Ursprungs, Petru oder seine Ahnherren waren also von auswärts ins Gebiet von Cortona gekommen. Ihr Anliegen wurde vor einem hohen Staatsbeamten und vor einer hohen Anzahl von Anwesenden in verschiedenen Rollen zum Abschluss gebracht, was für eine schwer lösbare Rechtsangelegenheit spricht. Diese hohe Anzahl von Personen in verschiedenen Rollen ist auffällig und wirft die Frage auf, ob sich hier sehr alte Traditionen widerspiegeln, nämlich jene Zeiten, als sich erfahrene und angesehene Mitglieder einer Dorfgemeinschaft an bestimmten Tagen und an einem bestimmten Ort versammelten, sich die Klagen der Mitbewohner anhörten, die Argumente der Parteien überprüften, Zeugen befragten und ihr Urteil nach gewohnheitsrechtlichen Bestimmungen fällten.

Die Texte von Perugia und Cortona liefern interessante Einblicke in die privatrechtlichen Bestimmungen und in die juridische Prozedur zweier Städte Nordetruriens und beweisen, dass die etruskische Jurisdiktion im Bereich des Privatrechtes über mehr als eine Instanz verfügte: Es gab eine niedrige Instanz mit einem Schiedsrichter, dem [*t*]*eurat* der Inschrift von Perugia, und eine höhere Instanz mit einer einstelligen Zahl an Mitgliedern, vertreten im Gerichtswesen durch den *zilaθ meχl rasnal* von Cortona.

Die Regelung von Eigentumsverhältnissen und Verträge unter Privatleuten bedeuten, dass es Richtlinien gab, welche die Abgrenzung des privaten vom öffentlichen Eigentum vorsahen. Diese Texte verraten im 3. und 2. Jh. eine strukturierte Jurisdiktion, die weit über die Stufe eines Gewohnheitsrechtes hinausging, sowie einer Bürokratie, die über einen längeren Zeitraum entstand und deren frühere Etappen verborgen bleiben. Etrurien war wahrscheinlich bereits im Laufe des 6. Jh. auf dem Weg, neben den gewohnheitsrechtlichen Konventionen Gesetze im zivilen Bereich auszuarbeiten.

Privatrechtliche Vertragsabschlüsse bestätigen die juridische Autonomie der etruskischen Staaten. Denn es liegt nahe, dass auch die anderen etruskischen Stadtstaaten, und nicht nur Cortona und Perugia, über ein strukturiertes Rechtswesen verfügten, auch wenn dies bislang nicht nachgewiesen ist.

In jüngerer Zeit hat die Forschung aus zeitgenössischen und späteren lateinischen Rechtstexten juridische Kategorien gewonnen, die wahrscheinlich auch die Etrusker kannten und verwendeten. Eine Anlehnung an das römische Recht und sogar Lehnübersetzungen wurden angenommen.[78] Es versteht sich, dass die Rechtsgelehrten Cortonas und Perugias über die Grenzen des eigenen Staates hinausblickten und dass es ihnen gelang, eine ursprüngliche Rechtsordnung den sich im Laufe der Zeit verändernden historischen Verhältnissen anzupassen. Ihnen blieb die höchst schwierige Aufgabe, ein juridisches Vokabular in etruskischer Sprache auszuarbeiten.

So bestätigt der Aufbau eines strukturierten Rechtswesens, dass sich die führende Oberschicht Cortonas und Perugias (und wohl auch der anderen Staaten Etruriens) nicht nur um die Organisation von Symposien und den Bau von Gräbern, sondern auch um die Ausarbeitung eines entwickelten Rechtswesens kümmerte.

7.2 Etrurien und die römische Politik

Über die innenpolitischen Maßnahmen hinaus, welche äußere Sicherheit durch großangelegte Verteidigungsanlagen, ökonomische Entwicklung durch den Aufschwung von Landwirtschaft, Handwerk und Handel, und innere Ordnung durch Rechtspflege bewirkten, mussten die Etrusker-Staaten seit dem Beginn des 4. Jh. politische Kompromisse mit Rom eingehen.

Die etruskischen Bündnisverträge mit Rom

Als die Kelten im Jahr 390 Chiusi bedrohten, erging ein Hilferuf Chiusis an Rom »obwohl sie weder ein Bündnis (*societas*) noch Freundschaftsverhältnis (*amicitia*) hatten«.[79] Rom habe zwar keine militärische Hilfe, wohl aber Gesandte geschickt. Aus Appian entnehmen wir, dass die Chiusiner in der Zeit zwischen ihrem Hilferuf an Rom und der Belagerung Chiusis durch die Kelten einen Vertrag mit Rom abschlossen und ›Bündnispartner‹ Roms geworden waren.[80] Die römischen Gesandten versuchten die Kelten davon zu überzeugen, die Chiusiner als »Alliierte und Freunde des römischen Volkes«[81] nicht anzugreifen; diese Intervention brachte jedoch keinen Erfolg. Die Etrusker-Staaten gingen in den meisten Fällen zuerst Waffenstillstände (*indutiae*) und in einem zweiten Schritt Verträge (*foedus, foedera*) mit Rom ein. Der Waffenstillstand bedeutete, dass man den Krieg einstellte, ihn aber jederzeit von Neuem aufnehmen konnte; er hatte also vorläufigen Charakter, konnte aber verlängert bzw. erneuert werden, so dass er nicht selten einem auf Dauer unterschriebenen Vertrag mit offenen Bestimmungen gleichkam. Für die etruskischen Staaten bedeutete ein Waffenstillstand fast immer eine langjährige Abhängigkeit von Rom.

In der Überlieferung über die Kriege zwischen den Etruskern und Rom wird der Zeitpunkt der Wiederaufnahme des Krieges nach dem Auslaufen des Waffenstillstandes nicht immer überliefert, so dass man *termini ante* oder *post quem* lediglich mit Hilfe von Querverweisen fixieren kann. Rom schloss einen Waffenstillstand mit den Etruskern, wenn es sich mit Latinern und Sabellern im Krieg befand. Mit der Zeit wurden die Waffenstillstände zwischen den Etruskern und Rom immer seltener, Verträge hingegen immer häufiger.

Die ersten römisch-etruskischen Bündnisverträge wurden in der zweiten Hälfte des 4. Jh. geschlossen und waren »zu ungleichem Recht« (*foedera iniqua*), d. h. sie enthielten etruskische Verpflichtungen zugunsten Roms, ohne dass Rom dem Vertragspartner eine gleichwertige Leistung bot. Der römischen Expansion entsprechend wurden die Verträge mit den südetruskischen Staaten früher geschlossen als jene mit den nord- und inneretruskischen Staaten.

Dionysios von Halikarnassos berichtet, dass »die ältesten und ehrwürdigsten Bürger jeder Stadt mit Vollmacht gesendet wurden [...], um Friedensverhandlungen durchzuführen«.[82] Dies dürfte stimmen, denn jeder Vertragsabschluss setzte zwischenstaatliche Verhandlungen durch Experten des Völkerrechtes voraus. Etruskische Gesandte oder Unterhändler werden also erwähnt, jedoch nie namentlich. Als »alle Etrusker« im Jahre 308 um den Bündnisvertrag baten, verlangte Rom von ihnen einen einjährigen Sold und zwei Unterkleider für jeden römischen Soldaten; die Etrusker bekamen dafür lediglich einen einjährigen Waffenstillstand.[83] Die Gesandten von Arezzo, Volsinii/Orvieto und Perugia durften sich im Jahre 294 erst nach Rom zu den Friedensverhandlungen begeben, nachdem sie Getreide und Uniformen für die römischen Soldaten geliefert hatten.[84] Bei den Treffen ging es also nicht nur um ein Niederlegen der Waffen, sondern auch um die Abgeltung von Kriegsschäden.

Roselle schloss den Vertrag mit Rom bald nach seiner Eroberung im Jahr 294 und Vetulonia wahrscheinlich gleichzeitig mit Roselle: Der Konsul Q. Aemilius Papus besiegte 282 die verbündeten Etrusker und Kelten unweit von der »befestigten Ansiedlung« Vetulonia.[85] Vulci schloss den Vertrag mit Rom bald nach der Einnahme der Stadt (280). Populonia bekam wahrscheinlich damals einen Vertrag, ein Datum nach 269 kommt ebenfalls in Frage, denn es übernahm nach diesem Datum das römische Münzsystem. Die Berichte bei Livius einmal über Waffenstillstände Roms mit Perugia, Arezzo und Cortona (310), ein anderes Mal über den Frieden mit Perugia, Arezzo und Volsinii (294) zeigen Lücken und Widersprüche in der Überlieferung auf und sind daher nicht verlässlich.[86] Als im Jahr 285/284 die Kelten Arezzo belagerten, kam Rom der Stadt zu Hilfe, was dafür spricht, dass damals ein Abkommen Arezzos mit Rom bestand.[87]

Insgesamt ließ Rom kaum eine Gelegenheit für eine Intervention aus, um kritische Situationen zu entschärfen und um sich in ganz Italien als Friedensstifter auch bei innenpolitischen Streitigkeiten zu positionieren. Rom intervenierte in Italien immer zugunsten der lokalen Oberschichten, die der römischen Oberschicht in ihrer Denk- und Lebensweise nahestanden. So im Jahre 302 als die Plebs von Arezzo gegen die mächtige Familie Cilnie-Cilnii revoltierte, und ähnlich im Jahre 264, als sich Volsinii/Orvieto bei inneren Schwierigkeiten an Rom wandte. Rom beruhigte in Arezzo die Lage, zerstörte Volsinii/Orvieto und siedelte die Bevölkerung nach Bolsena um (▶ Kap. 6.3).[88]

Die Friedensverträge der südetruskischen Staaten mit Rom hatten schwerwiegende politische Folgen, denn der Preis der Verträge war die Abtretung von Teilen des eigenen Territoriums an Rom und nicht nur die Lieferung von Getreide und Bekleidung. Die Enteignungen von Grund und Boden trafen in erster

Linie die Oberschichten der (süd-)etruskischen Staaten, die traditionellen Besitzer von Ländereien, sowie jene freien Bauern, die das Land für die Grundherren bewirtschafteten und dafür einen Teil der Ernte bekamen. Die Verträge brachten also immer eine Schrumpfung des Territoriums der südetruskischen Staaten mit sich.

Die Gebiete nördlich von Roselle bis Pisa sowie die inneretruskischen Territorien von Chiusi, Perugia und Cortona, Arezzo und Fiesole bis zum Apennin blieben hingegen bis nach 90 frei von Gebietsansprüchen. Diese Gebiete waren die Kornkammern Etruriens und das Getreide, das über den Tiber Rom erreichte, war wesentliche Grundlage der Ernährung der römischen Plebs und damit des innenpolitischen Friedens. Eine politische Überlegung Roms kam vermutlich hinzu: Die geographische Entfernung Nordetruriens von Rom hätte zu Revolten führen können und hätte eine Überwachung zur Verhinderung von Rebellionen erschwert. Das Schicksal der Hauptstädte Nord- und Inneretruriens (Volterra, Cortona, Arezzo, Fiesole usw.) unterschied sich also von jenem der Städte in Südetrurien und ermöglichte die ununterbrochene Weiterentwicklung der nord- und inneretruskischen Städte bis in die heutige Zeit.

Die etruskischen Städte wurden nach den Verträgen zu »Städten der Bundesgenossen« (*civitates foederatae*) Roms und mussten dem römischen Heer Hilfstruppen zur Verfügung stellen. Die Rekrutierung der Bürger für den Kriegsdienst gehörte, nach römischem Usus, zu den militärischen Aufgaben der Bundesgenossen, d. h. in den Bereich der Verwaltung der etruskischen Staaten. Damit lag die Verantwortung bei den Obermagistraten: den Zilaθ mit ihren Hilfspersonal. Die Truppen mussten sich an einem von Rom angegebenen Ort versammeln, wo sie den römischen Kommandanten übergeben wurden, welche sie wiederum in das römische Heer als Bundesgenossen mit etruskischen Unteroffizieren eingliederten.[89] Die Besoldung der Soldaten erfolgte durch die eigenen etruskischen Staaten.

Die Anzahl der Soldaten wurde von Rom beschlossen, im Vertrag festgehalten und in die Liste der Bundesgenossen (*formula togatorum*) eingetragen; die Vertragsbestimmungen waren nicht für alle Bundesgenossen gleich. Mit der Aufnahme besiegter Soldaten in das eigene Heer schaltete Rom einen ehemaligen Gegner und sukzessiv alle Gegner aus. Die Soldaten kamen in erster Linie aus den Reihen der freien Unterschichten, wahrscheinlich aus bäuerlichen Familien mit mehreren Söhnen, die durch den Militärdienst zu einer besseren Existenzgrundlage kamen.

Vertragsbestimmungen beschnitten also die Souveränität der Etrusker-Staaten und legten – anders als Waffenstillstände – die Bundesgenossenschaft der Vertragspartner auf Dauer fest. Die bilateralen Allianzverträge bedeuteten für die etruskischen Bundesgenossen das Ende der Feindschaften mit Rom, jedoch auch den Verlust einer eigenen Außenpolitik. Zwischenetruskische Abmachungen und gemeinsame Verteidigung waren nicht mehr möglich: Rom blieb der einzige politische Ansprechpartner jedes etruskischen Staates. Dafür garantierten die Bündnisverträge den Etrusker-Staaten den militärischen Schutz Roms vor äußeren Feinden, in erster Linie vor den Kelten. Je nachdem, ob man die Bindung der etruskischen Staaten, Caere ausgenommen, an Rom aus einem militärischen, rechtlichen oder politischen Blickwinkel betrachtet, wurden die Etrusker ›Alliierte‹ (socii) oder ›Bundesgenossen‹ (foederati) einer hegemonialen Großmacht, nämlich Roms. Sie blieben jedoch ›Fremde‹, ›Nichtbürger‹ (peregrini).

Als Gemeinden von Bundesgenossen behielten die etruskischen Staaten die eigenen Institutionen, Gesetze, Magistrate, die eigene Jurisdiktion und das eigene Münzrecht. Staatsrechtlich gesehen blieben die Staaten Etruriens souverän, doch war von nun an auch Rom in die weitere politische, soziale und kulturelle Entwicklung der Etrusker-Staaten involviert. Das Leben der etruskischen Soldaten im Lager gestaltete sich nicht viel anders als dasjenige der übrigen Soldaten im römischen Heer. Soldaten, die nicht gerade im Kriegseinsatz waren, arbeiteten als Handwerker, z. B. beim Schleifen und Reparieren von Waffen und Zelten, bei der Instandhaltung und Bewachung des Lagers, im Straßenbau, im Patrouillendienst usw. Zur Verpflegung bekamen sie Rationen von Getreide.

Die Einberufung etruskischer Soldaten bot dem römischen Staat die Gelegenheit, Etrusker von ihrem angestammten Land zu entfernen, sodass es mit der Zeit zu einer demographischen Schwächung der etruskischen Städte und ihres Territoriums kam. Etruskische Versuche, keltische Söldner zu gewinnen, scheiterten immer wieder.[90] Etruskische Inschriften mit Personennamen von Männern und Frauen italischer Herkunft auf Urnen aus Chiusi und Perugia bezeugen im 3. und 2. Jh. eine hohe Anzahl von Freigelassenen (etr. lautni).[91] Italiker waren aus ihren Ansiedlungen am Apennin in das fruchtbare Hügelland Nordetruriens eingesickert, oder sie wurden von Etruskern aus ihren Städten geholt und früher oder später eingebürgert. In einer Zeit, in der die etruskischen Staaten Rom Truppen stellen mussten, war die Einbürgerung von Fremden die rechtliche Voraussetzung, den demographischen Problemen zu begegnen.

Die Etrusker, das römische Siedlungswesen in Etrurien und seine Folgen

Nach der Eroberung von Vulci im Jahr 280 gründete Rom im Jahre 273 auf abgetretenem Gebiet Vulcis und unweit von seinem Lagunenhafen die Bürgerkolonie Cosa, die in erster Linie zur Sicherung der Herrschaft Roms dienen sollte, nicht viel anders als einige Kolonien Kampaniens, wie 338 Antium und zehn Jahre später Tarracina.[92] Nach Vergil hat es in Cosa und in Populonia schon früher eine kleine römische Ansiedlung gegeben.[93] Das ist wohl eine vom Dichter erfundene, jedenfalls aus römischem Milieu stammende Behauptung, welche die römische Einverleibung des Gebietes mit alten und freundschaftlichen Beziehungen zwischen Vulci und Rom rechtfertigen sollte.

Nach der Eroberung Capuas durch die Römer im Jahre 211 und der Einrichtung einer Präfektur deportierte man straffällige Capuaner »ins Gebiet jenseits des Tibers«, also nach Etrurien.[94] Hier durften sie 50 Morgen (= 125 ha) Land erwerben und sich nur im Territorium der alten römischen Kolonien Sutri und Nepi und des ehemaligen etruskischen Veji, aber nicht dem Tiber entlang niederlassen. Mit dieser Maßnahme wurden um die Mitte des 3. Jh. Gruppen aus anderen Gebieten Italiens umgesiedelt, gleichzeitig wurden Teile des historischen Etrurien Zwangswohnort von Rebellen.

Über den Küstenstreifen Caeres hinaus, wo zwischen 264 und 245 römische Seekolonien angelegt wurden, mussten nach dem Beginn des 2. Jh. zuerst Caere, dann Tarquinia, Vulci und Pisa weiteres Land abtreten. Rom legte zwischen 191 (Pyrgi) und 177 (Luni) weitere Kolonien (*coloniae*) an: 181 in Graviscae, 180 in Pisa. Im Gebiet von Vulci entstanden 183 Saturnia und Statonia sowie 177 Heba (h. Pitigliano).[95] Diese Kolonien wurden als neue territoriale und rechtliche Distrikte eingerichtet und durch die neu angelegte Via Claudia mit Rom verbunden. Mit der Abtretung dieses Teiles des Gebiets von Vulci wurden Mittel- und Südetrurien durch einen Streifen römischen Gebietes territorial getrennt. Eine Kolonie entstand 181 in Gravisca und eine weitere in der zweiten Hälfte des 2. Jh. an den nordwestlichen Abhängen des Monterozzi-Plateaus von Tarquinia. Hier blühte im Mittelalter Corneto, das heute den Namen Tarquinia trägt.

Die Landschaften Etruriens waren seit alters her von einem Netz von Verkehrswegen durchzogen, welche die Hauptorte untereinander und mit den kleineren Zentren und Weideplätzen ihrer Territorien verbanden und dem lokalen Handel und Verkehr dienten. Gewaltige Felseneinschnitte in den hohen Tuffwänden Südetruriens, die sogenannten *vie cave*, können heute noch bei Pitigliano, Sovana und Sorano in Mitteletrurien begangen (und bewundert) werden. Die etruskischen Straßen hatten eine Oberfläche aus gestampfter Erde und waren daher je nach Saison staubig oder verschlammt. Dort, wo man enge bzw. tief eingegrabene Wasserläufe überqueren musste, wurden Laufstege bzw. Brücken angelegt – es sei eine kleine Brücke über den Bach Bulicame in der Nähe von Blera exemplarisch erwähnt.

Aus der militärischen Oberhoheit über die neuen Territorien erwuchs Rom nach den Verträgen das Recht, Heeresstraßen durch das Gebiet der Bundesgenossen zu führen. Besonders nach der Mitte des 3. Jh. wurden die neugewonnenen Gebiete untereinander und mit der Hauptstadt Rom verbunden. Die Via Aurelia wurde ursprünglich durch die ehemaligen Gebiete von Caere, Tarquinia und Vulci geführt, verlief aber im Laufe der Zeit auch durch die Gebiete von Roselle, Vetulonia, Populonia und noch später über Pisa bis Luni an der Grenze zum Land der Ligurer. Ein Meilenstein an der Kreuzung der beiden Hauptstraßen von Vulci gibt die Entfernung von 70 Meilen zwischen Vulci und Rom an: [—*Ru*]*ma/ / [—]Aur[elius] / [—C]otta co[sul] / Ruma ↓XX [—].*[96] Der Konsul L. Aurelius Cotta, der für die Aufstellung des Meilensteines in Frage kommt, war im Jahr 252 im Amt. Auch die etruskische Form *Ruma* für Roma spricht für ein frühes Datum. Das Gebiet der Falisker wurde im Jahre 220 über die Via Flaminia mit der Adria-Küste verbunden, 187 wurde eine schwierige Verbindung von Arezzo nach Bologna über den Apennin eröffnet, 171 die Via Cassia von Rom nach Volsinii/Bolsena und später nach Chiusi und Arezzo. Die neuangelegten Straßen gingen strahlenförmig und geradlinig von Rom aus, denn sie dienten primär den strategisch-militärischen Bedürfnissen Roms, der schnellen Überbringung von Nachrichten und dem schnellen Truppeneinsatz. Technisch gesehen waren die neuen Straßen mit grob bearbeiteten, abgeflachten Steinplatten gepflastert, die ein rasches Abfließen des Regenwassers ermöglichten. Diese

Straßen erleichterten die Beweglichkeit der römischen Kolonen innerhalb Etruriens und trugen daher auch zur Ausbreitung der lateinischen Sprache im täglichen Verkehr wesentlich bei.

Die neuen Trassen wurden so angelegt, dass die altetruskischen Hauptorte auf den Plateaus in einer Entfernung von etwa 5 bis 10 km Luftlinie entfernt blieben. So gerieten die Etruskerstädte immer mehr in eine verkehrstechnische Randlage, welche mit der Zeit zur Aushöhlung ihrer Wirtschaft führte. Die altetruskischen Straßen wurden weiter begangen, blieben aber dem Lokalverkehr vorbehalten. Ihre Instandhaltung oblag den etruskischen Hauptorten. Es ist anzunehmen, dass die jüngere Generation von etruskischen Produzenten, Händlern und Reisenden auch die neuen ›modernen‹ Straßen verwendete. Sie fand im Laufe der Zeit wohl zusätzliche Verdienste in den Märkten der römischen Kolonien, denn ihre landwirtschaftlichen Produkte konnten hier schneller und ohne große Transportspesen verkauft werden. An den neuen Straßen entstanden im 3. Jh. Markt- und Handelsplätze sowie Zufluchtsorte und Dörfer.

Der vermehrte Bedarf an Nahrungsmitteln ließ große Bauten für die Landwirtschaft entstehen: Im Gebiet von Vulci entstanden im 3.–2. Jh. Wasserstollen, Brunnen und Zisternen. Die imposante, heute noch verwendete zylindrische Brunnenanlage von 35 m Tiefe im oberen Viertel von Perugia, der Pozzo Sorbello, wurde wahrscheinlich bereits im 4. Jh. unter etruskischer Leitung gegraben.[97] Ein Wasserversorgungsnetz mit Brunnen und Stollen entstand auch in Volsinii/Orvieto vor seiner Zerstörung (264). In der Nähe der römischen Kolonie Cosa wurden ein innerer und ein äußerer Kanal in den Felsen künstlich eingeschnitten. Der Kanal entwässerte oder bewässerte das Gelände unter Ausnutzung der Gezeiten und des natürlichen Gefälles. Die ganze Anlage diente der Trockenlegung der Sümpfe bzw. der Bewässerung des Geländes und damit dem Gewinn und der Erhaltung von fruchtbarem Boden für die Landwirtschaft. Dieser künstliche, kaum datierbare Kanal wurde in der Vergangenheit als ein Meisterwerk etruskischer Wasserbaukunst gesehen, was angesichts der seit dem 6. Jh. nachweisbaren Leistungen der Etrusker auf dem Gebiet des Wasserbaues nicht verwunderlich wäre. Andererseits legt die unmittelbare Nähe der latinischen Kolonie Cosa mindestens eine Zusammenarbeit mit römischen Technikern beim Entwurf und Bau der Anlage nahe. Diese späteren, großangelegten Wasserbauten wurden von den Vertretern einer etruskischen/römischen ›öffentlichen Hand‹ organisiert und finanziert.

Wasserbauten kamen den Ländereien der Grundbesitzer zugute: Die Staaten Etruriens konnten Ende des 3. Jh., am Ende des fast zwanzigjährigen 2. römisch-punischen Krieges, eine große Menge Getreide an P. Cornelius Scipio liefern (▶ Kap. 7.1). Römische Beteiligung an der Vergrößerung alter Hafenanlagen der Etrusker lässt sich aufgrund der Quellenlage weder beweisen noch widerlegen, es liegt aber nahe, dass Rom in den Jahren der Anlegung weiterer Kolonien in Etrurien und während des 1. römisch-karthagischen Krieges (264–241) altetruskische Häfen ausbauen ließ. Dies umso mehr, als die etruskischen Küstenstädte nach den Bündnisverträgen mit Rom über keine eigene Kriegsflotte mehr verfügten. In Populonia gab es gegen Ende des 3. Jh. eine große Hafenanlage: Im Jahre 202 fand die vom Sturm bedrohte römische Flotte des Konsuls Tiberius

Claudius Nero in diesem Hafen Zuflucht.[98] Undatierte Reste von Hafenmolen sind in der Bucht von Populonia unterhalb des Wasserspiegels heute noch sichtbar, antikes Gemäuer direkt am Meer unterhalb der Torre di Baratti wird ›antiken‹ Lagerhäusern zugeschrieben. Der Hafen besaß im 1. Jh. zwei Docks, die noch in Betrieb waren.[99]

Die römischen *coloniae* waren Enklaven römischer Bürger innerhalb eines rechtlich und sprachlich nichtrömischen Landes. Die Kolonien dienten Rom nicht nur als Ventil für die eigene Übervölkerung, sondern auch zur militärischen Absicherung der neugewonnenen Gebiete: Eine Ansiedlungspolitik, die Vorläufer in der Politik der Diadochen, der Nachfolger Alexanders des Großen, hatte, welche Militärkolonien gründeten bzw. Land an ihre ehemaligen Soldaten vergaben.[100] Römische *coloniae* waren »Bollwerke der Herrschaft« – so Cicero.[101] Rom erreichte mit diesen Maßnahmen ein wichtiges politisches Ziel: Die Ansiedlung von mehr römischen Bürgern und ihre weite Verteilung in Mittelitalien. Rechtlich waren die Bewohner der Kolonien römische Bürger, diese unterstanden daher römischen Gesetzen, anders als die föderierten etruskischen Städte, die innenpolitisch autonom waren, aber sich außenpolitisch an Bündnisverträge mit Rom halten mussten.

Nach der Gründung der *coloniae* wohnten die Etrusker in der physischen Nähe von – sprachlich und kulturell gesehen – Nicht-Etruskern, ohne Hoffnung auf einer Änderung der Lage. Die Kolonen durften ihre neuen Wohnsitze nicht mehr verlassen und bildeten alsbald eine neue, von Rom unterstützte Schicksalsgemeinschaft, welche im Laufe von ein bis zwei Generationen eigene Lebensformen und eine eigene Identität auf Basis römischer Kultur und Werte bildete. Wir haben keine Daten über die Geburtenraten in den etruskischen Siedlungen des 3.–2. Jh., doch darf man angesichts der römischen Kolonialpolitik annehmen, dass im Laufe von ein bis zwei Generationen die römischen Siedler das ursprüngliche demographische Übergewicht der etruskischen Bevölkerung ausglichen und wahrscheinlich alsbald ins Gegenteil verkehrten. In diesem Fall unterminierte das Missverhältnis von einheimischen Etruskern und römischen Kolonen die wirtschaftlichen Grundlagen der Etrusker und stärkte die Präsenz Roms in Etrurien. Seit Beginn des 3. Jh. wirkte sich die neue politische Lage auf die etruskische ethnische Substanz insofern negativ aus, als sie den Verlust der eigenen Identität einleitete.

Die etruskischen Staaten im 2. römisch-punischen Krieg (218–201)

Die Frage nach dem Verhalten der etruskischen Bundesgenossen gegenüber Rom während des 2. römisch-punischen Krieges (218–201), als der karthagische Feldherr Hannibal mit seinem Heer durch Nordetrurien zog, ist in der Vergangenheit unterschiedlich beantwortet worden. Nach H. H. Scullard und M. Pallottino sind die etruskischen Städte »im Großen und Ganzen« loyal geblieben, Meutereien seien selten gewesen und nicht in einem entscheidenden Moment ausgebrochen.[102] Nach M. Sordi blieben die Etrusker gegenüber Rom loyal: Sie erhoben sich nicht, als Hannibal ihr Gebiet plünderte und leisteten im Winter 216/215 in Casilinum (h. Capua) während der Belagerung durch Hannibal Widerstand.[103] Nach A. J. Pfiffig und zuletzt nach W. Blösel hingegen akzeptierten nicht alle etruskische Städte die Einschränkungen durch den römischen Vertrag. Etrusker, Kelten und Ligurer widersetzten sich Rom nach der römischen Niederlage am Trasimener-See durch Hannibal (Juni 217).[104] Es war in erster Linie die Führung Arezzos, die sich bei dieser Gelegenheit gegen Rom stellte.

Der Konsul Flaminius, der sich vor dem Juni 217 mit seinem Heer vor Arezzo befand, sah die Verwüstung des »Besitzes der Alliierten« durch Hannibal, der von Norditalien kommend das Gebiet von Fiesole geplündert hatte.[105] Die Bevölkerung Nordetruriens blieb ruhig und versuchte nicht, die eigenen Felder gegen Hannibal zu verteidigen, was verständlich ist, denn es gab keine Chance auf Erfolg, weder im Widerstand gegen Rom noch gegen Hannibal. Es gab vielmehr angsterweckende Präzedenzfälle: Rom hatte 273 nach einem Aufstand die Hälfte des caeretaner Gebietes konfisziert und im Jahre 241 nach dem Aufstand von Falerii Waffen und Pferde der Falisker beschlagnahmt, Menschen geraubt, die Hälfte des Territoriums konfisziert, eine große Anzahl der Bewohner getötet und die Überlebenden in die etwa 5 km östlich des alten Falerii neu angelegte Siedlung Falerii Novi (h. Santa Maria in Fálleri) gewaltsam umgesiedelt.[106]

Im Jahre 209 brach in Arezzo eine Revolte gegen Rom aus.[107] Nach einer erfolgreichen römischen Intervention musste Arezzo (208) Geiseln stellen und eine römische Besatzung aufnehmen, was eine Verschlechterung des ursprünglichen Vertrages mit Rom bedeutete. Die Völker Etruriens wurden im Jahre 206 verdächtigt, Verbindungen zu Hasdrubal, dem Bruder Hannibals, zu unterhalten, ihm u. a. mit Proviant ausgeholfen und ihn mit Hilfstruppen unterstützt zu haben.[108] Rom leitete eine Untersuchung ein, über deren Ausgang wir allerdings nichts wissen. Im Jahr 205 kamen acht von zwölf etruskischen Staaten dem Hilferuf des römischen Kommandanten P. Cornelius Scipio nach und lieferten angeblich auf freiwilliger Basis Waren für seine Expedition nach Afrika gegen Karthago: Es waren Getreide, Waffen, Geräte usw.[109] Die unterschiedliche Menge der Lieferungen dürfte die Freiwilligkeit bestätigen. Livius listet die Staaten und die Anzahl der Lieferungen genau auf, was für eine direkte Einsicht in die einschlägigen Akten spricht.

Vulci, Vetulonia, Fiesole und Cortona fehlen in der Liste von Livius – Cortona wird allerdings von Silius Italicus als Getreidelieferant erwähnt.[110] Andere Staaten lieferten angeblich nichts: Fehlende Ressourcen, bewusste Ablehnung des Hilferufes oder Unkenntnisse bei Livius kommen als Ursache in Frage. Im selben Jahr 205 schlugen sich ›Etrusker‹ auf die Seite des Karthagers Mago, als er gegen die Ligurer zog.[111] Etruskische Adelige, die 204/203 direkt oder indirekt mit Mago in Verbindung waren und ihm mitteilten, dass sie von Rom abfallen wollten, wurden von Rom zum Tode verurteilt, konnten aber vor der Vollstreckung fliehen. Ihr Vermögen wurde beschlagnahmt.[112]

Arezzo soll Scipio 50.000 Waffen und Geräte sowie Getreide geliefert haben, was angesichts des Waffenbedarfs am Vorabend des Übersetzens von Scipio nach Afrika realistisch ist. Doch angesichts des großen Umfangs dieser Lieferung im Vergleich zu den Leistungen der anderen Städte erhebt sich die Frage, ob Arezzo damit seine antirömische Haltung in den früheren Jahren mit einer großen Lieferung kompensieren wollte, oder ob Scipio selbst die Höhe der Abgaben aus demselben Grund festgesetzt hatte. Dafür sprechen die engen Beziehungen Scipios zu M. Livius Salinator, dem Leiter der Untersuchung von 206 in Arezzo, welcher über die angeblichen Machenschaften der Stadt gegen Rom im Jahre 208 wohl gut informiert war. Wir haben keine Details über das Verhalten anderer etruskischer Staaten gegenüber Rom. Die Rebellion von Caere in den 70er Jahren des 3. Jh. und die 70 Jahre später erfolgte feindliche Haltung Arezzos gegenüber Rom widersprechen jedoch der Meinung, dass ›die Etrusker‹ gegen Rom aus fehlender Kampfbereitschaft und aus moralischer Schwäche kaum etwas unternahmen.

Eine Grabinschrift aus Tarquinia liefert ein interessantes Detail zum Thema. Die Inschrift lautet: »La[ris/rθ] Felsna, Sohn des Leθe, lebte 106 Jahre, *murce* Capua, *tleχe* Hannibal«. Der rüstige Felsna hatte also in seinem langen Leben auch mit Hannibal und Capua zu tun gehabt und war um 150 gestorben. Die Datierung des Grabes widerspricht der Datierung der Inschrift nicht. Keine Überlieferung erwähnt einen Laris Felsna, wir kennen also seine Beziehungen zu Capua und sein Verhältnis zu Hannibal nicht. Es entgeht uns ebenso die Bedeutung der beiden einschlägigen Wörter *murce* und *tleχe*, denn beide Wörter sind bislang nur in dieser Inschrift bezeugt. Nach den bisherigen Kenntnissen der etruskischen Grammatik ist *mur-ce* die aktive und *tle-χe* die passive Form eines Perfektes: Beide stehen in der dritten Person Einzahl, die Aktionen beziehen sich also auf das Subjekt Laris Felsna. Doch nimmt R. Massarelli an, dass *tle-χe* ein Sustantiv mit der Bedeutung *votum* (Gelübde) ist.[113]

A. J. Pfiffig nahm an, dass Felsna einer von jenen Etruskern war, die gemeinsame Sache mit Hannibal und gegen Rom machten; ähnlicher Meinung ist G. M. Facchetti.[114] Nach M. Sordi hingegen kämpfte Felsna gegen Hannibal: Der Name Leθe des Vaters von Felsna weise auf Perugia hin; Laris Felsna sei in einem römischen Kontingent von Perusinern stationiert gewesen.[115] In diesem Fall bleibt allerdings offen, warum sich das Grab des Felsna in Tarquinia (und nicht in Perugia) befindet.

Die Verbindung Capua-Hannibal führt in die Zeit 216/215 zurück, als Hannibal nach seinem Sieg bei Cannae in Apulien (216) und dem Abfall Capuas nach Casilinum kam und es belagerte. Hier waren 500 Soldaten aus Praeneste und 460 aus Perugia verschanzt, welche der Belagerung durch Hannibal widerstanden und freigekauft wurden. Die Praenestiner kehrten in ihre Stadt zurück, wo sie Ehrungen erhielten; das Schicksal der Perusiner hingegen »blieb im Dunkel«.[116] Die etruskische Inschrift verrät den Stolz des Felsna auf das eigene hohe Alter und auf seine Verbindung zu Capua, als Hannibal dort weilte. Selbst die ungewöhnliche Höhe der Buchstaben (6,5–11 cm) wurde so gewählt, dass die Inschrift dem Grabbesucher nicht verborgen blieb. Die Grabinschrift des Felsna zeigt, dass besondere Ereignisse zu Familientraditionen wurden. Felsna konnte in seinem Grab, in einem privaten, nicht allen zugänglichen Raum, sein Wirken und seine politische Einstellung für (nach Pfiffig und Facchetti) oder gegen (nach Sordi) den Feldherrn Hannibal und umgekehrt gegen bzw. für Rom zum Ausdruck bringen. Die tatsächliche Einstellung des Felsna zu Hannibal, zu Rom und zu

Capua bleibt jedoch vorläufig in der bislang nicht erschlossenen Bedeutung der beiden Wörter *murce* und *tleχe* verborgen.

7.3 Die etruskische Gesellschaft seit dem 4. Jh.

Die Eroberung des Perserreiches durch Alexander den Großen 334–324 brachte eine wesentliche Ausdehnung des griechischen Kulturraumes mit sich. Neue Tendenzen entwickelten sich mit der Zeit durchden Kontakt des griechisch-makedonischen mit dem altorientalischen Raum, darunter Individualismus und Kosmopolitismus. Sie charakterisierten die Epoche nach dem Tode Alexanders 323, die Zeit des sogenannten Hellenismus, und erreichten mit der Zeit auch Mittelitalien. Individualismus ist auch im Verhalten des etruskischen Adels des 4. und 3. Jh. spürbar.

In weiterer Folge wollen wir jene Etrusker näher kennen lernen, die das Leben der Städte Etruriens in der Zeit der langjährigen Kämpfe gegen Rom organisierten, den hellenistischen Einfluss rezipierten und das Schicksal des ganzen Volkes mit ihrem Verhalten bestimmten.

Der Adel Etruriens: Merkmale und Verhalten

Im dritten Viertel des 4. Jh. wird in Tarquinia der adelige Velθur Partunus auf seinem Sarkophag halb liegend dargestellt, seine Gesichtszüge sind starr und zeigen keine Beziehungen zu den Anwesenden.[117] Um 340 zeigen die Gesichtszüge von Larθ Velχa aus Tarquinia und Vel Saties aus Vulci, den Zeitgenossen des Partunus, den Versuch, ihre Züge individuell zu gestalten.[118] Die altetruskische Porträttradition nahm nach der Mitte des 4. Jh. neue Formen auf, die aus dem griechischen Raum über Großgriechenland Rom, Latium und Etrurien erreichten. Unter hellenistischem Einfluss fanden seit dem Ende des 4. Jh. und im 3. Jh. die Selbstdarstellung und das Klassenbewusstsein des Adels weitere, neue Ausdrucksformen. Einige Gräber der Eliten Tarquinias enthalten in der zweiten Hälfte des 3. Jh. Urnen und Sarkophage mehrerer Familienmitglieder. Männliche und weibliche Figuren präsentieren sich dem Grabbesucher auf dem Deckel des Sarkophags mit aufrechtem Oberkörper, also in voller Würde. Um 200 nimmt der adelige Laris Pulena in seinem Familiengrab in Tarquinia mit anderen Familienmitgliedern an einem Bankett fiktiv teil.[119]

Zur Präsentation des eigenen Standes gehörte auch die Präsentation der eigenen Sippe: Laris Pulena hält in den Händen ein ausgerolltes, steinernes Buch, die Nachahmung eines Leinenbuches. Die lange Inschrift des Buches enthält seine Biographie mit seiner Abstammung bis zum Urgroßvater – ein Grieche (etr. Creice), wahrscheinlich ein Wahrsager.[120] Laris Pulena bekleidete staatliche Ämter: Er »übte die Macht aus« (*lucairce*), in welcher Funktion bleibt offen, das Wort *meθlumt* (›in der Stadt‹, Z. 7) der Inschrift entspricht der Redewendung *tarχnalθi*, ›in Tarquinia‹ (Z. 3) und bestätigt die Stadt als institutionelle Begriffsebene der Inschrift.[121] Das Formular der Grabinschriften hatte sich im Laufe der Zeit geändert: ›Sprach‹ noch gegen Ende des 5. Jh. das Grab selbst (»ich bin das Grab des ...«), so stellt sich seit der Mitte des 3. Jh. der Verstorbene mit seinen Ahnen vor: »xy, Sohn des z (und der ...) [liegt] in diesem Grab«.

In Caere (Banditaccia) ermöglichen es 53 Grabinschriften, den Stammbaum der Familie Tarchna ab etwa 280 mit sechs Generationen von Familienmitgliedern zu rekonstruieren.[122] Inschriften auf dem rechten Türpfosten des ›Volumnier-Grabes‹ nennen in Perugia (Palazzone) die Grabgründer, die Gebrüder Arnθ und Larθ Velimnas, die Söhne der Arznei. Inschriften auf raffinierten Urnen aus stuckiertem Travertin in der Hauptkammer des Grabes nennen die Grabgründer Arnθ und Larθ, ihren Vater Aule, den Großvater Θefri, den Urgroßvater Tarχis, einen weiteren Bruder namens Vel sowie Veilia Velimnei, die Tochter des Arnθ.[123] Die Forschung datiert das monumentale Grab zwischen 230 und der zweiten Hälfte des 2. Jh., H. Rix datiert die Inschriften zwischen 150 und 125/100. Veilia starb kinderlos, die Familie Velimnas hatte nach deren Tod keine Nachkommen mehr und die Linie der Grabgründer starb aus. Tatsächlich wurde im geräumigen ›Volumnier-Grab‹ nur die Hauptkammer belegt und die Seitenkammern blieben weitgehend leer.

Kerzenständer zur abendlichen Beleuchtung, Weihrauchfässer zur Verbesserung der Luft und Kohlenbecken für wohlige Wärme schmückten die Räume der adeligen Residenzen.[124] Um 340 wird in Tarquinia der Zilaθ Larθ Velχa in seinem Grab auf einem mit bunten Tüchern bedeckten Bett vor einem Tischchen mit Leckerbissen dargestellt.[125] Larθ Velχa ist in heroischer Halbnacktheit abgebildet, er ist bekränzt, der Kranz ist eine ostgriechisch beeinflusste Auszeichnung und steht für Erfolg und Sieg. Die Familie Velχa besaß in ihrem Haus in Tarquinia prunkvolles Mobiliar und Teppiche, auch sonst zeugt die gemalte Ausstattung im Grab von aristokratischem Stolz und Selbstbewusstsein einer Familie, die im Staat eine führende Rolle selbst in einer Zeit spielte, in welcher die Staaten Etruriens immer wieder Niederlagen gegen Rom hinnehmen mussten. Neben Larθ Velχa sitzt die mit kostbarem Schmuck, Juwelen und schönem Gewand geschmückte Ehefrau Velia Seitiθi, welche mit ihrer Aufmachung zur Repräsentation des Mannes beiträgt.[126] Männer, die sich zur Steigerung des eigenen Ansehens attraktive Frauen nehmen, sind eine zeitlose und weltweit verbreitete Erscheinung.

Die Inschriften für die drei Generationen der Matausni von Chiusi bestätigen auch für Nordetrurien die Pflege von adeligen Familientraditionen, welche Anfang des 2. Jh. einen Höhepunkt erreichten: Etwa 60 Urnen für etwa sechs Generationen der Familie Ati im Familiengrab von Volterra (Ulimeto) scharen sich kreisförmig um die Urne des Grabgründers.[127] Die Rolle der adeligen Frau als ›Ehefrau‹ (*puia*) wird bereits im 5. Jh. und seit dem 4. Jh. besonders betont. In mehreren Inschriften von Frauen wird neben dem eigenen Personen- und Gentilnamen, neben dem Namen des Vaters und des Ehemannes auch die Anzahl der Kinder angegeben, dies unterstreicht die angesehene Rolle der Frau als Mutter, welche den Fortbestand der Familie sicherte: Die adelige Ramθa Matulnei hatte drei Kinder und die ebenfalls adelige Ramθa Apatrui vier Enkelkinder, darunter drei Jungen – die Kinder der eigenen Töchter – als sie mit 53 Jahren starb.[128] Ende des 4. Jh. wurden in vornehmen Frauen- und Kriegergräbern goldene Diademe deponiert, ein Zeichen, dass die Person eine besondere Rolle gespielt hat. Diademe waren gleichsam Ausdruck der neuen Traditionen: D. Maschek spricht von Hellenisierung und nicht nur von Romanisierung der etruskischen Spätzeit.[129]

Die Mitglieder des Stadtadels waren untereinander durch Ehen innerhalb des eigenen sozialen Kreises verschwägert (Endogamien): In Tarquinia waren es die Familien Apatru und Camna, Apuna und Pinie, Ceisinie und Matu(l)na, Seitiθi und Velχa, Pumpu und Aisine usw.[130] Standesgemäße Heirat entstand wohl aus Rangbewusstsein und Vermögen. Sie diente zur Besiegelung politischer Allianzen und zur Vermeidung von Erbteilungen nach einer zeitlosen aristokratischen Tradition, die der Machtkonzentration, der Besitzerhaltung und dem Zusammenhalt einer relativ engen Gruppe von Vornehmen diente und noch dient. Diese Verbindungen liefen über die geehelichten Frauen: Larθi Cilnei, wohl ein Sprössling der adeligen Cilne von Arezzo, heiratete in der ersten Hälfte des 3. Jh. in erster Ehe einen Arnθ Spurina und in zweiter Ehe Luvce Hulχnie.[131] Beide Ehemänner waren Adelige aus Tarquinia, Luvce Hulχnie und wahrscheinlich Arnθ Spurina bekleideten Ämter, die Familien Hulχnie und die Spurina rangierten in den obersten politischen Rängen der Stadt.

In der zweiten Hälfte des 4. Jh. tritt ein Landadel hervor, der im Territorium von Tarquinia epigraphisch gut bezeugt ist. Es sind die Familien Statlane und Vipinana in Tuscania, Aleθna in Musarna, Xurcle, Smurina und Velisina in Norchia u. a. m.[132] Diese Familiennamen sind in Tarquinia nicht belegt. Dies legt nahe, dass alte, auf dem Land lebende Familien dank neuer Aufgaben, darunter die Sicherung der territorialen Verteidigung, sozial und politisch aufstiegen. Gemalte Insignien und Waffen u. a. in den Gräbern der Familien Pumpu und Velχa in Tarquinia[133] und Velimnas in Perugia beziehen sich auf Familien, die in Kriege verwickelt waren, und veranschaulichen militärische Macht. In Tarquinia illustrieren gemalte Kampfszenen im Grab der Familie Vestrcnie (3.–2. Jh.) und Schilde im Grab der Pinie (Ende des 4.–2. Jh.) die echte oder ersehnte Tapferkeit der Familienmitglieder im Krieg wohl gegen Rom und die Kelten.[134] So auch die Malerei im monumentalen Grab der Familie Saties von Vulci (340), welche frühe Kämpfe von Etruskern untereinander darstellt.

Die langen Inschriften des Larθ Velχa und des Laris Pulena mit der Erwähnung der Ämter und der politischen Rolle muten wie Lobreden an, welche die Person mit bestimmten Ereignissen und Leistungen in Verbindung brachte.[135] Züge von Magistraten begleitet von Herolden und von Waffen- und Insignienträgern sind im 3. Jh. in den Gräbern u. a. der Familien Ap(u)na, Vestrcnie und Velχa dargestellt und beziehen sich auf das politische Leben der Grabinhaber, die hohe Ämter bekleidet hatten.[136] Eine heute teilweise verblasste Malerei im Grab der Familie Pumpu von Tarquinia (drittes Viertel des 3. Jh.) illustriert einen feierlichen Zug von Staatsdienern mit Blas-, Signalhörnern und Machtinsignien, welche den Heerführer Lar[θ/is Pump]u zum Tor der Unterwelt begleiten.[137]

Die Familie Leinie/Laθite von Settecamini bei Volsinii/Orvieto illustrierte im Grab (350–325) ihre mit der Ausbeute einer Jagdpartie (Hase, Reh und Wassergeflügel) reich gefüllte Speisekammer und ein geschäftiges Küchenpersonal vor dem Herd.[138] Diese Personen waren nach G. Breyer dem Namen nach Freie, aber keine Vollbürger, sondern eher sozial Unterprivilegierte oder Fremde, denen man »Konzessionen in der Namengebung gemacht hatte«.[139]

Die realistische Malerei von Settecamini gewährt einen Einblick in die Vorbereitung von Speisen, die in einer Vorratskammer aufbewahrt waren, und in das Leben einer aristokratischen Familie Südetruriens und ihrer Dienerschaft in den Jahrzehnten, in denen in Griechenland Theopomp über das ausschweifende Leben der Etrusker klagte.[140] Die Bilder von Volsinii/Orvieto implizieren die Tätigkeit von mehreren Bediensteten in den Jagdgründen: Jagdaufseher, Fleischhauer, Küchenpersonal, Holzfäller, Heizer, Diener und Dienerinnen. Ob einige Stücke des gebratenen Fleisches dem Tisch der Dienerschaft zufielen, wissen wir nicht, doch galten Fleischspeisen in anderen Epochen der Geschichte als Gerichte der feinen Herrschaften: Es sei an Boccaccios Märchen »Chichibio und der Kranich« erinnert.

Individualisierte Sarkophage, die Betonung der eigenen Leistungen und Zurschaustellung von Insignien, Waffen und Amtstiteln als standeseigene, aristokratische Merkmale sowie (fast nur in Caere, Tarquinia und Volsinii/Orvieto) bemalte Gräber mit Szenen aus dem täglichen Leben spiegeln im 3. Jh. eine aristokratische Geisteshaltung wider, die sich in altetruskischer Tradition auch im Grab offenbart.[141] Die Bilder der Familienmitglieder in den Gräbern hatten eine Vorbildfunktion, die auf die Familie beschränkt blieb. Anders als im zeitgenössischen Rom, wo Standbilder von Persönlichkeiten in der Öffentlichkeit aufgestellt wurden und im Begräbniszug die Wachsmasken der patrizischen Ahnen durch die Straßen getragen wurden.[142] Diese Vorbildfunktion der Verstorbenen wurde reeller Machtfaktor im römischen Staat, in Etrurien wurde sie aber erst spät rezipiert.[143]

Grabmalereien zeigen im 3. Jh. auch neue, bislang unbekannte Themen, die als Zeichen von Beklemmung und Angst interpretiert wurden. In den Gräbern der Familien Murina und Pumpu von Tarquinia und als Relief im Giebel eines Grabes von Sovana sind Jenseitsdämonen bzw. ist ein großformatiger gemalter Typhon dargestellt, jenes düstere Ungeheuer, das Zeus unter dem Vulkan Ätna gefangen setzte.[144] Griechische Unternehmer, die teilweise im Fahrwasser der militärischen Ausbreitung Roms in Süditalien nach Mittelitalien kamen, hatten Kenntnisse der griechischen Mythen. Sie brachten literarische Kenntnisse nach Italien, welche zur weiteren Belehrung etruskischer Intellektueller beitrugen. Eine wahrscheinlich von der griechischen Mysterienreligion beeinflusste Ideologie von der Unabwendbarkeit des Todes fand in Etrurien fruchtbaren Boden.

Neue Zeiten spiegeln sich seit der Mitte des 3. Jh. in den Nekropolen der altetruskischen Stadtstaaten wider. Auf dem Land wurden zwischen dem Ende des 4. Jh. und dem 2. Jh. Gräber mit einem bislang unbekannten Tonnengewölbe angelegt – so im Grab von San Manno bei Perugia – sowie monumentale Felsfassadengräber mit Hochreliefs im Giebel (Norchia, Castel d'Asso und Sovana) und mit gedecktem Raum außerhalb der Grabkammer, die für Zeremonien zu Ehren der Verstobenen gedacht waren.[145] In den letzten Jahren haben Archäologen weitere, bislang unbekannte Felsnekropolen geortet und ausgegraben.[146]

Diese monumentale Architektur verrät Einflüsse aus dem hellenistischen Raum sowie wirtschaftliche Stärke eines engagierten Landadels. Im 2. Jh. zeigen in Nordetrurien bei Asciano (Prov. Siena) die monumentalen Hügelgräber der Familien Marcni und Hepni mit etwa 60 etruskischen Inschriften, dass sich der sozio-ökonomische Status der nordetruskischen Oberschichten kaum verändert hatte und die Familien im Totenkult alte Traditionen pflegten.[147] Marcni und Hepni waren Familien eines ländlichen Milieus und lebten in einer eher traditionellen Gesellschaft. Die Beschreibungen der Opfer im Leinenbuch von Zagreb, das im 2. Jh. in Nordetrurien verfasst wurde, nennen Wein und Brot, die edlen Produkte der Felder, gleichsam die tägliche Nahrung der reichen Landbesitzer Nordetruriens.

In den Nekropolen der südetruskischen Hauptstädte hingegen, in Caere seit der Mitte des 3. Jh. und in Tarquinia seit dem Ende des 3. Jh., entstanden keine neuen Familiengräber, was eher als ein Zeichen von veränderten ökonomischen Verhältnissen als von veränderten Vorstellungen zu deuten ist, denn alte Gräber wurden weiterverwendet. Noch um 100 waren in Etrurien Oberschicht und Mittelstand reich: Nach Poseidonios, der in jenen Jahren in Rom lebte, hatten die Etrusker schöne Häuser, schöne Speisesofas mit bestickter, bunter Wäsche und sehr elegante Diener mit prächtigen Kleidern und genossen zwei Mahlzeiten am Tag.[148] Die Präsens-Form der Überlieferung schließt aus, dass Poseidonios eine etruskische Vergangenheit vor Augen hatte.

Etruskischer Mittelstand

Anfang des 3. Jh. legte in Tarquinia (Scataglini) die bislang nicht bezeugte Familie Anina ein repräsentatives Familiengrab von ca. 50 m² an: Gemalte Girlanden in hellenistischer Tradition schmücken den Raum, und zwei farbenfroh bemalte Jenseitsdämonen, Charu und Vanth, sollten die namentlich genannten Verstorbenen der Familie ins Jenseits begleiten.[149] Lar Anina war gegen Ende des 3. Jh. Zilaθ und Macst[r, die Familie war im Laufe des 3. Jh. zu Bedeutung gekommen und gehörte Ende des 3. Jh. zur Führungsschicht Tarquinias.[150]

In der zweiten Hälfte des 3. Jh. entstanden in Tarquinia (Calvario) ein Grab mit namentlich genannten Charonten als Torwächter sowie im Gelände Scataglini das Grab der Familie Spitu. Beim letzteren Grab handelt es sich um einen relativen kleinen, einfach gestalteten Bau mit Inschriften, aber ohne Malereien, in dem auch drei Frauen, Arnθi Metli, Ramθa Semni und Seθra Catni, bestattet wurden, die Ehefrauen eines Larθ, des Grabgründers oder seines Sohnes.[151] Die Personen waren Mitglieder einer in der zweiten Hälfte des 3. Jh. hervortretenden Familie, wie die nur hier belegten Familiennamen Spitu, Semni und Catni nahelegen – der Gentiliz Metli ist im ruralen Milieu in der Nähe von Perugia belegt. Auch die Gentilnamen Pumpli und Haθli zweier Frauen, welche Mitglieder der Familie Tutes von Vulci heirateten, sind nur im Grab der Tutes bezeugt.[152]

Diese einfach gestalteten Kammergräber indizieren den Aufstieg eines Mittelstandes, dessen Selbstbewusstsein in den Gräbern und im Grabkult zur Geltung kommt, und der sich an die Traditionen der Oberschicht hielt. Zu dieser Gruppe gehörte auch die Familie Arnθuna. Die Bildung des Gentilnamens aus dem Personennamen Arnθ verrät die einfache soziale Herkunft der Familie. Ein Lar(is) Arnθuna heiratete in der zweiten Hälfte des 3. Jh. eine Ravnθu Vipinanei, knüpfte damit verwandtschaftliche Beziehungen zu den adeligen Vipinana von Tuscania und stieg sozial auf. Arnθ, ein weiteres Mitglied der Familie, wahrscheinlich ein Nachfahre oder ein Bruder des Laris, bekleidete in Tarquinia das Amt eines *maru spurana*, ›städtischen Maru‹, und lieferte ein Beispiel des politischen Aufstieges der Familie.[153] Die Übernahme von Werten und Traditionen der Oberschicht ist auch ein Zeichen von Abschottung gegenüber den sozial Gleichrangigen.

Einige in Inneretrurien aus Personennamen gebildete Gentilnamen – die sogenannten ›Vornamengentilicia‹ – sowie eine relativ hohe Anzahl von typologisch ähnlichen und architektonisch einfach gestalteten Gräbern Perugias verraten in Inneretrurien den sozialen Aufstieg von Familien italischen Ursprungs.[154] Ein überzeugendes Beispiel liefert die Familie Cai Cutu aus Perugia (Monteluce): In ihrem vierräumigen Grab wurden zwischen dem Beginn des 3. und dem 1. Jh. ein Sarkophag ohne Inschrift, wahrscheinlich letzte Ruhestätte des Grabgründers, und etwa 50 Urnen von Männern, 42 davon mit etruskischen und sechs mit lateinischen Inschriften deponiert; wenige Urnen sind mit Reliefs verziert.[155] In den älteren Grabinschriften ist Cutu ein Beiname, die Personennamen der Verstorbenen Aule, Vel, Arnθ, Larθ, Seθre usw. gehören der etruskischen Tradition an. Der Gentilname Cai entspricht dem lateinischen/italischen Vornamen Caius und ist besonders in Chiusi ein häufig bezeugtes Vornamengentiliz, welches ursprünglich der Vorname von Personen nichtadeliger Herkunft war. Seit der zweiten Hälfte des 2. Jh. wurde der ehemalige Beiname Cutu als Gentilname verwendet und das Vornamengentiliz Cai nicht mehr vermerkt, wohl um die ursprünglich niedere soziale Stellung der Familie zu kaschieren. Die jüngsten Grabinschriften stammen aus der Zeit nach der Verleihung des römischen Bürgerrechtes (89; ▶ Kap. 8.1) und sind auf Latein: Cutu wird als Cutius latinisiert. Das Grab wurde im Laufe des 1. Jh. nicht mehr belegt. Die Waffen als Grabbeigaben – ein Bronzeschild, eine Beinschiene, ein Eisenschwert und ein Helm italischen Typus – zeigen, dass Mitglieder der Familie an Kriegen teilnahmen. Ämter sind hingegen nicht belegt, die Cutu nahmen also am politischen Leben Perugias nicht maßgeblich teil.

Im Gelände Poggio Renzetti im Norden der ›Akropolis‹ von Vetulonia entstand gegen Ende des 4. Jh. ein Wohnviertel mit Häusern, Geschäften und Lagerräumen entlang einer gepflasterten Hauptstraße; das Viertel wurde bis ins 1. Jh. bewohnt. Die einzigen beiden Inschriften aus diesem Areal sind auf Etruskisch und nennen einen Vel Larcna und einen Arnθ.[156] Eine etwa 24 kg schwere Keule gehörte zu einer überlebensgroßen Statue eines Herakles, die hier aufgestellt und wohl kultisch verehrt wurde. Nordwestlich der ›Akropolis‹ von Vetulonia entstanden im 3. Jh. Häuser mit Innenhof, die mit architektonischen Tonplatten verziert waren.[157] Der Grundriss dieser privaten Häuser steht Häusern von Pompeji nahe, zeigt also Kontakte mit Kampanien und bezeugt das hohe Lebensniveau der Bewohner. Lagerräume, Webegewichte und Amphoren aus dem 2. Jh. sprechen für Gruppen, die Agrarprodukte und Stoffe erzeugten und damit Handel betrieben. In diesen neuen Stadtvierteln von Vetulonia wohnte ein begüterter Mittelstand und wahrscheinlich auch Personen, die aus den Beziehungen zu Rom gestärkt hervorgegangen waren.

Dieser Befund führt zu einem soziologischen Vergleich mit der Situation in Rom, wo wirtschaftlich gut situierte Familien plebejischen Ursprungs nach der Abschaffung des Eheverbots zwischen Patriziern und Plebejern (445: *lex Canuleia*) sozial, 367/366 mit den licinisch-sextischen Gesetzen politisch aufstiegen und die Reihen der sogenannten Nobilität auffüllten. In Etrurien sind u. a. die Arnθuna, die Cai Cutu, die Petru und die Spitu, Familien italischer Herkunft, die zu Wohlstand gelangten und sozial, etwa durch Eheschließung, und letzten Endes politisch aufstiegen; ihre Erfolge gingen auf die Nachfolger über, wie das Grab der Cutu zeigt. Mit der Zeit bildete sich in manchen Orten Etruriens vermutlich ein ›niederer Adel‹, der sich den sozial hochgestellten Oberschichten und den Regierungskreisen für Aufgaben zur Verfügung stellte und im Falle guter politischer Verbindungen selbst eine politische Laufbahn einschlagen konnte.

7.4 Etruskische Eliten und römischer Staat

Der Bruder des Konsuls Q. Fabius Rullianus sei »bei Gastfreunden« in Caere aufgewachsen und kannte die etruskische Sprache, berichtet Livius über das Jahr 310. Livius fährt fort: Es sei damals üblich gewesen, dass die römischen Kinder die etruskische Literatur und Sprache lernten, wie »heute die griechische Literatur und Sprache« – gemeint ist natürlich: zu Livius' Zeit.[158] Der Aufenthalt in Caere vermittelte also den Kindern der römischen Oberschicht Kenntnisse der etruskischen Sprache und eines im patrizischen Kreis Roms bekannten etruskischen Lebensstils. Dazu gehörten wahrscheinlich auch die theatralischen Darbietungen, die Rom im Jahre 364 aus Caere einführte.[159]

Die politische Bedeutung des Aufenthaltes römischer adeliger Sprösslinge in Caere kann kaum überschätzt werden, denn sie belegt eine verstärkte Annäherung der römischen an die etruskische Oberschicht und umgekehrt: Im Jahre 310 kämpfte Rom gegen die Etrusker und die von Livius beschriebene Maßnahme hatte wohl nicht so sehr eine kulturelle als vielmehr eine realpolitische Relevanz für die Führungsschicht Roms. Jahre später erwiesen sich die Sprachkenntnisse von Nutzen, als sich während des Krieges von 301 im Gebiet von Roselle einige Caeretaner als Dolmetscher zur Verfügung stellten und eine Gefahr für die Römer abwendeten.[160]

Die Kriege zwischen den Etrusker-Staaten und Rom führten erwartungsgemäß zu einer Krise der alten Ordnung, die in Etrurien auch zu sozialen Veränderungen führte. Trotz der Konfiszierung großer Teile des etruskischen Territoriums gab es in Etrurien weiterhin Grundbesitzer, und die etruskischen Amtstitel zeigen im 3. Jh. die Tätigkeit der in den etruskischen Staaten politisch engagierten Persönlichkeiten. Die erwähnten Abgaben an Scipio im Jahre 205 liefern ein anschauliches Bild der landwirtschaftlichen Erträge und der industriellen Tätigkeit in Etrurien.

Latinisierte etruskische Gentilnamen in den römischen Konsullisten zeigen bereits nach der Mitte des 4. Jh., dass damals Familien etruskischer Abstammung politische Karriere in Rom machten: So im Jahre 323 und 319 der 2. Konsul und 315 der Reiteroberst Q. Aulius Cerretanus, der sicher einer aus Caere stammenden Familie angehörte. Andere stiegen zum Konsulat auf, wohl nicht ohne Unterstützung der römischen Gruppen, die an der Macht waren. Die römische Familie der Licinii war mit den etruskischen Lecnie aus dem Raum von Volsini/Orvieto bzw. aus Inneretrurien und in Rom mit den patrizischen Fabii verschwägert.[161] Die Licinii spielten um die Mitte des 4. Jh. in Rom eine wichtige politische Rolle: C. Licinius Stolo war 367/366 Volkstribun, als die Gesetze u. a. über den Zugang der Plebs zum Konsulat verabschiedet wurden.[162] Persönlichkeiten etruskischer Abstammung, wie die Cilne aus Arezzo und Perperna möglicherweise aus Volterra, kamen im 3./2. Jh. nach Rom, wo sie eine Zeit lang als Bürger ohne Stimmrecht lebten; sie erhielten nach einer gewissen Zeit das volle römische Bürgerrecht und erreichten im Laufe der Zeit eine hohe soziale und politische Stellung. M. Perperna, Gesandter im Jahre 168, dürfte damals bereits Senator gewesen sein.[163] Sein Aufstieg erfolgte wohl mit Hilfe der römischen Valerii Flacci und der Claudii. Der gleichnamige Sohn des M. Perperna wurde 130 Konsul. Rom förderte die Übersiedlung der geistig tragenden etruskischen Oberschicht nach Rom und deren Integration in die gleichrangige soziale und politische Schicht – dazu gehörten auch Eheschließungen.[164]

Auch sonst verbanden Freundschaft (*amicitia*) und Gastfreundschaft (*hospitium*) etruskische Oberschichten mit römischen Standesgenossen.[165] Es galt wohl auch für die Etrusker, dass man erst dann nach Rom ›auswandern‹ durfte, wenn ein Sohn in der Heimatstadt zurückblieb. Dies bedeutete, dass die jüngeren Mitglieder einer Familie diejenigen waren, die nach Rom kamen. Wir kennen vielfach den etruskischen und den römischen Zweig einer Familie, u. a. die Ceicna/Caecina. Die 1,79 m große Bronzestatue eines Mannes mit einem Gewand, das der römischen Toga mit besticktem Randstreifen nahesteht und mit römischen oder etruskischen Sandalen, kam im 18. Jh. in Sanguineto im Gebiet von Cortona oder südlich von Perugia ans Licht.[166] Der rechte Arm des Mannes ist nach vorne erhoben, dieser Gestus zeichnet die Person als ›Redner' vor Zuhörern aus.

Eine dreizeilige etruskische Inschrift auf dem unteren Rand seiner Toga nennt Aule Meteli, seine Eltern Vel und Vesi, den Gott Tece Sans und die Dorfgemeinschaft.[167] Die Namen der Eltern und der in altetruskischer Tradition angegebene Name Vesi der Mutter sprechen für etruskische Tradition. Die Statue wird zwischen dem 3.–2. Jh. bzw. gegen 90 datiert, jedenfalls erfolgte die Weihung vor der Verleihung des römischen Bürgerrechtes an die Etrusker im Jahre 90/89, wie der Gebrauch der etruskischen Sprache bezeugt.[168]

Eine lateinische Inschrift aus der ersten Hälfte des 1. Jh. n. Chr. aus dem Tal des Pierle östlich von Cortona nennt zwei römische Beamte, Vater und Sohn, namens Gaius Metellius.[169] Beide gehörten zum Wahlsprengel von Cortona (*tribus Stellatina*), beide gehörten als Ädilen (*aediles*) dem Viermänner-Kollegium an, das für die Erhaltung der städtischen Gebäude und der inneren Ordnung einer römischen Stadt zuständig war. Der Vater war auch Finanzbeamter (*quaestor*) und einer der für das Rechtswesen zuständigen Viermänner (*IIIIvir iure dicundo*) sowie »Prätor Etruriens der 15 Völker« (*praetor Etruriae XV populorum*) gewesen, ein ehrenvoller Titel, den später auch Kaiser Hadrian trug. Der etruskische Familienname Meteli des ›Redners‹ verrät die sprachliche und wahrscheinlich die verwandtschaftliche Nähe zur Familie der römischen Metelli der lateinischen Inschrift aus dem Pierle-Tal – die Verdoppelung der Konsonanten *ll* im Latein entspricht der Konsonantenlänge im Etruskischen und ist daher regulär. Metellus war in Rom der Beiname der bekannten plebejischen Familie der Caecilii, deren Mitglieder zwischen 119 und 109 fünfmal Konsul waren. Nach G. Colonna bildet sich das (lateinische) Wort *metelli* aus *meθlum* (dem etruskischen Wort für Stadt, entsprechend lateinisch *urbs*) und bedeutet »die Männer im Dienste des *meθlum*«, was für das Vorhandensein eines Korps für die öffentliche Ordnung sprechen würde,[170] von dem wir allerdings nichts Näheres wissen.

Familien aus Caere, z. B. die Tarchna/Tarquitii und die Campatii/Campanes, konnten im 3. Jh. als römische Bürger ohne Stimmrecht leicht nach Rom übersiedeln.[171] Neun Familien aus Etrurien, darunter die Numisii aus Tarquinia, die Tarquitii aus Caere, die Vibii aus Perugia, die Saenii aus Siena und die Carrinates aus Volterra, bekamen in Rom das volle römische Bürgerrecht schon vor dem Bundesgenossenkrieg.[172] Die Mitglieder der etruskischen Oberschichten kamen nach Rom nicht so sehr als besiegte Fremde, sondern als sozial und ideologisch gleichrangige Persönlichkeiten – die Caeretaner als römische Bürger – und zeigten sich bereit, am Leben der römischen Oligarchie teilzunehmen und dieses mitzugestalten. Ihre geringe Anzahl erleichterte die Aufnahme, die Integration und die allmähliche Assimilation. Mitglieder des etruskischen Adels passten sich an das Leben der römischen Aristokratie und an das politische System Roms leichter an als die Oberschichten der Sabeller, Veneter, Ligurer, Kelten, der griechischen Italioten usw., deren Gesellschaften noch im 2. Jh. politisch anders organisiert waren.

Die Neuankömmlinge aus Etrurien vermehrten in Rom vorwiegend die Reihen des Ritterstandes und damit der wirtschaftlich gutsituierten, gehobenen Plebs. Sie konnten Handel betreiben, der ihnen Reichtum und Prestige und daher die Beibehaltung des sozialen Status ermöglichte, den sie bzw. ihre Familien vor den Requirierungen des Agrarbesitzes und der Anlage der römischen *coloniae* in ihren etruskischen Staaten genossen hatten. Auch konnten sie das römische Bürgerrecht erwerben und die Möglichkeit eines politischen Aufstieges innerhalb des römischen Staates nützen, wie eben die Perperna.

Die römische Führung bediente sich der Mitglieder der etruskischen Oberschicht, der Träger alter Traditionen, die von sich behaupteten, mit den höheren Mächten Verbindung aufnehmen zu können. Die etruskische Wahrsagung war für Rom von politischer Relevanz, denn auch der römische Staat brauchte ein gutes Einvernehmen zu den Übernatürlichen und ihren Vertretern auf Erden. Die römische Führung fand, besonders nachdem Rom Mitte des 3. Jh. in Etrurien militärisch und politisch definitiv Fuß fasste, reges Interesse an der Leberschau (▶ Kap. 4.5). Etruskische Haruspizes wurden mit der Zeit zur politischen Entscheidungsfindung in Rom herangezogen. Die jahrhundertelange politische Erfahrung der Haruspizes, die teilweise wie Laris Pulena auch *zilaθ* und damit auch politisch tätig waren, ermöglichte ihnen, die politisch günstigste Antwort zur rechten Zeit zu finden. So konnte die »Etruskische Disziplin« den römischen Politikern Regeln liefern, die sie einsetzen konnten und benötigten, um erfolgreich an die Macht zu kommen und an der Macht zu bleiben.

Cicero verweist auf die alten Zeiten, um die Akzeptanz dieser ›Wissenschaft‹ in Rom zu rechtfertigen: Die römischen Vorfahren seien der Meinung gewesen, dass »die Entsühnung der Vorzeichen in der Lehre der Etrusker enthalten ist«.[173] Rom gab also offen zu, was es auf diesem Gebiet Etrurien kulturell und politisch verdankte. Außerordentliche Ereignisse konnten auf Anordnung des Senats den etruskischen Zeicheninterpreten vorgelegt werden, denn sie waren die einzigen, welche aufgrund staatlicher Gesetze dafür berufen waren.[174] Cicero kannte Einzelheiten über die Interpretationstechnik der etruskischen Haruspizes, denn ihm standen die Kenntnisse seines Freundes Aulus Caecina aus Volterra, der selbst Haruspex war, zur Verfügung – die Überlieferung zu Caecina und Cicero selbst bestätigt, dass noch im 1. Jh. das soziale Umfeld der Haruspizes adelig war.

Die Rede Ciceros »Über die Rechtsauskunft der Haruspizes« (56) zeigt, dass die Haruspizin in den politischen Kämpfen im Rom der 60er Jahre des 1. Jh. eine nicht unbedeutende Rolle spielte, wie schon früher die »Prophezeiung der Vegoia«. Die Haruspizes waren in Rom in erster Linie auf politische Stabilität bedacht und nahmen im Allgemeinen eine proaristokratische Haltung ein, wenngleich es immer wieder Ausnahmen gab.[175] Ihre Bescheide stimmten fast immer mit den Interessen der römischen Oberschicht überein. Rom selbst war in magisch-religiösem Gedankengut verhaftet und kannte eine der Haruspizin strukturell nahestehende Wahrsagerei, was die gegenseitige Annäherung der etruskischen und der römischen ›Wissenschaften‹ erleichterte.

Wir kennen die juridische Lage der etruskischen Haruspizes im Rom des 2. Jh. im Einzelnen nicht, aber die Haruspizes waren ›Fremde‹ und hielten sich in Rom nur so lange auf, bis sie ein eingetretenes Ereignis interpretiert hatten.[176] Aulus Gellius erwähnt den »ablehnenden und feindlichen Geist« der etruskischen Haruspizes »dem römischen Volk gegenüber«.[177] Wir wissen nicht, auf welche Zeit sich Gellius bezieht, wir wissen aber, dass um die Mitte des 2. Jh. römische Senatoren, wie der ältere Cato, Scipio Emilianus und der ältere Tiberius Sempronius Gracchus, der etruskischen Leberschau ablehnend gegenüberstanden. Der ältere Cato soll die Türen seines Landsitzes vor den Haruspizes, die außerhalb der Städte als ›ländliche Haruspizes‹ herumstreiften und ihre Dienste anboten, verschlossen haben.[178] Auch soll er gesagt haben, er wundere sich, dass ein Haruspex, der einem anderen Haruspex begegne, nicht lache.[179] Die Erwähnung einer weiblichen *haruspica* beim Komödiendichter Maccius Plautus – der einzige literarische Kontext, in dem eine weibliche »haruspica« erwähnt wird – drückt die Verachtung des Autors gegen die Haruspizin (und gegen die Frauen) aus.[180]

Die ablehnende Haltung mancher Vertreter der römischen Führungsschicht gegenüber der etruskischen Haruspizin und umgekehrt der etruskischen Haruspizes gegenüber der römischen Führung zeigt, dass sich spätestens im 2. Jh. einander feindlich gesinnte Kräfte innerhalb der etruskischen und der römischen politischen Kreise gebildet hatten. Nach Cicero beschloss der Senat »zur Zeit unserer Vorfahren«, dass »je zehn Söhne der Vornehmsten aus jedem Volk Etruriens in die Lehre der Disziplin gegeben werden sollten, damit eine so bedeutsame Kunst wegen der Armut der Leute nicht von religiöser Würde zu Lohn und Erwerb abgleite«.[181] Mit dem Ausdruck »zur Zeit unserer Vorfahren« bezog sich Cicero wahrscheinlich auf das Jahr 186, als der Konsul Sp. Postumius Albinus in einer Rede an die Volksversammlung die Dekrete der Oberpriester, die Beschlüsse des Senats und die Bescheide der Haruspizes aufzählte, welche vor der Übertretung des sakralen Rechtes geschützt hätten.[182] Dies würde bedeuten, dass die Haruspizin zur Zeit des Albinus unter der politischen Kontrolle Roms war oder darunter kam, schließt jedoch nicht aus, dass Livius die Lage der Haruspizes in der eigenen Zeit auf die Zeit des Albinus rückprojizierte. Nach Tacitus hingegen regte erst Kaiser Claudius im Jahre 47 n. Chr. den Senat an, die Haruspizin unter den Schutz der Hohen Priester (*pontifices*) zu stellen.[183]

Die römische Kontrolle markierte den Beginn der Bürokratisierung der etruskischen Haruspizin, welche in der Gründung eines offiziellen »Vereins der 60 Haruspizes« (*ordo haruspicum LX*) gipfelte. Die Forschung ist allerdings unterschiedlicher Meinung über die Zeit der Gründung: Der ›Verein der 60‹ wurde in republikanischer Zeit (Thulin), in augusteischer Zeit (Rawson), in der späten Republik, jedenfalls vor Kaiser Claudius (Pfiffig) oder bereits im 2. Jh. (Torelli) gegründet.[184] Eine lateinische Inschrift aus Rom vom Ende der Republik oder vom Anfang des augusteischen Prinzipats nennt einen Vinnuleius Lucullus »Haruspex von den 60«. Kaiser Claudius erwähnt in einer Rede den »Verein der Haruspizes«, aber nicht, dass er aus 60 Mitgliedern bestand.[185] Der Hauptsitz des Vereins dürfte Tarquinia gewesen sein, wo der überirdische Tages aus der Erde emporgestiegen sei. Von neun Inschriften, die den Verein erwähnen, stammt jedoch eine einzige aus Tarquinia.[186] Einige Inschriften legen nahe, dass es in Rom zumindest eine zweite Niederlassung des Vereins gab.[187] Die soziale Stellung der Mitglieder des Vereins war eine hohe, Vorsitzender des Vereins war ein ›oberster Haruspex‹ (*summus haruspex*).

Die Annäherung der römischen Führung an die etruskische Haruspizin und deren Gleichsetzung mit den höchsten staatlichen, religiösen Einrichtungen bot Rom die Gelegenheit, politisch-religiöse Ideen der Etrusker für sich zu gewinnen. Gleichzeitig wurde ein weiteres Element der etruskischen Identität ausgehöhlt.

7.5 Etruriens demographischer und kultureller Niedergang

Im Laufe der zweiten Hälfte des 3. Jh. gab es tiefgreifende Veränderungen im Bereich des Handwerks. Die alte, traditionsreiche Töpferkunst wurde immer stärker von Rom aus organisiert: Die Teller vom Typ Genucilia wurden nicht nur in Caere, sondern auch in Rom hergestellt. Die Produktion lag in der Hand von wahrscheinlich kooperierenden caeretaner und römischen Unternehmern. In Vulci machte sich ein allgemeiner Rückgang der Qualität der Produkte bemerkbar. Warenzeichen bei der Schwarzfirniskeramik verraten nach der Mitte des 3. Jh. eine Standardisierung der Herstellung: Schnelle und oberflächliche Massenproduktion war vorherrschend. Die Grabausstattungen und selbst die Gentilizgräber, darunter das Grab der Paprsinas von Tarquinia (Monterozzi/Scataglini) nahmen im 2. Jh. in Südetrurien insgesamt qualitativ ab.[188]

Die langgestreckten, unnatürlichen anatomischen Formen halb liegender Figuren auf bemalten Tonsarkophagen aus Tuscania zeigen um die Mitte des 2. Jh. misslungene Proportionen und lassen die Frage nach dem Kunstwillen der Hersteller aufkommen.[189] Die langgezogenen Formen von Bronzestatuetten aus Volterra (Ende des 3. Jh.) entbehren jedoch nicht einer gewissen Anmut. Feine Kerzenständer und Weihrauchgefäße aus Bronze sowie Spiegel wurden im 2. Jh. nicht mehr hergestellt. Es gab keine Nachfrage und keine reichen Käufer mehr, oder das Metall wurde anderweitig, in erster Linie für Waffen, verwendet, die Rom für seine Kriege im Osten brauchte.

Seit dem dritten Viertel des 3. Jh. kam es in Gesamtitalien durch die hohe Anzahl von Kriegsgefallenen im 1. römisch-punischen Krieg und die damit verbundene römische Rekrutierung verstärkt zu demographischen Veränderungen: Nach dem Abschluss der Verträge entvölkerten sich im Laufe der Zeit ganze Landstriche Mittelitaliens. Nach dem Sieg Roms über Makedonien (197) nahm in Italien die Anzahl der Kriegsgefangenen und der Sklaven bedeutend zu. Sie glichen zum Teil den demographischen Rückgang aus, der sich aufgrund der Kriege in der lokalen Bevölkerung bemerkbar machte. Fremde Sklaven wurden wahrscheinlich für die Bautätigkeit Roms in Mittelitalien und in den ›Industrien‹ Arezzos eingesetzt. In solchen Fällen waren Spannungen geradezu vorprogrammiert und sie sind für Etrurien bezeugt: Eine Sklavenverschwörung wurde im Jahre 196 in ›Etrurien‹ entdeckt, was für schlechte Arbeitsbedingungen spricht.[190] Diese Sklaven hatten sich bereits organisiert, schreibt Livius. M. Acilius Glabrio, der römische Prätor ›für die Fremde‹ (*praetor peregrinus*), kam nach Etrurien mit einer Stadtlegion, unterdrückte die Revolte, ließ die Anführer auspeitschen und ans Kreuz schlagen. Der Bericht von Livius zeigt, dass die aufrührerische Stimmung, die nach der Mitte des 2. Jh. von Süditalien und Sizilien ausging,[191] in Etrurien, wahrscheinlich im Minengebiet, schon früher aufgekommen war.

Die Ankunft von Massen von versklavten Menschen in Italien brachte soziale und wirtschaftliche Umwälzungen mit sich. Cicero stellt für das 2. Jh. die Entstehung von ausgedehnten Latifundien in der Hand weniger Landherren fest, und Plutarch beschreibt das Phänomen ausführlich: Im Jahre 135 sah der Quästor Tiberius Gracchus auf seinem Weg durch Etrurien entvölkerte Landstriche, verlassene Felder und weidendes, von Sklaven gehütetes Vieh.[192] Das einst kultivierte etruskische Ackerland war zu Weideland geworden und Latifundien waren entstanden, ein Zeichen, dass die Besitzer, wohl abhängige, freie Kleinbauern, die nach wie vor im römischen Heer dienten, ihre nicht mehr als Ackerland genutzten Grundstücke verkauft hatten.[193] Reiche Familien hatten sie gekauft und wirtschaftlich anders organisiert, z.B. durch den Anbau des genügsameren Ölbaumes und der Reben, welche von billigen, unfreien Arbeitskräften bestellt wurden und dem Landbesitzer sichere Einkünfte versprachen. Appian vermerkt auch, dass die vom Kriegsdienst befreiten Sklaven viele Kinder hatten, die wiederum einen zusätzlichen Verdienst für die Herren darstellten. Diese sozialen Umstrukturierungen waren gerade für die traditionellen etruskischen Gesellschaften von Landbesitzern und Bauern schwerwiegend, umso mehr, als der Kriegsdienst etwa zehn Jahre dauerte. Wahrscheinlich ging es auch in Etrurien nicht viel anders zu, als der ältere Cato (234–149) für sein Landgut in Latium beschreibt: Viele Sklaven bekommen Verpflegung und Unterbringung, solange sie imstande sind, Arbeiten zu verrichten.[194]

In den Nekropolen der großen Zentren wie Caere, Tarquinia und Chiusi entstanden seit dem 2. Jh. keine monumentalen Familiengräber mehr, die alten Familiengräber wurden jedoch, wie schon gegen Ende des 5. Jh., weiterverwendet. Es seien exemplarisch die Gräber der Familien Tarchna von Caere (Banditaccia), Pumpu von Tarquinia (Monterozzi) und Tiu von Chiusi (Tassinaia) erwähnt.[195] Alte Gräber wurden nicht mehr nur von den Familien der Grabgründer verwendet: Im Grab der Ane von Tarquinia fanden zusammen mit Arnθ Ane zwei Mitglieder der Ceicna und zwei weitere Personen ihre letzte Ruhestätte.[196] Dies geschah noch Ende des 1. Jh. mit dem Grab der Familie Velimna/Volumnii von Perugia (▶ Kap. 7.3).

In Vulci, in dem auch nach der römischen Zerstörung eine etruskische Bevölkerung weiterlebte und in der zweiten Hälfte des 3. Jh. Zilaθ regierten,[197] entstanden nach der Mitte des 2. Jh. unterirdische Kammergräber ohne architektonischen Schmuck an der Front. Auch in Chiusi und in seinem Territorium fehlen in dieser Zeit monumentale Gräber, in Sarteano bei Chiusi finden sich kleine Kammergräber und Gräber mit einem langen Gang und mit Nischen an den Wänden.[198] Eine Liste der bemalten Gräber Etruriens zeigt, dass nach der Mitte des 2. Jh. in Tarquinia keine Gräber mehr ausgemalt wurden.[199] Damit endete eine jahrhundertealte adelige Tradition, die um 680 in Caere und Veji begonnen hatte.

Die Ablösung der alten Traditionen spiegelt sich auch in der Aufgabe oder im Umbau einiger alter Heiligtümer wider. Der Apollon-Tempel in Veji (Portonaccio) blieb nach der Einnahme Vejis durch die Römer (396) religiöser Treffpunkt der alten und neuen Siedler. Wenn der Tempel Sitz eines Orakels war (▶ Kap. 4.5), blieb er auch in römischer Zeit ein politischer Mittelpunkt. Ende des 4. oder Anfang des 3. Jh. wurde er jedoch abgerissen und Jahrzehnte später die Kultstätte beim Altar geschlossen. Der Tempel in der Vigna Parrocchiale von Caere wurde im Laufe des 3. Jh. aufgegeben, der Tempel von Pyrgi in den Jahren 268–265 in Zusammenhang mit der Anlage der römischen Kolonie abgetragen. Der Tempel von Caere (Sant'Antonio) wurde jedoch erst im 1. Jh. n. Chr. geschlossen.[200]

Der Haupttempel von Vulci vom Ende des 6. Jh. wurde nach der Zerstörung der Stadt (280) umgebaut.[201] Man brach nicht mit der etruskischen Vergangenheit, vielmehr bezog man die Reste der alten architektonischen Strukturen in die Substruktionen des neuen Tempels mit ein. Damit brüskierte die neue Führung die alten Siedler nicht und gab ein Zeichen religiöser Scheu vor den besiegten Göttern. Zahlreiche Weihgaben in einem Depot beim Haupttempel ›Ara della

Regina‹ von Tarquinia (▶ Kap. 4.7) zeigen, dass der Tempel im 2. Jh. noch aufgesucht wurde, wohl aus Vertrauen in die alten Götter. Der Kult verlor erst in der römischen Kaiserzeit an Bedeutung.

Der dreizellige Tempel in Fiesole wurde im 2. Jh. zu einem monumentalen, einzelligen Antentempel mit ›tuskanischen‹ Säulen, einer siebenstufigen Treppe, einem zweiten Altar und architektonischem Giebelschmuck umgebaut. Nach einem Brand während der Belagerung durch Sulla (82–80) wurde die Anlage neu gebaut, was für die anhaltende kultische Bedeutung des Heiligtums spricht.

Im 2. Jh. entstanden in einer Senke vor der Akropolis Populonias drei Tempel griechisch-römischen Typs, mit Säulen an der Vorderfront, hohem Podium, Tonschmuck und Giebelfiguren. Die Tempel waren durch eine leicht ansteigende, gepflasterte Hauptstraße, möglicherweise eine Prozessionsstraße, mit einem Baukomplex (›Le Logge‹) verbunden. Dieses monumentale, architektonisch gegliederte Heiligtum stand auf einer hohen Stützmauer mit Nischen, Zisternen und unterirdischen Räumen, mit Stuckaturen und Bodenmosaiken und mit ›modernen‹ Malereien im 1. Pompejanischen Stil, der farbige Marmorplatten nachzuahmen suchte.[202] Strabo bezog sich wahrscheinlich auf diese Anlage, als er von »Tempeln« in Populonia sprach, die zu seiner Zeit noch aufgesucht wurden.[203]

Der Baukomplex ›Le Logge‹ hat Parallelen in Latium (Palestrina, Tivoli und Terracina) und im hellenistischen Osten (Pergamon, Rhodos und Kos). Der Bau von Populonia ging wahrscheinlich auf ostgriechisch geschulte Architekten zurück, die Rom nach der Eroberung Griechenlands vermittelte. Die Architekten verbanden hier neue Traditionen mit Elementen der griechisch-etruskischen Überlieferung, wie z. B. dem Tonschmuck. Dies gilt auch für ein Gebäude beim Haupttempel auf der Akropolis von Volterra, welches um die Mitte des 2. Jh. im 1. Pompejanischen Stil wie ›Le Logge‹ von Populonia dekoriert wurde. Diese Bauten entstanden in einer Zeit politischen Umbruchs und werfen die Frage der römischen Beteiligung an ihrer Entstehung auf.

Die Führung der etruskischen Staaten, die seit der Mitte des 3. Jh. mit dem Einfluss neuartiger, griechisch-römischer Architekturformen konfrontiert war, denen sie durchaus offen gegenüberstand, identifizierte sich immer mehr mit den neuen Formen. Die altetruskischen Kultstätten und die damit verbundenen Kulte und Traditionen wurden mit der Zeit obsolet, die neuen Generationen suchten andere Heiligtümer auf, ein Phänomen, das noch weiter untersucht werden soll. Für die Etrusker bedeutete die Aufgabe der Symbole der alten Religion die Auflösung eines wesentlichen identitätsstiftenden Merkmals. Rom hatte hingegen politische Gründe für die Erneuerung der Kulte, denn Kulte besitzen eine gesellschaftsintegrierende Kraft und stiften Konsens. Die Schließung der alten und der Bau der neuen Kultstätten setzen auch den Einbezug einer neuen, von der römischen Religion beeinflussten Priesterschaft voraus. Priester, die jahrhundertelang in den Städten und Dörfern Etruriens Feste, Zeremonien und Riten gefeiert und Traditionen weitergegeben hatten, gehörten den Eliten an, die jetzt Rom nahestanden. Dies bedeutete einen weiteren tiefen Bruch innerhalb der etruskischen Gesellschaften.

Ein neuer, wahrscheinlich sakraler Bau auf mächtigen künstlichen Substruktionen entstand im 1. Jh. im Gelände Castelsecco bei Arezzo und nahe einem aus dem Felsen herausgeschnittenen theaterartigen Bau. Dieser war im 2. Jh. entstanden, in einer Zeit, in der in Italien Bauten für Darbietungen griechischer Tradition errichtet wurden.

Der Etrusker Volnius soll Tragödien geschrieben haben.[204] Wir wissen allerdings weder wann noch wo dieser Autor lebte: Der Wortstamm Voln- anstelle eines zu erwartenden etruskischen Vuln- spricht für eine latinisierte Form des Namens. Müller-Deecke datierte die Tragödien des Volnius ins 1. Jh. und sah sie als eine Maßnahme, die aussterbende Sprache zu erhalten.[205] Dies setzt allerdings voraus, dass noch um 90 Tragödien auf Etruskisch verfasst wurden. Livius und Valerius Maximus erwähnen Schauspieler, die aus Etrurien nach Rom kamen und ihre Aufführungen mit Erfolg darboten.[206] Das einschlägige Wort für ›Schauspieler‹, *histriones*, ist wahrscheinlich eine lateinische Entlehnung aus dem Etruskischen über griechische Vermittlung.[207]

Gegen Ende des 2. Jh. vermittelte Rom auch profanes Kulturgut nach Populonia, Volterra, Vetulonia, Caere, Musarna usw., darunter die Nutzung von Thermen. Thermen sind nicht lebensnotwendig, aber sie machen das Leben in den Städten abwechslungsreicher und angenehmer. Das konnte bei den Thermenbesuchern etruskischer Abstammung nur eine positive Einstellung Rom gegenüber hervorrufen. Die Errichtung von Thermen, wie nach neueren Medienberichten in San Casciano dei Bagni (Prov. Siena), trug also zur Verankerung römischer Lebensart auch im inneren Nordetrurien bei. Inwiefern dies Folge eines planmäßigen politischen Programms von Rom war, bleibt allerdings offen.

Im Allgemeinen ist die Integration die übliche Form der Aufnahme fremder Völker in die eigene Gemeinschaft, was häufig widerstandslos erfolgt. Die etruskischen Oligarchien akzeptierten einige Formen der römischen Lebensart, vor allem diejenigen, die Reichtum und Prestige brachten. Der zunehmende Zerfall der etruskischen Identität führte zum politischen und kulturellen Niedergang des ganzen Volkes, umso mehr, als die unteren Schichten im Laufe der Zeit durch die vielen Rekrutierungen stark geschrumpft waren. Man muss allerdings auch mit einem zweiten Aspekt der Annäherung der etruskischen und der römischen Gesellschaft rechnen. In den langjährigen militärischen Einsätzen lernten die von Rom rekrutierten etruskischen Soldaten das tägliche Leben von einer anderen, einer römischen Warte aus, kennen. Der Pflichtdienst im römischen Heer bedeutete im Laufe der Zeit Einsatz gegen gemeinsame Feinde wie die Karthager, gemeinsame militärische Niederlagen wie die gegen Hannibal am Trasimener-See (217) und bei Cannae (216), aber auch und meistens gemeinsame Siege, wie die bei Zama (202) gegen die Karthager und kurze Zeit später bei Kynoskephalai gegen Philipp V. von Makedonien (197).[208] Siege brachten den Soldaten Anerkennung und sorgten für Stolz auf die gemeinsamen Erfolge, der mit der Zeit Solidarität, Kameradschaft und Korpsgeist innerhalb der Truppe stärkte. Günstige wirtschaftliche Faktoren kamen wohl hinzu: Die römischen Soldaten nahmen bereits nach der Eroberung von Veji an der Verteilung der Beute teil und im 2. Jh. bekamen sie einen Tagessold von zwei Obolen. Sie erhielten auch Parzellen Grundbesitz und konnten von einer kleinen Landwirtschaft gut leben. So erfolgte der Eintritt ins römische Heer wohl nicht nur unter Zwang und Gewalt, sondern auch aufgrund der freiwilligen Bereitschaft vieler etruskischer Männer. Siege und

Niederlagen wurden also entscheidende Faktoren zur Bildung einer neuen Schicksalsgemeinschaft, die an der Geschichte Roms teilhatte und sie mitbestimmte, unabhängig von der Abstammung der Soldaten. Im Jahre 186 zeigte ein Beschluss des römischen Senats den Bundesgenossen Roms, und damit auch den Etruskern, was die Herrschaft Roms bedeutete.

7.6 Die Etrusker und der Bacchanalenprozess

Eine Inschrift auf einem Gefäß aus Caere (Monte Abatone) aus der ersten Hälfte des 5. Jh. nennt einen Mann namens Avale, der mit dem Kult des *Paχa zu tun hatte.[209] *Paχa als etruskisierte Form des lateinischen Namens Bacchus war mit dem Weingenuss verbunden und daher sehr populär. Auch in Griechenland und im griechischen Süditalien war der Kult des Weingottes Diónysos/Bakχos mit orgiastischen Feiern und einer Heilslehre bekannt.

Etruskische Inschriften und Sarkophagreliefs belegen besonders nach dem 3. Jh. in Tarquinia und seinem Territorium sowie in Caere die Verehrung des *Paχa. Die Herren Arnθ Statlanes und Larθ Statlanes aus Tuscania bekleideten Ende des 4. bis Anfang des 3. Jh. (Arnθ) und um 225–200[210] (Larθ) die Stelle eines magistratischen Maru im »Verein des *Paχa«. Ein Crespe (3. Jh.) und Laris Pulena (2. Jh.) hatten in Tarquinia einen nicht näher definierbaren Bezug zum *Paχa.[211] Eine Frau mit besonders reicher Aufmachung – langes Gewand mit Ärmeln und Fibel, in eine Haube eingebundenes Haar, Kette mit Steinscheiben und Ohrscheiben – ist in der zweiten Hälfte des 4. Jh. auf dem Deckel eines Sarkophags aus Tarquinia liegend dargestellt.[212] Ein dem Bacchus heiliger Tyrsos-Stab, ein Gefäß mit Hochhenkeln in ihrer Rechten und ein Böcklein, das heilige Tier des *Paχa auf ihrem linken Oberschenkel verraten zweifellos eine Adeptin des Bacchus-Kultes, die sicher nicht die einzige in ihrem hohen sozialen Milieu war. Kurzum: Inschriften und Darstellungen zeigen, dass der *Paχa-Kult in Etrurien mindestens seit dem 5. Jh. bekannt war, und dass es in Tarquinia im 3. Jh. einen Kultverein gab.

Ein Beschluss des römischen Senats erreichte im Jahre 186 die Staaten der Bundesgenossen Roms: Die Bacchanalia, die Feierlichkeiten zu Ehre des Bacchus, seien in der üblichen Form verboten. Der Text des Senatsbeschlusses (*senatus consultum de Bacchanalibus*) wurde auf mehreren Bronzeplatten eingetragen und einzeln den Bundesgenossen übermittelt.[213] Eine solche Originaltafel befindet sich heute im Kunsthistorischen Museum in Wien. Der in unserem Zusammenhang einschlägige Passus des Senatsbeschlusses besagt:

> Die Konsuln Quintus Marcius [...] und Spurius Postumius Albinus beschlossen: Über die Bacchanalia sollen die Föderierten folgendes verlautbaren: Niemand von ihnen soll ein Bacchanal zu haben wünschen; wenn es Leute gibt, die meinen, es sei für sie nötig, ein Bacchanal zu haben, mögen sie zum Stadtpraetor von Rom gehen, und über diese Angelegenheit möge [...] unser Senat entscheiden [...]. Kein Mann wünsche, an Bac-

chantinnen heranzutreten, weder römischer Bürger noch Latiner noch einer der Bundesgenossen, es sei denn, sie wenden sich an den Stadtpraetor und dieser geböte es auf der Grundlage eines Senatsentscheides [...]. Niemand wünsche, dass mehr als fünf Menschen, Männer und Frauen insgesamt, ein Ritual vollzögen, und wünsche nicht, dass darunter mehr als zwei Männer und mehr als drei Frauen anwesend seien, es sei denn auf Beschluss des Stadtprätors und des Senates, wie oben geschrieben ist.

Das Verbot betraf also nicht den Kult an sich, sondern die Zusammenkünfte, die an Rituale gebunden waren. Das Versammlungsrecht wurde auf fünf Personen beschränkt.

Livius überliefert einen ausführlichen Bericht des aufsehenerregenden Vorfalles, der etwa 200 Jahre vor seiner Zeit ganz Italien erschüttert hatte.[214] Es handle sich bei den Bacchanalia um eine mystische Bewegung, die vom griechischen Süditalien nach Etrurien eingeschleust wurde und deren orgiastische Feiern und Geheimkulte sich in Rom verbreitet hätten. Mit der Zunahme der Anhänger, in erster Linie Frauen, verweichlichte Männer und Unzucht Treibende, die sich heimlich träfen und ihre Kulte und Verbrechen in der Dunkelheit der Nacht ausführten, sei der Verdacht einer Verschwörung zum Umsturz des Staates aufgekommen. So habe der Senat beschlossen, die Gruppe zu zerschlagen, die Aktivisten zu verhaften und hinzurichten sowie die Stätten des Bacchus-Kultes in Rom und in Italien zu zerstören. In Ausnahmefällen, wenn ein Ritual vorbehaltlich der Genehmigung durch den Stadtprätor und den Senat ausgeführt würde, dürften nicht mehr als fünf Personen, zwei Männer und drei Frauen, einem Opfer beiwohnen. Die Denunzianten würden belohnt.

Livius standen detaillierte Quellen zur Verfügung, die allerdings im Laufe der Zeit durch die Interpretationen der Autoren vor ihm aufgebauscht wurden. Der Aufbau und die vielen Details des Berichtes verraten Livius' Absicht, den Beschluss des Senats aufwendig zu begründen und somit den Leser zu überzeugen, dass dessen Entscheidung von der Gefährdung der Staatssicherheit bestimmt war. Tatsächlich wurde um die Mitte des 2. Jh., also etwa dreißig Jahre nach dem Senatsbeschluss über die Bacchanalia, in Rom eine rationalistische, von griechischen Philosophen und Rhetoren beeinflusste Bewegung als große Gefahr für die Einhaltung der Sitten der Vorfahren, für die damit verbundene Eintracht der Stände und für die Staatssicherheit als solche angesehen; ja, »in der Zeit der Vorfahren« waren fremde Kulte und ihre Priester, Wahrsager und Vertreter nichtrömischer Riten aus Rom entfernt worden.[215] Periodische Vertreibungen von Astrologen, Juden und Isis-Anhängern aus Rom, deren Lehren als staatsfeindlich gesehen wurden, zeigen, dass Rom private Versammlungen von Personen als Gefährdung der öffentlichen Ordnung nicht duldete. Hinzu kam die Sorge der römischen Führung wegen Extravaganzen der Jugend.

Der Senatsbeschluss über die Bacchanalia galt nicht nur den Bewohnern Roms und sonstigen römischen Bürgern, sondern auch den Föderierten, darunter den Etruskern, die keine römischen Bürger waren. Das Verbot der Bacchanalia und das Versammlungsverbot bedeuteten daher ein Diktat Roms und rechtlich gesehen einen Eingriff in die religiösen Angelegenheiten und in die innenpolitische Selbständigkeit der etruskischen und italischen Bundesgenossen, was durch die bestehenden Verträge nicht gedeckt war. Diese Übertretung der Verträge kam wohl daher, dass sich Rom aufgrund seiner militärischen Überlegenheit im Laufe der Zeit die Rolle einer Ordnungsmacht Italiens angeeignet hatte. Eine Rolle, die Rom allerdings in Einzelfällen von hilfesuchenden Städten zugebilligt wurde oder die sogar erwünscht war. Schiedsrichter sind bereits im XII-Tafel-Gesetz erwähnt.[216] Als Schiedsrichter (*arbitratus*) hatte Rom bereits in der Vergangenheit, z. B. 302 in Arezzo und 264 in Volsinii/Orvieto fungiert.

8 Die Integration und das Erbe der Etrusker

8.1 Die Etrusker und das römische Bürgerrecht

Die rechtliche Integration der Etrusker in den römischen Staatsverband erfolgte insgesamt auf der Grundlage von ausgeklügelten politischen, militärischen und sozio-ökonomischen Maßnahmen, die von Rom ausgingen und von den Vertretern der etruskischen Oberschichten angenommen wurden. Sie wirkten sich auf die sozio-politischen und kulturellen Strukturen der etruskischen Staaten entscheidend aus.

Die Etrusker und der Bundesgenossenkrieg (90–88)

Die römische Rekrutierung von Soldaten gestaltete sich in Italien nach dem 2. römisch-karthagischen Krieg immer schwieriger, weil sich die Kriegslandschaften immer weiter ausdehnten: In den ersten Jahrzehnten des 2. Jh. führte Rom Krieg gegen Makedonien und Griechenland, und im Nordwesten Italiens focht es lokale Kämpfe gegen die Ligurer aus. Die Bundesgenossen kämpften jahrzehntelang für Rom, dessen geschlossenes System der Rekrutierung kaum andere, eigene Initiativen ermöglichte. Die etruskischen Oberschichten und der reiche Mittelstand kooperierten wirtschaftlich erfolgreich mit Rom und hatten daher keine Interessen an Veränderungen.

Im Jahre 91 brach in Süditalien auf Betreiben der sabellischen Marser und der Samniten eine Revolte der italischen Bundesgenossen aus, die in den Jahren 90–88 gegen Rom zogen, und die auch die etruskischen Bundesgenossen involvierte.[1] Unmittelbarer Anlass zum Krieg war der gescheiterte Versuch des römischen Volkstribuns M. Livius Drusus (92–91) mit einem Gesetzesantrag an den Senat die schon lang anstehenden rechtlichen und wirtschaftlichen Probleme zwischen Rom und den Bundesgenossen zu lösen.[2] Der Antrag des Drusus bestand aus einem Paket von vier Gesetzen, eines davon sah die Neuverteilung des *ager publicus* an Besitzlose, was eine Versetzung der Ackergrenzen bedeutet hätte.[3] Wie die Bürger etruskischer Abstammung in Rom bzw. die Etrusker Südetruriens zum Antrag des Drusus standen, ist aus den Quellen nur schlecht ersichtlich. Der Antrag stieß jedoch auf heftige Ablehnung bei den Senatsanhängern, und es liegt nahe, dass auch in Südetrurien die Befürchtung unter den Grundbesitzern entstand, dass ihr Vermögen durch Änderung der Grenzen direkt tangiert und geschmälert werden könnte.

8.1 Die Etrusker und das römische Bürgerrecht

Es gibt einen indirekten Hinweis auf die ablehnende Haltung der Etrusker gegenüber Änderungen. In den Schriften der römischen Feldmesser, die im 5. Jh. n. Chr. gesammelt wurden, findet sich die auf Latein verfasste »Prophezeiung der Vegoia«.[4] Der Text lautet:

> So (sagte) Vegoia dem Aruns Veltimnus: »So wisse denn, dass das Meer vom Himmel getrennt wurde. Als aber Jupiter das etruskische Land für sich in Anspruch nahm, beschloss und befahl er, die Felder auszumessen und die Ackergrundstücke zu markieren. Da er den Geiz der Menschen und die auf Erden herrschende Gier kannte, wollte er, dass alles durch Grenzsteine dokumentiert sei [...]. Aber wer sie anrührt und versetzt, um seinen Besitz zu vergrößern und den eines anderen zu vermindern, wird um dieses Frevels willen von den Göttern bestraft werden [...]. Diejenigen, welche die Grenzsteine versetzen, werden von Krankheiten und Verletzungen übelster Art betroffen und sie werden an den Gliedern gelähmt werden. Dann wird die Erde von Unwetter, Wirbelstürmen und zahlreichen Erdbeben erschüttert werden. Die Feldfrüchte werden häufig Schaden leiden, sie werden durch Regen und Hagel vom Halm geschlagen werden, in der Hitze der Hundstage verderben und durch Getreidebrand zugrunde gehen. All dies – seid euch dessen bewusst – wird geschehen, wenn solche Frevel begangen werden [...]. Nimm dir diese Lehre zu Herzen!«

Die ›Prophezeiung‹ spielt auf die Gefahr der Versetzung der von Jupiter fixierten Ackergrenzen durch die Eliminierung der bestehenden Grenzsteine an. Der Text der Vegoia ist also keine ›Prophezeiung‹ in üblichem Sinn, sondern ein Werkzeug politischer Propaganda.

Die Einbettung des Schriftstückes in einen etruskischen Hintergrund – der Adressat trägt einen etruskischen Namen – führt zu einigen Überlegungen: Der Text ist in einem eigentümlichen, ›unklassischen‹ Latein verfasst und setzt einen wohl etruskischen Autor voraus, der sich bemühte, in Latein zu schreiben. Nach A. J. Pfiffig entstand der Text im nordetruskisch-chiusinischen Raum.[5] Der Name Vegoia ist die reguläre latinisierte Form des etruskischen Namens Vecu, der nach dem 4. Jh. im Gebiet von Chiusi als männlicher und weiblicher Familienname bezeugt ist; gleichzeitig ist Vecu der Name eines auf einem etruskischen Spiegel dargestellten überirdischen weiblichen Wesens (*lasa*).[6] Adressat der ›Prophezeiung‹ ist ein historisch nicht bezeugter Aruns Veltimnus, etruskisch *Arnθ Veltimna. Die Form Veltimna steht dem Namen des Gottes Voltumna nahe, wahrscheinlich bezog sich der theophore Name auf eine mythisch-sakrale Figur. Der Satz »Jupiter nahm das etruskische Land für sich in Anspruch« offenbart den Ethnozentrismus eines ›auserwählten (etruskischen) Volkes‹ und bestätigt eine etruskische Autorenschaft.

Der Text der Vegoia beschreibt in seinem verschrobenen Latein und in Form einer Parabel die konkreten Folgen falschen menschlichen Handelns: Im Sinne eines mystischen Zusammenhanges zwischen Naturphänomenen und menschlichem Handeln werden Naturkatastrophen über das Land hereinbrechen, wenn der Mensch göttliche Vorschriften nicht befolgt und sich den als moralische Gebote geltenden kosmischen Normen nicht unterordnet. Der Text wurde entweder in Rom oder in Etrurien von einem Mitglied der etruskischstämmigen konservativen Oberschicht der Grundbesitzer verfasst: Der Autor hatte vor einer Änderung der gottgewollten Ordnung tatsächlich Angst, oder der religiöse Bezug ist nur Beiwerk, das dem Erreichen des Hauptanliegens – die Beibehaltung der alten Grenzen – dienen sollte. Man darf insgesamt annehmen, dass der Antrag des Drusus keine Zustimmung bei den Oberschichten etruskischer Staaten fand.

Das Schriftstück der Vegoia ist gleichzeitig ein Beispiel für das Engagement neurömischer Politiker etruskischer Abstammung in der römischen Politik. Dies verrät einen hohen Grad an Romanisierung, der am Anfang des 1. Jh. nicht überrascht. Ein weiterer Punkt des Drusus-Gesetzespaketes sah die Übertragung der Aufsicht der Gerichtshöfe vom Ritterstand an den Senat vor.[7] Dieser Punkt konnte ebenfalls keine Zustimmung bei den in Rom lebenden Bürgern etruskischer Abstammung finden, denn diese gehörten in der Regel dem Ritterstand und nicht dem Patriziat an und wären durch einen solchen Schritt ebenfalls benachteiligt worden.

In den Jahren zwischen 91 und 89 kündigten mehrere Wunderzeichen und außergewöhnliche Phänomene den Ausbruch von Kriegen und Volksaufständen an: So nach dem Historiker L. Cornelius Sisenna (um 118 bis 67 [?]) bei Cicero.[8] Sisenna war etruskischer Abstammung und seine Aufzeichnungen der Wunderzeichen wurden über Livius und Orosius vom römischen Historiker Iulius Obsequens übernommen; Plinius fand die Nachricht von Wunderzeichen »in den Büchern der Etruskischen Disziplin«.[9]

Iulius Obsequens schreibt, wahrscheinlich im 4. Jh. n. Chr., über die Geschehnisse:

> Nachdem der Volkstribun Livius Drusus die Gesetze beantragt hatte und der Bundesgenossenkrieg ausgebrochen war, erschienen in der Stadt [Rom] zahlreiche Vorzeichen. Bei Tagesanbruch leuchtete der Feuerball im Norden mit einem hohen Ton. In Arezzo floss Blut aus gebrochenem Brot [...] in der Nähe von Reggio [Emilia-Romagna] zerstörte das Erdbeben einen Teil der Stadt und die Mauern. In Spoleto stieg ein goldener Feuerball von der Erde auf, wurde immer größer und verdunkelte die Sonne mit seiner Größe, indem er sich in Richtung Osten bewegte.

So liegt es nahe, dass etruskische Grundbesitzer in Etrurien und in Rom, zu denen auch Haruspizes zählten, am Vorabend der Verabschiedung der Gesetze des Drusus die politisch-sozialen Änderungen und die neuen Gesetze mit altbewährten Mitteln, wie der Interpretation und Sühnung der Vorzeichen, bekämpften: Sie unterstützten damit den Senat in seiner negativen Haltung gegenüber der drusischen Gesetzesvorlage.

Im Herbst 91 überstürzten sich in Rom die Ereignisse, die mit der Ermordung des Drusus in seinem Haus vor dem 10. Dezember 91, vielleicht bereits im Oktober, gipfelten: Seine Gegner, darunter die ›Etrusker‹ und die ›Umbrer‹, wurden des Mordes beschuldigt.[10] Dem Tod des Drusus folgten im Jahre 90 die Revolten einiger italischer Stämme bzw. laut Livius »ganz Italiens« gegen Rom.[11] Die letzte Aussage stimmt nicht, denn der Versuch der sabellischen Marser, im Frühjahr 90 alle Völkerschaften Italiens in den Krieg gegen Rom zu ziehen, scheiterte: Etrusker, Umbrer, Latiner, Bruttier und Kalabrer Süditaliens, Griechen Italiens und Kelten südlich der Alpen blieben den Kämpfen fern.

Die Rolle von ›Etruskern‹ in den Wirren rund um die Ermordung des Drusus bleibt insgesamt unklar. Eine Aufeinanderfolge der Ereignisse kann nicht rekonstruiert werden, denn die auf Tage und Stunden notwendige, detaillierte Überlieferung fehlt: Von den Werken zeitgenössischer Autoren sind nur Teile erhalten, die unsere Fragen nicht beantworten.[12] Nach Livius fielen Etrusker und Umbrer ab und wurden von Rom besiegt.[13] Es werden Kämpfe gegen die Etrusker bei Fiesole, das gewaltsam erobert wurde, und gegen die Umbrer bei Otricoli (Prov. Terni) erwähnt.[14] Sisenna weiß von diplomatischen Verhandlungen in der Nähe des umbrischen Gubbio, im etruskischen Perugia und in Todi, also im Grenzland zwischen Etrurien und Umbrien.[15] Auch sollen sich die Bewohner von Arezzo am Vorabend des Krieges auf die Seite der Aufständischen geschlagen haben. Nach Appian waren Etrusker, Umbrer und »sonstige benachbarte Völkerschaften« gerade dabei eine Rebellion zu organisieren, als der Senat das Bürgerrechtgesetz (lex Iulia) zugunsten der treugebliebenen Bundesgenossen verabschiedete. Die Etrusker nahmen das Bürgerrecht »mit Freude« an.[16] Ob sie eine Alternative hatten, bleibt natürlich offen.

In den Jahren, in denen Rom Italien, darunter auch Etrurien, juridisch neu organisierte, wurden acht etruskische Inschriften gleichen Inhalts auf drei Grenzsteinen in Sidiben Tahila, Bir Mcherga und Smindja im Tal des Wadi Milian, etwa 50 km südöstlich von Karthago und 10 km von der römischen Kolonie Thuburbo Maius entfernt, eingeritzt.[17] Die Entfernung der Grenzsteine voneinander beträgt etwa 5–8 km. Die etruskischen Inschriften legen nahe, dass auf beiden Seiten der durch die Steine markierten Grenze Etruskisch sprechende Personen siedelten.

Die acht Inschriften aus drei verschiedenen Ortschaften nennen wahrscheinlich eine Person namens *m unata zutas tul*, das Wort *dardanium* und den Gott Tin in der Genetivform *Tins*. Die Texte legen nahe, dass ein Marce Unata Zutas (?) – vielleicht ein Kolone oder ein Funktionär – ein Gelände (von ›M‹ Fläche) absteckte. Die Nennung des etruskischen Hauptgottes Tinia dürfte so aufzufassen sein, dass der Gott die Grenzen schützte. Der Beiname *Dardanivm* ist schwierig zu deuten. Die Verbindung Etruriens zu Dardanos ist bekannt: Nach Homer ist Dardanos Ahnherr der Trojaner und nach Vergil aus dem »etruskischen Corito«, vielleicht Tarquinia oder Cortona, zur nordägäischen Insel Samothrake gekommen.[18] Die Stellen bei Homer und Vergil sowie weitere Überlieferungen haben mehrere Interpretationen über die Verbindung von Dardanos zu Etrurien ausgelöst. Wir können diesen Deutungen in unserem Zusammenhang nicht nachgehen, so viel steht aber fest: Die Überlieferungen zu Dardanos in Etrurien sind historisch unverbindlich, denn sie gehen von uneinheitlichen griechischen Sagen aus. Die Erwähnung Etrusker-Dardaner/Trojaner dürfte ein mythologischer Rückgriff sein und somit historisch uninteressant.

Der Familinname *Unata* in den zitierten Texten spricht für eine nordetruskische, chiusinische Herkunft der Inschriften.[19] Ein Einzelname Vnata auf einer Statuette ist nur im Süden von Siena und Vnat auf einem Gefäß in Adria bezeugt.[20] Andererseits: Die Verwendung eines neuen Schriftzeichens *t'* für den im Etruskischen fehlenden stimmhaften Zahnlaut *d* bei *Dardanivm*, sowie die Verwendung eines vierstrichigen Sigma des caeretanischen Typs (ξ) erscheinen in einer Zeit, in der man im Gebiet von Chiusi und Perugia noch etruskisch sprach und schrieb, unverständlich.[21] Die Inschriften werden auf den Anfang des 1. Jh. datiert: Es ist fraglich, ob Kolonen nach 89 in einer öffentlichen Inschrift das Etruskische anstelle von Latein ohne rechtliche Folgen hätten verwenden dürfen. Auch zeigen die von Zippen angedeutete Unverletzlichkeit der Grenzen und der

Gott Tinia als Bewahrer eines *status quo* die Nähe der Inschriften zur »Prophezeiung der Vegoia« über die Unverletzbarkeit der Grenzen. Andererseits könnten die Inschriften von Privaten verfasst worden sein, die in der Zeit des Bundesgenossenkrieges aus Etrurien aus welchem Grund auch immer nach Nordafrika kamen und ihr Glück suchten.

Die Etrusker, das römische Bürgerrecht und die Neuorganisation ihrer Städte

Caere als Munizipium von römischen Bürgern ohne Stimmrecht bekam 109 das volle römische Bürgerrecht: Mit der *lex Mamilia* dieses Jahres wurden nämlich die Magistrate der Munizipien von Bürgern ohne Stimmrecht den Magistraten der Gemeinden römischen Rechtes gleichgestellt.[22] Im Jahr 90 bekamen treu gebliebene Bundesgenossen, darunter einige etruskische Gemeinden und die Latiner, auf der Grundlage des vom Konsul Lucius Iulius Caesar vorgelegten Gesetzes (*lex Iulia*) das volle Bürgerrecht.[23] Nach einem weiteren Gesetz (*lex Plautia Papiria*, 89) bekamen einzelne Personen und die Bewohner der mit Rom verbündeten Städte südlich des Flusses Po nach eigenem Ansuchen beim Stadtprätor das volle Bürgerrecht.[24] Die ersten Etrusker, die darum ansuchten, waren mehrere Bewohner von Volsinii novi/Bolsena, Chiusi und wahrscheinlich Volterra. Dass die Volterraner vor dem Bundesgenossenkrieg das Bürgerrecht bekam, ist möglich, allerdings haben wir darüber keine Berichte.[25] Die Bewohner von Tarquinia bekamen das Bürgerrecht vor 87,[26] diejenigen von Vulci erst nach 87, jene von Perugia im Jahre 82 und jene von Cortona und Arezzo nach dem Bundesgenossenkrieg.

Nach 89 wurden in Etrurien die unterschiedlichen Formen von Freilassung an das römische System angepasst und die *lautni/lautniθa* römischen Freigelassenen (*liberti/libertae*) gleichgestellt. Der Verleihung des Bürgerrechtes folgte die Eintragung der neuen Bürger in die Wahlsprengel (*tribus*): Die neuen Bürger wurden in acht von den 35 bereits vorhandenen *tribus* eingetragen, damit sie bei den Wahlen nicht durch ihre größere Anzahl die alten Bürger überstimmten;[27] kurze Zeit später wurden sie in zehn neue Wahlsprengel, schließlich mit der *lex Sulpicia* von 88 »in alle Sprengel« eingetragen.[28] Es dauerte bis zum Jahr 83, bis die Zuordnung der Bewohner Etruriens in die *tribus* beendet war. Die Zuweisungen berücksichtigten zwar die territorialen Grenzen der ehemaligen etruskischen Staaten, dennoch wurden die Bewohner benachbarter Staaten nie derselben tribus zugeschlagen, sondern mit weiter entfernten etruskischen Staaten zusammengelegt. Damit schloss Rom eine weitere politische Zusammenarbeit zwischen Nachbarn aus. M. Perperna, der im Jahre 86 Censor in Rom war und daher für die Zuweisungen zuständig, betrieb eifrig die Aufnahme der Bewohner Etruriens in die römischen Wahlsprengel. Erleichterte er als Nachfahre von Etruskern diesen das Leben in der schwierigen Zeit der totalen Veränderung, oder erleichterte er Rom die Durchsetzung seines Programmes?

Unmittelbare Folge der Einführung der *lex Iulia* war die Verpflichtung zur Übernahme dreier Namen (*tria nomina*), und auch die Etrusker mussten einen lateinischen Familiennamen (*nomen*) übernehmen. Flave < Flavius und Pupainei/

Pupaini < Pupiena/Pupienus sind etruskisierte lateinische Familiennamen.[29] Die Verwendung der lateinischen Sprache bei öffentlichen Geschäften wurde verpflichtend. Die römischen Magistrate bestanden aus Respekt vor dem eigenen Ansehen und zur Wahrung des Ansehens der Republik darauf, dass man selbst mit den Griechen in keiner anderen Sprache als in Latein sprach.[30] Römische Amtsträger setzten im Verkehr mit Vertretern Etruriens sicher ähnliche Maßstäbe an. Auch war Latein die Sprache der militärisch und wirtschaftlich erfolgreichen Römer und seine Kenntnis war daher notwendig, um Geschäfte mit Rom und mit den Bewohnern der römischen *coloniae* abzuschließen.

Die Verleihung des Bürgerrechtes bedeutete die völlige Eingliederung des Gebietes südlich des Po-Flusses in den römischen Staat und fixierte staatsrechtlich eine bisher *de facto* bestehende Situation. Mit dem Bürgerrecht verloren sowohl die Etrusker wie auch die Italiker die bisherige völkerrechtlich verankerte Eigenstaatlichkeit, und die Bezeichnung ›Etruria‹ wurde nun ein geographischer Begriff. Seine Städte gehörten nun einem Einheitsstaat an, der aus der Stadt Rom und aus den Bürgern Italiens bestand. Damit endete völkerrechtlich die politische Geschichte der etruskischen Stadtstaaten, und es begann die Geschichte der Bewohner Etruriens innerhalb des römischen Staatsverbandes. Die Bezeichnung ›Etrusker‹ für die Bewohner Etruriens in der Zeit nach 89 ist daher politisch gesehen nicht mehr korrekt, sondern nur noch in sprachlicher und kulturgeschichtlicher Sicht verwendbar. Tatsächlich finden sich noch jahrhundertelang in verschiedenen historischen Kontexten Spuren etruskischer Kultur und sogar politischer Organisation. Die etruskische Kultur behielt eine Zeit lang trotz vielfältiger Einflüsse aus der römisch-griechischen Welt eigene, originelle Züge, die die Neugierde von Intellektuellen weiterhin anregten. Kaiser Claudius hatte großes historisches Interesse an den Etruskern.

Die griechische Bezeichnung ›Tyrrhener‹ ging nicht verloren, wie fast 80 Jahre nach dem Bürgerrecht Strabo bezeugt.[31] ›Tyrrhener-Etrusker‹ waren damals die Nachkommen altetruskischer Familien, die ihre Familiengeschichte mindestens bis ins 1. Jh. n. Chr. aufbewahrten und sich wahrscheinlich noch als Träger altetruskischer Traditionen sahen. Mit der Erhöhung der Anzahl der römischen Bürger durch die Vergabe des römischen Bürgerrechts wurde eine Neuordnung des gesamten *ager Romanus* notwendig. Ehemalige etruskische Städte (von Bundesgenossen) wurden zu Munizipien römischer Bürger und zu *coloniae*.[32] Rom überließ den neuen Munizipien die kommunale Selbstverwaltung, bestehend aus einem eigenen Senat (*ordo*), einem Kollegium von Vier- oder Zweimännern (*quattuorviri* bzw. *duumviri*) für Jurisdiktion und Bautätigkeiten, sowie aus der Bürgerversammlung.

Zwei kaiserzeitliche lateinische Inschriften zeigen, dass in Caere römische Magistrate teilweise die etruskische Ämtertradition fortsetzten.[33] Zur Zeit des Kaisers Claudius bekleideten T. Egnatius Rufus und A. Avillius Acanthus je das Amt eines *dictator*.[34] Acanthus hatte nur diesen Titel, Rufus hatte mehrere Titel, *dictator* war der vorletzte Titel der Ämterreihe. Die Inschrift eines Ulpius Vesbinus zum Jahr 113/114 n. Chr. nennt den *dictator* Pontius Celsus zusammen mit dem Ädil Suetonius Claudius.[35] Diese drei Inschriften zeigen, dass in der frühen Kaiserzeit die römische Verfassung von Caere einen *dictator* und einen Ädil als höchste Beamten hatte, wie sonst nur noch die latinische Stadt *Nomentum* (h. Mentana, Prov. Roma).³⁶ In Caere hatte es Ende des 6. Jh. einen *zilaθ seleita* gegeben, der dem *praetor maximus* in Rom entsprach und der später *dictator* genannt wurde. Im kaiserzeitlichen Caere bekleideten also Diktatoren das höchste Amt, das man als römische Nachfolge des altetruskischen *zilaθ*-Amtes sehen darf.

Egnatius Rufus war auch *aedilis Etruriae* gewesen.³⁷ Die Ädilität des Rufus wird an letzter Stelle in seiner aufsteigenden Ämterlaufbahn genannt, was zeigt, dass es sich um eine hohe Würde handelte. Varro führt den Namen der Ädilen auf die *aedes*, die Heiligtümer, zurück, und Cicero hebt die Fürsorge der Ädilen dafür besonders hervor.³⁸ Bestand eine Gemeinde nach der Einbürgerung der Bewohner weiter, dann wurden die alten Kulte als Munizipalkulte weitergeführt, und Rom übernahm auch in Etrurien die Götter der alten Heiligtümer und deren Kulte in die eigene Obhut – so auch in Veji und Perugia. Im 2. Jh. besorgte in Volsinii novi/Bolsena ein »Amtsträger für das Gemeinwohl« (*curator*) den Kult der Göttin Nortia.³⁹ K. Latte bemerkte, dass in der Kaiserzeit »die Würde rein titular war«, bezogen auf eine Magistratur für die Kulte (*sacra*).⁴⁰ Diese Kultbeauftragten waren also Magistrate und keine Priester. Es fragt sich nun, ob es sich in Caere um ein ähnliches Phänomen handelte: Die »Ädilen für die Kulthandlungen Etruriens« (*aediles [ad sacra] Etruriae*) dürften demnach römische Beamte gewesen sein, denen die Kulte der altetruskischen Götter anvertraut wurden und die den Titel als reine Würde führten. Stimmt diese These, dann wurde das Amt des ›Ädils Etruriens‹ nicht in Anlehnung an altetruskische Ämter geschaffen, sondern ist vielmehr ein römisches Amt für die Kulte der altetruskischen Götter in den neu geschaffenen Munizipien. Dann ist aber die Suche nach einem äquivalenten etruskischen Amt im späten Caere oder im alten Etrurien zum Scheitern verurteilt.

Die Verwaltungsreformen des Augustus im Jahre 12 v. Chr., 6 oder 14 n. Chr. sahen in Italien die Einrichtung von elf ›Regionen‹ mit den Namen der Völker bzw. der historischen Landschaften vor. Etrurien wurde zur *regio VII Etruria* (▶ Karte).⁴¹ Seine östliche Grenze wird von der Grenze der etruskischen Inschriften im Osten Etruriens markiert. Diese politische Grenze Roms entspricht also der alten Sprachgrenze zwischen dem Etruskischem und Umbrischen, die im Laufe der Jahrtausende zur Grenze zweier ineinanderfließenden Mundarten im Italienischen geworden ist. Der Name Etrurien erhielt sich über die kaiserzeitliche-mittelalterliche Form Tuscia (= Tuskia) hinaus bis zur heutigen Form Toscana, wenngleich mit der Zeit in seiner ursprünglichen Bedeutung und Ausdehnung verändert – Südetrurien, das im Mittelalter jahrhundertelang Teil des Kirchenstaates war, gehört heute verwaltungsmäßig zur Region Latium.

Mit der rechtlichen Gleichsetzung der kulturell und sprachlich so verschiedenen Völkerschaften Italiens handelte Rom, wie auch früher und später nicht selten in seiner Geschichte, und wie schon früher die Herrscher des Alten Orients, denn Gleichheit in Sprache, Verwaltung, Währung usw. – die Hauptfolgen der römischen Herrschaft – erleichterten das Regieren wesentlich. Die Behauptung, dass Völkerschaften in einem großen Reich besser leben können, und dass man ihnen Frieden und Kultur in Form von Straßen und Brücken, Thermen und Theatern gebracht habe, ist eher eine Rechtfertigung vor sich selbst für die nicht immer friedlichen Maßnahmen, die die Bildung eines Reiches verlangen. Ob die Völker Altitaliens den Höhepunkt ihrer historischen Entwicklung in der angleichenden Politik Roms sahen, sei dahingestellt. Der romanisierte Sabeller Horaz (65–8) aus Venosa in Apulien, dessen republikanische Gesinnung bekannt war, lehnte die Aufforderung seines Gönners Maecenas, die Siege des Oktavian-Augustus zu verherrlichen, mit den Worten ab: »Du, mein Maecenas, wirst besser als ich, in Prosa, über die Kämpfe Caesars und über die Könige, die auf unseren Straßen in Ketten geführt werden, schreiben«.[42] Properz (50 bis um 15) aus Assisi im Grenzland zwischen Etrurien und Umbrien antwortete polemisch auf die Aufforderung des Maecenas, Kaiser Augustus zu verherrlichen: Zu den großen Taten des Augustus würde er seine Siege in den Bürgerkriegen zählen, die so viele Tote unter den eigenen Bürgern gekostet hätten; oder die Zerstörung von Perugia, »das Grab meiner Heimat«, »die zerstörten Heimstätten der alten Etrusker«.[43] Vergil hat dies erkannt und mit den Versen »Also mühevoll war's, das römische Volk zu begründen« auf den Punkt gebracht.[44]

8.2 Die Bewohner Etruriens in der römischen Politik

Die Bewohner Etruriens, die rechtlich zu Römern geworden waren, wurden nach der Verleihung des Bürgerrechtes Teil eines neuen, römischen politischen Systems und alsbald in die Bürgerkriege zwischen Marius und Sulla, den Vertretern popularischer (Marius) und aristokratischer (Sulla) Gesinnung, hineingezogen. Sie schlugen sich größtenteils auf die Seite der Popularen.[45] In den Jahrzehnten nach der Verleihung des Bürgerrechtes war in Rom die politische Linie einzelner Personen etruskischer Abstammung keineswegs einheitlich.[46] Es gab Vertreter eines oligarchischen Konservativismus und senatorischer Gesinnung, wie den unbekannten Verfasser der »Prophezeiung der Vegoia«, wie den Pompejus-Anhänger Aulus Caecina, wie Tanusius Geminus, wahrscheinlich aus Chiusi, und Silicius Corona, einen Nachfahren der adeligen Familie Curuna aus Tuscania, welcher im Senat als einziger für die Freisprechung des Caesarmörders Brutus stimmte.[47] Zu den Anhängern Caesars zählten hingegen sein Haruspex Spurinna und Caesennius Lento, ein Nachkomme der adeligen Familie Hulχnie von Tarquinia.[48]

Die ehemaligen Städte der Etrusker wurden in die Bürgerkriege zwischen Marius und Sulla, d. h. in die Wirren der römischen Innenpolitik hineingezogen. Außerhalb der Mauern altetruskischer Städte Nordetruriens entstanden seit den 80er Jahren des 1. Jh. Ansiedlungen von Veteranen römischer Kommandanten – Veteranen Sullas in Arezzo, Volterra und Fiesole –, denen enteignetes Land zugeteilt wurde, wo sie noch Jahrzehnte später Raubzüge und Plünderungen organisierten.[49] In Fiesole kam es immer wieder zu Reibereien zwischen den Bewohnern etruskischer Abstammung, die man enteignet hatte, und rebellierenden Veteranen Sullas. Die demographische Unterwanderung durch die fremden Veteranen schuf mit der Zeit weitere Voraussetzungen für den Niedergang der etruskischen Traditionen und ihrer Träger.

Sulla ging mit Proskriptionen und Vertreibungen grausam gegen die altetruskische, latinisierte Bevölkerung Nordetruriens vor. Populonia wurde 80 von Sulla belagert.[50] Ähnliches gilt für Volterra, das zwei Jahre lang (82–80) belagert und, trotz der gut zu verteidigenden Hügellage und der starken Stadtmauer, eingenommen und zerstört wurde; sein Territorium wurde zum großen Teil konfisziert. Während der Belagerung hob ein von Sulla erlassenes Gesetz das römische Bürgerrecht der Volterraner auf. Das Gesetz wurde zwar alsbald abgeschafft, aber die rechtliche Lage Volterras blieb eine Zeit lang unklar. Als der Volterraner Aulus Caecina Anfang der 70er Jahre des 1. Jh. eine nach römischem Recht geregelte Erbschaft von Ländereien bei Castel d'Asso (Prov. Viterbo) antreten wollte, die ihm von einer Gegenpartei streitig gemacht worden war, wurde im Gerichtssaal die Frage aufgeworfen, ob Caecina überhaupt das römische Bürgerrecht habe und daher erbberechtigt sei. Cicero, der bereits in der Vergangenheit Volterraner und Aretiner gegen die Konfiszierung von ganzen Landstrichen durch römische Kommandanten verteidigt hatte, bewies 69 die Unrechtmäßigkeit der Aberkennung des römischen Bürgerrechtes der Volterraner, so dass Caecina wiedereingebürgert wurde und erben durfte.[51]

Mag sein, dass die Verschwörung und der Angriff des L. Sergius Catilina auf die römische Staatsmacht (63) kein großes Ereignis in der Geschichte Roms war, wie H. Bengtson schreibt.[52] Die Tatsache, dass Catilina in Nordetrurien etwa 20.000 Soldaten für seinen Putschversuch gegen die römische Republik zusammenstellte, ist jedoch von etruskischer Warte aus historisch bemerkenswert.[53] Der Zeitgenosse Sallust und die späteren Autoren erwähnen die Ereignisse.[54] Sallust beschreibt die Anhänger Catilinas: Es sei die Unterschicht (*plebs*) Etruriens, die durch Sullas Herrschaft ihrer gesamten Habe und der Ländereien beraubt worden sei.

Die Requirierung von Landstrichen für die Ansiedlung von Kriegsveteranen (römischen Generälen) gingen weiter und trafen damals besonders das dünn besiedelte und fruchtbare Nordetrurien. Jahre später (52) warf Cicero dem Volkstribun P. Clodius Pulcher vor, er habe Etrurien ausgeplündert.[55] Im Herbst 44 hob Oktavian nochmals in Etrurien Soldaten für den Krieg gegen M. Antonius aus und schickte sie nach Arezzo, eine Entscheidung, die im Lichte der altbewährten ›Metallindustrie‹ und der starken Befestigungsanlage dieser Stadt plausibel erscheint.[56] Im Jahre 41, im Kampf gegen Oktavian, verschanzten sich in Perugia der Konsul L. Antonius und seine Schwägerin Fulvia; nach einer zweijährigen Belagerung (41–40) wurde Perugia infolge einer Hungersnot eingenommen, ausgeplündert und in Brand gesteckt.[57]

Nach Livius hat Oktavian, der spätere Augustus, den Krieg »ohne Blutvergießen« beendet – eine schwer nachvollziehbare Behauptung, die wohl auf Oktavian selbst zurückgeht.[58] Die meisten römischen und griechischen Historiker berichten vielmehr vom harten Vorgehen Oktavians in Perugia.[59] Cassius Dio schreibt darüber detailliert: »die meisten Perusiner und Leute aus anderen Ortschaften«[60] wurden gefangen genommen und hingerichtet, 300 perusinische Ritter und Senatoren wurden »geopfert«, bzw. – nach Sueton – getötet »nach der Art der Schlachtopfer«. Die Worte Suetons und Cassius Dios, das Opfer sei »vor dem Altar Julius Caesars« erfolgt, erinnert an die etwa 350 Jahre davor erfolgte »Opferung« der Römer auf dem Marktplatz von Tarquinia und der Etrusker auf dem Forum in Rom (▶ Kap. 6.3).

Perugia wurde zur Plünderung freigegeben, ein Bürger der Stadt steckte sie unfreiwillig in Brand – die Stadt brannte vollständig ab, nur der Tempel des Vulcanus, der wegen erhöhter Brandgefahr außerhalb der Stadtmauer lag, blieb verschont.[61] Die Statue der Stadtgöttin blieb unbeschädigt und wurde nach Rom gebracht: Sie selbst sei Oktavian in einem Traum erschienen und habe die Umsiedlung verlangt.[62] Perugia, seit 82 ein Munizipium mit einem Viermänner-Kollegium, wurde nach der Zerstörung architektonisch neu gegründet und politisch-juridisch neu organisiert.

Hier soll eine Persönlichkeit genannt werden, die in den Wirren des Krieges um Perugia wahrscheinlich eine Rolle spielte. In augusteischer Zeit, also mehrere Jahrzehnte oder sogar zwei Jahrhunderte nach der Errichtung des monumentalen Grabes der Familie Velimnas in der Palazzone-Nekropole von Perugia (▶ Kap. 7.5), wurde in der Hauptkammer des Grabes die prächtig dekorierte, wahrscheinlich in Rom gefertigte Marmorurne eines Publius Volumnius Violens/pup velimna deponiert.[63] Die lateinische und die etruskische Inschrift auf der Urne erlauben, die Familie des Publius so zu rekonstruieren:

*aulus volumnius ∞ *cafatia   *aule velimna ∞ *cahati
p(ublius) volumnius. a(uli). f(ilius). violens cafatia. natus.
pup velimna au cahatial

Übers.: Publius Volumnius Violens, Sohn des Aulus (Volumnius) und der Cafatia. ||Puplie Velimna, Sohn des Aule und der Cahati

Die Feststellung, dass Publius Volumnius Violens/Pup Velimna seine Urne in der Hauptkammer des alten Grabes neben den Urnen der früheren Velimnas deponieren ließ, welche nicht entfernt wurden, spricht dafür, dass er sich als Nachfahre der im 2. Jh. lebenden Velimnas fühlte oder als solcher gesehen werden wollte. Der von Publius Volumnius gewählte Beiname Violens zeigt auch, dass er sich (oder die Familie) als Nachfahre des Lucius Volumnius Flamma Violens, des römischen Konsuls von 307 und 296, präsentieren wollte und deswegen den seltenen Beinamen Violens wählte – Volumnius/Velimna ist hingegen ein in Etrurien weit verbreiteter Name italischen Ursprungs. Wahrscheinlich entnahm Publius Volumnius Violens diesen Beinamen aus den Konsullisten als nach den neuen Gesetzen Roms ein Beiname (cognomen) notwendig wurde – der dritte Name fehlt in der etruskischen Inschrift.

Diese Annahme wird von einer Beobachtung bestätigt: Eine lateinische Ehreninschrift nennt einen *Publius Volumnius Violens p(ublii) f(ilius)* (= Sohn des Publius).[64] Die Frage, ob dieser Publius der Sohn des oben genannten Publius war, dessen prächtige Urne in der Hauptkammer des Volumnier/Velimnas-Grabes untergebracht wurde, darf angesichts der Gleichnamigkeit und der Verwendung des seltenen Beinamens Violens bejaht werden.[65] Die Ehreninschrift besagt auch, dass Publius Volumnius Violens (iunior) zunächst einer der Viermänner und später einer der Zweimänner an der Spitze von Perugia gewesen war. Dies dürfte bedeuten, dass Publius Volumnius Violens (*senior*) mit dem Anschluss an die antike, wohl sehr angesehene, reiche einheimische Familie der Velimnas, die mit dem Tod der Veilia Velimnei ausgestorben war (▶ Kap. 7.3), den Weg für die politische Karriere des Sohnes geebnet hatte. Davon unabhängig stellt sich die Frage, ob diese Volumnii/Velimna Nachfahren der frühen Velimnas waren, ob sie früher nach Rom übersiedelten oder echte Perusiner waren oder ob sie etruskisierte Römer waren.

Nach der Zerstörung von Perugia im Jahre 40, nach der Beseitigung der politischen Führungsschicht der Stadt und nach dem Wiederaufbau der Stadt machte Publius Volumnius Violens (*iunior*), ein Mitglied des Viermänner-Kollegiums im alten Munizipium, weiterhin politische Karriere und wurde Mitglied des Zweimänner-Kollegiums an der Spitze der Stadt, welches nach dem Krieg und der Zerstörung der Stadt (40) das ursprüngliche Viermänner-Kollegium ersetzte.[66] Diese von Rom angeordnete Verwaltungsmaßnahme unterstrich den Beginn einer neuen Epoche für die Stadt und kam einer rechtlichen Herabstufung der Stadt gleich. Publius Volumnius Violens (*iunior*) bekleidete also ein politisches Amt vor und nach dem Perusiner Krieg, d. h. er überlebte glimpflich, wohl als römischer Mitläufer, die Säuberungsmaßnahmen des Siegers und die Zerstörung der eigenen Stadt. Offen bleibt nur die Frage, ob er aus Ehrgeiz oder Opportunismus handelte.

8.3 Der Wandlungsprozess der etruskischen Identität

Larθ Tarχna und fünf Generationen von Nachfahren vermerkten seit dem 3. Jh. ihre Namen in etruskischer Sprache;[67] es folgten im 2. Jh. drei Generationen von lateinsprechenden Tarquitii, die wahrscheinlich auf den verrufenen Namen Tarquinii (< Tarχna) gerne verzichteten.[68] Die Inschriften im Grab der Anina von Tarquinia (300–200) sind in etruskischer Sprache.[69] In den fast zeitgenössischen Gräbern der Familien Curuna gibt es Inschriften in etruskischer und in lateinischer Sprache, was für unterschiedliche Einstellungen der Familienmitglieder zum Latein spricht. In Volterra pflegte der etruskische Adel noch im 1. Jh. n. Chr. familiäres etruskisches Bewusstsein.[70]

Nach den Jahren der Machergreifung und der Zerstörungen leitete Augustus eine Kulturpolitik ein: Altetruskische Städte – Veji, Caere, Perugia, Arezzo, Roselle usw. – wurden wiedererrichtet. Die neuen Bewohner waren romanisierte Nachfahren der altetruskischen Bevölkerung und der Kolonen latinischer und italischer Herkunft.

Der Verlust der Sprache und das Aufgehen der etruskischen in der römischen Religion

›Romanisierung‹ Etruriens bedeutete nicht nur politische Unterordnung unter die Vorherrschaft Roms, sondern die Übernahme römischer Traditionen, die den eigenen Kulturkomplex je nach Zeit und Raum unterschiedlich stark unterminierten. Die Romanisierung ging von den etruskischen Städten aus und erreichte unterschiedlich schnell das Land, umso schneller, je mehr sie vorteilhafte Technologien, z. B. ›moderne‹ Geräte, mit sich brachte. Die Sprache und die Religion mit ihrem individuellen Charakter bildeten jahrhundertelang eine unauflösliche Einheit mit dem Volkstum und dienten als Identifikationsmodelle, unabhängig von der Politik der einzelnen Stadtstaaten. Seit dem 3. und 2. Jh. verwischten sich jedoch die Identifikationsmodelle immer mehr, bzw. es bildete sich gleichzeitig eine neue, römische Identität, in die mit der Zeit das etruskische Kulturerbe einfloss. Der Zerfall der politischen Gemeinden infolge verlorener Kriege und der von Rom unterstützte Vorrang von materiellen Interessen bei den etruskischen Oberschichten erleichterten die Übernahme neuer, römischer Traditionen und die Integration der etruskischen in die römische Kultur.

Die Frage der Latinisierung Etruriens kann theoretisch von einer politisch-sozio-ökonomischen und von einer linguistischen Warte aus betrachtet werden. Linguistische Einzelheiten bleiben weitgehend im Dunkel: Die Alte Welt interessierte sich kaum für sprachliche Phänomene, und wenn, dann erst in der römischen Kaiserzeit, wie z. B. Aulus Gellius.[71]

Seit dem 3. Jh. begünstigten in erster Linie politisch-militärische Faktoren die Annäherung der Etruskisch und Latein Sprechenden. Das Etruskische, welches bis zum 4. Jh. in Italien die *lingua franca* zwischen den zahlreichen anderssprachigen Völkerschaften Italiens war, wurde mit der Zeit vom Latein als Sprache u. a. des Militärs ersetzt. Das Erlernen des Lateins wurde eine Notwendigkeit auch für die Etrusker, dabei waren Zweisprachige besonders geeignet, eine sprachliche und kulturelle Annäherung zu fördern. Im Laufe des 3. Jh. kristallisierten sich in den etruskischen Städten neue Gruppen heraus, die in beiden Kulturbereichen daheim waren. Dazu gehörte wahrscheinlich der ›Redner‹ aus der Nähe von Cortona oder Perugia (▶ Kap. 7.4).

In Nordetrurien enthalten seit dem 2. Jh. 32 Inschriften denselben Text in beiden Sprachen.[72] Die Bilinguen verteilen sich unterschiedlich in den Städten Nordetruriens – in Chiusi sind es viele, in Arezzo sind es wenige. Die Änderungen erfassten zuerst die Schrift, dann die Sprache und schließlich die Personennamen.[73] Die Verwendung von lateinischen und etruskischen Buchstaben in derselben Inschrift spricht für eine Verwechslung der Zeichen.[74] Einwandfreie Übersetzungen sind wegen gegenseitiger Interferenzen selten, grammatische Varianten in beiden Sprachen sind wohl ein Zeichen lokaler Aussprache. Etwa 90% der lateinischen Grabinschriften Etruriens enthalten grammatische Elemente des Etruskischen. Die Angabe des Mutternamens in lateinischen Inschriften entspricht etruskischer Tradition.[75] Acht etruskische Inschriften, die Männer oder Frauen nennen, aus Vulci und eine aus Asciano südlich von Siena (um 340) enthalten das

Wort *hels* (*helś, helsc*).⁷⁶ Eine lateinische Inschrift im Grab der Familie Tutes von Vulci (um 100–75) vermerkt ebenfalls das etruskische Wort *hels*.⁷⁷ Dieses bezeichnete einen im Etruskischen von Vulci aussagekräftigen und offensichtlich ins Lateinische unübersetzbaren Begriff. G. M. Facchetti bietet Vergleiche mit Inschriften auf römischen Gräbern an, die nicht selten das Recht, in einer Grabstätte bestattet zu werden, angeben und schlägt für *hels atrś* die Bedeutung ›die, welche zur Familie gehören‹ vor.⁷⁸ Es gibt auch etruskische Inschriften mit lateinischen Personennamen und schließlich etruskische Inschriften von *lautni*/Freigelassenen, deren Gentilname sich nach römischer Sitte aus dem Namen des Schutzherrn bildete.

Übersetzungen der »Etruskischen Disziplin« in ein ›unklassisches‹ Latein und wohl auch die »sonderbare und verschrobene« Sprache von Maecenas verraten mangelhafte oder affektierte Verwendung zumindest einer der beiden Sprachen.⁷⁹ Altetruskische Personennamen wie Vel, Arnθ, Aule, Larθ, Velχ und Laris wurden im 1. Jh. weiter verwendet bei gleichzeitiger Übernahme einer geringen Anzahl lateinischer Personennamen. Einzelne etruskische Familiennamen wurden wortwörtlich ins Lateinische übersetzt: Der lateinische Personenname Scribonius (< *scribere*, ›schreiben‹) entspricht der etruskischen Form *zicu*, die im semantischen Umfeld von ›schreiben‹ belegt ist.⁸⁰

Sprachwissenschaftlich gesehen traten im Etruskischen und im Lateinischen kaum Lehnübersetzungen aus der jeweils anderen Sprache auf, wenngleich eine wichtige außersprachliche Voraussetzung zu deren Bildung gegeben war, nämlich die räumliche Nähe der Sprechenden.⁸¹ Die sehr verschiedene sprachliche Struktur des Etruskischen im Vergleich zum Latein widersetzte sich dem linguistischen Einfluss des Lateinischen.

Die erwähnte (▶ Kap. 8.2) lateinisch-etruskische Inschrift des Publius Volumnius Violens hält gegen Ende des 1. Jh. den Übergang vom Etruskischen zum Latein innerhalb einer Familie anschaulich fest: Bereits die Eltern des *pup velimna*/Publius Volumnius Violens, nämlich *Aule Velimna – *Cahati*/Aulus Volumnius – Cafatia, hatten für den Sohn den lateinischen Personennamen Publius gewählt, der als Pup(lie) etruskisiert wurde.⁸² Allerdings vermerkt auch die lateinische Inschrift den Namen Cahati/Cafatia der Mutter nach etruskischer Sitte; der Vater Aulus hatte, wie alle Etrusker, zwei Namen, der Sohn Publius führte nur in seiner lateinischen Inschrift die von Rom geforderten drei Namen und vermerkte den Namen der Mutter nicht.

Der Sprachwechsel vom Etruskischen zum Lateinischen fand zwischen dem 2. Jh. und der ersten Hälfte des 1. Jh. n. Chr. statt. Wegen der geographischen Nähe zu Rom übernahm Südetrurien das Lateinische früher als Nord- und Inneretrurien – in Chiusi beginnen lateinische Inschriften erst um 90 Die Grabinschriften spiegeln die Sprachsituation des Landes, denn es ist schwer vorstellbar, dass man für das Grab nur aus Familientradition etruskisch schrieb. Da Kaiser Claudius eine graphische Reform für das Etruskische einführte, die zwischen dem konsonantischen und dem vokalischen <u> unterschied – das konsonantische <u> wurde mit einem umgekehrten Digamma (Ⅎ) wiedergegeben – liegt es nahe, dass es noch eine gewisse Anzahl von Personen gab, die etruskisch schrieben, und dass Claudius gewisse Kenntnisse der etruskischen Sprache hatte. In welcher Reihen-

8.3 Der Wandlungsprozess der etruskischen Identität

folge Etrusker die Sprache der eigenen politischen und kulturellen Kategorien aufgaben, ist wegen des spärlichen Belegmaterials schwer zu entscheiden. Der Sprachwechsel erfolgte zuerst in bestimmten Situationen, z. B. bei Kontakten mit Behörden, und ging mit der Zeit auf andere Bereiche über.

Nach einer unterschiedlich langen Phase der Zweisprachigkeit, die mindestens zwei Generationen andauerte, ersetzte Latein das Etruskische im Schriftverkehr. Die Verwendung vom Lateinischen innerhalb der Familie erfolgte wohl freiwillig, es hing also von den Menschen selbst ab, die einfach aufhörten, das Etruskische ihren Nachkommen weiter zu vermitteln und selbst zu sprechen. Die Latinisierung Etruriens ist also auch ein soziologisches Phänomen.

Der Sprachwechsel war etwa in der ersten Hälfte des 1. Jh. n. Chr. abgeschlossen: Seit dieser Zeit sind keine etruskischen Inschriften mehr bezeugt. Wie lange die etruskische Sprache im Alltag gesprochen wurde, ist wegen der fehlenden Überlieferung unbekannt. Aulus Gellius nennt lateinische Vokabeln, die zu seiner Zeit (2. Jh. n. Chr.) nicht mehr verstanden wurden: Man verstehe die altlateinischen Wörter *apluda* und *flocces* aus dem Vokabular früherer Bauern nicht, es sei also so, als wenn ein Rechtsanwalt »etruskisch oder keltisch gesprochen hätte«.[83]

Ob das Etruskische dem Italienischen der heutigen Toskana über das Spätlatein phonetische Eigentümlichkeiten übertragen hat, ist umstritten.[84] Es geht in erster Linie um die Frage, ob die Spirantisierung der Verschlusslaute – intervokalisches c, dann p und t – in den Mundarten der heutigen Toskana – die einem Teil des antiken Mittel- und Nordetruriens, nicht aber Südetruriens (heute Latium) entspricht – auf eine nachgewiesene Behauchung der etruskischen Verschlusslaute zurückzuführen ist, die sich als Substrat auf die nachfolgende Sprache des Landes auswirkte.

Die Auffassung der meisten Forscher ist, dass das Etruskische im Lateinischen und in weiterer Folge im Italienischen keine Spuren hinterlassen hat: Linguistisch-phonetische Argumente, die für oder gegen die Reaktion eines etruskischen Substrats sprechen, sind allerdings letzten Endes nicht zwingend und sie überzeugen nicht alle Forscher.[85] Es bleibt die Beobachtung, dass die Behauchung der Verschlusslaute in den phonetischen Systemen der anderen Mundarten Italiens, wo man Latein oder Italisch sprach, völlig fehlt, und dass das phonetische Phänomen nur in einer Landschaft, nämlich Nordetrurien, der heutigen Toskana, bezeugt ist, in der sich das Etruskische einige Jahrzehnte länger erhielt.

Spuren etruskischer Sprache haben sich in der Toponomastik und in manchen griechischen Entlehnungen im Latein erhalten, die eine etruskische Zwischenstufe voraussetzen – gr. Akk. spurída = Korb > etr. *spurta > lat./italienisch sporta (= Tasche).[86] Tarquitius Priscus, Verfasser von Büchern religiösen Inhalts, der Volterraner Aulus Caecina, P. Nigidius Figulus und weitere Autoren übersetzten ab dem 1. Jh. Texte der »Etruskischen Disziplin« ins Latein.[87] Plinius bestätigt die Existenz von etruskischen Texten in lateinischer Sprache.[88] Teile davon sind erhalten, ihr Latein ist dunkel und verdreht und verrät die Übersetzertätigkeit von Personen etruskischer Muttersprache, die mit der Wiedergabe von im Lateinischen unbekannten Begriffen Schwierigkeiten hatten.[89] Ihre Texte wurden jedoch Quelle des Wissens zeitgenössischer und späterer Autoren. Sie lieferten

Cicero und später Seneca, Iulius Aquila und Umbricius Melior den größten Teil ihrer Kenntnisse über die Blitzlehre.[90] Die literarischen Werke Lucans (39–65 n. Chr.) und Senecas trugen zur Popularisierung der »Etruskischen Disziplin« bei, denn sie beschrieben Einzelheiten dieser Praxis: Lucan beschreibt mit kraftvollen Effekten eine Sühnungszeremonie mit der »Bestattung« eines Blitzes und der Opferung eines jungen Stieres.[91]

Die philosophisch-religiöse Lehre des Nigidius Figulus trug zur Bildung der Ideologie der konservativen römischen Oberschicht bei.[92] Cicero selbst hielt viel von Nigidius, holte sich bei ihm politischen Rat und führte einen Briefwechsel mit ihm.[93] Nigidius verfasste zwischen 56 und 49 auch einen Kalender mit politischen Voraussagen für jeden der 30 Tage der 12 Monate, wenn es donnerte. Nach Johannes Laurentius Lydos (490–552 n. Chr.), der den lateinischen Text des Nigidius ins Griechische übersetzte, hat Nigidius den Donnerkalender aus den Büchern des Tages übernommen, der Donnerkalender soll daher auf etruskischen Beobachtungen beruht haben.[94] Verrius Flaccus schrieb ein nicht erhaltenes Buch »Über die etruskischen Dinge«, und auf das nicht erhaltene Werk *Tyrrheniká* des Kaisers Claudius wurde bereits in der Einleitung hingewiesen. Der Historiker Ammianus Marcellinus (ca. 330–395 n. Chr.) erwähnt die Bücher der Haruspizes, die zu seiner Zeit noch in Verwendung waren. Ammian nennt *libri tarquitiani* die Bücher, die Tarquitius Priscus im 1. Jh. aus dem Etruskischen ins Latein übersetzte.[95] 300 Jahre später bestätigt Isidor von Sevilla: »Seine [des Tages] Bücher haben die Römer aus der tuskischen Sprache in die eigene übersetzt«.[96]

Die lateinischen Übersetzungen der etruskischen Haruspikallehre bedeuteten gleichzeitig die Offenlegung der Regeln, die Rom politisch anwandte. Die etruskische Haruspizin wurde nicht mehr als etwas Fremdes empfunden. Ihre Kenntnisse führten rasch dazu, dass die Differenzierungsmerkmale zwischen den beiden Kulturkreisen im sensiblen politischen Bereich, in der die Wahrsagung wirkte, immer geringer wurden. Dies trug gleichzeitig zum weiteren Verlust des identitätsstiftenden etruskischen Charakters bei, erleichterte die Aufnahme anderer Kulturformen und die Verarbeitung neuer Werte. Die »Etruskische Disziplin« sackte zu allgemeinem Religionsgut ab. Die Haruspizes wurden mit der Zeit zu Beamten der römischen Republik, wie die zahlreichen Inschriften über »öffentliche Haruspizes« zeigen, und rangierten an der vorletzten Stelle in der Reihe der römischen Hilfsmagistrate.[97]

So trug die späte, verstärkte Annäherung Roms an die »Etruskische Disziplin« und ihre Träger – eine schicksalhafte Folge der militärischen Eroberung Etruriens – zur Romanisierung Etruriens wesentlich bei. Durch die Kanäle der Religion, vertreten durch Priester und Schreiber, konnte sich Rom einen Weg zur Übernahme von etruskischem Gedankengut und zur Vermittlung der eigenen politischen Ideen, der Mythen, der Symbole und der Lebensweise bahnen und gleichzeitig alle sozialen Schichten Etruriens erreichen. Die »Etruskische Disziplin« enthielt auch genaue Regeln für die Einteilung der Felder, und Rom nahm Fachleute etruskischer Abstammung in die Kommissionen für die Gründung von römischen Kolonien auf: Caesennius Lento gehörte im Jahre 44 der Kommission für die Durchsetzung des Ackergesetzes des M. Antonius und C. Dolabella an. Die Familie des Caesennius stammte aus Tarquinia, das heute verschollene

Grab der Ceisinie, die als Magistrate und Grundbesitzer eine Rolle im politischen Leben von Tarquinia gespielt hatten, wurde im 18. Jh. im Umland Tarquinias entdeckt.

Die enge Verbindung zwischen der etruskischen Haruspizin und dem römischen Staat ermöglichte jedoch deren Weiterleben bis in die späte Kaiserzeit: Die Zusammenarbeit zwischen den Haruspizes und dem Senat in Rom dauerte bis Anfang des 4. Jh. n. Chr. Für die Zeit danach bricht die Überlieferung ab, altes Kulturgut lebte jedoch immer wieder auf bzw. weiter, oft vermischt mit neuem, fremdem Kulturgut: Jenseitsdämonen, Ungeheuer, Furien usw., die in der römischen spätrepublikanisch-kaiserzeitlichen Literatur und in der bildenden Kunst dargestellt wurden, gehen auf etruskische Traditionen zurück.[98] Wenn auch in Etrurien Bilder jener Wesen auf etruskischen Urnen und Sarkophagen schon lange in den etruskischen Gräbern verborgen waren, hatte man in der Zwischenzeit jene Gestalten nicht vergessen: Ein Weiterleben in der mündlichen Tradition bzw. in der wenig bekannten Volkskunst ist wahrscheinlich.

8.4 Cilnius Maecenas und sein Dichterkreis

Im Laufe des Lebens eines Menschen tritt nicht selten eine Identitätskrise auf, die zum Identitätsverlust führen kann, ist doch gerade die Identität etwas Veränderbares, was sich meist bei Bewohnern von Grenzregionen zeigt. Identitäten können sich also entwickeln, ja, Menschen haben nicht selten mehrere Identitäten. Über die schillernde Persönlichkeit des Staatsmannes, des Literaturliebhabers und Stifters eines eigenen Literatenkreises Gaius Cilnius Maecenas ist bereits viel geschrieben worden.[99] Im Folgenden soll Maecenas als ein Mensch beschrieben werden, der zwischen der römischen Welt, in der er jahrzehntelang tagtäglich politisch und kulturell erfolgreich wirkte, und der etruskischen Welt, aus der er stammte, lebte.

Maecenas kam zwischen 74 und 70 wahrscheinlich in Arezzo als Spross der reichen Familie Cilnii auf die Welt.[100] Der Familienname Cilnie ist in Arezzo, in Bettolle, in Tarquinia und seinem Territorium gut bezeugt.[101] In Rom gehörte Maecenas, wie schon früher sein Vater Lucius Cilnius Maecenas, dem Ritterstand an. Gaius Maecenas starb im Jahre 8. Maecenas wurde »eine Schlüsselfigur des neuen Staates«, schrieb der Historiker R. Syme, der sonst die Gestalt des Maecenas eher streng beurteilte.[102] Maecenas war einer der Ritter, die Oktavian, seit 44 an der Macht, in Schlüsselpositionen des Staates (Generäle, Diplomaten, Finanz- und Verwaltungsexperten) emporhob. Diese Personen gehörten nicht immer dem alten stadtrömischen Blutadel an, deren Mitglieder im Senat saßen, sondern sie stammten aus den verschiedenen Städten Italiens – modern gesprochen: In Rom waren sie Menschen mit Migrationshintergrund. So auch Maecenas bzw. sein Vater und seine Ahnen.

Maecenas übernahm als Vertrauter Oktavians staatliche Aufgaben – seine Stellung wurde aber nie staatsrechtlich präzisiert. Maecenas nahm zwischen 40 und 31 an verschiedenen Kampagnen Oktavians teil und übernahm für ihn immer wieder heikle diplomatische Aufgaben.[103] Zwischen 43 und 31 war er für die Verwaltung Italiens zuständig und Vorsteher der Stadt Rom.[104] Er galt als die rechte Hand des Augustus, als Vertrauensperson, als persönlicher Freund, und war zeitweise Vertreter des *princeps*.[105] Kurzum: Er war eine Zeit lang einer der einflussreichsten Männer in Rom, ein unermüdlicher Helfer, Berater und Mitarbeiter des Oktavian-Augustus, d. h. er war politisch an Rom und an die neue Linie der Staatsführung angeschlossen.[106] Nach der Schlacht bei Actium zwischen Oktavian und Antonius mit Kleopatra (31) zog sich Maecenas vom öffentlichen Leben immer mehr zurück.

Maecenas war zudem ein echter Liebhaber von Kunst und Literatur; er war selbst Dichter und Autor u. a. eines nicht erhaltenen Büchleins »Über seinen Lebensstil« (*de cultu suo*), ein Werk, das von den Zeitgenossen und von den späteren Literaten als mittelmäßig und dilettantisch eingestuft wurde – Maecenas war wohl mehr ein Kenner der Dichtung als selbst Dichter. Charakteristisch für seinen Stil seien seine schwerverständliche und verschränkte Ausdrucksweise, die außergewöhnliche, verschrobene Wortstellung sei diejenige eines »Betrunkenen« – so Seneca.[107] Augustus schrieb in einem Brief, wohl den geschwollenen Stil des Maecenas nachahmend und seine Andersartigkeit betonend:

> Sei gegrüßt du Ebenholz der Stadt Medullia, du Elfenbein aus Etrurien, du Silphium von Arezzo, du Diamant von Superna, du Perle des Tibers, du Smaragd der Cilnier, du Jaspis der Stadt Gubbio, du Beryll Königs Porsennas, du Rubin des Adria-Meeres, und, um es kurz zu machen: du weiches Kissen der Kurtisanen.[108]

Literarische Talente, die sich alsbald um Maecenas scharten, erfuhren seine finanzielle Unterstützung. Maecenas gab den Dichtern die Möglichkeit des *otium*, der Ruhe, in der man sich ohne finanzielle Sorgen der Literatur hingeben kann. Die Persönlichkeit des Maecenas, des uneigennützigen Förderers der Literatur, hinterließ einen nachhaltigen Eindruck, der die Jahrtausende überdauerte. Maecenas ist im Laufe der Zeit zum Prototyp vermögender Personen, der Mäzene, geworden, die sich für die uneigennützige Pflege kultureller Leistungen verantwortlich fühlen. Maecenas/Mäzen ist Gattungsbegriff geworden.

Horaz, Properz und Vergil kamen um 30 nach Rom und wurden in den Dichterkreis von Maecenas aufgenommen. Sie propagierten wiederholt und mit unterschiedlichem Akzent das Bild ihres eigentümlichen Gönners: Horaz nennt Maecenas »Spross aus altem königlichem Geschlecht«, ein anderes Mal »tyrrhenischen Nachfahren der Könige«[109] und Properz »Ritter aus etruskischem Geblüt von Königen«.[110] Spätere Autoren, selbst diejenigen, die ihn kritisch beurteilten, blieben dabei, dass er Etrusker und von königlichem Geschlecht sei, »geboren von ritterlicher, leuchtender Sippe«.[111] Er selbst dementierte nie eine solche Abstammung, was er selbst unter ›König‹ verstand, wissen wir nicht: Es war wahrscheinlich eine literarische Floskel und ging auf uralte Familientraditionen zurück, die wiederum weit entfernt vom Modell eines oligarchischen Etruriens waren. Offenkundig legte Maecenas Wert auf seine soziale und geographische Herkunft. Die

Dichter seines Literatenkreises lobten seine Gewissenhaftigkeit als Staatsmann, seine diplomatische und politische Begabung, seine Großzügigkeit und Bescheidenheit, seine Ehrlichkeit und seine Bildung.[112] Es war vor allem der Historiker Cassius Dio, welcher in der zweiten Hälfte des 2. Jh. n. Chr. über Maecenas eindeutig lobende Worte schrieb.[113]

Maecenas fiel auch wegen seines unkonventionellen Lebensstils auf, so dass man nicht nur seine positiven Seiten lobte, sondern auch seine negativen Seiten tadelte: Er sei ein Mensch voll von Gegensätzen und Untugenden. Augustus erwähnt Maecenas' Fettleibigkeit, sein Esstisch werde von Schmarotzern aufgesucht.[114] Der unbekannte Autor zweier Elegien und der Philosoph Seneca, der eine Generation nach dem Tod des Maecenas lebte und ihn daher nie persönlich kannte, kritisierten den Lebensstil und das literarische Werk Maecenas' mit außergewöhnlicher Schärfe: Maecenas sei verweichlicht und geziert, wie auch sein Werk es sei; er trage »flatternde Kleider«, d. h. er kleidete sich nicht nach ehrwürdiger römischer Art, auch wenn er öffentliche Aufgaben erledigte.[115] Er pflege den Mantel über den Kopf zu ziehen »nicht viel anders als ein Sklave auf der Flucht«.[116] Maecenas liebe den Luxus und pflege neuartige, verschrobene und eigenartige Sitten, die so korrupt seien wie seine Sprache. Maecenas sei ängstlich gewesen und habe Todesfurcht gehabt usw. Autoren nach Seneca wussten, dass Maecenas Theateraufführungen schätzte und Knaben liebte.[117]

Seneca sah die Lebensweise des Maecenas also insgesamt von einem negativen Blickwinkel aus: Die Großzügigkeit des Maecenas wird als Verschwendungssucht, die Bescheidenheit als fehlender Stolz und Neigung zum Müßiggang, das Vermeiden von Streitigkeiten als Charakterlosigkeit, die Andersartigkeit als Inkohärenz gedeutet. Die getadelte Andersartigkeit des Maecenas entsprach der traditionellen Lebensweise der etruskischen Elite, die wir aus den zahlreichen etruskischen Malereien kennen und die Poseidonios Ende des 1. Jh. beschrieb.[118] Der Dichter Properz ließ die Statue des Gottes Vertumnus/Voltumna, die in Rom in der Tusker-Gasse aufgestellt war, reden: »Ich bin Etrusker und stamme von Etruskern«.[119] Er habe das brennende Volsinii verlassen, doch sei er nun gerne in Rom; er sei bescheiden und brauche keinen elfenbeinernen Tempel, er sei weibisch und doch männlich, er liebe schöne Kleider, Bankette, Symposien und Musik, er trage wallende Kleider und möge keine Streitigkeiten. Diese zahlreichen und originellen Facetten des Charakters des Gottes finden eine überraschende Entsprechung in den zahlreichen Hinweisen der Autoren auf den Charakter und die Lebensweise des Maecenas.

Diese Lebensweise, die Maecenas bewusst führte und rechtfertigte, zeigt, dass er sich auf zwei unterschiedlichen Ebenen bewegte: Maecenas schwankte zwischen der römischen und der etruskischen Welt, je nachdem ob er politisch engagiert war oder sein Privatleben führte. Die Lebensweise des Maecenas verrät seine negative Einstellung sowie psychologische Ablehnung der römischen Gesellschaft und ihrer Werte. Die bewusste Pflege einer anderen Lebensweise, die man in Rom für etruskisch hielt, legt es nahe, dass Maecenas die in Etrurien aufgekommene Wirtschafts- und Rechtslage, welche Rom in Etrurien durchgesetzt hatte, wohl nicht akzeptierte. Die Betonung der etruskischen Lebensweise setzt bei Maecenas Identitätsbewusstsein voraus. Er heiratete Terentia aus der

Familie Licinia, die in Etrurien alte Wurzeln hatte, und sprach Latein auf merkwürdige Art und Weise. An seine Lebensweise konnte Augustus nicht viel aussetzen, denn Maecenas stand ihm politisch zur Seite und war treuer Diener des von Augustus personifizierten Staates. Dafür genoss Maecenas auch als Ritter eine sehr hohe soziale Stellung, die ihm Prestige und Reichtum einbrachte. Er zeigte sich jedoch auch bereit, über das politische Modell Roms zu reflektieren und seine täglichen Probleme aus einer römischen Sicht zu überdenken. Der Hauptbezugspunkt des Maecenas wurde im Laufe der Zeit Rom und nicht mehr Etrurien.

Wahrscheinlich war Maecenas nicht der einzige ›Römer‹ etruskischer Abstammung, der sich eine Generation nach der Verleihung des römischen Bürgerrechtes von der etruskischen Welt seiner Herkunft nicht vollständig gelöst hatte und in einem Status von kulturellem Pluralismus lebte. Wir begegnen mit Maecenas einem Menschen auf dem Weg der Integration.

8.5 Das Nachleben etruskischer Traditionen in der römischen Kaiserzeit

Altetruskische Traditionen lebten im römischen Kulturgut weiter, wenn auch mit einigen Einschränkungen: Augustus verbot den Haruspizes über den Tod anderer Personen zu sprechen und Kaiser Tiberius (14–37) verbot, Personen in geheimen Sitzungen und ohne Zeugen zu befragen.[120] Im Jahre 48 kam Bewegung in diese Angelegenheiten, als Kaiser Claudius (41–54 n. Chr.) im Senat die Haruspizin zur Debatte stellte und einen Antrag über einen Verein der Haruspizes vorlegte, der vernachlässigt worden sei: Man möge die »älteste Lehre Italiens« nicht außer Übung kommen und dadurch untergehen lassen.[121] Die römischen Pontifices sollten das, was von der Haruspizin erhalten war, absichern. Die Übertragung der Haruspizin auf die römischen Pontifices war jedoch der endgültige Schritt zur Integration der etruskischen Lehre in die römische Religion.

Die Aufgaben der Haruspizes änderten sich im Laufe der Zeit kaum, die Leberbeschau erhielt sich durch die ganze römische Kaiserzeit und wird noch im 8. Jh. erwähnt.[122] Die Haruspizin wurde mit der Zeit in der ganzen römischen Welt bekannt, und Haruspizes kamen nicht mehr aus Etrurien allein, sondern auch aus Germanien, Gallien und Ephesos.[123] Der etruskische Charakter der Lehre ging mit der Zeit verloren, sodass Kaiser Severus Alexander (222–235) in Rom Lehrstühle für Haruspizes einrichtete und Stipendien für mittellose aber begabte Studenten vergab, gleichsam ein Zeichen von politischen und religiösen Krisenzeiten.[124] Verordnungen Kaiser Konstantins (Kaiser: 306–337) untersagten im Jahre 319 die Tätigkeit der Haruspizes. Im Jahre 321 hob Konstantin die Verordnung teilweise auf: Man dürfe Blitzdeuter befragen, wenn ein Blitz öffentliche Gebäude traf; die Ausübung der alten Religion wurde also weiterhin erlaubt.[125] Vettius Agorius Praetextatus (320–384), kaiserlicher Statthalter für

8.5 Das Nachleben etruskischer Traditionen in der römischen Kaiserzeit

Etrurien und Umbrien und Fachmann der Leberschau, war bei der Gründung von Konstantinopel anwesend.[126] Sein gleichnamiger Enkel war ebenfalls Gelehrter der Haruspizin und Verantwortlicher (*cultor*) der ›Heiligtümer Etruriens‹ (*sacra Etruriae*). Ein 358 unter Kaiser Constantius II. verabschiedetes Gesetz betraf Haruspizes, Hellseher (*harioli*) und Auguren, die unerwünscht waren und als Übeltäter angesehen wurden.[127] Der Kaiser erließ für die Haruspizes ein Berufsverbot sowie die Strafen der Deportation und Konsfiskation für diejenigen, welche die Haruspizes befragten.[128] Kaiser Julian hob 362 das Verbot auf, Haruspizes mit den Ritualbüchern waren auf seinem Zug nach Persien in Jahre 363 im Gefolge dabei.[129] Es war Kaiser Theodosius (379–395), der die Haruspizin bekämpfte und die Tieropfer sowie die Konsultation der Eingeweide verbot: Auf die Befragung der Haruspizes standen Güterkonfiskation und Deportation, und Haruspizes durften bei Strafe durch Feuertod kein Bürgerhaus mehr betreten.

Nicht viel anders stand es seit dem 1. Jh. n. Chr. mit der Blitzlehre: Dafür interessierten sich in erster Linie Seneca und der ältere Plinius, welcher sonst den Methoden der Disziplin skeptisch gegenüberstand. Seneca sah Naturphänomene zwar nicht als Ursache von Geschehnissen, aber dennoch mit ihnen verbunden.[130] An dieser häufig zitierten Stelle bespricht Seneca die bei Etruskern und Griechen unterschiedlichen Anschauungen zur Verkettung von Ursache und Wirkung der Blitze, ohne allerdings die Richtigkeit der Blitzlehre und der darin enthaltenen Schlüsse zu bestreiten. Noch 408/409 n. Chr. boten Kenner der Blitzlehre ihre Dienste dem Konsul Pompeianus an: Sie seien bereit »durch Gebet und Riten nach der Art der Väter« mit Gewitter und Blitzen das Heer des Gotenführers Alarich aus Rom zu verjagen und Rom von seinem Belagerer zu befreien.[131] Papst Innozenz I. stimmte unter der Bedingung zu, dass die Zeremonien in Verborgenem stattfänden. Die Blitzdeuter akzeptierten die Bedingung nicht; daraufhin wurde das Angebot zurückgewiesen – und Rom von Alarich erobert.

Religionsgut etruskischer Tradition überlebte als Teil der römischen Religion die neue Zeit: Aspekte der etruskischen Religion, die nunmehr unter dem Einfluss anderer Religionen und philosophischer Richtungen der späten Kaiserzeit standen, sind bekannt.[132] Auf einen Priester, welcher im 3. Jh. in Volsinii-Bolsena Theaterdarbietungen und Gladiatorenspiele, »eine Einrichtung alter Gewohnheit«, organisierte, wurde bereits hingewiesen (▶ Kap. 6.1). Architektonischer Fassadenschmuck ließ sich bis in die moderne Zeit verfolgen.[133]

Die Küstenstädte Etruriens, anders als die Städte des Binnenlandes, waren bereits Ende des 1. Jh. wegen der Malaria aufgegeben worden.[134] Populonia wurde nach der Zerstörung durch Sulla verlassen, und zur Zeit des Augustus sah Strabo nur wenige Personen, die hier das Eisen aus Elba schmolzen.[135] Als um 416 der romanisierte Gallier Rutilius Namantianus per Schiff entlang der Küste Tusciens von Rom nach Gallien zurückkehrte, fixierte er dichterisch seine Reiseeindrücke in seinem Gedicht »Über seine Rückkehr« (*de reditu suo*). Unweit der Ruinen von Populonia sah er Dorfbewohner (*pagani*), die das »Fest des Osiris« feierten; es waren zweifellos Feste, die in der Tradition des Heidentums standen. Nur Pisa genoss damals noch einen gewissen Wohlstand. Zwei Generationen später (502), nach dem Ende des weströmischen Reiches (476), war Populonia Bischofssitz – Tuscien wurde relativ früh christianisiert und politisch neu organisiert. Als sich das Christentum als Heilslehre durchsetzte, traten neue Symbole auf. Priesterkleider und Kelche ersetzten mit der Zeit die alten religiösen Symbole; der Krummstab, in Etrurien (Murlo) Symbol von Autorität bereits im 6. Jh., ging indirekt auf die christlichen Bischöfe über. Im 6. Jh. gab es noch »Etrusker«, die außergewöhnliche Ereignisse interpretierten – so Prokop von Caesareia.[136] Isidor von Sevilla, der Vorsitzende des 4. Konzils von Toledo (633), kannte einige Details der etruskischen Haruspizin und der Überlieferung zu Tages.[137] Diese Kenntnisse und das in Toledo ausgesprochene Verbot für die Kleriker, Haruspizes zu befragen, legen nahe, dass damals diese Praxis noch im ursprünglichen Sinn ausgeübt wurde.

Der Engländer Ch. G. Leland hat im 19. Jh. Gedichte der Bauern in der Landschaft Romagna toscana (Prov. Forlì) zusammengetragen und veröffentlicht.[138] Gewährsmänner dieser Gedichte waren Bauern, die ihm mündlich tradierte Texte aufsagten. Diese Gedichte in italienischer Sprache mit Dialektfärbung nennen Wesen, Kobolde mit Namen etruskischer Hochgötter, wie Tinia und Turan. Ob diese Namen von der Antike bis in die moderne Zeit ununterbrochen tradiert wurden, kann nicht nachgewiesen werden; vielleicht haben sich Traditionen in einem Randgebiet erhalten, wie es auch zu erwarten ist.

Was ist also aus den alten Etruskern und ihrer Kultur geworden? Sie sind als genetische Substanz nicht verschwunden, diese hat sich allerdings mit der genetischen Substanz anderer Gruppen vermischt, die im Laufe der Jahrhunderte aus anderen Gebieten Italiens, Europas und der Mittelmeerwelt in die heutige Toskana und nach Nordlatium kamen. Materielle Reste ihrer hohen Kultur haben sich erhalten, dienen aber heute anderen Funktionen als ursprünglich.[139] Sie erfreuen eine große Masse von Touristen, sowie eine (weltweit gesehen) kleine Anzahl von emsigen Fachleuten, die mit ihrer Tätigkeit Sorge tragen, dass die alten Etrusker und ihre Kultur nicht in Vergessenheit geraten. Sehr alte Gewässer-, Orts- und Flurnamen im heutigen Mittelitalien haben sich im Laufe der Zeit kaum verändert: Klanin ist der Fluss Chiana, Caere ist die Stadt Cerveteri, Velsna ist Bolsena, Clevsin ist Chiusi, Velaθri ist Volterra usw. geworden. Diese Namen sowie Bauten, Sprachreste und Verwaltungsgrenzen, wurzeln in einer weit zurückliegenden etruskischen Vergangenheit. Die Fremdbezeichnung *turs-* für das Volk hat die Eigenbezeichnung Rasenna endgültig verdrängt und sich durchgesetzt (Toskana). Traditionen und Werte, Mythen und Symbole der Gemeinschaften Etruriens waren hingegen den historischen Veränderungen unterworfen. Sie passten sich immer wieder den sich laufend ändernden historischen Verhältnissen an und übernahmen im Laufe der Zeit immer wieder neue Inhalte und Funktionen.

Wie eingangs erwähnt, Anliegen dieses Buches über die Etrusker ist die Beschreibung der zeitlichen und sachlichen Zusammenhänge sowie der politischen und kulturellen Änderungen in der langen Zeitspanne von fast 1000 Jahren. Die Änderungen, die den Zeitgenossen unbewusst blieben und erst später von Historikern beschrieben wurden, betrafen in unterschiedlichem Ausmaß die Art der Verteidigung, die Nahrungsgrundlagen, die Lebensgewohnheiten, die Sitten und Gebräuche, die Regeln des Zusammenlebens, die staatlich-administrativen Einrichtungen, die Formen der Machtausübung im Allgemeinen, die politischen

8.5 Das Nachleben etruskischer Traditionen in der römischen Kaiserzeit

Institutionen und das Rechtswesen, d. h. alles, was aus verschiedenen Gründen der Demographie, der Mode und den klimatischen Gegebenheiten sowie veränderbaren Lebensgrundlagen unterworfen ist. Dies ergab in großen Zügen, ab wann Etrusker in Mittelitalien, in einem Teil Nord- und Süditaliens auszumachen sind, und wer diese Menschen waren, die im Laufe eines Jahrtausends ihr politisches und kulturelles Leben unter dem Druck mächtiger Nachbarn immer wieder neu organisieren mussten, bis die identitätsstiftenden Kriterien – Sprache und Religion – aus unserem historischen Blickwinkel nach und nach verschwanden. Das ist, was »Geschichte« und in unserem Fall »die Geschichte und das Erbe der Etrusker« ausmacht.

Anmerkungen

Einleitung

1 Aigner-Foresti 1998, 17 ff.
2 Facchetti 2005 (2007), 25 ff.
3 Riva 2010; Terrenato/Haggis (Hgg.) 2011; Osborne/Cunliffe (Hgg.) 2005; Aigner-Foresti/Amann (Hgg.) 2018.
4 Negroni Catacchio/Pasquini 2018, 77 ff.
5 Weeber 1979; Torelli 1992³; Harris 1971; Galsterer 1976; Galsterer 2008; Hantos 1983; Mazzarino 1992², 193–210; Sordi 1995; Manthe 1969; Facchetti 2000.
6 U. a. Leighton 2004; Osborne/Cunliffe (Hgg.) 2005; Wallace 2008; Winter 2009; Terrenato/Haggis (Hgg.) 2011; Thomson de Grummond/Simon (Hgg.) 2006.
7 Haack 2017, 9 ff.
8 Mercuri/Zaccagnini 2014.
9 Rutishauser (Hg.) 2017; Badisches Landesmuseum Karlsruhe (Hg.) 2017.
10 Neue Themen: Aigner-Foresti (Hg.) 1992; Aigner-Foresti (Hg.) 1998; Amann (Hg.) 2012; Aigner-Foresti/Amann (Hgg.) 2018.
11 Miller 2017, 209 ff.
12 Amann 2000; Hadas-Lebel 2016.
13 Morandi Tarabella 2004; Winter 2009; ET²; Steingräber 2006.
14 Bartoloni (Hg.) 2012; Bellelli (Hg.) 2012; Mac Intosh Turfa (Hg.) 2013; Bellelli/Xella (Hgg.) 2016; Naso (Hg.) 2017. Die umfangreichen Bibliographien dieser Werke erübrigen an dieser Stelle Verweise auf weitere Literatur.
15 ET² Cr 4.4; 4.5.
16 Cortona: ET² Co 8.3; Perugia: ET² Pe 8.4; Pech Maho: ET² Na 0.1
17 Benelli 2018, 219 ff.
18 ET² TC (= *Tabula Capuana*/Tontafel von Capua); ET² LL (= *Liber Linteus Zagrabiensis*/Agramer Mumienbinden); Belfiore 2010.
19 De Simone 1968–1970; Breyer 1993; Watmough 1997.
20 Bei Diod. 5, 40, 2.
21 CIL XIII, 1668.
22 Portonaccio: ET² Ve 3.11.
23 Fest. 486, 16L; Pallottino 1987, 227 ff.; Neel 2017, 14–15 ff.
24 Suet. Claud. 42.
25 Cens. 17, 6.
26 Cens. 17, 5; Pfiffig 1975, 160 f.
27 Plut. Sulla, 7, 4.
28 Serv. ad Buc. 9, 46 mit Rückgriff auf Baebius Macer.
29 Cens. 17, 6.
30 Suda s. v. Tyrrhenía; Pfiffig 1975, 156 f.

31 Die Frage nach einem etruskischen Einfluss auf die römische Geschichtsschreibung noch vor dem griechischen Einfluss im 2. Jh. v. Chr. ist bereits aufgeworfen worden. Briquel 2016, 50.
32 Sen. nat. 2, 32, 2.
33 Steingräber 1985, Abb. 64, 65; Torelli 1975, Taf. III–IV.
34 Pallottino 1947, 28 ff.; Aigner-Foresti 1974; Bellelli 2012, 17 f.; Ulf 2017, 11 ff.
35 Hdt. 1, 94, 5–7.
36 Pallottino 1947, 28 ff.; Sammartano 2012, 49 ff.
37 Dion. Hal. ant. 1, 25–30; 1, 28, 2.
38 Aigner-Foresti 1974.
39 Pallottino 1947; Altheim 1950.
40 Aigner-Foresti 2005, 173 und Anm. 11.
41 Bellelli (Hg.) 2012; Sammartano 2012, 49 ff.; Cultraro 2012, 105 ff.
42 Delpino 2003, 9 ff.; Bentz 2017, 42 ff.
43 De Marinis 2014, 17 f.; Camporeale 2015[4], 88.
44 Babbi/Delpino 2019, 45 f.
45 Drummond 1990, 625 ff.; Cornell 1995, 399 ff.
46 Cifani 2003, 175 f., 179 ff.
47 Meiser 2000.
48 de Vido 2000; Olshausen/Schmitz 2001.

1 Das Land Etrurien: Grenzen und geographische Beschaffenheit

1 Polyb. 2, 16, 2.
2 De Cristofaro/Piergrossi 2015–2016, 31 ff.
3 Rieger 2007, 588 ff.
4 Zu Falerii: Plin. nat. 3, 8 [51]; zu Fidene: Liv. 1, 15, 1.
5 ET[2] Um 1.1–1.6 (Todi), ST Um 40 (Chiusi), ST Um 4 (Tolfa).
6 Theophr. h. plant. 5, 8, 3.
7 Diod. 5, 40, 3.
8 Strab. 5, 2, 6 C224.

2 Frühe Gemeinschaften in Südetrurien (zweite Hälfte des 2. Jahrtausends)

1 Guidi 2009, 97.
2 Sperl 2018, 451 ff.
3 Bietti Sestieri 2010, 97 ff.; Barbaro u. a. 2012, 195 f.
4 Guidi/Piperno 1993[2], 438.
5 Bartoloni 2002[2], 35 ff.; 58 ff. Mit Karte der Metalllagerstätten.
6 Monte Rovello: Barbaro u. a. 2012, 201 f.; Scarceta: Poggiani Keller/Rondini 2019.

7   Bietti Sestieri 2010, 233.
8   Matthäus 2000, 56 ff.; Russel/Knapp 2017, 1 ff.
9   Müller-Karpe 1979, 137, Abb. 88, 1–4.
10 Bietti Sestieri 2010, 97.
11 Östenberg 1967, 96 ff.
12 Monte Rovello und San Giovenale: Barbaro u. a. 2012, 200 ff.; Crostoletto di Lamone: Negroni Catacchio/Pasquini 2018, 77 ff.; Naso (Hg.) 2011, 115 ff.
13 Barbaro u. a. 2012, 233.
14 Stufen III A 2–III B–C 2 der mykenischen Kultur. Karte: Matthäus 2000, 46, Abb. 1; Barbaro u. a. 2012, 195.
15 Negroni Catacchio 1995; Bietti Sestieri 2010, 233 ff.
16 Jung 2010, 1364 ff.
17 Kohler 2002, 170.
18 Cardarelli/Tirabassi 1997, 449 ff.; Balista 1997, 126 ff.
19 Bianchi 2018, 119 ff.
20 Dal Ri u. a. 2010; Marzatico 1999, 475 ff.; Naso 2013, 91 ff.; Marzatico u. a. (Hgg.) 2011.
21 Bietti Sestieri 2012, 270.
22 Terramare: Bettelli u. a. 2018, 187 ff.; Griechenland: Deger-Jalkotzy/Hertel 2018, 131.
23 Bernabò Brea u. a. 2018, 23.
24 Bettelli u. a. 2018, 187 ff.; Bietti Sestieri 2010, 77.
25 Cupitò/Leonardi 2018, 175 ff.
26 Bietti Sestieri u. a. 2015, 427 ff.
27 Colonna 2016 b, 3–5.
28 Salzani 2011, 429 f.
29 Cupitò 2011, 193 ff.
30 Cupitò/Leonardi 2018, 181.
31 Balducci u. a. 2010, 143 ff; Bietti Sestieri 2010, 225 f.
32 Morabito u. a. 2018, 214 f.
33 Bietti Sestieri 2010, 195 f.
34 Colonna 1981, 91 f.
35 Poggiani Keller/Rondini 2019, 48 ff; Barbaro u. a. 2012, 196.
36 Di Gennaro/Rendeli 2019, 63.

3   Anfänge etruskischer Identität

1   Liv. 5, 33, 11.
2   Bei Iust. 20, 5, 9.
3   Kluge 2018, 201, Anm. 3.
4   Plin. n. h. 3, 133 [24].
5   Drago Troccoli 1981, 55 ff.
6   Müller-Karpe 1960, 183.
7   Bietti Sestieri 2010, 301 ff.
8   Bartoloni 2002², 85; Bietti Sestieri 2010, 228. Speziell zu Südlatium: Di Gennaro 2004, 125 ff.; Negroni Catacchio 2010, 24.
9   Bietti Sestieri 2010, 219 f.
10 Bergonzi 1997, 602 ff.

11 Pallottino 1992⁷, 35 ff.
12 Pfiffig 1975, 81; Steinbauer 1999, 428 s. v. *hinθial*.
13 Cristofani 1995 a, 18 ff.
14 Mandolesi 1999, 189, Abb. 82; Verbreitungskarten der Funde Abb. 62–64, 79–82.
15 Bonghi Jovino 2006, 39 ff.
16 Tarquinia (Impiccato) Grab I: Hencken 1968, 117, Abb. 106 e (erste Hälfte des 8. Jh.).
17 Varr. bei Arnob. 3, 40.
18 Hencken 1968: Tarquinia (Selciatello): Grab 75, 45 f., Abb. 34 f, 34 g, 34 j, 34 i, 34 l (Speerspitze, Speer, dekorierte Scheide, Schwert und Knaufhelm aus Ton; Tarquinia (Impiccato) Grab 65, 59 und Abb. 47 e (Kammhelm aus Ton).
19 Hencken 1968, 60, Abb. 48 a, d (Tisch, Krug).
20 Rafanelli 2018, 45 ff., Taf. 12, Abb. 2 a, 2 b; Taf. 13.
21 Isid. orig. 8, 9, 34.
22 Zifferero 2011, 77 ff.
23 Lo Schiavo 2000, 101 ff.
24 Tarquinia (Selciatello) Grab 8: Hencken 1968, 35 ff. Abb. 22 c; Höckmann 2017, 78 ff.
25 Drago Troccoli 2012, 1087 ff.; Vetulonia (Poggio alla Guardia), Grab V: Abb. bei Rafanelli 2018, Taf. 17, Abb. 14.
26 Vulci (Cavalupo): Arancio u. a. (Hgg.) 2010, 169 ff., 191 (Chronologie).
27 Hüttenurnen in Allumiere (1), Montetosto bei Caere (22), Caere (2), Veji (10), Tarquinia (8), Bisenzio (13), Vulci (10) und Vetulonia (51): Bartoloni (u. a.) 1987.
28 Tarquinia, (Selciatello) Grab 45: Hencken 1968, 39, Abb. 26 b.
29 Müller-Karpe 1959, 45 ff., hier 48; 63.
30 Babbi 2008.
31 Müller-Karpe 1959, 45 ff., Taf. 11–12.
32 ET² Vn 3.1.
33 Delpino 2012, 192 f.
34 Tarquinia (Monterozzi): Grab M 2 (erste Hälfte des 9. Jh.): Hencken 1968, 60, Abb. 48 a, d (Tisch, Krug).
35 Tarquinia (Selciatello), Grab 54: Hencken 1968, 40 ff., Abb. 29 b, c.
36 Piazzi 2016, 43 ff.
37 Pacciarelli 2001; Bartoloni 2002², 115 ff.
38 Bruschetti 2012.
39 Bettini 2000, 41 ff.
40 Steuer 2007.
41 Blickle 2003.
42 Hencken 1968: Tarquinia (Impiccato 1) Grab 1, 115 ff. und Abb. 105 a, b; 106 a–e; ›Kriegergrab‹ 201 ff.; Babbi/Peltz 2013, 259 ff.
43 Hencken 1968: Tarquinia (Monterozzi) Grab M 3, 86 f., Abb. 73 a, b (Kammhelm); Tarquinia (Sopra Selciatello) Grab 200, 114, Abb. 103 c (Stab); Tarquinia (Sopra Selciatello) Grab 98, 52, Abb. 40 a (Diskusfibel); Tarquinia (Monterozzi) Grab M 2, 60 f., Abb. 48 a und Grab M 3, 86, Abb. 73 c (je ein Dreifuß); Tarquinia (Impiccato) Grab 39, 237, Abb. 214 c (Knebel); s. auch Woytowitsch 1978, 20 f.
44 Cic. leg. 1, 3, 10; orat. 2, 143; 2, 226; Schäfer 1989, 25 ff.; Galsterer 2008, 31 f.
45 Hom. Od. 9, 112–115; Siewert 2006, in: Aigner-Foresti/Siewert (Hgg.) 2006, 213 f. und Anm. 413.
46 Belege bei Amann u. a. 2006, 7.
47 Von Eles/Pacciarelli 2018, 229 ff.; Bentini u. a. 2018, 169 ff.
48 Harari u. a. (Hg.) 2017, 25 ff.
49 Vitali 2005 a, 112 ff.
50 Taglioni 2005, 157–164.
51 Pini 2010, 53 ff.

Anmerkungen

52 Sassatelli G. 2005, 134 ff.
53 Taglioni 2005, 157; Morigi Govi/Dore 2005, 164 ff.; Huth 2012, 73 ff.
54 Sassatelli 2015, 408 f.
55 Philistos von Syrakus, Sikeliká, bei Steph. von Bysanz (= FGrHist 1955, Nr. 556, F 43).
56 Bartoloni 2002², 105; Melandri 2011.
57 Bietti Sestieri 2010, 301 ff., bes. 311 ff.
58 Zum Zusammenbruch des Hethiterreiches: Klengel 1999.
59 Zur Einwanderung der Dorer: Deger-Jalkotzy/Hertel 2018, 123 ff. Zum Zusammenhang mit dem Zug gegen Troja: Hampl 1975 (1962), 51 ff.
60 Huss 2004³, 4 ff.
61 Cardarelli 2009, 510 ff.
62 Hdt. 1, 94.
63 Colonna 1974, 3 ff.; Amann 2011, 16 ff.
64 De Santis u. a. 2010, 311 ff., bes. 323.
65 U. a. ET² Ve 2.4
66 Dion. Hal. 1, 30, 3.
67 ET² Cm 3.2.
68 Colonna/Pellegrino 2002; Pellegrino 2008, 423 ff.
69 Rix 1984 a, 456 ff.
70 Liv 1, 8,3; Dion. Hal. 3, 61, 2.
71 Tarquinia: ET² Ta 1.184; 7.59; Cortona: ET², Co a24.
72 Beschrifteter Stein aus der Nähe von Perugia: ET² Pe 8.4 (= ET² IV CP 4–5 und a 22). Die Grenzsteine von Cortona: ET² Co 8.1; 8.2.
73 Pfiffig 1961, 131; Facchetti 2000, 13, 29 f.
74 Heurgon 1975, 355 ff. (mit Verbreitungskarte).
75 Liv. 5, 33, 8.
76 Pfiffig 1969, § 29 (S. 60); § 95 (S. 113 f.).
77 ET² Cl 2.3: Heurgon 1971, 9–28.
78 Marinetti 2009, 561 f.
79 Hes. theog. 1011; 1016; Ercolani 2012, 383 ff.; Benelli 2015, 194, Nr. 76.
80 Stellen bei Pallottino 1947, 36 f.; Orlando 2012, 71 ff.
81 Thuk. 4, 109, 1–4.
82 Hdt. 1, 57, 1.
83 Hom. Od. 8, 294.
84 Thuk. 4, 109, 4.
85 Pallottino 1947, 52 ff.; Chronologie der Pharaonen nach Schneider 1997.
86 Cultraro 2012, 105 ff.
87 Dobesch 1983, 179 ff.
88 Dion. Hal. 1, 26, 2.
89 Plin. nat. 3, 8 [52].
90 Kampanien: ET² Cm 6.3; Bologna: ET² Fe 2.1; ET², Na für die etruskischen Inschriften aus der Gallia Narbonensis/Südfrankreich (XXXII), ET² Cs für die Inschriften aus Korsika (XXXIII), Af für die Inschriften aus Afrika (XXXIV).
91 Benelli 2013 b, 86–87.
92 ET² Ta 3.1: Anfang des 7. Jh.; Benelli 2015, 1 ff.
93 Di Gennaro/Rendeli 2019, 64.
94 Hadas-Lebel 2016.
95 Rix 1995, 138, Anm. 70.
96 Liv. 10, 4.
97 ET² Fe 2.1; Colonna 1981, 90 f.; Malnati 2010, 118 ff.
98 Rix 1995 a; Rix 1998 b; Wallace 2008.
99 Plin. nat. 3, 8 [51].

100 ET² Ar 4.1.
101 Serv. Aen. 8, 63; 90.
102 De Simone 1975, 119–157.
103 Darüber: Rix 1998, 222; Eichner 2012, 29 f.
104 Rix 1981, 125; Rix 1986, 17 ff.; Meiser 2009, 140 f.
105 Meiser 2012, 171; Maggiani 2005, 403 ff.
106 Amann 2011, 65 ff.
107 Rix 1983, 139.
108 Wallace 2008, 218 ff. Zu den Inschriften aus Lemnos: Agostiniani 2012, 169 ff.; Rix 1968, 213 ff. Zur Grabstele aus Kaminia (Lemnos): Bellelli 2012, 36.
109 Elba: Diod. 5, 13, 1; Beschi 2009, Sp. 103 ff.
110 Rizzo 2001, 170, Abb. II. D.2.1.
111 Rix 1998 a, 5 ff.; 59 f.; Schumacher 2004; Marchesini 2015; Kluge 2018, 203 ff.
112 Rix 1995, 119 ff.; 128 ff.
113 Meiser 2009, 137 ff., Steinbauer 1999, 357 ff.
114 Plin. nat. 3, 19 [113].
115 Agostiniani 2012, 183; Eichner 2019, 91 ff.
116 Agostiniani 2012, 183, 187.
117 Eichner 2012, 27 f.
118 de Simone 1996, 91; Gras 1985, 361.
119 Beschi 1998, 75; Agostiniani 2012, 180.
120 Oettinger 2010, 233 ff.
121 Steinbauer 1999, 366 ff., bes. 389.
122 de Simone 2011, 199 ff.
123 Perkins 2017, 109 ff.

4 Entwicklungen ab dem 9. Jh.

1 Woytowitsch 1978, 20.
2 Baitinger 2011; Naso 2012, 318; Tarquinia (Monterozzi), Grab 24.2.1882 (900–850 v. Chr.): Hencken 1968, 86–87, Abb. 73a.
3 Bei Strabo 6, 2, 2 C267
4 Hawkes 1959, 381 f.
5 Moggi 1983, 979 ff.
6 Briese 1999.
7 Kaletsch 1998.
8 Bartoloni 2002², 205 f., Abb. 7.3.
9 Strabo 5, 4, 3 C242.
10 Abb. in: Wehgartner (Hg.) 1993, 110, Nr. 1.
11 Liv. 8, 22, 5–6; Strabo 5, 4, 4 C243.
12 Thuk. 6, 3–5.
13 Fondo Artiaco, Grab 104: Woytowitsch 1978, 31, Nr. 5.
14 Tarquinia (Selciatello), Grab 138: Hencken 1968, 137 f., Abb. 125d.
15 Delpino/Fugazzola Delpino 1976, 9.
16 Tarquinia (Selciatello), Grab 160: Hencken 1968, 141 f., Abb. 130b.
17 Zur Amphore aus Ischia: Drago Troccoli 2009, 229 ff. Zur Amphore aus Vulci: Poggio Maremma, Grab ›6 settembre 1966‹: Moretti Sgubini 2001, 188 f. Nr. III. B.1.

18 Marzoli 1989, bes. 5 ff.; 66 ff.
19 Hencken 1968, 410, Abb. 412 a–d.
20 ET² Cm 6.3; Maras 2012, 333 f.
21 Tac. ann. 11, 14, 3.
22 Maras 2002, 237 ff.
23 ET² Cr 9.1; Benelli 2015, 19 ff.
24 ET² AV 9.1; Cianferoni 2000, 318, Nr. 425, Abb. 425.
25 Delpino 2012, 189 ff.
26 Öl: ET² Fa 2.3: 650–625 v. Chr. Wein: u. a. ET² LL III.18; 20.
27 Cato, agr. 139.
28 Breyer 1993, 173; 526; Schulzki 1998, Sp. 1243 f.
29 Abb. bei Paolucci 2000, 397, Nr. 176.
30 Hom. Od. 15, 403 ff.
31 Aristot. pol. 1258 b 20 ff.
32 Steingräber 1985, 357, Nr. 119 (Grab des Mäuschens/del Topolino).
33 Bartoloni 2002², 211.
34 Camporeale 1969, 35 ff., Tav. 7, 1; 7, 3; 9, 2.
35 Plin. nat. 3, 20 [115].
36 Zur Einführung: Bubenheimer-Erhart 2017, 95 ff. Zur Nachahmung: Diskus-Fibel: Caere (Sorbo), Grab Regolini-Galassi, Abb. in: Colonna G. 2000, 59; Goldschmuck: Marsiliana, Steinkreis ›degli Avori‹: Exemplarisch: Martelli/Gilotta 2000, 455 ff.; Elfenbeinplättchen bei Bettini/Nicosia 2000.
37 Bettini/Poggesi 2000, 178–179; Nicosia 2000, 246, Nr. 292–335; Camporeale 2018, Taf. 5, Nr. 12.
38 Bronzebecken, Salamis auf Zypern, Grab 79 (Ende des 8. Jh.): Karageorghis 2000, 37 ff., Abb. 41 u.; Bronzebecken aus Vetulonia, Steinkreis ›dei Lebeti‹ (Anfang des 7. Jh.): Camporeale 1969, Taf. 36.
39 ET² Cl 2.1; 2.2.
40 Martelli 1973, 97 ff.; Camporeale 2018, 14 f., Taf. 3, Nr. 8.
41 Krämer 2017 a, 91.
42 ET² Cr. 2.18; ET² Fa 2.3.
43 Breyer 1993, 541.
44 von Hase 2000, 79 ff. und 80, Karte I; Gran-Aymerich 2018, 75 ff.
45 Aigner-Foresti 1988, 132 f.; 142 f. und Anm. 485; Aigner-Foresti 2009², 120 ff.
46 von Hase 1989, 327 ff. mit Verbreitungskarten.
47 Hom. Od. 1,180–184.
48 Dion. Hal. ant. 3, 46, 3–5.
49 Bagnasco Gianni 2007; Haynes 2005, Abb. 44, 86.
50 Höckmann 2017, 83 (Liste etruskischer Schiffswracks).
51 Szilagyi 1992– 1998, 334 f.; 370.
52 ET² Ve 3.44; 6.5.
53 ET² Ve 6.3: drittes Viertel 7. Jh.
54 Hd. 4, 152.
55 Cristofani (Hg.) 1995, Abb. 152.
56 Tuck A. 2016, 301 ff.
57 ET² Ve 3.2.
58 Aigner-Foresti 2005 a, 91.
59 ET² Fe 2.1.
60 Rix 1995b.
61 Lottes 2003, 360 f.
62 Thamer 2003, 38 ff.; Steuer 2005, 504 ff., § 5.
63 Meiser 2006, 76.

64 Serv. Aen. 8, 475; Cens. 4, 12: *lucumones* für ›Machthaber‹; Watmough 1997, 68; Meiser 2006, 77.
65 Serv. Aen. 2, 278.
66 Liv. 1, 8; Dion. Hal. ant. 3, 61, 2.
67 Lucumu: ET² AH 1.11. Zur Gleichsetzung von *lucumo* mit König: Pfiffig 1975, 46; Pallottino 1992⁷, 313; Breyer 1993, 308 f.; Watmough 1997, 65.
Zum Familiennamen Lucume: Agostiniani 2003, 21 ff.
68 Zu Tolumnius: Liv. 2, 9, 1; Dion. Hal. ant. 5, 21,1; Zu Porsenna: Plin. nat. 2, 54 [140]; Dion. Hal. ant. 6, 74, 5; Eder 2001; Aigner-Foresti 2009², 141–145.
69 Maggiani 2019, 18 ff.
70 ET² Vs 1.14; 1.51; 3.12; 3.13.
71 Dion. Hal. ant. 5, 21, 1; Plin. nat. 34, 39 [139]; Tac. hist. 3, 72; Liv. 2, 14, 1–4, Aigner-Foresti 2009².
72 Dion. Hal. ant. 7, 5, 1; Liv. 2, 14, 5 ff.
73 Plin. nat. 36, 19 [91–93].
74 Cato bei Serv. Aen. I, 267; Macrob. Sat. 3, 5, 10; CIL I² 316 (Fasti Praenestini): *rex Etruscorum*; Beck/Walter 2004, 230.
75 ET² Cr 2.149; Gaultier/Briquel 1989, 99 ff.
76 Annius: Plut. Moralische Schriften 8, 27; Osinius: Serv. Aen. 10, 653–655; Maecenas: Schmidt 1999, Sp. 633 f.
77 Halaesus: Serv. Aen.8, 285; Verg. Aen. 7, 723 ff.; Propertius: Cato bei Serv. Aen. 7, 695; Vibe: Naevius, Lupus bei Fest. 334, 9–10L.
78 Paus. 5, 12, 5.
79 Naso 2012, 320 f.
80 Zu Arimnestos in Sparta: Hdt. 9, 64. Colonna 1993 b, 43 ff.; Naso 2012, 323.
81 ET² Cr 2.165; Colonna 1991.
82 Bloch 1997; Latte 1992⁴, 408 f.; Mazzarino 1992², 195–210.
83 Liv. 2, 12, 8.
84 ET² Vs 7. 25; Steingräber 1985, 286, Nr. 32: *zat-laθ aiθas* (ET² Vs 7. 25).
85 Breyer 1993, 133 ff.; 299 f.; Watmough 1997, 120 ff. und 132 f.; Rix 2000, 113; Wallace 2008, 129 f. Dagegen: Steinbauer 1999, 500.
86 Hier und im Folgenden: Watmough 1997, 130.
87 Colonna/von Hase 1984 (1986), 29 ff.
88 In Vetulonia, Tarquinia, Quinto Fiorentino, Verucchio, Bologna usw. Verucchio: Mazzoli/Pozzi 2011, 89 ff.; Amann 2000, 64 (Rundthrone); Naso 2012, 321 und Anm. 30.
89 Rasmussen 2000, 585, Nr. 135, Abb. 135; Amann 2018 a, Taf. 30, Abb. 1.
90 Bellelli/Troisi 2017, 215 ff.
91 ET² Cr 2.169; 2.170; 2.188; Cr 2.196 (Anfang 5. Jh.).
92 Bartoloni u. a. 2011, 118 f.; 140 f.; Winter 2009, 224 ff.
93 Maggiani 2000, 172, 176, Nr. 126–127.
94 Liv. 10, 13, 3; 16, 3; Dion. Hal. ant. 3, 59, 4.
95 Sartori 2000, 586, Nr. 137, Abb. 137.
96 Tarquinia: Hencken 1968, 204, Abb. 180 g; Babbi/Peltz 2013, 264 f.; Volterra (Casa Nocera, erste Hälfte des 7. Jh.): Gräber H2, H1 und A: Esposito 2000, 238, Nr. 270–271; Lanzenspitz von Prato Rosello: Poggesi 1999, 73 f.
97 Metzner-Nebelsick 2017, 370; Emiliozzi/Sannibale 2018.
98 Negrini 2018, 34 Anm. 49.
99 ET² Ta 4.2; Pfiffig 1975, 132; Eichner 2012, 35 ff.
100 Varro ling. 8,70; Sen. nat. 2, 41 f.; Mart. Cap. 1, 45; Plin. nat. 2, 53 [138], Pfiffig 1975, 130 f.
101 Serv. Aen. 2, 649.

102 Vetulonia (Poggio alla Guardia, Sagrona) Grab 3: Camporeale 2015⁴, Abb. 167.
103 Veji (Casale del Fosso) Grab 817; Bologna (Savena) Grab 135: Müller-Karpe 1979, 142 f., Abb. 93, 1–2.
104 Veji (Casale del Fosso), Grab 1036 (um 730): Buranelli u. a. 1997, 63 ff., Abb. 2; Drago Troccoli 2005, 87 ff.; Caere (Sorbo), Grab ›Regolini-Galassi‹, um 670: Naso 2005, 193 ff.; Populonia (Porcareccia), Grab ›del Carro‹, zweite Hälfte des 7. Jh.: Emiliozzi/Romualdi 1999, 155 ff.; Quinto Fiorentino, Grab ›La Montagnola‹, zweite Hälfte des 7. Jh.: Caputo/Nicosia 1969; Tarquinia (Monterozzi-Ripa Gretta), ›Grab del guerriero‹, um 720: Hencken 1968, 201 ff.; Artimino (Prato Rosello), Brunnengrab im Hügelgrab B, um 700: Poggesi (Hg.) 1999, 30 ff.; Casale Marittimo (Casa Nocera), Grab H2, um 700–675; Tuscania (Ara del Tufo) 7.–6. Jh.: Sgubini Moretti 2015, 598 ff.; Vulci (Ponte Rotto): Grab ›Cuccumella‹, Mitte des 6. Jh.; Vulci (Polledrara), Grab ›Cuccumelletta‹, Mitte des 7. bis Anfang des 5. Jh.
105 Naso 1998, 117 ff.
106 Rizzo 2017, 66 ff.
107 Haynes 2005, 111, Abb. 69.
108 Veji (Monte Michele), Kriegergrab 5: Boitani 2001, 113 ff.; Vetulonia, Kriegergrab (›del Duce‹) des Raχu Kakanaś (ET² Vn 2.12): Bruni 2000, 582, Nr. 130.
109 Verucchio: Paolucci 2018, 423.
110 Il. 24, 790 ff.; 23, 252 f.; Bittel 1940, 14 ff.
111 Lorimer 1950, 110 (Athen und Eleusis); Zypern: Karageorghis 2000, 37 ff.
112 Kampanien: d'Agostino 1977, 57 ff.; Este: Calzavara Capuis 1985, 863–883; Gevelinghausen: Jockenhövel 1974, 16 ff.; von Hase 1992, 235 ff.; Metzner-Nebelsick 2005, 10.
113 Mitterlechner 2020, 25 ff.
114 Amann 2018 a, 109 f., 121 ff.
115 Mitterlechner 2020, Taf. 1, Etr3.
116 Mischgefäße für den Wein: Winter 2009, Abb. 152, 154 (Murlo); Szenen von Banketten: Winter 2009, Abb. 233 (Tuscania); Bratspieße, Feuerböcke für den Fleischgenuss: Krämer 2017, 64 ff.; Kohlenbecken zum Garen der Speisen: Mitterlechner 2020, 135 f.
117 Watmough 1997, 52 ff., 67 f.
118 ET² AS 2.14–2.19: Maggiani 2006, 317 ff.; Tuck/Wallace 2018, 23 ff.
119 Casale Marittimo (Casa Nocera): Maggiani 2000, 172–176, Nr. 126–127; Vetulonia (Pietrera): Pagnini 2000, 176, Nr. 128; Caere (Grab ›delle cinque sedie‹): Minarini 2000, 172, Nr. 124–125; Vulci, Isis-Grab: Bubenheimer-Erhart F. 2012.
120 Prayon 2012, 202 f.
121 Kluge 2017, 171 ff.
122 Liv. 1, 34, 8.
123 Steingräber 1985, 318, Nr. 70, Abb. 171–174.
124 Lo Schiavo u. a. 2010, 199 ff., Abb. 1.
125 Grab ›delle Iscrizioni‹: Steingräber 1985, 322, Nr. 74, Abb. 186.
126 Poggesi 1999, 27.
127 Grab ›des Toten‹ (um 510): Steingräber 1985, 333, Nr. 89.
128 Poggesi 1999, 30 ff.; Zifferero 2011, 78 f.
129 Wehgartner 2000, 607, Nr. 207, Abb. 207.
130 Winter 2009, 266, 270; Camporeale 2018, Taf. 7, Abb. 18; Amann 2018 a, Taf. 32, Abb. 9.
131 Plin. nat. 35, 46 [158].
132 Briquel 2006, 104–106.
133 Prayon 2006, 104, 106; Briquel 2006, 104 f.; Siewert 2006, 107.
134 ET² Cr 7.1.
135 Maras 2018, 95 f.
136 Theop. bei Athen. 12, 14, S. 517 d–518 b (= FGrHist 1929, Nr. 115 F 204).
137 Amann 1999, 4 f.; Pinzette aus Vetulonia (Poggio alle Birbe): Falchi 1891, 57, Taf. 4,15; Schermesser aus Tarquinia (Impiccato): Hencken 1968, 57, Abb. 45b.

138 Steingräber 2018, 404 f., Taf. 82, Abb. 8; 10; Haack 2018, 409 ff. Wickelkind bei Haynes 2005, 404, Abb. 284.
139 Bertoldi 1936, 295–320; Breyer 1993, 133; Touwaide 2000.
140 Liv. 22, 1.
141 Bei Serv. Aen. 10, 184.
142 Colonna 1984– 1985, 57 ff.
143 Torelli 2016, 183 f.
144 Iustin 21, 3, 1–4.
145 Scheer 2009, 293 ff.
146 Plaut. Cist. 5, 561 ff.
147 Breyer 1993, 155; 503 f.; 528, Anm. 6.
148 Fischer 2021, 51.
149 Steingräber 1985, 297–299, Nr. 47.
150 Thuillier 1985.
151 ET^2 Cl 1. 373; Haynes 2005, 380 und Abb. 266 a-266 c; Baggieri 1997, 321–329.
152 Haynes 2005, 41, Abb. 21 a, b.
153 ET^2 AT 6.6; 6.7.
154 Colonna 1997, 61 ff.
155 Bellelli 2018, 184.
156 Young 1961, 183–192.
157 Sarkophag Sperandío: Haynes 2005, 220, Abb. 160.
158 Aigner-Foresti 2011.
159 Bei Athen. 4, 153C.
160 Strab. 14, 5, 2.
161 Cassius Hemina bei Serv. Aen. 12, 603; Plin. nat. 36, 24 [107]); Beck/Walter 2001, 260 f., Nr. 18.
162 Laurenzi 2019.
163 ET^2 Po 4.4; Vt 4.1; Facchetti 2011, 232 f.; Massarelli 2016, 517 ff.
164 Exemplarisch: ET^2 Pe 1.922; Benelli 2013, 447 ff.
165 ET^2 Vs 3.12; Maggiani 2018, 303 ff.; Eichner 2019, 109.
166 Dion. Hal. ant. 9, 5, 4; Welwei 2008, 1 ff.
167 Athen. deipn. 6, 264a.
168 Archémachos bei Athen. deipn. 6, 264 a–b; Athen. deipn. 6, 264 b–c zitiert das verlorene Werk Frixos des Euripides.
169 Aristot. pol. 1269a.
170 Athen. deipn. 6, 85 ff.
171 Benelli 1996, 339 f. und 341.
172 Steingräber 1985, 314, Nr. 66, Farbabb. 72.
173 Aigner-Foresti 2018, 229 f.
174 Cygielman/Poggesi 2008, 245 ff.
175 Baratti u. a. 2008, 135 ff. Zur Mauer von Veji: Boitani 2008, 135 ff.; Zur Mauer von Caere: Bellelli 2014, 35 ff. Zur Mauer von Vetulonia: Cygielman 2002, 62. Zur Mauer von Roselle: Cygielman/Poggesi 2008, 24 ff. Zur Mauer von Volterra: Bonamici 2008, 337 ff. Zur Mauer von Fiesole: Maggiani 2008, 365 ff.
176 Hdt. 6, 46, 2.
177 Fest. 358, 23L.
178 Woytowitsch 1978, 30 ff.: Veji: 34, Nr. 11; Vulci: 39 ff., Nr. 34; Caere: 37, Nr. 30–31; Ischia di Castro: 40, Nr. 36; Tarquinia: 39, Nr. 33; Marsiliana d'Albegna: 41, Nr. 49; Vetulonia: 41 ff. Nr. 51.
179 Burckhardt 2008, 19 ff.
180 Woytowitsch 1978, 39, Nr. 33.
181 Stary 1981, 128 ff.; Burckhardt 2008, 23 ff.
182 Welwei 2011, 124 ff.; Schwartz 2009.

183 ET² Vn 1.1; Agostiniani 2011, 182 f.; Haynes 2005, Abb. 67, 107.
184 Tyrt. fg. 8, 35 ff.
185 U. a. Hom. Il. 11, 214.
186 Schmökel 1961, 124 ff.
187 Abb. in: Cristofani (Hg.) 1995, 179; Burckhardt 2008, 26, Abb. 1.
188 Negrini 2018, Taf. 10, Abb. 2.
189 Diod. 5, 40.
190 Colonna 2004, 76 f.
191 Tassi Scandone 2011, 87; Facchetti 2012, 158.
192 Linke 1995, 143 f., Anm. 42.
193 Winter 2009, Abb. 225, 226, 230.
194 Monteleone di Spoleto und Castel San Mariano (Prov. Perugia): Bruni 2002, 21 ff.; Amann 2011, 250 ff.
195 Egg 2017, 171 ff.
196 Liv. 2, 12, 7.
197 Rix 2000, bes. 114 ff.
198 Rom: Zecchini 1997, 12; Etrurien: Amann 2017, 985.
199 Dion. Hal. ant. 9, 15, 3.
200 Liv. 9, 36, 12.
201 U. a. Peticina: ET², Cr 2.30: 650–625 v. Chr.
202 Ebene von Grosseto: Mazzolai 1977, 38; Caere: Nardi 2005, 185 ff.
203 Colonna 2001, 43; Belelli Marchesini 2009, 297 ff.
204 Minto 1943, 25 f.
205 Hom. Od. 7, 32 f.
206 Liv. 2,12, 8; Dion. Hal. ant. 5, 28,2 ff.
207 Hom. Il. 16, 542.
208 Da Vela/Krämer 2022.
209 Colonna 1993 a, 343 ff.; Bellelli 2018, 180 f.
210 Strab. 5, 2, 2 C220; Silius Italicus 8, 483–485; Dion. Hal. ant. 3, 61, 2; Macr. sat. 1, 6, 7.
211 Schäfer 1989, 202 ff.; Pagnini 2000a.
212 Piel 2005, 423 ff. Anders: Schäfer 1989, 205.
213 Gräber A, H1, H2: Esposito 2000, 238, Nr. 269 und 270–271.
214 Exemplarisch: Sarteano (Macchiapiana), 630–600 v. Chr.: Minetti 2000, 583, Nr. 132/3; Tarquinia (Poggio Gallinaro), 675–650 v. Chr.: Marchesi 2000, 241, Abb. 279–280. Caere, Grab ›della Nave‹: Steingräber 1985, 270, Nr. 7.
215 Anders: Tassi Scandone 2001, 192 ff.
216 Müller-Karpe 1979, 43 ff., bes. 63 ff.
217 300–250 v. Chr. nach ET², 150–100 v. Chr. nach Steingräber 1985, 309, Nr. 58, Abb. 64–65 (Grab der Versammlung).
218 Cic. div. 1, 1, 2; Sen. nat. 2, 32, 1.
219 Tac. ann. 11, 15, 1. Zur Zeichendeutung bei den Etruskern: Pfiffig 1975, 135 ff.; Bellelli/ Mazzi 2013, 24 ff.
220 Breyer 1993, 247 zu *arviga*; 351 f. zu *haru*.
221 ET² Um 1.7; Emiliozzi 2009, 372.
222 Zu den Ringen aus Vulci: Roncalli 1981, 127 mit Abb. Zu den Urnendarstellungen: Haynes 2005, 321, Abb. 225, 226.
223 Plaut. mil. 692.
224 Liv. 1, 34, 9.
225 ET² Pa 4.2; Pfiffig 1975, 115 ff.
226 Lukan 1, 605–638.
227 Cic. div. 1, 25, 22.
228 Cic. fam. 6, 6.

229 Roncalli 1985, 23 Abb. 1.
230 Colivicchi 2000, 592 f., Nr. 152–155; Steingräber 1985, 287, Nr. 33, Abb. 44.
231 Zur Hirtentracht: Roncalli 1981, 124 ff.
232 Cic. div. 2, 23, 50; Zeichnung bei Pfiffig 1975, 39, Abb. 4. Zu Tages: Aigner-Foresti 2001.
233 Cic. div. 1, 72.
234 Cens. nat. 4,13.
235 Ail. var. 2, 38 f.
236 Plat. leg. 4, 712 b; Tim. 21 a–25 d.
237 Stellen antiker Autoren bei Pfiffig 1975, 36 ff.
238 Cic. div. 1, 89.
239 Bellelli/Mazzi 2013, 17 ff.
240 Cic. div. 1, 91, 11.
241 Briquel 1990, 321 ff.
242 Deffontaines 1957, 266.
243 Śuri, u. a.: ET² Cr 3.32; 3.58; Cavatha u. a.: ET² Cr 3.33; 3.35; Śuri und Cavatha: ET² Cr 3.36: Colonna 2007 (2009) 101 ff.; Plan des Heiligtums bei Haynes 2005, 215, Abb. 157.
244 Liv. 21, 62, 5; Sidon. carm. 9, 190–193; Plut. Romulus 2, 4.
245 Zum Bleistreifen aus Santa Marinell: ET² Cr 4.10. Zur Schatulle aus Bucchero: Pfiffig 1975, 153 ff. Zur Kapelle der Menerva aus Veji: Colonna 2001, 39 ff.
246 Hdt. 1, 165–168; Naso 2012, 317 ff.
247 ET² Cr 3.31 (Vei); Fa 0.4 (Turan); AV 2.3 (Vanth).
248 Rix 1998, 207 ff.
249 Belege bei Maggiani 1997, 432.
250 Rix 1998, 209.
251 Plin. nat. 14, 2 [9].
252 Haynes 2005, 42, Abb. 22; Camporeale 2018, Taf. 1, Nr. 2.
253 Breyer 2015, 91 ff.
254 Maras 2018, 91 ff., Taf. 29, 6.
255 Pfiffig 1975, 153.
256 Izzet 2007, 141 f.
257 Morley 2013, 61 ff.
258 Colonna 2017, 447 f.
259 Izzet 2000, 334.
260 ET² Cr 4.22; Maggiani/Rizzo 2001, 143–155.
261 Maggiani/Rizzo 2005, 175–184; Maggiani 2001 a, 122.
262 ET² Cr 3.31.
263 Maggiani/Rizzo 2005, 182.
264 Eleithya: Strab. 5, 2, 8 C226; Leukothea: Polyain 5, 2, 21; Θesan: ET² Cr 4.2.
265 Plan der Anlage bei Haynes 2005, 240, Abb. 169.
266 Varr. bei Plin. nat. 35, 45 [155 f.]. Rekonstruktion des Tempels bei Haynes 2005, 245, Abb. 174; Statuen in: Cristofani (Hg.) 1995, 193.
267 Chiesa 2011, 92 f.; Costantini 2001, 180 f.
268 Benelli 2015, 219 ff.
269 Zur Interpretation des Hauses in Veji: Colonna 2001, 38 f.; Carlucci/Michetti 2014, 501 ff.
270 Haynes 2005, Abb. 166, 233
271 Cristofani 1995, 120 ff.
272 Zinn 1950/51, 1 ff.
273 Hdt. 1, 165–168.
274 Breyer 1993, 381 f.; Eichner 2012, 26 ff.
275 Breyer 1993, 287 f. Dagegen: Watmough 1997, 125.
276 Meiser 2012, 163, Anm. 4.
277 ET² Vc 1.47; 1.49; 1.50; 1.55; 1.58; Vc 1.53 (3.–2. Jh.)

278 ET² Vc 1.8; 1.10. Nielsen 1990, 45 ff.; Amann 2000, 118 und 208; Krauskopf 2012, 185 ff.
279 Mazzoli/Pozzi 2011, 96.
280 Winter 2009, 184 und Abb. 3.7.2, 3, D.5.b; Krauskopf 2012, 185 ff.
281 Roncalli 1965, 22, Taf. VI.
282 Materialien: Bruschetti 2012; Gastaldi 2008, 283.
283 Pallottino 1992⁷, 84.
284 Bellelli 2018, 178, Taf. 43, Abb. 1–2; Thiermann 2018, Taf. 47, Abb. 5.
285 Thiermann 2018, 200.
286 Tuck 2016, 301 ff.
287 Prayon 1990, 501 ff.
288 Murlo: Maras 2016, 37 ff.
289 Poggio Aguzzo, drittes Viertel des 7. Jh.: Tuck 2009, 1.
290 Tuck u. a. 2010, 93 ff.
291 Haynes 2005, 169, Abb. 118, 119; 171, Abb. 120–123.
292 Sog. Haus ›dell'impluvium‹: Donati 1994, bes. 103 ff.
293 Zu den Kammergräbern in Tarquinia: Steingräber 2006, 306. Ausgemalte Gräber: 20 im 6. Jh., 19 im 5. Jh. und 12 im 4. Jh.
294 Torelli 1975, 39 f. und Taf. IV.
295 Aristot. pol. 5, 4 = 1304 a, 35 ff.
296 Tac. ann. 2, 34, 2.
297 Torelli 1975, S. 70–80 und 2019, S. 113 ff.; Pallottino 1992⁷, S. 236 f.
298 Eck 2002.
299 de Simone 1968– 1970, II 1970, 86.
300 ET² Ta 5.1; Sog. Grab ›dei Tori‹: Steingräber 1985, 358, Nr. 120.
301 Martelli 2018, 365, Anm. 2.
302 Pers. sat. 3, 28.
303 Liv. 5, 1,1–2.
304 Liv. 5, 21, 8.
305 Siewert 2006 a, 91.
306 *fulmina regalia*: Caec. bei Sen. nat. 2, 49, 2; *regalia exta*: Fest. 366, 14L.
307 Mitterlechner 2018, 169 ff.
308 Torelli 1987, 43 ff.
309 Aristot. pol. 3, 8 = 1279 b 22 ff.
310 Aristot. pol. 6, 1321 a 7–15.
311 Zecchini 1997, 13.
312 Kunkel/Wittmann 1995, 294 ff.
313 Liv. 10, 13, 3, zu 298 v. Chr.
314 ET² Cr. 8.2.
315 Colonna 2005 (2007), 99 ff.
316 ET² AT 1.1; AT 1.32; Ta 1.184.
317 ST Um 6; 7; 10. Zur Lemnos-Stele: Rix 1968, 222.
318 ET² Pa 1.2; Amann 2004, 203 ff.
319 ET² s. v. Cr (Caere), Ta (Tarquinia), Vc (Vulci), Vn (Vetulonia), Cl (Chiusi), Vs (Volsinii/Orvieto), AH (Orte), Fe (Felsina).
320 ET² Cr 4.4; 1.161.
321 Sassatelli 2005, 142 f. Zum lateinischen *magister*: Mazzarino 1992², 113. Zu *zilaθ*: Rix 1984 b; Meiser 2006, 92 f.; Facchetti 2000, 28 f.
322 Etruskisch 1 und phönikisch: ET² Cr 4.4 (16 und 11 Zeilen); etruskisch 2 (9–10 Zeilen): 4.5; Colonna 1964, 50 ff.; Pallottino 1964 a, 76 ff.; Versuche einer dt. Übersetzung der Texte bei Pfiffig 1965, 22. Phönikischer Text bei Pfiffig 1965, 9; Xella 2016, 45 ff. Zur Datierung: Amadasi Guzzo 2016, 5.
323 Colonna 2016, 164. Zu Uni und Tinia: ET² Cr 4.2; 4.4; zu *spu[r]iaze[-*: ET² Cr 4.3.

324 Colonna 2007; Morandi Tarabella 2004, 175, Nr. 183 s. v. Veliana (Viliana), Nr. 1.
325 ET² Cr 1.197–1.211; Colonna 2007, 9 ff.
326 ET² Cr 4.4; Xella 2016, 45 ff.
327 Lyd. mens. 4, 64. Cumont, in: RE 4A, 1986, Sp. 1776 f. s. v. Astarte.
328 Xella 2015– 2016, 47.
329 Xella 2015– 2016, 63.
330 Rix 1981 a, 83 ff., 91, Tabelle 3.
331 Garbini 1964, S. 69; Röllig 2006, 90 f.; Xella 2016, S. 47; Schmitz 2016, S. 34.
332 Facchetti 2000, 28 f.
333 Liv. 9, 16, 17; Rom: Blösel 2015, 33. Latinische Städte: Cass. Dio 7, 13–14; Fest. 196, 20 L; Urso 2005, 43 f.
334 ET² Cr 4.4/1.
335 Xella 2016, 53; Garbini 1964, 66 ff.; Röllig 2006, 90 f.
336 Cristofani 1989 a, 89 ff.; Steinbauer 1999, 204.
337 Maggiani 2001, 39; Facchetti 2001², 241 f.; Facchetti 2000, 29, Anm. 138.
338 Linke u. a. 2010, 117 ff.
339 Pallottino 1964 a, 116; zuletzt noch Torelli 2016, 173 ff.
340 Aristot. pol. 5, 3 = 1302 b 34 f.
341 Kunkel/Wittmann 1995, 474 ff.
342 Aristot. pol. 1, 12 = 1259 b 5.
343 Baglione (u. a.) 2017, 149 ff.
344 Bonghi Jovino 1991, 175 f.; Naso 1998, 135.
345 Fest. 358, 21L; Plut. Romulus 10; Macr. Sat. 5, 19, 13.
346 Bruni 1998, 105 ff.
347 Bonghi Jovino 2009, 471 ff.
348 Steingräber 2012, 143 ff.
349 Vitr. 1, 7, 1.
350 Capdeville 2012, 134; Bartoloni/Sarracino 2017, 5 ff.
351 Plut. Cam. 5,4.; Liv. 5, 21, 10.
352 ET² Co 3.1; Facchetti 2001², 162.
353 Watmough 1997, 75 f.; Capdeville 2012, 130 f.
354 Athen: Apollod. 3, 15,1. Rom: Liv. 1, 7, 10; Dion. Hal. ant. 1, 40, 2 ff; Latte 1962⁴, 213 f.
355 Liv. 5, 22, 5; Mitterlechner 2012, 176.
356 Michetti/Belelli Marchesini 2018, 246 ff.
357 Van der Meer 2012, 112.
358 Steuer/Stricker 2005; Izzet 2007, 201 ff.
359 Hansen 2000, 18 f.; Siewert 2006 a, 328 f.
360 Larθia Velθurus: ET² Cr 2.145; Velelθu: ET² Ta 3.1: Anfang 7. Jh.; Karkana: ET² Cr erste Hälfte des 7. Jh. Grab Regolini-Galassi (675–650): Sannibale 2012, 315.
361 Benelli 2018, 219 ff.
362 Rix 1963; Amann 2000, 80 ff.
363 Vetulonia: ET² Vn 1.1. Populonia: ET² XVIII.
364 Aristot. pol. Athen. 55, 3.
365 ET² Cr Fundort 1 b; Pers. sat. 3, 28.
366 ET² Vt 3.
367 Strab. 5, 2, 2 C219.
368 Meiser 2006, 190 ff.; de Simone 2005 (2006), 224.
369 ET² AC a22; de Simone 2005 (2006), 223 ff.; Pecci 1748, 117.
370 ET² Cl 2.8.
371 Wahrscheinlich ›die Feuchte‹. In der Toskana: Nepitella = ›Wildminze‹.
372 Watmough 1997, S.98 ff.
373 ET² Vs 6.5.

374 ET² Vc 4.1.
375 Schol. Verg. Aen. 10, 183; Maggiani 1999, bes. 59 ff.; Colonna 2004, 84 ff.
376 ET² Fa 3.1.
377 Colonna 1988, 15 ff.; Watmough 1997, 47 ff.; Wallace 2008, 187; Steinbauer 1999, 467; Meiser 2006, 110; Cristofani 1997, 110, Facchetti 2011, 239.
378 Zur Sprache in Narce: Miller 2000.
379 ET² Ta 1.170.
380 ET² Vs 8.3: um 200 v. Chr.
381 Liv. 1, 44, 4–5.
382 Zu Cilθ: ET² LL passim: Colonna 1988, 15 f.; Massarelli 2021, S. 190 f. Zu Meθlum: ET² Pe 3.3; Co 3.6.
383 ET² Fs 8.2–8.5; Watmough 1997, 50.
384 Lambrechts 1984, 325 ff.
385 Exemplarisch: ET2 AS 8.2.
386 Zur Schriftreform in Caere: Benelli 2015, 87. Zur Schrifttradition Cortonas: Eichner 2006, 209 ff.
387 Liv. 4, 23, 5; Dion. Hal. ant. 6, 75, 3.
388 Liv. 1, 8, 2; Dion. Hal. ant. 3, 61, 2
389 Liv. 6, 2, 2: 389 v. Chr.
390 Liv. 4, 23, 5 [434 v. Chr.]; 25, 7 [433 v. Chr.]; 61,2 [405 v. Chr.]; 5, 17, 6 [397 v. Chr.]; 6, 2, 2 [389 v. Chr.]; Briquel 2012, 57 ff.
391 Diod. 14, 113, 2; Liv. 5, 33, 9; Serv. Aen. 10, 198; Sassatelli 2005, 252.
392 Mazzarino 1970, 219.
393 Strab. 5, 4, 3 C242.
394 Liv. u. a. 4, 23, 5; Dion. Hal. 6. 75, 3.
395 Salmon 1967, 99–101; 349 f.; Aigner-Foresti 2005 a, 94 ff.; Amann 2011, 280 ff.; Briquel 2012, 49 f.

5 Etruskische Einflusssphären in Italien

1 Hes. Theog. 1011–1016; Ercolani 2012, 384 f.
2 Bei Serv. Aen. 11, 567.
3 Isid. orig. 9, 1, 6.
4 Hier und in Folge: Aigner-Foresti 2009², 125 ff.
5 Liv. 1, 34, 11.
6 Rix 1981, 125; Amann 2000, 194.
7 Zu Vipina (lat. Vivenna): CIL XIII 1668, Z. 16–24; Pallottino 1987, 226 f. Zu Mastarna: Linke 1995, 110 f.
8 Liv. 1, 35, 9.
9 ET² La 2.3: Pallottino 1979, 319 f.; Ampolo 2009, 9–41.
10 Gross 1979; Colonna 2008, 52 ff.
11 Exemplarisch: ET² Cr 2.23: Latinnas; ET² Ve 2.4: Tite Latine.
12 Diod. 23, 2, 1; Athen. 6, 273 e f.; Rieger 2007, 147, Anm. 3; Burckhardt 2008, 77 ff.
13 Liv. 1, 43, 2.
14 Liv. 2, 14, 9.
15 Camporeale 1969, 35 ff.; Dore/Marchesi 2005, 223 Abb. 96.

16 8. Jh.: Macellari 2005, 298 ff.; 7. Jh.: Dore/Marchesi 2005, 200 ff., Abb. 71.
17 Cristofani Martelli 1973, 41 ff.
18 Grab 39 ›Benacci Caprara‹, 750–725 v. Chr.: Malnati 2008, 147 f.
19 Bentini/Taglioni 2005, 188 ff. und 199, Abb. 65; Schmuck: Bologna (Arsenale Militare) (Frauen-)Grab 5, ›degli ori‹: Abb. des Schmucks in Badisches Landesmuseum Karlsruhe (Hg.) 2017, 57; Situle Certosa, Grab 68: Morigi Govi 2000, 374, Nr. 570.
20 ET^2 Fe 2.1; Colonna 1981, 90 f.
21 Liv. 28, 45, 16.
22 Poggesi/Pagnini 2009, 701 ff.
23 Maras 2018, 95, Taf. 28, Abb. 1
24 Poggesi u. a. 2010, 123–134.
25 Hölscher 1999, 35 f., Abb. 16–21.
26 Shipley 2005, 353 ff.
27 Marchesi 2005, 214 ff., Abb. 89.
28 Situlen Certosa, Arnoaldi und Providence (USA): Cherici 2008, 187 ff.
29 Certosa, Grab 180: 425–400 v. Chr.: Govi 2005 b, 289; Malnati 2008, 160.
30 Cherici 2008, 189 ff., bes. Anm. 28. Schüsselhelm: Stary 1981, 425 W 7, Karte 5; Miller 2000; Ovalschild mit Schildbuckel: Stary 1981, 433 W 18, Karte 13.
31 Govi 2005, 264 ff.; Govi 2005 a, 290 ff.
32 Harari 2015^{32}, 114.
33 Zur Stele der Vipia Karmunis: ET^2 Fe 1.4; Govi 2005 a, 292, Abb. 65. Thanχvil Titlalus ET^2 Fe 1.3. Zum Blechgürtel: Benacci Caprara, Grab 543: Sassatelli 2005, 174 f., Abb. 50–51.
34 Sassatelli 2005, 246 f.; Taglioni 2005, 259 ff.; Ortalli 2013, 17 ff.
35 ET^2 Sp 2.11; 2.69; 2.71 usw.; Fe 1.3; 1.5 usw.; ET^2 Fe Fundort 7: Ende 6. Jh. bis 5. Jh.; Sassatelli 2008, 73.
36 Izzet 2010, 117 ff.; Zamboni 2017.
37 Liv. 5, 33, 7 f.; Harari/Paltineri 2010, 65 ff.
38 Iust. 20, 1, 9.
39 Strab. 5, 1, 8 C214.
40 ET^2 (XXIX) Ad; Gaucci 2010, 35 ff.
41 Exemplarisch: Keltie: ET^2 Sp 2.113: Ende des 4. Jh.; Mutalu: ET^2 Sp 2.69: 4./3. Jh.
42 ET^2 Sp 8.1.
43 ET^2 (XXVIII) Spina: Mitte des 6. bis erste Hälfte des 3. Jh.; Nekropolen Valle Trebba und Valle Pega: Gaucci/Pozzi 2009, 51 ff.
44 Von Hase 2000, 79 ff., 81, Karte III.
45 Desantis 2016, 378 ff. und 397, Abb. 24.
46 Mitte des 6. Jh.: ET2 Fe 0.2; 4.–3. Jh.: ET^2 Fe 3.4: Colonna 1974a.
47 Govi 2016, 187 ff.; Baronio 2017, 113 ff.; Haynes 2005, 222, Abb. 161.
48 ET^2 Sp 2.11; 2.69; 2.71 usw.; Fe 1.3; 1.5 usw.; ET^2 Fe Fundort 7: Ende 6. Jh. bis 5. Jh.; Sassatelli 2008, 73.
49 ET^2 Fe 1.9; Stele 10 (Giardini Margherita): Govi 2005 b, 288, Abb. 60.
50 Morandi Tarabella 2004, S. 115, Nr. 102 s. v. Ceicna/Cecna; Capdeville 1997. Stele 15 Giardini Margherita: ET^2 Fe 1.10; Sassatelli 2005, 252; Govi 2005 b, 286, Abb. 57.
51 Grab ›dello sgabello‹: Govi 2005 a, 282, Abb. 51 (Klappstuhl), 288, Abb. 60 (Thron). Klappstuhl auf Schöpflöffel (Mitte des 5. Jh.): Sassatelli 2005, 255, Abb. 28.
52 ET^2 Fe 1.2.
53 ET^2 Vc 2.72; Rix 1981–1982 (1984), 281–286; Sassatelli 2005, 247, Abb. 16.
54 ET^2 Fe 1.11.
55 ET^2 Pa 1.2.
56 Aucnus: Verg. Aen. 10, 198; als Gründer von Perusia: Serv. Aen. 9, 60; 10, 207; 12, 290; als Gründer von Felsina und Mantua: Verg. Aen. 10, 198. Tarchon als Gründer von Tarquinia: Strab. 6, 2, 2 C219; als Gründer von Cortona: Sil. 8, 472; als Gründer von Mantua: Serv. Aen. 10, 198.

57 Taglioni 2005 a, 261.
58 Plut. Sol. 2.
59 ET² Cm 6.3; Colonna 1995- 1996, 335 ff.
60 ET² Cm 2.3.
61 Cerchiai 2017, S. 301–306.
62 Gräber Nr. 926, 928 und 4461: d'Agostino 1977; Cuozzo 2004– 2005, 145 ff.
63 ET² Cm, Fundort 2; erste Hälfte des 6. Jh. bis 4. Jh.
64 Pontrandolfo 2009, 195 ff.
65 Strab. 5, 4, 13 C251.
66 ET² s. v. Cm (V. Campania et Lucania).
67 Liv. 4, 37, 1.
68 Vell. 1, 7.
69 Bei Vell. 1, 7, 1.
70 Zu Hekataios von Milet: FGrHist 1923, Nr. 1 F 62; Hom. Il. 20, 239; Dion. Hal. ant. 1, 73, 3; Cordano 2013, 457 ff.; Minoia 2013, 463 ff.
71 Cerchiai 2008, 409.
72 ET² Cm, Fundort 10: 550/500–475/450; Colonna 1994, 343 ff.
73 Scardigli 1991, 55 ff.
74 Thiermann 2010, 101 ff.; Thiermann 2012.
75 Fab. Pict. bei Arnob. 6, 7 (= FGrHist 1958, Nr. 809 F 11); Dion. Hal. ant. 4, 59, 2: Zeit des Tarquinius Superbus; Chronicon Vindobonense A 334: Frick (Hg.) I, 114, Z. 1–3: Zeit des Tarquinius Priscus. Zu Olenus Calenus: Plin. nat. 28, 4 [15]; zum Versprechen der Herrschaft über Italien: Dion. Hal. ant. 4, 59, 2–61, 2.
76 Isid. orig. 15, 2, 31.
77 Liv. 1, 2, 5; ähnlich auch bei Liv. 5, 33, 7–10.
78 de Marinis 2017, 1501 ff.
79 Iust. 43, 3, 4–14; Hdt. 1, 163 f.
80 Hdt. 1, 165, 1.
81 Thuk. 1, 5, 1; Hom. u. a. Od. 3, 105 f.
82 Jolivet 1980, 681–724; Belfiore 2014.
83 ET² Na 2.1–2.3: erste Hälfte des 6. Jh.; Aigner-Foresti 1988, 141 f.
84 ET² Na 0.2 (Saint Blaise); ET² Na 2.4 (Gran Ribaud); Colonna 2001a.
85 Bonamici 2007, 431 ff.
86 Camporeale 2016, 325 f.
87 Diod. 5, 13, 1–2.
88 Reusser 2002.
89 Maggiani 2002, 196; Morandi 2006, 371–372.
90 Zum Tauschhandel in Etrurien: Diod. 5, 13, 2.
91 Obolen: Chabot/Kurtz 1978, 230 ff.
92 Abb. bei Camporeale 2015, Taf. 114, 115.
93 ET² Vc N. 1; N. 3 bzw. N. 2.
94 Arist. pol. 3, 9, 35 = 1280 a, 36 f.
95 ET² Na 0.1; Lejeune/Pouilloux/Solier 1988 (1990), 19 ff.; Cristofani 1991; Facchetti 2000, 95 ff.
96 Facchetti 2000, 96.
97 Arist. pol. 3, 9, 35 = 1280 a, 36 f.
98 Hdt. 1, 166, 1.
99 Diod. 5, 13, 4.
100 Iust. 18, 7, 2 ff.; Huss 2004³, 30 ff.
101 ET² Af 3.1. Watmough 1997, 46 f. Karten zum etruskisch-karthagischen Kontakt bei von Hase 1989, 329, Abb. 1.

102 Hdt. 1, 165 ff.
103 Arist. pol. 3, 9, 35 1280 a, 36 f.
104 Hdt. 1, 166, 2.
105 Burckhardt 2008, 33 f.
106 Murray/Moreno (Hgg.) 2007, 186 zu 1, 166,1.
107 Hdt. 6, 22–24.
108 Ameling 1993, 196 f.
109 Strabo, 5, 2, 3 C220; Colonna 2004, 81 f.
110 Colonna 1985, 192 ff.
111 Baglione 2013, 92.
112 Hdt. 1, 166, 3.
113 ET² Cs 2.4.
114 ET² Cr 1.158.
115 Hdt. 7, 165–167; Diod. 11, 21, 3–4.
116 Diod. 11, 88, 4.
117 Diod. 5, 20, 3–4; Thuk. 1, 13.
118 Diod. 5, 9, 5; Strabo 6, 2, 10 C275.
119 Thür 1999.
120 Hdt. 6, 17.
121 Sill.³ I, 14; Rota 1973, 143 ff.
122 Kall. ait. IV; epigr. IV: Fg. 93 Pfeiffer; Ov. Ib. 465–466.
123 Hist. var. chil. 8, 889–892.
124 Diod. 11, 48, 3.
125 Torelli 1975, 96 ff.
126 Inscr. It. XIII, III, Nr. 13, 66, 78.
127 Diod. 11, 51, 1.
128 Pind. P. 1, 72–75.
129 SEG 11, 1206 (= IvO 249); Siewert/Taeuber 2013, 188 ff., Nr. 156; Nr. 157 mit Übersetzung.
130 Diod. 11, 88, 4 zu Phayllos; Philistos, Sikeliká, bei Steph. Byz. s. v. Aithale (= FGrHist 1950, Nr. 556 F 21 [23]).
131 Thuk. u. a. 6, 88, 6; 103, 2.
132 Thuk. 7, 53, 2; 54, 1; 7, 57, 1.
133 Siehe Statistik bei Cristofani 1978, 57, Abb. 3; Reusser 2002.
134 Fiorini 2016, 315 ff.
135 Viku: ET² Cl 3.2.
    Celthestra: ET² Cr 3.22; Colonna 2004, 76.
    Gallus: ET² Cm 0.1; Sassatelli 2013, 417.
136 Liv. 5, 34–35; Aigner-Foresti 2012, 591 f.
137 Liv. 5, 33, 1–6; Dion. Hal. ant. 13, 10.
138 Tomaschitz 2012, 890 ff.
139 Strab. 5, 1, 10 C216, ohne chronologische Hinweise.
140 Liv. 5, 34, 9.
141 Malnati 2008, 162 f.
142 Diod. 14, 113, 1.
143 Corn. Nep. Bei Plin. Nat. 3, 21 [125].
144 Polyb. 2, 28, 8; Diod. 5, 29, 2. Macellari 2002, 91, Taf. 58 Stele B (Grab 35: Ende des 5. Jh.).
145 Diod. 12, 31, 1.
146 Liv. 4, 37, 2.
147 Liv. 4, 37, 1; Dion. Hal. ant. 15, 3, 7.
148 Diod. 12, 76, 4; Strab. 5, 4, 4 C243.
149 Neumann 2001; Maras 2014, 101 ff.
150 de Marinis 1991, 99 f.

151 Minarini 2005, 361 ff.
152 Bentz/Reusser 2008, 107.
153 Maras 2012 a, 880 ff.
154 Patitucci Uggeri 2009, 687.
155 Liv. 3, 15, 4 ff.; 16, 2; Dion. Hal. ant. 10, 14; Amann 2011, 404.
156 Meiser 2009, 137 ff.; Amann 2011, 65 ff., und 141 f.
157 ET² Cm 0.2.
158 Liv. 4, 52, 6.
159 Diod. 12, 31, 1.
160 Zu den kampanischen Oberamtsträgern: u. a. ST Cp 31; Salmon 1967, 88 f. Zu Capua als ehemalige Stadt der Etrusker: u. a. Polyb. 2, 17, 1; Liv. 4, 37, 1.
161 Vico Equense: ET² Cm 2.80. Pompeji: ET² Cm 2.12. Cerchiai 2014, 79 ff.
162 Colonna 2002 (anders bei ET² Cm 3.3).
163 ET² Cm 2.18.
164 ET² Cm 2.96: 550–500 v. Chr.: Grassi 1999.

6 Der Kampf der Etrusker gegen Rom (5.–2. Jh.)

1 Liv. 4, 52.
2 Liv. 1, 33, 9; Plut. vitae, Romulus 25 f.; Dion. Hal. ant. 3, 41, 1.
3 Alföldi 1977, 274; Rieger 2007, 428 f.
4 Orvieto: ET² Vs 1. 35. Vulci: ET² Vc 1. 99.
5 Liv. 5, 36, 3–4; 10, 10, 10–11.
6 Aigner-Foresti 2009², 153 ff.; Blösel 2015, 36 und 50 ff.
7 Camporeale 2015⁴, 252, Abb. 182 a, b.
8 Zur Niederlage gegen die Latiner: Aigner-Foresti 2009², 153 f. Zur Expansion gegen Veji: Liv. 2, 45, 1 ff.; Dion. Hal. ant. 8, 91, 1 ff., 9, 1 ff.
9 Liv. 2, 44, 7.
10 Dion. Hal. ant. 9, 15, 1 ff.; Liv. 2, 49, 1 f.
11 U. a. Liv. 2, 50, 5 ff.; Dion. Hal. ant. 9, 18, 3
12 Dion. 9, 22; Forschungsbericht bei Rieger 2007, 434 ff; 467 f.; Aigner-Foresti 2009², 157 ff.
13 Liv. 2, 54, 1; Dion. Hal. ant. 9, 36, 3.
14 Liv. 4, 17, 1–3.
15 Liv. 1, 15, 1.
16 Liv. 4, 19, 4; 32, 4–11; 58, 7; 4, 34.
17 4, 23, 1–3.
18 Cic. Phil. 9, 4 f.; Liv. 4, 20 1–3; Flor. 1, 12, 8; Latte 1962⁴, 126; Münzer 1937.
19 Velθur Tulumnes: ET² Ve 3.2; Karcuna Tulumnes: ET² Ve 3.6.
20 Menerva: CIL I², 2909 = ILLR 237; Ceres: CIL I², 2908 = ILLR 64; Briquel 1991, 193 ff.; de Simone 1989–1990, 191 ff.
21 Liv. 6, 4, 4.
22 Liv. 4, 35, 2.
23 Liv. 4, 58, 1 ff.; 5, 13, 6; Dion. Hal. ant. 12, 9, 1
24 Cic. div. 1, 100.
25 Liv. 5, 21–23.
26 Dion. Hal. ant. 13, 3, 1.

27 Liv. 5, 21, 3; 22, 6; Dion. Hal. ant. 13, 3, 2.
28 CIL I², 57; Liv. 5, 21, 12–14; Dion. Hal. ant. 12, 13, 4; Diod. 14, 93, 2 [392 v. Chr.]; Cass. Dio 6 (= Zonar. 7, 21); Flor. epit. 1, 12, 8 u. a. m.
29 Liv. 5, 4, 11.
30 Colonna 2009, 66 ff.; Abb. Camporeale 2015⁴, Abb. 184.
31 Diod. 14, 115, 2. Zur unvollständigen Zerstörung der Stadt: Liv. 5, 24, 5 f.; 6, 4, 5 u. a. Zur Überlegung nach Veji umzusiedeln: Liv. 5, 30.
32 Liv. 5, 45, 4 ff.
33 Liv. 6, 5, 8; Fest 464, 12L; Rieger 2007, 464.
34 Liv. 5, 21, 14; 5, 22, 1 ff.
35 Dion. Hal. ant. 12, 15, 1.
36 Liv. 6, 4, 4.
37 Liv. 5, 30, 8; Diod. 14, 102, 4.
38 Diod. 14, 93, 2 f.; Plut. Camillus 8, 3–8.
39 Tiu = Mond: ET² Ve 0.28.
40 Liv. 5, 10,1; 6, 4, 5; Dion. Hal. ant. 13, 1.
41 Liv. 6, 4, 9.
42 Liv. 6, 9, 4; Vell. 1, 14, 2; Liv. 6, 21, 4.
43 Liv. 6, 3, 2 ff.; Plut. Camillus 33, 1.
44 Liv. 2, 44, 8.
45 Ohne Veji: Dion. Hal. ant. 9, 18, 2 ff.
46 434 v. Chr.: Liv. 4, 23, 5; 433 v. Chr.: Liv. 4, 25, 7; 405 v. Chr.: Liv. 4, 61, 2; 397 v. Chr.: Liv. 5, 17, 7–8; 389 v. Chr.: Liv. 6, 2, 2; Aigner-Foresti 2005 a, 94 ff.
47 ET² Ta 5.6: zweite Hälfte des 3. Jh.; ET² Pe 5.2: 2. Jh.; Pe 5.2; Pfiffig 1975, 71.
48 Liv. 4, 25, 6.
49 Liv. 4, 61, 2.
50 Liv. 5, 17, 6 f.
51 Prop. 4, 2, 2–4.
52 CIL XI 5265.
53 Liv. 5, 1, 5.
54 Liv. 5, 1, 1 ff.
55 ET² Vs 3.12–3.14; Van der Meer 2013, 99 ff.; Stopponi 2018, 9–36.
56 Liv. 5, 17, 8 ff.
57 Liv. 5, 35, 5 f.; Dion. Hal. ant. 13 exc. 12.
58 Liv. 5, 36, 5 ff.
59 Liv. 6, 2, 2.
60 Liv. 7, 21, 9 (352 v. Chr.); 10, 10, 11 (299 v. Chr.); 10, 14, 3 (297 v. Chr.).
61 390/387 v. Chr.; Liv. 5, 39; 41–42; Polyb. 2, 18, 2; 1, 6, 2; Diod. 14, 113–117; Plut. Camillus 15; 32; Strab. 5, 2, 3 C220.
62 Liv. 5, 40, 9 f.; Plut. Camillus 21.
63 Plut. Camillus 20 f.
64 Inscr. It. XIII, III, Nr. 11; Suet. Aug. 31, 5; Plut. Camillus 41; Flor. epit.1, 7.
65 Diod. 14, 117, 7; Strab. 5, 2, 3 C220.
66 Strab. 5, 2, 8 C226; Polyain. 5, 2, 21.
67 Liv. 5, 50, 3.
68 Strab. 5, 2, 3 C220; Gell. 16, 13, 7.
69 Datierung: Sordi 1960, 36 ff.; Harris 1971, 45; Galsterer 1976, 70 ff.; Humbert 1978, 410 ff.; Hantos 1983, 109 ff.; Cornell 1995, 265.
70 Strab. 5, 2, 3 C220.
71 Aigner-Foresti 2022, 11-25.
72 Galsterer 2000; Galsterer 2008, 33.
73 Kunkel/Wittmann 1965, 409, Anm. 54.

74 Nach 353 v. Chr.: Humbert 1978, 265. Vor 338 v. Chr.: Liv. 8, 14, 10; 306 v. Chr.: Liv. 9, 43, 26; Aigner-Foresti 2022, 13 f.
75 Diod. 16, 19, 1; Liv. 7, 27, 2.
76 Liv. 1, 33, 6; Dion. Hal. ant. 3, 44, 1 ff.; Strab. 5, 6, 5 C231–232.
77 Polyb. 1, 20, 8 und 13.
78 Höckmann 2000, 78 f.
79 Breyer 1993, 526.
80 Allegrezza 2008, 45 ff.
81 Allegrezza 2008, 52.
82 Belelli Marchesini/Biella 2011, 202 ff.
83 Dio Cass. 10, 33; Sordi 1960, 128 ff.; Humbert 1978, 26 ff.; 164 ff.; Cornell 1995, 265; Blösel 2015, 77.
84 Cristofani 1989, 167 ff.; Torelli 2000, 141 ff.
85 ET² Ta 1.186; 8.1.
86 Inscr. It. XIII, I, 41; Dion. Hal. ant. 20, 16, 1. Zu Clepsina: Torelli 2000, 142 und 147.
87 Cristofani 1989, 169.
88 Humbert 1978, 356 ff.; Torelli 2000, 153 f.
89 Zum Zilac-Amt im 4./3. Jahrhundert: ET² Cr 1.161; 4. 22. Zum Maru-Amt Ende des 3. Jh.: ET² Cr 5.8. CIL XI 3615; 3593; 3614.
90 Aigner-Foresti 2008, 99 ff.
91 Humbert 1978, 368 f.
92 Blösel 2015 mit neuerer Literatur.
93 Liv. 7, 12, 5; 20, 7.
94 Liv. 7, 15, 9 f.; Liv. 5, 1, 6.
95 Liv. 7, 17, 1 ff.
96 Liv. 4, 33, 1–6.
97 Flor. 1, 12, 7; Camporeale 2016 a, 127 f.
98 Inscr. It. XIII, I, 540
99 Liv. 7, 19, 2–3.
100 Buranelli 1987, 96 ff., Abb. 8–10.
101 Zur Schlacht nahe Sutri: Liv. 9, 32, 1 ff. Zum Triumph des Konsuls Q. Aemilius Barbula: Inscr. It. XIII, I, 542 (311 v. Chr.)
102 Liv. 9, 36, 12.
103 Liv. 9, 37, 11; 9, 40, 18; 9, 37, 12; Diod. 20, 35, 5.
104 Schmitt 1969, Bd. 1, Nr. 431 und Nr. 461.
105 Inscr. It. XIII, I, 543; Liv. 10, 4, 6; 10, 5, 13.
106 Liv. 10, 37, 3.
107 Liv. 10, 12, 4.
108 CIL I² 6/7 = ILLRP2 309; CIL I² 8/9 = ILLRP2 310 = ILS 1.
109 Liv. 10, 18, 1–2; 10, 27, 4; 27, 3; 30, 8.
110 Zu Chiusi: Pfiffig 1968, 329 f. Liv. 10, 26, 12–13; zum Verhalten der Umbrer: Amann 2011, 160 ff.
111 Polyb. 2, 19, 5–6.
112 Inscr. It. XIII, I, 543; Liv. 10, 30, 8; Val. Max. 5, 7, 1.
113 Polyb. 2, 24, 4–5.
114 Inscr. It. XIII, I, 545 (Volsinienses und Vulcentes); Liv. per. 12, aber Liv. per. 11 zum Jahr 285 v. Chr.
115 Inscr. It. XIII, I, 547; Fest. 228, 20–21L.
116 Dio Cass. 8, 7, 4–8.
117 Flor. epit. 1, 21.
118 CIL I², 46; Liv. Per. 16; Val. Max. 9, 1, 2; Cassius Dio 10; Oros. 4, 5, 3; Harris 1971, 115 ff.

119 Festus 228, 23L.
120 Zu Metrodoros: Plin. nat. 34, 16 [34] = FGrHist 1929, Nr. 184 F 12.
121 Colonna 1968 a, 109 ff.
122 ET² Vs 6.5: Ende des 3. Jh.
123 Urbs vetus: Paul. Diac., Hist. Longobard. I, 32; Geogr. Rav. 4, 36. Ourbíbentos: Prok. BG 2, 20. 8.
124 ET² Pe 8,2; 8,3.
125 ET² Vs 2.31: erste Hälfte 5. Jh.; ET² Vs 2.37: viertes Viertel 4. Jh.; ET² Pe 8,2; 8,3: 3.–2. Jh.: *tular larna(s)*, ›Grenze der(s) Larna‹ (eines Larna oder einer Familie Larna): Scarpignato 2000, 546 Nr. 22.
126 ET² AS 1.308; 1.378; 1.449–451; ET² Cl 1.130–135.
127 367 v. Chr.: Liv. 6, 42, 4; 361 v. Chr.: Liv. 7, 9, 5–6; 358 v. Chr.: 7, 12, 9; 357 v. Chr.: Liv. 7, 15, 8; 350/349 v. Chr.: Liv. 7, 23–24.
128 Liv. 10, 10, 6 f.
129 Polyb. 2, 20, 2.
130 Polyb. 2, 19, 12.
131 Polyb. 2, 27–29.
132 Grab der Reliefs: Steingräber St. 1985, 270, Nr. 9; Morandi Tarabella 2004, 303 ff., Nr. 338 s. v. Matuna. Haynes 2005, Abb. 253.
133 ET² Cr 1.130–1.139.
134 Grab der Schilde: Steingräber St. 1985, 349 f., Nr. 109; Morandi Tarabella 2004, 179 ff., Nr. 187, 3 s. v. Velχa; ET² Ta 2 d; Ta 5.4–5.5; 7.41–7.43.
135 Grab Giglioli: Steingräber 1985, 317, Nr. 69; Familie Curuna? (= Grab der Girlanden): Steingräber 1985, 311, Nr. 62; Familie Saties (= Tomba François): Steingräber 1985, 385, Nr. 178.
136 Liv. 9, 32, 8 ff.; Musti 1989, 19 f.
137 Liv. 9, 36, 12.
138 Tarquinia: Cens. 4, 13; Cortona: Sil. 8, 472; Pisa: Cato, fg. 45.
139 Liv. 1, 8, 3; Dion. Hal. 3, 61, 2.
140 Aigner-Foresti 1988, 251 ff.
141 Polyb. 6, 11–14; Burckhardt 2008, 83 ff.
142 Burckhardt 2008, 59 f.

7 Sozio-politische Entwicklungen der etruskischen Staaten seit der Mitte des 4. Jh.

1 Aigner-Foresti 2018, 233.
2 Cerasuolo/Pulcinelli 2008, 527 ff.
3 ET² AV 0.7–0.12.
4 Cerasuolo u. a. 2008, 533 ff.
5 Aigner-Foresti 2018, 236.
6 Liv. 9, 41, 6; Diod. 20, 35, 5; 20, 44, 9.
7 Rendini/Firmati 2008, 375 ff.; Michelucci 2008, 91 ff.
8 Corretti 2012, 347 ff.
9 Di Paola/Piani 2012, 261–298.
10 Maggiani 2008, 355 ff.
11 Bonamici u. a. 2013, 359 ff.

12 Bettini 2016, 399 ff.
13 ET² Fs 2.1–2.3; 2.5–2.10; 8.4.
14 Warden 2009, 62 ff.
15 de Marinis 2009, 105 f.
16 Goggioli/Bandinelli 2008, 401–407; Donati/Cappuccini 2008, 221–244.
17 Torelli 2008, 272 ff.
18 Romualdi/Settesoldi 2008, 307 ff.; Mascione/Salerno 2013.
19 Moretti Sgubini 2008, 171 ff.; Moretti Sgubini 2017, 65 ff.
20 Diod. 19, 106, 2; 20, 92, 5; Plut. Demetrios 2 ff.; Kaerst 1901, hier Sp. 2777.
21 Thulin 1909, 3 f.; Pfiffig 1975, 40; Steingräber 2012, 143 ff.
22 Hölscher 1999, 72.
23 Steingräber 1985, 353, Nr. 113.
24 Datierung: 5.–4. Jh.: ET² Co 3.1; 2. Hälfte des 5. Jh.: Steingräber 2006, 307; 2. Jh.: Bruschetti 1979, 292; Haynes 2005, 346, Abb. 245 a–b.
25 Watmough 1997, 101.
26 Catalli 1990, 71 (Sextans mit Pflug); Ps.-Arist., de mir. ausc. 93; Diod., 5, 13, 1–2; Strab. 5, 2, 6 C223; Catalli 1990, 55 Nr. 49 und Abb. 62, Nr. 49.
27 Serie mit dem Rad: Catalli 1990, 102, Nr. 79. Serie mit Haruspizes: Catalli 1990, 91 und Abb. 93.
28 ET² Po N.13.
29 Zwei Münzen: ET² OB N.1, N.2. Kupfermünze: ET² OI N. 3. Müller/Deecke 1877 (1965), 429 f.
30 ET² Vs 1.317; 7,26; 7.27 u. a. ET² Pe 1.493 ff.; Rix 1963, 279 f.
31 Münzen aus Tarquinia: Catalli 1990, 72 ff. Zum Grab der Familie Pinie: Steingräber 1985, 317, Nr. 69, Abb. 79–85;
32 Kunkel/Wittmann 1995, 547 ff.
33 Liv. 28, 45, 18. Aigner-Foresti 2018, 236.
34 Camporeale 2015⁴, Taf. 48 (Bronzeplastik einer Chimaira).
35 Demosth., gegen Aphobos 1, 9; Fischer 2021, 40 (ohne Quellenangabe).
36 Aigner-Foresti 2018.
37 Bruschetti 2002, 75.
38 ET² Cr 4, 22; Vc 1.56; AT 1.57; Cl 1.166; Vs 1.205.
39 ET² Cr 4.22; Maras 2003: Lesung *zilci* gut erkennbar.
40 ET² Ta 5.4; ET² Ta 5.5.
41 Tafel in Tarquinia: ET² Ta 8.1; Tafel in Cortona: ET² AC b Z. 2–3; Tafel in Caere: ET² Cr 4.22.
42 Blösel 2015, 56 f.
43 ET² Ta 5.2; Morandi/Colonna 1996, 95 ff.
44 Exemplarisch aus ET²: Zilc θufi: Ta 1.184; Zilχ ceχaneri: Ta 1.9; Zil eteraias: Ta 1.50; 1.51; Zilaθ eterav: AT 105; Zilaθ … meχl rasnal: Ta 7.59; Zilaθ [meχ-] rasnas: Ta 1.184; Zilaθ meχl raśnal: AC Z. 24; Zilaθ parχis: AT 1.105; Zilc parχis: AT 1.171. Vulci: ET² Vc 1.56; Cortona: ET² AC a24.
45 ET² AT 1.105.
46 ET² Vc 1.56 und Ta 1.50; Pfiffig 1969, 288 s. v. *etera*; Benelli 2003, 209 ff.; Facchetti 2011, 240 ff.; Watmough 1997, 44.
47 Liv. 10, 1–3.
48 Zu Arnθ Xurcle: ET² AT 1. 171; zu Vel Velisina: ET² AT 1.185.
49 ET² AT 3a.
50 ET² Vc 1. 93; Pandolfini Angeletti 1991, 634 Anm. 7.
51 Lambrechts 1959, 128, Nr. 3 u. 137, Nr. 10.
52 ET² Vc 1.94.
53 Tarquinia: u. a. ET² Ta 1.42; AT 1.32; Caere: ET² Cr 5.8; Volterra: ET² Vt 0.30.
54 Der Senat in Veji und Arezzo: Liv. 27, 24, 3; und bei den Umbrern: Liv. 9, 36, 8.
55 ET² Co 8.1; 8.2.
56 Lambrechts 1970, 22 Nr. 3; Morandi 1995–96, 77 ff.; Zur Bedeutung des Wortes *rasna*: Rix 1984 a, 460 f.; Watmough 1997, 89 f.

7 Sozio-politische Entwicklungen der etruskischen Staaten seit der Mitte des 4. Jh.

57 Agostiniani/Torelli 2001, 137 f.
58 Fiesole: ET² Fs 8.1–8.3; dessen Territorium: ET² Fs 8.4, 8.5, 8.6.
59 Au[le Papsina: ET² Fs.8.1; 85; Au[le Cursni: ET² Fs 8.1; 8.4–8.6; Papsina: ET² Fs.8.1.
60 Lambrechts 1970, 31 ff., Nr. 8.
61 Georg. 1, 125: Übs. Pfiffig 1975, 158.
62 Fest. 358, 21L.
63 Plut. Vitae, Rom. 11; Serv. ad Aen. 1, 2, 21; Serv. Aen. 1, 2: *liber terrae ruris Etruriae*. Im Kasseler Codex: *liber terrae iuris Etruriae*.
64 ET² Co 3.4. Rix 1986, 17 ff.
65 ET² Cl 7.4: 225–200 v. Chr.; Haynes 2005, 317, Abb. 222.
66 Breyer 1993, 164 und 526.
67 ET² Cr 4. 22; Z. 6: IIĊ; Maggiani 2002, 163 ff.
68 ET² AC (*Aes Cortonense*); ET² CP = ET² Pe 8.4 (*Cippus Perusinus*); Agostiniani/Nicosia 2000; Facchetti 2000, 9–88.
69 *Naper* als Flächenmaß: Fest. 169, 7L: *Napurae* bedeute Seil; Facchetti 2001², 183.
70 Facchetti 2000, 17 ff. und, Anm. 65.
71 ET² CP Z. 4 und 22.
72 Pfiffig 1961, 131; Facchetti 2000, 29 ff.
73 Nicosia 2000 a, 14 f. und 22. Zum Vorhandensein von Privatarchiven: Rix 2002, S. 80.
74 Agostiniani 2000, 61; Facchetti 2000, 75 f.; Morandi Tarabella 2004, 370 f., Nr. 165 s. v. Petru.
75 Zum Wort *eprus* (AC Zeile 14 f.): Facchetti 2000, 76: die Teilnehmer; Wylin 2005, 111–125: die Parteien.
76 Agostiniani 2000 a, 107.
77 ET² AC b4.
78 Manthe 1979, 261 ff.; Facchetti 2001², 177; Facchetti 2000, 41 f.
79 Liv. 5, 35, 4.
80 App. Kelt. 2, 1.
81 Liv. 5, 35, 5.
82 Dion. Hal. 3, 59, 4.
83 Liv. 9, 41, 6–7.
84 Liv. 10, 37, 4–5.
85 Front. Strat. 1, 2, 7.
86 Liv. 9, 37, 12; 10, 37, 4.
87 Polyb. 2, 19, 7–8.
88 Zur Revolte von 302 v. Chr.: Liv. 10, 3, 1–3; 5, 13; Morandi Tarabella 2004, 129, Nr. 119 s. v. Cilnie.
89 Polyb. 6, 26, 1 ff.
90 U. a. Liv. 10, 10, 6 ff.; 5, 36, 4–5.
91 Rix 1963, 375 ff.; Benelli 2011, 193–198; Benelli 2013 c, 447–460.
92 Zur Gründung der Kolonie Cosa: Liv. 27, 10, 8; Plin. nat. 3, 8 [51].
93 Verg. Aen. 10, 168.
94 App. Hann. 43; Liv. 26, 16, 10; 26, 34, 7–10.
95 Saturnia: Liv. 39, 55, 9; Miller 2001; Statonia: Vitr. 2, 7, 3; Miller 1998.
96 CIL I² 2.4, 2931.
97 Stopponi 1991, 235 ff.
98 Liv. 30, 39, 1.
99 Strab. 5, 2, 6 C223.
100 Burckhardt 2008, 63.
101 Cic. leg. agr. 2, 27, 73: *propugnacula imperii*.
102 Scullard 1967, 289; Pallottino 1992⁷, 248.

103 Liv. 23, 17; 19; Sordi 1989–1990, 124 f.
104 Pfiffig 1966 a, 193 ff.; Blösel 2015, 103.
105 Liv. 22, 3, 1–7; 4, 1; Blösel 2015, 100 ff.
106 CIL I² 1, 173; Polyb. 1, 65, 2; Liv. Per. 20.
107 Liv. 27, 21 ff.
108 Liv. 28, 10, 5.
109 Liv. 28, 45, 13–18; Blösel 2015, 114; Aigner-Foresti 2018, 238.
110 Sil. 8, 472 f.
111 Liv. 28, 46, 7 ff.; 29, 1 ff.
112 Liv. 29, 36, 10 ff.
113 ET² Ta 1.107; Villa Tarantola, Grab IV; Cavagnaro Vanoni 1965; Pfiffig 1967, 661 ff. Zu *tleχe* Massarelli 2021, 183 ff.
114 Facchetti 2001, 70.
115 Sordi 1989- 1990, 123 ff.
116 Liv. 23, 16; 20, 3.
117 ET² Ta 1.9, Camporeale 2015⁴, Abb. 133.
118 Steingräber 1985, 349, Nr. 109, Abb. S. 145–146 (Larθ Velχa); 385, Nr. 178, Abb. 185 (Vel Saties).
119 Abb. des Leinenbuches Pulenas bei Torelli (Hg.) 2000, S. 488.
120 ET² Ta 1.17; Facchetti 2018, 390 f.
121 Zur Bedeutung des Wortes *lucairce*: Pfiffig 1969, 293 s. v. *lucairce*; Bedeutung offen bei Facchetti 2018, 392 f.
122 ET² Cr 1 b; Cristofani 1965, 62.
123 Cenciaioli (Hg.) 2011. Die Söhne der Arznei: ET² Pe 5.1; Arnθ: ET² Pe 1.311; Larθ: ET² Pe 1.308; Aule: ET² Pe 1.311; 1.308; Θefri: ET² Pe 1.307; Tarχis: ET² Pe 1.306; Vel: ET² Pe 1.309; Veilia Velimnei: ET² Pe 1.312.
124 Exemplarisch: Grab der Familie Leinie (Settecamini, Orvieto): Steingräber 1985, 286 f., Nr. 32, Abb. 43.
125 ET² Ta 5.4; Steingräber 1985, 349, Nr. 109.
126 ET² Ta 7.42; Steingräber 1985, 349, Nr. 109, Abb. 145–149.
127 Maggiani 1977, 124–136; Sclafani 2002, 121–161.
128 ET² Ta 1.169; ET² Ta 1.185.
129 Abb. Torelli (Hg.) 2000, 574, Nr. 101 und 102; Maschek 2017, 33 ff.
130 Capdeville 2018, 241 ff.; Aigner-Foresti 2018, 228 f. Apatru und Camna: ET² Ta 1.185; Apuna und Pinie: ET² Ta 1.20; 1.22; Ceisinie und Matu(l)na: ET² Ta 1.169; Seitiθi und Velχa: ET² Ta 1.56; Pumpu und Aisine: ET² Ta 1.64.
131 ET² Ta 1.263; ET², Ta 1.16; ET² Ta 5.2; Facchetti 2018, 384 f.
132 Statlane: ET² AT Fundort 1 h; Vipinana in Tuscania: ET², AT Fundort 1 c; Aleθna in Musarna: ET² AT Fundort 3 c; Xurcle, Smurina: ET² AT 1.168.
133 Steingräber 1985, 355, Nr. 118 (Pumpu); Steingräber 1985, 349, Nr. 109 (Velcha).
134 ET² Ta 1.49: 3.–2. Jh.: Steingräber 1985, 305, Nr. 54, Abb 112–132 (Vestrcnie); Ende des 4. Jh. bis 2. Jh.: Steingräber 1985, 317, Nr. 69, Abb. 79–83 (Pinie).
135 Larθ Velχa: ET² Ta 5.4; Laris Pulena: ET² Ta 1.17.
136 Steingräber 1985, 309, Nr. 58 (Grab ›del Convegno‹).
137 Sog. Grab ›del Tifone‹: ET² Ta 7. 84; Steingräber 1985, 355, Abb. 322; Tassi Scandone 2001, 47, § 1.4.
138 ET² Vs 7.1–7.27; Abb. bei Steingräber 1985, 286, Nr. 32, Abb. 43; Breyer 2018, 279 ff.
139 Personennamen: Breyer 2018, 289.
140 Theop. bei Athen. 12, 517–519; Amann 1999, 3 ff.
141 Steingräber 2006, 306.
142 Polyb. 6, 53.
143 Prayon 1998, 171 f.

144 Steingräber 1985, 355 f., Nr. 118, Abb. 150–151; Steingräber 2019, 103 ff.
145 Steingräber 2006, 306 f.; Maggiani 2019, 219; Jolivet 2019, 193 ff.; Haynes 2005, 393, Abb. 274 (Castel d'Asso, Grab 75).
146 Mehrere Beiträge in: Steingräber (Hg.) 2014; Istituto Nazionale di Studi Etruschi ed Italici (Hg.) 2019.
147 Marcni: ET² AS Fundorte 6 c, 6 d; Hepni: ET² AS Fundort 6b.
148 Poseid. bei Diod. 5, 40, 3–5 (= FGrHist 1926, Nr. 87 F 119).
149 ET², Ta 1.151–163; 1.126; 1. 283–284; Steingräber 1985, 290, Nr. 40, Abb. 11–12.
150 ET² Ta 1.162.
151 ET² Ta 1.164–1.168; ET² Ta 1.166; 1.167; 1.168: Grab der Familie Spitu: Pallottino 1964, 125 ff.; Steingräber 1985, 352, Nr. 111.
152 Pandolfini Angeletti 1991, 654.
153 Laris: ET² Ta 1. 87; Arnθ: ET² Ta 1. 88.
154 Rix 1963, 342 ff.; Benelli 2002, 519 ff.
155 Feruglio 2010– 2013, 199 ff.
156 Vel Larcna: ET² Vn 2.68; Arnθ: ET² Vn 2.3; Cygielman 2001.
157 Cygielman 2010, 173 ff.
158 Liv. 9, 36, 3.
159 Liv. 7, 2, 3.
160 Liv. 10, 4, 9.
161 ET² Vs 1.301 [Latera]; Vs 2.48 [Orvieto]; Morandi Tarabella 2004, 277 f., Nr. 307 s. v. Lecnie.
162 Liv. 6, 35, 4 f.
163 Liv. 44, 27, 11; 30, 11; 32, 1–4; Kunkel/Wittmann 1995, 54, Anm. 3a.
164 Kneppe 1990, 37 ff.
165 Zu den Begriffen: Ziegler 1972, 85 f.
166 ET² Pe 3.3. Colonna 1989 (1990), 117.
167 ET² Pe 3.3.
168 ET² Pe 3.3; Cristofani 1978, 195 und Abb. 180.
169 CIL XI, 1905.
170 Colonna 2014, 127 ff.
171 Tarchna/Tarquitii: ET² Cr Fundort 1.b; Campatii/Campanes: u. a. ET² Cr 1.83.
172 Torelli 1969, 285 ff.
173 Cic. de har. resp. 18.
174 Cic. leg. 2, 9, 13–21.
175 Cic. fam. 6, 6, 3; Cic. leg. 2, 9; Rawson 1978, 132 ff; Zecchini 1998, 237 ff. Zu den Ausnahmen: Engels 2007, 731.
176 Stellen bei Pfiffig 1975, 46 f.
177 Gell. 4, 5, 2–3.
178 Cato agr. 5, 4; Cic. nat. 2, 4, 10–11; div. 1, 33.
179 Cic. div. 2, 51–52.
180 Plaut. mil. 693.
181 Cic. div. 1, 92.
182 Liv. 39, 16, 7.
183 Tac. ann. 11, 15, 3.
184 Thulin 1909, 3, 142 ff.; Rawson 1978, 140 f.; 147; Pfiffig 1975, 381; Torelli 1975, 124 f.; Haack 2006.
185 CIL VI 32439; Tac. ann. 11, 15, 1.
186 CIL XI 3382; Thulin 1909, 3, 150.
187 CIL VI 2161; 2162 u. a. m.
188 Steingräber 1985, 324, Nr. 76.
189 Cristofani 1978, 198 f., Abb. 186.
190 Liv. 33, 36, 1–3.

191 Diod. 34/35, 2, 1 ff.
192 Cic. Caecina 1 ff.; Plut. Tib. Gracch. 8.
193 App. civ. 1, 7.
194 Cato agr. 142 f.
195 Steingräber 1985: 269, Nr. 5 (Grab der Tarχna); 355, Nr. 118 (Grab der Pumpu = Grab des Typhons); 284, Nr. 27 (Grab der Tiu = Grab von Tassinaia).
196 ET² Ta 1.150; ET² Ta 1.146–147; Steingräber 1985, Grab der Ane (= Tomba Querciola II), 347, Nr. 107; Steingräber 1985, Grab der Arnθuna, 379, Nr. 165; Morandi Tarabella 2004, 59 f., Nr. 30 s. v. Ane; Morandi Tarabella 2004, 87 f., Nr. 57 s. v. Arnθuna; Aigner-Foresti 2018, 228.
197 ET² Vc 1.93 (zweites Viertel des 3. Jh.); Vc 1.94 (drittes Viertel des 3. Jh.).
198 Steingräber 2006, 306.
199 Steingräber 1985, 396.
200 Izzet 2000, 334.
201 Moretti Sgubini/Colonna 1985, 78 f.
202 Bonamici 1997, 315 ff.
203 Strab. 5, 2, 6 C223.
204 Varro ling. 5, 9, 55.
205 Müller/Deecke 1877 (1965), II, 292.
206 Liv. 7, 2, 6; Val. Max. 2, 4, 4.
207 Breyer 1993, 315; Watmough 1997, 65.
208 Polyb. 15, 5–16; 18, 25–26, 8.
209 ET² Cr 3.23.
210 Arnθ Statlanes: ET² AT 1.1; Larθ Statlanes: ET² AT 1.32.
211 Crespe: ET² Ta 1.184; Laris Pulena: ET² Ta 1.17.
212 Breyer 2012, 91 f., Abb. 92, Nr. 1; Terrenato 2013, 47 f.
213 CIL I² 581, 10[17].
214 Liv. 39, 8, 3 ff.; 39, 15, 1 ff.
215 Liv. 39, 16, 8 f.
216 Cic. Mur. 27.

8 Die Integration und das Erbe der Etrusker

1 Blösel 2015, 155–168; Dart 2016.
2 Auctor de vir. ill. 66, 4; Vell. 2, 13, 2; Münzer 1926; Heftner 2006, 114 ff.
3 Liv. Per. 71, 1.
4 Grom. vet. S. 348 ff.
5 Pfiffig 1975, 158 f.
6 ET² Cl 1. 843–849; 1.852; Pfiffig 1975; 279, Abb. 55.
7 U. a. Vell. 2, 13, 2.
8 Cic. de div. 1, 99; 2, 54.
9 Oros. adv. pag. 5, 18, 1–7; Obseq. 54; Plin. nat. 2, 85 [199].
10 App. civ. 1, 36 (163–164); Vell. 2, 14, 1; anders Liv. per. 71.
11 Liv. per. 72, 1; Diod. 37, 2; Vell. 2,15: *universa Italia*.
12 Sullas »Memoiren«, Lucullus‹ »Bürgerkrieg«, Sisennas »Zeitgeschichte« und Poseidonios‹ »Historien«.
13 Liv. u. a. per. 74, 5: 90–89 v. Chr.

14 Flor. epit. 2, 6, 11; 13; Oros. adv. pag. 5, 18, 17.
15 Sisenna, Buch 4, in: HRR I, 1870, Fg. 94, 95; 119.
16 App. civ. 1, 49.
17 Sidiben Tahila: ET² Af 8.1–8.5; Bir Mcherga: ET² Af 8.6; Smindja: ET² Af 8.7–8.8.
18 Hom. Il. 20, 215 ff.; Verg. Aen. 7, 209.
19 ET² Cl 1.2627; 2628; 2632 (männlich); 2629–2631 (weiblich).
20 Siena: ET² AS 3.5; Adria; ET² Ad 2.67.
21 Benelli 1998 (2001), 260 f.
22 Fabricius 1924, 31 ff.; Pfiffig 1966, 37 f.; Galsterer 2000, 476 ff.
23 App. civ. 1, 49 (213); Cic. Balb. 8, 21.
24 Cic. Arch. 4, 7; Vell. 2, 12, 1.
25 Ruoff-Väänänen 1975, 57; Dart 2014.
26 CIL XI/1 u. a. 3372 ff.; 3376 ff.; 3379; 3381.
27 Vell. 2, 20.
28 Zur Einrichtung von zehn neuen Wahlsprengeln: App. civ. 1, 49 (214).
29 ET² Vt 1.23 u. a.; ET² Vt 1.138; AS 1.44.
30 Val. Max. 2, 2, 2.
31 Strab. 5, 1, 10 C216.
32 Tarquinia, Vulci, Vetulonia, Populonia, Roselle, Volsinii/Bolsena Chiusi, Perugia, Cortona, Arezzo, Fiesole, Pisa und Volterra. Vgl. Plin. nat. 3, 50 [8 ff.].
33 Aigner-Foresti 2008, 99 ff.
34 CIL XI 3615; 3593.
35 CIL XI 3614.
36 Aigner-Foresti 2008, 107 f.
37 CIL XI 3615; Cristofani 1967, 616; Abb. s–w bei Liou 1969, Taf. VIII-IX-X.
38 Varr. ling. 5, 81; Fest. 12, 10 L; Dion. Hal. ant. 6, 90, 3.
39 CIL XI 7287: c[uratori t]empli deae N[ort]ia[e].
40 Latte 1962⁴, 130 f.; 404 ff.
41 6 n. Chr.: Sartori 2001; Plin. nat. 3, 8 [50].
42 Hor. carm. 2, 12, 9–12.
43 Prop. 1, 22, 3; Prop. 2, 1, 29.
44 Verg. Aen. 1, 33.
45 Cic. Balb. 20, 46.
46 Zecchini 1998, 248 ff.
47 Cass. Dio 46, 49, 5; Morandi Tarabella 2004, 148 ff., Nr. 144 s. v. Curuna.
48 Morandi Tarabella 2004, 243 ff., Nr. 262, s. v. Hulχnie.
49 Plut. vitae, Cicero 14; Heftner 2006 a, 219 ff.
50 Strab. 5, 2, 6 C223.
51 Cic. Caecina.
52 Bengtson 1982², 220.
53 Plut. vitae, Cicero 16, 6.
54 Sall. Cat. 27 ff.
55 Cic. pro Mil. 26; 87.
56 Cass. Dio 45, 12, 6; App. civ. 3, 42, 174.
57 Lucan 1, 41; Flor. epit. 2, 16, 3; Cass. Dio 48, 14, 3; Vell. 2, 74. 3 f.; Suet. Aug. 14 f.
58 Liv. per. 126.
59 Vell. 2, 74, 4; Suet. Aug. 15.
60 Cass. Dio 48, 14, 1 ff.
61 App. civ. 5, 49 (204 f.).
62 Cass. Dio 48, 14, 5.
63 Publius Volumnius Violens: CIL XI 1963; *pup velimna*: ET² Pe 1.313.
64 CIL XI 1944.

65 CIL XI 1963; ET² Pe 1.313.
66 CIL XI 1944.
67 ET² Cr Fundort 1b.
68 3. Jh: Grab der Tarχna (= ›delle Iscrizioni‹): Morandi Tarabella 2004, 510 ff., Nr. 542 s. v. Tarχna. 2. Jh: Cristofani 1965, 60 f.
69 ET² Ta Fundort 4 f.
70 Pers. 3, 27.
71 Gell. 2, 18–19.
72 Benelli 1994; Hadas-Lebel 1998, 299 ff.
73 Benelli 2012, 103 ff.
74 A: ET² Cl 1.859; A und E: ET² Cl 1.1221: Hadas-Lebel 1998, 300 f.
75 U. a. ET² Pe 1.846.
76 Grab der Saties: ET² Vc 1.21; 1.18; 1.23; 1.32; Grab ›delle Iscrizioni‹: ET² Vc 1.48; 1.57; Polledrara-Nekropole von Vulci: ET² Vc 1.98; Grab der Hepni von Asciano (Prov. Siena): ET² AS 1.87.
77 ET² Vc 1.65.
78 Facchetti 2002, 232.
79 Kappelmacher 1928; Aigner-Foresti 1996.
80 Zu *zicu*: ET² Cl 1.320.
81 Hadas-Lebel 1998, 299 ff.; Lehnübersetzungen: Weinreich 1977, 138 ff.
82 ET² Pe 1.313.
83 Gell. 11, 7, 4.
84 Agostiniani/Giannelli 1983.
85 Agostiniani 1983, 25 ff.; Giannelli 1983, 61 ff.
86 Breyer 1993, 159, 526, 539.
87 Caec. bei Sen. nat., 2, 39; Arnob. 3, 40, Engels 2007, 734.
88 Plin. nat. 2, 85 [199].
89 Pfiffig 1975, 43.
90 Sen. nat. 2, 39 ff.; Stein, in: RE 10, 1, 1918, Sp. 167, Nr. 78 s. v. Iulius Aquila.
91 Lucan. 1, 586–638.
92 Gelehrt: Gell. 10, 11, 2 u. a. m. Ob er Etrusker war: Harris 1971, 321; Aigner-Foresti 2000, 11 ff.
93 Gell. 11, 11, 1; zum politischen Rat: Plut. vitae, Cicero 20, 3; Briefwechsel: Cic. fam. 4, 13.
94 Siewert 2012, 153 ff.
95 Amm. 23, 5, 10; 25, 2, 7; Macr. Sat. 3, 7, 2.
96 Isid. Etym. 8, 9, 34 f.
97 Kunkel/Wittmann 1995, 127 f.
98 Krauskopf 1998, 357 ff., Abb. 5–6.
99 CIL VI, 21771; Tac., ann. 6, 11.
100 Aug. bei Macr. Sat. 2, 4, 12.
101 ET² Ar 1.55.
102 Syme 2006, 425 ff. und passim.
103 Liv. per. 127; Vell. 2, 876, 3.
104 Tac. ann. 6, 11 2; Porph. Hor. comm. 3, 29, 25.
105 Eleg. In Mec. 1, 13; Cass. Dio 51, 3, 6; Hor. sat. 2, 6, 48.
106 Dio 49, 16, 2.
107 Sen. epist. 19, 114, 4 f.
108 Augustus bei Macr. sat. 2, 4, 12.
109 Hor. carm. 1, 1, 1; 3, 29, 1–2.
110 Prop. 3, 9, 1.

111 Vell. 2, 88, 2. El. In Maec. 1, 13; weitere Stellen bei Aigner-Foresti 1996, 16, Anm. 73.
112 Seine Gewissenhaftigkeit als Staatsmann: Hor. carm. 3, 29, 25–32; 8, 17–28; seine diplomatische und politische Begabung: App. civ. 5, 92 (385); seine Großzügigkeit: Cass. Dio 55, 7, 6; seine Bildung: Hor. carm. 3, 8, 1–5.
113 Cass. Dio: 55, 7, 1.
114 Aug. epist. bei Suet. de poetis, Vita Hor. C 20 (Rostagni, 1979).
115 El. in Maec. 1, 25; 1, 67 (Rupprecht, 1982); Sen. epist. 19, 5 [114] 5; 17, 1 [101] 10–13.
116 Sen. epist. 19, 5 [114] 6.
117 Hor. carm. 2, 17, 1; Tac. ann. 1, 54, 2.
118 Poseid. Fg. 1 bei Athen. 4, 153D.
119 Prop. 4, 2, 4 ff.
120 Cass. Dio 56, 25; Suet. Tib. 63.
121 Tac. ann. 11, 15.
122 Montero Herrera 1991, 193–408; Poulle (Hg.) 2016.
123 Weber 2012, 421 ff.
124 SHA Sept. Sev. 27, 6.
125 Cod. Theod. 16, 10, 1.
126 Lyd. mens. 4, 2.
127 Cod. Theod. 9, 16, 6.
128 Cod. Theod. 9, 16, 9.
129 Amm. 22, 12, 7.
130 Sen. nat. 2, 32, 1.
131 Zos. 5, 41, 1.
132 Briquel 1998, 345 ff.
133 Steingräber 2006 a, 335–340.
134 Plin. epist. 5, 6; Weiland 2011, 97 ff.
135 Strab. 5, 2, 6 C223.
136 Prok. bell. got. 8, 21, 16.
137 Isid. etymol. 8, 9, 34–35.
138 Leland 1892, 60 ff.; Pfiffig 1975, 383 ff.; Camporeale 2015[4], 242.
139 Miller 2020, 85 ff.

Bibliographie

Antike Autorennamen sind nach dem Abkürzungsverzeichnis des *Der Neue Pauly, Enzyklopädie der Antike* – Cancik H./Schneider H. (Hgg.), Stuttgart u. a. 1996 ff. (= DNP) –, Zeitschriften sind nach *L'Année Philologique* abgekürzt bzw. in der Bibliographie abgekürzt angegeben. Moderne Werke sind nach Namen der Verfasser oder des Herausgebers und nach Erscheinungsjahr zitiert, Kongressakten nach dem Jahr der Veröffentlichung. Beiträge in wiederaufgelegten Sammelwerken von G. Colonna und von M. Pallottino werden nach dem ursprünglichen Erscheinungsjahr zitiert.

Adembri B. (Hg.) 2006 = Aeimnestos. Miscellanea di Studi per Mauro Cristofani, 2. Bd., Florenz.
Agostiniani L. 1983 = Aspirate etrusche e gorgia toscana: Valenza alle condizioni fonologiche etrusche, in: Agostiniani A./Giannelli L. (Hgg.) 1983, S. 25–58.
Agostiniani A./Giannelli L. 1983 = Fonologia etrusca, fonetica toscana. Il problema del sostrato, Florenz.
Agostiniani L./Nicosia F. 2000 = Tabula Cortonensis, Rom.
Agostiniani 2000 = L. Agostiniani, L'interpretazione, in: Agostiniani/Nicosia 2000, S. 53–78.
Agostiniani 2000 a = L. Agostiniani, Analisi linguistica, in: Agostiniani/Nicosia 2000, S. 81–112.
Agostiniani L./Torelli M. 2001 = Un cippo confinario etrusco da Cortona, in: Masseria C. (Hg.) 2001, S. 129–140.
Agostiniani L. 2003 = Etrusco lauχumes tra lessico e onomastica, in: Marchesini S./Poccetti P. (Hgg.), Linguistica è storia (Scritti in onore di C. de Simone), Pisa, S. 21–32.
Agostiniani L. 1986 = Sull'etrusco della stele di Lemnos su alcuni aspetti del consonantismo etrusco, in: Archivio Glottologico Italiano 71, 1986, S. 15–46.
Agostiniani L. 2011 = Feluskes o Θeluskes sulla stele di Vetulonia?, in: Maras D. F. (Hg.) 2011, S. 177–184.
Agostiniani L. 2012 = Sulla grafia e la lingua delle iscrizioni anelleniche di Lemnos, in: Bellelli V. (Hg.) 2012, S. 169–194.
Aigner-Foresti L. 1974 = Tesi ipotesi e considerazioni sull'origine degli Etruschi, Wien.
Aigner-Foresti L. 1988 = Zeugnisse etruskischer Kultur im Nordwesten Italiens und in Südfrankreich. Zur Geschichte der Ausbreitung etruskischer Einflüsse und der griechisch-etruskischen Auseinandersetzungen, Wien.
Aigner-Foresti L. (Hg.) 1992 = Etrusker nördlich von Etrurien. Etruskische Präsenz in Norditalien und nördlich der Alpen sowie ihre Einflüsse auf die einheimischen Kulturen. Akten des Symposions von Wien-Schloß Neuwaldegg (Wien 1989), Wien.
Aigner-Foresti L. 1996 = L'uomo Mecenate, in: RSA 26, 1996, S. 7–26.
Aigner-Foresti L. 1998 = Die Integration der Etrusker in den Staat und die Kultur der Römer: Aktuelle Fragestellungen zum Thema des Sammelbandes, in: Aigner-Foresti L. (Hg.) 1998, S. 13–27.
Aigner-Foresti L. (Hg.) 1998 = Die Integration der Etrusker und das Weiterwirken etruskischen Kulturgutes im republikanischen und kaiserzeitlichen Rom, Wien 1998.

Aigner-Foresti L. 2000 = Gli Etruschi e la politica di Cesare, in: Urso G. (Hg.) 2000, S. 11–33.
Aigner-Foresti L. 2001 = s. v. Tages, in: DNP 11, Sp. 1219.
Aigner-Foresti L. 2005 = Rezension zu De Palma 2004, in: Aevum 79, 171–173.
Aigner-Foresti L. 2005 a = Föderalismus im antiken Italien, in: Siewert P./Aigner-Foresti L. (Hgg.) 2005, S. 81–116.
Aigner-Foresti L./Siewert P. (Hgg.) 2006 = Entstehung von Staat und Stadt bei den Etruskern. Probleme und Möglichkeiten der Erforschung früher Gemeinschaften in Etrurien im Vergleich zu anderen mittelmeerischen Kulturen. Gespräche einer Tagung in Sezzate 11.–14. Juni 1998, Wien.
Aigner-Foresti L. 2008 = Sopravvivenza di istituzioni etrusche in età imperiale, in: Urso G. (Hg.) 2008, S. 99–114.
Aigner-Foresti L. 2009² = Die Etrusker und das frühe Rom, Darmstadt.
Aigner-Foresti L. 2011 = s. v. Etrurien: I. Historisch, in: Handwörterbuch der antiken Sklaverei Lieferung I–V.
Aigner-Foresti L. 2012 = Gallia Cisalpina, in: Sievers S. (u. a.) (Hgg.) 2012, S. 591–592.
Aigner -Foresti L. 2018 = Innerstaatliche und zwischenstaatliche Beziehungen etruskischer Eliten ab der Mitte des 4. Jhs. v. Chr., in: Aigner-Foresti L./Amann P. (Hgg.) 2018, S. 227–239.
Aigner-Foresti L./Amann P. (Hgg.) 2018 = Beiträge zur Sozialgeschichte der Etrusker (Akten der internationalen Tagung, Wien 2016), Wien.
Aigner-Foresti L. 2022 = I rapporti tra Roma e Caere/Cerveteri sulla via della romanizzazione, in: Romana res publica. An International Journal I, S. 11–25.
Albers G. 2007 = Perspektiven der prähistorischen Gräberforschung am Beispiel der villanovazeitlichen Gräberfelder von Bologna, in: Karl R./Leskovar J. (Hgg.) 2007, S. 125–138.
Alföldi A. 1977 = Das frühe Rom und die Latiner. Darmstadt.
Allegrezza V. 2008 = Le fattorie romane nell'Arco del Mignone, un sistema territoriale economicamente organizzato (IV secolo a. C. – III secolo a. C.), in: Rivista di Storia dell'Agricoltura 48/1, S. 37–100.
Alonso Núñes J. M. 2001 = s. v. Seeraub, in: DNP 11, Sp. 331 f.
Altheim F. 1950 = Der Ursprung der Etrusker, Baden-Baden.
Amadasi Guzzo M. G. 2016 = Sull'ambientazione della lamina fenicia di Pyrgi, in: Bellelli V./Xella P. (Hgg.) 2016, S. 5–19.
Amann P. 1999 = Theopomp und die Etrusker, in: Tyche 14, S. 3–14.
Amann P. 2000 = Die Etruskerin. Geschlechterverhältnis und Stellung der Frau im frühen Etrurien (9.–5. Jh. v. Chr.), Wien.
Amann P. 2002 = Das konstantinische »Reskript« von Hispellum (CIL XI 5265) und seine Aussagekraft für die etrusko-umbrischen Beziehungen, in: Tyche 17, S. 1–27.
Amann P. 2004 = Die etruskischen »Cippen von Rubiera« aus der südlichen Poebene. Neue Vorschläge und Versuch einer Einordnung, in: Heftner H./Tomaschitz K. (Hgg.) 2004, S. 203–214.
Amann P. 2006 = Verwandtschaft, Familie und Heirat in Etrurien. Überlegungen zu Terminologie und Struktur, in: Amann P. (u. a.) (Hgg.) 2006, S. 1–12.
Amann P. (u. a.) 2006 = Italo-Tusco-Romana. Festschrift für Luciana Aigner Foresti zum 70. Geburtstag, Wien.
Amann P. 2011 = Die antiken Umbrer zwischen Tiber und Apennin. Unter besonderer Berücksichtigung der Einflüsse aus Etrurien, Wien.
Amann P. (Hg.) 2012 = Kulte – Riten – religiöse Vorstellungen bei den Etruskern und ihr Verhältnis zu Politik und Gesellschaft. Akten der 1. Internationalen Tagung der Sektion Wien/Österreich des Istituto Nazionale di Studi Etruschi ed Italici (Wien 2008), Wien.
Amann P. 2017 = 59. Society, 450–250, in: Naso A. (Hg.) 2017, S. 985–999.
Amann P. 2018 = Le ›pietre fiesolane‹: repertorio iconografico e strutture sociali, in: Steingräber St. (Hg.) 2018, S. 63–79.
Amann P. 2018 a = Bankettbilder und ihr ideologischer Gehalt – in Etrurien und darüber hinaus, in: Aigner-Foresti L./Amann P. (Hgg.) 2018, S. 109–128.

277

Ambrosini L. (Hg.) 2009 = Il santuario di Portonaccio a Veio, 3. La cisterna arcaica con l'incluso deposito di età ellenistica, Rom.
Ameling W. 1993 = Karthago. Studien zu Militär, Staat und Gesellschaft, München.
Ampolo C. 2009 = Presenze etrusche, koiné culturale o dominio etrusco a Roma e nel *Latium Vetus* in età arcaica?, in: AnnFaina 16, S. 9–41
Ancilotti A./Calderini A. (Hgg.) 2009 = L'Umbro e le altre lingue dell'Italia antica. Atti del I Convegno Internazionale sugli antichi Umbri (Gubbio 2001), Perugia.
Ancilotti A. (u. a.) (Hgg.) 2016 = Forme e strutture della religione nell'Italia mediana antica. Atti del III Convegno Perugia-Gubbio 2011 (Perugia 2011), Rom.
Anheier H. K. (u. a.) (Hgg.) 2010 = International Encyclopedia of Civil Society, New York.
Arancio M. L. (u. a.) 2010 = Corredi funerari femminili di rango a Vulci nella prima età del ferro: il caso della Tomba dei Bronzetti sardi, in: Negroni Catacchio N. (Hg.) 2010, S. 169–214.
Babbi A. 2008 = La piccola plastica fittile dell'Italia antica dal Bronzo finale all'orientalizzante, Rom/Pisa.
Babbi A./Peltz U. 2013 = La tomba del Guerriero di Tarquinia. Identità elitaria, concentrazione del potere e networks dinamici nel'avanzato VIII secolo a. C. – Elitenidentität, Machtkonzentration und dynamische Netzwerke im späten 8. Jh. v. Chr., Mainz.
Babbi A./Delpino F. 2019 = L'Etruria meridionale interna in età protostorica: Riflessioni e suggestioni di ricerca, in: Istituto Nazionale di Studi Etruschi ed Italici (Hg.) 2019, S. 13–46.
Badisches Landesmuseum Karlsruhe (Hg.) 2017 = Die Etrusker. Weltkultur im antiken Italien. Sonderausstellung im Badischen Landesmuseum Karlsruhe (2017–2018), Darmstadt.
Baggieri G. 1997 = Le protesi etrusche in lega aurea. Archeometallurgia della biocompatibilità, in: SE 64, S. 321–329.
Baglione M. P. 2013 = Le ceramiche attiche e i rituali del santuario meridionale, in: Baglione M.P./Gentili M. D. (Hgg.) 2013, S. 73–99.
Baglione M.P./Gentili M. D. (Hgg.) 2013 = Riflessioni su Pyrgi. Scavi e riverche nelle aree del santuario, Rom.
Baglione M. P. (u. a.) 2017 = Pyrgi, l'area a nord del santuario: nuovi dati dalle recenti campagne di scavo, in: ScAnt 23, S. 149–180.
Bagnasco Gianni G. 2007 = Aristonothos. Il vaso, in: Aristonothos. Scritti sul Mediterraneo 1, V–XV.
Bagnasco Gianni G. 2012 = Origine degli Etruschi, in: Bartoloni G. (Hg.) 2012, S. 47–81.
Baitinger H. 2011 = Waffenweihungen in griechischen Heiligtümern, Mainz.
Balducci C. (u. a.) 2010 = L'area chiusina fra la fine del mondo terramaricolo e i nuovi assetti medio-tirrenici. Lo scavo di Bagnolo, in: Negroni Catacchio N. (Hg.) 2010, S. 143–156.
Balista C. 1997 = Fossati, canali e paleoalvei: connessioni nevralgiche per l'impianto e la sopravvivenza dei grandi siti terramaricoli di bassa pianura, in: Bernabò Brea M. (u. a.) (Hgg.) 1997, S. 126–136.
Baratti G. (u. a.) 2008 = La cinta fortificata di Tarquinia alla luce della nuova fortificazione, in: Paoletti O. (Hg.) 2008, S. 155–169.
Barbaro B. (u. a.) 2012 = Etruria meridionale e Mediterraneo nella tarda età del Bronzo, in: Bellelli V. (Hg.) 2012, S. 195–247.
Bardelli G. (Hg.) 2017 = Das Prunkgrab von Bad Dürkheim 150 Jahre nach der Entdeckung, Mainz.
Baronio P. 2017 = I caratteri dell'urbanistisca etrusca ad assi ortogonali in area padana: nuove considerazioni sull'impiano di Kainua-Marzabotto alla luce delle recenti indgini, in: Ocnus 25, S. 113–142.
Barral Ph. (u. a.) (Hgg.) 2014 = Les Celtes et le Nord de l'Italie (Premier et Second Âges du fer). Acts du XXXVIe colloque international de l'Association Française pour l'Étude de l'âge du Fer (Verona 2012), Dijon.
Bartoloni G. (u.a) 1987 = Le urne a capanna rinvenute in Italia, Roma.

Bartoloni G. (Hg.) 1997= Le necropoli arcaiche di Veio. Giornata di Studio in memoria di Massimo Pallottino, Rom.
Bartoloni G. 2000 = La prima età del ferro a Populonia: le strutture tombali, in: Zifferero A. (Hg.) 2000, S. 17–36.
Bartoloni G. (u. a.) (Hgg.) 2000 = Principi etruschi tra Mediterraneo ed Europa, Ausstellungskatalog (Bologna 2000), Bologna.
Bartoloni G. 2002^2 = La cultura villanoviana. All'inizio della storia etrusca. Roma.
Bartoloni G. (u. a.) 2011 = Veio, Piazza d'Armi: riconsiderazioni e novità, in: Conti A. (Hg.) 2011, S. 116–174.
Bartoloni G. (Hg.) 2012 = Introduzione all'Etruscologia, Milano.
Bartoloni G. (u. a.) 2012 = Viticultura e consumo del vino in Etruria: la cultura materiale tra la fine del ferro e l'Orientalizzante antico, in: Ciacci A. (Hgg.) 2012, S. 201–275.
Bartoloni G. 2013 = Riflessioni su Pyrgi. Scavi e ricerche nelle aree del santuario. Atti della giornata di studi (2007), Rom.
Bartoloni G./Sarracino D. 2017 = Veio: dal culto aristocratico al culto poliadico, in: Govi E. (Hg.) 2017, S. 1–24.
Beck H./Walter U. (Hgg.) 2001 = Die frühen römischen Historiker, Bd. I: Von Fabius Pictor bis Cn. Gellius, Darmstadt.
Beck H./Walter U. (Hgg.) 2004 = Die frühen römischen Historiker, Bd. II: Von Coelius Antipater bis Pomponius Atticus, Darmstadt.
Belelli Marchesini B. 2009 = La cisterna e la sua riscoperta. I dati di scavo (1996 e 2006). I dati strutturali, in: Ambrosini L. (Hg.) 2009, S. 297–307.
Belelli Marchesini B./Biella M. C. 2011 = Un nuovo altorilievo di età ellenistica da Civitavecchia, Loc. Scarti di S. Antonio, in: Lulof P./Rescigno C. (Hgg.) 2011, S. 202–207.
Belelli Marchesini B. (u. a.) (Hgg.) 2013 = Considerazioni sull'abitato etrusco di Pyrgi, in: G. Bartoloni 2013, S. 247–262.
Belelli Marchesini B. (u. a.) 2015 = Il santuario di Montetosto sulla via Caere-Pyrgi, Rom.
Belfiore V. 2010 = Il liber linteus di Zagabria. Testualità e contenuto, Pisa/Rom.
Belfiore V. 2014 = Nuove iscrizioni da Lattes, in: Lattara 22, S. 295–319.
Bellelli V. 2012 = Alla ricerca delle origini etrusche, in: Bellelli V. (Hg.) 2012, S. 17–48.
Bellelli V. (Hg.) 2012 = Le origini degli Etruschi. Storia archeologia antropologia, Rom.
Bellelli V./Mazzi M. 2013 = Extipicio. Una »scienza« divinatoria tra Mesopotamia ed Etruria, Rom.
Bellelli V. 2014 = Le mura di Caere: Una introduzione, in: Bellelli V. (Hg.) 2014, S. 35–61.
Bellelli V. (Hg.) 2014 = Caere e Pyrgi: Il territorio, la viabilità e le fortificazioni. Atti della giornata di studi (Roma 2012), Pisa/Rom.
Bellelli V./Xella P. (Hgg.) 2016 = Le lamine di Pyrgi. Nuovi studi sulle iscrizioni in etrusco e in fenicio nel cinquantenario della scoperta, in: SEL 32–33, 2016.
Bellelli V./Troisi G. 2017 = Cerveteri. gli indicatori di produzione metallurgica dall'area della Vigna Parrocchiale, in: ScAnt 23.2, S. 215–222.
Bellelli V. 2018 = Appunti di storia sociale etrusca. Cerveteri fra VI e V secolo a. C., in: Aigner-Foresti L./Amann P. (Hgg.) 2018, S.177–189.
Benelli E. 1994 = Le iscrizioni bilingui etrusco-latine, Florenz.
Benelli E. 1996 = Sui cosiddetti penesti etruschi, in: PP 51, S. 335–344.
Benelli E. 1998 (2001) = Le iscrizioni funerarie chiusine di età ellenistica, in: SE 64, S. 225–263.
Benelli E. 2002 = L'onomastica etrusca di Perugia: alcune osservazioni, in: AnnFaina 9, S. 517–524.
Benelli E. 2002 a = Le formule onomastiche della Tabula Cortonensis e il valore del metronimico, in: Istituto di Studi sulle civiltà italiche e del Mediterraneo antico (Hg.) 2002, S. 93–100.
Benelli E. 2003 = Una misconosciuta nota di Gustav Herbig e l'etrusco etera, in: QAEI 2003, S. 209–221.
Benelli E. 2011 = ›Vornamengentilizia‹. Anatomia di una chimera, in: Maras D. F. (Hg.) 2011, S. 193–198.

Benelli E. 2012 = Matrimoni misti e identità in cambiamento. Chiusi da città etrusca a municipio romano, in: Marchesini S. (Hg.) 2012, S. 103–109.
Benelli E. 2013 = Slavery and Manumission, in: Mac Intosh Turfa J. (Hg.) 2013, S. 447–456.
Benelli E. 2013 a = Le cippe de Tragliatella, in: Lacroix/M. Gaultier F. (Hgg.), S. 201.
Benelli E. 2013 b = Lettera sul vaso di legno Kat. 106, in: Babbi A./Peltz 2013, S. 86–87.
Benelli E. 2015 = Lire et comprendre les inscriptions étrusques, Paris.
Benelli E. 2016 = Riforme della scrittura e cultura epigrafica al tempo delle lamine di Pyrgi, in: Bellelli V./Xella P. (Hgg.) 2016, S. 81–88.
Benelli E. 2018 = La società etrusca: il contributo dell'epigrafia, in: Aigner-Foresti L./Amann P. (Hgg.) 2018, S. 219–226.
Bengtson H. 1982³ = Grundriß der römischen Geschichte mit Quellenkunde. Republik und Kaiserzeit bis 284 n. Chr., München.
Bentini L. (u. a.) 2018 = Tra Verucchio e Bologna: elementi di confronto e differenze nel rituale funerario, in: ScAnt 24/2, S. 169–186.
Bentini L./Taglioni C. 2005 = Economia: agricoltura e attività produttive, in: Sassatelli G./Donati A. (Hgg.) 2005, S. 188–193.
Bentz M. (Hg.) 2008 = Rasna – die Etrusker. Eine Ausstellung im Akademischen Kunstmuseum, Antikensammlung der Universität Bonn, 15. Oktober 2008 – 15. Februar 2009, Petersberg.
Bentz M. 2017 = Der chronologische Rahmen. Zehn Jahrhunderte etruskischer Geschichte, in: Badisches Landesmuseum Karlsruhe (Hg.) 2017, S. 42–49.
Bentz M./Reusser C. 2008 = Marzabotto. Planstadt der Etrusker, Mainz.
Bentz M./Reusser C. (Hgg.) 2010 = Etruskisch-italische und römisch-republikanische Häuser, Wiesbaden.
Bergamini M. (Hg.) 1991 = Gli Etruschi maestri di idraulica, Perugia.
Bergonzi G. 1997 = L'ambra delle terramare nel contesto italiano ed europeo, in: Bernabò Brea M. (u. a.) (Hgg.) 1997, S. 602–609.
Bernabò Brea M./Cremaschi M. 1997 = Le Terramare: »palafitte a secco« o »villaggi arginati«?, in: Bernabò Brea M. (u. a.) (Hgg.) 1997, S. 187–195.
Bernabò Brea M. (u. a.) (Hgg.) 1997 = Le terramare. La più antica civiltà padana, Milano.
Bernabò Brea M. (Hg.) 2018 = Preistoria e Protostoria dell'Emilia Romagna (II parte, Età del Bronzo, Età del Ferro), Florenz.
Bernabò Brea M. (u. a.) 2018 = L'Emilia tra antica e recente età del Bronzo, in: Bernabò Brea M. (Hg.) 2018, S. 9–32.
Bertoldi V. 1936 = »Nomina tusca« in Dioscoride, in: SE 10, S. 295–320.
Beschi L. 1998 = Arte e cultura di Lemno arcaica, in: PP 53, S. 48–76.
Beschi L. 2009 = Forni fusori nell'isola di Efesto, in: Bruni S. (Hg.) 2009, I, S. 103–109.
Bettelli M. (u. a.) 2018 = Le ultime terramare e la penisola: circolazione di modelli o diaspora?, in: Bernabò Brea M. (Hg.) 2018, S. 187–198.
Bettini M. C. 2000 = Chiusi nell'età del ferro, in: AnnFaina 7, S. 41–78.
Bettini M. C./Nicosia F. 2000 = Placchetta trapezoidale con centauro che sta cacciando un cervo, in: Bartoloni G. (u. a.) (Hgg.) 2000, S. 249, Nr. 294.
Bettini M. C./Poggesi G. 2000 = Archeologia 2000. Un progetto per la provincia di Prato. Atti della giornata di studio (Carmignano 1999), Montespertoli.
Bettini M. C. 2016 = Strutture abitative nell'insediamento d'altura di Pietramarina, in: AnnFaina 23, S. 399–411.
Bianchi P. A. E. 2018 = Metallurgia e spazi produttivi nel Bronzo recente in Emilia: I casi di Beneceto e Poviglio, in: Bernabò Brea M. (Hg.) 2018, S. 119–131.
Biavaschi P. (u. a.) (Hg.) 2005 = Miscellanea Italica, Mailand.
Bietti Sestieri A. M. 2010 = L'Italia nell'età del bronzo e del ferro. Dalle palafitte a Romolo (2200–700 a. C.), Rom.
Bietti Sestieri A. M. 2012 = Il Villanoviano: un problema archeologico di storia mediterranea, in: Bellelli V. (Hg.) 2012, S. 249–277.
Bietti Sestieri A. M. (u. a.) 2015 = Frattesina: un centro internazionale di produzione e di scambio, in: PPV 2, 2015, S. 427–436.

Bittel K. 1940 = Hethitische Bestattungsgebräuche, in: MDOG 78, S. 12–28.
Blickle P. 2003 = s. v. Bauer, in: Van Dülmen R. (Hg.) 2003, 150–161.
Bloch R. 1997 = s. v. calatores, in: DNP 2, Sp. 933,
Blösel W. 2015 = Die römische Republik. Forum und Expansion, München.
Boitani F. 2001 = I. G.8. La tomba principesca n. 5 di Monte Michele, in: Moretti Sgubini A. M. (Hg.) 2001, S. 113–118.
Boitani F. 2008 = Nuove indagini sulle mura di Veio nei pressi di porta Nord-Ovest, in: Paoletti O. (Hg.) 2008, S. 135–154.
Bonamici M. 1997 = Un affresco di I stile dal santuario dell'Acropoli, in: Maetzke G. (Hg.) 1997, S. 315–332.
Bonamici M. 2007 = Nuove ricerche nel quartiere industriale di Populonia, in: AnnFaina 14, 2007, S. 431–444.
Bonamici M. 2008 = Contributo alla cinta muraria arcaica di Volterra, in: Paoletti O. (Hg.) 2008, S. 337–352.
Bonamici M. (u. a.) 2013 = La fortezza del Monte Spazzavento, in: ScAnt 19.2/3, S. 359–385.
Bonaudo R. (u. a.) (Hgg.) 2009 = Tra Etruria, Lazio e Magna Grecia: indagini sulle necropoli. Atti dell'incontro di studio (Fisciano 2009), Paestum.
Bonghi Jovino M. 1991 = Osservazione sui sistemi di costruzione a Tarquinia: tecniche locali e uso del »muro a pilastri« fenicio, in: ArchClass 43, S. 171–191.
Bonghi Jovino M. 2006 = Altari etruschi deperibili di epoca villanoviana, in: Amann P. (u. a.) (Hgg.) 2006, S. 39–45.
Bonghi Jovino M. 2009 = A proposito del bambino epilettico di Tarquinia: una rivisitazione, in: Athenaeum 97, II, S. 471–476.
Bound M. 1985 = Una nave mercantile arcaica all'isola del Giglio, in: Cristofani M. (Hg.) 1985 b, S. 65–72.
Breyer G. 1993 = Etruskisches Sprachgut im Lateinischen unter Ausschluss des spezifisch onomastischen Bereiches, Leuven.
Breyer G. 2012 = Huius mali labes ex Etruria Romam (…) penetravit. (Liv. 39,9,1). Der Kult des Paχa in Etrurien und die Bacchanalienaffäre 186 v. Chr., in: Amann P. (Hg.) 2012, S. 85–104.
Breyer G. 2015 = Die rituellen Bestattungen aus (bei) der *area sacra* in Tarquinia, in: MAGW 145, S. 91–116.
Breyer G. 2018 = Die Beischriften zu den Akteuren der Küchenszenen in der Tomba Golini I: ein Diskussionsbeitrag, in: Aigner-Foresti L./Amann P. (Hgg.) 2018, S. 279–293.
Briese Chr. 1999 = s. v. III. Phönizische Kolonisation, in: DNP 6, Sp. 651–653.
Briquel D. 1990 = Divination étrusque et mantique grecque, la recherche d'une origine grec de l'Etrusca *disciplina*, in: Latomus 49, S. 321–342.
Briquel D. 1991 = Entre Rome et Veies: Le destin de la *gens Tolumnia*, in: ArchClass 43, S. 193–208.
Briquel D. 1992 = Sur un épisode sanglant des relations entre Rome et les cités étrusques: les massacres de prisonniers au cours de la guerre de 358/351, in: Istituto Nazionale di Studi Etruschi ed Italici (Hg.) 1992 a, S. 37–46.
Briquel D. 1993 = Les Tyrrhènes, peuple des tours, l'autochtonie des Étrusques chez Denys d'Halicarnasse, Rom.
Briquel D. 1998 = Cornelius Labeo: Etruskische Tradition und heidnische Apologetik, in: Aigner-Foresti L. (Hg.) 1998, S. 345–356.
Briquel D. 2006 = in: Aigner-Foresti L./Siewert P. (Hgg.) 2006, S. 56, 72 f., 104–106.
Briquel D. 2012 = Bemerkungen zum Gott Voltumna und zum ›Föderalkult‹ der Etrusker, in: Amann P. (Hg.) 2012, S. 47–65.
Briquel D. 2016 = Les etruscae litterae avant les graecae litterae: les Étrusques ont-ils eu une influence sur la formation de l'historiographie romaine?, in: Mineo B./Piel T. (Hgg.) 2016, S. 29–54.
British School at Rome/Università di Perugia (Hgg.) 2009 = Mercator Placidissimus. The Tiber Valley in Antiquity (Rome 2004), Rom.

Bruni S. 1998 = Pisa etrusca. Anatomia di una città scomparsa, Mailand.
Bruni S. 2000 = Frammento di stoffa, in: Torelli M. (Hg.) 2000, S. 582.
Bruni S. 2002 = I carri perugini: nuove proposte di ricostruzione, in: AnnFaina 9, S. 21–47.
Bruni S. (Hg.) 2009 = Etruria e Italia preromana. Studi in onore di Giovannangelo Camporeale, I-II, Pisa/Rom.
Brunn Ch. (Hg.) 2000 = The Roman Middle Republic. Politics, Religion and Historiography c. 400–133 B.C. Papers from a conference at the Institutum Romanum Finlandiae (11–12.9.1998), Rom.
Bruschetti P. 1979 = Il lampadario di Cortona, Cortona.
Bruschetti P. 2002 = Il territorio di Perugia etrusca, in: AnnFaina 9, S. 71–94.
Bruschetti P. 2012 = La necropoli di Crocifisso del tufo a Orvieto. Contesti tombali, Pisa/Rom.
Bruun P. M. (u. a.) (Hgg.) 1975 = Studies in Romanization of Etruria, Rom.
Bubenheimer-Erhart F. 2012 = Das Isisgrab von Vulci, Wien.
Bubenheimer-Erhart F. 2017 = Ehrwürdige Kulturen des Orients. Leitbilder für die Eliten Italiens, in: Badisches Landesmuseum Karlsruhe (Hg.) 2017, S. 95–101.
Buranelli F. 1987 = La tomba François di Vulci, Rom.
Buranelli F. (u. a.) 1997 = La necropoli di Casale del Fosso, in: Bartoloni G. (Hg.) 1997, S. 63–83.
Burckhardt L. 2008 = Militärgeschichte der Antike, München.
Caffarello N. (Hg.) 1975 = Archaeologia. Scritti in onore di A. Neppi Modona, Florenz.
Calzavara Capuis L. 1985 = Un rituale funerario paleoveneto: analisi, proposte di interpretazione socio-economica e culturale, in: Liverani M./Palmieri A./Peroni R. (Hgg.) 1985, S. 863–883.
Camporeale G. 1967 = La Tomba del Duce, Florenz.
Camporeale G. 1969 = I commerci di Vetulonia in età orientalizzante, Florenz.
Camporeale G. 2015[4] = Gli Etruschi. Storia e civiltà, Turin.
Camporeale G. 2016 = Dalle case dell'Accesa: tra tradizion aristocratiche e innovazioni democratiche, in: AnnFaina 23, S. 319–341.
Camporeale G. 2016 a = Sacerdotes ... facibus ardentibus anguibusque praelatis militem ... Romanum ... turbaverunt (Liv. VII 2, 3), in: SE 79, S. 127–132.
Camporeale G. 2018 = Città, esercito e religione nei primi secoli della civiltà etrusca, in: Aigner-Foresti L./Amann P. (Hgg.) 2018, S. 11–25.
Capdeville G. 2012 = Zu den namengebenden und stadtschützenden Gottheiten der Etrusker, in: Amann P. (Hg.) 2012, S. 119–142.
Capdeville G. 2018 = Zur Ehepolitik der großen etruskischen Familien, in: Aigner-Foresti L./Amann P. (Hgg.) 2018, S. 241–266.
Cappuccini L. (u. a.) (Hgg.) 2009 = Museo Archeologico Comprensoriale del Mugello e della Val di Sieve, Ausstellungskatalog, Dicomano.
Caputo G./Nicosia F. 1969 = La tomba della Montagnola, Sesto Fiorentino.
Cardarelli A./Tirabassi J. 1997 = Le necropoli delle terramare emiliane, in: Bernabò Brea M. (u. a.) (Hgg.) 1997, S. 677–697.
Cardarelli A. 2009 = The collaps of the Terramare. Culture and growth of new economic and social systems during the late bronze age in Italy, in: ScAnt 15, S. 449–520.
Casini S. 2012 = La pratica dell'esogamia nella cultura di Golasecca, in: Marchesini S. (Hg.) 2012, S. 65–77.
Castaldi, P/Maetzke, G. (Hgg.) 1994 = La presenza etrusca nella Campania meridionale. Atti delle giornate di studio (Salerno-Pontecagnano 1990), Florenz.
Catalli F. 1990 = Monete etrusche, Rom.
Cavagnaro Vanoni L. 1965 = Tarquinii, in: REE 33, 1965, Parte IIA, S. 508-511, Nr. 1-5.
Cenciaioli L. (Hg.) 2011 = L'Ipogeo dei Volumni. 170 anni dalla scoperta. Atti del Convegno di Studi (Perugia 2010), Perugia.
Cerasuolo O./Pulcinelli L. 2008 = Fortezze di confine tardo-etrusche nel territorio tra Caere e Tarquinia. Note di topografia e architettura, in: Paoletti O. (Hg.) 2008, S. 527–532.

Cerasuolo O. (u. a.) 2008 = Rofalco (Farnese, VT). Una fortezza vulcente tra la metà del IV e i primi decenni del III secolo a. C., in: Rofalco (Farnese, VT). Una fortezza vulcente tra la metà del IV e i primi decenni del III secolo a. C., in Paoletti O. (Hg.) 2008, S. 533–538.
Cerchiai L. 2008 = La Campania: fenomeni di colonizzazione, in: AnnFaina 15, S. 401–421.
Cerchiai L. 2014 = La ›sannitizzazione‹ di Pompei, in: Lambert Ch./Pastore F. (Hgg.) 2014, S. 79–83.
Cerchiai L. 2017 = Pontecagnano nel quadro generale etrusco-campano, in: Govi, E. (Hg.) 2017, S. 301–317.
Chabot L./Kurtz Ch. 1978 = Monnaies de l'étang de Berre: Deux oboles étrusques découvertes sur l'Oppidum de Ste Maxime à Gignac, Bouches du Rhône (France), in: CahNum 14, S. 230–234.
Cherici A. 1994 = Porsenna e Olta, riflessi su un mito etrusco, in: MEFRA 106-1, S. 353–402.
Cherici A. 2008 = Armati e tombe con armi nella società dell'Etruria padana: analisi di alcuni documenti, in: AnnFaina 15, S. 187–246.
Cherici A. 2012 = La guerra in Etruria, in: The J. Paul Getty Museum (Hg.) 2012, S. 213–222.
Chiaramonte Treré C. (u. a.) (Hgg.) 2013 = Interpretando l'antico: scritti di archeologia offerti a Maria Bonghi Jovino, Mailand.
Chiesa F. 2011 = Tarquinia, L'Ara della Regina, in: Conti A. (Hg.) 2011, S. 87–96.
Ciacci A. (u. a.) (Hgg.) 2012 = Archeologia della vite e del vino in Toscana e Lazio. Dalle tecniche dell'indagine archeologica alle prospettive della biologia molecolare, Florenz.
Cianferoni G. C. 2000 = Tavoletta scrittoria, in: Bartoloni G. (u. a.) (Hgg.) 2000, S. 318, Nr. 425.
Cifani G. 2003 = Storia di una frontiera. Dinamiche territoriali e gruppi etnici nella media valle tiberina dalla prima età del ferro alla conquista romana, Rom.
Cocchi Genick D. (Hg.) 2004 = L'età del bronzo recente in Italia. Atti del Congresso Nazionale (Lido di Camaiore 2000), Viareggio.
Cohen Y. u. a. (Hgg.) 2010 = Pax Hethitica. Studies on the Hittites and their neighbours in honour of Itamar Singer, Wiesbaden.
Colivicchi F. 2000 = Statuette di aruspice, in: Torelli M. (Hg.) 2000, S. 592, Nr. 152–155.
Colonna G. 1964 = I dati dello scavo, in: Colonna (u. a.) 1964, S. 50–57.
Colonna, G. u. a. 1964 = Scavi nel santuario etrusco di Pyrgi. Relazione preliminare della settima campagna, 1964, e scoperta di tre lamine d'oro inscritte in etrusco e punico, in: ArchClass 16, 1964, S. 49–117.
Colonna G. 1966 = Volsinii, in: REE 34, 1966, Parte IA, S. 310-314, Nr. 1.
Colonna G. 1968 a = Volsinio capto. Sulle tracce dei donarii asportati da Orvieto nel 264 a. c., in: Humbert M. (Hg.) 1998, S. 109–122.
Colonna G. 1974 = Ricerche sugli Etruschi e sugli Umbri a nord degli Appennini, in: SE 42, S. 3–24.
Colonna G. 1974 a = Marzabotto, in: REE 42, Parte I, S. 205–206, Nr. 44.
Colonna G. 1981 = L'iscrizione, in: SE 49, S. 79–93.
Colonna G. 1984–85 = Novità sui culti di Pyrgi, RPAA 57, S. 57–88.
Colonna G. 1985 = Il santuario di Montetosto, in: Stopponi S. (Hg.) 1985, S. 192–196.
Colonna G. (Hg.) 1985 = Santuari d'Etruria, Ausstellungskatalog (Arezzo 1985), Mailand.
Colonna G. 1988 = Il lessico istituzionale etrusco e la formazione della città (specialmente in Emilia Romagna), in: Forni A. (Hg.) 1988, S. 15–36.
Colonna G. 1989–1990 = Il posto dell'Arringatore nell'arte etrusca di età ellenistica, in: SE 56, S. 99–122.
Colonna G. 1991 = Pyrgi, in: REE 56 (1989/1990), Parte I, S. 318, Nr. 30.
Colonna G. 1993 = La società spinetica e gli altri ethne, in: Fede, B./Guzzo P. G. (Hg.) 1993, S. 131–143.
Colonna G. 1993 a = Strutture teatriformi in Etruria, in: Thuillier J.-P. (Hg.) 1993, S. 321–347.

Colonna G. 1993 b = Doni di Etruschi e di altri barbari occidentali nei santuari panellenici, in: Mastrocinque A. (Hg.) 1993, S. 43–67.
Colonna G. 1994 = L'etruscità della Campania meridionale alla luce delle iscrizioni, in: Castaldi, P./Maetzke, G. (Hgg.) 1994, S. 343–371.
Colonna G. 1995–1996 = Etruschi a Pitecusa nell'orientalizzante antico, in: Storchi Marino (Hg.) 1995, S. 325–342.
Colonna G. 1997 = Larice Crepu vasaio a San Giovenale, in: Vian P. (u. a.) (Hgg.) 1997, S. 61–76.
Colonna G. 2001 = I. F. Portonaccio, in: Moretti Sgubini A. M. (Hg.) 2001, S. 37–44.
Colonna G. 2001 a = Gallia Narbonensis, Saint-Blaise, in: REE 64, 1998 (2001), Parte I, S. 433, Nr. 101.
Colonna G. 2002 = Vaglio di Basilicata (Potenza), in: REE 65–68, 2002, Parte II, S. 471 f., Nr. 150.
Colonna G./Pellegrino C. 2002 = Pontecagnano, in: REE 65–68, 2002, Parte I, S. 385–388, Nr. 84.
Colonna G. 2004 = I Greci di Caere, in: AnnFaina 11, S. 69–94.
Colonna G. 2005 (2007) = Il cippo di Tragliatella (e questioni connesse), in: SE 71, S. 83–107.
Colonna G. 2007 = Novità su Thefarie Velianas, in: AnnFaina 14, S. 9–24.
Colonna G. 2007 a = Caere, in: REE 71, Parte I, S. 166–186, Nr. 26–36.
Colonna G. 2007 (2009) = L'Apollo di Pyrgi, Śur/Śuri (il »Nero«) e l'Apollo *Sourios*, in: SE 73, S. 101–134.
Colonna G. 2008 = L'officina veiente: Vulca e gli altri maestri di statuaria arcaica di terracotta, in: Sgubini Moretti A. M./Torelli M. (Hgg.) 2008, S. 52–63.
Colonna G. 2009 = Il mito di Enea tra Veio e Roma, in: AnnFaina 16, S. 51–92.
Colonna G. 2014 = Tra Etruria e Roma. Storia di una parola (e forse di una istituzione), in: Mediterranea 11, S. 123–139.
Colonna G. 2016 = Ancora sulle lamine di Pyrgi, in: Bellelli V./Xella P. (Hgg.) 2016, S. 157–171.
Colonna G. 2016 a = Frattesina e il problema dell'origine degli Etruschi, in: SE 79, S. 3–5.
Colonna G. 2017 = La terminologia etrusca per »santuario« e i suoi riflessi istituzionali, in: Govi, E. (Hg.) 2017, S. 445–450.
Colonna G./von Hase F.-W. 1984 (1986) = Alle origini della statuaria etrusca: la tomba delle Statue presso Ceri, in: SE 52, S. 13–59.
Comitato amici di Palazzo Grassi (Hg.) 1991 = I Celti, Austellungskatalog (Venezia 1991), Milano.
Conti A. (Hg.) 2011 = Tetti di terracotta. La decorazione architettonica fittile tra Etruria e Lazio in età arcaica. Atti delle giornate di studio (Roma 2010), Rom.
Cordano F. 2013 = Capua a falcone nominata, in: Chiaramonte Treré C. (u. a.) (Hgg.) 2013, S. 457–462.
Cornell T. J. 1976 = Etruscan Historiography, in: ASNP, Ser. III, Vol. 2, 1976, S. 411–439.
Cornell T. J. 1995 = The Beginnings of Rome. Italy and Rome from the Bronze Age to the Punic Wars (c. 1000–264 B. C.), London/New York.
Corretti A. 2012 = Le fortezze d'altura dell'Isola d'Elba: lo stato della questione, in: Aristonothos 5, S. 347–370.
Costantini S. 2001 = I luoghi di culto, § III. A.1–7, III. A.2.4, in: Moretti Sgubini A. M. (Hg.) 2001, S. 180–186.
Cristofani M. 1965 = La tomba delle iscrizioni a Cerveteri, Florenz.
Cristofani M. 1967 = Un ›cursus honorum‹ di Cerveteri, in: SE 35, S. 609–618.
Cristofani M. 1978 = L'arte degli Etruschi. Produzione e consumo, Turin.
Cristofani M. (Hg.) 1985 = Dizionario illustrato della civiltà etrusca, Firenze.
Cristofani M. (Hg.) 1985 a = Il commercio etrusco arcaico, Atti dell'incontro di studio (Roma 1985), Rom.
Cristofani M. 1985 = Voltumna, Vertumnus, in: AnnFaina 2, S. 75–88.
Cristofani M. 1985 a = s. v. Monetazione, in: Cristofani M. (Hg.) 1985, 178.

Cristofani M. 1989 = C. Genucio Clepsina pretore a Cere, in: Maetzke G. (Hg.) 1989, S. 167–170.
Cristofani M. 1989 a = Ripensando Pyrgi, in: Cristofani M. (Hg.) 1989, S. 85–93.
Cristofani M. (Hg.) 1989 = Miscellanea ceretana I, Rom.
Cristofani M. 1995 = Tabula Capuana. Un calendario festivo di età arcaica, Florenz.
Cristofani M. 1995 a = Topographie und Stadtentwicklung, in: Cristofani M. (Hg.) 1995, S. 14–31.
Cristofani M. (Hg.) 1995 = Die Etrusker. Geheimnisvolle Kultur im antiken Italien, Stuttgart/Zürich.
Cristofani M. 1997 = Alcune questioni di lessico istituzionale etrusco, in: QAEI 26 (= Miscellanea etrusco-italica II), S. 109–112.
Cristofani Martelli M. 1973 = Documenti di arte orientalizzante da Chiusi, in: SE 41, S. 97–120.
Cultraro M. 2012 = Ex partis orientis: I Teresh e la questione dell'origine anatolica degli Etruschi, in: Bellelli V. (Hg.) 2012, S. 105–141.
Cuozzo M. 2004–2005 = Ripetere, moltplicare, selezionare, distinguere nelle necropoli di Pontecagnano. Il caso della tomba 4461, in: AION (Arch) 11–12, S. 145–154.
Cuozzo M. 2012 = Gli Etruschi in Campania, in: Bartoloni G. (Hg.) 2012, S. 189–226.
Cuozzo M. 2013 = I »principi« di Pontecagnano, in: Rafanelli S. (Hg.) 2013, S. 40–43.
Cupitò M. 2011 = Micenei in Italie settentrionale, in: Marzatico F. (u. a.) (Hgg.) 2011, S. 193–197.
Cupitò M./Leonardi G. 2018 = Il sito arginato di Fondo Paviani e la *polity* delle Valli Grandi Veronesi prima e dopo il collasso delle terramare. Nuovi dati per una ricostruzione del problema, in: Bernabò Brea M. (Hg.) 2018, S. 175–185.
Curina R. (u. a.) (Hgg.) 2010 = Alla ricerca di Bologna antica e medievale. Da Felsina a Bononia negli scavi di via D'Azeglio, 2010.
Cygielman M. 2001= Vetulonia, in: REE 64,1998 (2001), Parte I, S. 350 f., Nr. 24.
Cygielman M. 2002 = Vetulonia. Museo Civico Archeologico »Isidoro Falchi«. Guida, Florenz.
Cygielman M./Poggesi G. 2008 = Cinta muraria di Roselle. Alcune considerazioni alla luce dei recenti lavori di restauro, in: Paoletti O. (Hg.) 2008, S. 245–261.
Cygielman M. 2010 = Case a Vetulonia, in: Bentz M./Reusser Chr. (Hgg.) 2010, S. 173–196.
D'Agostino B. 1977 = Tombe »principesche« dell'orientalizzante antico da Pontecagnano, Rom.
D'Agostino B. 1998 = La non-polis degli Etruschi, in: Greco E. (Hg.) 1998, S. 125–131.
D'Alessio M.T. 2001 = I.C. Macchiagrande, Vignacce, in: Moretti Sgubini A. M. (Hg.) 2001, S. 17–22.
Dal Ri L. (u. a.) 2010 = Höhensiedlungen der Bronzezeit und Eisenzeit. Kontrolle der Verbindungswege über die Alpen/Abitati d'altura dell'età del Bronzo e del Ferro. Controllo delle vie di comunicazione attraverso le Alpi, Trient.
Dart Chr.J. 2014 = The Social War 91 to 88 BCE: A History of the Italian Insurgency against the Roman Republic, Aldershot/Burlington/Ashgate.
Da Vela R./Krämer R. 2022 = Eine etruskische Residenz bei Cortona?, in: Antike Welt. Zeitschrift für Archäologie und Kulturgeschichte 4/ 2022, S. 69–75.
De Cristofaro A./Piergrossi A. 2015–2016 = *Ripa Veientana*. Per una storia del territorio tra Veio e Roma dall'VIII al IV secolo a.C., in: Mediterranea 12–13, 2015– 2016, S. 31–76.
Deffontaines P. 1957 = Geografia e religioni, Florenz.
De Francisci P. 1955–1956 = Intorno all'origine etrusca del concetto di imperium, in: SE 24, 1955– 1956, S. 19–43.
Deger-Jalkotzy S. (Hg.) 1983 = Griechenland, die Ägäis und die Levante. Akten des Symposions in Stift Zwettl (NÖ), Wien.
Deger-Jalkotzy S. 1999 = s. v. Kolonisation, in: DNP 6, Sp. 646–651.
Deger-Jalkotzy S./Hertel D. 2018 = Das mykenische Griechenland. Geschichte, Kultur, Stätten, München.

Delpino F./Fugazzola Delpino M. A. 1976 = Vasi biconici tardo-geometrici, in: ArchClass. 28, 1976, S. 1–9.
Delpino F. 1997 = Sui rapporti tra Etruria, Italia settentrionale ed Europa transalpina nell'età del bronzo finale, in: Schauer P. (Hg.) 1998, S. 17–35.
Delpino F. 2003 = Datazioni problematiche: considerazioni sulla cronologia delle fasi villanoviane, in: Bellelli A. (Hg.) 2003, S. 9–35.
Delpino F. 2012 = Viticoltura, produzione e consumo del vino nell'Etruria protostorica, in: Ciacci A. (u. a.) (Hgg.) 2012, S. 189–199.
De Marinis G. 2009 = 5.1 Le »fortezze d'altura«, in: Cappuccini L. (u. a.) (Hgg.) 2009, S. 105 f.
De Marinis R. C. 1991 = I Celti golasecchiani, in: Comitato amici di Palazzo Grassi (Hg.) 1991, S. 93–102.
De Marinis R. C. 2014 = Correlazioni cronologiche tra l'Italia nord-occidentake (area della cultura di Golasecca) e ambiti culturali transalpini e cisalpini dal Bronzo Recente alla fine del VII secolo a. C., in: Barral Ph. (u. a.) (Hgg.) 2014, S. 17–36.
De Marinis R. C. 2017 = Lombardy, in: Naso A. (Hg.) 2017, Nr. 78, S. 1501–1532.
D'Ercole V./Trucco F. 1992 = Canino (Viterbo). Località Banditella. Un luogo di culto all'aperto presso Vulci, in: BdA 13–15, 1992, S. 77–84.
Desantis P. 2016 = Gli Etruschi fra Reno e Setta: Il nuovo insediamento di La Quercia (Marzabotto-Bologna), in: AnnFaina 23, 2016, S. 377–397.
De Santis A. (u. a.) 2010 = Il processo storico nel Lazio antico tra la tarda età del bronzo e la prima età del ferro: i protagonisti, in: Negroni Catacchio N. (Hg.) 2010, S. 311–326.
De Simone C. 1968-1970 = Die griechischen Entlehnungen im Etruskischen, Bd. I, Wiesbaden 1968; Bd. II, Wiesbaden 1970.
De Simone C. 1975 = Il nome del Tevere. Contributo per la storia delle più antiche relazioni tra genti latino-italiche ed etrusche, in: SE 43, 1975, S. 119–157.
De Simone C. 1989–1990 = Etrusco tulumne(s) – latino Tolonio(s) e le formazioni italiche in -sie/-sio, in: SE 56, 1989– 1990, S. 191–215.
De Simone C. 1996 = I Tirreni a Lemnos. Evidenza linguistica e tradizioni storiche, Firenze.
De Simone C. 1999 = ›Kaiseri‹: in che forma il nome di Caere più antico?, in: AION (ling) 21, S. 211–222.
De Simone C. 2005 (2006) = Sull'origine e funzione della voce etrusca tarχianêsi della Tabula Cortonensis: i nomi etruschi in tarχ- in: Mediterranea 2, 2005 (2006), S. 219–242.
De Simone C. 2011 = I numerali etruschi e D. Steinbauer: ancora »L'origine degli Etruschi«, in: Maras D. F. (Hg.) 2011, S. 199–205.
De Vido S. 2000 = s. v. Osci, in: DNP 9, Sp. 82–84.
Di Fazio M. 2001 = Sacrifici umani e uccisioni rituali nel mondo etrusco, in: RAL Ser. 9, Vol. 12, Fasc. 3, 2001, S. 435–505.
Di Gennaro F. 2004 = La necropoli ad incinerazione di Cavallo Morto (Anzio, Roma), in: Cocchi Genick D. (Hg.) 2004, S. 125–140.
Di Gennaro F./Barbaro B. 2008 = Tabella riassuntiva degli insediamenti dell'età del bronzo nell'Etruria meridionale, in: PPE 8, S. 129–149.
Di Gennaro F./Rendeli M. 2019 = Riconquista del territorio e ricostruzione del paesaggio in Etruria meridionale in età orientalizzante e arcaica, in: Istituto Nazionale di Studi Etruschi ed Italici (Hg.) 2019, S. 61–72.
Di Paola G./Piani P. 2012 = Confini e fortezze d'altura del territorio di Populonia: indagini preliminari, in: Aristonothos 5, S. 261–298.
Di Sandro N. 1981 = Le anfore »massaliote« in Campania, in: AION (Arch) 3, S. 49–53.
Dobesch G. 1983 = Historische Fragestellungen in der Urgeschichte, in: Deger-Jalkotzy S. (Hg.) 1983, S. 179–239.
Dobesch G. 2012 = Polis, Staat und Kult. Grundsätzliche Überlegungen, in: Amann P. (Hg.) 2012, S. 421–443.
Dobesch G. 2012 a = s. v. Expansion der Kelten, in: Sievers S. (u. a.) (Hgg.) 2012, 529.
Donati L. 1994 = La casa dell'impluvium. Architettura etrusca a Roselle, Rom.

Donati L./Cappuccini L. 2008 = Poggio Civitella: la fortezza ellenistica e le testimonianze cultuali del sito, in: Paoletti O. (Hg.) 2008, S. 221–244.
Döpp S./Radicke J. (Hgg.) 2007 = Beihefte zum Göttinger Forum für die Altertumswissenschaft, Bd. 17, Göttingen.
Dore A./Marchesi M. 2005 = La produzione artigianale e artistica: ceramiche, oggetti di ornamento, vasellame bronzeo, in: Sassatelli G./Donati A. (Hgg.) 2005, S. 200–214.
Drago Troccoli L. 1981 = Un vaso a stivaletto d'impasto da Veio. Considerazioni sui rapporti tra Veio e Bologna nell'VIII secolo a. C., in: ArchClass 33, 1981, S. 55–71.
Drago Troccoli L. 2005 = Una coppia di principi nella necropoli di Casale del Fosso a Veio, in: Paoletti O. (Hg.) 2005, S. 87–124.
Drago Troccoli L. 2009 = Il Lazio tra la I età del ferro e l'Orientalizzante. Osservazioni sulla produzione ceramica e metallica tra il II e il IV periodo, l'origine dell'impasto rosso e i rapporti tra Greci, Fenici e Sardi, in: Drago Troccoli L. (Hg.) 2009, S. 229–288.
Drago Troccoli L. (Hg.) 2009 = Il Lazio dai Colli Albani ai Monti Lepini tra preistoria e età moderna, Rom.
Drago Troccoli L. 2012 = Rapporti tra Sardegna e Italia medio-tirrenica nell'età del ferro. Aspetti inediti del ruolo e delle interrelazioni tra aristocrazie, mercanti e artigiani, in: Istituto Italiano Di Preistoria E Protostoria (u. a.) (Hgg.) 2012, S. 1087–1093.
Drummond A. 1990 = Appendix, in: The Cambridge Ancient History VII, 2, The Rise of Rome to 220 B.C., 1990², S. 625–628.
Eck W. 2002 = s. v. Vestricius, in: DNP 12/2, Sp. 135.
École Française de Rome (Hg.) 1983 = Modes de contacts et processus de transformation dans les sociétés anciennes. Actes du Colloque de Cortone (1981), Pisa/Rom.
Eder W. 2001 = s. v. Porsenna, in: DNP 10, Sp. 182.
Egg M. 2017 = War and Weaponry, in: Naso A. (Hg.) 2017, S. 165–177.
Eibner A. 2012 = Herrschaftslegitimation und Religionsausübung – dargestellt anhand von Situlendenkmälern, in: Amann P. (Hg.) 2012, S. 345–378.
Eichler E. (u. a.) (Hgg.) 1995 = Namenforschung. Ein internationales Handbuch zur Onomastik, 1. Teilband. Berlin/New York.
Eichner H. 2006 = Das E von Cortona und das etruskische Phonemsystem, in: Amann P. (u. a.) (Hgg.) 2006, S. 209–220.
Eichner H. 2012 = Sakralterminologie und Pantheon der Etrusker aus sprachwissenschaftlicher Sicht, in: Amann P. (Hg.) 2012, S. 17–46.
Eichner H. 2019 = Die *Stele Lemnia*: Vorstellungen ihrer neuen Interpretation samt angestrebter Beweisführung, in: Bolatti Guzzo N./Taracha P. (Hgg.) 2019, S. 91–133.
Ellero A. (u. a.) (Hgg.) 2011 = La città. Realtà e valori simbolici, Padua.
Elvers K.-L. 2000 = s. v. Perperna, in: DNP 9, Sp. 597 Nr. 5.
Emiliozzi A. (Hg.) 1999 = Carri da guerra e Principi etruschi, Ausstellungskatalog (Viterbo 1997–1998), Rom.
Emiliozzi A./Romualdi A. 1999 = I veicoli dal tumulo dei Carri di Populonia. Necropoli di San Cerbone (123–124), in: Emiliozzi A. (Hg.) 1999, S. 155–177.
Emiliozzi A. 2009 = Epigrafia della ›Bilingue di Pesaro‹. Un'integrazione del testo latino, in: Bruni S. (Hg.) 2009, S. 371–378.
Emiliozzi A./Sannibale M. 2018 = La tomba Regolini-Galassi e i suoi carri, in Caere orientalizzante, in: Naso A./Botto M. (Hgg.) 2018, S. 195–304.
Enei F. 2018 = Pyrgi sommersa: i risultati delle nuove indagini subacquee nel porto dell'antica Caere, in: AnnFaina 25, 2018, S. 343–361.
Engels D. 2007 = Das römische Vorzeichenwesen (753–27 v. Chr.). Quellen, Terminologie, Kommentar, historische Entwicklung, Stuttgart.
Ercolani A. 2012 = Latino e i Tirreni (Hes. th.1011–1016): questioni di storia e di cronologia, in: Bellelli V. (Hg.) 2012, S. 383–395.
Esposito A. M. 2000 = Ascia, in: Bartoloni G. (u. a.) (Hgg.) 2000, S. 238, Nr. 269–271.
Fabricius E. 1924 = Über die lex Mamilia Roscia Peducaea Alliena Fabia, Heidelberg.
Facchetti G. M. 2000 = Frammenti di diritto privato etrusco, Florenz.

Facchetti G. M. 2001² = L'enigma svelato della lingua etrusca. La chiave per penetrare nei segreti di una civiltà avvolta per secoli nel mistero, Rom.
Facchetti G. M. 2002 = L'appellativo etrusco ›etera‹, in: SE 65–68, S. 225–235.
Facchetti G. M. 2005 (2007) = L'interpretazione dei testi etruschi e i suoi limiti, in: Biavaschi P. (u. a.) (Hg.) 2005, S. 25–70.
Facchetti G. M. 2011 = Note Etrusche II, in: AION (ling) 31, S. 223–267.
Facchetti G. M. 2012 = Diritto nel mondo etrusco, in: The J. Paul Getty Museum (Hg.) 2012, S. 151–159.
Facchetti G. M. 2018 = Contatti interlinguistici e interculturali: il caso dei Pulena, in: Aigner-Foresti L./Amann P. (Hgg.) 2018, S. 383–396.
Falchi I. 1891 = Vetulonia e la sua necropoli antichissima, Florenz (Neudruck 1987).
Fede, B./Guzzo P. G. (Hg.) 1993 = Spina. Storia di una città tra greci ed etruschi, Ferrara.
Feruglio A. E. 2010–2013 = Le iscrizioni della tomba dei Cai Cutu di Perugia, in: SE 76, S. 199–235.
Heftner H./Tomaschitz K. (Hgg.) 2004 = Ad Fontes! Festschrift für Gerhard Dobesch zum 65. Geburtstag am 15. September 2004, Wien.
Fiorini L. 2016 = Gravisca tra età classica ed ellenistica. La fine dell'emporio, in: Ancilotti A. (u. a.) (Hgg.) 2016, S. 315–328.
Fischer J. 2021 = Sklaverei in der Antike, in: Geschichte Kompakt, Darmstadt.
Forni A. 1988 (Hg.) = La Formazione della città preromana in Emilia Romagna. Atti del Convegno di studi, Bologna-Marzabotto 1985, Bologna.
Frey O.-H. 1980² = Werke der Situlenkunst, in: Land Oberösterreich (Hg.) 1980², S. 146.
Galsterer H. 1976 = Herrschaft und Verwaltung im republikanischen Italien, München.
Galsterer H. 2000 = s. v. Municipium, in: DNP 8, Sp. 476–479.
Galsterer H. 2008 = Foedus, ius Latii und civitas im römischen Italien, in: Urso G. (Hg.) 2008, S. 27–38.
Garbini G. 1964 = L'iscrizione punica, in: Colonna (u. a.) 1964, S. 66–76.
Garbini G. 1978 = Un'iscrizione aramaica a Ischia, in: PP 179, S. 143–150.
Gasperini L. 2009 = Ancora sul nome etrusco di Monterano, in: Bruni S. (Hg.) 2009, I, S. 395–397.
Gaucci A. 2010 = Adria, iscrizioni etrusche tarde-arcaiche, in: Ocnus 18, S. 35–51.
Gaucci A./Pozzi A. 2009 = L'archeologia funeraria negli empori costieri. Le tombe con iscrizioni etrusche da Spina e Adria, in: Bonaudo R. (u. a.) (Hgg.) 2009, S. 51–64.
Gaultier F./Briquel D. 1989 = Réexamen d' une inscription des collections du Musée du Louvre. Une Mézence à Caeré au VIIe siècle av. J. C., in: CRAI 133/1, S. 99–113.
Gaultier F./Briquel D. 1997 = Les Étrusques, le plus religieux des hommes. État de la recherche sur la religion étrusque. Actes du colloque international. Galeries nationales du Grand Palais (1992), Paris.
Giannelli L. 1983 = Aspirate etrusche e gorgia toscana: valenza delle condizioni fonetiche dell'area toscana, in: Agostiniani A./Giannelli L. 1983, S. 61–102.
Goggioli S. 2000 = Lastre del fregio architettonico, in: Torelli M. (Hg.) 2000, S. 158, Nr. 115–118.
Goggioli S./Bandinelli G. 2008 = I castellieri della Montagnola senese, in: Paoletti O. (Hg.) 2008, S. 401–407.
Govi E. 2005 = Le necropoli, in: Sassatelli G./Donati A. (Hgg.) 2005, S. 264–281.
Govi E. 2005a = La scultura monumentale in pietra, in: Sassatelli G./Donati A. (Hgg.) 2005, S. 290–295.
Govi E. 2005b = La struttura sociale e politica, in: Sassatelli G./Donati A. (Hgg.) 2005, S. 282–290.
Govi E. 2016 = L'architettura domestica di Marzabotto tra vecchi scavi e nuove indagini, in: AnnFaina 23, S. 187–241.
Govi E. (Hg.) 2017 = La città etrusca e il sacro. Santuari e istituzioni politiche. Atti del Convegno (Bologna 2016), Bologna.
Graen D. 2011 = Der Palast von Poggio Civitate (Murlo) – Heiligtum oder Adelsresidenz? in: Pilz O./Vorderstein M. (Hgg.) 2011, S. 7–27.

Gran-Aymerich J. 2018 = Le bucchero et la societé étrusque: origines, production, diffusion, usages et réception, in: Aigner-Foresti L./Amann P. (Hgg.) 2018, S. 75–90.
Gras M. 1985 = Trafics tyrrhéniens archaiques, Rom.
Grassi B. 1999 = Capua, in: REE 63 (1997), Parte I, S. 402–404, Nr. 31.
Greco E. (Hg.) 1998 = Venticinque secoli dopo l'invenzione della democrazia. Atti del Convegno (Paestum 1994), Salerno.
Gross W. H. 1979 = s. v. Vulca, in: KlP 5, Sp. 1340.
Guidi A./Piperno M. 1993² = Italia Preistorica, Bari.
Guidi A. 2009 = A. Guidi, Preistoria della complessità sociale, Bari.
Haack M.-L. 2006 = Prosopographie des haruspices romains, Pisa/Rom.
Haack M.-L. 2017 = L'européisation des Étrusques après la Seconde Guerre mondiale, in: Haack M.-L. (Hg.) 2017, S. 9–19.
Haack M.-L. (Hg.) 2017 = L'Étruscologie au XXème siècle: l'étruscologie dans l'Europe d'après-guerre. Actes des journées d'études internationales (Amiens et Saint Valéry sur Somme 2015), Bordeaux.
Haack M.-L. 2018 = Corpo sociale, corpi votivi nell'Etruria ellenistica, in: Aigner-Foresti L./Amann P. (Hgg.) 2018, S. 409–422.
Hackstein O./Opfermann A. (Hgg.) 2018 = Priscis Libentius et Liberis Novis. Indogermanische und sprachwissenschaftliche Studien. Festschrift für Gerhard Meiser zum 65. Geburtstag, Hamburg.
Hadas-Lebel J. 1998 = Sopravvivenza della lingua e della cultura etrusca nelle iscrizioni bilingui etrusco-latine, in: Aigner-Foresti L. (Hg.) 1998, S. 298–312.
Hadas-Lebel J. 2016 = Les cas locaux en étrusque, Rom.
Hampl F./Weiler I. (Hgg.) 1974 = Kritische und vergleichende Studien zur Alten Geschichte und Universalgeschichte, Innsbruck.
Hampl F. 1975 = Geschichte als kritische Wissenschaft, Bd. II: Althistorische Kontroversen zu Mythos und Geschichte, hg. v. I. Weiler, Darmstadt.
Hansen M. H. 2000 = The Concepts of City-State and City-State Culture, in: M. H. Hansen (Hg.) 2000, S. 11–34.
Hansen M. H. (Hg.) 2000 = A Comparative Study of Thirty City-State Cultures, Kopenhagen.
Hantos Th. 1983 = Das römische Bundesgenossensystem in Italien, München.
Harari M./Paltineri S. 2010 = Edilizia etrusca nella chora di Adria, in: Bentz M. (Hg.) 2008, S. 65–73.
Harari M. (u. a.) 2017 = L'abitato di Verucchio. Spazio insediativo e azioni cerimoniali, in: Govi, E. (Hg.) 2017, S. 25–50.
Harari Y. N. 2015³² = Eine kurze Geschichte der Menschheit, München.
Harris W. V. 1971 = Rome in Etruria and Umbria, Oxford.
Hawkes C. F. C. 1959 = The Problem of the origins of the Archaic Cultures in Etruria and its main difficulties, in: SE 27, S. 363–382.
Haynes S. 2005 = Kulturgeschichte der Etrusker, Mainz.
Heftner H. 2006 = Bemerkung zur Bundesgenossenpolitik des Marcus Livius Drusus (tr. pl. 91 v. Chr.), in: Amann P. (u. a.) (Hgg.) 2006, S. 249–257.
Heftner H. 2006 a = Von den Gracchen bis Sulla. Die römische Republik am Scheideweg 133–78 v. Chr., Regensburg.
Hencken H. 1968 = Tarquinia, Villanovans and early Etruscans, I-II, Cambridge/Mass.
Herrmann-Otto E. (Hg.) 2008 = Unfreie und abhängige Landbevölkerung, Hildesheim.
Heurgon J. 1969 = Inscriptions étrusques de Tunisie, in: CRAI 113, S. 526–551.
Heurgon J. 1971 = Recherches sur la fibule d'or inscrite de Chiusi: la plus ancienne mention épigraphique du nom des étrusques, in: MEFRA 83, S. 9–28.
Heurgon J. 1975 = Sur la répartition du toponyme RASENNA dans l'Étrurie du nord-est, in: Caffarello N. (Hg.) 1975, S. 353–358.
Höckmann O. 2017 = »am meisten vermögen sie zur See«. Die Etrusker als Seefahrer und Schiffsbauer, in: Badisches Landesmuseum Karlsruhe (Hg.) 2017, S. 78–83.
Hölkeskamp K.-J. 2004 = Rekonstruktion einer Republik. Die politische Kultur des antiken Rom und die Forschung der letzten Jahrzehnte, in: HZ 38, S. 107–114.

Hölscher T. 1999² = Öffentliche Räume in frühen griechischen Städten, 1999².
Humbert M. 1978 = *Municipium* et *civitas sine suffragio*. L'organisation de la conquête jusqu'à la guerre sociale, Rom.
Humbert M. (Hg.) 1998 = Mélanges de droit romain et d'histoire ancienne: hommage à la mémoire de André Magdelain XXII, Paris.
Huss W. 2004³ = Die Karthager. München.
Huth Chr. 2012 = Bildkunst und Gesellschaft in parastaatlichen Gemeinschaften Oberitaliens, in: Pare Chr. (Hg.) 2012, S. 73–97.
Istituto di Studi Etruschi ed Italici (Hg.) 1981 = Akten des Kolloquiums zum Thema Die Göttin von Pyrgi. Archäologische, linguistische und religionsgeschichtliche Aspekte (Tübingen 1979), Florenz.
Istituto di Studi sulle civiltà italiche e del Mediterraneo antico (Hg.) 2002 = La Tabula Cortonensis e il suo contesto storico-archeologico, in: Atti dell'incontro di studio, Roma 2001.
Istituti editoriali e poligrafici internazionali (Hg.) 1999 = Incontro di studi in memoria di Massimo Pallottino, Pisa/Rom.
Istituto Italiano Di Preistoria E Protostoria (u. a.) (Hgg.) 2012 = La Preistorie e la Protostoria della Sardegna. Atti della XLIV Riunione scientifica dell'IIPP (Cagliari-Barumini-Sassari 2009), II, Firenze.
Istituto Nazionale di Studi Etruschi ed Italici (Hg.) 1974 = Aspetti e problemi dell'Etruria interna. Atti dell'VIII convegno nazionale di Studi Etruschi e Italici (Orvieto 1972), Florenz.
Istituto Nazionale di Studi Etruschi ed Italici (Hg.) 1992a = La Rome des premiers siècles, légende et histoire. Actes de la Table Ronde en l'honneur de M. Pallottino (Paris 1990), Florenz.
Istituto Nazionale di Studi Etruschi ed Italici (Hg.) 1999 = Protostoria e storia del ›Venetorum angulus‹. Atti del XX Convegno di studi etruschi e italici (Portogruaro/Quarto d'Altino/Este/Adria 1996), Pisa/Rom.
Istituto Nazionale di Studi Etruschi ed Italici (Hg.) 2001 = La lega etrusca dalla dodecapoli ai quindecim populi. Atti della giornata di studi (Chiusi 1999), Pisa/Rom.
Istituto Nazionale di Studi Etruschi ed Italici (Hg.) 2005 = Atti del XXIII Convegno, Roma.
Istituto Nazionale di Studi Etruschi ed Italici (Hg.) 2019 = L'Etruria delle necropoli rupestri. Atti del XXIX Convegno di Studi Etruschi ed Italici (Tuscania – Viterbo 2017), Rom.
Istituto per la Storia di Bologna (Hg.) 1970 = Studi sulla città antica. Atti del Convegno di studi sulla città etrusca e italica preromana (Bologna 1966), Bologna.
Izzet V. E. 2000 = Interim Reports. The Etruscan Sanctuary at Cerveteri, Sant'Antonio: Preliminary Report of Excavations 1995-8, in: PBSR 68, S. 321–335.
Izzet V. E. 2007 = The Archaeology of Etruscan Society, Cambridge.
Izzet V. E. 2010 = New Approaches to Etruscan cities: the case of Spina, in: Bentz M./Reusser Chr. (Hgg.) 2010, S. 117–121.
Jacquemin A. 1999 = Offrandes monumentales à Delphes, Paris.
Jehne M. 2013³ = Die römische Republik. Von der Gründung bis Caesar, München.
Jehne M. (u. a.) (Hgg.) 2013 = Religiöse Vielfalt und soziale Integration. Die Bedeutung der Religion für die kulturelle Identität und politische Stabilität im republikanischen Italien, Heidelberg.
Jockenhövel A. 1974 = Eine Bronzeamphore de 8. Jahrhunderts v. Chr. von Gevelinghausen, Kr. Meschede (Sauerland), in: Germania 52, S. 16–54.
Jolivet V. 1980 = Exportations étrusques tardives (IVe–IIIe sècles) en Méditerranée Occidentale, in: MEFRA 92/2, S. 681–724.
Jolivet V. 2019 = Le banquet funéraire dans l'Étrurie rupestre hellénistique, in: Istituto Nazionale di Studi Etruschi ed Italici (Hg.) 2019, S. 193–206.
Jung R. H. 2010 = Self-organization, in: Anheier H. K. (u. a.) (Hgg.) 2010, S. 1364–1370.
Kaerst J. 1901 = s. v. Demetrios Poliorketes, in: RE 8A, Nr. 33, Sp. 2769–2792.
Kalcyk H./Meyer E. 1999 = s. v. Lemnos, in: DNP 7, Sp. 41–43.
Kaletsch H. 1997 = s. v. Chalkis, in: DNP 2, Sp. 1090 f.

Kaletsch H. 1998 = s. v. Euboia, in: DNP 4, Sp. 207 f.
Kappelmacher A. 1928 = s. v. Maecenas, in: RE 14A, Nr. 6, Sp. 207–229.
Karageorghis V. 2000 = Cipro ›omerica‹, in: Bartoloni G. (u. a.) (Hgg.) 2000, S. 37–53.
Karl R./Leskovar J. (Hgg.) 2007 = Interpretierte Eisenzeiten. Fallstudien, Methoden, Theorie. Tagungsbeiträge der 2. Linzer Gespräche zur interpretativen Eisenzeitarchäologie. Oberösterreichisches Landesmuseum (Linz 2006), Linz.
Karl R./Leskovar J. (Hgg.) 2017 = Interpretierte Eisenzeiten. Fallstudien, Methoden, Theorie. Tagungsbeiträge der 7. Linzer Gespräche zur interpretativen Eisenzeitarchäologie, Linz.
Klengel H. 1999 = Geschichte des Hethiterreiches, Leiden/Boston/Köln.
Kluge S. 2017 = Rätische UnSchriften. Überlegungen zu zwei Fallbeispielen, in: Karl R./Leskovar J. (Hgg.) 2017, S. 171–191.
Kluge S. 2018 = Ex antiquo praeter sonum linguae …, in: Hackstein O./Opfermann A. (Hgg.) 2018, S. 201–212.
Kneppe D. 1990 = Integration und Identität. Die Etrusker im römischen Staat. Geschichte und Geschichtsbewußtsein, in: Leidinger P./Metzler D. (Hgg.) 1990, S. 37–60.
Knobloch R. 2007 = *Strigiles et ampulla* nelle sepolture celtiche d'Italia: un fenomeno di acculturazione, in: ArchClass 58, S. 337–352.
Kohler C. 2002 = s. v. Terramaren-Kultur, in: DNP 12/1, Sp. 170.
Krämer R. P. 2017 = Das Bankett, in: Badisches Landesmuseum Karlsruhe (Hg.) 2017, S. 64–65.
Krämer R. P. 2017 a = Die Keramik. Von den Anfängen bis zur Zeit der Fürsten, in: Badisches Landesmuseum Karlsruhe (Hg.) 2017, S. 91–94.
Krauskopf I. 1998 = Nachklänge etruskischer Unterwelts- und Dämonenbilder in der römischen Literatur und Bildkunst. Einige Beobachtungen, in: Aigner-Foresti L. (Hg.) 1998, S. 357–367.
Krauskopf I. 2012 = Die Rolle der Frauen im etruskischen Kult, in: Amann P. (Hg.) 2012, S. 185–197.
Kunkel W./Wittmann R. 1995 = Staatsordnung und Staatspraxis der römischen Republik II: Die Magistratur, München.
Lacroix M./Gaultier F. (Hgg.) 2013 = Les Étrusques et la Mediterranée. La cité de Cerveteri, Ausstellungskatalog (Lens 2013–2014), Paris
Lambert Ch./Pastore F. (Hgg.) 2014 = Miti e popoli del Mediterraneo antico. Scritti in onore di Gabriella d'Henry, Salerno.
Lambrechts R. 1959 = Essai sur les magistratures des républiques étrusques, Rom.
Lambrechts R. 1970 = Les inscriptions avec le mot ›tular‹ et le bornage étrusque, Florenz.
Lambrechts R. 1984 = S/śpur- = populus ou une nouvelle borne du territoire fiesolan, in: Marzi Costagli M. G./Tamaro Pegna L. (Hgg.) 1984, II, S. 325–328.
Land Oberösterreich (Hg.) 1980[2] = Die Hallstattkultur. Frühform europäischer Einheit. Internationale Ausstellung des Landes Oberösterreich (1980) Schloß Lamberg, Steyr.
Landi A. (Hg.) 1995 = L'Italia e il Mediterraneo Antico. Atti del Convegno della Società Italiana di Glottologia, Pisa.
Latte K. 1960[4]= Römische Religionsgeschichte, München 1992[2].
Laurenzi D. M. 2019 = Uno scheletro incatenato dagli scavi di Baratti, unter: https://www.quinewsvaldicornia.it/piombino-scheletro-incatenato-negli-scavi-di-baratti.htm [zuletzt abgerufen: 24.04.2023].
Leidinger P./Metzler D. (Hgg.) 1990 = Geschichte und Geschichtsbewusstsein. Festschrift K.-E. Jeismann zum 65. Geburtstag, Münster.
Leighton R. 2004 = Tarquinia. An Etruscan City, London.
Lejeune M./Pouilloux J./Solier Y. 1988 (1990) = Etrusque et ioniens archaïques sur le plomb de Pech Maho (Aude), in: RANarb 21, S. 19–59.
Leland Ch. G. 1892 = Etruscan Roman Remains in Popular Tradition, London.
Linke B. 1995 = Von der Verwandtschaft zum Staat. Die Entstehung politischer Organisationsformen in der frührömischen Geschichte, Stuttgart.

Linke B. (u. a.) 2010 = Zwischen Monarchie und Republik. Gesellschaftliche Stabilisierungsleistungen und politische Transformationspotentiale in den antiken Stadtstaaten, Stuttgart.
Liou B. 1969 = Praetores Etruriae XV Populorum: Étude d'Epigraphie, Brüssel.
Liverani M. (u. a.) (Hgg.) 1985 = Studi di paletnologia in onore di Salvatore M. Puglisi, Rom.
Lorimer H. L. 1950 = Homer and the Monuments, London.
Lo Schiavo F. 2000 = L'ambiente nuragico, in: Zifferero A. (Hg.) 2000, S. 101–122.
Lo Schiavo F. (u. a.) 2010 = Desultores. Una eccezionale fibula d'avorio da Tolle (Chianciano Terme, Siena), in: Chiaramonte Treré C. (u. a.) (Hgg.) 2013, S. 194–214.
Lottes G. 2003 = Staat, Herrschaft, in: Van Dülmen R. (Hg.) 2003, S. 360–390.
Lulof P./Rescigno C. (Hgg.) 2011 = Images of Gods, Monsters and Heroes, Oxford/Oakville.
Macellari R. 2002 = Il sepolcreto etrusco nel terreno Arnoaldi di Bologna (550–350 a. C.), Venedig.
Macellari R. 2005 = Le produzioni artigianali e artistiche, in: Sassatelli G./Donati A. (Hgg.) 2005, S. 295–321.
Mac Intosh Turfa J. (Hg.) 2013 = The Etruscan World, London/New York.
Maetzke G. 1985 = Fiesole: il tempio di età ellenistica, in: Colonna G. (Hg.) 1985, S. 95.
Maetzke G. (Hg.) 1989 = Atti del II Congresso Internazionale etrusco dell'Istituto Nazionale di Studi Etruschi e Italici (Florenz 1985), I-III, Rom.
Maetzke G. (Hg.) 1993 = La civiltà di Chiusi e del suo territorio. Atti del XVII convegno di Studi Etruschi ed Italici (Chianciano Therme 1989), Florenz.
Maetzke G. (Hg.) 1997 = Aspetti della cultura di Volterra etrusca fra l'età del Ferro e l'età ellenistica. Atti del XIX Convegno di Studi Etruschi ed Italici (Volterra 1995), Florenz.
Maggiani A. 1977 = Analisi di un contesto tombale. La tomba Inghirami di Volterra, in: Martelli M./Cristofani M. (Hgg.) 1977, S. 124–136.
Maggiani A. 1996 (1998) = Appunti sulle magistrature etrusche, in: SE 62, S. 95–137.
Maggiani A. 1997 = Réflexions sur la religion étrusque »primitive«: de l'époque villanovienne à l'époque archaïque, in: Gaultier F./Briquel D. 1997, S. 431–447.
Maggiani A. 1999 = Nuovi etnici e toponimi etruschi, in: Istituti editoriali e poligrafici internazionali (Hg.) 1999, S. 47–62.
Maggiani A. 2000 = Coppia di statue, in: Bartoloni G. (u. a.) (Hgg.) 2000, S. 172 und 176, Nr. 126–127.
Maggiani A. 2001 = Magistrature cittadine, magistrature federali, in: Istituto Nazionale di Studi Etruschi ed Italici (Hg.) 2001, S. 37–49.
Maggiani A. 2001 a = II. A. L'area della città. La Vigna Parrocchiale, in: Moretti Sgubini A. M. (Hg.) 2001, S. 121–122.
Maggiani A./Rizzo M. A. 2001 = II. B. Area sacra in località S. Antonio, in: Moretti Sgubini A. M. (Hg.) 2001, S. 143–155.
Maggiani A. 2002 = La libbra etrusca. Sistemi ponderali e monetazione, in: SE 65–68, S. 163–199.
Maggiani A. 2005 = Dove e quando fu scritto il liber linteus zagrabiensis?, in: Marrone, G. C./Pistellato A. (Hg.) 2005, S. 403–426.
Maggiani A./Rizzo M. A. 2005 = Le campagne di scavo in loc. Vigna Parrocchiale e S. Antonio, in: Istituto Nazionale di studi etruschi ed italici 2005 (Hg.), S. 177–183.
Maggiani A. 2006 = Dinamiche del commercio arcaico. Le *tesserae hospitales*, in: AnnFaina 13, S. 317–349.
Maggiani A. 2008 = *Oppida* e *castella*. La difesa del territorio, in: Paoletti O. (Hg.) 2008, S. 355–371.
Maggiani A. 2011 = Uno scultore perugino a Volterra?, in: Cenciaioli L. (Hg.) 2011, S. 183–204.
Maggiani A. 2018 = Lautni, in: Aigner-Foresti L./Amann P. (Hgg.) 2018, S. 303–319.
Maggiani A. 2019 = La scultura rupestre tra IV e III secolo a. C., in: Istituto Nazionale di Studi Etruschi ed Italici (Hg.) 2019, S. 209–220.

Maggiani A. 2019 a = Chiusi (Cleusie), Orvieto (Velzna), due città, un solo stato. L'iscrizione di Castelluccio la Foce, in: Turchetti M. A. (Hg.) 2019, S.18–21.
Malnati L. 2008 = Armi organizzazione militare in Etruria padana, in: AnnFaina 15, S. 147–186.
Malnati L. 2010 = I graffiti e le iscrizioni, in: Curina R. (u. a.) (Hgg.) 2010, S. 118–120.
Mandolesi A. 1999 = La ›prima‹ Tarquinia. L'insediamento protostorico sulla Civita e nel territorio circostante, in: Peroni R. (Hg.) 1999, S. 179–204.
Manthe U. 1979 = Ein etruskischer Schiedsspruch. Zur Interpretation des Cippus Perusinus, in: RIDA 26, S. 261–305.
Maras D. F. 2002 = Note sull'arrivo del nome di Ulisse in Etruria, in: SE 65–68, S. 237–249.
Maras D. F. 2003 = Pyrgi, in: REE 69, 2003, Parte I, S. 322–323, Nr. 30.
Maras D. F. (Hg.) 2011 = Corollari. Scritti di antichità etrusche e italiche in omaggio all'opera di Giovanni Colonna, Pisa/Rom.
Maras D. F. 2012 = Interferenza e concorrenza di modelli alfabetici e sistemi scrittori nell'Etruria arcaica, in: MEFRA 124, S. 331–344.
Maras D. F. 2012 a = Novità epigrafiche da Mantova etrusca, in: Menotti E. M./Maras D. F. (Hgg.) 2012, S. 880–885.
Maras D. F. 2014 = Principi e scribi: alle origini dell'epigrafia leponzia, in: Grassi B./Pizzo M. (Hgg.) 2014, S. 101–109.
Maras D. F. 2016 = Lituus etruscus. Osservazioni su forma e funzione del bastone ricurvo nell'Italia centrale, in: SE 79, S. 37–62.
Maras D. F. 2018 = Kings and tablemates. The Political Role of Comrade Association in Archaic Rome and Etruria, in: Aigner-Foresti L./Amann P. (Hgg.) 2018, S. 91–108.
Marchesi M. 2000 = Due modelli di bipenne, in: Bartoloni G. (u. a.) (Hgg.) 2000, S. 241, Nr. 279–280.
Marchesi M. 2005 = La scultura monumentale in pietra, in: Sassatelli G./Donati A. (Hgg.) 2005, S. 214–220.
Marchesini S. (Hg.) 2012 = Matrimoni misti: una via per l'integrazione tra i popoli – Mixed Marriages: a way to integration among peoples. Atti del convegno multidisciplinare internazionale (Verona-Trento 2011), Verona.
Marchesini S. 2015 = Monumenta Linguae Raetica, Rom.
Marinetti A. 2009 = Un etnico per ›etrusco‹ nel venetico?, in: Bruni S. (Hg.) 2009, S. 557–562.
Marrone G. C./Pistellato A. (Hg.) 2005 = Studi in ricordo di Fulviomario Broilo. Atti del Convegno (Venezia 2005), Padua.
Martelli M. 1973 = Documenti di arte orientalizzante da Chiusi, in: SE 41, S. 97–120.
Martelli M./Cristofani M. (Hgg.) 1977 = Caratteri dell'ellenismo nelle urne etrusche. Atti dell'incontro di studi (Siena 1976), Florenz.
Martelli M./Gilotta F. 2000 = Le arti minori, in: Torelli M. (Hg.) 2000, S. 455–483.
Martelli M. 2018 = L'agguato di Achille a Troilo in un'hydria del Pittore del Vaticano 238, in: Mediterranea 15, S. 363–404.
Marzatico F. 1999 = Apporti etrusco-italici nell'area retica, in: Istituto Nazionale di Studi Etruschi ed Italici (Hg.) 1999, S. 475–484.
Marzatico F. (u. a.) (Hgg.) 2011 = Le grandi vie della civiltà. Relazioni e scambi fra il Mediterraneo e centro Europa dalla prestoria alla romanità, Ausstellungskatalog, Trient.
Marzi Costagli M. G./Tamaro Pegna L. (Hgg.) 1984 = Studi di antichità in onore di Guglielmo Maetzke, I-II-III, Rom.
Marzoli D. 1989 = Bronzefeldflaschen in Italien, München.
Maschek D. 2017 = Die etruskische Spätzeit zwischen »Hellenismus«, »Hellenisierung« und »Romanisierung«. Eine forschungsgeschichtliche Skizze, in: Haack M.-L. (Hg.) 2017, S. 33–46.
Mascione C./Salerno S. 2013 = Il sistema difesivo di Populonia: nuovi dati sulle mura dell'acropoli, in: ScAnt. 19, 2/3, 2013, S. 411–427.
Massarelli R. 2016 = Le defixiones nel mondo etrusco, in: Ancilotti A. (u. a.) (Hgg.) 2016, S. 517–532.

Massarelli R. 2021 = Osservazioni sulla semantica delle forme etrusche τλεχε e τλεναχεις, in: AION (ling.) 10, 2021, S. 183–213.
Masseria C. (Hg.) 2001 = 10 anni di archeologia a Cortona, Rom.
Mastrocinque A. (Hg.) 1993 = I grandi santuari della Grecia e l'Occidente, Trento.
Matthäus H. 2000 = Die Rolle Zyperns und Sardiniens im mittelmeerischen Interaktionsprozess während des späten zweiten und frühen ersten Jahrtausends v. Chr., in: Prayon F./Röllig W. (Hgg.) 2000, S. 41–75.
Mayrhofer M. (Hg.) 1968 = Studien zur Sprachwissenschaft und Kulturkunde. Gedenkschrift für Wilhelm Brandenstein, Innsbruck.
Mazzarino S. 1970 = Intorno alla tradizione su Felsina princeps Etruriae, in: Istituto per la Storia di Bologna (Hg.) 1970, S. 217–219.
Mazzarino S. 1992^2 = Dalla monarchia allo stato repubblicano. Ricerche di storia romana arcaica, Milano.
Mazzolai A. 1977 = Il Museo Archeologico della Maremma, Grosseto.
Mazzoli M./Pozzi A. 2011 = I troni di Verucchio tra archeologie e iconografia, in: Von Eles P. (u. a.) (Hgg.) 2015, S. 89–98.
Meiser G. 2000 = s. v. Oskisch-umbrisch, in: DNP 9, Sp. 86–88.
Meiser G. 2006 = G. Meiser in: Aigner-Foresti L./Siewert P. (Hgg.) 2006, S. 25 f., 68 f., 190–196.
Meiser G. 2009 = Le relazioni fra la lingua umbra e la lingua etrusca, in: Ancilotti A./Calderini A. (Hgg.) 2009, S. 137–164.
Meiser G. 2012 = Umbrische Kulte im Liber Linteus?, in: Amann P. (Hg.) 2012, S. 163–172.
Melandri G. 2011 = L'età del ferro a Capua. Aspetti distintivi del contesto culturale e suo inquadramento nelle dinamiche di sviluppo dell'Italia protostorica, Oxford.
Menotti E. M./Maras D. F. (Hgg.) 2012 = Un'area sacra in Mantova etrusca, in: L'Etruria dal Paleolitico al Primo Ferro. Lo stato delle ricerche. Atti del Decimo incontro di Studi di PPE 2, Mailand.
Menzel M./Naso A. 2007 = Raffigurazioni di cortei magistratuali in Etruria. Viaggi nell'aldilà o processioni reali?, in: Ostraka 16, S. 23–43.
Mercuri L./Zaccagnini R. 2014 = Etruria in progress. La ricerca archeologica in Etruria meridionale, Rom.
Metzner-Nebelsick C. 2005 = Seddin, in: RGA 28, 6–13.
Metzner-Nebelsick C. 2017 = Königtum in prähistorischen Kulturen? Annäherung an den archäologischen Befund am Beispiel der Kelten und Skythen, in: Rebenich St. (Hg.) 2017, S. 363–400.
Michelucci M. 2008 = Cinta muraria e distruzione dell'abitato etrusco di Doganella, in: Paoletti O. (Hg.) 2008, S. 91–106.
Michetti L. M./Belelli Marchesini B. 2018 = Pyrgi, porto e santuario di Caere. Tra conoscenze acquisite e ricerche in corso, in: AnnFaina 25, S. 245–280.
Miller M. 1995 = Befestigungsanlagen in Italien vom 8. bis 3. Jahrhundert vor Christus, Hamburg.
Miller M. 1998 = s. v. Heba (h. Magliano in Toscana), in: DNP 5, Sp. 214.
Miller M. 2000 = s. v. Narce, in: DNP 8, Sp. 710.
Miller M. 2001 = s. v. Saturnia, in: DNP 11, Sp. 115.
Miller M. 2017 = Wissenschaft für Laien – Laien machen Wissenschaft. Populärwissenschaftliche Literatur über die Etrusker im deutschsprachigen Raum, in: Haack M.-L. (Hg.) 2017, S. 209–231.
Miller M. 2020 = Die Etrusker und wir. Etruskisches Erbe von der Antike bis heute, in: Siebert A.-V. (Hg.) 2020, S. 85–89.
Minarini L. 2000 = Figura maschile seduta, in: Bartoloni G. (u. a.) (Hgg.) 2000, S. 172, Nr. 125.
Minarini L. 2005 = I Celti a Bologna, in: Sassatelli G./Donati A. (Hgg.) 2005, S. 341–361.
Mineo B./Piel T. (Hgg.) 2016 = Les premiers temps de Rome. VIe-IIIe siècle av. J.–C. La fabrique d'une histoire, Rennes.

Minetti A. 2000 = Tomba di Sarteano 3. Modellino fittile di bipenne, in: Torelli M. (Hg.) 2000, S. 583, Nr. 132.
Minto A. 1943 = Populonia, Florenz.
Minto A. 1954 = L'antica industria mineraria in Etruria ed il porto di Populonia, in: SE 23, S. 291–319.
Mitterlechner T. 2012 = Familienpriestertümer, »Gentilgottheiten« und Binome in Etrurien, in: Amann P. (Hg.) 2012, S. 175–184.
Mitterlechner T. 2018 = Kriegerbild und Militärorganisation, in: Aigner-Foresti L./Amann P. (Hgg.) 2018, S. 159–173.
Mitterlechner T. 2020 = Das Bankett. Ein Bildmotiv zwischen Diesseits und Jenseits im vorrömischen Italien (8.–2./1. Jh. v. Chr.), Wien.
Moggi M. 1983 = L'elemento indigeno nella tradizione letteraria sulle *ktiseis*, in: École Française de Rome (Hg.) 1983, S. 979–1004.
Montero Herrera S. 1991 = Politica y adivinacion en el Bajo Imperio Romano: emperadores y aruspices, Bruxelles.
Mora F. 1999 = Fasti e schemi cronologici. La riorganizzazione annalistica del passato remoto romano, Stuttgart.
Morabito L. (u. a.) 2018 = Rapporti culturali e vie di comunicazione tra Toscana Settentrionale ed Emilia Romagna durante l'età del Bronzo: un approccio territoriale, in: Bernabò Brea M. (Hg.) 2018, S. 209–218.
Morandi A. 1995–96 = Cortona e la questione dei confini etruschi, in: AAEC 27, S. 77–116.
Morandi M./Colonna G. 1996 = La *gens* titolare della Tomba tarquiniese dell'Orco, in: SE 61, S. 95–102.
Morandi A. 2006 = Ancora sull'aequipondium etrusco iscritto da Caere, in: PP 61, S. 371–372.
Morandi Tarabella M. 2004 = Prosopographia Etrusca I Corpus 1. Etruria meridionale, Rom.
Moretti Sgubini A. M./Colonna G. 1985 = 4.5 Il tempio grande di Vulci, in: Colonna G. (Hg.) 1985, S. 78.
Moretti Sgubini A. M. 2001 = III B Le necropoli, IIIB1 Necropoli di Poggio Maremma. Tomba del 6 settembre 1966, in: Moretti Sgubini A. M. (Hg.) 2001, S. 188–199.
Moretti Sgubini A. M. (Hg.) 2001 = Veio Cerveteri Vulci. Città d'Etruria a confronto. Ausstellungskatalog (Rom 2001), Rom.
Moretti Sgubini A. M. 2008 = Le mura di Vulci: un aggiornamento sullo stato della ricerca, in: Paoletti O. (Hg.) 2008, S. 171–189.
Moretti Sgubini A. M./Ricciardi L. 2011 = Considerazioni sulle testimonianze di Tuscania e di Vulci, in: Conti A. (Hg.) 2011, S. 75–86.
Morigi Govi C. 2000 = Situla della Certosa, in: Bartoloni G. (u. a.) (Hgg.) 2000, S. 374, Nr. 570.
Morigi Govi C./Dore A. 2005 = Le necropoli: topografia, strutture tombali, rituale funerario, corredi e ideologia di morte, in: Sassatelli G./Donati A. (Hgg.) 2005, S. 164–180.
Morley N. 2013 = Religion, Urbanisation and social change, in: Jehne M. (u. a.) (Hgg.) 2013, S. 61–68.
Müller K. O./Deecke W. 1877 = Die Etrusker I-II, Stuttgart (Neudruck Graz 1965).
Müller R. 2006² = R. Müller, Urnenfelderkultur, in: RGA 31 2006², 549–558.
Müller-Karpe H. 1959 = Vom Anfang Roms, Heidelberg.
Müller-Karpe H. 1960 = Beiträge zur Chronologie der Urnenfelderzeit nördlich und südlich der Alpen, Berlin.
Müller-Karpe H. 1979 = Das vorgeschichtliche Europa, in: Verzone P. (Hg.) 1979.
Münzer F. 1926 = s. v. Livius Drusus, in: RE 13, Sp. 859 ff. Nr. 18.
Münzer F. 1937 = s. v. Tolumnius, in: RE 12A, Sp. 1693 f.
Murray O./Moreno A. (Hgg.) 2007 = A Commentary on Herodot Book I-IV, Oxford.
Musti D. 1989 = L'immagine degli Etruschi nella storiografia antica, in: Maetzke G. (Hg.) 1989, I, S. 19–39.
Nardi G. 1985 a = s. v. San Giovenale, in: Cristofani M. (Hg.) 1985, S. 254–255.

Nardi G. 2005 = L'area urbana di Cerveteri: Nuove acquisizioni e dati riassuntivi, in: Paoletti O. (Hg.) 2005, S. 185–192.
Naso A. 1998 = I tumuli monumentali in Etruria meridionale: caratteri propri e possibili ascendenze orientali, in: Schauer P. (Hg.) 1998, S. 117–157.
Naso A. 2005 = Il tumulo del Sorbo a Caere, in: Paoletti O. (Hg.) 2005, S. 193–205.
Naso A. 2011 = L'Etruria meridionale, in: Naso A. (Hg.) 2011, S. 115–130.
Naso A. (Hg.) 2011 = Tumuli e sepolture monumentali nella protostoria europea. Atti del Convegno internazionale Celano 2000, Mainz.
Naso A. 2012 = Etruskische und italische Funde in der Ägäis, in: Amann P. (Hg.) 2012, S. 317–333.
Naso A. 2013 = Dall'Italia centrale al Tirolo: merci e uomini, in: AnnFaina 20, S. 91–115.
Naso A. (Hg.) 2017 = Etruscology I, II, Boston/Berlin.
Naso A./Botto M. (Hgg.) 2018 = Caere orientalizzante. Nuove ricerche su città e necropoli, Rom.
Neel J. 2017 = The Vibennae: Etruscan Heroes and Roman Historiography, in: EtrSt 20,1, S. 1–34.
Negrini C. 2018 = Celebrazione del potere e autorappresentazione delle aristocrazie etrusco-padane dall'età del ferro all'orientalizzante, in: Aigner-Foresti L./Amann P. (Hgg.) 2018, S. 29–43.
Negroni Catacchio N. 1995 = Sorgenti della Nova, un abitato del Bronzo Finale, Florenz.
Negroni Catacchio N. (Hg.) 2010 = L'alba dell'Etruria. Fenomeni di continuità e trasformazione nei secoli XII-VIII a.C. Ricerche e scavi. Atti del IX incontro di studi Valentano (Vt) – Pitigliano (Gr) 2008, Mailand.
Negroni Catacchio N. 2010 = L'alba dell'Etruria. Fenomeni di continuità e di trasformazione nei secoli XII-VIII a.C. Ricerche e scavi, in: Negroni Catacchio N. (Hg.) 2010, S. 23–35.
Negroni Catacchio N./Pasquini G. 2018 = Crostoletto di Lamone (Ischia di Castro, Vt). Dati inediti degli scavi 1973, in: Negroni Catacchio N. (Hg.) 2018, S. 77–80.
Negroni Catacchio N. (Hg.) 2018 = Armarsi per comunicare con gli uomini e con gli dei. Le armi come strumento di attacco e di difesa, status symbol e dono agli dei. Ricerche e scavi. Atti del XIII incontro di studi. Centro di studi di Preistoria e Archeologia, Mailand.
Neumann G. 2001 = Lepontier, in: RGA 18, 273 f.
Nicosia F. 1969 = Il cinerario di Montescudaio, in: SE 37, S. 369–401.
Nicosia F. 2000 = Gli avori da Comeana (Firenze), tumulo di Montefortini, tomba a tholos, in: Bartoloni G. (u.a.) (Hgg.) 2000, S. 246–248.
Nicosia F. 2000 a = La *Tabula Cortonensis* come oggetto, in: Agostiniani/Nicosia, S. 11–30.
Nielsen M. 1990 = Sacerdotesse e associazioni cultuali femminili in Etruria: testimonianze epigrafiche ed iconografiche, in: ARID 19, S. 45–67.
Oettinger N. 2010 = Seevölker und Etrusker, in: Cohen Y. (u.a.) (Hgg.) 2010, S. 233–246.
Olshausen E./Schmitz W. 2001 = s. v. Sabelli, in: DNP 10, Sp. 1183.
Orlando B. 2012 = Repertorio delle fonti letterarie sulle origini degli Etruschi, in: Appendice zu Sammartano 2012, in: Bellelli V. (Hg.) 2012, S. 71–75.
Ortalli J. 2013 = Strutture pubbliche e luoghi della politica alle origini della città. Un »Campo Marzio« nella Felsina villanoviana? in: ArchClass 64, 2013, S. 7–50.
Ortalli J. 2016 = Altre noterelle su Felsina (risposta a Giuseppe Sassatelli), in: Thiasos, 5, 2016, S. 7–32.
Osborne R./Cunliffe B. (Hgg.) 2005 = Mediterranean Urbanization 800–600 BC, Oxford.
Östenberg C. E. 1967 = Luni sul Mignone e problemi della preistoria italiana, Lund.
Pacciarelli M. 2001 = Dal villanoviano alla città. La svolta protourbana del 1000 a.C. nell'Italia Tirrenica, Florenz.
Pagnini L. 2000 = Testa e busto femminili, in: Bartoloni G. (u.a.) (Hgg.) 2000, S. 176, Nr. 128.
Pagnini L. 2000 a = Fascio di verghe con bipenne, in: Bartoloni G. (u.a.) (Hgg.) 2000, S. 241, Nr. 278.
Pallottino M. 1947 = L'origine degli Etruschi, Rom.

Pallottino M. 1964 = Un gruppo di nuove iscrizioni tarquiniesi e il problema dei numerali etruschi, in: SE 32, S. 107–129.
Pallottino M. 1964 a = Scoperta e prima valutazione delle lamine inscritte, in: Colonna G. (u. a.) 1964, S. 58–63; Le iscrizioni etrusche, Colonna G. (u. a.) 1964, S. 76–104; Conclusioni storiche, Colonna G. (u. a.) 1964, S. 104–117.
Pallottino M. (Hg.) 1968 = Testimonia linguae etruscae, Florenz.
Pallottino M. 1979 = Rom, in: REE 47, 1979, Parte I, S. 319–325, Nr. 29.
Pallottino M. 1987 = Il fregio dei Vibenna e le sue implicazioni storiche, in: Buranelli F. 1987, S. 225–233.
Pallottino M. 1992^7 = Etruscologia, Mailand.
Pandolfini Angeletti M. 1991 = Una *gens* di Vulci: i Tutes, in: ArchClass 43, S. 613–655.
Paoletti O. (Hg.) 2005 = Dinamiche di sviluppo delle città nell'Etruria meridionale: Veio, Caere, Tarquinia, Vulci (Atti del XXIII Convegno di studi etruschi ed italici, Roma, Veio, Cerveteri/Pyrgi, Tarquinia, Tuscania, Vulci, Viterbo 2001), 2 Bd.e, Pisa/Rom.
Paoletti O. (Hg.) 2008 = La città murata in Etruria. Atti del XXV Convegno di studi etruschi ed italici (Chianciano Terme-Sarteano-Chiusi 2005), Pisa/Rom.
Paolucci G. 2000 = Frammento di cippo, in: Torelli M. (Hg.) 2000, S. 597, Nr. 176.
Paolucci G. 2018 = La necropoli di Tolle: le indagini più recenti, in AnnFaina 25, S. 421–449.
Pare, Chr. (Hg.) 2012 = Kunst und Kommunikation. Zentralisierungsprozesse in Gesellschaften des europäischen Barbarikums im 1. Jahrtausend v. Chr., Mainz.
Pareti L. 1947 = Tomba Regolini-Galassi del Museo Gregoriano Etrusco e la Civiltà dell'Italia centrale nel sec. VII a. C., Rom.
Patitucci Uggeri S. 2009 = Spina rivisitata: aspetti topografici e urbanistici, in: Bruni S. (Hg.) 2009, S. 687–695.
Pecci G. A. 1748 = Storia del Vescovado della città di Siena, Lucca.
Pellegrino C. 2008 = Pontecagnano. La scrittura e l'onomastica di una comunità etrusca di frontiera, in AnnFaina 15, S. 423–463.
Perkins Ph. 2017 = DNA and Eruscan Identity, in: Naso A. (Hg.) 2017, S. 109–118.
Peroni R. 1997 = Le terramare nel quadro dell'età del bronzo europea, in: Bernabò Brea M. (u. a.) (Hgg.) 1997, S. 30–36.
Peroni R. (Hg.) 1999 = Grandi contesti e problemi della Protostoria italiana 2, Florenz.
Pfiffig A. J. 1961 = Untersuchungen zum Cippus Perusinus (CIP), in: SE 29, S. 111–154.
Pfiffig A. J. 1965 = Uni-Hera-Astarte. Studien zu den Goldblechen von S. Severa/Pyrgi mit etruskischer und punischer Inschrift, Wien.
Pfiffig A. J. 1966 = Die Ausbreitung des römischen Städtewesens in Etrurien und die Frage der Unterwerfung der Etrusker, Florenz.
Pfiffig A. J. 1966 a = Die Haltung Etruriens im 2. punischen Krieg, in: Historia 15, S. 193–210.
Pfiffig A. J. 1967 = Eine Nennung Hannibals in einer Inschrift des 2. Jahrhunderts v. Chr. aus Tarquinia, in: SE 35, S. 659–663.
Pfiffig A. J. 1968 = Das Verhalten Etruriens im Samnitenkrieg und nachher bis zum 1. punischen Krieg, in: Historia 17, S. 307–350.
Pfiffig A. J. 1969 = Die etruskische Sprache. Versuch einer Gesamtdarstellung, Graz.
Pfiffig A. J. 1975 = Religio Etrusca, Graz.
Piazzi C. 2016 = Considerazioni sulle strutture in abitato di epoca protostorica in Etruria, con particolare riferimento all'abitato di Calvario-Monterozzi di Tarquinia, in: AnnFaina 23, S. 43–72.
Piel T. 2005 = A propos des insignes de dignité de l'Étrurie Méridionale: rèflexions sur la soit-disant origine étrusque des insignes romaines du pouvoir, in: Paoletti O. (Hg.) 2005, S. 423–430.
Pini L. 2010 = I.3 Le strutture villanoviane ed etrusche, in: Curina R. (u. a.) (Hgg.) 2010, S. 53–58.
Pizzi C./Cremaschi M. 2018 = Le strutture idrauliche al margine del Villaggio Grande della terramara Santa Rosa di Poviglio, in: Bernabò Brea M. (Hg.) 2018, S. 111–118.
Poggesi G. 1999 = La tomba a pozzo del tumulo B, in: Poggesi G. (Hg.) 1999, Florenz.

Poggesi G. (Hg.) 1999 = Artimino. Il guerriero di Prato Rosello, Florenz.
Poggesi G./Pagnini L. 2009 = Artimino, Prato Rosello: tracce di abitato in prossimità della necropoli, in: Bruni S. (Hg.) 2009, S. 701–715.
Poggesi G. (u. a.) 2010 = Gonfienti: un insediamento tardo-arcaico fra Arno e Bisenzio, in: Bentz M. (Hg.) 2008, S. 123–133.
Poggiani Keller R. 1999 = Scarceta di Manciano (Grosseto). Un centro abitativo e artigianale dell'età del Bronzo sulle rive del Fiora, Manciano.
Poggiani Keller R./Rondini P. 2019 = In riva al fiume, rivolti al mare. L'abitato protostorico di Scarceta Manciano (GR): novità e topografia, in: Istituto Nazionale di Studi Etruschi ed Italici (Hg.) 2019, S. 47–60.
Poulle B. (Hg.) 2016 = L' Etrusca disciplina au Ve siècle apr.J.-C. Actes du colloque de Besançon (2013), La divination dans le monde étrusco-italique, X, Franche-Comté.
Prayon F. 1990 = Ostmediterrane Einflüsse aus den Beginn der Monumentalarchitektur in Etrurien?, in: JRGZ 37, S. 501–519.
Prayon F. 1998 = Die etruskische Grabarchitektur und Rom, in: Aigner-Foresti L. (Hg.) 1998, S. 165–176.
Prayon F./Röllig W. (Hgg.) 2000 = Akten des Kolloquiums zum Thema Der Orient und Etrurien. Zum Phänomen des ›Orientalisierens‹ im westlichen Mittelmeerraum (10.–6. Jh. v. Chr.) (Tübingen 1997), Pisa/Rom.
Prayon F. 2006 = F. Prayon in: Aigner-Foresti L./Siewert P. (Hgg.) 2006, S. 127 f.; 140-142.
Prayon F. 2012 = Arae spectent ad orientem – Altar und Priester im archaischen Etrurien, in: Amann P. (Hg.) 2012, S. 199–214.
Rafanelli S. (Hg.) 2013 = Vetulonia, Pontecagnano e Capua. Vite parallele di tre città etrusche, Ausstellungskatalog Museo Civico Archeologico »Isidoro Falchi« (Vetulonia 2013), Monteriggioni.
Rafanelli S. 2018 = Circoli di pietra a Vetulonia, in: Aigner-Foresti L./Amann P. (Hgg.) 2018, S. 45–64.
Rasmussen B. B. 2000 = Corredo funerario da Fontecucchiaia, in: Torelli M. (Hg.) 2000, S. 585, Nr. 135.
Rawson E. 1978 = Caesar, Etruria and the disciplina etrusca, in: JRS 68, S. 132–152.
Rebenich St. (Hg.) 2017 = Monarchische Herrschaft im Altertum, Berlin/Boston.
Rendini P./Firmati M. 2008 = Ghiaccio Forte: un oppidum nella valle dell'Albegna, in: Paoletti O. (Hg.) 2008, S. 373–387.
Reusser Chr. 2002 = Vasen für Etrurien, Zürich.
Reusser Chr. (Hg.) 2017 = Spina – Neue Perspektiven der archäologischen Erforschung. Nuove prospettive della ricerca archeologica. Tagung der Universität Zürich vom 4.–5. Mai 2012, Rahden/Westf.
Rieger M. 2007 = Die Entstehung der römischen Wahlbezirke im urbanen und mediterranen Kontext (ca. 750–450 v. Chr.), in: Döpp S./Radicke J. (Hgg.) 2007.
Riva C. 2010 = The Urbanisation of Etruria. Funerary Practices and Social Change, 700–600 BC, Cambridge.
Rix H. 1963 = Das etruskische Cognomen. Untersuchungen zu System, Morphologie und Verwendung der Personennamen auf den jüngeren Inschriften Nordetruriens, Wiesbaden.
Rix H. 1968 = Eine morphosyntaktische Übereinstimmung zwischen Etruskisch und Lemnisch: die Datierungsformel, in: Mayrhofer M. (Hg.) 1968, S. 213–222.
Rix H. 1981 = Rapporti onomastici fra il panteon etrusco e quello romano, in: Università degli studi di Roma/Istituto di Etruscologia e antichità italiche (Hg.) 1981, S. 104–126.
Rix H. 1981a = Pyrgi-Texte und etruskische Grammatik, in: Istituto Nazionale di Studi Etruschi ed Italici (Hg.) 1981, S. 63–98.
Rix H. 1981–1982 (1984) = Una nuova ricostruzione della stele Ducati 137 e la questione di magistrati etruschi a Felsina-Bologna in: Etruria Preromana 9/10, S. 281–286.
Rix H. 1983 = Norme e variazion nell'ortografia etrusca, in: AION (ling) 5, S. 127–140.
Rix H. 1984 = Felsina, in: REE 50, 1982 (1984), Parte II, S. 307–311, Nr. 61.
Rix H. 1984a = Etr. *meχl rasnal* = lat. *res publica*, in: Marzi Costagli M. G./Tamaro Pegna L. (Hgg.) 1984, S. 455–468.

Rix H. 1984 b = Felsina, in: REE 50, 1982 (1984), Parte II, S. 313–317, Nr. 64.
Rix H. 1986 = Etruskisch *Culs** »Tor« und der Abschnitt VIII 1–2 des Zagreber *liber linteus*, in: Vjesnik Arheološki muzej u Zagrebu, 3/19, S. 17–40.
Rix H. 1995 = L'etrusco tra l'Italia e il mondo mediterraneo, in: Landi A. (Hg.) 1995, S. 119–138.
Rix H. 1995 a = Schrift und Sprache, in: Cristofani M. (Hg.) 1995, S. 199–227.
Rix H. 1995 b = Etruskische Personennamen, in: Eichler E. (u. a.) (Hgg.) 1995, S. 719–724.
Rix H. 1998 = Teonimi etruschi e teonimi italici, in: AnnFaina 5, S. 207–229.
Rix H. 1998 a = Rätisch und Etruskisch, Innsbruck.
Rix H. 1998 b = s. v. Etruskisch, in: DNP 4, Sp. 195–197.
Rix H. 2000 = Wie weit können wir Livius trauen?, München, S. 106–125.
Rix H. 2002 = La seconda metà del nuovo testo di Cortona, in: QAEI 28, S. 78–86.
Rizzo M. A. 2001 = Le tombe orientalizzanti di San Paolo, in: Moretti Sgubini A. M. (Hg.) 2001, S. 163–179.
Rizzo M. A. 2017 = Prunkvolle Bestattungen. Die Gräber der etruskischen Fürsten, in: Badisches Landesmuseum Karlsruhe (Hg.) 2017, S. 66–73.
Röllig W. 2006 = W. Röllig, in: Aigner-Foresti L./Siewert P. (Hgg.) 2006, S. 70 f.; S. 146 f.
Romualdi A./Settesoldi R. 2008 = Le fortificazioni di Populonia. Considerazioni per la cinta muraria della città bassa, in: Paoletti O. (Hg.) 2008, S. 307–316.
Roncalli F. 1965 = Le lastre dipinte di Cerveteri, Firenze.
Roncalli F. 1981 = Die Tracht des Haruspex als frühgeschichtliches Relikt in historischer Zeit, in: Vorstand des Deutschen Archäologen-Verbandes e. V. und vom Archäologischen Seminar der Universität Mannheim (Hgg.) 1981, Mannheim, S. 124–136.
Roncalli F. 1985 = Scrivere etrusco, Mailand.
Rostagni A. 1979 = Svetonio de poetis e biografi minori, Turin.
Rota L. 1973 = Gli ex voto dei Liparesi a Delfi, in: SE 41, S. 143–149.
Ruoff-Väänänen E. 1975 = The civitas Romana-areas in Etruria before the Year 90 B. C., in: Bruun P. M. (u. a.) (Hgg.) 1975, S. 33–65.
Rupprecht H. 1982 = Elegiae in Maecenatem, in: Pseudoovidiana, Heft 1.
Russel A./Knapp A. B. 2017 = Sardinia and Cyprus: An Alternative view on Cypriotes in the Central Mediterranean, in: PBSR 85, S. 1–35.
Rutishauser W. (Hg.) 2017 = Etrusker – antike Hochkultur im Schatten Roms, Ausstellungskatalog Schaffhausen 2017, Mainz.
Salmon E. T. 1967 = Samnium and the Samnites, Cambridge.
Salzani L. 2011 = Campestrin di Grignano Polesine (Rovigo), in: Marzatico F. (u. a.) (Hgg.) 2011, S. 429–430.
Sammartano R. 2012 = Le tradizioni letterarie sulle origini degli Etruschi: *Status quaestionis* e qualche annotazione a margine, in: Bellelli V. (Hg.) 2012, S. 49–84.
Sannibale M. 2012 = La principessa etrusca della Tomba Regolini – Galassi, in: Stampolides N.Ch. (Hg.) 2012, S. 307–321.
Sartori A. 2000 = Testa virile lignea, in: Torelli M. (Hg.) 2000, S. 586, Nr. 137.
Sartori A. 2001 = s. v. regio, regiones, in: DNP 10, Sp. 831 f.
Sassatelli G. 2005 = La fase villanoviana e orientalizzante, in: Sassatelli G./Donati A. (Hgg.) 2005, S. 119–155.
Sassatelli G./Donati A. (Hgg.) 2005 = Storia di Bologna, 1. Bd.: Bologna nell'antichità, Bologna.
Sassatelli G. 2008 = Gli Etruschi nella valle del Po, in: AnnFaina 15, S. 71–114.
Sassatelli G. 2013 = Etruschi, Veneti e Celti: Relazioni culturali e mobilità individuale, in: AnnFaina 20, S. 397–427.
Sassatelli G. 2015 = Noterelle su Felsina, in: ArchClass 64, nuova serie 2, 5, 2015, S. 407–415.
Scardigli B. 1991 = I trattati romano-cartaginesi, Pisa.
Scarpignato M. 2000 = Cippo di confine, in: Torelli M. (Hg.) 2000, S. 546 Nr. 22.
Schäfer Th. 1989 = *Imperii insignia*. Sella curulis und fasces. Zur Repräsentation römischer Magistrate, Mainz.
Schanz M./Hosius C. 1966 = Geschichte der römischen Literatur, München.

Schauer P. (Hg.) 1998 = Archäologische Untersuchungen zu den Beziehungen zwischen Altitalien und der Zone nordwärts der Alpen während der früher Eisenzeit Mitteleuropas (Regensburg 1994), Bonn.
Scheer T. S. 2009 = Tempelprostitution im Altertum. Fakten und Fiktionen, Berlin.
Schmidt P. L. 1999 = s. v. Maecenas, in: DNP 7, Sp. 633–635.
Schmitt H. H. 1969 = Die Staatsverträge des Altertums, Bd. III: Die Verträge der griechisch-römischen Welt von 338 bis 200 v. Chr., München.
Schmitz Ph. Th. 2016 = Sempre Pyrgi. A Retractation and a Reassessment of Phoenician Text, in: Bellelli V./Xella P. (Hgg.) 2016, S. 33-43.
Schmökel H. 1961 = Mesopotamien, in: H. Schmökel (Hg.) 1961, S. 2–310.
Schmökel H. (Hg.) 1961 = Kulturgeschichte des Alten Orient, Stuttgart.
Schneider Th. 1997 = Lexikon der Pharaonen, Düsseldorf.
Schulzki H. J. 1998 = s. v. groma, in: DNP 4, Sp. 1243 f.
Schumacher S. 2004 = Die rätischen Inschriften. Geschichte und heutiger Stand der Forschung, Innsbruck.
Schwartz A. 2009 = Reinstating the Hoplite. Arm, Armour and Phalanx Fighting in Archaic and Classical Greece, Stuttgart.
Sclafani M. 2002 = La tomba dei Matausni. Analisi di un contesto chiusino di età tardoellenistica, in: SE 65–68, S. 121–161.
Scullard H. H. 1967 = The Etruscan Cities and Rome, London.
Sgubini Moretti A. M./Torelli M. (Hg.) 2008 = Etruschi. Le antiche metropoli del Lazio. Catalogo della mostra (Roma 2008–2009), Mailand.
Sgubini Moretti A. M. 2015 = Tumuli a Vulci, tumuli a Tuscania, in: AnnFaina 22, S. 598–636.
Shipley G. 2005 = Little Boxes on the Hillside: Greek Town Planning, Hippodamos and Polis Ideology, in: Hansen M. H. (Hg.) 2005, S 335–403.
Sievers S. (u. a.) (Hgg.) 2012 = Lexikon zur Keltischen Archäologie, Wien.
Siewert P./Aigner-Foresti L. (Hgg.) 2005 = Föderalismus in der griechischen und römischen Antike, Stuttgart.
Siewert P. 2006 = P. Siewert, in: Aigner-Foresti L./Siewert P. (Hgg.) 2006, S. 185–187.
Siewert P. 2006 a = Zur Entstehung von Staat und Stadt aus Dörfern, in: Amann P. (u. a.) (Hgg.) 2006, S. 325–330.
Siewert P. 2012 = Zum politischen Hintergrund des etruskisch-römischen ›Donnerkalenders‹ bei Johannes Lydos, *de ostentis* 27–38, in: Amann P. (Hg.) 2012, S. 153–161.
Siewert P./Taeuber H. 2013 = P. Siewert/H. Taeuber (Hgg.), Neue Inschriften von Olympia. Die ab 1896 veröffentlichten Texte, Wien.
Simon E. 1996 = Schriften zur etruskischen Kunst und Religion, II. Etruskische Vasenmalerei, Stuttgart.
Sisani S. 2009 = Dirimens Tiberis? I confini tra Etrurie e Umbria, in: British School at Rome/Università di Perugia (Hgg.) 2009, S. 45–65.
Sordi M. 1960 = I rapporti romano-ceriti e l'origine della *civitas sine suffragio*, Rom.
Sordi M. 1989–1990 = Laris Felsna e la resistenza di Casilino, in: SE 56, S. 123–125.
Sordi M. 1995 = Prospettive di storia etrusca, Como.
Sordi M. 2009 = Religione e politica nei responsi degli aruspici, in: Bruni S. (Hg.) 2009, S. 845–846.
Sperl G. 2018 = Der Werkstoff des »Ötzibeiles«. Die kupferzeitlichen Beilklingen der Gletschermumie aus den Ötztaler Alpen, in: Berg- und Hüttenmännische Monatshefte 163/11, S. 451–455.
Stampolides N. Ch. (Hg.) 2012 = »Principesse« del Mediterraneo all'alba della Storia, Ausstellungskatalog (Atene 2012), Athen.
Stary P. F. 1981 = Zur eisenzeitlichen Bewaffnung und Kampfesweise in Mittelitalien, Mainz.
Steinbauer D. H. 1999 = Neues Handbuch des Etruskischen, St. Katharinen.
Steingräber St. 1985 = Etruskische Wandmalerei, Stuttgart/Zürich.
Steingräber St. 2006 = Etruskische Wandmalerei. Von der geometrischen Periode bis zum Hellenismus. München.

Steingräber St. 2006 a = Nachleben figürlicher architektonischer Fassadenschmuck in Etrurien und sein Leben bis in die Moderne, in: Amann P. (u. a.) (Hgg.) 2006, S. 335–340.
Steingräber St. 2012 = Etruskische Stadtgottheiten: Architektonischer Kontext, Ikonographie und Ideologie, in: Amann P. (Hg.) 2012, S. 143–150.
Steingräber St. 2018 = Zum Phänomen der »follia terapeutica« der etruskisch-italischen anatomischen Votive – soziale, ökonomische und religiöse Aspekte, in: Aigner-Foresti L./Amann P. (Hgg.) 2018, S. 399–408.
Steingräber St. (Hg.) 2018 = Cippi, stele, statue-stele e semata. Testimonianze in Etruria, nel mondo italico e in Magna Grecia dalla prima Età del Ferro fino all'Ellenismo. Atti del Convegno Internazionale (Sutri 2015), Pisa.
Steingräber St. 2019 = L'Etruria meridionale interna e le necropoli rupestri: Storia delle ricerche e delle scoperte, in: Istituto Nazionale di Studi Etruschi ed Italici (Hg.) 2019, S. 103–115.
Steuer H. 2005 = s. v. Stamm und Staat, in: RGA 29, 496–508.
Steuer H./Stricker St. 2005 = Stadt, in: RGA 29, 447–467.
Steuer H. 2007 = s. v. Zentralorte, in: RGA 35, 2007, 878–912.
Stopponi S. (Hg.) 1985 = Case e palazzi d' Etruria, Ausstellungskatalog (1985), Mailand.
Stopponi S. 1991 = Nuove osservazioni sul pozzo Sorbello e sul suo inserimento nel tessuto urbano di Perugia antica, in: Bergamini M. (Hg.) 1991, S. 235–246.
Stopponi S. 2011 = Volsinii, in: REE 74, 2008 (2011) Parte I, S. 292–294, Nr. 52–53; Parte II, S. 385–388, Nr. 140.
Stopponi S. 2018 = Orvieto – Località Campo della Fiera: La scoperta del *Fanum Voltumnae*, in: AnnFaina 25, S. 9–36.
Storchi Marino A. 1995 (Hg.) = L'incidenza dell'Antico. Studi in memoria di Ettore Lepore I, 1995, Napoli.
Syme R. 2006³ = Die römische Revolution. Machtkämpfe im antiken Rom, Stuttgart.
Szilagyi J. G. 1992–1998 = Ceramica etrusco-corinzia figurata, I-II, Florenz.
Tagliamonte G. 1994 = I figli di Marte. Mobilità, mercenari e mercenariato italici in Magna Grecia e Sicilia, Rom.
Taglioni C. 2005 = L'abitato, le sue articolazioni e le sue strutture, in: Sassatelli G./Donati A. (Hgg.) 2005, S. 157–164.
Tarpini R. 2012 = s. v. Brescia, Italien, in: Sievers S. (u. a.) (Hgg.) 2012, 239.
Tassi Scandone E. 2001 = Verghe, scuri e fasci littori in Etruria. Contributi allo studio degli insignia imperi, Pisa/Rom.
Tassi Scandone E. 2011 = Il ΤΥΡΡΗΝΙΚΟΝ ΕΘΟΣ di Dion. Hal. III, 61,2. Nuovi elementi sull'origine e la natura dell'imperium, in: Maras D. F. (Hg.) 2011, S. 87–92.
Temporini, H. (Hg.) 1972 = Aufstieg und Niedergang der römischen Welt, Bd. 2. Recht, Religion, Sprache und Literatur (bis zum Ende des 2. Jahrhunderts v. Chr.), Berlin/New York.
Terrenato N. 2013 = Patterns of cultural change in Roman Italy. Non-elite religion and the defense of cultural self-consisteny, in: Jehne M. (u. a.) (Hgg.) 2013, S. 43–60.
Terrenato N./Haggis D. C. 2011 = State Formation in Italy and Greece. Questioning the neoevolutionst paradigm, Oxford-Oakville.
Thamer H.-U. 2003 = Politische Geschichte, Geschichte der internationalen Beziehungen, in: Van Dülmen R. (Hg.) 2003, S. 38–55.
The J. Paul Getty Museum (Hg.) 2012 = Thesaurus Cultus et Rituum Antiquorum (ThesCRA). Bd. 8: Privater und öffentlicher Bereich: Privat/öffentlich; Hauskulte; Öffentliche Kulte; Vereine und Kollegien; Institutionen (inkl. Heerwesen); Monetäre Ökonomie; Recht; Politik, Diplomatie; Krieg. // Polaritäten im religiösen Leben: Männlich/weiblich; Einschliessung/Ausschliessung. // Religiöse Beziehungen zwischen der klassischen Welt und den benachbarten Kulturen: Vorderer Orient; Ägypten; Skythische Welt; Thrakien; Gallien und Germanien; Iberische Welt, Los Angeles.
Thiermann E. 2010 = Die Nekropole Fornaci in Capua im 6. und 5. Jh. V. Chr. Neue Forschungen zu alten Grabungen, in: Bentz, M. (Hg.) 2008, S. 101–105.
Thiermann E. 2018 = Cerveteri nach dem 5. Jh. v. Chr.: Architektur und soziale Struktur in der Banditaccia-Nekropole, in: Aigner-Foresti L./Amann P. (Hgg.) 2018, S. 191–202.

Thomson de Grummond N./Simon E. (Hgg.) 2006 = The Religion of the Etruscans, Austin.
Thuillier J.-P. 1985 = Les jeux athlétiques dans la civilisation étrusque, Paris/Rom.
Thuillier J.-P. (Hg.) 1993 = Spectacles sportifs et scéniques dans le monde étrusco-italique. Actes de la Table Ronde de Rome (1991), Rom.
Thulin C. O. 1909 = Die etruskische Disziplin, Bd. III: Die Ritualbücher und zur Geschichte und Organisation der Haruspices, Göteborg.
Thür G. 1999 = s. v. Lipara, in: DNP 7, Sp. 253 f.
Tomaschitz K. 2012 = Keltenwanderungen, historisch, in: Sievers S. (u. a.) (Hgg.) 2012, S. 890–892.
Torelli M. 1969 = Senatori etruschi della tarda repubblica e dell'impero, in: DArch. 3/3, S. 285–363.
Torelli M. 1975 = Elogia Tarquiniensia, Florenz.
Torelli M. 1987 = Terra e forme di dipendenza: Roma e Etruria in età arcaica, in: Torelli M. 1987 (Hg.), S. 35–73.
Torelli M. 1987 (Hg.) = La società etrusca. L'età arcaica, l'età classica, Roma.
Torelli M. 1992³ = Storia degli Etruschi, Bari.
Torelli M. 2000 = C. *Genucio(s) Clousino(s) prai(fectos)*. La fondazione della *praefectura Caeritum*, in: Brunn Ch. (Hg.) 2000, S. 141–176.
Torelli M. (Hg.) 2000 = Gli Etruschi, Ausstellungskatalog (Venezia 2000), Mailand.
Torelli 2016 = M. Torelli, La ricerca del charisma. Le ragioni della fondazione templare di Thefarie Velianas, in: Bellelli V./Xella P. (Hgg.) 2016, S. S. 173–201.
Torelli M. 2020 = Interferenze greche e non greche nella religione etrusca, in: Bruni S. (Hg.) 2020, S. 21–31.
Touwaide A. 2000 = s. v. Pedanios Dioskurides, in: DNP 9, Sp. 462–465.
Tuck A. 2009 = The necropolis of Poggio Civitate (Murlo) Burials from Poggio Aguzzo, Rom.
Tuck A. (u. a.) 2010 = An Archaic Period Well at Poggio Civitate (Murlo). Evidence for Broader Final Destruction, in: EtrSt 13/1, S 93–104.
Tuck A. 2016 = The three phases of elite domestic space at Poggio Civitate, in AnnFaina 23, S. 301–317.
Tuck A./Wallace R. E. 2018 = The Archaeology of Language at Poggio Civitate (Murlo), Rom.
Tuck A./Wallace R. E. 2018 a = Inscriptions on Locally Produced Ceramic Recovered at Poggio Civitate (Murlo), Literacy and Community, in: Aigner-Foresti L./Amann P. (Hgg.) 2018, S. 65–73.
Ulf Chr. 2017 = An ancient question: the origin of the Etruscan, in: Naso A. (Hg.) 2017, S. 11–34.
Università degli studi di Roma/Istituto di Etruscologia e antichità italiche (Hg.) 1981 = Gli Etruschi e Roma. Atti dell'incontro di studio in onore di Massimo Pallottino (Roma 1979), Rom.
Urso G. (Hg.) 2000 = L'ultimo Cesare. Scritti riforme progetti poteri congiure. Atti del Convegno internazionale (Cividale del Friuli 1999), Mailand.
Urso G. 2005 = Cassio Dione e i magistrati. Le origini della repubblica nei frammenti della Storia romana, Mailand.
Urso G. (Hg.) 2008 = Patria diversis gentibus una? Unità politica e identità etniche nell'Italia antica. Atti del Convegno internazionale (Cividale del Friuli 2007), Pisa.
Van der Meer L. B. 2012 = Etruskische und italische sub- und extraurbane Riten, in: Amann P. (Hg.) 2012, S. 105–116.
Van der Meer L. B. 2013 = Campo della Fiera at Orvieto and Fanum Voltumnae: identical places?, in: BABesch 88, S. 99–108.
Van Dülmen R. (Hg.) 2003 = Das Fischer Lexikon, Frankfurt am Main.
Verzone P. (Hg.) 1979 = Kunst der Welt. Ihre geschichtlichen, soziologischen und religiösen Grundlagen, Baden-Baden.
Vian P. (u. a.) (Hgg.) 1997 = Ultra terminum vagari. Scritti in onore di Carl Nylander, Rom.

Vitali D. 2005 a = Insediamento e territorio nell'età del Bronzo, in: Sassatelli G./Donati A. (Hgg.) 2005, S. 75–116
Von Eles P. (u. a.) (Hgg.) 2015 = Immagini di uomini e di donne dalle necropoli villanoviane di Verucchio. Atti delle Giornate di Studio dedicate a Renato Peroni (Verucchio 2011) (= Quaderni di Archeologia dell'Emilia Romagna 34, 2011), Sesto Fiorentino.
Von Eles P. (u. a.) 2018 = Pontesano e altri complessi dell'età del ferro del territorio bolognese orientale, in: Bernabò Brea M. (Hg.) 2018, S. 309–319.
Von Eles P./Pacciarelli M. 2018 = La Romagna dal Bronzo finale alla prima età del ferro, in: Bernabò Brea M. (Hg.) 2018, S. 229–244.
Von Hase F.-W. 1989 = Der etruskische Bucchero aus Karthago. Ein Beitrag zu den frühen Handelsbeziehungen im westlichen Mittelmeergebiet (7.–6. Jh. v. Chr.), in: JRGZ 36, S. 327–410.
Von Hase F.-W. 1989 a = Etrurien und das Gebiet nordwärts der Alpen in der ausgehenden Urnenfelder- und Frühen Hallstattzeit, in: Maetzke G. (Hg.) 1989, II, S. 1031 ff.
Von Hase F.-W. 1992 = Etrurien und Mitteleuropa: Zur Bedeutung der ersten italischetruskischen Funde der späten Urnenfelder- und frühen Hallstattzeit in Zentraleuropa, in: Aigner-Foresti (Hg.) 1992, S. 236–266.
Von Hase F.-W. 2000 = Culture mediterranee e mondo celtico tra 7. e 6. secolo a. C. in: Bartoloni G. (u. a.) (Hgg.) 2000, S. 79–90.
Von Ungern-Sternberg J. 2001 = s. v. populares, in: DNP 10, Sp. 151–154.
Vorstand des Deutschen Archäologen-Verbandes e. V. und vom Archäologischen Seminar der Universität Mannheim (Hgg.) 1981 = Die Aufnahme fremder Kultureinflüsse in Etrurien und das Problem des Retardierens in der etruskischen Kunst, Mannheim.
Wallace R. E. 2008 = ZIKH RASNA. A Manual of the Etruscan Language and Inscriptions, Ann Arbor/New York.
Warden G. 2009 = Poggio Colla, in: Cappuccini L. (u. a.) (Hgg.) 2009, S. 62–86.
Watmough M. M. T. 1997 = Studies in the Etruscan Loanwords in Latin, 1997.
Weber E. 2012 = Die disciplina etrusca (haruspices) außerhalb Roms und Italiens, in: Amann P. (Hg.) 2012, S. 421–429.
Weeber K.-W. 1979 = Geschichte der Etrusker, Stuttgart/Berlin/Köln/Mainz.
Wehgartner, I. (Hg.) 1993 = Katalog der Ausstellung Die Etrusker und Europa, Paris 1992, Berlin 1993, Mailand.
Wehgartner I. 2000 = Anfora a figure nere, in: Torelli M. (Hg.) 2000, S. 607, Nr. 207.
Weiland J. 2011= Malaria in Etruria, in: EtrSt 14, S. 97–105.
Weinreich U. 1977² = Sprachen in Kontakt. Ergebnisse und Probleme der Zweisprachigkeitsforschung, München.
Welwei K.-W. 2008 = Verbreitung und Formen der Unfreiheit abhängiger Landbewohner im antiken Griechenland, in: Herrmann-Otto E. (Hg.) 2008, S. 1–52.
Welwei K.-W. 2011 = Griechische Geschichte: Von den Anfängen bis zum Beginn des Hellenismus, Paderborn/München/Wien/Zürich.
Winter N. A. 2009 = Symbols of Wealth and Power. Architectural Terracotta Decoration in Etruria and Central Italy, 640–510, Ann Arbor/Michigan.
Woytowitsch E. 1978 = Der Wagen der Bronze- und frühen Eisenzeit in Italien, München.
Wylin K. 2005 = Venel Tamsnie, La tomba degli scudi e gli *epru di Cortona, in: SE 71, S. 111–125.
Xella P. 2016 = Il testo fenicio di Pyrgi, in: Bellelli V./Xella P. (Hgg.) 2016, S. 45–68.
Young D. 1961 = Theognis, Leipzig.
Zamboni L. 2017 = Case di legno e d'argilla. Urbanistica, techniche edilizie e vita quotidiana a Spina tra VI e IV sec. a. C., in: Reusser Chr. (Hg.) 2017, S. 51–60.
Zanini A. 2012 = Le origini etrusche. Il quadro di riferimeno della protostoria, in: Bellelli V. (Hg.) 2012, S. 85–104.
Zecchini G. 1997 = Il pensiero politico romano. Dall'età arcaica alla tarda antichità, Rom.
Zecchini G. 1998 = Cesare e gli Etruschi, in: Aigner-Foresti L. (Hg.) 1998, S. 237–249.
Ziegler K. H. 1972 = Das Völkerrecht der römischen Republik, in: Temporini, H. (Hg.) 1972, S. 68–114.

Zifferero A. (Hg.) 2000 = L'architettura funeraria a Populonia tra il IX e VI secolo a.C. Atti del Convegno (Castello di Populonia 1997), Firenze.
Zifferero A. 2011 = L'Etruria settentrionale, in: Naso A. (Hg.) 2011, S. 77–113.
Zinn E. 1950/51 = Schlangenschrift, in: AA 65/66, S. 1–36.

Abkürzungsverzeichnis

AA = Archäologischer Anzeiger. Jahrbuch des Deutschen Archäologischen Instituts
AAEC = Annuario dell'Accademia etrusca di Cortona
AION (arch) = Annali dell'Istituto Orientale di Napoli. Sezione di Archeologia e Storia antica
AION (ling) = Annali dell'Istituto Orientale di Napoli. Sezione di Linguistica
AnnFaina = Annali della Fondazione per il Museo »Claudio Faina« di Orvieto
ArchClass = Archeologia classica
ARID = Analecta Romana Instituti Danici
ASNP = Annali della Scuola Normale di Pisa
BABesch = Bulletin antieke beschaving
BdA = Bollettino di Archeologia
CahNum = Cahiers de la Societé d'Études Numismatiques et Archéologiques
CIL = Corpus Inscriptionum Latinarum
CRAI = Comptes rendus des séances de l'Académie des Inscriptions et Belles-Lettres
DArch = Dialoghi di archeologia
DNP = Der Neue Pauly, Encyklopädie der Antike
ET² = G. Meiser (Hg.), Etruskische Texte. Editio minor, I-II. Auf der Grundlage der Erstausgabe von † Helmut Rix neu bearbeitet von Gerhard Meiser in Zusammenarbeit mit Velentina Belfiore und Sindy Kluge, Hamburg 2014
EtrSt = Etruscan Studies: journal of the Etruscan Foundation, Detroit (Mich.)
FGrHist = F. Jacoby (Hg.), Die Fragmente der griechischen Historiker, Berlin/Leiden 1923-2019
IIPP = Istituto Italiano di Presistoria e Protostoria, Firenze
ILLR = Inscriptiones Latinae Liberae Reipublicae, A. Degrassi (Hg.), I-II, 1957-1963
Inscr.It. = Inscriptiones Italiae, Fasti et Elogia, A. Degrassi (Hg.), Bd. XIII, Teil 3, 1937
JRGZ = Jahrbuch des Römisch Germanischen Zentralmuseums Mainz
JRS = The Journal of Roman Studies, Cambridge
KlP = Der Kleine Pauly, Lexikon der Antike
MAGW = Mitteilungen der Anthropologischen Gesellschaft Wien
MDOG = Mitteilungen der Deutschen Orientgesellschaft
MEFRA = Mélanges de l'École française de Rome

PBSR	= Papers of the British School at Rome
PP	= La parola del passato
PPE	= Preistoria e Protostoria in Etruria
PPV	= Preistoria e Protostoria del Veneto
QAEI	= Quaderni del centro di studi per l'Archeologia etrusco-italica = Miscellanea etrusco-italica
RAL	= Rendiconti della Classe di Scienze morali, storiche e filologiche dell' Accademia dei Lincei, Rom
RANarb	= Revue archéologique de Narbonnaise
RE	= Paulys Realencyclopädie der Classischen Altertumswissenschaft
REE	= Rivista di Epigrafia Etrusca (Sektion der Zeitschrift SE)
RIDA	= Revue Internationale des droits de l'Antiquité
RGA	= Reallexikon der Germanischen Altertumskunde
RPAA	= Rendiconti della Pontificia Accademia di Archeologia
RSA	= Rivista storica dell'antichità
ScAnt	= Scienze dell'Antichità
SE	= Studi Etruschi
SEL	= Studi Epigrafici e Linguistici sul Vicino Oriente antico. Nuova Serie. Ricerche storiche e filologiche sulle culture del Vicino Oriente e del Mediterraneo antico
ST	= H. Rix (Hg.) Sabellische Texte. Die Texte des Oskischen, Umbrischen und Südpikenischen. Heidelberg 2002

Abbildungs- und Kartenverzeichnis

Karte:	Etrurien, © Peter Palm.	20

Alle Abbildungs-Umzeichnungen © I. Weber-Hiden:

Abb. 1:	Urne der Villanova-Zeit (aus Hencken H. 1968, Abb. 117 n).	33
Abb. 2:	Schermesser aus Vetulonia (aus Camporeale G. 2015⁴, S. 124, Abb. 28).	35
Abb. 3:	Kammhelm der Villanova-Zeit (aus Hencken H. 1968, Abb. 105 a).	36
Abb. 4:	Insel Lemnos, Stele (aus Pallottino M. 1947, Taf. III).	51
Abb. 5:	Urne von Villanova-Typus mit geometrischem Dekor (aus Delpino F./Fugazzola Delpino M. A. 1976, Taf. I).	61
Abb. 6:	Tonschuh aus Vetulonia (aus Falchi I. 1891, Taf. 16, 15).	76
Abb. 7:	Relief aus Murlo (aus Torelli M. 1997, S. 90, Abb. 60).	79
Abb. 8:	Tragliatella (Caere), Kanne (aus Cristofani M. (Hg.) 1995, S. 109).	80
Abb. 9:	Tarquinia, Grab »del Convegno« (aus Steingräber St. 1975, Abb. 65).	97
Abb. 10:	Bronzeleber aus Piacenza (aus Pfiffig A. J. 1975, Abb. 53).	99
Abb. 11:	Der Haruspex Vel Sveitus (aus Pfiffig A. J. 1975, Abb. 6).	100
Abb. 12:	Murlo, Relief auf Tontafel (aus Torelli M. 1997, S. 91, Abb. 64).	110
Abb. 13:	Tarquinia, Ehreninschrift von Aulus Spurinna (aus Torelli M. 1975, Taf. IV).	111
Abb. 14:	Pyrgi, Etruskisches Goldblech (aus Cristofani M. (Hg.) 1995, S. 227).	117
Abb. 15:	Bologna, Blecheimer (situla) aus der Certosa-Nekropole (aus Frey O. H. 1980², S. 146.).	135
Abb. 16:	Bologna, Stele des Petlna Arnθ (aus Sassatelli G. 2005, S. 247, Abb. 16).	139
Abb. 17:	Bologna, Stele mit etruskischem und keltischem Kämpfer (aus Pfiffig A. J. 1975, Abb. 91).	155
Abb. 18:	Caere, Inschrift des Gaius Genucius Clepsina (aus Cristofani M. (Hg.) 1995, S. 55).	172
Abb. 19:	Vulci, Sarkophag des Larθ Tutes (aus Lambrechts R. 1959, S. 137, Taf. 10).	191
Abb. 20:	Cortona, Bronzetafel (aus Agostiniani L./Nicosia F. 2000, Taf. 8).	195